Paris
1905

Reclus, Jean-Jacques Élisée

L'Homme et la terre

Histoire moderne (suite) : Communes, monarchies, Mongols, Turcs, Tartares et Chinois, Découverte de la terre, renaissance, Réforme et Compagnie de Jésus, colonies, Roi

Tome 4

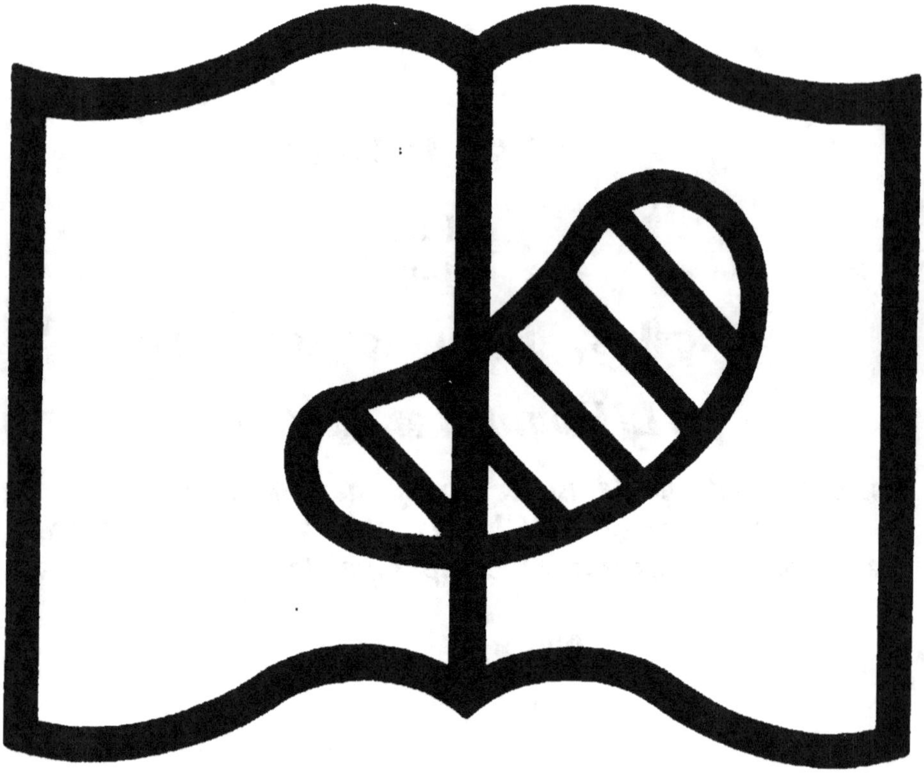

Symbole applicable
pour tout, ou partie
des documents microfilmés

Original illisible

NF Z 43-120-10

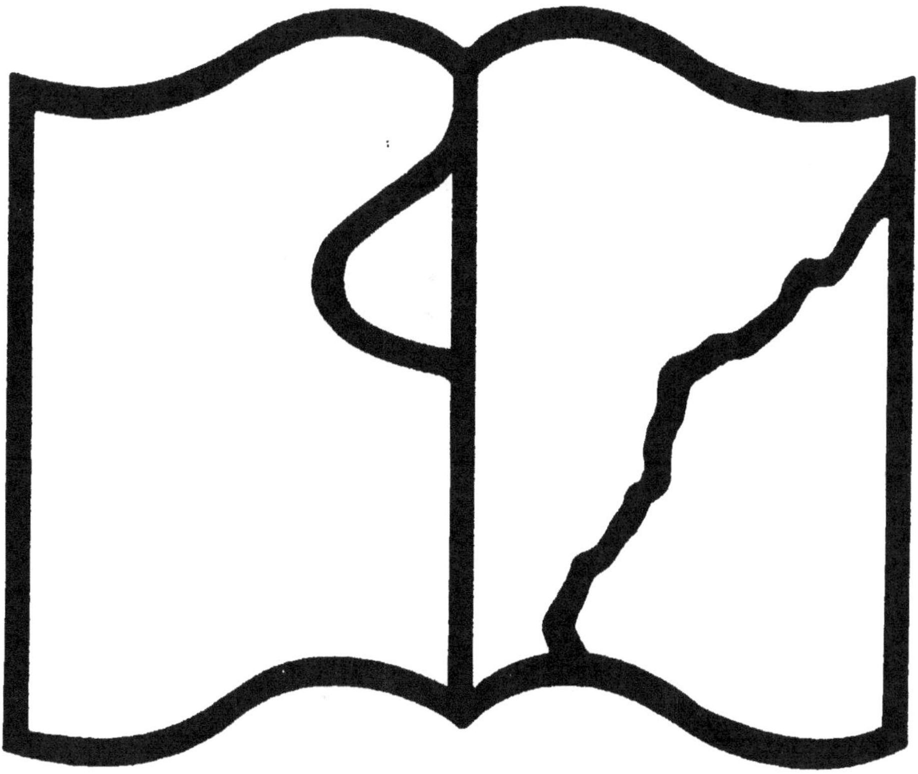

Symbole applicable
pour tout, ou partie
des documents microfilmés

Texte détérioré — reliure défectueuse

NF Z 43-120-11

ÉLISÉE RECLUS

L'Homme et la Terre

La Géographie n'est autre chose que l'Histoire dans l'Espace, de même que l'Histoire est la Géographie dans le Temps.

TOME QUATRIÈME

HISTOIRE MODERNE

Communes — Monarchies
Mongols, Turcs et Chinois — Découverte de la Terre
Renaissance — Réforme et Compagnie de Jésus — Colonies
Roi-Soleil — XVIIIe Siècle.

PARIS
LIBRAIRIE UNIVERSELLE
33, Rue de Provence, IXe

L'HOMME ET LA TERRE

Matières contenues dans le

TOME Ier

LES ANCÊTRES — HISTOIRE ANCIENNE

Origines — Milieux telluriques
Travail — Peuples attardés — Familles, Classes, Peuples
Rythme de l'Histoire — Iranie — Caucasie — Potamie

TOME II

Phénicie — Palestine — Égypte — Libye — Grèce
Iles et Rivages Helléniques
Rome

TOME III

Orient Chinois — Inde — Mondes Lointains

HISTOIRE MODERNE

Chrétiens — Barbares — La Seconde Rome
Arabes et Berbères — Carolingiens et Normands
Chevaliers et Croisés

ÉLISÉE RECLUS

L'Homme et la Terre

La Géographie n'est autre chose que l'Histoire dans l'Espace, de même que l'Histoire est la Géographie dans le Temps.

TOME QUATRIÈME

Communes — Monarchies
Mongols, Turcs et Chinois — Découverte de la Terre
Renaissance — Réforme et Compagnie de Jésus — Colonies
Roi-Soleil — XVIIIe Siècle.

LES COMMUNES : NOTICE HISTORIQUE

Conrad III, de Hohenstaufen, fut choisi comme empereur d'Allemagne en 1138 et passa la plus grande partie de son règne à lutter contre les ducs de Bavière, Henri le Superbe (mort en 1140) et son fils Henri le Lion.

Frédéric Ier, dit Barberousse, naquit en 1123. Allié par sa mère aux Welf, il tendit, en Allemagne du moins, à atténuer les contrastes entre Guelfes et Gibelins ; il succède en 1147 à son père comme duc de Souabe et accompagne son oncle Conrad III à la deuxième croisade. Il est élu empereur en 1152 et traverse une première fois les Alpes en 1154 pour prendre la couronne lombarde, enlever Rome des mains d'Arnaldo et la remettre au pape en se faisant reconnaître empereur. Il prend Milan en 1158, la détruit en 1162, puis de répression en répression arrive à se faire battre à Legnano en 1176. Assagi par le résultat de ses six descentes en Italie, il se consacre désormais plus spécialement à l'Allemagne avant de partir pour l'Orient, dont il ne revint pas.

Henri VI le Cruel (1190-1198) épousa l'héritière du royaume normand des Deux-Siciles ; il fut le geôlier de Richard Cœur de Lion et vainquit définitivement les Welf. Philippe, frère du précédent, vit susciter contre lui par le pape un anti-roi, Othon IV, fils de Henri le Lion, et mourut assassiné en 1208. Othon IV règne ensuite seul, mais, suivant forcément la politique de ses prédécesseurs, il subit l'excommunication papale, et meurt peu après avoir été défait à Bouvines, 1214.

Frédéric II, fils d'Henri VI, naquit en 1194 près d'Ancône. Il assiste en allié du roi de France à la bataille de Bouvines, et remplace Othon IV sur le trône, 1218. Mais, dès ses premiers mouvements, il est excommunié (1227), peu de temps avant son départ pour la Terre Sainte. Il y fut plus heureux que beaucoup de ses prédécesseurs, puisqu'il entra à Jerusalem, mais ses succès ne lui servirent de rien auprès des papes, qui devenaient de plus en plus exigeants. L'empereur est à nouveau excommunié en 1239 et meurt en 1250, inconnu de la plupart de ses sujets et rejeté de beaucoup d'autres.

Conrad IV (1250-1254), son fils, eut à peine le temps de conquérir l'Italie, et son petit-fils Conradin, né en 1252, disputant Naples à Charles d'Anjou, créature du pape, est pris et exécuté à seize ans. Crime auquel répondirent les Vêpres siciliennes quelque vingt ans plus tard.

Les papes antagonistes des Barberousse sont Adrien IV (1154-1159), Alexandre III (1159-1181), puis, pendant les dix années suivantes, Luce III, Urbain III, Grégoire VIII et Clément III. Innocent III (1198-1216) est le contemporain de l'empereur Othon IV. Honorius III et Grégoire IX (1227-1241) sont les premiers adversaires de Frédéric II, puis Célestin, Innocent, Alexandre, Urbain et Clément, tous quatrièmes du nom, assistent à la fin des Hohenstaufen.

Les Albigeois sont excommuniés en 1179 et les persécutions commencent En 1208, l'assassinat du légat qui présidait aux auto-da-fé donna prétexte à la croisade. Béziers fut prise en 1209 (60,000 victimes), le Nord vainquit le Midi à la bataille de Muret (1213) et Albi ouvrit ses portes en 1215. Simon (de Montfort-l'Amaury) fut tué en 1218 sous les murs de Toulouse ; la prise d'Avignon termina la guerre.

Le douzième siècle et la première moitié du treizième furent en Allemagne l'époque des Wolfram von Eschenbach et des Walther von der Vogelweide; en France, celle des Wace, Benoît de Sainte-Maure, Villehardouin et G. de Lorris.

Combien dure était pour les communes lombardes l'âpre défense de leur liberté; chaque année, elles voyaient descendre des Alpes les chevauchées de pillards allemands, effrayants ennemis, alliés plus dangereux encore!

CHAPITRE VI

MOYEN AGE. — MARAIS ET MONTS, PROTECTEURS DE L'INDÉPENDANCE
FORMATION DES COMMUNES LIBRES. — VENISE, PISE, GÊNES
GUELFES ET GIBELINS. — LES DEUX FRÉDÉRIC. — GUERRE DES ALBIGEOIS
VILLES DU NORD DE LA FRANCE ET DES FLANDRES
HANSE GERMANIQUE. — FONDATION DES UNIVERSITÉS
CONFLITS ET DÉCHÉANCE DES COMMUNES. — ARCHITECTURE OGIVALE

Malgré les termes vagues introduits dans l'usage commun, il en est beaucoup dont le sens a graduellement changé et que l'on doit interpréter différemment suivant les époques. Un de ces mots est celui de « moyen âge » que l'on a l'habitude d'appliquer maintenant à toute la période qui sépare la chute de Rome sous les coups des barbares et l'entrée des Turcs à Constantinople. Les historiens n'ont point créé ce vocable pour lui donner une acception semblable. Il était appliqué autrefois par les humanistes à la période pendant laquelle les écrivains n'employaient plus les formes classiques de la langue parlée depuis Cicéron jusqu'au règne de Constantin, mais s'exprimaient néanmoins en phrases latines. C'est au point de vue spécial de ce langage considéré comme le seul digne de servir à l'expression de la pensée que les siècles étaient divisés en âge supérieur, en âge moyen ou moyen âge et en âge inférieur, celui qui vit l'abandon du latin comme langue usuellement écrite et la formation littéraire des langues modernes [1]. Peu à peu, par une évolution lente dans l'emploi des termes, les historiens réunirent l'âge moyen et l'âge inférieur des philologues pour en faire le moyen âge, pris dans l'acception actuelle de période d'obscurité relative, de nuit entre les deux jours de la pensée.

Vico, dans sa *Science Nouvelle*, prit les siècles du moyen âge comme exemple de ce retour des âges après l'achèvement complet d'un cycle de l'histoire, marqué par la chute de l'empire romain. D'après lui, l'humanité recommençait le cours de son existence par un état de barbarie analogue à celle des temps les plus anciens mentionnés par les légendes. Il assimile les deux phases en en comparant tous les traits de fureur et d'ignorance. Il va même jusqu'à dire que, dans ces temps « malheureux » de la deuxième barbarie, « les nations étaient retombées dans le mutisme », puisque plusieurs siècles ne nous ont laissé aucun écrit en langues vulgaires et que le latin barbare du temps était compris d'un petit nombre de nobles seulement, tous ecclésiastiques [2] !

Sans doute cette délimitation entre le *corso* des temps classiques et le *ricorso* des âges d'ignorance n'eut pas la précision qu'imagine Vico, mais du moins, pour l'Europe occidentale, répond-elle à une réalité historique de premier ordre. Pour d'autres parties de la Terre, notamment pour l'Arabie, la Perse et la Syrie, qui resplendirent soudain, animées d'une foi nouvelle puis restaurées par la connaissance de la Terre, le développement des sciences et le progrès des arts et des lettres, les mêmes siècles, ici l'âge des ténèbres, furent là l'âge de la lumière par excellence. Le moyen âge, c'est-à-dire la phase de rétraction, de souffrance et de mort apparente, n'exista que pour les chrétiens d'Europe et coïncida avec la période pendant laquelle le christianisme, sous sa forme catho-

1. Godfr. Kurth. *Congrès Scientifique international des Catholiques*, tenu à Fribourg en 1877. — 2. *Science Nouvelle*, édit. franç. de 1844, pp. 373, 374.

lique et romaine, fut accepté sans protestation, sans hérésies, de la part des fidèles occidentaux.

Compris de cette manière, le moyen âge aurait en effet commencé à

Cl. J. Kuhn, édit.

PÉRIGUEUX : LA CATHÉDRALE DE SAINT-FRONT
(voir page 66)

la destruction de l'empire romain par les barbares, au sac de Rome par les Goths et les Vandales, mais il n'a certainement pas duré jusqu'à la circumnavigation de l'Afrique ou à la découverte du Nouveau Monde par les Colomb, les Cabot, les Vespuce. Bien avant cette époque, l'Europe occidentale avait repris sa force d'expansion : elle se manifesta dans les Croisades, dans les expéditions commerciales des marchands italiens, dans les progrès des métiers et des arts, et surtout dans la constitution des Communes. L'initiative individuelle, qui ne s'accommode point de la foi naïve, de l'obéissance mystique à pape ou empereur, créait une première Renaissance, deux ou trois cents ans avant celle qui porte spécialement ce nom dans l'histoire. La période splendide des libertés communales, si énergiquement revendiquées et défendues, l'âge qui vit naître la merveilleuse floraison des ogives, des rosaces et des flèches peuvent ils être confondus sous un même terme de langage méprisant avec les temps de l'ignorance et de la grossièreté barbares pendant lesquels les peuples se reprenaient lentement à la vie ? Evidemment les historiens auront à prévenir, par une terminologie nouvelle, la confusion qu'entraîne ce mot de moyen âge appliqué improprement à deux époques différentes.

L'esprit de liberté, qui est le souffle de la vie et cherche sans cesse et partout à se faire jour, devait profiter du mouvement des Croisades. Le départ des seigneurs, avec soudards et gens d'armes, fut un grand allégement pour la plupart des sujets. Sans doute, princes, barons et vassaux avaient commencé par faire rendre aux taxes et aux impôts divers tout ce que la violence et l'astuce pouvaient extorquer à la population malheureuse ; ils laissaient leur pays appauvri, exsangue : mais ils partaient enfin : on voyait au loin disparaître leurs pennons dans le poudroiement des routes ! Et puis les maîtres n'avaient ils pas été obligés par la dure nécessité du moment à faire de belles promesses, à concéder même de réels privilèges aux manants pour qu'ils respectassent les terres féodales et les châteaux pendant l'absence des garnisons, pour qu'ils obéissent bien dévotement aux gentes châtelaines et à leurs fils encore sans épées ! Conscients des réalités qu'ils laissaient derrière eux, beaucoup de seigneurs partaient à contre-cœur, mais, cédant à l'entraînement des foules, ils prenaient quand même la tête de leur contingent.

La plèbe des campagnes, les artisans des villes eussent pu songer à venger les souffrances d'autrefois, du moins reprenaient ils partiellement leur autonomie et poussaient ils l'audace jusqu'à gérer quelque peu leurs affaires. Ainsi, pour ne citer qu'un exemple, les capitouls de Toulouse, représentant la bourgeoisie de cette ville, prirent graduellement la haute main dans l'administration de la commune durant l'absence de leur comte ; une transformation analogue s'accomplit dans toutes les autres cités de la contrée : le comté devint en fait une fédération, formée d'un grand nombre de petites républiques réunies sous l'honorifique protectorat du comte féodal. Lorsque Ramon ou Raymond V mourut en Orient, après avoir fondé le royaume de Tripoli, qu'il laissait à son fils aîné Bertran, la veuve, qui revint à Toulouse avec son jeune fils Alphonse Jourdain (n'Anfos Jordan) — ainsi surnommé d'après la rivière dans laquelle il avait été baptisé. — la veuve dut placer l'héritier sous la tutelle des capitouls et le faire élever par leurs soins. Aussi plus tard, lorsque se fit la terrible croisade à l'intérieur qui réduisit les populations du

N° 317. Pays des Frisons et des Dithmarschen.

Languedoc à la servitude, les chevaliers français du nord vengèrent-ils certainement bien moins les différences quelconques de doctrine religieuse que l'affront fait par les villes libres au pouvoir féodal.

En certaines contrées d'Europe les conditions favorables du milieu avaient permis aux habitants de se maintenir en communautés parfaitement indépendantes, inattaquables même. « Dans mon pays, dit fièrement Niebuhr, dans mon pays, chez les Dithmarschen, il n'y a jamais eu de serfs »[1]. C'est à la bonne nature qu'il était redevable de ce privilège. Si la terre des Frisons et des Dithmarschen s'est maintenue libre jusqu'au commencement du dix-septième siècle, malgré la pression des grands Etats féodaux qui confinaient au sud et au sud-ouest, c'est qu'elle était protégée par des marais difficiles à franchir, par des canaux vaseux, par des espaces coupés de fondrières, où se seraient enlizées les lourdes cavaleries des barons bardés de fer. Jaloux de rester seuls à connaître leur pays, les gens des marécages se gardaient bien d'initier à la pratique des gués périlleux les seigneurs et leurs hommes d'armes. La boue les défendait, mieux qu'ailleurs des bras de l'Océan ne protégeaient des populations insulaires.

C'est pour une raison analogue que, de l'autre côté des bouches rhénanes, les hommes des « terres neuves » de la Flandre étaient des hommes libres. Pour conquérir un sol ferme sur la mer et sur les fleuves, la « corvée » n'eût point suffi : il fallait la liberté créatrice, la franche initiative, l'intelligence et la présence d'esprit dans le travail. Les « hôtes », défricheurs et draineurs ambulants auxquels les princes féodaux de la terre ferme concédaient ces champs futurs, n'auraient pu accepter la rude besogne s'ils avaient été soumis au cens personnel et aux autres taxes qui pesaient sur les serfs, et surtout s'ils avaient eu des recors, des gens armés du glaive ou du bâton pour les surveiller dans leur travail : tout ce qu'on pouvait leur demander, c'était de promettre le paiement d'une redevance annuelle quand la terre aurait été conquise. Toute subvention préliminaire leur était inutile : qu'on les laissât libres d'agir, cela leur suffisait, la force leur était donnée par la puissance de l'association. Dans leur œuvre savante et de tous les instants, entreprise pour discipliner les éléments, ils devaient compter les uns sur les autres, se distribuer les travaux, tous également utiles à la réussite définitive, vivre dans une communauté d'efforts qui constituait une véritable république d'intérêts et d'amour mutuel. C'est par une collaboration de même nature que, bien avant les monarchies égyptiennes et assyriennes, les riverains du Nil, du Tigre, de l'Euphrate ont créé ces admirables campagnes dont les souverains absolus devinrent facilement les maîtres quand il n'y eut plus d'autre travail à faire que celui de la surveillance et de l'entretien. De

1. Jules Michelet, *Histoire Romaine*, 1 vol., p. 9.

même, lorsque les terres des Flandres, jadis périodiquement recouvertes par les eaux et dévorées en partie par une terrible inondation en 1170, eurent été asséchées, les comtes, n'ayant désormais plus de difficulté à les faire maintenir en bon état sous la direction, d'ailleurs inutile, d'intendants, de *watergraven*, *dijkgraven* ou *moormeesters*, tâchèrent de gouverner plus directement ces terres exondées; même, grâce à l'exemple qui leur avait été donné par les paysans initiateurs, ils purent accroître, çà et là, l'étendue de leurs domaines palustres : c'est ainsi que Philippe d'Alsace, au douzième siècle, fit élever la grande digue du Zwyn et se vante dans ses chartes d'avoir desséché à ses propres frais de vastes territoires[1]. Cependant la forme des anciennes républiques communautaires se conserva longtemps et s'est encore perpétuée sous le nom de *wateringen*, *wateringues*; du moins ces syndicats de paludiers ont-ils le reflet de leur passé glorieux.

D'ailleurs, lorsque ces conquérants des limons, ces créateurs de prairies et de terres arables se trouvèrent, dans leur propre pays, atteints par le pouvoir des seigneurs, ils se hasardèrent loin de leurs embouchures fluviales pour aller conquérir d'autres terres ou des estuaires étrangers. Connaissant leur force, ils ne craignaient aucune rivalité. Dès le début du XIIe siècle (en 1106), et surtout pendant les deux générations suivantes, on voit des colonies de dessécheurs et de cultivateurs flamands former des républiques itinérantes. Elles s'emparent des marais du pays de Brême, et, çà et là, des bords de l'Elbe, elles poussent jusque dans le Holstein, jusqu'aux rives de l'Oder, où maintes campagnes gardent, depuis des siècles, le système de digues et l'assolement qui leur avaient été donnés alors, et où quelques restes des coutumes et du droit flamands étaient toujours reconnaissables avant la révolution de 1848[2]. D'autres bandes pénètrent également en France : on les voit à l'œuvre sur les rives de la Somme et de la Seine, de la Sèvre, de la Charente et de la Gironde, jusque dans les Landes. De « petites Flandres » parsèment, de Dunkerque à Bayonne, tout le littoral français. En Angleterre et en Ecosse, on trouve aussi des vestiges d'établissements flamands : des noms, tel Fordd Fleming, dans le sud du Pays de Galles, des usages locaux, des parlers différents, la vie distincte de certains habitants révèlent l'origine étrangère[3].

1. H. Pirenne, *Histoire de la Belgique*. — 2. Avendt, *Des Colonies flamandes dans le nord de l'Allemagne*. — 3. Howard Read, *Journ. of the Manchester Geog. Society*, 1903.

De même que les bras de mer, les vases et les marécages, les forêts épaisses, les défilés, les rochers, les âpres montagnes et les neiges, en un mot, tous les obstacles de la nature rendant l'attaque difficile et facilitant la défense protégeaient des communautés restées libres en dépit des guerres féodales. C'est ainsi qu'au cœur de leurs hautes vallées des Alpes, les Vaudois purent se maintenir à l'écart pendant des siècles; on les y eût même oubliés si la nécessité de vivre n'eût forcé nombre d'entre eux de descendre annuellement de leurs cimes pour exercer quelque travail ou commerce fructueux dans les villes des plaines environnantes. Parmi les contrées réellement indépendantes, il en était d'ailleurs d'officiellement revendiquées par des seigneurs féodaux et qui, suivant les traités et les conventions, se distribuaient à tel ou tel maître suzerain, mais n'en formaient pas moins des groupements autonomes, bien protégés par leurs forêts et leurs montagnes, n'ayant d'autre lien de dépendance envers le personnage officiel, comte, duc ou baron, que l'hommage annuel de quelques produits de leur industrie et des formules polies de bonne amitié.

Ainsi, d'après les documents du moyen âge, la Suisse fut censée appartenir alternativement à l'empire germanique, au royaume d'Arles, puis de nouveau à l'Allemagne : en réalité, l'ensemble de la contrée se trouvait naturellement divisé en un grand nombre de gouvernements distincts, communautés de montagnards, villes libres, bourgs seigneuriaux, fiefs médiats et immédiats. Suivant que les territoires étaient plus ou moins ouverts à l'agression, ils avaient plus ou moins bien réussi à sauvegarder leur indépendance. Aussi, d'une manière générale, peut-on dire que la partie de la Suisse tournée vers les plaines allemandes fut pendant le cours des siècles celle que menaça le plus souvent l'invasion; toutefois, des écrans protecteurs garantissent quelque peu les vallées : le lac de Constance et le coin furieux du Rhin forment une barrière transversale au nord de la Suisse et, plus loin, les hauteurs du Jura souabe, étalées largement entre Rhin et Danube, rejetaient à droite et à gauche les expéditions guerrières. Les voies historiques ont dû se tracer à l'ouest par la vallée qui borde le Rhin entre Vosges et Forêt noire, à l'est par les régions des sources danubiennes. Quant au grand chemin de pénétration en Suisse que les gens du nord, commerçants, immigrants pacifiques ou soldats, pouvaient atteindre, soit indirectement en contournant les montagnes de la Germanie méridionale, soit directement en franchissant des passages difficiles, cette voie se montre nettement indi quée par la nature dans la vallée de l'Aar, qui comprend, avec ses

N° 318. Genève et la Percée du Rhône.

(voir page 12)

1: 1 200 000

0 10 30 60 Kil.

affluents et ses lacs tributaires, tout le large espace ouvert en forme de triangle entre les massifs des Alpes et les chaînes du Jura. En cette région de plaines doucement ondulées, aux prairies alternant avec des bois et des roches isolées se dressant çà et là au bord des rivières, la féodalité trouva un terrain favorable pour son extension, et l'aspect des villes et des bourgs révèle encore très clairement l'ancien état social de la contrée.

Cette Suisse champêtre, où les barons avaient solidement installé le régime aristocratique, coupait ainsi en deux la Suisse des montagnes avec ses vallées dont les populations constituaient par la force des choses autant de petites républiques, indépendantes de part et d'autre. Les combes allongées du Jura restaient séparées des vallées tortueuses des Alpes; seulement, au sud, les deux systèmes orographiques, se rencontrant en pointe à l'extrémité sud-occidentale du Léman, établissaient le raccord entre les régimes sociaux : Genève et la percée du Rhône, coin de terre si remarquable au point de vue géologique, géographique, hydrologique, l'est également à celui de l'histoire.

Un autre district de la Suisse est d'une égale importance dans la succession des événements qui ont déterminé l'équilibre actuel de l'Europe. C'est la plaine où l'Aar, sur le point de se joindre au Rhin, reçoit ses affluents des Alpes centrales. C'est en cet endroit que les Romains avaient placé leur cité militaire, Vindonissa (Windisch), où se rencontraient les routes descendues des cols alpins, et cette même position stratégique devait être également utilisée par les Germains : les ruines du château féodal de Habsburg, d'où descendit la famille impériale régnant encore sur l'Autriche, ne s'élèvent elles pas au-dessus des campagnes où s'étendait la cité romaine ? Mais, dès que la forte main de Rome eut cessé de tenir cette clef de toutes les vallées, dont elle possédait aussi les cols supérieurs et où des armées avaient tracé de larges routes, les habitants de chaque val distinct avaient repris leur autonomie naturelle : ils la gardèrent pendant les mille ans du moyen âge, car les communautés montagnardes étaient désormais assez puissantes pour résister aux attaques des seigneurs couverts d'armures, montant péniblement des plaines basses.

Ces barons, pourtant, se présentaient d'ordinaire plus en clients qu'en prétendants à la suzeraineté. Attirés vers l'Italie où tant de cités somptueuses, tant de riches industries sollicitaient les pillards, les seigneurs allemands avaient besoin des bergers de la montagne pour se faire guider à travers les rochers et les neiges ; il leur fallait payer un droit de passage par des présents, des promessese et, souvent, une part du butin dans le sac des cités lombardes. Ainsi les vallées centrales des Alpes suisses, fédérées par leurs intérêts communs qui étaient à la fois de résister à la pression germanique et de l'utiliser par un péage régulier, se constituèrent graduellement en un noyau solide, pouvant servir de point d'appui aux communautés environnantes plus menacées ou situées d'une manière moins heureuse. C'est à la fin du treizième siècle, en 1291, que l'histoire mentionne la première association formelle conclue

N° 319. Premier Noyau suisse.

1 : 1 200 000

0 10 30 60 Kil

entre les cantons « forestiers » et la commune bourgeoise de Zurich : mais bientôt il fallut conquérir en bataille cette liberté qui ne revient qu'aux forts, et, en 1315, toute une armée de chevaliers allemands vint se briser contre les pieux, les haches, les massues et les quartiers de rocs que maniaient les montagnards. Cette bataille de Morgarten commence l'histoire certaine de la Suisse, mais une histoire légendaire s'est enjolivée du mythe de Guillaume Tell, réminiscence de divinités solaires, que le patriotisme helvétique jaloux a dû pourtant finir par sacrifier, d'ailleurs d'assez mauvaise grâce.

Les Basques ou Euscaldunac, qui vivent à l'extrémité occidentale des Pyrénées proprement dites, et sur les deux versants, en Espagne et en France, sont aussi parmi les peuples de l'Europe qui durent leur longue indépendance politique et leur âpre amour de la liberté à la forme et au relief de la nature ambiante. On se demande tout d'abord pourquoi les républiques de ces montagnes ne se sont pas maintenues dans les vallées de la grande chaîne centrale. Là aussi les « universités » ou communes ont gardé pendant des siècles leur autonomie administrative, et telle ou telle coutume en désaccord avec les lois ou ordonnances des deux grands Etats limitrophes est encore de nos jours fidèlement observée; mais si, dans les grandes Pyrénées, nul groupe de communautés libres n'a pu se fédérer en une nationalité supérieure, à moins qu'on ne considère les vallées andorranes comme méritant d'être prises sérieusement pour une personnalité politique, c'est que les vallées sont adossées à une crête supérieure trop haute, trop difficile à franchir, et qu'elles sont séparées les unes des autres par des murs trop élevés :

Cl. J. Kuhn, édit.
PORTE PRINCIPALE DE FONTARABIE

chacune d'elles était pour ses habitants peu nombreux une sorte de prison où les souverains de la plaine basse pouvaient facilement les bloquer. L'unité politique n'aurait pu naître d'une série de vallées aussi nettement isolées les unes des autres et relativement si petites

N° 320. Pays Basque.

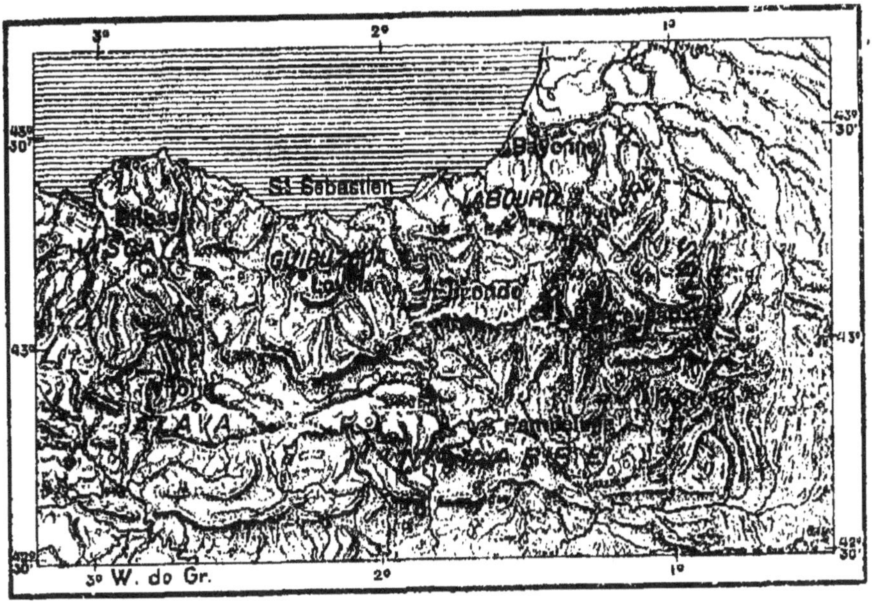

1 : 2 000 000

0 25 50 100 Kil.

La ligne de traits interrompus limite le territoire en dehors duquel on ne parle que français ou castillan.

Les « Trois Provinces » sont Guipuzcoa, Viscaya et Alava; mais elles ne contiennent que les trois cinquièmes des populations basques; la Navarre et le pays basque français (Labourd, Basse Navarre, Soule) fournissent chacun un autre cinquième. En tout, 500.000 ou 550.000 personnes utilisent l'euscaldunac.

en comparaison des grands bassins fluviaux qui les limitent au nord et au sud, la Garonne et l'Aude, l'Ebre et le Sègre.

Dans le pays basque, au contraire, les montagnes n'étaient pas assez hautes pour rendre les communications difficiles entre la France et l'Espagne, entre la mer et la dépression de l'Ebre. Les trois provinces vascongades « n'en font qu'une », ainsi que l'exprime le mot symbolique de la fédération, *Irurat-bat* ; souvent aussi elles se sont unies spontanément à la Navarre. Mœurs, passions politiques et la langue même, en ses divers dialectes, se sont conservées en évoluant d'une manière indépendante. Autrefois les Basques furent assez forts pour résister avec le même succès d'un côté contre les Sarrasins, de l'autre contre les Francs de Charlemagne ; de nos jours, quoique rattachés politiquement, sur un versant à la France, sur l'autre versant à l'Espagne, la ligne de démarcation ethnique est encore parfaitement reconnaissable entre Euscariens et gens d'autre origine, Béarnais ou Castillans.

Et l'on constate avec admiration que cette résistance s'est faite sans effort apparent, sans atteinte aux mœurs pacifiques de la population. Tandis que sur tout le pourtour de la Méditerranée, les habitants du littoral avaient dû se réfugier dans les villes en laissant la campagne déserte et s'environner d'une ceinture de murailles et de tours pour résister aux armées régulières et aux bandes de malandrins et de pirates, les familles basques ont aimé de tout temps à vivre isolées dans quelque beau site de leur pays de collines et de monts, à l'ombre d'un grand chêne, arbre symbolisant la tribu et son antique liberté. Cette belle confiance en eux-mêmes, d'où venait-elle aux Basques, sinon de la nature qui les protégea toujours ? Et cependant la voie majeure, qui, de tout le reste de l'Europe, mène dans la péninsule ibérique, passe précisément à travers ce pays euskaldunac, et si les passages fréquents de peuples étrangers n'arrivèrent pas à détruire la nationalité basque, c'est qu'on avait intérêt à la ménager, à lui demander la conduite plutôt que de se tracer une voie sanglante. Grâce à ces privilèges conférés par le sol même, certaines communes ou « universités » basques, telles Roncal et Elizondo, ont pu se maintenir avec des institutions qui étonnent par le sentiment de l'égalité personnelle et la préoccupation du bien public. Même dans les avant-monts et dans la plaine ouverte au nord, les villes béarnaises devaient au voisinage et à l'exemple des Basques de pratiquer des libertés inconnues à toutes les autres communautés urbaines de la France.

Comme la Suisse et les Pyrénées, les monts Illyriens, le Montenegro, les âpres régions de l'Albanie nous montrent des populations républicaines également déterminées dans leur formation par les traits du milieu géographique.

Partout nous constatons la même loi générale, quelles que soient les différences provenant de l'infinie diversité du développement humain dans l'espace et dans le temps. L'Europe féodale présentait, dans sa vaste étendue, mille contrastes qui avaient soit facilité, soit retardé l'établissement du pouvoir des seigneurs et la hiérarchie des fiefs.

En mainte contrée que ne protégeait ni détroit, ni forêt, ni mont, le groupe naturellement formé des villageois ou des « paysans » gardait malgré tout son droit collectif sur le sol et s'administrait lui-même : la

Cl. J. Kuhn, édit.

VILLAGE DE RENTERIA, DANS LE GUIPUZCOA

féodalité ne pouvait s'en emparer tout d'abord. De même que, dans l'ancienne Gaule, le Romain avait affaire à la cité municipale revendiquant ses fors, élisant ses consuls, invoquant ses traditions de liberté, de même, dans la Germanie, le seigneur dut souvent commencer par demander appui aux gens de la glèbe avant de pouvoir les asservir. Lorsque le souverain envoyait son lieutenant à quelque village, les cultivateurs allaient au-devant de lui, tenant d'une main des fleurs, de l'autre le poignard ou le couteau, en demandant à l'ambassadeur quelle serait sa loi, celle du village ou celle du maître [1] : dans le premier cas, ils décoraient l'envoyé de leurs fleurs et l'accompagnaient au festin d'honneur avec des chants et des cris de joie ; sinon, ils se rangeaient en bataille, défendant l'entrée de leurs cabanes. Même les légistes de Charlemagne avaient dû con-

1. F. Dahn, *Urgeschichte der germanischen und romanischen Völker*, cité dans Pierre Kropotkine, *L'Entr'Aide*, p. 178.

firmer ces droits fondamentaux de la communauté villageoise : l'autonomie se maintint quand même, et dans plusieurs contrées avec assez d'énergie pour que le groupe de paysans se chargeât de sa propre défense contre les envahisseurs, Normands, Huns ou Arabes, et qu'il se construisît des remparts pour les transformer en cités : la commune urbaine naquit ainsi pour une bonne part du développement de la commune villageoise.

Partout où des républiques urbaines naquirent, au sein de la féodalité, la ville s'établissait d'autant plus solidement dans sa liberté municipale qu'elle se composait d'un groupement de hameaux ou de quartiers ayant gardé leur personnalité comme producteurs de denrées, comme marchands et consommateurs associés. A Venise, chacun des îlots fut longtemps une communauté indépendante, acquérant à part les vivres et les matières premières pour les distribuer entre les sociétaires. De même les villes lombardes étaient divisées en quartiers autonomes. Sienne est devenue fameuse dans l'histoire par les rivalités et les alliances, les brouilles et les réconciliations des vingt quatre petites républiques juxtaposées dans la grande république urbaine. Autour de la plupart des villes du centre et du nord de l'Europe, les « voisinages » constituèrent autant de sous-municipes distincts gravitant vers le grand municipe : en Russie, chaque rue de la cité avait sa personnalité autonome [1].

L'ancienne Londres avant la conquête normande fut une agglomération de petits groupes villageois dispersés dans l'espace enclos par les murs, chaque groupe ayant sa vie et ses institutions propres, guildes, associations particulières, métiers, et ne se rattachant que d'une manière assez faible à l'ensemble municipal [2].

La cité du moyen âge normalement constituée nous apparaît comme le produit naturel de deux éléments d'association : d'abord celui des individus groupés suivant leurs intérêts de profession, d'idées, de plaisir, puis celui des voisinages, des quartiers, petites unités territoriales qui ne devaient point être sacrifiées au centre de la cité. Ainsi la ville type était à la fois une fédération de quartiers et de professions, de même que celle-ci était une association de citoyens. Par extension, des communes urbaines ou rurales s'unissaient en ligues : une confédération du Laonnais dura cent cinquante ans, et ne succombe qu'au milieu du

1. Ernest Nys, *Recherches sur l'histoire de l'Economie politique*, pp. 34, 35. — 2. R. Green, *Conquest of England*.

XIIIe siècle; la Creuse et le Lyonnais fournissent des exemples analogues.

L'histoire nous montre donc en toute évidence l'origine naturelle et spontanée des communes nées des conditions du milieu et de l'association forcée des intérêts. Pourtant des écrivains se sont laissé entraîner à une philosophie des choses vraiment trop facile, en attribuant à la volonté des princes la naissance et le développement des communes: n'a-t-on pas répété des millions de fois, ne répète-t-on pas encore que Louis VI et Louis VII, en France, furent les « fondateurs des communes »? Le fait est que parmi les pouvoirs existants qui se disputaient la possession des terres et la domination sur les hommes, il arriva souvent que l'un ou l'autre chercha temporairement son point d'appui contre ses rivaux sur les bourgeois des villes naissantes ou même sur le menu peuple des campagnes; le pape tendait à susciter des ennemis à l'empereur et aux rois; ceux-ci voyaient aussi avec plaisir se constituer des communes qu'ils pourraient opposer aux ingérences des évêques et aux révoltes des grands vassaux; enfin ces derniers aimaient à trouver au besoin l'alliance des villes contre le suzerain temporel ou spirituel. De leur côté, les communautés, urbaines ou autres, encore faibles et d'autant plus rusées, profitaient de leur mieux des dissensions qui mettaient aux prises les pouvoirs souverains.

D'ailleurs, en cet immense chaos de guerres, de sièges et d'invasions qu'était l'époque féodale, les seigneurs les plus âpres à la lutte avaient parfois besoin d'un peu de tranquillité, et cette tranquillité, ils ne pouvaient l'obtenir qu'en limitant leur propre puissance et en concédant un certain jeu au sentiment de liberté chez les jeunes, les vaillants, les désespérés. Souvent ce fut même pour eux un moyen d'accroître indirectement leur force en s'appuyant sur l'aide reconnaissante de leurs obligés, soit contre d'autres seigneurs, soit contre les évêques ou les rois, toujours redoutables, qu'ils fussent amis ou ennemis. Aussi les provinces féodales se sont-elles parsemées de villes et de villages portant les noms de Francheville, Villefranche, Villefranque. Villafranca, Borgofranco, La Sauve, Sauveté, Sauvetat, Sauveterre. Freiburg, Freistadt et autres, et chacune de ces agglomérations pouvait devenir d'autant plus prospère qu'elle avait été le refuge d'hommes plus vaillants, plus décidés à maintenir envers et contre tous, surtout contre le patron fondateur, les franchises qu'on leur avait garanties.

Les Eglises qui, par leurs moines, avaient eu en maints endroits l'initiative du défrichement, prirent d'abord une plus grande part que les seigneurs à l'institution des sauvetés : elles pouvaient se constituer ainsi assez facilement en véritables fiefs religieux. Le clergé avait cet avantage capital de fonder des asiles où les nouveaux venus, malheureux, voleurs ou même serfs, se trouvaient sous la sauvegarde efficace d'un saint universellement vénéré. Quatre croix, limitant l'espace sacré, indiquaient la protection divine, et c'est à leur abri que s'élevaient rapidement les maisons et cabanes des protégés de l'Eglise [1].

Mais si les prêtres fondaient volontiers des sauvetés, où se recrutaient pour eux des travailleurs et payeurs de dîmes, ils étaient d'autant plus hostiles à la bourgeoisie naissante des villes qui spontanément revendiquaient des franchises. A cet égard, les princes ecclésiastiques furent beaucoup plus rêches et durs que les princes laïques. C'est que les évêques avaient un système tout fait, des doctrines arrêtées ; dans le gouvernement des villes comme dans celui de l'Eglise, ils se croyaient volontiers représentants de Dieu sur la terre. Ils ne voyaient que des rebelles dans ces bourgeois qui cherchaient à faire respecter leur autonomie, et, en effet, ils ne cédaient que lorsqu'on avait sonné le tocsin pour leur courir sus. Et puis les villes épiscopales possédaient tout un ensemble d'institutions qu'on ne pouvait modifier sans le changer du tout au tout. Les évêques comprenaient fort bien l'alternative redoutable. D'ailleurs ils étaient en général plus forts que les comtes et pouvaient mieux résister à la pression d'en bas. Les cités ecclésiastiques étaient plus solidement établies que les résidences princières, grâce à l'esprit conservateur de l'Eglise, qui leur assurait la durée. Tandis que le siège du gouvernement, et par suite l'appel des ressources financières, se déplaçait fréquemment chez les princes laïques, au gré de leur plaisir ou suivant les hasards de la guerre, l'évêque officiait toujours dans la même cathédrale, recevant toujours au même lieu les offrandes qu'on lui apportait de toutes les contrées environnantes : par sa persistance, l'institution était plus puissante que l'homme [1].

Mais en dépit de toutes les oppositions, qu'elles vinssent des rois, des seigneurs ou des prêtres, la commune devait se former quand même au sein de la société féodale, puisqu'elle était l'organe de besoins nouveaux dans la vie des nations : la bourgeoisie naissait avec l'industrie et le

1. A. Luchaire, *Histoire de France*, par E. Lavisse, tome II, 2e partie, p. 340. — 2. H. Pirenne, *Histoire de la Belgique*, p. 121.

commerce. Aussi comprend-on l'expression de joie profonde et solennelle que manifeste Augustin Thierry, l'un des plus remarquables et des plus

N° 321. Sauveterre, Freiburg et autres Villes franches.

(voir page 19)

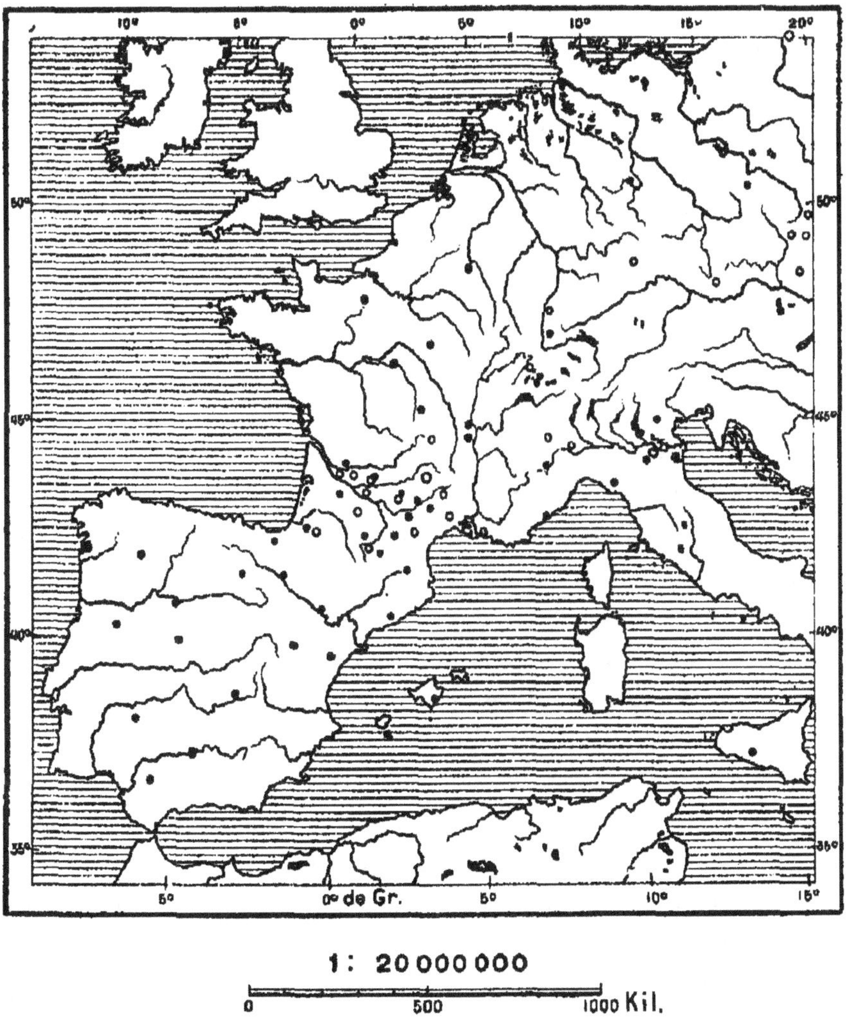

Les points noirs représentent, dans les péninsules Ibérique et Italique et les îles, des Villafranca, dans les pays de langue allemande, des Freiburg, en France, des Villefranche, trois Francheville et une Villefranque.

Les points ouverts sont en Lombardie des Borgofranco, en Allemagne des Freistadt, en Suisse l'agglomération des Franches Montagnes, en France des Sauve, Sauvetat et Sauveterre.

La carte est établie au moyen du dictionnaire Vivien de Saint-Martin, mais pour la France, le répertoire des communes et hameaux permettrait de relever une centaine de communes franches au lieu des 33 portées sur la carte.

dignes représentants du tiers état triomphant, lorsqu'il décrit l'affranchissement des premières communes françaises au moyen âge; il parle en termes presque religieux des industriels et des marchands, conscients de leur œuvre, qui furent les augustes devanciers de l'ère dont le dix neuvième siècle devait être l'époque de glorieuse floraison. Tout un appareil social nouveau se constituait au dessous de l'organisation féodale, destiné à la remplacer un jour et à donner sa force spéciale à l'ensemble de la société politique. Inutiles à ce nouvel ordre de choses qui faisait surgir les grandes villes par l'appel des ouvriers et des artisans de toute espèce et donnait au commerce une expansion toujours croissante vers les pays lointains, les seigneurs ne pouvaient s'y accommoder. La « commune », « guilde », « corps de métier » ou corps de marchands était, par sa nature même, absolument autonome : elle achetait la matière première, la mettait seule en œuvre, en vendait seule les produits. Elle avait ses arbitres pour les différends qui pouvaient s'élever entre membres, et dès qu'elle se sentait assez puissante, organisait sa milice pour se défendre contre prêtre ou roi.

Ainsi se fondaient spontanément des associations suivant les diverses professions des individus et les conditions changeantes du milieu. A cette époque de force brutale, l'organisme administratif et policier n'avait pas encore assez de souplesse pour surveiller l'homme à chaque modification de son existence et l'isoler savamment du groupe naturel des compagnons de travail avec lesquels il risquait le combat de la vie. Chaque corps de métier avait ses guildes, ses « fréries », ses « confréries » ; même les mendiants, les femmes perdues s'unissaient en sociétés de défense. Des groupements temporaires se formaient également à bord des navires, tant les affinités naturelles cherchent à se satisfaire, jusque dans les milieux les moins favorables. Dès que la nef avait mis une demi-journée de navigation entre elle et le port, le capitaine rassemblait tout le personnel, matelots et passagers, et leur tenait ce langage que rapporte un contemporain [1] : « Puisque nous sommes à la merci de Dieu et des flots, chacun doit être l'égal de chacun. Nous sommes environnés de tempêtes, de hautes vagues, de pirates et de dangers, il nous faut donc garder l'ordre le plus parfait pour mener notre voyage à bonne fin. Commençons par faire une prière, demandons un vent favorable et la pleine réussite de nos projets, puis, selon la loi de la marine, nous nommerons ceux qui devront siéger sur les bancs des juges. » C'est donc au nom de

1. Jean Janssen, *Geschichte des deutschen Volkes*.

l'égalité primitive des hommes que les marins, se sentant menacés par la mort, cherchaient à établir la justice entre eux, et c'est au nom de la même égalité qu'à la fin du voyage, les juges résignaient leurs fonctions et s'adressaient à leurs compagnons de péril : « Ce qui est arrivé à bord nous devons nous le pardonner réciproquement, le considérer comme non avenu... c'est pourquoi nous vous prions tous, au nom de l'honnête justice, d'oublier toute animosité ou rancune que l'un de nous pourrait garder contre un autre, et de jurer sur le pain et le sel de n'y point penser avec quelque idée mauvaise ». Même en débarquant, les membres de la guilde flottante tâchaient de se reconstituer en groupes nouveaux, et sur tout le pourtour de la Méditerranée chaque ville commerçante avait ses quartiers spéciaux où des colonies vénitiennes, génoises, provençales ou catalanes formaient autant de petites Venise, Gênes, Marseille ou Barcelone [1].

C'est naturellement en Italie, où le souvenir de la république romaine ne s'était jamais éteint, que le mouvement des communes libres atteignit le plus tôt une grande valeur historique. Même pendant le « premier » moyen âge, des cités autonomes n'avaient cessé d'exister. Telle fut la glorieuse Venise, qui devait d'ailleurs à la nature, comme les populations de la Frise et des Flandres, d'être protégée efficacement contre les attaques du dehors. Dès l'époque romaine l'un de ses îlots était habité, ainsi qu'en témoignent des restes de substructions anciennes, descendues actuellement au dessous du niveau de la mer. Mais lors de la migration des Barbares, surtout après la chute d'Aquilée, où venait se concentrer tout le trafic de la mer Adriatique septentrionale, les gens de la terre ferme vinrent en grand nombre chercher un asile sur le sol tremblant des îlots parsemés devant la côte basse. Les avantages commerciaux qui appartenaient à la cité du littoral passèrent à la ville qui s'était transférée en pleine eau des lagunes. « Quelles furent les causes de la grandeur de Venise »? se demande Cesare Lombroso, et la réponse qu'il se donne à lui-même tient à peine compte des conditions géographiques du milieu, qui eurent cependant le rôle majeur dans la destinée de la République. Au point de vue de la défense, d'une importance capitale dans une période de guerres incessantes, Venise n'était-elle pas également bien protégée

1. Oscar Peschel, *Geschichte des Zeitalters der Entdeckungen*, p. 13.

du côté de la terre et du côté de la mer ? A l'ouest, les lits de vase molle où se seraient enlizées des armées hostiles ; à l'est, un cordon littoral et de sinueuses passes où nulle flotte ennemie n'eût osé s'aventurer. Pour bloquer la ville, l'adversaire aurait dû commander à la fois sur terre et sur mer.

Cette parfaite sécurité de Venise la rendit d'autant plus à craindre pour l'attaque, car les marins des lagunes avaient le choix du lieu de débarquement sur les divers points de la côte intérieure et celui de la porte de sortie vers la haute mer. Considérée sous l'aspect spécialement géographique, cette ville avait l'avantage d'être près de l'issue du Pô, le grand fleuve de l'Italie septentrionale, et de plusieurs autres rivières, Adige, Brenta, Piave, Livenza, Tagliamento, dont les vallées lui ouvraient autant de chemins naturels vers les Alpes : la région de campagnes qui s'incline vers les lagunes est d'une fécondité rare, due à l'excédent des eaux qui la parcourent, et, de toute antiquité, des routes faciles la traversent dans tous les sens.

Au point de vue mondial, Venise n'était pas moins heureusement située : grâce à la forme très allongée du golfe Adriatique, elle se trouve à la fois sur le bord de la mer et projetée à un millier de kilomètres dans l'intérieur du continent ; par les longues étendues d'eau qui la rattachent à la mer Ionienne, elle appartient déjà au monde méditerranéen de l'Orient, tandis que par le voisinage des Alpes dont les cimes bleues découpent le ciel à l'horizon du nord, elle se trouve presque au pied des chemins de montagnes qui la mettent en communication avec l'Allemagne centrale, avec le triple versant de la mer Noire, de la mer Baltique et de la mer de Hollande. Tous ces avantages assurèrent d'autant mieux la suprématie commerciale à Venise qu'il n'y a point de havre naturel dans toute cette région des embouchures fluviales : pour trouver un point sûr, il fallait suivre le développement curviligne de la côte jusqu'au crochet d'Ancône. Les bouches du Pô, faisant une large saillie dans les eaux de l'Adriatique, à une faible distance au sud des lagunes de Venise, sont trop changeantes, trop encombrées de boues pour que les marins aient pu essayer de les prendre pour chemin d'accès vers les cités de l'intérieur, dès que la batellerie primitive fut remplacée par de véritables navires tirant quelques pieds d'eau.

L'Adriatique était réellement l' « épousée » de Venise, et, lorsque de la poupe du *Bucentaure*, le doge jetait son anneau de mariage dans les flots, le peuple assemblé voyait la réalité même dans cet acte

N° 322. Venise et le littoral.

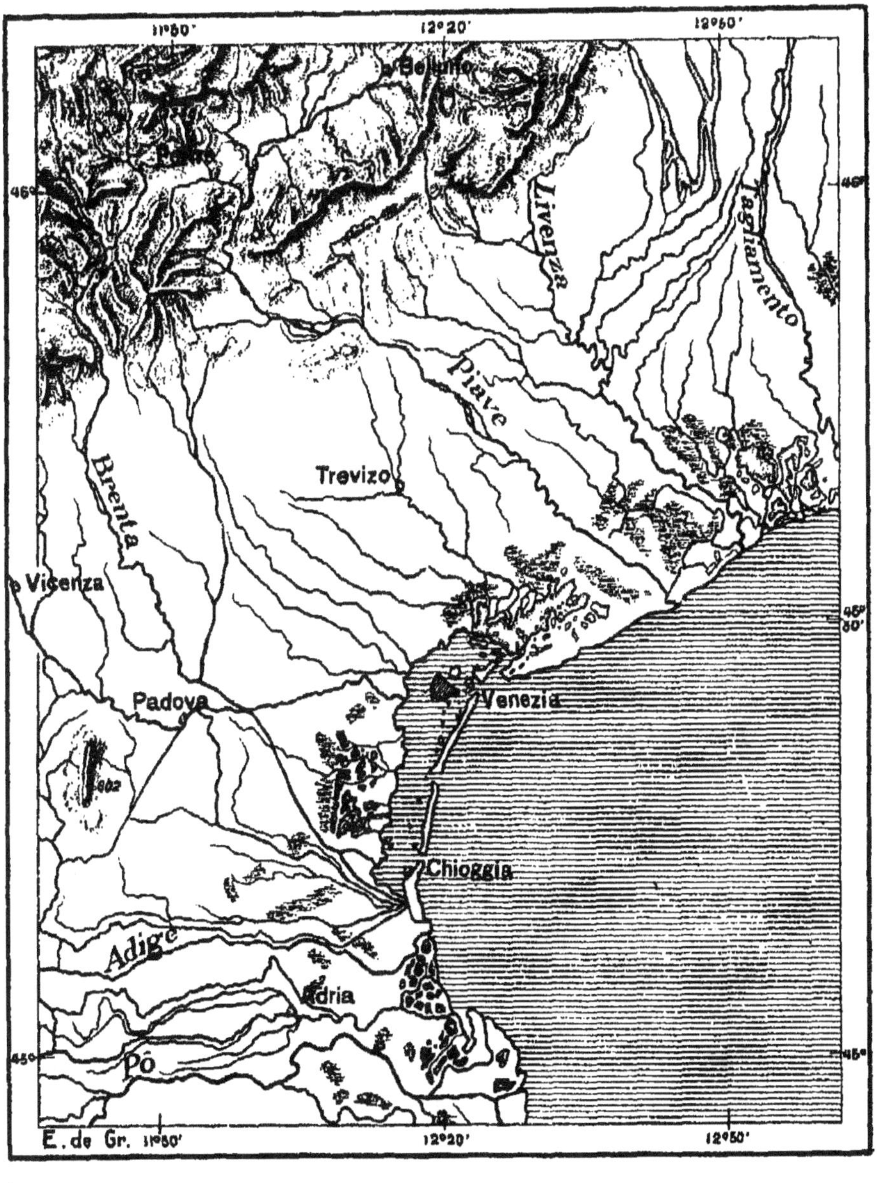

1 : 1 000 000

0 10 30 60 Kil.

symbolique. On voulut la faire, cette réalité. La république de Venise, fière de ses conquêtes sur tant de rivages lointains, revendiquait la possession de la mer elle même. Tout l'espace maritime limité au sud par la plage de Ravenne, du côté italien, et, du côté dalmate, par le Quarnero, était tenu pour mer fermée, pour domaine purement vénitien, et ses fiscaux prélevaient un impôt considérable sur toutes les embarcations qui flottaient sur cette partie du golfe. De même Gênes considérait la haute mer comme le champ de ses navires et, lors de sa plus grande puissance, prétendait ne laisser aux villes voisines que la navigation de cabotage ; elle alla jusqu'à déterminer la distance à laquelle les marins de la Provence et du Languedoc auraient le droit de s'avancer dans la Méditerranée[1].

C'est cependant un fait remarquable que Venise aux âges de sa majesté tenait fort peu à faire de grandes conquêtes territoriales : elle limitait systématiquement ses possessions sur le continent d'Europe ou d'Asie, se bornant à l'annexion d'îles, d'îlots, de forts péninsulaires qu'il lui était facile de défendre au moyen de ses flottes, omniprésentes dans la Méditerranée orientale ; elle évitait volontiers tout contact hostile avec des puissances qu'il eût fallu combattre sur terre, et, dans le cas où ses intérêts l'exigeaient, savait susciter des champions qui se battaient pour elle. Fille de la mer, puis sa dominatrice, Venise confondait son histoire avec celle des lagunes et du golfe qui l'entouraient. Les insulaires, d'abord pêcheurs et sauniers, puis commerçants pour l'expédition de leurs produits, constructeurs de navires, grâce à l'excellence et à la quantité des bois qu'ils trouvaient sur la côte de Dalmatie, avaient graduellement conquis l'hégémonie des échanges dans les escales d'Orient, et, par leurs relations avec des gens de toutes races et de toutes religions, étaient devenus de grands connaisseurs d'hommes : c'est l' « école de la mer » qui fit l'éducation de leurs diplomates si merveilleusement avisés[2].

Venise, étant la république italienne dont les marins dominaient l'Adriatique et l'entrée de la mer Ionienne, se trouvait par cela même la mieux située pour servir d'entrepôt aux marchandises de l'Orient, soit qu'elles eussent été convoyées par les Arabes ou que des Grecs les eussent apportées par terre ou par mer à Constantinople. Aussi Venise se laissa facilement aller à l'indifférence religieuse : venant de musulmans ou de chrétiens, l'argent avait pour elle valeur égale. De même l'Église ortho-

1. W. Heyd; Ernest Nys, *Un Chapitre de l'Histoire de la Mer*. — 2. Friedrich Ratzel, *Das Meer als Quelle der Völkergrösse*, pp. 58, 59.

doxe grecque lui paraissait bien valoir l'Église catholique ; c'est au onzième siècle seulement que la suzeraineté officielle de l'empire d'Orient fut remplacée pour Venise par celle du saint empire romain germanique, non moins virtuelle. L'influence de la Rome orientale fut si forte à Venise que l' « oligarchie républicaine » de l'Adriatique se modela de

Cl. J. Kuhn, édit.

ÉGLISE SAINT-MARC, A VENISE, CONSTRUITE DE 977 A 1071.

diverses manières sur la « monarchie despotique » du Bosphore. Le grec, langue du trafic en Orient, servait à nombre de Vénitiens comme le parler savant par excellence. Au neuvième et au dixième siècle, l'avènement d'un empereur ou d'un doge fournissait prétexte à l'envoi d'un représentant à Bysance : presque toujours l'envoyé était un fils de doge, et sa mission accroissait ses titres de succession à la magistrature exercée par son père. Pendant toute la période où le dogat sembla tendre à devenir héréditaire et où l'association d'un fils au pouvoir de son père devint assez fréquente, le voyage à Constantinople créait même une sorte de droit d'aînesse à celui qui avait été choisi[1]. Les choses ne

1. J. Armingaud, *Archives des Missions Scientifiques*, 2e série, t. IV, p. 328.

changèrent que lorsque les Génois, jaloux, eurent remplacé Venise dans la faveur des maîtres de Bysance, après la chute de l'Empire Latin, au milieu du treizième siècle.

Pendant les siècles de sa domination commerciale, Venise, qui posséda jusqu'à 3.300 navires montés par 36.000 marins, fut de beaucoup le centre le plus considérable de la circulation internationale des hommes et des choses. Après Gênes et les républiques ou communes privilégiées de l'Italie méridionale, elle n'avait d'autres concurrents que les cités commerciales des Flandres et de l'Allemagne; encore les bâtiments de ces villes ne servaient ils que pour le cabotage des marchandises entre les divers ports affiliés à la hanse. Blottie au fond de l'Adriatique comme une araignée dans un coin de sa toile [1], elle avait tendu son fil dans toutes les contrées du monde connu pour attirer à elle et pour répartir les produits de valeur, auxquels elle avait su ajouter les objets de sa propre industrie, surtout les velours, les draps d'or et brocarts. Venise faisait argent de tout : c'est par ses soins qu'étaient vendues aux naïfs croyants occidentaux tant d' « authentiques » reliques, provenant des tombeaux d'Orient [2].

Mais si l'aristocratie des marchands insulaires se sentait flattée de ses relations avec le fameux empereur d'Orient, elle était d'autant plus raide envers les gens du menu peuple et les habitants dès cités italiennes de la terre ferme. Jamais gouvernement ne fut plus dur et plus impitoyable, plus « fermé »: tel était l'accès des lagunes, tel était le cœur de son gouvernement. A moins d'une faveur spéciale, justifiée par de grands services rendus, nul étranger ne pouvait être domicilié à Venise qu'à la condition d'épouser une Vénitienne, et l'espion l'accompagnait partout. Le commerce était un monopole des seigneurs et les bourgeois ne pouvaient trafiquer qu'à des conditions très onéreuses. La plupart des marchandises que portaient des navires étrangers étaient ou prohibées ou confisquées, et, quand on consentait à en tolérer l'entrée, les importateurs devaient payer un droit égal à la moitié de la valeur. Les villes du continent soumises à la République ne pouvaient expédier leurs produits qu'en les faisant passer par la métropole, qui percevait de très forts droits de transit. Dans les colonies telles que la Crète, toutes les fonctions étaient confiées à des Vénitiens notables; de

1. Guillaume de Greef, *Essai sur la Monnaie, le Crédit et les Banques*, Ann. de l'Inst. des Sc. Soc., 1900. — 2. Fr. Cosentini, *Grandeur et Décadence de Venise.*

même, lorsque le gouvernement jugeait opportun de confier au commerce la direction d'une flottille, il prenait soin de choisir les capitaines et de régler le service du bord de la façon la plus minutieuse : l'œil de la police suivait les navigateurs jusque dans les ports des Flandres. Enfin, comme toutes les communautés de marchands, comme l'ancienne Carthage, Venise était d'une jalousie féroce pour le monopole des industries qui faisaient sa richesse. L'ouvrier émigré qui travaillait de son métier au profit d'un autre peuple était d'abord invité à revenir; s'il refusait, le poignard en avait raison[1] : ainsi le décrétait une des lois secrètes déposées dans la cassette de fer. Quant aux affaires d'argent, les Vénitiens les prenaient fort au sérieux, si bien qu'en 1369, ils gardèrent en gage la personne d'un empereur de Bysance, Jean V : celui-ci ne recouvra la liberté qu'après avoir reçu de son fils le montant de sa dette, extorquée aux habitants de Salonique[2]. C'est par un grand instinct de vérité que Shakespeare choisit la république de Venise pour y dramatiser ce fait terrible que l'intérêt et le capital, à défaut d'argent comptant, se paient par la chair et le sang du débiteur. Ce n'est point là une pure fiction; la coutume féroce fut certainement en vigueur, puisqu'une trace en apparaissait encore au commencement du dix-neuvième siècle dans une loi de Norvège « permettant au créancier d'amener son débiteur devant le tribunal et de lui couper ce qui lui plairait sur son corps en haut ou en bas ».[3]

Venise ne perdit son rang que lorsque les voies de l'Océan se furent ouvertes devant les Diaz et les Colomb: aujourd'hui, dans son voisinage, c'est un port en eau profonde, Trieste, qui joue le rôle autrefois assigné à la cité du Lido, en attendant que celle-ci, qui n'entend point abdiquer, se soit conformée aux nécessités de la navigation moderne.

Les autres grandes républiques maritimes d'Italie, Amalfi, Pise, Gênes, durent également à leur position géographique heureuse l'importance de leur trafic, et, par une conséquence naturelle, leur puissance politique. Mais Pise succomba vite; la nature s'allia contre elle, puisque les alluvions de l'Arno et du Serchio comblaient graduellement le port; à la fin du quatorzième siècle, les Pisans fortifièrent le village de Livorno, où leurs navires pouvaient trouver un abri, mais ils agirent sans l'audace néces-

1. Daru, *Histoire de Venise*. — 2. Milenko R. Vesnitch, *Le Droit international dans les Rapports des Slaves méridionaux au moyen âge*, p. 39. — 3. Guillaume de Greef, *Essai sur la Monnaie, le Crédit et les Banques*, p. 50.

saire et laissèrent à d'autres le soin de faire prospérer la cité nouvelle.

On remarque, à la simple vue de la carte, la position similaire que Gênes occupe, relativement à Venise, dans l'équilibre commercial de la péninsule Italique. L'une et l'autre cités se sont fondées vers la courbe la plus avancée de leur golfe, de manière à devenir des foyers de convergence pour le plus grand nombre possible de voies continentales : Gênes, aussi bien que Venise, était un lieu d'expédition et de répartition tout désigné pour un cercle très étendu. Mais lorsque la ville ligurienne était dépourvue d'un outillage de digues et de brise-lames, elle était librement ouverte sur la mer et recevait en plein la houle et les vents du large, de même qu'elle était exposée aux attaques d'une flotte ennemie. Au point de vue mondial, elle avait un autre désavantage d'importance majeure : elle communiquait beaucoup moins facilement avec le versant septentrional des Alpes. Les marchands génois franchissaient d'abord les Apennins, puis, au delà des plaines lombardes, avant d'atteindre les pentes qui descendent vers la Germanie, avaient à s'engager dans des défilés beaucoup plus élevés et plus difficiles que ceux utilisés par Venise.

La route la plus fréquemment suivie par les bandes germaniques était celle du Brenner (1.372 m.). De 144 expéditions entreprises à travers les Alpes par les souverains allemands durant le cours de l'histoire, 66, près de la moitié, choisirent cette voie. Pendant les trois siècles qui s'écoulèrent de 950 à 1250, quarante trois armées descendirent en Italie par le Brenner : mais, partis d'Innsbruck, les envahisseurs du nord ne s'engageaient pas dans les profondes gorges où rugit le torrent en aval de Sterzing, l'ancienne Vipitenum, sur la rivière Eisack ; ils gravissaient le col de Jaufen (2.100 m.), d'où ils redescendaient à Meran, sur l'Adige. Ce nom de Jaufen, autrefois Jauven, rappelle le nom latin, Mons Jovis, et témoigne de la fréquentation de ce passage du temps des Romains. De Trente à Vérone, le chemin principal ne longeait pas l'Adige, mais suivait une vallée parallèle, située à l'est, le beau val Sugana[1].

Ainsi les destinées des deux cités se trouvaient écrites d'avance pendant cette période qui avait fait échoir aux républiques italiennes le rôle de courtier entre l'Inde et l'Europe occidentale. Gênes ne pouvait être encore ce port de l'Allemagne qu'était Venise et que les souterrains

1. A. Hedinger, *Handelsstrassen über die Alpen in vor und frühgeschichtlicher Zeit*, Globus, 15 sept. 1900.

percés à travers les Apennins et les Alpes ont depuis assuré au grand port de la Ligurie. Mais, n'ayant qu'une faible part du commerce de l'Europe centrale, Gênes avait d'autant plus cherché à se procurer d'autres monopoles. Par de nombreux traités conclus avec les villes rivales de la côte de Languedoc et de Provence, elle s'était assuré le rôle d'intermédiaire obligé pour les échanges des régions françaises avec toutes les contrées situées à l'orient de son méridien, notamment avec la Sicile : c'est elle aussi qui, en Italie, devait le plus se tourner du côté de l'Océan, et l'on sait que, déjà au commencement du douzième siècle (1102-1104), Gênes prêta sa flotte à Henri de Portugal pour sa croisade sur la côte d'Afrique[2]. Pour les échelles du Levant, Gênes, à peine plus éloignée que

N° 323. Route du Brenner[1].

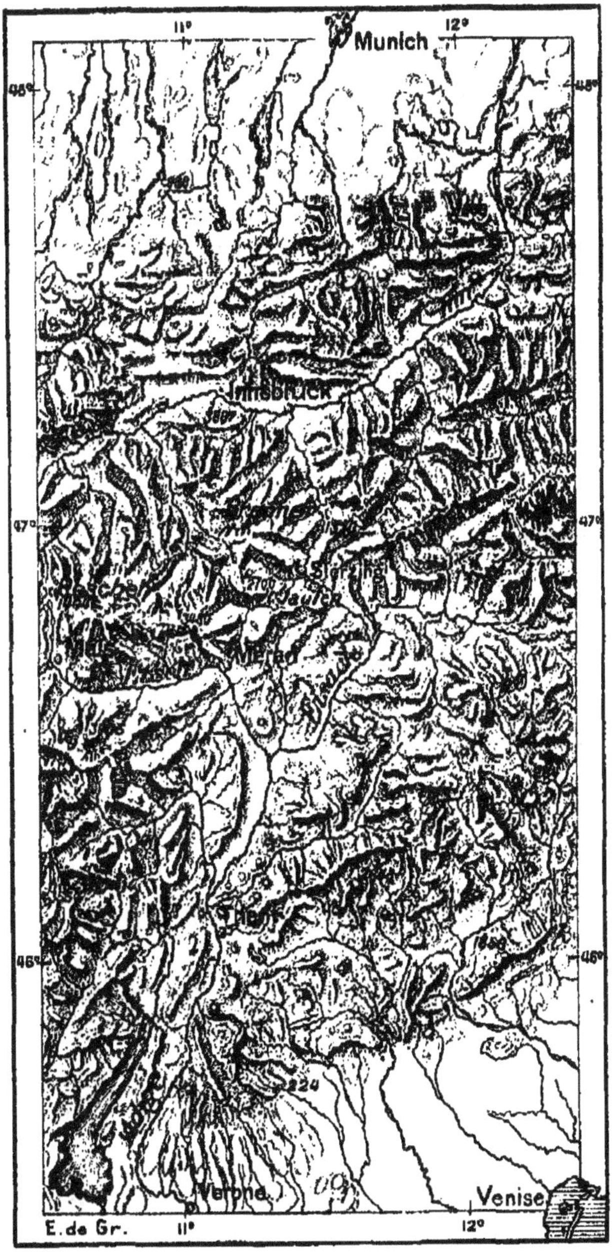

1. La Carte est à l'échelle de 1 à 2.000.000. — 2. Sophus Ruge, *Topographische Studien zu den portugiesischen Entdeckungen auf den Küsten Afrikas.*

Venise de ces lieux de marché, puisque l'une et l'autre avaient à faire passer leurs flottes par la mer Ionienne, tâchait de se rendre indispensable aux empereurs de Bysance, et, par un traité formel conclu en 1261, le monopole commercial de la mer Noire lui fut concédé. Kaffa, la Théodosie des Milésiens, devint une seconde Gênes, comme elle avait été une seconde Milet, et fut alors le principal marché de l'Orient, le point d'attache des routes « génoises » pénétrant au loin vers les plaines de la Russie et jusqu'en Iranie, par les passages caucasiens.

Dans l'intérieur de l'Italie, d'autres cités populeuses avaient également grandi au confluent des routes historiques. C'est en Toscane, dans les bassins de l'Arno et du Serchio, dans la riche Lombardie et les contrées voisines, que se constituèrent ces communautés républicaines, faibles par l'étendue de leur territoire, mais si fortes par l'énergie des initiatives, par la vaillance et le dévouement des citoyens à leur idéal ou à leur parti. Ce fut une merveilleuse époque, à laquelle la société moderne doit prendre souci de rattacher directement ses origines, mais qui eut le tort de chercher un modèle plutôt dans l'histoire que dans sa propre expérience. Comme Arnaldo de Brescia, chaque ville italienne, essayant de se dégager du pouvoir féodal, regarda vers le passé de la Rome antique pour y trouver ses enseignements, pour instituer des consuls et tribuns chargés de défendre la liberté des citoyens contre toute attaque. Cette renaissance des municipalités se fait dans le sens du sud au nord, reprenant le chemin que l'influence de Rome avait suivi douze ou quinze cents années auparavant : au commencement du douzième siècle, toutes les villes de l'Italie du nord se sont ainsi érigées en autant de Rome, mais toutes donnant à l'élément populaire une part plus importante que la cité des Sept Collines.

Combien dure devait être pour ces communes récentes l'âpre défense de leur liberté ! Les villes de la Lombardie n'avaient pas l'avantage d'être bien abritées comme Venise et Gênes, l'une par les terres inondées de son rivage, l'autre par le rempart des Apennins : moins favorisées que les cités de la Toscane, toutes défendues par des rideaux de montagnes, de collines, de régions forestières, elles ne possédaient pas même une butte de terre où dresser leur citadelle ; mais, assises dans la plaine rase, elles n'en essayaient pas moins de vivre à leur guise et, sentant leur force grandir par le travail, apprenaient quand même à se faire respecter ; pourtant le danger renaissait sans cesse. Chaque année, Milan,

Pavie, Crémone voyaient descendre des Alpes les chevauchées des pillards allemands, effrayants ennemis, alliés plus dangereux encore !

Il est vrai que toutes ces communes libres auraient pu se fédérer contre les ennemis du dehors et leur présenter ainsi un front inatta

N° 324. Villes Lombardes.

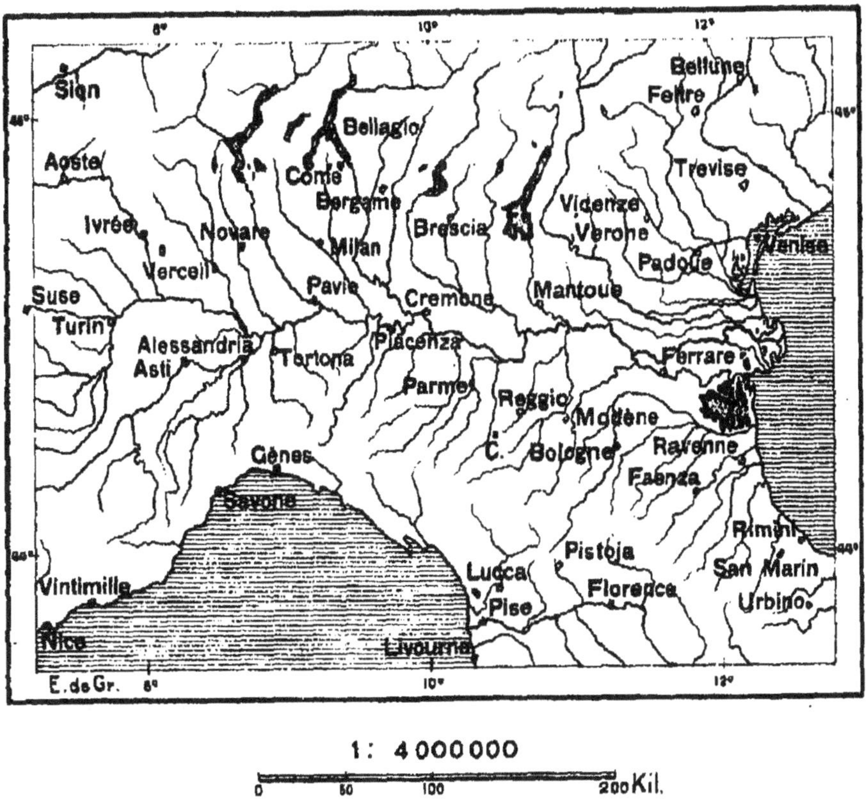

Au sud-ouest de Reggio, C. indique l'emplacement du château de Canossa. Legnano se trouve au nord-ouest de Milan, à moitié chemin de la pointe méridionale du lac Majeur.

quable. Sous la pression des événements, des ligues partielles ou générales se firent souvent entre les cités lombardes, mais que de fois aussi, malgré le péril imminent, restèrent-elles désunies, ou même se déchiraient-elles, sacrifiant l'avenir à la satisfaction de leurs haines immédiates ! Le citoyen ne voyait guère au delà de sa propre cité et, souvent, dans la cité même, il ne se souciait que de son parti, du groupe des familles qui détenaient ou ambitionnaient le pouvoir. De là, des dissensions continuelles, des luttes et des vengeances qui faisaient des plus belles campagnes de l'Europe un immense champ de bataille et que la fureur immortelle du Dante devait poursuivre jusque dans les cercles de l'Enfer. Mais toutes ces multiples guerres des républiques italiennes, déplaçant incessamment leur centre de gravité, n'étaient que des épisodes dans la lutte séculaire qui mettait aux prises le pape et l'empereur, l'Europe centrale et le Midi. Les rivalités de famille à famille, de commune à commune, se fondaient dans la grande rivalité entre « Guelfes » et « Gibelins ».

Ces noms fameux, qui devaient être répétés surtout dans la riche Italie, rendez-vous de tous les pillards allemands, avaient pris leur origine dans les États germaniques. « Guelfes », tout d'abord, furent les partisans de la famille Welf dont les immenses possessions, en un tenant ou par enclaves, s'étendaient de la Baltique à la Méditerranée, et dont le représentant, Henri le Superbe, duc de Bavière, avait compté, en 1138, devenir le successeur de Lothaire au trône de l'empire. « Gibelins » furent ceux qui suivirent la fortune de son rival, le Waiblinger ou seigneur de Waibling, duc de Souabe, Conrad de Hohenstaufen. Ces deux mots, nés ainsi d'une simple compétition de candidats à l'empire, finirent par prendre une signification générale : on vit dans les Guelfes autant d'ennemis de l'empereur et d'amis du pape, tandis que les Gibelins furent considérés comme les adversaires du pontife de Rome, les partisans de l'empire et de l'autorité laïque. Mais dans ce remous formidable de guerres civiles et générales entre prêtres, rois et communes, les engagements pris, les traités et les alliances n'avaient que la valeur d'un jour et la mêlée des partis se modifiait incessamment. Au début même du conflit entre Guelfes et Gibelins, ne vit-on pas le pape se faire le champion de ces derniers contre sa propre cause? Et quant aux républiques italiennes, n'ayant d'autre souci que leur liberté propre, n'étaient-elles pas toujours aux aguets pour savoir de quel côté elles avaient le plus de chance de se défendre ou de s'agrandir? « Les Italiens, dit un mémoire du moyen âge, les Italiens voulaient toujours deux maîtres, pour n'en avoir réellement aucun. » Politique ingénieuse sans doute, mais politique lâche qui s'accommodait de toutes les bassesses, de toutes les trahisons, et devait fatalement aboutir au double asservissement des citoyens, au pape aussi bien qu'à l'empereur.

Mais les cités eurent de grands jours. Même le plus fameux des Césars allemands, Frédéric Barberousse, celui qui, dans la légende, personnifie par excellence l'empire germanique et qui, dans la réalité, affirma le plus énergiquement le droit divin des empereurs, maîtres à la fois spirituels et temporels, ce chevalier toujours armé ne fut pourtant pas assez fort pour vaincre la résistance des cités italiennes ; il dut une première fois (1155) passer devant Milan sans en tenter l'assaut, puis, après l'avoir enfin prise et avoir fait le simulacre de la restituer à la campagne par le labour de ses ruines (1162), il eut l'humiliation de lui voir redresser ses édifices et ses remparts, tandis qu'une place forte, Alessandria ou Alexandrie, ainsi nommée en l'honneur du pape et construite d'après les procédés techniques les plus savants, s'élevait dans les plaines du Piémont, au foyer stratégique des principales routes militaires. Ces bourgeois méprisés appliquaient contre lui un art de la guerre supérieur au sien. Son armée s'étant fondue, il dut s'enfuir sous un déguisement, au risque, dans les défilés de Suse, d'être pris au passage. Entreprenant une nouvelle campagne, il vient se heurter contre les troupes des communes, groupées autour du grand char de bataille, du *carrocio* somptueux où flottait l'étendard des hommes libres, et subit, à Legnano (1176), une telle défaite qu'il n'en reprit plus désormais le chemin de la Lombardie. Il dut signer la paix, et dans l'église de Saint-Marc à Venise, s'incliner devant Alexandre III, baiser son pied tendu, vingt ans après avoir tenu l'étrier à Adrien IV.

Bibliothèque Nationale. Cabinet des Estampes.

BARBEROUSSE

Un des successeurs de Barberousse, Frédéric II, qui fut élu au début du treizième siècle, reprit la lutte contre les cités lombardes, avec moins de fougue mais avec plus de science, et l'on put un instant croire à sa victoire finale; il succomba pourtant. Mais, tout en luttant contre les communes qui cherchaient à s'émanciper complètement de sa tutelle, il n'en était pas moins, dans une large mesure, le représentant du monde civilisé de l'Italie contre la barbare Allemagne; de même, tout en prenant part aux croisades comme s'il était animé de la foi chrétienne, il pratiquait la tolérance à l'égard de ses sujets mahométans et se gérait presque en Oriental, dépouillant tous ses préjugés héréditaires d'Allemand et de catholique. Aussi dut il à son tour entendre la Croisade proclamée contre lui, et la lutte qu'il eut à soutenir contre le pape fut moins d'un rival que d'un hérétique. On lui attribua même des publications blasphématoires contre le culte officiel, contre ses saints, contre ses dieux. Homme intelligent et instruit, il étudiait sur le cadavre les organes du corps humain; prosateur et poète, il parlait et écrivait toutes les langues de son empire, l'arabe et le grec, l'italien et le provençal aussi bien que l'allemand.

En Sicile, dans l'Italie méridionale, sa politique fut la continuation de celle qu'avaient dû suivre les comtes normands. Ces conquérants, faiblement accompagnés, étaient trop peu nombreux pour ne pas avoir à tenir compte de tous les éléments politiques et nationaux qui s'équilibraient dans le pays : ils en conservèrent la balance, et, comme l'avaient fait les Arabes avant eux, respectèrent absolument la liberté religieuse, au grand scandale des chrétiens fervents. Au douzième siècle, la Sicile offrait un spectacle unique, admirable, celui d'une contrée dont tous les habitants adoraient le dieu qui bon leur semblait. L'autonomie administrative était sauvegardée chez les Arabes et les Berbères, chez les Juifs et les Grecs, aussi bien que chez les indigènes siciliens. Grâce à la liberté, ces éléments si divers, qui auraient pu alimenter d'âpres guerres civiles, n'entraient pas en fermentation de lutte, et le pays développait en paix son industrie et ses richesses : les Grecs y introduisirent la sériciculture : d'autres étrangers y apportèrent leurs professions et leurs métiers. Il est probable que la boussole, quelle qu'en soit l'origine première, locale ou d'importation étrangère par l'intermédiaire des Arabes, parvint dans les mers siciliennes à voir son usage généralisé. Le mot même est un vocable sicilien qui signifie *caissette en bois*. Quant à la marque de la fleur de lys, gravée, encore de nos jours, sur le cadran de la boussole, elle ne put être apposée que dans le domaine des Deux-Siciles, gouverné à la fin du treizième siècle par des princes de la maison d'Anjou, mais l'usage de cet ornement n'implique point

N° 325. Empire de Frédéric II.

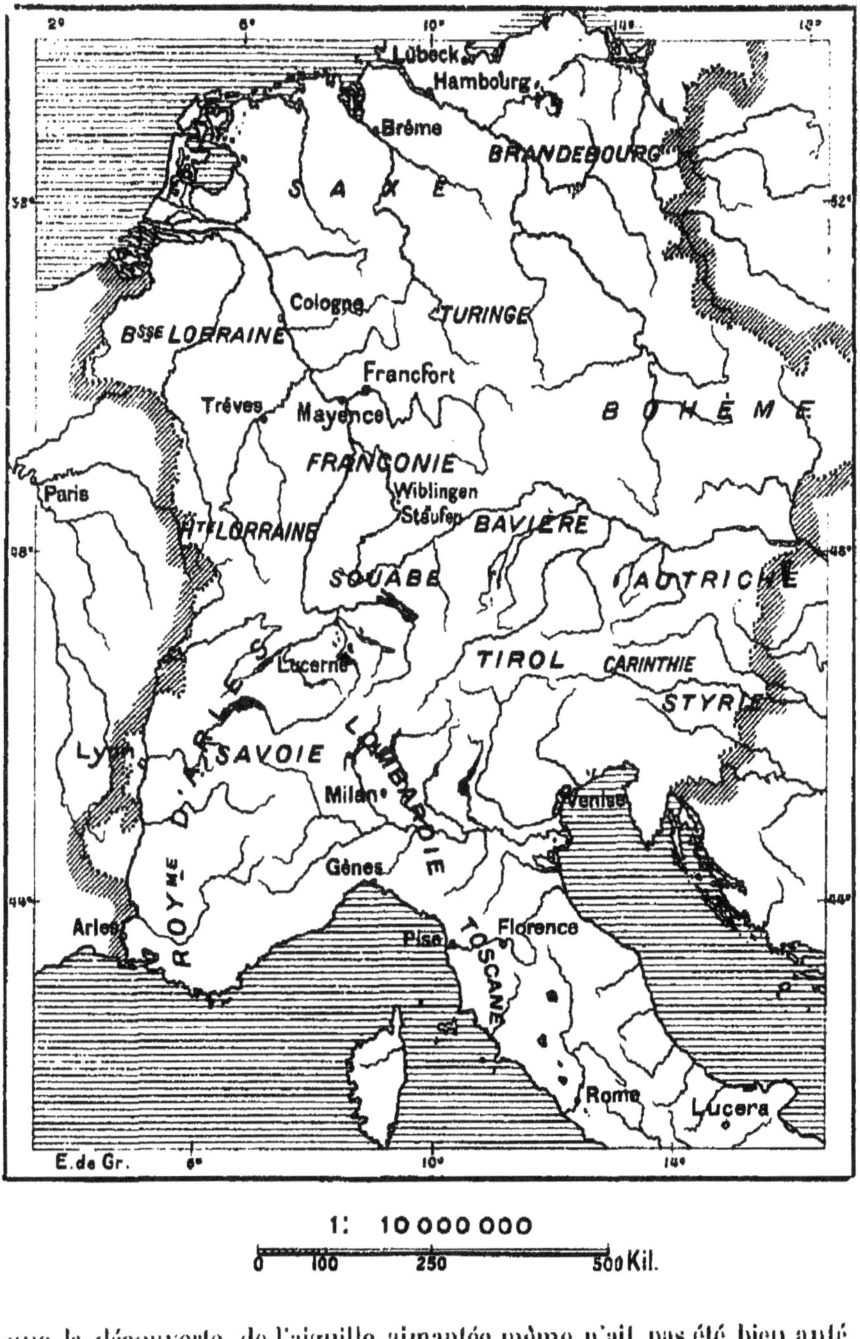

que la découverte de l'aiguille aimantée même n'ait pas été bien anté-rieure. La première mention d'un navire se dirigeant par la boussole date de 1294 : à cette époque, le vaisseau le *Saint-Nicolas*, de Messine, avait à bord deux « calamites » ou « aiguilles de mer », avec leur appareil [1]. La légende d'un prétendu inventeur de la boussole, natif d'Amalfi, ne repose sur aucun document de l'époque et s'explique par une méprise de commentateurs modernes.

Frédéric II, vivant en prince oriental dans sa ville napolitaine de Lucera, dont il avait fait une industrieuse cité sarrasine, affectait un genre de vie qui devait en faire un véritable monstre aux yeux des chrétiens fanatiques. Un éléphant portait son étendard impérial, symbolisant ainsi le monde étranger à l'Europe, duquel il se réclamait. Malgré les ressources considérables que lui valaient ses domaines méditerranéens, il se trouvait en des conditions très difficiles, d'autant plus que son empire était géographiquement scindé : sa résidence dans l'Italie méridionale se trouvait beaucoup trop en dehors du centre naturel de l'empire pour que la désorganisation ne se mît pas dans l'ensemble du grand corps : Rome et les villes lombardes que l'empereur allemand rencontrait sur son chemin s'ajoutaient souvent au multiple rempart des Alpes pour empêcher ou retarder sa marche. Le monde germanique et son maître officiel étaient si éloignés l'un de l'autre que les populations allemandes apprirent à se passer de leur gouvernement, et les cités commerçantes en profitèrent avec le plus grand zèle pour assurer leurs franchises et la liberté de leurs relations entre elles. Mais il était impossible que par contre coup l'empereur ne subît affront ou dommage. En effet, après la défaite et la mort de Frédéric II (1250), la race des Hohenstaufen, condamnée dans ses représentants à la vie d'aventures, finit par s'éteindre misérablement, et le pape, victorieux dans une lutte qui durait depuis deux cents ans et voulant extirper l'hérésie qu'avaient tolérée les princes allemands, confia la domination des « Deux Siciles » à l'âpre et mauvais Charles d'Anjou : il attendait de ce roi des services analogues à ceux que son oncle, le monarque français, avait déjà rendus lors de l'écrasement des Albigeois.

Les anciennes provinces latinisées de la Gaule méridionale, de Marseille à Toulouse, moins souvent parcourues par les barbares que les plaines du Nord, s'étaient assez bien défendues contre les brutalités

1. Ch. de la Roncière, *Un Inventaire de Bord en 1294*. Bibliothèque de l'École des Chartes, 1897.

féodales. Grâce à leurs antiques privilèges urbains, à leur organisation municipale appuyée sur une longue tradition, et souvent aussi grâce à de fortes murailles et à leur vaillance, les citoyens des villes du Midi avaient maintenu et développé une civilisation très supérieure à celle de la France septentrionale; ils avaient également profité du commerce des Arabes pour renouveler leurs arts, accroître leurs connaissances et devenir en Europe des initiateurs pour les sciences et pour les travaux de la pensée. Leur belle langue, qui devait bientôt déchoir pour des siècles à la condition de patois, était l'une des plus élégantes et des mieux formées entre les idiomes romans, et, même en dehors des contrées toulousaines et provençales, prenait une sorte de préséance : on pouvait s'attendre à ce qu'elle succédât au latin comme langage des lettrés. Les « hérésies », ou ce que les catholiques appelaient ainsi, ayant ouvert les intelligences, on osait discuter, dans les châteaux et même sur les places publiques, les dogmes et les croyances, et l'on avait pu assister à de véritables conciles de la pensée libre ou s'affranchissant à demi.

Cabinet des Estampes.

TOURNUS. FAÇADE DE L'ÉGLISE SAINT-PHILIBERT

Ce qui devait nuire aux villes du Midi dans leurs tentatives d'émancipation complète, c'est qu'elles regardaient vers le passé, comme la Rome d'Arnaldo de Brescia : elles donnaient trop d'importance à leur organisation urbaine municipale, se complaisaient orgueilleusement dans le formalisme traditionnel de leurs cérémonies et n'étaient pas animées de l'esprit nouveau que les intérêts communs de l'industrie et du commerce donnaient aux villes de l'Italie lombarde et à celles du nord de l'Europe. La vie moderne ne put se produire avec assez d'élan dans ce milieu encombré des ruines de la civilisation romaine. D'ailleurs, si la féodalité affectait dans le midi des Gaules un caractère moins brutal que dans le reste du pays, c'était toujours le pouvoir de quelques-uns ayant des intérêts personnels absolument contraires à ceux de leurs sujets et disposant de grandes ressources en argent s'ajoutant à leur prestige.

Un autre fait, d'ordre géographique, contribua également à diminuer la force de résistance des populations du Midi. Elles ne présentaient pas un ensemble bien disposé pour la défense ; au contraire leur domaine était des deux côtés, de l'est et de l'ouest, complètement ouvert aux attaques du dehors, et, vers son milieu, il se trouvait tellement rétréci que les communications devenaient difficiles entre les défenseurs mêmes du pays. Du côté de la Provence et du Nimois, la vallée du Rhône, et, du côté de la Guyenne, la vallée de la Garonne formaient de véritables entonnoirs dans lesquels pouvaient s'engouffrer les envahisseurs, tandis qu'à moitié distance de ces deux larges portes, le seuil qui réunit les campagnes de la basse Aude à celles de l'Hers, dans le bassin garonnais, se réduisait à un véritable défilé : Toulousains et Albigeois, séparés eux-mêmes par des chaînes secondaires, ne pouvaient aller secourir les Biterrois, ni, à l'occasion, être secourus par eux. Le relief même du sol, longtemps protecteur des Méridionaux lorsque l'attaque était désordonnée, proclamait, pour ainsi dire, la future victoire de la France du nord. Le grand massif des hautes terres, qui s'avance en pointe vers le sud, ne laissant aux gens du Languedoc qu'un étroit chemin de ronde entre les Cévennes et les avant-monts pyrénéens, montre rétrospectivement quelle devait être l'issue de la guerre dite des « Albigeois ».

Aux premières menaces de l'orage que la colère du pape et des moines contre les hérétiques allait amasser sur le midi de la France, le peuple naïf commença par mettre sa confiance dans le prince suzerain, s'imaginant que celui-ci représentait en sa personne tous les intérêts, tous les vœux de ceux qui lui rendaient hommage ; mais, ici comme en tant d'autres lieux, le premier traître à la cause des populations du Midi fut précisément l'homme chargé officiellement de la protection commune et du salut de tous. Raymond V, le comte de Toulouse, effrayé de l'avenir et des menaces du clergé, fit appel aux moines de Cîteaux pour défendre l'orthodoxie contre ses propres sujets, puis, reconnaissant « l'impuissance du glaive spirituel », fit appel au « glaive matériel » des rois de France et d'Angleterre. Il devait être servi à souhait et, comme après tout, il ne voulut point consentir à être dépouillé de ses Etats, il y gagna d'être excommunié « comme hérétique et fauteur d'hérétiques ».

Après lui, son fils Raymond VI, tenaillé par la frayeur, employa son règne à désorganiser la résistance de ses peuples contre l'étranger, et naturellement ne recueillit, pour prix de ses lâchetés, que la honte suprême d'avoir à se faire l'exécuteur des hautes œuvres au service de ses vainqueurs. Une ligue des communes de Languedoc et de Provence eût, certes, offert une résistance autrement efficace s'il ne lui avait fallu compter avec les faiblesses, les hésitations et les mensonges de leurs déplorables suzerains.

Musée du Prado.
AUTO-DA-FÉ PRÉSIDÉ PAR SAINT-DOMINIQUE DE GUZMAN
peint par P. Berruguete.

Le violent pontife Innocent III n'avait point à ménager un Raymond VI. La persécution des hérétiques fut officiellement organisée à Toulouse même, devant la résidence du comte, et deux moines de Cîteaux, nommés « juges des hérésies », devinrent les véritables maîtres de la cité : ce furent les premiers inquisiteurs, ceux qui fondèrent, pour une période de plus de six siècles, l'effrayant tribunal des cachots, des tortures et des bûchers. Aux moines armés du glaive spirituel, vinrent se joindre le légat du Pape, Pierre de Castelnau, et le missionnaire fanatique, « frère Domingo » ou Dominique, chanoine d'Osma, « le plus humble des prédicateurs », disait-il, mais un de ceux qui parlèrent le plus haut au nom de la volonté divine. Ce premier des dominicains fut avant tout un maudisseur. Les calembours, les coïncidences fortuites de noms eurent toujours une grande part dans les impressions que reçoit la foule et qui fixent pour longtemps ses légendes. Ainsi le chien symbolique des dominicains — *Domini canis* — justifiait dans l'imagination populaire les aboiements et les furieux assauts des moines blancs contre tous les hérétiques, de même que Pierre était réputé le fondateur de l'Eglise parce que tout édifice repose sur une « pierre d'angle » : *Tu es Petrus et super hanc petram ædificabo.*

Mais l'œuvre de purification n'avançait pas assez vite. C'est alors, en 1207, qu'Innocent III fulmina sa dernière menace contre Raymond, admirable exemple du langage diplomatique de l'époque : « Si nous pouvions ouvrir ton cœur, nous y trouverions et nous t'y ferions voir les abominations détestables que tu as commises. Mais parce qu'il paraît plus dur que la pierre, on pourra difficilement y pénétrer en le frappant avec les paroles du salut... Cependant, quoique tu aies péché grièvement, tant contre Dieu et contre l'Eglise en général que contre nous en particulier, nous t'avertissons et nous te commandons de faire une prompte pénitence, proportionnée à tes fautes, afin que tu mérites d'obtenir les bienfaits de l'absolution. Sinon, comme nous ne pouvons laisser impunie une si grande injure faite à l'Église et même à Dieu, sache que nous te ferons ôter les domaines que tu tiens de l'Eglise, et, si cette punition ne te fait pas rentrer en toi-même, nous enjoindrons à tous les princes voisins de s'élever contre toi, comme ennemi de Jésus-Christ et persécuteur de l'Eglise, avec permission à chacun d'eux de retenir toutes les terres qu'il pourra t'enlever, afin que le pays ne soit plus infecté d'hérésie... »

Cette permission de pillage accordée aux voisins fut plus efficace que les objurgations, les anathèmes et les prières. La croisade prêchée contre le midi des Gaules fut surtout une affaire dont l'hérésie était le prétexte :

c'est ainsi que, de nos jours, tous les conquérants européens de pays d'Afrique ou d'Asie donnent à leurs appétits et à leurs spéculations de belles raisons d'humanité, qui d'ailleurs ne trompent personne. Les aventuriers se présentèrent en foule, mais il leur fallait des mercenaires pour soldats et, sans force butin, comment les entraîner ? Car la foi était par elle même bien insuffisante à stimuler leur zèle. Que des milliers et des milliers d'hérétiques « cathares », « patarins » ou « bons hommes », eussent sur la nature spirituelle du « Fils de Dieu » des opinions en désaccord avec celles des prélats, cela n'était pas suffisant pour soulever de fureur les masses profondes des populations de la Bourgogne ou de l'Ile-de-France : il leur fallait de plus substantielles raisons. Or le Midi était riche : ses industries en avaient fait un grand foyer d'appel pour les trésors du monde méditerranéen. En s'adressant aux gens de brigandage, aux pillards de toute espèce qu'avaient fait surgir les guerres féodales et les expéditions d'Orient, en donnant à leurs crimes passés et futurs l'absolution papale, accompagnée de la certitude du paradis, Simon de Montfort, Foulques, l'évêque troubadour, et le farouche Dominique purent réunir autour d'eux des bandes assez nombreuses pour s'attaquer aux puissantes communes du Midi. D'ailleurs, pillards et malandrins, appelés de toutes les contrées d'Europe, même du fond de l'Allemagne, n'avaient qu'à suivre en pays chrétien les traditions de ravage et de meurtre appliquées en pays musulman. L'entreprise devait porter également le nom de « croisade », bénéficier des mêmes prières et des mêmes encouragements que la marche à la délivrance du Saint Sépulcre, fournir aux combattants une même part de terre et de butin. « Tout homme, fût-il certain de sa condamnation éternelle », obtiendrait son pardon par le seul fait de sa participation à la tuerie : mais il pouvait aussi — chose sans doute plus précieuse à ses yeux — conquérir des sacs de monnaies sonnantes — de quoi s'acheter une seigneurie — à l'assaut de quelque riche cité de patarins, ou même d'une ville de bons catholiques, pourvu qu'on eût un prétexte de capture.

Que de fois clama-t-on, sous des formes peu variées, la fameuse parole du moine de Cîteaux, encourageant les soudards au massacre de Béziers : « Tuez, tuez, Dieu reconnaîtra les siens » ! On tua donc beaucoup, puis, après les batailles et les conquêtes, vinrent les opérations fructueuses du fisc et de l'Eglise : confiscations pour cause d'hérésie, impôts et amendes, marchandage des fiefs civils et ecclésiastiques. Dans le règlement de comptes, on s'entendait assez facilement avec les seigneurs et les barons, car le pauvre peuple avait à payer les différences, mais contre les villes, contre les communes dans lesquelles avait soufflé l'esprit de liberté, les vengeances furent impitoyables [1]. La franche initiative du citoyen, voilà l'ennemi !

Avec ses diverses vicissitudes, la guerre dura vingt ans, et même on put croire que Raymond VII, fils du lamentable comte qui s'était soumis à la honte d'une fustigation publique, ordonnée par le pape, finirait par reconquérir l'héritage paternel. Mais ce furent là des succès éphémères, et, d'ailleurs, des suzerains du Languedoc fussent-ils restés les maîtres officiels de ces provinces au lieu du roi de France, la situation eût été également désastreuse, car dans le pays en ruines, les industries étaient détruites. Pour la troisième fois, depuis le triomphe du christianisme, les pillards fanatiques du Nord se ruèrent sur la malheureuse cité de Toulouse pour en voler les trésors, en égorger les habitants. Pour la troisième fois, après les Francs de Clovis et les Austrasiens de Charlemagne, ceux qu'on appelait maintenant les Français firent jaillir du sol la fontaine de sang que la légende dit apparaître d'ère en ère sur la place du Capitole toulousain. Quoique destinée à de si terribles aventures, la grande cité du Midi occupe, il est vrai, un site trop bien placé comme centre de rendez-vous pour qu'elle ne se soit pas relevée après chaque désastre, superbe métropole de toute la contrée entre Aude et Gironde. Mais, en perdant sa liberté, la cité perdit ce qui rend la vie honorable et fière. Désormais les vaincus avaient forfait jusqu'au droit de penser, puisque l'Inquisition trônait au-dessus d'eux, soumettant à la surveillance et à la délation les moindres manifestations de la parole. De rage d'avoir laissé des morts échapper au supplice, les « frères » inquisiteurs s'ingénièrent même à brûler des cadavres, puis on alluma des corps vivants, « à la gloire de Dieu, de Jésus-Christ et du vénérable Dominique ». Bernard Guy, l'auteur de la *Pratica* des inquisiteurs, manuel des interrogatoires et des sentences, se vantait d'avoir brûlé 630 hérétiques en six années (1217 à 1223), d'en avoir torturé et emmuré des milliers. Pour éviter que la jeunesse destinée aux fonctions dites libérales pût se hasarder dans les voies de la pensée libre, on institua la prétendue « université » de Toulouse, établissement où ce que l'on nommait science devait être domestiqué au service de l'orthodoxie. Et, comme par

1. *La Croisade contre les Albigeois*, Edition Mary-Lafon, Introduction, p. 28.

dérision, c'est à l'époque même où l'on fondait cette grande école que la langue disparaissait : l'idiome délicieux des troubadours se répartissait en patois aux allures gauches et bégayantes [1]. Une des dernières œuvres toulousaines fut le beau poème de la « Croisade contre les Albigeois », composé par un inconnu en 1210 : « Quand blanchit l'aubépine… »

Cabinet des Estampes. Bibliothèque Nationale

VUE ANCIENNE DE TOULOUSE

La Catalogne et l'Aragon ne perdirent pas moins que la Provence et le Languedoc à l'abaissement du Midi français, qui fut la conséquence de la guerre des Albigeois. Jusqu'à maintenant, les historiens n'ont pas tenu compte de ce fait, pourtant si considérable, qu'au douzième siècle, avant la première invasion des Français du Nord, les Pyrénées n'étaient point tenues pour un obstacle aussi formidable qu'il l'est, même de nos jours, en plein siècle des chemins de fer. A cette époque, les relations étaient beaucoup plus fréquentes de l'un à l'autre versant des Pyrénées centrales qu'elles ne le sont devenues, sept cents années plus tard. On se visitait volontiers de Toulouse et de Carcassonne à Zaragoza et à Lérida : des deux côtés la civilisation se développait parallèlement, sous les mêmes influences, et des alliances intimes se nouaient entre les populations des deux bassins de la Garonne et de l'Ebre, séparés par tant de forêts, de rochers et de pâturages. La langue était la même, sauf les quelques variantes des patois, les relations étaient constantes, les brèches des montagnes accessibles aux cavaliers et la mer de Cerdagne servaient de chemin commun aux visiteurs du Nord et du Sud. Lors de la terrible

1. Louis Brand, *Trois Siècles de l'Histoire du Languedoc*, p. 76.

journée de Muret, en 1213, une moitié de l'armée dite « albigeoise » se composait d'Aragonais, venus, avec leur roi Pedro, par dessus les cols aujourd'hui si peu fréquentés du Salat et de l'Ariège.

Un des chroniqueurs qui racontent le massacre des Toulousains et des Aragonais dit qu'après la malheureuse rencontre « le monde en valut moins »[1]. Cette parole est certainement vraie. Lorsque la domination féodale des Français fut solidement établie dans les plaines méridionales et que le centre de gravité de toute la contrée comprise entre la Manche et la Méditerranée se trouva brusquement déplacé vers la Loire et la Seine, la vallée de l'Ebre fut du même coup privée de la force de gravitation qui la reliait aux campagnes d'outre Pyrénées; la rupture des rapports et échanges se fit de part et d'autre, en sorte que les Catalans et les Aragonais restèrent très amoindris dans leur résistance contre les Castillans des plateaux. La ruine de l'une des moitiés du monde provenço-catalan entraîna par contre coup la perte de l'autre moitié. On peut dire que la nature elle même prit part au recul de civilisation qu'amena la victoire de Simon de Montfort. Depuis lors, les Pyrénées se sont virtuellement dressées plus haut entre les deux peuples. Devenus la frontière de grands Etats dont soldats et douaniers gardent jalousement tous les abords, ces monts se sont transformés en un mur de séparation complète. Le commerce a fini par être presque supprimé, les relations de voisinage ont entièrement cessé; à peine quelques rares contrebandiers se hasardent-ils sur les hauts pâtis défendus. C'est la nature que l'on accuse d'avoir créé cette barrière entre les hommes, mais c'est là un pur mensonge : le mal doit être surtout attribué aux mesquines jalousies, à la sotte réglementation des marches interdites entre les Etats limitrophes !

Dans la France du Nord, des rivalités d'origine, de langue, de mœurs, de religion n'eurent heureusement pas à s'ajouter aux luttes, déjà fort âpres et compliquées de massacres, qui donnèrent naissance aux communes. En divers lieux, des circonstances très favorables vinrent en aide au mouvement, mais partout où le pouvoir royal, féodal, religieux se maintint en toute sa force, la classe bourgeoise se débattit en vain pour acquérir le pouvoir. C'est ainsi que dans l'Ile-de-France, là où les intérêts du peuple semblaient à maints égards se confondre avec celui

1. *Les Croisades contre les Albigeois.* Edition Mary-Lafon, p. 149.

du roi, puisque leurs efforts communs tendaient à renverser les châteaux des petits seigneurs, à dégager les villes des brigands qui rôdaient autour d'elles et à rétablir les libres communications entre la Seine et la Loire, les gens des villes et des villages attendaient vainement la récompense

N° 326. Guerre des Albigeois.

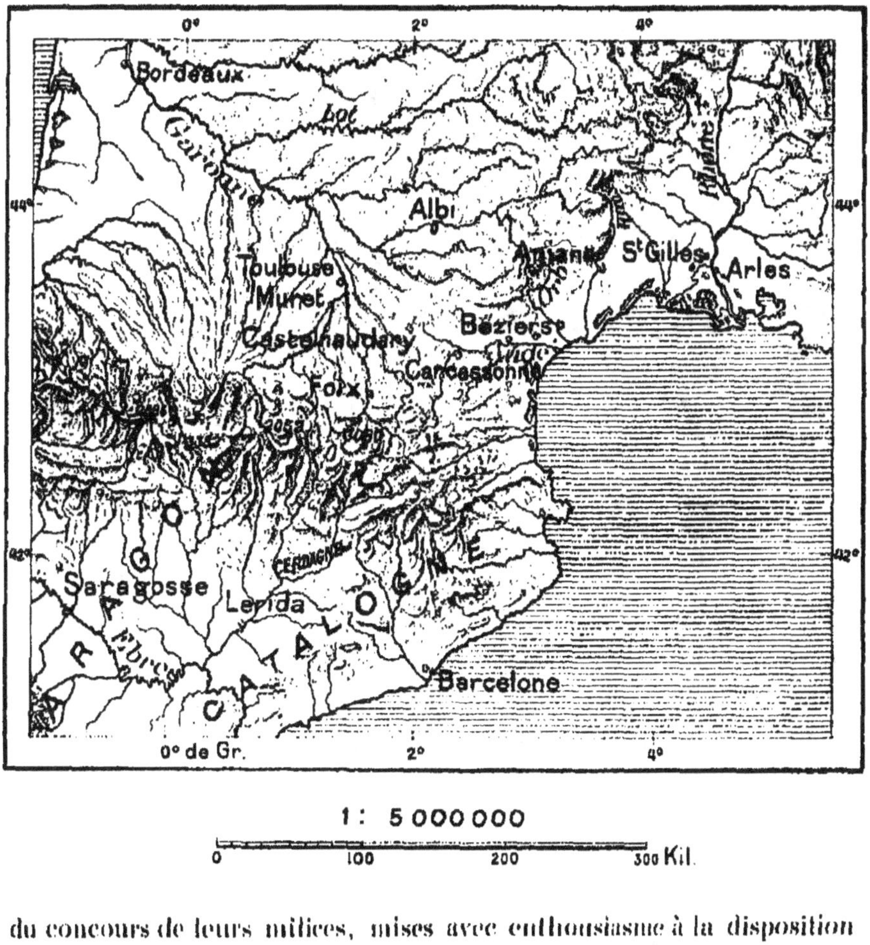

du concours de leurs milices, mises avec enthousiasme à la disposition du suzerain. Celui-ci vendit bien quelques chartes communales, mais en dehors de son propre domaine. Mantes et Dreux furent les seules villes à lui directement soumises auxquelles il fit quelques concessions municipales ; Paris ne reçut aucune franchise ; précisément parce qu'elle était la capitale du *royaume*, elle resta privée de toutes ses libertés. De siècle en siècle et dans les conjonctures les plus diverses, des raisons analogues mirent la grande ville en suspicion et en tutelle.

Mais la tension économique était si forte, à la fois dans le monde rural et dans le monde urbain, que, sur des centaines de points, se firent des tentatives, heureuses ou malheureuses, pour le groupement de défense commune et d'entr'aide chez les paysans et chez les bourgeois. A la fin du onzième siècle, et pendant le cours du douzième, le mouvement d'émancipation prit un caractère si intense, si rapide qu'on a pu le comparer à une sorte d'explosion. C'est que de tout temps et sans qu'il soit nécessaire de chercher l'existence de souvenirs ataviques, les hommes se sont unis spontanément en « conjurations », en « guildes », en « syndicats », en « fréries », de quelque nom qu'on veuille désigner les alliances entre individus qui souffrent des mêmes maux et cherchent à se libérer de l'oppression. Suivant les occasions et les milieux, le résultat des efforts varia singulièrement, et les combinaisons les plus diverses en furent la conséquence : mais nulle part, il faut le dire, un groupe quelconque n'acquit son indépendance complète, sans aucun lien de vasselage, sans attache ou tradition par laquelle les anciens maîtres, leurs héritiers ou rivaux, ne pussent asservir à nouveau les affranchis.

Cabinet d'Estampes.

INTÉRIEUR D'UNE HALLE AU XVe SIÈCLE
Miniature reproduite par le bibliophile Jacob Lacroix. Le Moyen Age et la Renaissance.

En dehors des villes du Midi, le premier exemple d'une révolution communaliste en France est celui du Mans, dont les artisans, fort nombreux, essayèrent, dès 1069, de s'unir en commune avec les villages et châteaux environnants [1]. Mais la nouvelle association entrait en conflit avec un trop puissant suzerain, Guillaume le Conquérant, pour que son entreprise pût réussir : la ville dut se contenter de la confirmation bienveillante de « ses anciennes libertés et justices ». Dans le nord de la

1. A. Luchaire, *Les Premiers Capétiens*. Histoire de France d'Ernest Lavisse, tome II, 2e Partie., p. 348.

contrée, sur les confins des Flandres, les communiers devaient trouver un terrain plus favorable. En l'an 1076, la commune de Cambrai essaie de se fonder d'une façon violente contre l'évêque Gérard II. Un prêcheur populaire, Ramihrdus, excitait la foule des artisans à la révolte contre le prélat simoniaque, mais il eut la simplesse de croire au serment de l'évêque et de désarmer. Bientôt la ville fut mise à feu et à sang, et Ramihrdus périssait sur le bûcher. Toutefois, l'ébranlement était donné. En 1101, la commune de Cambrai, rétablie pour un temps, se constitue même en république presque indépendante : elle possède une armée et fait main basse sur les revenus épiscopaux. Un mouvement général d'insurrection se propage de proche en proche, et, malgré les anathèmes, que pouvait l'Église contre la « Commune, nom nouveau, nom détestable »[1]? On vit la plupart des cités épiscopales de la Picardie et pays voisins, Noyon, Beauvais, Laon, Amiens, Soissons se proclamer libres à leur tour. Les villes comtales de la même région obtinrent plus facilement leurs privilèges, maint seigneur étant à demi complice, heureux de trouver dans la bourgeoisie naissante une alliée contre des princes rivaux.

Archives Nationales.

SCEAUX DE COMMUNES

1 Rouen — 2 Soissons
3 Dijon — 4 Maubeuge
5 Dunkerque — 6 Pontoise
7 Meulan

1. Abbé Guibert de Nogent, cité par A. Luchaire, *Les Premiers Capétiens*, p. 349.

L'aire de liberté où les révolutions communales furent la règle et transformèrent la société en subordonnant les évêques et les princes à la bourgeoisie, s'étendit, au nord de l'Ile de France, dans les bassins de l'Oise, de l'Aisne, de la Somme, de la Lys et de l'Escaut. C'étaient les contrées les plus industrieuses et les plus commerçantes de l'Europe occidentale, et là, par conséquent, devait naître l'état social nouveau. Déjà, durant la période de l'occupation romaine, les riverains de l'Escaut étaient habiles à tisser les étoffes de lin et préparaient le *birris*, que l'on apportait jusqu'au delà des Alpes. Les « prés salés » qui bordent le littoral étaient propres à l'élevage du mouton, et les habitants pouvaient sans peine recueillir la laine en quantités de beaucoup supérieures à leurs propres besoins. L'industrie drapière naquit spontanément de cet état de choses. « Les draps frisons du haut moyen âge ne sont, sous un autre nom, que les draps fabriqués à l'époque romaine par les Morins et les Ménapiens »[1]. Ils étaient bien connus aux foires de Saint-Denis dès les temps mérovingiens, puis on les exporta par chargements considérables sur les fleuves de la Belgique, vers le centre de l'Europe, tandis que les ports de mer les expédiaient dans la Grande-Bretagne et en Scandinavie. Tels furent les commencements de la prodigieuse fortune des villes industrieuses du nord de la France et des Flandres.

Un siècle avant les Croisades, les formes de contrat n'étaient connues et pratiquées que par les nobles et gens d'église ; mais voici que bourgeois et même paysans s'unissent pour obtenir des contrats, des « achats » d'affranchissement : c'est par centaines et par milliers que se multiplient les parchemins fixant les anciens droits et stipulant les nouveaux. Des serfs même deviennent libres dans les « sauvetés » et se font garantir leurs droits par écrit. Après la constitution des grandes communes urbaines à « foi jurée », une multitude de petites communes rurales s'établirent sur le même plan. En certaines contrées, ce fut la règle. Luchaire cite notamment quatre villages du pays de Laon et six villages du Soissonnais qui se constituèrent de part et d'autre en fédérations rurales[2]. La charte d'Arras fut le type modèle que l'on reproduisit dans la plupart des autres pactes municipaux. La ville acquit même une sorte de prééminence parmi les autres communes, peut-être parce qu'elle possédait un atelier monétaire : c'est devant les échevins d'Arras que les

1. H. Pirenne, *Histoire de la Belgique*, tome I, p. 5, voir aussi pp. 171-179. — 2. A. Luchaire, *Les Communes françaises à l'époque des Capétiens*, pp. 69 et suiv.

comtes de Flandre se réservaient de citer les magistrats des autres villes, accusés d'avoir prononcé de faux jugements.

Les grandes plaines agricoles, dont les villes ouvertes n'étaient que

N° 327. Villages fédérés du Laonnais.

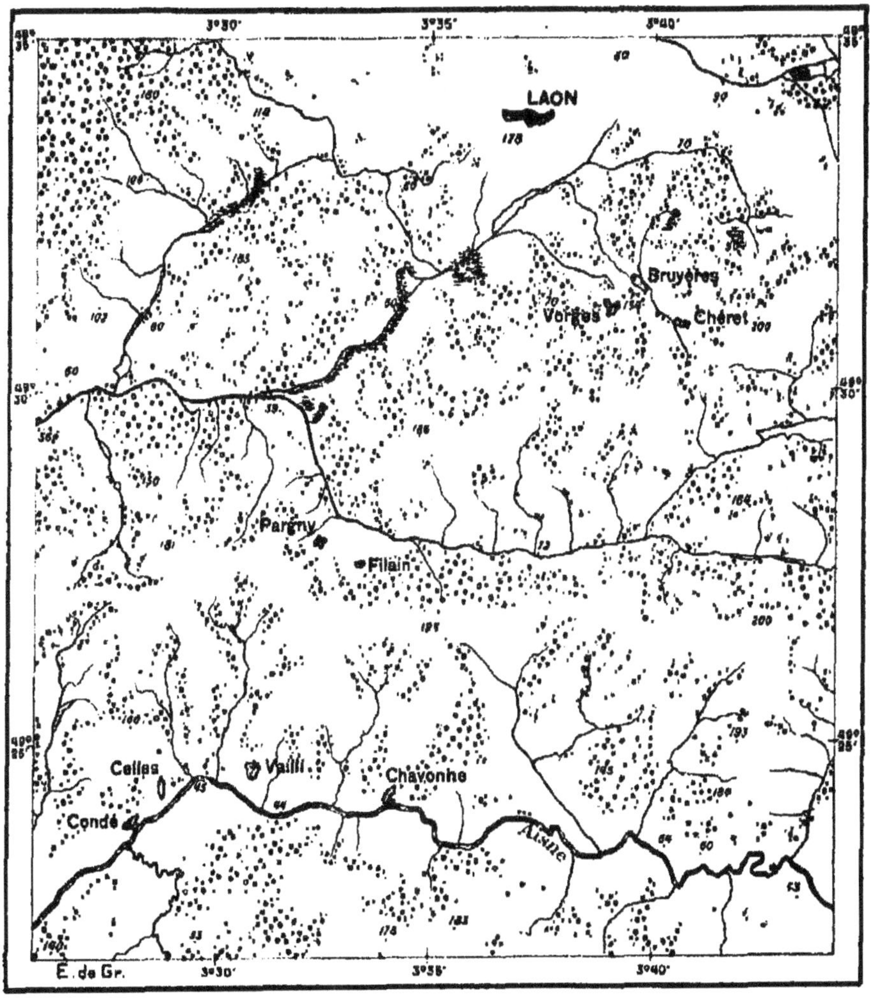

1 : 200 000

0 1 5 10 Kil.

des lieux de marché pour les paysans des alentours, restèrent presque toutes sous la domination des seigneurs, les conditions de lutte étant trop désavantageuses pour les mécontents. C'est ainsi que dans la vallée de la Loire, sauf à Orléans, les bourgeois ne firent aucune tentative de fédération communale, du moins pas d'assez importante pour que l'histoire l'ait raconté. Mais au sud de la Loire, sur la grande voie historique de la France occidentale, Poitiers essaya de s'affranchir : c'était en 1137, première année du règne de Louis VII. Celui-ci comprit aussitôt le danger, et son premier souci fut de partir en guerre pour dissoudre la commune naissante. C'est que tout le Poitou eût été perdu pour lui, la métropole de la contrée ayant formé une confédération de paix et d'amitié avec toutes les autres villes et bourgades de la province. La ligue poitevine s'était constituée sur le modèle des fédérations lombardes ; mais elle n'avait ni les ressources ni la vaillance des adversaires de Barberousse.

C'est dans les Flandres que les Communes du Nord eurent la période la plus glorieuse. Ce nom de Flandre éveille actuellement dans l'esprit l'idée d'un pays tout germanique : on appelle ainsi la partie de la Belgique où se parle l'ancien *thiois*, mais, à l'époque des révolutions communales, ce nom n'avait point de sens ethnographique spécial, la valeur en était purement politique et s'appliquait à toutes les contrées placées sous la suzeraineté des comtes de Flandre, aussi bien aux habitants d'Arras qu'à ceux de Bruges et de Gand. D'ailleurs, ne dit-on pas encore Lille en Flandre [1], quoique cette ville se trouve depuis temps immémorial en dehors des limites de l'idiome germanique désigné spécialement comme le parler flamand? Les révolutions des Flandres antérieures au régime bourguignon n'ont eu nullement de caractère national comme des patriotes contemporains aimeraient à se le figurer ; elles ont été purement communalistes et sociales, c'est à dire au fond beaucoup plus sérieuses qu'on ne voudrait les représenter. Mais il est également certain que, par une conséquence nécessaire, la résistance opiniâtre des cités flamandes a contribué à délimiter le pays du côté du Sud et à déterminer ainsi la préparation d'un futur Etat de Belgique.

Dans les Flandres, l'importance de Bruges, à la fois industrielle et commerçante, devint tout à fait exceptionnelle : c'est que plusieurs voies historiques majeures se réunissaient en son voisinage. Les fleuves navigables dans leur cours inférieur, Rhin, Meuse, Escaut étaient de par la nature les chemins principaux des échanges, mais la navigation n'en restait pas toujours libre, soit à cause des inondations, des changements de lits, des tempêtes, soit à la suite de difficultés fiscales, militaires ou politiques : aussi le commerce prisait-il fort cette ville reliée à la haute

1. H. Pirenne, *Histoire de la Belgique*, p. 89.

mer par un canal toujours accessible. Une grande route passant dans l'intérieur des terres dut remplacer souvent la voie fluviale : les marchands prenaient volontiers le chemin qui mène directement à l'ouest

N° 328. Comté de Flandre au XIIe Siècle.

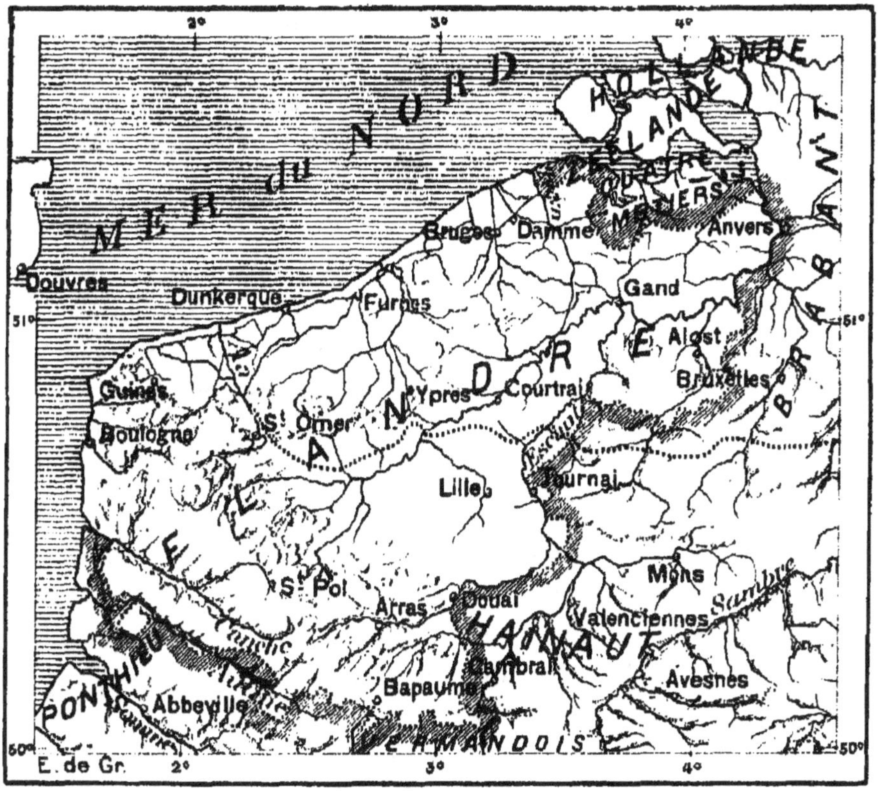

1 : 2 000 000

0 50 100 Kil

La ligne en pointillé indique la limite actuelle des langues flamande et franco-wallone.
La Flandre faisait à cette époque partie du royaume de France, sauf le district situé sur la rive droite de l'Escaut, de Gand vers Alost.

par le « trajet » de Maestricht[1] vers les terres basses de la Flandre. Bruges, devançant Anvers, devint le vrai port du Rhin, quoique située à une grande distance de son embouchure, et, dans l'intérieur des terres, Gand fut l'entrepôt principal des marchandises entre l'Allemagne et les Pays Bas[2]. Et non seulement les deux cités de Bruges

1. Maestricht, traduction du nom latin Trajectum ad Maas. — 2. H. Pirenne, *Histoire de Belgique*, I, pp. 240-244.

et de Gand se trouvaient au point d'arrivée du grand commerce germanique, elles étaient aussi les lieux d'escale naturelle entre le midi et le nord de l'Europe. Bruges n'avait pas un caractère moins cosmopolite que Venise : c'est par elle que le droit maritime, né sur le bord de la Méditerranée, se fit connaître aux navigateurs de la mer du Nord ; ils le désignaient sous le nom de Zeerecht van Damme, d'après l'avant port de Bruges, qui s'ouvrait jadis à l'extrémité de l'estuaire du Zwyn : c'est ainsi que, sur les côtes océaniques de France, les pratiques maritimes avaient été codifiées pour Français, Anglais et Rochellois sous le vocable de « coutume d'Oléron ». Précisément à cause de l'universalité de son commerce, Bruges devait se tenir en dehors de la confédération des villes libres de Germanie : elle s'ouvrait trop largement aux transactions mondiales pour rétrécir son champ d'activité par des traités particuliers. Vers la fin du treizième siècle, un texte rédigé à l'usage des marchands énumère plus de trente contrées différentes, tant chrétiennes que musulmanes, « desquex les marchandises viègnent à Bruges » ; nulle terre n'était comparable en trafic « encontre la terre de Flandre »[1]. Après la conquête de l'Artois par Philippe Auguste, Bruges devint aussi la grande cité des banques aux dépens d'Arras : elle concentra dans ses comptoirs tous les éléments du commerce occidental.

En même temps que l'organisation communale se développait un mouvement de fédération entre artisans d'une même industrie et participants au même trafic. Sollicités par leurs intérêts solidaires, les marchands d'une cité s'associaient à des correspondants de cités voisines ou lointaines : un corps international naissait ainsi, indépendant des conditions de langues, de gouvernement et de coutumes. Dans chacune des villes alliées pour le commerce en général ou pour telle spécialité, la plupart des habitants n'ayant point d'intérêts communs continuaient de s'ignorer de marché à marché, tandis que de part et d'autre les bourgeois de la ligue fraternisaient par dessus terre et mer. Cette vie nouvelle, qui pénétrait le corps de l'Europe et créait à son usage un organisme nouveau, annonçait un monde futur complètement distinct de celui qu'on avait expérimenté jusqu'alors, régi par le pape ou par l'empereur, par les moines ou par les barons.

Les premières origines de la Hanse, fort obscures d'ailleurs, remon-

1. Warnkœnig-Gheldolf, *Histoire de la Flandre*, t. II, p. 516, cité par Pirenne.

tent au commencement du onzième siècle. A cette époque, les négociants

HALLE ET BEFFROI DE BRUGES Cl. Kuhn, édit.

de Cologne, associés à des bourgeois de villes westphaliennes, possédaient à Londres un comptoir privilégié où les achats et les ventes se faisaient pour eux avec de grands avantages. Plus tard, Lubeck qui devint le siège principal des diètes et des conseils ainsi que de la cour d'appel, prend part aux mêmes opérations; elle détient le rang économique de « Reine de la Hanse » et, dans la mer Baltique, au milieu du treizième siècle, la « Wisby dorée », la puissante capitale de l'île Gotland et de tout le « tertial » hanséatique de l'Europe nord-orientale, « où les porcs mangeaient en des auges d'argent », devient le grand dépôt du commerce de l'Allemagne avec la Scandinavie, la Finlande, l'Ehstonie, la Livonie et « Messeigneurs » Pskov et Novgorod. Les « droits » de Wisby sont acceptés comme le code maritime de tous les navigateurs de la Baltique. Puis l'influence des marchands d'Allemagne domiciliés dans les comptoirs étrangers réagit sur la mère-patrie, et de nombreuses villes germaniques s'associent successivement sous le patronage de saint Nicolas et sous l'hégémonie des deux cités de Lubeck et de Hambourg, centralisant, celle-ci le commerce de la mer du Nord, la première celui de la mer Orientale.

Vers 1250, la confédération comprend dans l'Europe centrale plus de soixante-quinze villes dont l'alliance économique se transforme naturellement en ligue politique; la conscience de leur force permet aux puissants bourgeois d'intervenir dans les événements contemporains et d'exprimer leur volonté, souvent appuyée sur des bandes militaires, recrutées à prix d'achat. En 1362, la flotte hanséatique venge des offenses commerciales sur la ville de Copenhague, que l'on dépouille de ses cloches, et bientôt après, les cités liguées imposent au Danemark un traité humiliant qui assure pour un temps la domination politique de la Hanse sur toute la Scandinavie.

Quelques-uns des comptoirs étrangers de la Hanse étaient de véritables colonies, entre autres des villages de pêche fondés dans les îles de Moen, de Bornholm, ainsi que dans la péninsule suédoise de la Scanie. Le dépôt de Bergen, en Norvège, n'avait pas moins de 3.000 résidants, immigrés d'Allemagne, et constituant deux petites républiques d'employés célibataires. De moindres établissements s'échelonnaient le long des côtes, en Angleterre, dans les Pays-Bas, en France dans les ports de Harfleur, Honfleur, La Rochelle, et jusqu'en Portugal. Dans les plaines orientales de l'Europe, la Hanse germanique étendait indirectement son empire sur les mille associations ou « artels » de chasseurs, pêcheurs, artisans de toute espèce, fixes, mobiles ou même errants, qui apportaient le produit de leur industrie dans les villes de marché. La France du nord avait également sa « hanse » : en 1237, une convention engage les bourgeois de Londres envers les marchands d'Amiens, de Corbie et de Nesle, assurant à ces derniers le traitement de combourgeois londoniens dans

N° 329. Villes de la Hanse germanique.

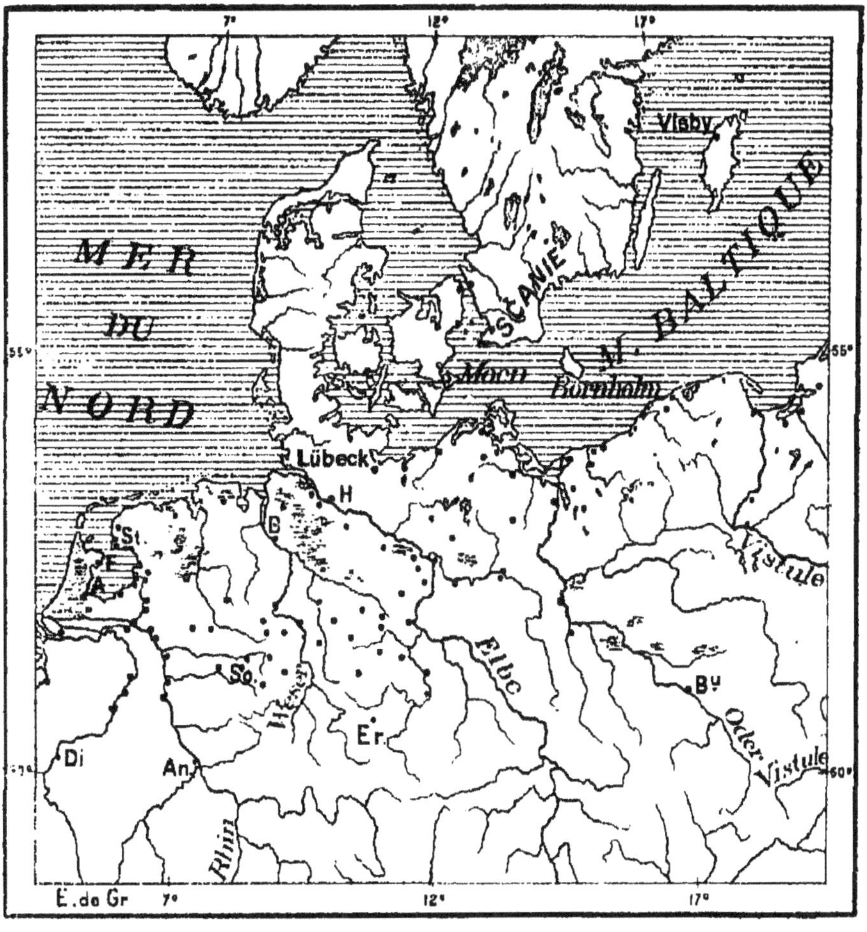

1 : 10 000 000

0 100 250 500 Kil.

Les villes les plus distantes de la mer étaient Breslau (Bu), Erfurt (Er), Andernach (An) et Dinant (Di). — Lübeck, ville d'empire en 1226, conclut en 1241 un traité d'alliance avec Hamburg (H), puis avec Soest (So), avant Brême (B) et toute autre ville.

Les dispositions du Code maritime de Wisby étaient empruntées au Code de Lübeck, aux rôles d'Oléron, aux jugements de Damme et de Westkapelle (Flandre) et aux coutumes d'Amsterdam (A), de Stavoren (St) et d'Enkhuyzen (En) (George Blondel).

toute l'Angleterre, à condition pour eux de payer 50 marcs aux shérifs de Londres pour le déchargement et le chargement de leurs marchandises dans la cité (E. Nys). Mais de tous les bourgeois étrangers commerçant à

Londres, ceux dont on appréciait le plus le crédit et le bon or « sterling » étaient les Œsterlinger ou les « Easterlings » des comptoirs hanséatiques.

Les villes de la Hanse, liguées pour la défense de leurs intérêts commerciaux, se considéraient volontiers comme autant de républiques indépendantes de l'autorité impériale et royale, soumises uniquement à la juridiction des magistrats élus par elles : les enceintes, les fortifications régulières dont elles s'étaient entourées comme les autres villes les défendaient contre le suzerain : désirant la paix pour le développement de leur commerce, elles imposaient un repos relatif aux seigneurs féodaux et à leurs lansquenets. Elles intervenaient aussi dans la politique des royaumes scandinaves, et, de 1361, date de la destruction de Wisby par un roi danois, jusqu'au milieu du seizième siècle régentèrent en quelque sorte l'Europe du nord. Mais les jalousies empêchèrent la ligue de se développer en proportion de l'accroissement des échanges européens. Manquant du sol nécessaire qui aurait pu lui servir de point d'appui[1], elle voulut néanmoins garder le monopole, se le réserver à jamais par des mesures prohibitives, et même limiter au profit des villes les plus puissantes le nombre et l'importance des marchés. Le commerce est essentiellement mobile et toutes les tentatives faites pour le fixer devaient effaroucher les intermédiaires et leur faire chercher des voies nouvelles. Le trafic se déplaça en grande partie, et la Hanse, frappée à mort, dépérit graduellement, absorbée par ses voisines politiques.

Ainsi que les représentants de l'Église, prêtres et moines, l'avaient pressenti quand ils lançaient leurs malédictions passionnées contre l' « exécrable » commune, les bourgeois et les artisans des villes qui se liguaient pour la production industrielle et pour la vente de leurs marchandises se dégageaient forcément de l'influence ecclésiastique et même finissaient par lui devenir hostiles. Le sol des communes n'appartenait plus que pour une faible part aux chapitres ou aux couvents; même en quelques cités, il avait été racheté complètement : les prêtres ne jouissaient plus d'aucun privilège spécial et, lorsqu'ils se rendaient coupables de quelque délit, ils devaient se présenter comme tout autre citoyen devant les tribunaux civils; les moines de Bruges n'avaient pas le droit, comme dans les autres villes des Flandres ou d'Allemagne, de

1. Friedrich Ratzel, *Das Meer als Quelle der Vælkergræsse*, p. 46.

débiter leur vin sous les voûtes des caves, franc d'accises[1]. On alla jusqu'à leur défendre de recevoir les offrandes et on leur enleva l'enseignement des enfants. Les marchands fondèrent pour leurs fils des écoles

N° 330. La Hanse et Venise.

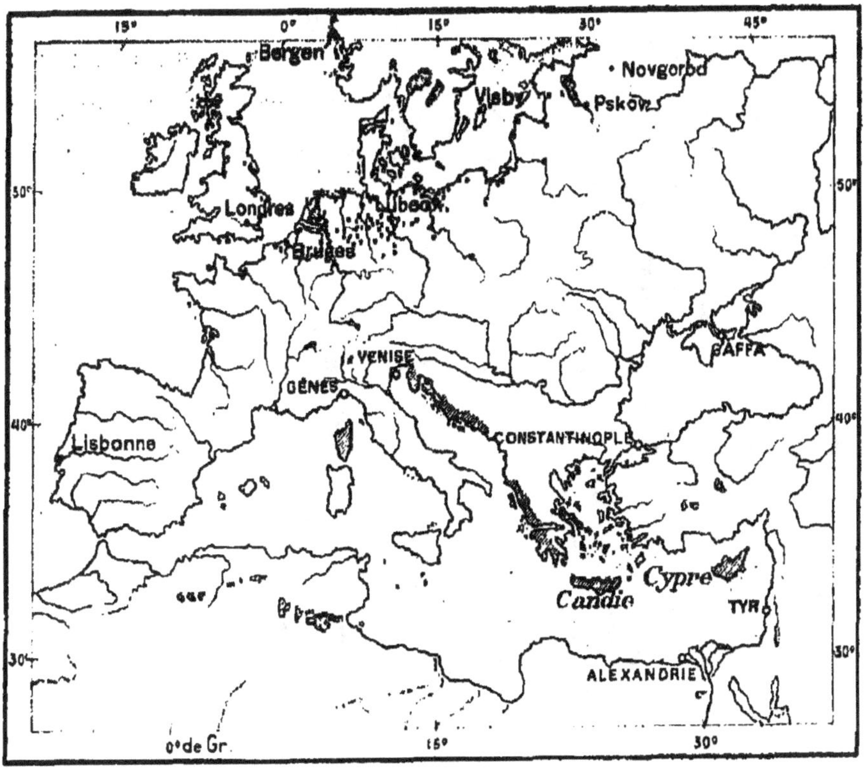

1 : 40 000 000

0 1000 2000 3000 Kil

Les points noirs représentent les villes et comptoirs de la Hanse germanique; les points ouverts indiquent les villes trafiquant surtout avec Venise et Gênes.
Les territoires recouverts de hachures sont les possessions territoriales de Gênes (Corse) et celles de Venise (Cypre, Candie, Nègrepont, littoral dalmate et grec).

laïques, et, par un mouvement parallèle à celui des communes, les universités cessèrent d'être ce qu'elles avaient été d'abord, des corps ecclésiastiques fondés avec l'autorisation et sous la bénédiction du pape, comme les évêchés et les couvents. Grâce à l'hérésie, à l'esprit de liberté, elles s'éloignèrent de leur but principal, qui avait été d'enseigner en

1. H. Pirenne, *Histoire de la Belgique*, t. I, p. 258.

premier lieu les choses de l'ordre surnaturel, les « vérités de la révélation », en ne traitant les sciences de l'ordre naturel que dans leurs rapports de subordination à la théologie, maîtresse universelle du savoir.

Cl. Giraudon.

SCÈNES DE LA VIE DES ÉCOLIERS PARISIENS
(Cathédrale de Paris, XIIIe siècle)

Mais le bourgeois, tout en gardant encore la foi, ou l'illusion de la foi, cherchait à la concilier avec la raison, ou avec son bon sens pratique des choses. Une première université s'ouvrait à Bologne (1119), en continuation d'une Ecole de Droit, fondée en 425 par Théodose II ; puis après se créaient rapidement d'autres centres en Italie, en France, en Espagne, en Angleterre, aux bord du Danube et du Rhin, tous semblables par leur division en facultés et le groupement des élèves. L'illusion des professeurs qui, tout en prétendant rester chrétiens, voulaient se montrer philosophes, ne pouvait aboutir qu'à la perversion et à la ruine de la foi : en tout discoureur se révélait déjà le protestant futur [1]. En dépit d'une résistance acharnée, l'influence d'Aristote finit par l'emporter sur celle de saint Augustin : bientôt aucun moine ne fut assez ignorant pour oser prétendre que la terre fût plate, tous les élèves sortis des universités avaient appris des Grecs et des Arabes qu'elle était ronde.

1. Victor Arnould, *Histoire Sociale de l'Eglise*, Société nouvelle, janv. 1897, pp. 32, 34.

A certains égards, les universités du moyen-âge étaient des corporations libres, indépendantes les unes des autres et de l'Etat. Elles pouvaient donc revendiquer fièrement leurs privilèges et libertés contre les princes et leurs mandataires ; mais par la théologie, dont toutes les autres sciences n'étaient que les servantes, elles étaient censées constituer une part de l'Eglise, tout en étant partiellement révoltées. Les étudiants ecclésiastiques y étaient beaucoup plus nombreux que les autres, car c'était dans la hiérarchie épiscopale que les ambitions avaient le plus de chance de pouvoir se satisfaire ; c'est dans ce sens qu'agissait le phénomène de « capillarité sociale » décrit par A. Dumont dans d'autres domaines. Comme l'Eglise, les universités étaient ouvertes à tous : elles recevaient des mendiants aussi bien que des chanoines et des princes ; il était parfaitement admis que des étudiants eussent recours à la mendicité ou au travail manuel pour subvenir à leurs dépenses ; une foule d'écoliers vivaient comme serviteurs d'étudiants riches, tout en jouissant officiellement des mêmes prérogatives en dehors de l'université. Mais, dans l'Etat distinct que constituait le vaste organisme de l'Ecole avec ses coutumes, ses lois, sa volonté divergente, la faveur ne manquait pas, comme dans tous les autres Etats, de graviter vers les grands. D'ordinaire, le recteur proté-

Cl. Giraudon.

SCÈNES DE LA VIE DES ÉCOLIERS PARISIENS
(Cathédrale de Paris, XIIIe siècle)

geait jalousement ses élèves contre le bourgeois, mais il exerçait sur eux un pouvoir absolu, au spirituel comme au temporel.

Le grand avantage des universités du moyen âge consistait en ce qu'elles n'avaient pas été rongées par la routine qu'impose la centralisation : à cet égard elles se rapprochaient de l'idéal rêvé par les penseurs beaucoup plus que les banales écoles de nos jours, où se dressent et s'estampillent les jeunes gens diplômés pour le combat de la vie. Ainsi les professions de maîtres et d'élèves n'étaient point essentiellement distinctes, surtout dans la Faculté de philosophie, généralement désignée sous le nom de « Faculté des artistes » ; les étudiants s'y instruisaient mutuellement, en sorte que tel membre de l'association, connaissant parfaitement une branche de la science, l'enseignait à ses camarades, pour s'asseoir à son tour sur les bancs des auditeurs quand un élève le remplaçait dans la chaire pour un autre cours [1]. Des hommes de tout âge étudiaient ensemble, car les universités n'étaient pas alors de simples usines à doctorats, et de nombreux étudiants poursuivaient longuement leurs recherches dans le milieu de savoir qui leur convenait, sans être forcés d'obéir à l'impérieuse obligation de se créer rapidement une carrière. Enfin, les universités avaient un caractère essentiellement international, comme l'Eglise ; elles appartenaient, non à telle ville ou à tel district, non à un peuple, mais au monde cultivé tout entier, et les élèves, groupés en « nations », trouvaient une patrie commune dans la grande Ecole où les idées appartiennent à tous. C'est un des traits les plus aimables de cette période du moyen âge que l'esprit de cordiale fraternité avec lequel s'entretenaient les membres de la grande famille des chercheurs de savoir. Ils avaient bien conscience de former entre eux une grande république, faible par le nombre, il est vrai, mais étroitement unie par le sentiment d'un idéal commun.

Ainsi, sur le terrain de la science, la société laïque et bourgeoise travaillait incessamment à se dégager du joug royal et de la domination ecclésiastique ; le domaine de l'esprit lui appartenait par droit de conquête comme celui des métiers, du trafic et des arts. Mais le droit que donne la force ne lui revenait pas toujours dans ses luttes contre la noblesse, de l'étreinte de laquelle elle voulait se débarrasser ; les

1. Jean Janssen, *L'Allemagne à la Fin du Moyen Age*, p. 74.

ambitions des hommes, alimentées par l'envie et la rancune, produits de l'inégalité sociale, faisaient constamment renaître l'aristocratie, même quand elle paraissait vaincue. Comme les républiques italiennes, les villes flamandes eurent à subir alternativement la domination du « peuple maigre » et celle du « peuple gras ». Les gens des lignages ou *geslachten*, les patriciens, appelés aussi les « hommes héritables », cherchaient à tout accaparer, le sol, les capitaux, les fonctions et les titres. Même quand les gens du peuple n'osaient pas se révolter directement contre eux, du moins s'enhardissaient ils à refuser le travail, les grèves ou *takehans* se succédaient nombreuses, et l'on vit même, au commencement du treizième siècle, les villes manufacturières se grouper en une sorte de hanse pour défendre les intérêts des patrons contre les ouvriers turbulents ou suspects. Dans le sein des communes couvait la « lutte des classes », comme de nos jours dans toutes les nations industrielles. La guilde marchande ou manufacturière était une dure maîtresse à l'égard des artisans et prenait bien soin d'interdire aux pauvres cette émancipation qui, pour elle-même, lui avait paru si légitime. Les ouvriers étaient étroitement surveillés par des espions spéciaux, désignés en Flandre sous le nom d'*eswardeurs* (regardeurs). Les agents de la guilde avaient le droit d'entrer à toute heure dans tous les ateliers, « car l'inviolabilité du domicile, proclamée par les chartes urbaines, n'existait pas pour l'atelier ». On encourageait la délation en attribuant une partie de l'amende au dénonciateur, et, pour que la surveillance fût plus facile à exercer, on obligeait l'ouvrier à travailler en vue des passants, à sa fenêtre ou devant sa porte [1]. Aussi, chaque dissension civile trouvait-elle aussitôt des bandes armées chez les ouvriers mécontents. Les combats ensanglantaient souvent les rues de Bruges, de Gand, d'Ypres, de Douai ; tout prétexte, toute occasion renouvelaient le conflit.

Les communes du moyen âge, quelle que fût leur supériorité sur le régime féodal, contenaient donc en elles-mêmes le germe de leur propre mort. Elles eussent pu durer longtemps, ou du moins évoluer d'une manière normale, si elles avaient présenté une parfaite unité de sentiments et de vouloir contre l'ennemi extérieur, mais elles étaient forcément divisées par la lutte des classes. Il est vrai que les adversaires du dehors étaient également divisés, mais combien nombreux ! Les com-

1. H. Pirenne, *Histoire de la Belgique*, t. I. pp. 255, 256.

munes ressemblaient à des îles parsemées dans une mer sans bornes. Au-dessus des communes bourgeoises, les rois et les prêtres; au-dessous les ouvriers et les paysans. Et c'est parce que ceux-ci étaient lésés que ceux-là, les anciens maîtres, devaient *reconquérir* le pouvoir. L'histoire nous dit combien la règle était méthodique et rigoureuse dans les villes hanséatiques, combien soucieuse de gains, étroite, impitoyable à l'égard de ceux qui n'appartenaient point à la ligue! En dehors d'elle, comme en dehors de l'Eglise, point de salut! L'étranger ne comptait aux yeux des hanséates que comme proie: il ne pouvait prendre de service à bord de leurs navires. On ne lui confiait aucune marchandise à charger; à aucun prix un peu du bénéfice prévu ne devait s'égarer sur un intrus. Et la tourbe des paysans ne restait-elle pas presque toujours séparée de la ville, bien plus encore par le *mépris* des citoyens que par les murs d'enceinte et les fossés? Que de fois même les villes s'entendirent-elles avec les seigneurs, par-dessus la tête du roturier, « *pour gagner ainsi* des alliances précieuses » et se firent-elles les pires ennemis de ceux qui auraient dû être leurs amis naturels! Mais une victoire compliquée de félonie finit toujours par se changer en défaite: les seigneurs auxquels les communiers s'étaient confiés revenaient souvent dans la ville en dangereux alliés ou en dictateurs, surtout ceux qui avaient reçu le titre de « combourgeois » et qui, tout en étant censés des égaux, se considéraient *encore comme* des maîtres [1].

Quoi qu'il en soit, l'initiative si merveilleuse qui donna naissance aux communes témoignait d'une surabondance de force qui se manifesta dans tous les produits de l'activité et dont les monuments les plus superbes sont les édifices qui se dressent au centre des cités. L'esprit laïque eut donc une grande part dans ces œuvres, que leur nom même d'« églises » pourrait à tort représenter comme d'origine purement religieuse.

Naturellement les racines multiples de cette admirable plante architecturale se développèrent dans toutes les formes antérieures de la civilisation, de même qu'au point de vue purement matériel, on peut les expliquer par tous les *progrès* successifs dans l'art de bâtir. Certes, la différence est grande entre les lourdes voûtes mérovingiennes, semblables à des cavernes, et les somptueuses cathédrales, s'épanouissant haut dans

1. Pierre Kropotkine, *L'Etat, son Rôle historique.*

le ciel comme des fleurs gigantesques ; cependant on constate des unes aux autres toutes les transitions évolutives, semblables à celles de l'arbre

Cl. Kuhn, édit.

NOTRE-DAME DE PARIS, CHIMÈRES ET GARGOUILLES

des forêts. L'inexpérience des architectes, mêlée sans doute au sentimen de frayeur religieuse qui portait les peuples encore barbares à se cacher dans la terre pour parler à leurs divinités chthoniques, fait comprendre la forme des premières églises chrétiennes, complètement ou partiellement enterrées, avec des pleins cintres humides, noirs de mousse, soutenus par de lourds piliers. Plus tard, quand l'édifice se dégagea pleinement pour dresser ses nefs plus haut dans l'air libre, l'habitude se maintint jusqu'à la fin du onzième siècle, même jusqu'au douzième (de Caumont), de ménager des cryptes au-dessous de l'église : c'est là que l'on gardait les reliques, et le culte, célébré dans l'obscurité, y prenait un caractère plus mystérieux, plus formidable, comme si l'on y eût encore adoré les génies de la terre, à la fois dieux et démons.

Evidemment, l'influence orientale, symbolisée dans Bysance qui servit de boulevard à toute l'Europe contre le monde asiatique, offrit ses modèles aux édifices religieux qui s'élevèrent dans l'Occident aux époques de progrès et de paix relative succédant aux invasions barbares. Cette influence dut être même beaucoup plus puissante qu'on ne se l'imagine d'ordinaire, car les nombreuses églises bysantines que l'on voit dans toute l'Europe, et notamment dans l'Auvergne, le Périgord, l'Angoumois, la Saintonge, témoignent en faveur de l'intimité, des relations fréquentes entre Constantinople et ces provinces. Certes, on comprend sans peine que les Vénitiens, ces commerçants si actifs comme intermédiaires des échanges dans la Méditerranée, aient eu parmi eux des artistes qui se soient inspirés du style de la somptueuse église dédiée aux saints Apôtres par Justinien, et qu'ils en aient profité pour élever leur propre monument de Saint-Marc ; mais on s'étonne de voir à la même époque (984 à 1047) se dresser à Périgueux la belle église à coupoles de Saint Front[1], devenue le modèle de beaucoup d'autres édifices religieux entre Loire et Garonne, et, par évolution graduelle, le point de départ de l'architecture ogivale dans le reste de la France[2].

C'est même par delà Constantinople, semble-t-il, que l'on doit chercher quelques uns des initiateurs directs des architectes de l'Occident : des artistes persans paraissent avoir exercé leur influence, non par intermédiaires et de proche en proche, mais par enseignement immédiat. M. Dieulafoy et autres archéologues ont reconnu avec étonnement que l'église de Saint-Philibert, à Tournus, sur la rive droite de la Saône, est un édifice de construction persane pour une bonne part : les piliers, les arcs, les pendentifs, les voûtes, tous les détails de cette œuvre du neuvième siècle ressemblent exactement à ceux que l'on trouverait dans un

1. Ed. Corroyer, *Les Origines de l'Architecture française au Moyen Age*, séance publique annuelle des cinq académies, 25 oct. 1898. — 2. F. de Verneilh, *Architecture byzantine en France*. — *Voir* diverses gravures du chapitre des Croisades.

édifice de la même époque à Chiraz ou Ispahan et contrastent trait pour

N° 331. Quelques Églises bysantines.

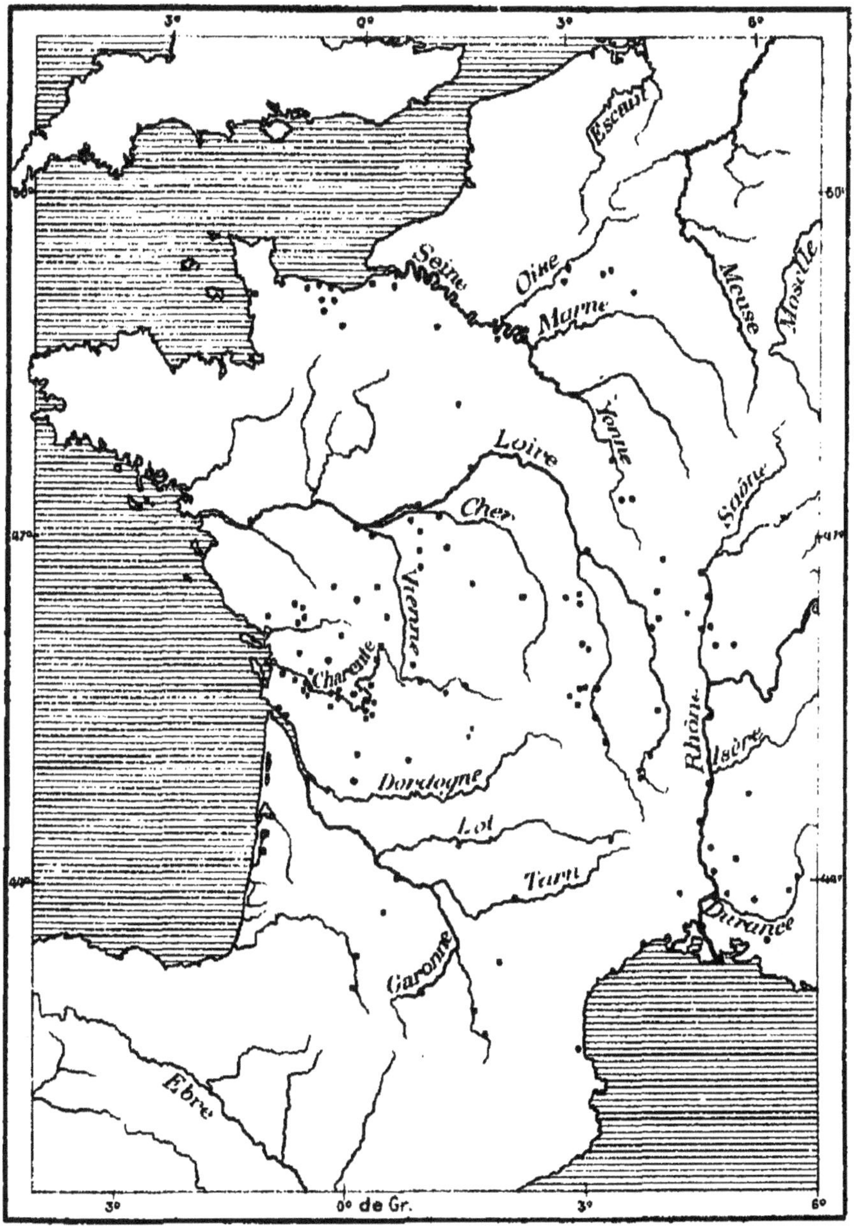

1 : 7 500 000

0 100 200 400 Kil.

trait avec les formes correspondantes des constructions bysantines. Il faut admettre que certains des architectes persans qui résidaient alors en grand nombre à Constantinople furent englobés dans l'édit de proscription lancé par Léon l'Isaurien contre les iconoclastes, et finirent par se réfugier sur les bords de la Saône, où les moines de Tournus les employèrent, eux ou leurs élèves, à bâtir leur église abbatiale (Dieulafoy).

Plus tard, lors des Croisades, ce furent les Occidentaux eux-mêmes qui allèrent s'inspirer directement des formes de l'Orient, dans Halep, Edesse et Damas. Les maîtres maçons du Levant et du Ponant firent la connaissance les uns des autres, et, tandis que les côtes de Syrie se hérissaient de tours féodales d'une puissance d'architecture admirable, les églises des Gaules s'ornaient de fleurons et de sculptures, qui, tout en s'accordant d'une manière harmonieuse avec la nature environnante, apportaient néanmoins quelque chose d'étrange, comme le souvenir d'un monde lointain où les voyageurs chevauchent à l'ombre des palmiers. D'ailleurs, ceux qui érigèrent les flèches gothiques étaient les premiers à se vanter de ces origines orientales, et, sans savoir exactement quelle était la région mère, ils désignaient l'Asie d'une manière générale, Tyr, Jerusalem ou Babylone. Ainsi, dans l'histoire des progrès humains, ces mêmes Arabes qui reçurent des Persans et des Bysantins les trésors de la littérature et de la philosophie hellénique et collaborèrent par contre-coup au mouvement de la Renaissance, secondèrent également les Occidentaux dans leur œuvre la plus grandiose, celle de l'architecture ogivale au douzième siècle. Du reste, l'Orient ne s'était-il pas transporté tout entier pour ainsi dire d'Arabie, de Syrie, d'Iranie jusqu'en Sicile et en Espagne? L'ensemble de tous ses produits, hommes et choses, ne se détournait-il pas vers l'Atlantique, et la pénétration des sentiments, des idées, des procédés n'avait-elle pas dû s'accomplir entre voisins, même ennemis? « Cette évolution de l'architecture, dit Dieulafoy, fut le dernier succès de l'Islam. » Mais il s'en faut pourtant que l'Orient soit épuisé pour nous, et l'art persan, notamment, nous garde encore bien des enseignements au profit du charme et de l'élégance des demeures.

Les mystiques s'imaginent volontiers que les superbes cathédrales du moyen âge, dégagées des formes un peu lourdes de l'architecture romane, sont pour ainsi dire nées d'elles-mêmes par le seul élan de la foi, comme s'il suffisait de vouloir monter aux cieux pour y planer. A l'idéal, si élevé qu'il soit, il faut aussi le concours de conditions matérielles, et, ce concours, les communes de l'Occident qui dressèrent les églises et les beffrois, le trouvèrent dans l'enseignement de leurs devanciers,

N° 332. Quelques Cathédrales gothiques.

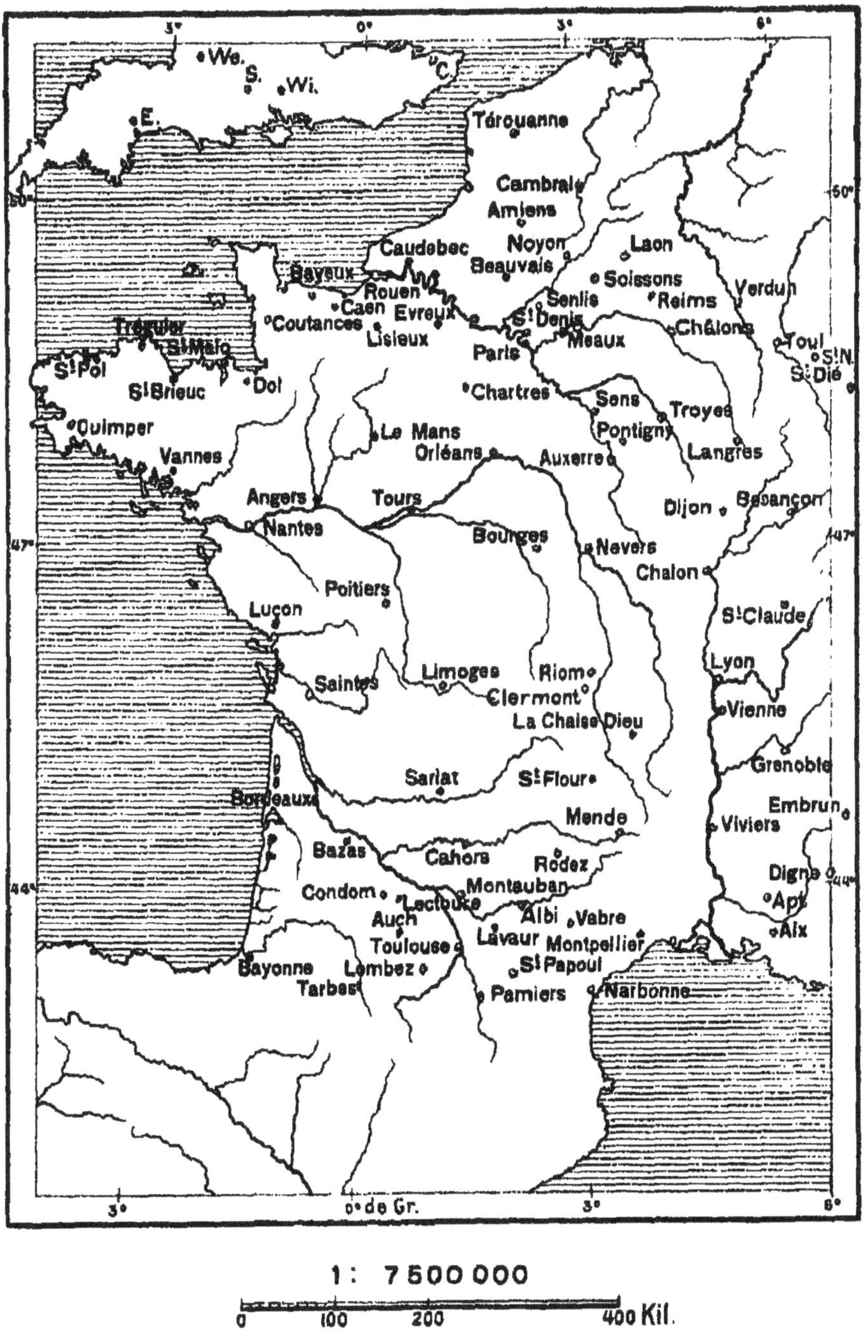

non moins que dans le développement de leur propre industrie locale.

Quoi qu'on en dise, l'art implique par sa naissance même un état social dans lequel ont surgi des préoccupations nouvelles bien différentes de la naïve croyance. Dans sa période d'ardente foi, de mépris absolu des choses terrestres, de haine du monde visible et d'extase en visions divines, la religion croirait s'avilir en descendant jusqu'à l'art, incitation d'origine diabolique. La ferveur envers Dieu ne saurait trouver de joie dans la beauté des pierres, dans la majesté des nefs sonores, dans les proportions superbes des colonnades convergeant à la gloire de l'autel. Les apôtres du sacrifice, des macérations et du renoncement préfèrent les cryptes noires, même les cavernes des rochers. Les merveilleux édifices de la période romane et des siècles de l'ogive nous racontent, non la puissance de la religion, mais au contraire la lutte victorieuse que l'art, cette force essentiellement humaine, a soutenue contre elle ; ils nous disent le triomphe des ouvriers, gens qui frayaient peu avec les prêtres et n'étaient point aimés d'eux. Les « maçons », la corporation qui sut acquérir tant d'éclat à l'époque de la grande floraison architecturale, du douzième au quatorzième siècle, se trouvaient être déjà, par suite de leur opposition avec le clergé, de véritables « francs-maçons » et donnaient libre expansion à leurs sentiments par les caricatures et les satires en pierre dont ils ornaient les colonnes, les chapiteaux et les nervures des édifices. Bien que le clergé ait eu depuis le moyen âge le temps et les occasions de faire disparaître les traces les plus flagrantes de la haine ou du mépris qu'on lui portait, il reste pourtant un nombre suffisant de ces témoignages établissant la parfaite indépendance des artistes constructeurs et des bourgeois de la cité à l'égard des prêtres.

Les bâtisseurs de cathédrales se montrent également libres de toute ingérence ecclésiastique par les motifs d'ornement qu'ils tirent de la nature et de l'histoire profane. Le sculpteur médiéval introduisait dans son œuvre les belles formes qu'il avait vues dans les forêts et dans les champs : ainsi l'archéologue Saubinet a pu dresser la liste de vingt et une plantes de la flore indigène reconnues par lui dans les sculptures de la cathédrale de Reims [1]. Les tailleurs de pierre aimaient aussi à représenter les animaux, mais la difficulté du travail les obligeait à faire des caricatures, non des images fidèles ; ils se laissaient aller à leur fantaisie pour tailler des gargouilles fantastiques, pour figurer des bêtes monstrueuses.

1. Emile Motte, *Une Heure d'Art*.

dragons, serpents et guivres, symbolisant les démons spéciaux de chaque vice particulier et le grand Tentateur, qui devaient contraster avec les

Cl. J. Kuhn, édit.

AMIENS, SCULPTURES EN BOIS DES STALLES DU CHŒUR

effigies des saints apôtres, prophètes, vierges, sibylles et des personnes divines ; si l'ignorance de l'artiste en anatomie l'obligeait à représenter, avec une gaucherie naïve, les êtres sanctifiés par la légende et la tradition.

elle lui permettait aussi de donner aux diables les formes les plus chimériques, les contorsions les plus bizarres, mais ces groupes taillés n'en témoignaient pas moins d'une hantise de naturisme très éloigné du sentiment de la foi chrétienne.

On a pu se demander également si les colonnades des nefs épanouissant leurs faisceaux de branches vers le sommet des voûtes n'imitaient pas les allées majestueuses des forêts où l'on voit haut dans le ciel s'étaler superbement les lourdes ramures aux feuilles retombantes. De même il n'est pas impossible que les Arabes aient pris dans la pastèque ouverte le modèle des stalactites et des pendentifs qui émerveillent dans l'Alhambra, car l'homme, accoutumé à la vue de certaines formes, a la tentation naturelle de les reproduire ou du moins d'y prendre un motif d'ornement. C'est ainsi que, pour sa demeure, le primitif a souvent imité la caverne des fauves, les toits rustiques des singes et les galeries des fouisseurs, ainsi que, pour ses étoffes, il a pris pour modèles les tissus fibreux autour des stipes de palmiers et de bananiers, et que, pour ses armes, il a copié les épines et les dards des plantes, les cisailles et les poignards des animaux de proie [1].

Ce que les chrétiens, vraiment brûlés du zèle de la foi, pensaient de toutes ces magnificences du métal, du marbre et de la pierre, de toutes ces belles sculptures, des mille objets gracieux qui décoraient la basilique, le vrai pape du douzième siècle, le grand saint Bernard, le dit dans son Apologie [2] : « O vanité des vanités, moins vaine encore qu'insensée! Des richesses des pauvres, on repaît les yeux des riches... Pourquoi ces singes impurs? ces lions féroces? ces monstrueux centaures? ces hommes-bêtes? ces tigres bariolés? ces soldats qui combattent? ces chasseurs qui sonnent de la trompe?... Si nombreuse enfin et si étonnante apparaît partout la diversité des formes que le moine est tenté d'étudier bien plus les marbres que les livres, et de méditer ces figures bien plus que la loi de Dieu. »

Mais les mystiques de nos jours, prenant la défense de l'Eglise au siècle de saint Bernard contre saint Bernard lui-même, cherchent à nous démontrer que les monuments religieux du moyen âge, parfaits dans leur ensemble aussi bien qu'en chacune de leurs parties, représentent

1. Désiré Charnay, *Mission scientifique*, 1881. — 2. *S. Bernardi Apologia, ad Guillelmum S. Theodorici abbatem*, cité par Nap. Peyrat, *Les Réformateurs de la France et de l'Italie, au douzième Siècle*, pp. 25, etc.

la « vérité » chrétienne en toute son ampleur, à la fois dans ses dogmes généraux et dans toutes leurs conséquences : chaque forme, chaque dimension et sous-dimension de l'édifice aurait un sens mystérieux et

Cl. Kuhn, édit.

PONTIGNY (YONNE), « QUATRIÈME FILLE DE CÎTEAUX ».
Type d'église construite sous l'inspiration de saint Bernard.

cacherait une vérité profonde ; l'église serait une Bible révélée en relief architectural comme les Saintes Écritures le sont en caractères hébraïques, et la moindre pierre du saint parvis correspondrait à un verset du Livre : l'inspiration en serait également divine. Sans aller jusqu'à ces affirmations extrêmes, l'opinion commune admet du moins que les formes générales de l'édifice religieux symbolisent largement les dogmes principaux de la foi ; mais tout le symbolisme chrétien ne se trouve-t-il pas réduit à néant par ce fait que la disposition des cathédrales reproduit exactement celle des basiliques romaines? « Trois portes conduisaient dans le monument, dont la capacité intérieure était divisée, dans le sens de la longueur, en trois parties par une double rangée de colonnes à arcades... Les trois avenues parallèles ou nefs aboutissaient à une construction transversale, à un transept, élevé de quelques degrés au dessus de l'aire de la nef et défendu par une balustrade. En face de la grande allée et au delà du transept, l'édifice s'arrondissait en hémicycle [1]. » Or ce sont là précisément les dispositions de la cathédrale! Les Romains idolâtres auraient donc sans le savoir symbolisé la croix et le dogme de la Trinité. Et les églises rondes, fort nombreuses dans l'ancienne France, n'étaient-elles pas également imitées des rotondes romaines? Le symbolisme, œuvre de patience inconsciente et de réflexion, ne précède pas les événements, il les suit.

La perspective historique nous montre la succession des faits à rebours, non dans leur période logique de formation, mais en sens inverse, dans leurs évolutions dernières; or, la société moderne, infiniment plus complexe que celle du moyen âge, a nettement séparé le clergé du reste de la nation, les intérêts se sont différenciés d'une manière absolue, et les églises ont fini par être attribuées exclusivement aux cérémonies religieuses. On se laisse donc facilement entraîner à croire qu'il en fut toujours ainsi, ce que dément le témoignage des siècles successifs. Les documents anciens constatent que l'église était l'édifice de tous, le lieu d'assemblée populaire aussi bien pour les fêtes et les cérémonies civiles que pour les rites religieux. On peut citer en exemple les « pardons » de la catholique Bretagne: lors de ces concours de population, les divertissements profanes, qui étaient certainement d'origine antérieure au christianisme, l'emportaient de beaucoup sur les pratiques du culte dans la passion des paysans: les danses et les chants, les exercices athlétiques, la lutte et les courses avec des enjeux et des primes se célébraient joyeusement dans les landes entourant l'église; encore au milieu du dix huitième siècle, on dansait dans les nefs, en vue du maître-autel. La vieille complainte de saint Efflamm avait été « mise en vers » afin qu'on la chantât dans les églises [2].

Et dans tout le monde chrétien, comme en Bretagne, la vie sociale,

1. Batissier, *Histoire de l'Art monumental*, p. 309. — 2. Le Villemarqué, *Barzas Breiz*, p. 488; — Ch. Letourneau, *Evolution littéraire*, p. 485.

non encore méthodiquement répartie en des édifices divers, convergeait

Cl. Kuhn, édit.

SAINT-MARTIN DE BOSCHERVILLE (SEINE-INFÉRIEURE)

tout entière vers l'église. A l'époque où le commerce transformait déjà les villes en de puissants foyers d'appel pour les richesses de l'Occident et de l'Orient, les monuments publics commençaient à se différencier : on apprenait à bâtir des palais municipaux où les marchands bourgeois traitaient spécialement leurs affaires et celles de la cité, et des beffrois où veillaient des sentinelles, guettant les dangers qui se préparaient au loin ; mais l'édifice vers lequel se dirigeait surtout la foule des artisans, soit pour discuter des intérêts, soit pour se reposer du travail de la journée par la promenade dans les nefs sonores, par la conversation et la vue des choses belles, ce palais du peuple était toujours le sanctuaire à la triple colonnade : c'est à l'église que tout le peuple était convoqué par la grande voix de la cloche, la voix même de la cité, sur laquelle les prêtres n'avaient aucun droit [1].

La commune construisait le monument sur un plan d'autant plus grandiose et avec d'autant plus de richesse qu'elle-même était plus puissante : les cités, devenues assez libres pour braver leurs barons et leurs évêques, dressaient leurs cathédrales bien plus à leur propre gloire qu'à celle de Dieu, tandis que les villes dont les tentatives de révolte n'avaient pas réussi ne possédaient que de tristes, froides et pauvres églises. C'est en raison même de triomphantes insurrections communales que surgissent les fiers édifices comme pour entrer en lutte avec les manoirs voisins, appartenant aux seigneurs détestés. « Les villes qui les premières se font autonomes sont aussi les premières à bâtir des cathédrales gothiques (Noyon, Soissons, Laon, Reims, Amiens, etc.), et les plus beaux de ces monuments sont ceux des cités les plus libres (Laon, Reims, Amiens, Beauvais, Sens, etc.)[2]. Chaque cité libre se rappelait la parole qui fut prononcée dans le conseil communal de Florence quand Arnolfo di Lapo fut chargé de bâtir la cathédrale, en 1298 : « Les œuvres de la commune doivent être conçues de manière à répondre au grand cœur, composé des cœurs de tous les citoyens, unis en un même vouloir. » On comprend l'orgueil des bourgeois à la vue de ces merveilleux édifices qui étaient leurs œuvres. Lorsque le duc de Normandie, Henri Beauclerc, eut fait prisonnier Conan [3], le communier rebelle, il le mena au sommet d'une tour de Rouen : « Contemple les forêts et le fleuve, contemple la ville populeuse, ses remparts et ses belles églises, contemple toutes ces choses avant de mourir ! »

Etonnés par la grandeur des églises construites au douzième et au

1. J. Michelet, *Histoire de France*, XVI, p. 95. — 2. Raoul Rozières, *Ouvrage cité*, p. 258. — 3. Hanoteaux, *Société Normande de Géographie*, 1900, t. I, p. 24.

treizième siècle dans la France du nord, Léopold Delisle et Siméon Luce émettent l'opinion que cette contrée eut au moyen âge une population égale, sinon supérieure, à celle des mêmes provinces dans les temps actuels ; mais les vastes dimensions des églises ne sont point un indice probant d'une grande densité de population, car avant de se décomposer

Cl. Kuhn, édit.

CATHÉDRALE DE YORK.

en de nombreux édifices spéciaux, le monument de la commune devait être beaucoup plus vaste que ne l'eussent demandé les simples besoins du culte. Cet édifice était, en effet, le centre de tout l'organisme urbain : maison communale, marché public, hôtel des corporations, grenier et magasin à laines. Quand on étudie dans les archives l'histoire des anciennes cathédrales, on y trouve sans cesse mention des actes passés par les notaires dans les diverses chapelles qui constituaient autant d'édicules ayant destinations distinctes[1].

La région dans laquelle l'art ogival prit sa forme définitive est précisément cette partie de la France septentrionale où se mélangèrent le mieux les éléments, celtique et germanique, d'où sortit la nationalité française. Elle est comprise entre les points extrêmes de Chartres, Rouen, Amiens, Reims, et les villes de Beauvais, Compiègne, Soissons, disposées de l'ouest à l'est transversalement à la vallée de l'Oise, constituant l'axe

Légende des Cartes nos 331, 332, 333.

Les listes dressées par C. Enlart dans son *Manuel d'Archéologie Française* comptent plus de 1.500 églises romanes et autant d'églises gothiques, sans compter les édifices de transition (Angers, Evreux, etc.) et ceux de style flamboyant (Aix, Auch, etc.).

La carte 331 n'indique qu'un choix, arbitraire sans doute, des mieux conservées parmi les églises bysantines; la carte 332 ne mentionne que les églises, dites cathédrales, sans distinction de style; la carte 333 donne les 27 plus belles églises anglaises. Quelques-unes d'entre elles, Canterbury, commencée en 1070, Durham en 1093 (*voir* gravure page 573, Vol. III), Norwich en 1094, représentent la période *normande*; la plupart des autres sont franchement gothiques. — Sur cette carte, R, Cl, L, remplacent respectivement Runnymede, Clarendon, Lewes, citées au chapitre suivant.

Comparée à la construction française, la cathédrale anglaise est plus longue (Winchester atteint 170 m. avec la chapelle de la Vierge), moins haute (Westminster, la plus élevée, seule dépasse notablement la moitié hauteur de Beauvais, 47 m.), moins large de nef; le transept fait largement saillie sur les bas côtés, la tour la plus importante est située à l'intersection des voûtes, le chevet est généralement rectangulaire. Voici les dimensions de quelques édifices des deux pays avec la date d'érection[2].

SALISBURY....	(1220-1258)	long.	int.	137 m.	larg.	nef	25 m.	haut.	nef	26	m.
WESTMINSTER.	(1245-1269)	—	—	154	—	—	23	—	—	32	
YORK	Fin du XIIIe s.	—	—	147	—	—	32	—	—	28	
WINCHESTER..	(1360-1400)	—	—	162	—	—	26	—	—	23	
BOURGES.....	(1192-1324)	—	—	124	—	—	42	—	—	38	
CHARTRES.....	(1194-1260)	—	—	134	—	transept	76	—	—	37	
ROUEN.......	(1202-1302)	—	—	135	—	façade	54	—	—	28	
AMIENS.......	(1220-1258)	—	—	143	—	nef	52		—	43	

de ce pays si étonnant dans l'histoire de l'art, moins encore par ses magnifiques constructions civiles et religieuses que par les humbles demeures et les fermes qui nous restent du moyen âge. Les petits édifices religieux, élevés à cette époque en l'espace de quelques années et présentant, grâce à cette rapidité de construction, une parfaite harmonie d'ensemble dans toutes leurs parties, sont plus instructifs pour les hommes d'étude que les grandes cathédrales, achevées presque toutes au quatorzième siècle, lorsque le premier élan des fondateurs avait fait place chez les continuateurs à la lassitude, même à un sentiment d'impuissance, ou bien à la virtuosité. Quelques-unes de ces petites

1. Thorold Rogers, cité dans *Humanité Nouvelle*, juillet 1898, p. 117. — 2. Bruce Home, *Notes manuscrites*.

églises sont, dit Renan, « des modèles aussi purs, aussi frappants d'unité que le plus beau temple grec », et cela est surtout vrai des petites églises romanes des Charentes, du Poitou et de la Normandie (Deshain).

N° 333. Cathédrales Anglaises.

Issue de l'Ile de France, pays qui, tout en étant lui-même fortement germanisé, s'était le premier dégagé de la féodalité germanique, l'architecture nouvelle mit cent années à se propager dans les autres contrées d'Europe, en se modifiant suivant les conditions locales et suivant les connaissances des habitants dans l'art de bâtir. L'école des novateurs devait naturellement trouver d'autant moins de disciples que le pays était plus riche en monuments et que les résidants de la contrée pouvaient se vanter de leur prééminence artistique. Ainsi les provinces du midi français, appartenant à un cycle de civilisation bien antérieur à celui du nord et richement pourvues de nobles édifices aux vastes proportions, n'eurent que faire d'élever dans chacune de leurs cités des constructions de style analogue à celles du bassin de la Seine. Mais à l'est, dans les riches vallées de la Moselle et du Rhin, où le mouvement social et artistique se développait parallèlement à celui de l'Ile de France; au nord, dans les Flandres, où l'industrie faisait naître de riches communes pleinement conscientes de leur force; au nord-ouest, dans l'Angleterre, que les Normands rattachaient filialement à la France par les arts, et même, en partie, par la langue: dans tous ces pays, l'architecture ogivale fleurit en monuments splendides. Seulement les architectes anglais, plus pratiques, plus sages dans leur idéal de beauté que leurs frères continentaux, dressèrent des cathédrales relativement moins hautes, plus solides dans leurs vastes proportions et plus faciles à exécuter dans leur entier.

Au sud-ouest, les bâtisseurs de l'art ogival, suivant la voie historique par Bordeaux, Bayonne et la brèche biscayenne des Pyrénées, gagnèrent ainsi l'Espagne, où, parmi tant d'autres témoignages de leur audace et de leur science, se dresse la cathédrale de Burgos, puis le Portugal, où l'art des gens du nord, en contact avec celui des Mauresques, éleva les édifices les plus charmants par le mariage des deux styles. Quant à l'Italie, elle se vit partagée en deux domaines: dans la partie septentrionale de la Péninsule, c'est la « manière » allemande venue du Rhin et de la Bavière qui prévalut dans les quelques ornementations ogivales que les Italiens, fiers de leur supériorité dans l'art, jusqu'alors incontestée, consentirent à faire pour leurs édifices religieux et féodaux. Dans la partie méridionale au contraire et en Sicile, c'est la « manière » normande ou plutôt française qui se manifesta chez les constructeurs. Toutefois de part et d'autre, au sud comme au nord de l'Italie, le génie national qui pouvait montrer avec orgueil les puissantes masses romaines surplombant les églises des chrétiens modifia profondément le style gothique dans celles des cités qui firent appel aux artistes étrangers.

Mais très loin, par delà l'Italie, vers l'extrémité orientale de la Méditerranée, les monuments de Cypre, s'élevant en pays vierge, pour ainsi dire, gardent fidèlement leur caractère d'origine. Telle cathédrale de

Famagouste ou de Nicosie, tel monastère des montagnes de Cérines ressemble d'une manière étonnante aux édifices similaires de la France :

Ch. J. Kuhn, édit.

CATHÉDRALE DE BURGOS

ils furent d'ailleurs construits aux mêmes époques, aux treizième et quatorzième siècles, et par des architectes de même origine, ayant eu la même éducation. L'île de Cypre était devenue l'une des terres européennes les plus prospères, grâce au mouvement de colonisation qui se maintint pendant la période de près de quatre siècles que dura la domination chrétienne, ce fut bien autre chose qu'une simple invasion d'aventuriers, comme ses historiens furent tentés de le croire. Chose étrange et qui témoigne bien de la différence des milieux, ces belles églises gothiques des villes cypriotes ne reçurent point de toits : elles étaient construites, comme jadis les temples grecs, pour laisser entrer dans leurs nefs la franche lumière du jour[1]. Sur le continent voisin, dans l'Asie mineure et la Syrie, les architectes français élevèrent aussi de fort belles constructions en observant les conditions imposées par le sol et le climat, mais en se laissant à peine influencer par le style des bâtisseurs islamites et les souvenirs de l'art des Hellènes.

De même que les communes, leur grande manifestation artistique, l'architecture ogivale, contenait en soi les germes de sa décadence, et ce merveilleux style qu'on appelait spécialement « français », *opus francigenum*, s'éteignit dans sa patrie d'origine, bouleversée par la guerre de Cent ans, mais pour se continuer plus longtemps en Allemagne, où il trouva d'admirables interprètes. Quant même l'ancienne ferveur se fût maintenue, et que les criminels, les prisonniers, les captifs, les corvéables n'eussent pas été forcés par le bâton de terminer ou du moins de continuer des monuments qui avaient été commencés comme une œuvre d'amour par d'enthousiastes compagnons, l'art ogival devait périr de sa mort naturelle, par l'abus du tour de force et du prodige. Comme par une sorte d'ironie du destin, la religion qui se disait éternelle cherchait à prendre pour demeures exclusives les édifices auxquels devait forcément manquer la durée. Les temples égyptiens et grecs, les palais romains étaient bâtis pour l'éternité, et c'est à grand'peine que les démolisseurs parviennent à les détruire, tandis que les églises dites « gothiques » tombent d'elles-mêmes en pièces, malgré les contre-forts extérieurs qui leur font comme un squelette de baleines. Leurs colonnettes légères, leurs voûtes aériennes s'élèvent avec une si inconcevable hardiesse que le premier sentiment de tous les admirateurs est celui de l'inquiétude : le peuple expliquait jadis ces merveilles de l'équilibre par le fait de pactes avec le diable : Dieu lui-même n'aurait pu se prêter à ce miracle. Aussi les dégradations, causées par le

1. Camille Enlart, *Société de géographie de Paris*. Séance du 4 déc. 1896, *Bulletin* 2e trimestre 1897.

temps et les frémissements du sol, donnaient-elles en peu de temps l'aspect de ruines à ces constructions insuffisamment assises, et nul

CATHÉDRALE DE FAMAGOUSTE, ILE DE CYPRE

édifice gothique ne serait debout de nos jours, après une courte existence de cinq à sept siècles, si l'on ne travaillait sans cesse à les restaurer. D'ailleurs la floraison de l'art n'avait pas duré longtemps et, dès le quatorzième siècle, la décadence avait commencé. La Renaissance n'eut point à se reprocher, comme on l'a souvent dit, d'avoir violemment détourné l'art de la voie normale; quand elle vint donner au monde un idéal nouveau, l'art du moyen âge n'existait déjà plus, ou du moins ses fleurs les plus délicates avaient perdu leur beauté première. Les constructions qui restaient par centaines, par milliers, avec leur fier aspect de puissance et de solidité, c'étaient les tours, les remparts, les enceintes et les châteaux forts. Les bâtisseurs, ne prévoyant pas que l'homme deviendrait un jour le maître d'une foudre nouvelle, avaient cru édifier pour la durée des temps: plus acharnés à fortifier leurs repaires que les citoyens des villes ne l'étaient à continuer leurs églises inachevées, les barons savaient dresser autour de leurs rocs sourcilleux des murs vraiment infranchissables, si ce n'est à la trahison ou à la faim.

LES MONARCHIES : NOTICE HISTORIQUE

ANGLETERRE. Henri Plantagenet, fils d'un duc d'Anjou et d'une petite-fille du Conquérant, monta sur le trône d'Angleterre en 1154, deux ans après avoir épousé Aliénor d'Aquitaine, épouse divorcée de Louis VII. La plupart des princes de cette famille, régnant jusqu'en 1485, se succèdent de père en fils aîné : Henri II, 1154-1189, Richard Cœur de Lion, 1189-1199, son frère Jean Sans Terre, 1199-1216, Henri III, 1216-1272, puis les trois Edouard, remplacés en 1307, 1327 et 1377. Le fils de ce dernier, le prince Noir, étant mort avant lui, son petit-fils Richard lui succéda, 1377-1399 ; puis trois Henri, IV, V et VI jusqu'en 1461, Edouard IV, enfin un des « enfants d'Edouard » et son meurtrier Richard III, 1483-1485.

ECOSSE. Longue série de rois plus ou moins authentiques, dont les derniers furent Malcolm IV, 1153-1165, Guillaume, 1165-1214, Alexandre II et Alexandre III, 1249-1286 : interrègne sous la domination anglaise que remplit la révolte de Wallace, exécuté en 1305. Robert Bruce relève l'étendard écossais et, vainqueur à Bannockburn, règne jusqu'en 1329 ; son fils David alterne avec un Baliol ; mais dès 1370, les Stuart prennent le pouvoir et le conservent pendant plus de trois siècles.

FRANCE. La descendance directe de Saint Louis dura peu : Philippe III le Hardi, 1270-1285, Philippe le Bel, 1285-1314, et ses trois fils, Louis X, Philippe V, Charles IV, qui ne règnent que quatorze ans en tout. L'ordre de primogéniture appelle sur le trône Philippe de Valois, neveu de Philippe le Bel, mais Edouard III d'Angleterre était, par sa mère, petit-fils du même roi, fait qui explique la guerre de Cent ans. A Philippe VI, 1328-1350, succèdent Jean le Bon, 1350-1364, trois Charles, le cinquième du nom, le sixième ou le Fou, 1380-1422, et le septième, mort en 1461, puis Louis XI et Charles VIII, qui mourut en 1498 sans descendance. Une nouvelle branche des Capétiens allait accéder au trône.

Les dates principales de la lutte franco-anglaise à partir du XIIe siècle sont : traité de Péronne 1199, prise de Rouen 1204, traité de Chinon 1214, bataille de Saintes 1242, traité de Paris 1258, batailles de l'Ecluse 1340, de Crécy 1346, prise de Calais 1347, bataille de Poitiers 1356, paix de Brétigny 1360, bataille d'Azincourt 1415, alliance anglo-bourguignonne à Troyes 1420, Jeanne d'Arc 1429, traité d'Arras 1435, batailles de Formigny 1450, de Castillon et prise de Bordeaux 1453.

Le Trône de Saint Pierre ne compta pas moins de neuf occupants pendant les vingt trois années qui suivirent la mort de Clément IV, 1268. Après eux, Boniface VIII, adversaire de Philippe le Bel, fut pape jusqu'en 1303 et Benoît XI jusqu'en 1305. La nomenclature classique énumère ensuite sept chefs de l'Eglise siégeant à Avignon, de Clément V, 1305-1314, à Grégoire XI, 1370-1378, rentré à Rome en 1377. A sa mort éclate le grand schisme d'Occident pendant lequel on voit des pontifes s'excommuniant de Rome à Avignon ou à Bâle. En 1447, la liste unique reprend avec Nicolas V.

Par suite du mariage du duc de Bourgogne, Philippe, fils de Jean le Bon, avec Marguerite de Flandre, les deux territoires se trouvent dès 1384 dans les mêmes mains, et le duc exerce en France un rôle prépondérant. Après Philippe, mort en 1404, et Jean sans Peur, assassiné à Montereau, 1419, viennent *Philippe le Bon*, 1419-1467, et *Charles le Téméraire*, battu par les Suisses à Granson et à Morat en 1476 et tué devant Nancy en 1477.

Les empereurs élus en Allemagne de 1273 à 1437 appartiennent à différentes familles : aux Habsbourg, Rodolphe, 1273-1291, et Albert, 1298-1308, séparés par Adolphe de Nassau : à la maison de Bavière, Louis, 1314-1347, et Robert, 1400-1410, mais surtout à celle de Luxembourg, Henri VII, 1308-1313, Charles IV, 1347-1378, Wenceslas, 1378-1400, et Sigismund, 1411-1438.

Des personnages sont cités dans les pages suivantes: Froissart, 1338-1404, né à Valenciennes, Gerson, 1362-1428, né en Champagne, « docteur très chrétien », auteur probable de l'*Imitation de Jésus Christ*, un des juges de Jean Huss. La pensée s'arrête plus volontiers sur d'autres noms.

Bacon (Roger), expérimentateur et savant.	1214-1294
Thomas d'Aquin, né à Rocca Secca, père de l'Eglise. . .	1226-1274
Dante Alighieri, poète florentin.	1265-1321
Artevelde (Jacques et Philippe van), patriotes gantois, en	1345 et 1382
Pétrarque, né à Arezzo, poète	1304-1374
Rienzo, patriote romain	1313-1354
Du Guesclin, né près de *Dinan*.	1320-1380
Wiclef, né à York, hérésiarque.	1324-1384
Chaucer (Geoffroy), né à Londres, poète	1340-1399
Huss (Jean), né à Husinetz, patriote et hérésiarque . . .	1369-1415
Jeanne d'Arc, née à Domremy, patriote française	1412-1431

Que de droits périssent et tombent dans l'oubli quand ils ne sont pas soutenus par la force des citoyens conscients, comme le fut la coutume glorieusement revendiquée dans les vertes prairies de la Tamise!

CHAPITRE VII

FRANCE FÉODALE. — MAGNA CHARTA. — PARIS ET LONDRES
ALLEMAGNE SANS CAPITALE. — VIENNE. — PRINCES ÉLECTEURS
EXTENSION DU POUVOIR ROYAL EN FRANCE. — JUIFS ET USURE
GUERRE DE CENT ANS. — JACQUERIES. — BOURGOGNE ET FLANDRE
PESTE, BRIGANDAGE, ESCLAVAGE, TENURE DU SOL. — WICLEF ET HUSS
ÉCOSSE ET ANGLETERRE. — CHRÉTIENS ET MAURES

Malgré l'extrême fragmentation du monde féodal et la résistance acharnée que les seigneurs opposaient au groupement spontané des populations en organismes nationaux, l'extension considérable des échanges et la fréquence des voyages rapprochaient les hommes, élargissaient les horizons. De grands Etats tendaient à se constituer en conservant d'ailleurs la forme monarchique imposée par la timidité des esprits, qui n'osaient pas être libres. Seules, les communautés de pâtres montagnards, les républiques italiennes, les villes industrielles et commerçantes du nord de la France, de la Belgique, de l'Allemagne cherchaient à se maintenir en foyers indépendants.

Au milieu du treizième siècle, lorsque le mouvement des Croisades tirait à sa fin, l'une des parties de l'Europe qui, par sa configuration géographique, semblait le mieux destinée à se constituer en un corps politique distinct, cette France, qui déjà lors de la domination romaine formait, sous le nom de Gaule, une contrée bien délimitée dans l'ensemble de l'empire, avait été si totalement démembrée et déchiquetée par le régime féodal qu'il en restait à peine quelques lambeaux de territoire, auxquels s'ajoutait, il est vrai, la force virtuelle donnée par la suzeraineté royale. Ce beau polygone de terres, nettement limité par la Manche et l'Océan, par les Pyrénées, le golfe du Lion, les Alpes et le Jura, ne renfermait qu'un bien petit domaine royal représentant la France proprement dite : c'était à peu près la vingtième partie de la surface que l'on s'est habitué depuis à considérer comme terre française.

Le roi d'Angleterre était en même temps duc de Normandie, comte d'Anjou et des seigneuries qui s'y rattachaient ; en outre, un mariage heureux de Henri II Plantagenet avait ajouté l'Aquitaine à ces possessions anglaises : des Pyrénées à la Somme, plus de la moitié du territoire français se trouvait entre les mains d'un vassal, bien autrement puissant que le suzerain. Henri II, homme d'une activité prodigieuse et politique fort avisé, commença par consolider le pouvoir dans son royaume insulaire : il soumit les montagnards celtiques du pays de Galles, puis obligea le roi d'Ecosse, Malcolm, à lui rendre hommage, et, muni de l'invitation du pape, inaugura la conquête de l'Irlande, « l'île sœur », devenue l'île esclave. Revenu en France, il se fait concéder le comté de Nantes, ce qui lui permettra plus tard de prétendre à toute la presqu'île de Bretagne, puis il cherche, sans succès d'ailleurs, à s'emparer de Toulouse, en qualité de duc d'Aquitaine ; il fait aussi valoir ses droits à la possession de l'Auvergne et du Berri ; ce qu'il cherche, c'est à entourer complètement de ses domaines l'étroite enclave du roi de France. Il parvient même à établir ses garnisons dans quelques châteaux voisins de Paris, tels que Montfort l'Amauri [1] ; et le prétendu maître, cerné dans son « Ile », ne peut

1. A. Luchaire, *Histoire de France* d'Ernest Lavisse, tome III, chap. II, p. 36.

même plus communiquer facilement avec Etampes ou Orléans. Un siècle et demi avant le début de la guerre de Cent ans, dans la seconde

N° 334. Domaine royal en 1154

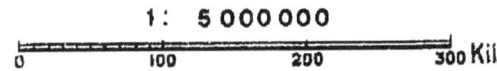

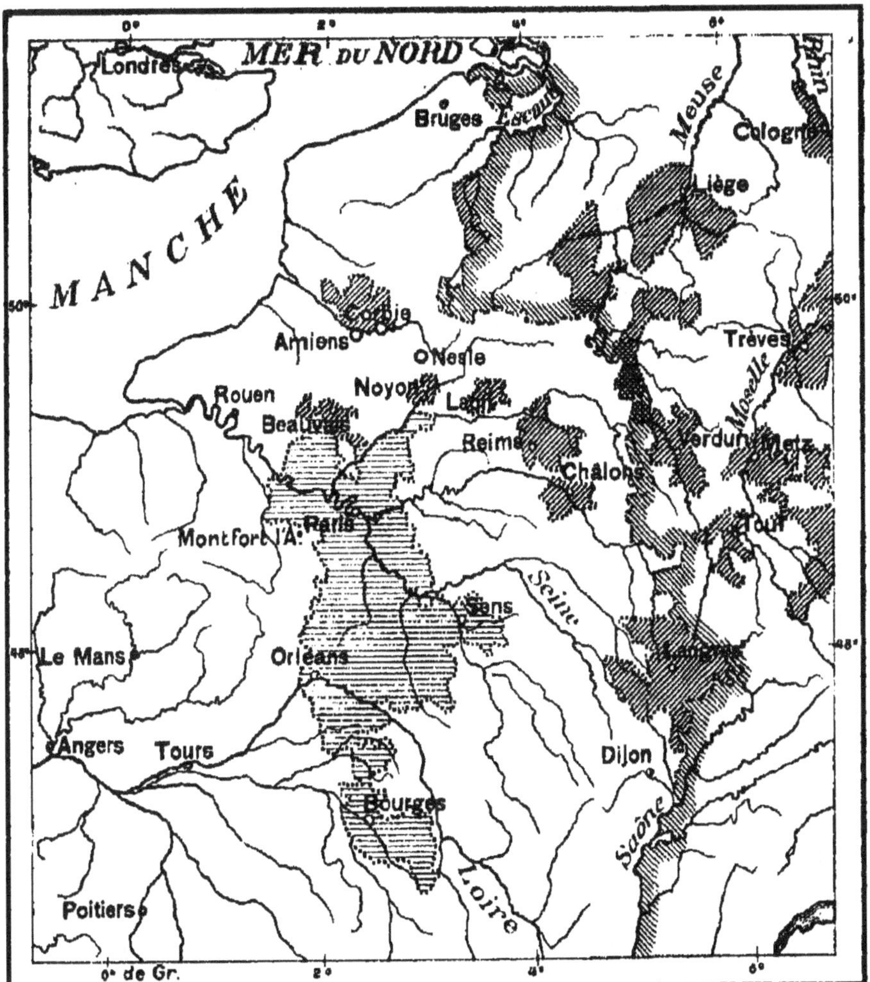

1 : 5 000 000

0 100 200 300 Kil.

Le territoire grisé horizontalement est le domaine royal de Louis VII en 1154; la limite du royaume, de l'Escaut à la Saône, est indiqué par un liseré.

Les districts recouverts de hachures inclinées : Amiens, Beauvais, Noyon, Laon, Reims, Châlons, Langres, Toul, Metz, Verdun, Trèves, Liège, Cologne sont des fiefs ecclésiastiques.

Amiens, Corbie et Nesle sont les trois villes picardes ayant une convention commerciale avec Londres.

moitié du XIIe siècle, le domaine continental de la couronne anglaise est plus étendu qu'il ne sera lorsque Jeanne d'Arc apparaît sur la scène.

Ce qui sauva peut être la continuité de la monarchie française sous la forme qu'elle présentait alors, ce fut la résidence du pape Alexandre III (1163-1165) dans le pays du « fils aîné de l'Église ». Louis VII, auquel son hôte pontifical avait remis la « rose d'or », emblème de piété parfaite, put bénéficier du double prestige de la royauté et de la sainteté. Alexandre, établi dans sa ville de Sens, devenue momentanément une véritable Rome, était alors le vrai souverain, protecteur du roi de France.

Pendant ce temps, Henri II se mettait dans une situation périlleuse à l'égard de l'Église par ses « constitutions » de Clarendon (1164), en vertu desquelles les prélats catholiques devenaient de simples vassaux et les terres d'église étaient assujetties à l'impôt royal. Le meurtre de Thomas Becket, archevêque de Canterbury (1170), accompli par des chevaliers empressés de faire leur cour au roi d'Angleterre, souleva contre lui de telles indignations qu'il dut même reculer et demander pardon à l'Église. Ces épisodes fournirent un nouveau répit au roi de France. Puis les dissensions de famille, la révolte des fils de Henri retardèrent encore les ultimes annexions qui semblaient inévitables; enfin Barberousse lui même, craignant un rival à l'empire d'Allemagne dans cet ancien comte d'Anjou, qui s'avançait en conquérant jusque dans les Alpes, intervint quelque peu en faveur de Louis VII. Par un remarquable contraste, ce pauvre roi bigot, plutôt moine que chevalier, fut peut-être le suzerain de France sous lequel l'idée de l'unité géographique du pays et son existence virtuelle comme grand État se préparèrent le mieux dans les esprits.

Aidé par ses alliés naturels, qui étaient la terre elle même et les affinités qui se forment entre gens ayant langage et culture en commun, le successeur de Louis VII, Philippe II, put reconstituer en grande partie le domaine sur lequel son père n'avait eu que des droits fictifs de suzeraineté : après de grands périls auxquels il sut échapper bien plus encore par la ruse que par la force, il réussit enfin à restaurer le royaume. En 1206, Philippe arrache à Jean sans Terre la Normandie, la Bretagne, la plus grande partie de l'Anjou et de la Touraine, puis, devenu chef d'un grand État, il remporte la victoire de Bouvines (1214), à la fois sur les troupes anglaises de Jean sans Terre et l'armée allemande de l'empereur guelfe, Otton IV. On lui donne le surnom d' « Auguste » qu'il mérite pleinement, non par la noblesse de son caractère, mais par le succès de ses entreprises. Pourtant il ne recouvra point l'Aquitaine, trop éloignée de Paris, sa capitale, mais c'est sous son règne que com-

N° 335. France et Angleterre vers 1180

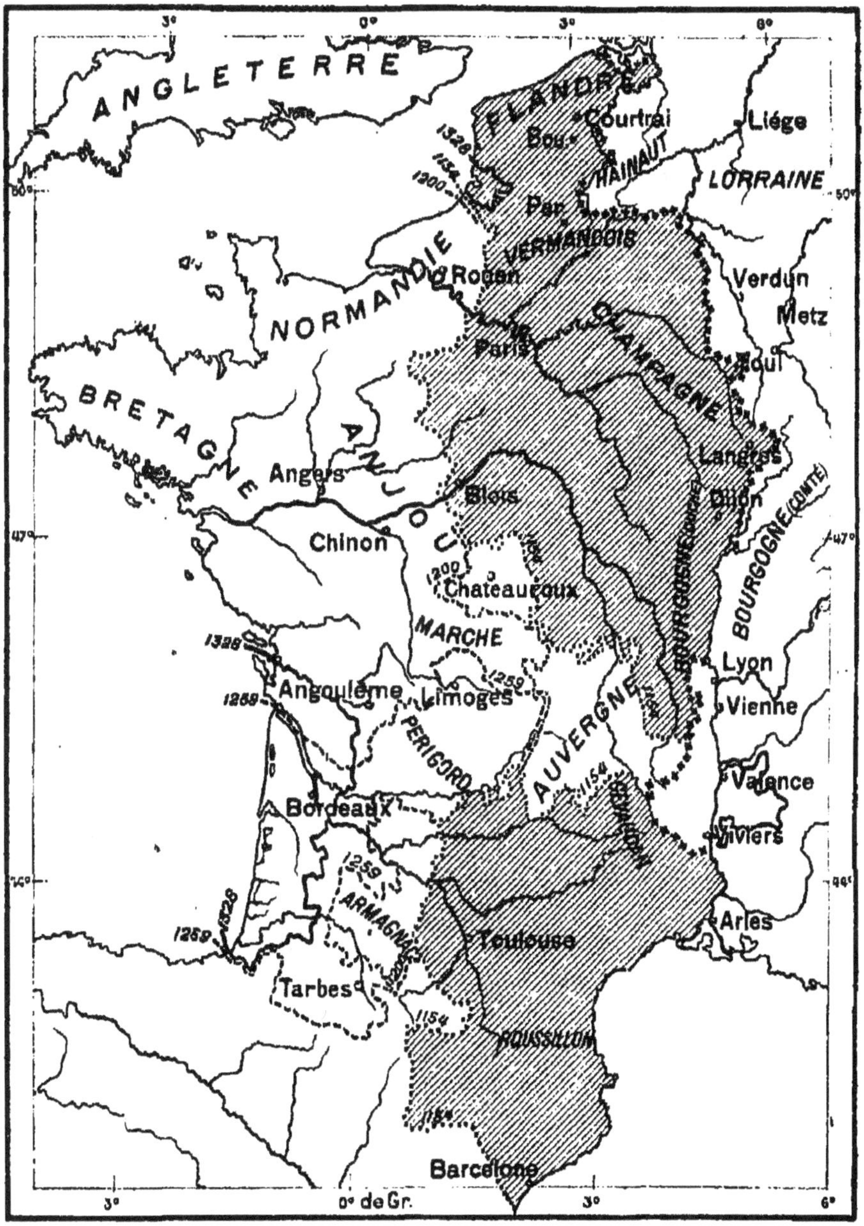

Cette carte est à l'échelle de 1 à 7.500.000.

Le grisé recouvre la France non anglaise de 1154 à 1187 ; la diminution graduelle de ce fief est indiquée par ses limites aux dates ultérieures, 1200, 1259, 1328. Entre-temps, la France avait incorporé le Vivarais et le Valentinois. — P. marque l'emplacement de Péronne (traité de 1199) ; B. celui de Bouvines (bataille de 1214).

mença cette invasion du comté de Toulouse et des terres voisines qui devait avoir pour conséquence de livrer, appauvries et dépeuplées, les villes et les campagnes du Midi aux pillards de la France du Nord. Obligée de se soumettre au pouvoir de la royauté, la chevalerie prenait sa revanche en massacrant la foule des roturiers.

Ce régime féodal auquel la France échappait à grand'peine pour refaire son unité, non par la fédération libre de ses provinces mais sous la domination d'un maître commun, ce régime, l'Angleterre ne l'avait pas connu sous la même forme que la France et l'Allemagne. Tandis que sur le continent, le serf cultivateur du sol dépendait uniquement de son maître et que celui-ci, à son tour, ne devait fidélité qu'à son seigneur immédiat, sans avoir à s'inquiéter de la volonté du roi ni à se reprocher le crime de rébellion s'il avait suivi son propre suzerain dans une expédition de révolte, il n'en était pas de même en Angleterre, où tous les habitants étaient considérés comme sujets directs du roi. Guillaume le Conquérant avait exigé de tous un serment de féauté à sa personne, et chaque vassal ou sous-vassal était tenu pour responsable envers le maître commun avant de l'être envers son maître particulier. Chacun des hommes d'armes était « homme du roi » avant d'appartenir à son baron. Ce fut une des causes qui donna plus tard aux armées anglaises une si grande force de cohésion lorsqu'elles se trouvèrent en lutte avec les bandes françaises, unies seulement les unes aux autres en la personne de leurs chefs [1].

Cette forme de vassalité, si différente de celle qui s'était maintenue en France et dans le centre de l'Europe, avait eu une autre conséquence parmi les seigneurs eux-mêmes : *l'ensemble de leur classe présentait* une organisation plus démocratique. Moins séparés du pouvoir central puisque les degrés de la hiérarchie féodale étaient plus effacés, ils pouvaient se plaindre, protester, se révolter plus directement, et l'accord était plus facile entre eux, quand ils voulaient tenter une action commune. L'occasion s'en présenta dès le commencement du treizième siècle, lorsque Jean sans Terre, ayant signé le traité de Chinon (1213), par lequel il abandonnait au roi de France la plus grande partie de son domaine continental, débarqua en Angleterre, vaincu, bafoué, demandant à ses *barons et à son peuple de lui payer les frais de la malheureuse guerre.* L'indignation fut universelle et réconcilia contre le roi, prêtres, nobles et bourgeois. S'appuyant sur une vieille charte de Henri Ier, qui promet

1. W. Denton, *England in the fifteenth Century*, pp. 27, 29.

tait « à l'Église le respect de ses biens et la liberté de ses élections, aux nobles la libre transmission de leurs fiefs, à tous les Anglais une bonne monnaie et une législation clémente », les seigneurs se pressent autour de Jean sans Terre et le somment de signer l'engagement solennel de respecter désormais leurs franchises et libertés. Il refuse avec colère, mais quand il voit la guerre se préparer et les barons armés l'entoure

Cabinet des Estampes. Bibliothèque Nationale.

VUE ANCIENNE DE LONDRES

1. Eglise de Saint-Paul. 2. Saint-Laurent. 3. Saint-Duston.
4. La Tour. 5. Winchester. 6. Sainte-Marie Overs.
7. Saint-Olawes.

menaçants dans la plaine de Runnymede, près de Windsor, il signe, la mort dans l'âme, le document fameux connu depuis sous le nom de « Grande charte », *Magna charta*. En réalité, cette pièce arrachée au faible roi méprisé n'était autre que les « coutumes » normandes qui assuraient aux seigneurs le droit de vote par leurs représentants dans la fixation de l'impôt ; peut être aussi, pour certains détails, Simon de Montfort, qui eut une si grande part à la rédaction de la Charte, appliqua t il à l'Angleterre le régime de l'Aquitaine, dont il avait été gouverneur [1]. Mais que de droits périssent et tombent dans l'oubli quand ils ne sont pas

1. Wentworth Webster, *Société Ramond*, 2e trim., 1902.

soutenus par la force comme le fut la « coutume » glorieusement revendiquée en ce jour du 15 juin 1215, dans les vertes prairies de la Tamise !

En termes explicites, la Grande charte ne contient que peu de chose : elle ne fait que consacrer d'anciens privilèges de l'Eglise, des seigneurs, des bourgeois et des marchands; elle ne stipule rien en faveur des *paysans et du menu peuple* : mais elle est placée sous la sauvegarde d'hommes en armes qui veillent à l'exécution des promesses du souverain : l'Angleterre n'était pas livrée au pur caprice d'un maître absolu comme la France, et cela suffit pour l'orienter dans une voie plus heureuse et plus digne. Guillaume, par sa conquête et sa politique, avait brisé l'organisation urbaine qui naissait en Grande-Bretagne comme sur le continent : mais les ardeurs ne s'en firent que mieux jour pour avoir été contenues pendant cent cinquante ans : la royauté anglaise resta astreinte à l'observance de la Grande charte, alors que les autres monarchies écrasaient la liberté des Communes.

Quoique l'Angleterre, partie intégrante de l'Europe, participât à l'évolution féodale des contrées baignant dans les mêmes eaux atlantiques, et que, pendant plusieurs siècles, ses princes et ses nobles, de Guillaume le Conquérant à Simon de Montfort, fussent à la fois seigneurs dans l'île et sur la terre ferme, cependant l'existence du détroit, constituant une limite évidente pour tous les esprits, donnait un caractère particulier à la vie politique des insulaires. A une époque où la langue, la religion, les mœurs, les traditions de famille étaient les mêmes chez les nobles de l'Angleterre et chez ceux de la Normandie et de l'Anjou, les premiers arrivaient bientôt à se considérer comme formant un groupe à part : ils se constituaient en aristocratie distincte, et c'est comme « barons anglais » qu'ils arrachèrent au roi Jean cette précieuse charte qui fut la sauvegarde de leurs privilèges et, par évolution lente, la garantie de la constitution britannique [1].

Mais il y eut aussi des révolutions, quoi qu'on en dise, et l'année même où le serment solennel avait été juré dans la prairie de Runnymede fut l'année du parjure. Jean sans Terre obtint d'Innocent III, le pape qui distribuait les terres à son gré, une bulle de révocation de la parole donnée, et des bandes de mercenaires vinrent aider le roi à reprendre les villes et les châteaux de son royaume. Dans leur anxiété,

1. S. Novicov, *Conscience et Volonté sociales*, p. 208.

les barons firent appel à Philippe Auguste, offrant la couronne à son fils, celui qui, plus tard, devait occuper le trône de France sous le nom de Louis VIII. L'Angleterre méridionale fut conquise une deuxième fois par l'étranger, tandis qu'au Nord le roi d'Écosse, Alexandre II, s'emparait des terres limitrophes.

Cabinet des Estampes. Bibliothèque Nationale.

SIMON DE MONTFORT

Baron anglo-normand, chef de la croisade contre les Albigeois, vainqueur à Muret 1213, collaborateur de la Grande charte 1215, tué devant Toulouse 1218.

Mais Jean sans Terre étant mort sur ces entrefaites, les événements changèrent de cours; le jeune roi Henri III put accepter la Grande charte sans trop d'humiliation, et les Français, battus à Lincoln (1217), durent évacuer le territoire.

Cinquante ans après, sous ce même roi, le conflit reprit de nouveau, le « parlement » des barons s'assembla, obligeant le roi au respect de la charte, lui imposant des conseillers, des contrôleurs et des juges : la guerre dut régler le litige, et le roi, vaincu à la bataille de Lewes, tomba captif (1264) entre les mains du comte de Leicester, fils de Simon de Montfort, le terrible adversaire des Albigeois. Le prisonnier n'avait plus qu'à obéir; mais, quand même, la Grande charte eût été exposée à devenir lettre morte par suite de conjurations et d'alliances avec des souverains étrangers si Montfort n'avait pas compris que la noblesse seule serait impuissante à la longue et qu'il fallait qu'elle s'alliât à la bourgeoisie naissante. Dès l'année suivante se réunissait un parlement dans lequel nombre de villes et de bourgades étaient représentées chacune par deux bourgeois qui discutèrent en des conditions d'égalité avec les mandataires nobles des comtés, élus également au nombre de deux pour chaque circonscription. Cette innovation, qui devait survivre à l'ascendant du comte de Leicester, est évidemment l'origine de la chambre des Communes, dont l'histoire se confond avec celle de l'Angleterre elle-même et qui exerça sur le monde entier, par la force de l'exemple et de l'imitation, une influence si considérable pendant les siècles qui viennent de s'écouler.

Le langage des Anglais se modifiait en même temps que les mœurs et les institutions politiques. En arrivant en un pays étranger, où tous les habitants parlaient une langue différente de la leur, Guillaume le Conquérant et ses barons n'avaient point essayé d'imposer leur parler français aux populations assujetties ; au contraire, par l'expression de leur pensée, il leur plaisait de se sentir autres que la multitude asservie; cela même constituait à leurs yeux une incontestable supériorité. Mais, par la durée de la domination, les seigneurs et ceux qu'ils avaient amenés avec eux apprirent peu à peu l'anglo saxon, tandis que le français se répandait chez les Anglais : le vocabulaire de chacune des deux langues s'enrichissait par des emprunts et, bien que les ordres, les décrets, les actes légaux fussent toujours publiés en langue populaire afin que la foule des sujets pût les comprendre, des termes franco normands s'y mêlaient de plus en plus nombreux. Puis, deux cents ans après la conquête, lorsque tous les barons parlaient déjà l'anglais entre eux et que leurs fils étaient obligés d'apprendre le français comme une langue étrangère, se produisit ce fait étrange que l'anglais fut abandonné dans tous les documents politiques et légaux pour laisser la place au français comme langage officiel. C'est que Rouen avait été pendant longtemps la vraie capitale de l'Angleterre, ou du moins la résidence la plus habituelle de la cour, et que la France exerçait une force d'attraction puissante comme royaume à conquérir en entier. Toutefois ces efforts d'en haut furent impuissants contre la poussée qui se produisait dans la masse populaire. En 1362, l'anglais remplaça le français à l'ouverture du Parlement et des tribunaux, et l'usage exclusif de la langue nationale fut ordonné pour les débats et les plaidoiries [1]. La pédanterie juridique maintint néanmoins

1. W. Denton, *England in the fifteenth Century*, pp. 4 à 6.

pendant longtemps l'usage de transcrire en français tous décrets, lois et actes légaux : de nos jours encore, après l'interruption qu'amena la

N° 336. Plaine du nord de la France.

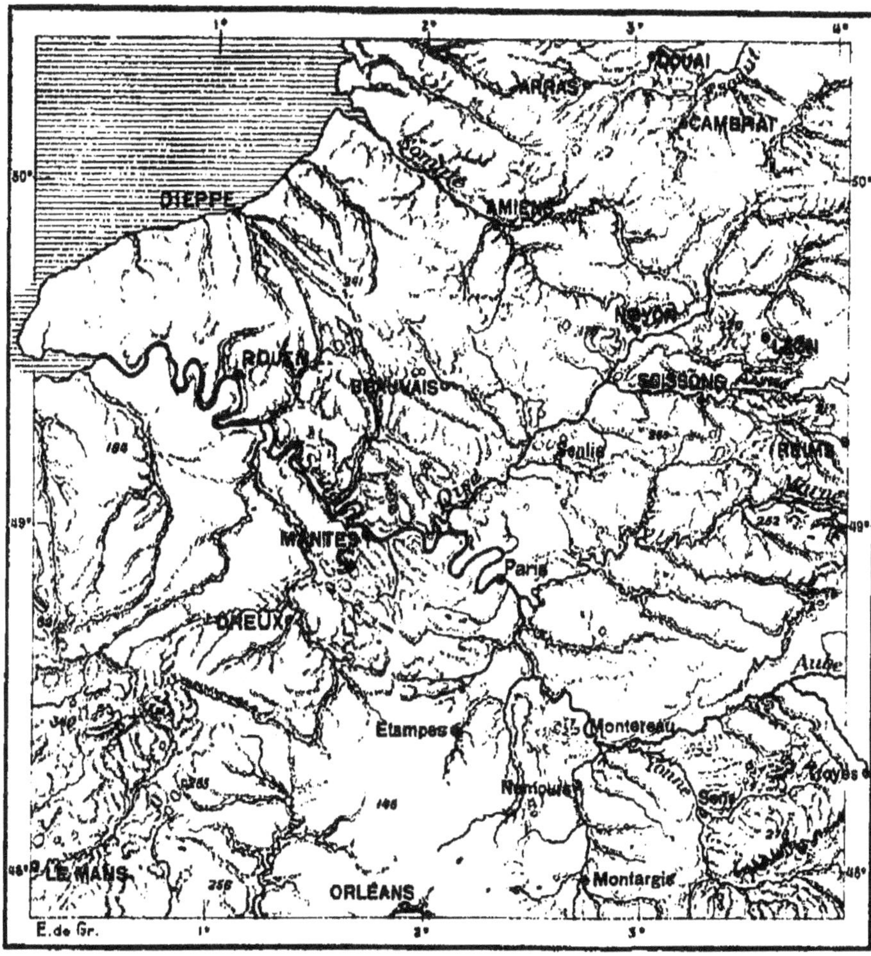

1 : 2500000

0 50 100 150 Kil.

Les noms en capitales sont ceux des villes ayant conquis leur charte municipale, mais il en manque, par exemple Compiègne, Saint-Quentin, Evreux; d'autre part, parmi les noms inscrits en plus petits caractères, Senlis et Sens avaient bien quelque franchise, mais elle leur avait été concédée plutôt par le bon vouloir des suzerains que par suite de l'audace des habitants.

période républicaine, de vieilles formules en grimoire franco normand paraissent indispensables aux légistes et chanceliers en perruque pour assurer à l'Etat britannique son fonctionnement normal.

Le contraste des deux pays, la France et l'Angleterre, devait se reproduire et se caractériser dans leurs capitales, Paris et Londres. Ces villes occupent d'ailleurs des positions prédestinées de par leur milieu géographique à exercer un rôle de première importance dans l'histoire de l'Europe et du monde.

N° 337. Paris sous Philippe-Auguste.

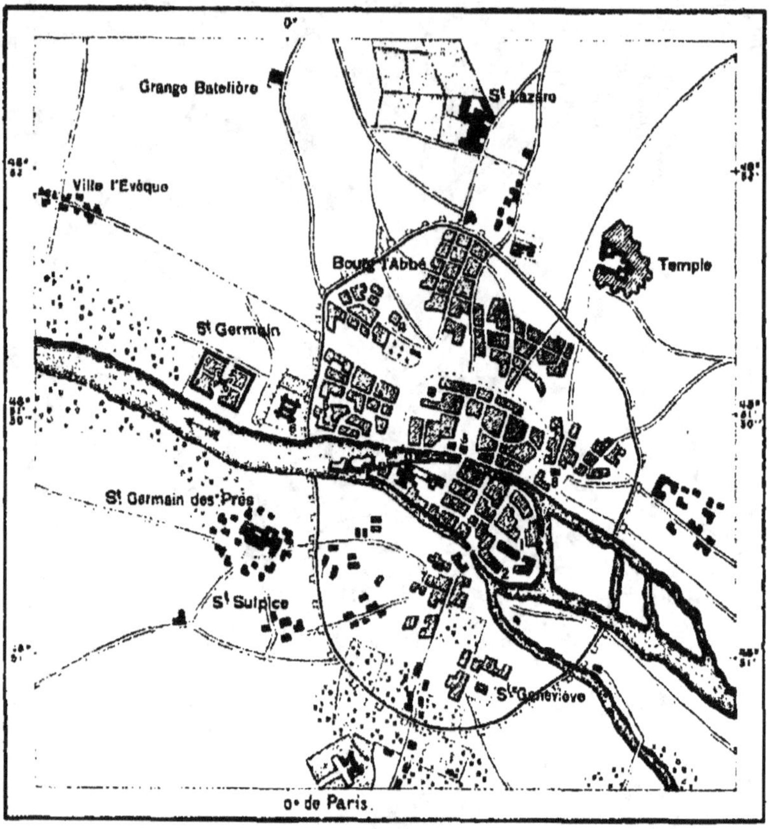

1 : 30000

0 500 1000 1500 Mètres

1. Notre-Dame. 2. Hôtel-Dieu. 3. Châtelet.
4. Saint-Eustache. 5. Saint-Germain-l'Auxerrois. 6. Le Louvre.
7. Thermes de Julien. 8. Saint-Merry.

Paris se trouve au centre naturel, à la fois géologique et géographique, de tout le bassin compris dans l'enceinte de hauteurs dont les Ardennes, le Morvan et les collines du Perche forment les principaux bastions extérieurs; il est le lieu de rendez vous nettement indiqué pour toute la région, d'autant plus que les routes historiques tracées vers la cité par les vallées des rivières sont disposées comme les rayons convergents d'un demi cercle : elles viennent de la haute Loire et du haut Allier par Montargis et Nemours, d'Autun par Clamecy et Auxerre, des plateaux de la Côte d'Or par Troyes et Montereau, des confins de la Lorraine par le cours de la Marne, des frontières de la Belgique par les

N° 338. Londres au treizième Siècle.

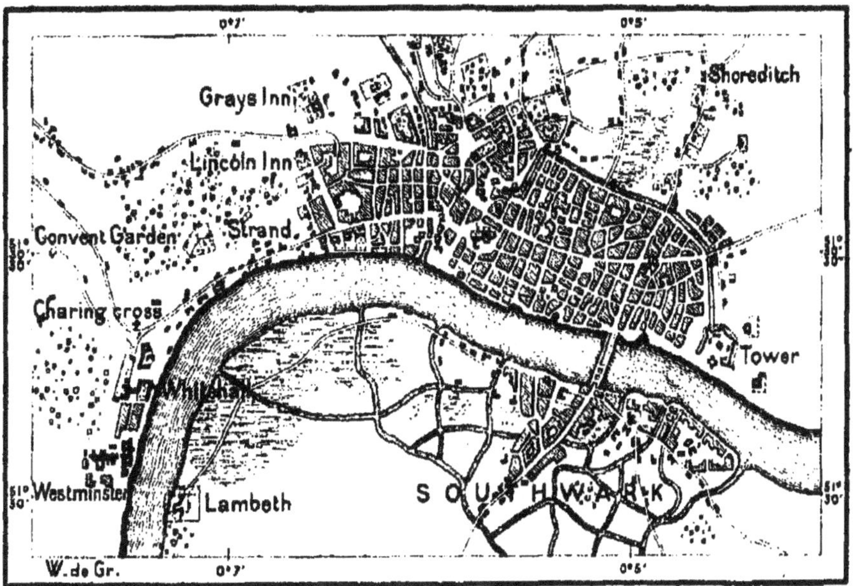

D'après Spruner Menke

1 : 30 000

0 500 1000 1500 Mètres.

1. Saint-Paul. 2. Ludgate. 3. Newgate.
4. Aldersgate. 5. Cripplegate. 6. Moorgate.
7. Bishopsgate. 8. Aldgate. 9. St-Martin-le-Grand.
10. Leadenball.

bords de l'Oise, et de l'estuaire de la Seine par Rouen. Au Sud-Ouest, la plaine rase de la Beauce est encore plus facile à parcourir qu'une vallée fluviale et donne accès facile aux belles campagnes de la Loire, d'où un réseau de voies, de tout temps suivies, s'épanouit dans la direction du Sud et de l'Ouest. Paris a tous les avantages comme lieu de concentration : comparée à Londres, il lui manque seulement le chemin de la mer, quoiqu'elle ait été fondée par une corporation des mariniers et ait pris pour blason symbolique un navire ballotté par les flots. Mais si Paris n'avait au moyen âge aucun trafic direct avec la mer, elle n'en commandait pas moins les routes qui du centre de la France mènent au littoral et en gouvernait le mouvement par ses ports d'attache.

Londres, on le voit sur la carte, avait au plus haut degré la supériorité maritime pour les échanges avec les contrées d'Europe qui lui faisaient face, et en outre, elle était devenue le principal entrepôt de l'Angleterre par toutes les routes qui rayonnaient vers les autres ports et estuaires des côtes du Sud, de l'Ouest et du Nord. Mais pourquoi, s'est-on fréquemment demandé, la cité de Londres n'est-elle pas devenue la capitale officielle du royaume anglais ? Le siège du gouvernement ne semblait-il pas dû à la cité la plus importante du royaume ? Pourquoi le petit village saxon de Charing, situé à quelques portées de flèche en dehors des murailles, fut-il le lieu de campement des chefs saxons, et pourquoi Westminster, son héritière, a-t-elle été choisie par les rois normands comme le centre de la vie politique ? Précisément parce que Londres, occupée par des marchands et des marins qui se régissaient selon des lois distinctes, constituait un microcosme d'origine antique et respectée, un Etat enclavé ne tenant à l'ensemble du royaume que par la reconnaissance du même souverain. C'est ainsi que les Mandchoux, descendant vers l'empire du Milieu, fondaient une ville tartare à côté de chaque ville chinoise, et que les barbares Touareg veillaient en armes dans leur campement aux portes de Tombouctou. C'est peut-être à cause de ce caractère de double capitale que London-Westminster a reçu en français, sous la forme de Londres, la marque du pluriel. Et pourtant, Lyon et Marseille ont prit la même terminaison dans l'orthographe anglaise, ce dont ne rend pas compte cette explication.

Quant à la Germanie impériale, elle n'avait et, d'après l'idée même qu'on se faisait de l'empire, ne pouvait avoir d'autre capitale que Rome, la résidence des antiques Césars. L'obligation morale qui incombait aux empereurs de s'y faire couronner fut l'occasion principale des guerres que les armées du Nord promenaient incessamment dans les campagnes de l'Italie ; c'était, du reste, la seule expédition pour laquelle les princes allemands dussent un contingent à leur élu.

Mais, au nord des Alpes, une ville s'imposa, Frankfurt, « gué des Franks », qui, dès le règne de Louis le Germanique, avait été le marché le plus actif du « Royaume oriental », prit naturellement une importance de premier ordre lorsque la plaine jadis lacustre, puis marécageuse, où elle s'élève eut été desséchée : il est peu de régions en

Allemagne qui occupent une situation plus centrale. Elle est bâtie sur le Main, non loin de son confluent avec le Rhin, et sur la ligne trans

N° 339. Le Rhin, de Strasbourg à Cologne

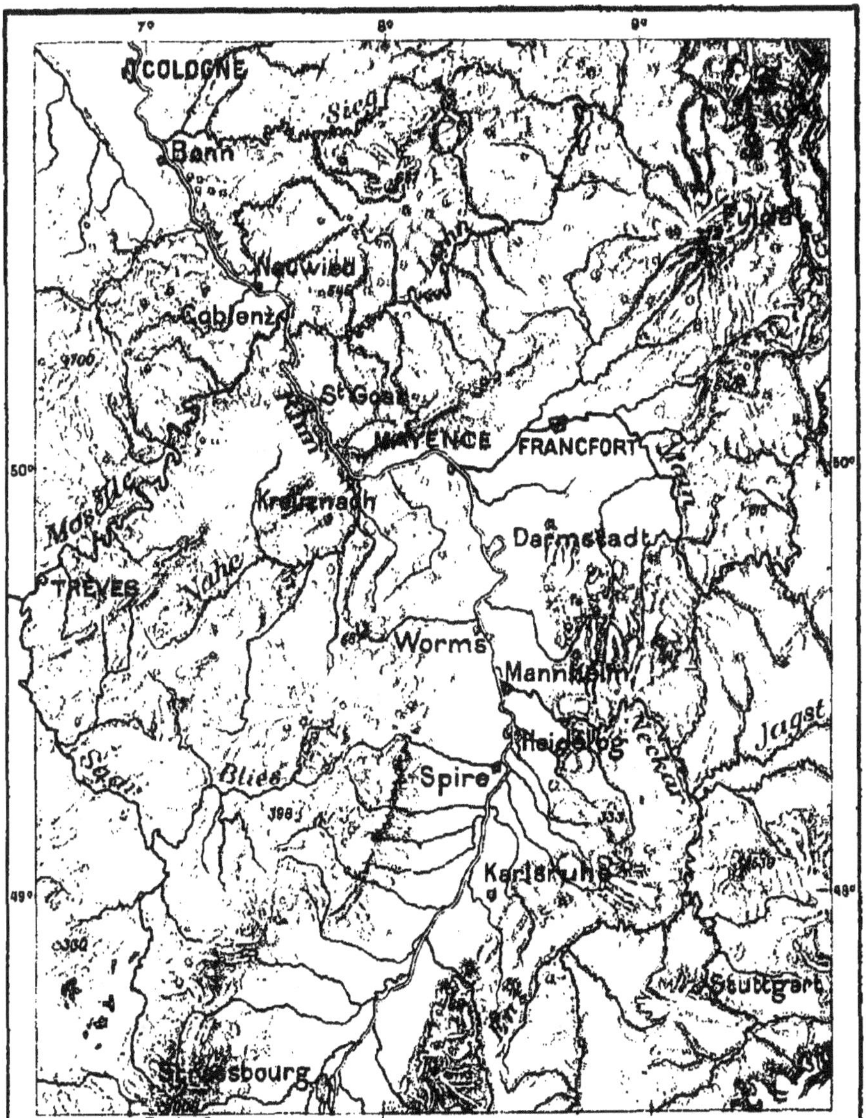

1 : 2 000 000

0 25 50 100 Kil.

versale formée de l'Est à l'Ouest vers le milieu de la vallée du grand fleuve allemand par les deux cours du Main et de la Nahe, arrivant en sens inverse. C'est là qu'aboutit la voie historique de tout temps suivie entre le Danube et le Rhin, et doublée même au temps de Charlemagne par un canal de jonction entre les deux fleuves ; Frankfurt était, de Vienne à la mer du Nord, le principal lieu d'étape pour les marchands ; en outre la grande route de l'Est se dirigeant vers la brèche de la Saxe, entre les montagnes de la Thuringe et celles de la Franconie, avait également Frankfurt comme lieu de diramation dans le bassin rhénan, et d'autres routes moins importantes s'y rattachaient aussi. On comprend donc que la ville ait acquis dans le mouvement des échanges de l'Allemagne une très grande force d'attraction et que le monde politique y ait eu son centre temporaire. Elle devint la ville électorale des empereurs, et son hôtel de ville, dit *Römer* ou « le Romain », en garde comme un reflet de Rome, la capitale virtuelle de l'empire.

Quelle autre cité de l'Allemagne aurait pu prendre une prépondérance incontestée, alors que l'empire, à frontières toujours flottantes entre les Français à l'Ouest, les Slaves à l'Est, les Italiens au Sud, se trouvait divisé à l'intérieur en une multitude de souverainetés et de fiefs aux limites non moins changeantes, et que le suzerain, pris successivement en diverses familles, déplaçait fréquemment sa résidence, appelé de-ci ou de là suivant les oscillations de la politique et les hasards de la guerre ? Souvent même l'empereur séjournait en dehors de l'Allemagne, tel Frédéric II dans sa ville italienne de Lucera, au milieu de Normands et de Sarrasins. Par ses massifs de montagnes, et plus encore par ses vastes forêts parsemées d'étangs, l'Allemagne était partagée en contrées bien distinctes et toutes d'assez grande importance pour balancer mutuellement leur pouvoir. Tandis qu'en France, le bassin moyen de la Seine, uni à celui de la Loire, avec Paris pour centre de gravité, l'emportait évidemment en cohésion et en puissance sur le cercle de terres basses entourant le massif central des plateaux et des monts, où fallait-il chercher le foyer vital par excellence dans cette vaste Germanie, s'étendant du Rhin à la Vistule ? La grande vallée rhénane elle-même se décomposait en deux régions aussi différentes au point de vue de l'histoire qu'à celui de la géologie : au Nord Cologne équilibrait en population et en gloire les villes du bassin méridional, Strasbourg, Spire, Mannheim, Worms, Francfort et Mayence. Le grand bassin de la Bavière, où le haut Danube entraîne les gaves puissants des Alpes, formait aussi une région naturelle où devaient se constituer des centres politiques de premier ordre, Nürnberg, Augsburg, Regensburg, Passau et, plus tard, Münich. La Saxe, bien appuyée sur l'Erzgebirge et les montagnes de la Thuringe, constituait une autre province naturelle, grâce à l'Elbe moyenne et à sa belle ramure d'affluents, tandis qu'au nord-ouest le bassin de la Weser, avec ses nombreux petits États, faisait la transition

FRANCKORT-SUR-LE-MEIN, SALLE DU RÖMER

entre les campagnes de l'Elbe et celles du Rhin. Au nord, les landes du Brandenburg, ses tourbières, ses traînées de lacs et ses lents ruisseaux appartenaient à une nature différente, qui déjà ressemblait à celle des grandes plaines de la Slavie et qui donnait aux habitants de la frontière germanique le rôle de sentinelle avancée. Enfin sur les deux mers se succédaient les ports de commerce, également devenus les centres d'une puissance politique très sérieuse, surtout après l'alliance de Hamburg et de Lübeck (1241), qui fut l'origine officielle de la ligue hanséatique.

L'Allemagne proprement dite, avec tous ses royaumes, duchés, comtés, seigneuries, villes libres et confédérations diverses, comprenait aussi les pays des Alpes, le Tirol, la Carinthie, la Styrie et l'Autriche, de même que les vallées dont la population se groupe de nos jours sous le

N° 340. Vienne et le Danube au moyen âge

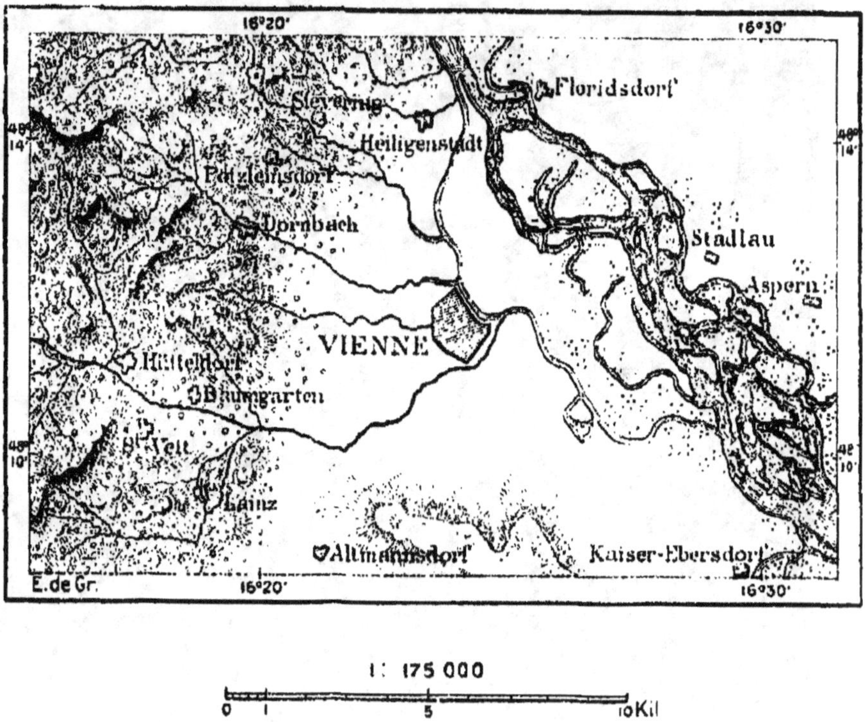

nom de « Suisse allemande ». La cité de Vienne, qui devait plus tard acquérir une importance de premier ordre comme centre d'activité mondiale, devenait alors le foyer principal d'attraction pour les Allemands du sud-est. Elle était en même temps la gardienne de l'empire contre les envahisseurs de races diverses qui se pressaient à l'Orient et contre les Slaves qui occupaient en force les montagnes, les plaines du nord, ainsi que le grand quadrilatère de la Bohême, coupant les communications directes de l'Autriche avec les régions populeuses et plus civilisées de la Germanie nord-occidentale. Vienne occupait alors une position d'avant-garde très menacée et ne se rattachait à l'Allemagne que par l'étroite vallée du Danube moyen, réduite en certains endroits à de simples défilés par les avant monts des Alpes et du Böhmerwald. Mais cet état de lutte même lui donnait un caractère d'autant plus précis comme individualité germanique, malgré le mélange des races qui s'y accomplissait sans cesse, comme dans un creuset la fusion des métaux. Tirant de l'Allemagne entière ses ressources en connaissances et en force

N° 341 Vienne et le Danube au vingtième Siècle

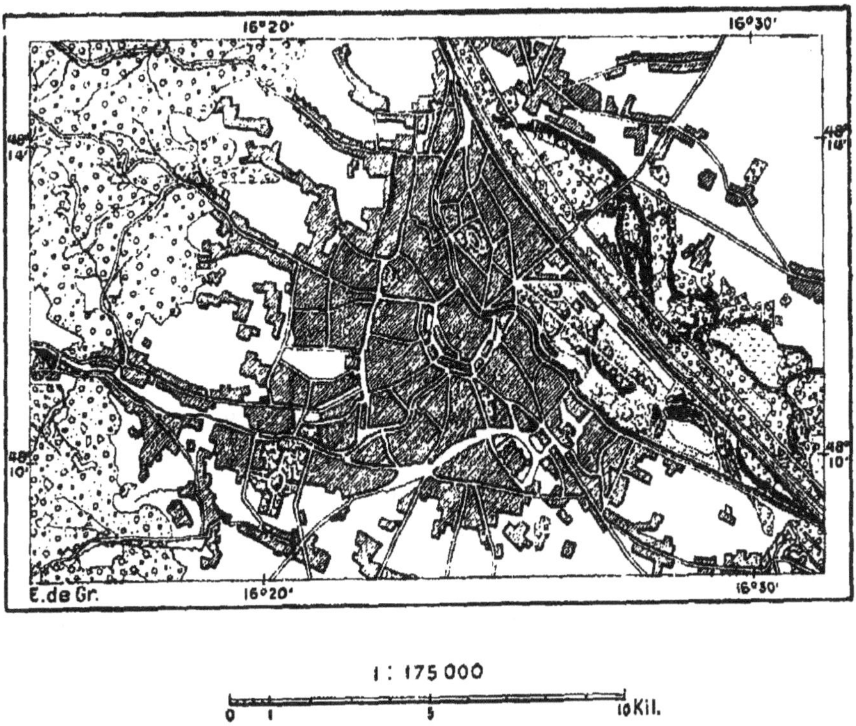

morale pour sa continuelle résistance contre les agressions du monde oriental. Vienne transformait tous ses éléments ethniques en Allemands, d'ailleurs très différents des purs Germains de la Souabe et de la Thuringe.

Antique cité gauloise, puis romaine, Vindomina, devenue Vindobona, finit par réunir en elle tous les avantages géographiques des lieux riverains du Danube qui se succèdent dans la traversée de l'Autriche proprement dite, entre le confluent de l'Inn et celui de la March ou Morava. Deux de ces villes avaient pour les Romains une importance spéciale, Laureacum, le village actuel de Lorch, où venait aboutir la route principale que suivaient les légions à travers les chaînes parallèles des Alpes, et Carnuntum, en aval de Vindobona, en face de la large plaine où serpente la Morava, avant de se joindre au Danube. Les chemins des Alpes, partant des deux bords de l'Adriatique, la rive italienne et la rive istriote, s'unissent à Vienne, qui se trouve précisément à l'angle nord-oriental du système des Alpes proprement dites, au lieu d'arrivée dans la plaine du Danube de tous les chemins naturels descendus de la montagne : ces conditions assuraient ainsi à la ville l'avantage de surgir au point de croisement des deux grandes voies maîtresses de l'Europe centrale, la route danubienne entre Paris et Constantinople et la route moravienne entre l'Italie et le littoral baltique : de toutes les villes du continent qui servent de carrefours à des routes transversales du même genre, Vienne est certainement celle qui eut la plus grande importance historique. Depuis le moyen âge, la capitale autrichienne a encore augmenté sa puissance en devenant maîtresse du grand fleuve dont autrefois elle redoutait le trop proche voisinage.

Le treizième siècle fut pour l'Allemagne l'époque pendant laquelle le pouvoir impérial eut le moins de force et où, par une conséquence naturelle, les initiatives locales se firent le mieux sentir. Ce fut l'âge le plus heureux de la nation et jamais son développement ne fut plus rapide dans les connaissances et dans les arts. Frédéric II, dont le règne dura pendant l'espace de toute une génération (1215 à 1250), avait habitué ses peuples à se passer de lui : s'il régnait officiellement, guerroyant ou légiférant quelque part, dans le sud de l'Italie ou en Orient, la vie indépendante des cités allemandes se manifestait dans l'accomplissement des œuvres nationales. Même dans les documents publics et malgré les moines, la langue populaire devenait le véhicule de la pensée. Les poètes, qui voyagent de ville en ville et de cour en cour pour y réciter leurs chants, se rencontrent et s'instruisent mutuellement dans l'emploi d'un langage pur, harmonieux et logique se substituant aux parlers provinciaux. En même temps des hommes laborieux étudient le pays et en résument la géographie, l'histoire, les légendes, la jurisprudence. Les architectes construisent alors les édifices superbes du style ogival, qui sont encore la gloire des cités du bassin rhénan et, à un moindre degré, des autres régions allemandes. Enfin déjà commence à se préciser et à devenir conscient cet amour de la nature que ressentent si profondément les poètes de la Germanie et qui dans les derniers siècles a produit tant de belles œuvres littéraires. En pleine période de chasses et de guerres incessantes à l'animal et à l'homme, quelques forêts étaient cependant interdites à toute œuvre de sang. L'une d'elles était la forêt du Harz : « Quand Dieu créa l'homme », dit le Sachsen-Spiegel, au commencement du treizième siècle, « quand Dieu créa l'homme, il lui donna pouvoir sur

N° 342. Terre des Chevaliers teutoniques.

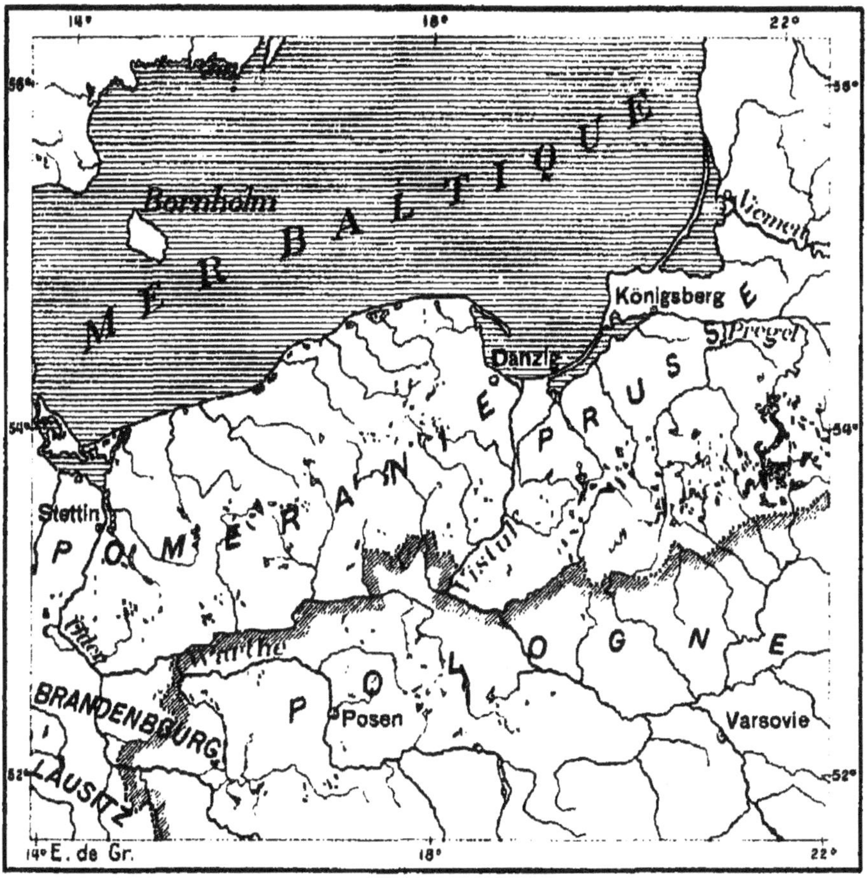

1 : 5000000

0 100 200 300 Kil

les poissons, les oiseaux et tous les animaux sauvages. Pourtant il y a trois lieux où le ban du Roi assure la paix aux animaux... Quiconque capture du gibier en ces endroits paiera l'amende de soixante sous. Celui qui chevauche à travers les bois interdits doit avoir son arc détendu, son carquois recouvert et ses chiens tenus en laisse ».

Malgré les invasions, l'élément ethnique de la Germanie continua de gagner dans la direction de l'Est et du Nord par refoulement et assimilation graduelle des populations slaves : le Holstein, le Mecklembourg, la Poméranie devinrent des terres tout à fait allemandes, et, sous le commandement de Hermann von Salza, 1230-1237, les chevaliers teutoniques fondèrent des colonies d'Allemands dans les provinces « baltiques » de Courlande, de Livonie et d'Ehstonie.

Même dans le plus grand péril de guerre, l'Allemagne, unie par le sentiment du danger, pouvait se passer de l'empereur. Ainsi, lorsque les Mongols, après avoir triomphé de toute résistance dans les contrées de l'Europe orientale, se ruèrent contre les pays allemands, en 1241, l'empereur régnant, Frédéric II, semble n'avoir eu aucune part à la résistance, même par sa diplomatie, ce furent les populations des pays immédiatement menacés, surtout la Moravie et la Silésie, Slaves et Allemands, qui soutinrent le terrible choc à la bataille de Liegnitz et, quoique vaincus, par leur attitude firent comprendre aux vainqueurs qu'il était plus sûr de ne pas pousser plus avant : l'invasion mongole, déviant vers le Sud, alla se disperser sur les côtes de la Dalmatie. En dépit de l' « interrègne » de près d'un quart de siècle (1254 à 1273), l'Allemagne ne cessa de prospérer moralement en puissance et en civilisation : on nomma des rois, mais comme des êtres virtuels, choisis en pays étranger et gardant leurs noms. On n'avait pas à craindre l'intervention de Guillaume de Hollande, Richard de Cornwales, Alphonse de Castille : princes et peuples allemands se passaient d'eux, comme ils s'étaient passés des Hohenstaufen italiens.

C'est qu'une importante évolution s'accomplissait alors dans l'idée que les Allemands se faisaient du pouvoir impérial. A l'origine, le souvenir prestigieux de l'ancien empire romain dominait tellement les esprits que les ambitieux se donnaient pour but unique de le continuer : c'est à Rome qu'ils devaient être sacrés, et si la traversée des Alpes donnait lieu à de grandes dépenses pour l'entretien du cortège, le voyage en pleine Italie, entre des cités souvent hostiles et sous la menace constante d'assauts et de révolutions locales, les obligeait à se faire accompagner d'une armée ; chaque visite d'apparat se transformait en campagne de guerre. La dernière expédition de ce genre, celle de Conrad IV, fils de Frédéric II, s'était même terminée de la manière la plus fatale. Charles d'Anjou s'était emparé de l'Italie du sud et de la Sicile au détriment de l'empire, et le fils de Conrad, le jeune et gracieux Conradin, dernier des Hohenstaufen, fut publiquement décapité à Naples (1268), tragique aventure que le romantisme patriotique des Allemands ne pardonna jamais à la France. Charles Ier de Naples fut du reste le mauvais génie de sa famille: après le meurtre de Conradin, c'est lui qui dirigea vers Tunis la croisade où son frère saint Louis devait mourir, c'est lui qui, par sa politique « orthodoxe » succédant à la mansuétude religieuse des Hohenstaufen, provoqua les Vêpres siciliennes, lui enfin qui engagea

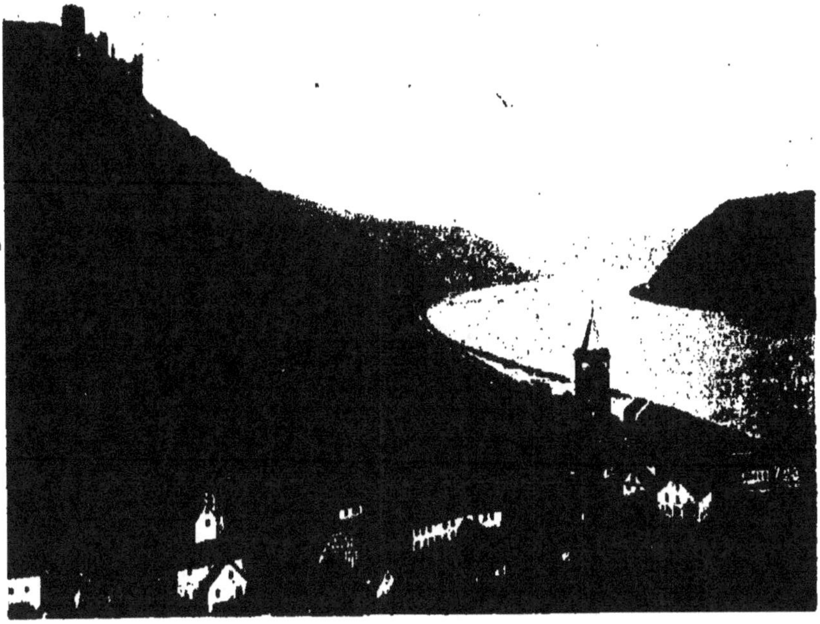

VALLÉE DU RHIN A SAINT-GOAR

son neveu Philippe III dans la malheureuse expédition du Roussillon (1285). Le voyage de l'empereur au delà des monts était donc accompagné de dangers indéniables, mais la notion d'empire n'en restait pas moins populaire, bien que les électeurs féodaux, princes civils et ecclésiastiques, craignant de se donner un maître trop puissant, hésitassent souvent beaucoup avant d'élire un candidat.

Pendant le cours du treizième siècle se constitua d'une manière distincte le corps électoral qui devait, à la place du pape, conférer aux futurs empereurs la majesté du pouvoir. Il se composait de sept princes, les trois archevêques de Mayence, de Cologne, de Trèves et quatre seigneurs temporels, le duc de Saxe, le comte palatin du Rhin, le margrave de Brandenburg et le roi de Bohème; mais celui-ci, souverain étranger par la race, bien que rattaché à l'Allemagne par de multiples intérêts, avait à défendre son privilège contre le duc de Bavière.

N° 343. Villes et Provinces d'Allemagne.

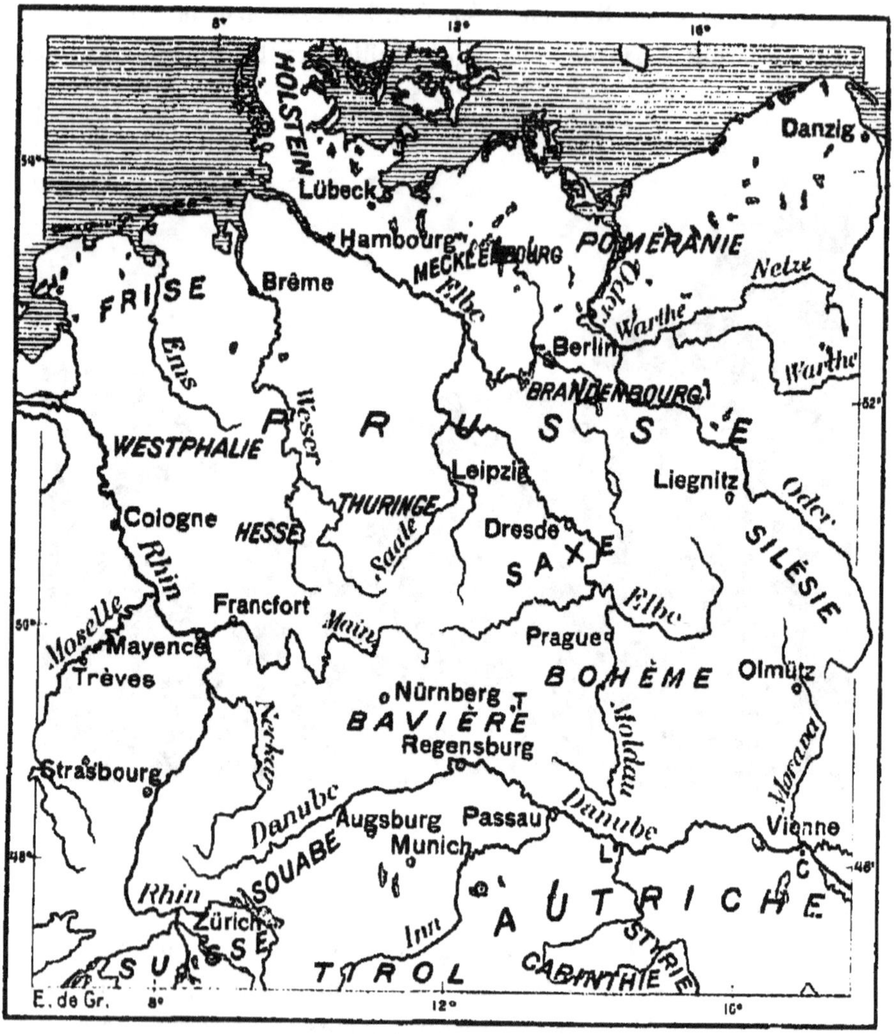

1 : 7 500 000

0 100 200 400 Kil

Cette carte porte l'indication Prusse, conformément à la réalité actuelle, tandis qu'aux treizième et quatorzième siècles, c'est la province à l'est de la Vistule qui portait ce nom. (Voir carte n° 342, p. 107.)

La puissance de l'Allemagne, représentée par les sept grands électeurs, avait son centre de gravité dans la partie occidentale de l'empire, et la vallée du Rhin, la « rue des Prêtres », comme on disait parfois à la pensée des innombrables églises et des somptueuses cathédrales riveraines du fleuve, avait à elle seule la majorité des votes : mais, quoique les

N° 344. Relief de l'Allemagne

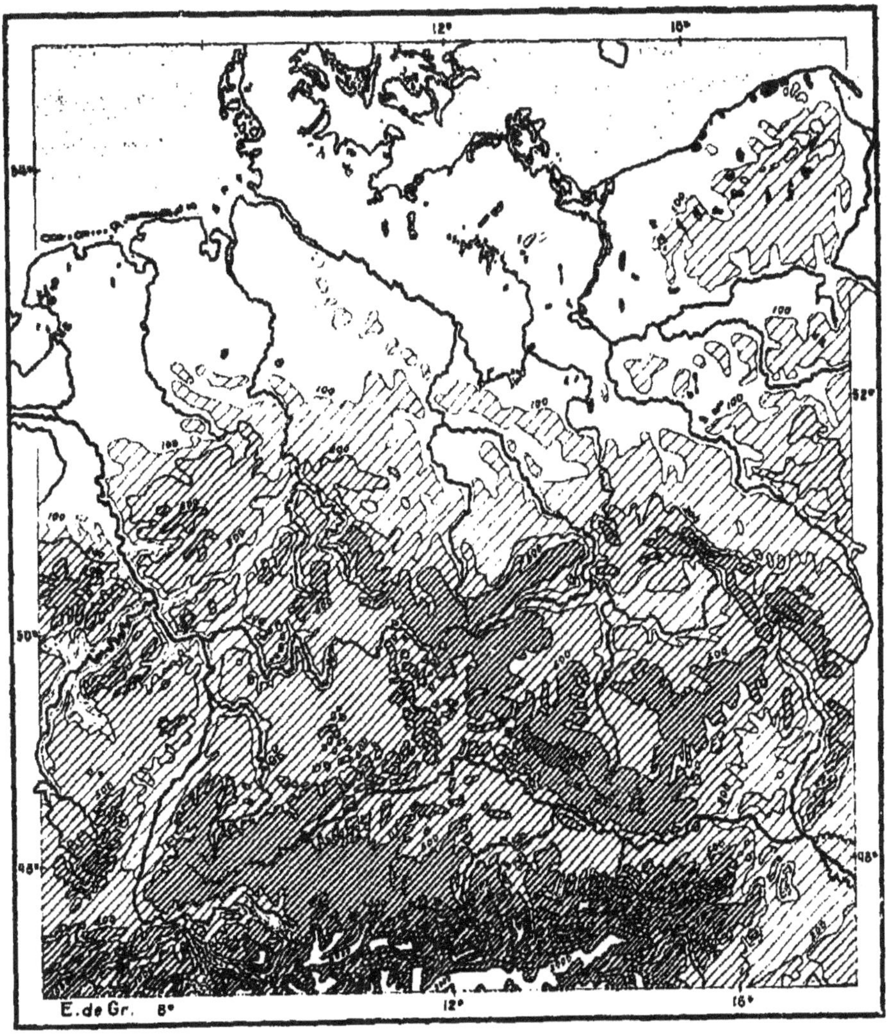

1 : 7 500 000

0 100 200 400 Kil.

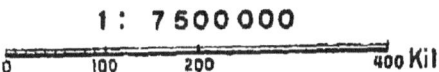

Le col de Taus est indiqué sur cette carte ; sur la carte n° 343, T. marque l'emplacement de la ville de Taus, L, celui de Lorch, C. celui de Carnuntum. (Voir page 105.)

archevêques rhénans eussent dans le conseil électoral une influence souvent décisive et qu'on fût tenté de voir en eux des représentants du pape, l'influence directe du pontife romain était désormais écartée. Même en 1330, un manifeste formel établit nettement l'indépendance des électeurs impériaux en face des prétentions de Rome : il spécifie que les pouvoirs de l'empereur émanent exclusivement de l'oligarchie des princes.

En 1273, après l'« interrègne », le choix des électeurs tomba sur un seigneur de rang secondaire, Rodolphe de Habsbourg, qui dut probablement sa fortune à la modestie relative de son rang. Le nouvel empereur, réduit à l'impuissance dans la grande politique, déjà lié, comme nombre de souverains modernes, par les règles de la constitution et les traditions du ministère, dut se borner à bien asseoir ses droits et privilèges de famille. Cependant quelques uns de ses successeurs se laissèrent encore aller à la fascination de Rome et de l'Italie, mais sans résultat sérieux. Et non seulement la Péninsule échappait à l'empire, le royaume d'Arles aussi devenait difficile à gouverner et se fragmentait au profit de la monarchie française ; de plus, les routes se fermaient qui traversaient les Alpes suisses, les représentants des vallées s'étant unis par serment pour sauvegarder leur indépendance contre les prétentions des Habsbourg et de leurs baillis. Le duc Léopold d'Autriche pénétra imprudemment avec ses chevaliers lourdement armés dans les hauts défilés des Alpes : les pierres et les massues y triomphèrent des lances. La bataille décisive gagnée par les montagnards à Morgarten (1315) assura l'autonomie des cantons forestiers, noyau de la Confédération suisse. Lorsque le conflit se renouvela, vers la fin du siècle, les batailles de Sempach (1386) et de Naefels (1388) prouvèrent de nouveau que les monts de la Suisse étaient un rempart intangible.

Le domaine d'activité des empereurs allemands ne dépassait guère les régions méridionales et occidentales de la Germanie proprement dite ; les contrées du nord et de l'est se trouvaient sous la dépendance des villes hanséatiques, des chevaliers teutons et des margraves de Brandebourg, constituant ainsi un groupe distinct ayant déjà sa vie propre et contenant en soi les germes de cette individualité politique destinée à devenir la Prusse. Le contraste qui devait un jour prendre une importance capitale entre les deux grandes puissances de l'Allemagne, Autriche et Prusse, commençait à se dessiner historiquement : d'ailleurs, n'était-il pas déjà indiqué par le relief même des terres? Les campagnes du moyen Danube et les terres sableuses où serpentent les rivières, où dorment les lacs d'entre Elbe et Oder, sont nettement séparées par le grand quadrilatère de la Bohême, ceint de montagnes et de forêts; tandis qu'à l'ouest de l'Allemagne le cours du Rhin unissait franchement les contrées du nord à celles du sud et, par ses affluents Main et Neckar, mettait en libre communication l'Autriche, le Tirol, le pays de Salzbourg, la Bavière, la Souabe avec la Thuringe, la Hesse, la Westphalie.

Cl. J. Kuhn, édit.

CATHÉDRALE DE BEAUVAIS, — LA NEF

En France, où l'unité politique était beaucoup mieux indiquée par la nature, mais où elle ne pouvait être complètement réalisable qu'après la ruine des grands fiefs, la lutte se continuait entre le roi et ses vassaux. Après Philippe-Auguste, la diplomatie royale ne se maintint pas avec la même rigueur inflexible vers la subordination de toutes les fonctions à l'Etat; toutefois, dans l'ensemble, la royauté française accrut forte ment son pouvoir, non seulement aux dépens des hauts feudataires mais également du pape : même le roi dont l'Eglise fit un « saint », Louis IX, ne se laissa point diriger par le clergé : plus sincèrement religieux que la plupart des prêtres et des moines, il pouvait se passer de leurs conseils. Un de ses successeurs, Philippe le Bel, qui monta sur le trône en 1285, put aller plus loin dans sa lutte contre l'Eglise : devancier de maint souverain moderne, il fut en plein moyen âge un diplomate retors, méprisant toute chevalerie, s'entourant de bourgeois aussi fins que lui, ne visant qu'à de bonnes affaires pour accroître méthodiquement son pouvoir et ses biens. Le pape que, précisément, il eut pour adversaire était un nouveau Hildebrand, Boniface VIII, un prêtre qui prétendait à la domination des corps aussi bien qu'à celle des âmes et qui croyait encore à la vertu des vieilles foudres d'excommunication. Philippe le Bel n'en réduisit pas moins son clergé à l'obéissance et, poursuivant le pape dans son propre domaine, Agnani, le fit capturer par des affidés, « dans l'intérêt de notre mère la Sainte Eglise » — ainsi s'exprime l'envoyé Nogaret —, et le réduisit à mourir de colère et de chagrin (1303). Le nouveau pape dut se faire très humble envers le roi que Boniface avait exclu de l'Eglise, puis fut remplacé par une créature de Philippe, par un simple vassal religieux, Clément V (Bertrand de Got), qui subit la honte de quitter la « ville éternelle » et d'aller demeurer dans Poitiers, puis dans Avignon, sous la surveillance de son véritable maître (1305).

La papauté, appuyée sur les communes lombardes, avait vaincu l'empire germanique après une longue série de luttes, mais cette dernière insulte faite par la monarchie française au pape ne menaçait en rien l'indépendance des villes libres : aussi le monde chrétien s'émut il fort peu de l'attentat d'Agnani ; on ne croyait plus à l'autorité divine parlant par la bouche du successeur de saint Pierre.

Non seulement le roi de France s'attaqua directement au pape, il entreprit l'œuvre plus difficile encore de toucher à l'âme même de l'Eglise, représentée par ses trésors. L'excommunié de la veille commença par se faire octroyer toutes les dîmes du clergé français pendant cinq années ; puis, après s'être emparé des Juifs pour en extraire tout l'or qu'ils possédaient, comme on extrait l'huile de l'olive, après avoir rogné les pièces d'or et d'argent, il se fit livrer les Templiers, devenus banquiers chrétiens, et mit à l'ouvrage ses courtiers de Florence pour retirer de leurs commanderies tous les trésors amassés par les Chevaliers du Temple depuis le commencement des Croisades. Leur crime, d'une évidence parfaite, était d'être riches : ils possédaient plus de neuf mille manoirs et des provinces entières dans toute l'Europe, du Portugal et de la Castille jusqu'à l'Irlande et à l'Allemagne. D'autre part, ils donnaient certainement prise aux accusations les plus graves : aussi longtemps qu'ils avaient été

Cl. Kuhn, édit.

AVIGNON. — LE CHATEAU DES PAPES.

les défenseurs du Saint Sépulcre, nul n'eût osé les juger, bien qu'ils se fussent permis tout ce que peut suggérer l'orgueil, l'insolence, l'avidité et la luxure : l'on se racontait à voix basse les rites abominables, musulmans et diaboliques, par lesquels ils glorifiaient le Temple comme distinct de l'Eglise. Aidée dans cette œuvre de déplacement des fortunes par les moines mendiants et autres parasites, c'est en raison de leurs hérésies que la royauté française osa les attaquer.

Le roi avait à se venger de n'avoir pu être reçu dans l'ordre, dont il aurait voulu devenir le grand maître : en outre, il devait de l'argent aux Templiers et n'avait d'autres moyens de leur payer ses dettes qu'en les pillant eux mêmes, en ravissant leurs trésors : après la ruine des Juifs, il n'avait plus que des chrétiens à rançonner. Toutefois, ces adversaires étaient si redoutables par le nombre, par la richesse, par le prestige que Philippe le Bel, aidé de son pape complaisant, put longtemps craindre de ne pas réussir. Le procès dura des années et fut conduit d'une manière atroce à l'aide de faux témoignages, de menaces, de supplices. Quoique la principale force des Templiers se trouvât en France et que Philippe pût en conséquence frapper l'ordre de chevalerie en plein cœur, les autres Etats étaient grandement intéressés au procès et, s'ils avaient jugé autrement que le roi de France, auraient pu lui susciter ainsi de grandes difficultés. Tout d'abord leurs conciles acquittèrent les Templiers, mais, après les condamnations sévères et les spoliations ordonnées par Philippe, ils se ravisèrent afin de prendre également leur part du précieux butin. L'Espagne seule les défendit jusqu'au bout ou du moins permit la transformation pacifique de leur ordre : c'est que dans cette terre la croisade n'était pas encore terminée [1].

Tous ces procès, tous ces bûchers dressés par les inquisiteurs au service de la royauté prouvent combien la question du capital et de l'argent monnayé avait déjà pris d'importance dans cette société qui se dégageait du moyen âge. On a fait grand état de l'interdiction du commerce de l'argent fait au public par le christianisme primitif, mais cette loi morale se traduisit fort peu dans les pratiques courantes de la société : le chrétien, qui n'aurait pu sans pécher prélever un intérêt sur l'argent prêté à un autre chrétien, était heureux à l'occasion de pouvoir emprunter à un infidèle, à un Juif, et, d'ailleurs, ne cherchait-il pas, lui aussi, à s'enrichir par l'épargne ou le revenu foncier? Rien n'était plus facile que de tourner la loi et de se faire payer intérêt sous une autre forme. Le fidèle, qui devait s'abstenir d'exiger intérêt ou « usure » d'une somme d'argent prêtée, pouvait stipuler que le preneur et ses héritiers paieraient en échange une rente à perpétuité [2]. De même les canons ecclésiastiques ne défendirent jamais le contrat de cheptel, illustré dans la légende hébraïque par le génie mercantile du patriarche Jacob. Le chrétien, aussi bien que l'ancêtre juif, eut toute autorisation divine pour s'enrichir par le croît de ses troupeaux. Or, le « cheptel », « têtes de bétail », mot qui, en anglais, est devenu *cattle*, l'ensemble des troupeaux, est l'une des formes par excellence de l'épargne, et indique par son nom même qu'il fut l'une des principales origines du capitalisme moderne [3]. Et puis, l'Eglise elle même, tout en vitupérant contre la richesse quand il s'agissait des autres, n'eut-elle pas bientôt pour idéal de s'enrichir à

1. J. Michelet, *Histoire de France*, t. III, p. 158. — 2. Viollet, *Précis de l'Histoire du Droit français*, p. 582. — 3. Gaston Richard, *le Socialisme et la Science sociale*, p. 12.

son tour, puisqu'il lui convint de solliciter les donations et les legs? Elle avait mauvaise grâce à blâmer chez autrui ce qui était devenu sa constante pratique, directe ou indirecte.

Quand l'Eglise n'empruntait pas, elle faisait emprunter par le Juif : elle en était quitte pour le maudire et le dépouiller comme voleur et comme impie après l'avoir utilisé comme prêteur d'argent. Les théologiens les plus honnêtes cherchaient des arguments pour expliquer leur hypocrisie : « Qui ne sait, dit Gerson, que l'usure doit être extirpée : mais il serait bon de dire dans quel cas il y a vraiment péché d'usure... afin de ne pas s'exposer par une rigueur mal entendue à compromettre les revenus mêmes de beaucoup d'églises »[1]. A cet égard, une sorte de division du travail s'opéra au profit du monde clérical, entre les ecclésiastiques régulièrement établis d'une part, et, d'autre part, les moines mendiants. Ceux-ci s'en tenaient à l'antique orthodoxie, qui ne reconnaissait aucun droit de propriété, ni en particulier, ni en commun. Ce principe de conduite justifiait, commandait même la mendicité, et celle-ci avait, en outre, l'avantage d'accroître les richesses ecclésiastiques, car ceux qui n'avaient pas le droit de posséder avaient néanmoins toute autorisation de gérer les biens d'autrui, et, dès qu'ils les géraient au nom de l'Eglise, nulle prescription de temps n'interrompait leurs droits. Il en était autrement pour les moines trop zélés qui eussent voulu pratiquer le communisme sociétaire par le travail et risquaient ainsi de se rapprocher de la société civile : ils étaient aussitôt condamnés et persécutés[2].

A cette époque de transition, alors que la richesse se mobilisait rapidement par la monnaie, par le crédit et par la banque, les Juifs furent de précieux auxiliaires pour les gouvernements. De tout temps, les pouvoirs royaux, que leur politique, même inconsciente, porte à diviser pour régner, eurent intérêt à disposer d'une classe de sujets sur lesquels ils pussent, dans les circonstances difficiles, détourner la colère et les violences du peuple. C'est ainsi que les Juifs furent pour les Etats de la chrétienté médiévale les « précieux déicides » qu'il était légitime de frapper quand d'autres étaient coupables : ils n'eussent pas existé que l'Eglise les aurait fait naître sous le nom d'hérésiarques ou de schismatiques. Pendant les grandes expéditions des Croisades, dans les villes

1. Charles Jourdain, *Mém. de l'Acad. des Insc. et Belles-Lettres*, t. XXVIII, 1874. — 2. Guillaume de Greef, *Essais sur la Monnaie, le Crédit et les Banques*, pp. 34, 35.

conquises, les chefs donnaient aux bandes armées des Juifs à massacrer; lorsque les guerres civiles étaient à craindre, on avait soin, comme de nos jours en Russie, de guider, de canaliser la fureur populaire en poussant les faméliques loin des riches abbayes et des somptueux châteaux vers les comptoirs des Juifs maudits; mais à moins qu'on eût des vengeances personnelles à exercer, on se gardait bien de désigner à la foule les riches usuriers ou collecteurs de taxes, qui plaçaient à gros deniers l'argent des nobles et des prêtres. Comme étranger de race et de religion, le Juif était haï, mais comme agent d'affaires il était indispensable : telle fut l'origine de la théorie juridique d'après laquelle le Juif fut considéré comme « serf » du roi et des seigneurs. Sur une grande étendue du monde féodal, chaque seigneur avait son Juif, comme il avait son tisserand, son forgeron. Le Juif était une véritable propriété qui s'inféodait, que l'on vendait, et qui lui même ne pouvait avoir aucun bien en propre, son maître disposant de tout ce qui lui appartenait. Telle était la doctrine que professait l'illustre Thomas d'Aquin et que la plupart des puissants d'Europe mettaient en pratique. Les souverains anglais surtout procédèrent avec méthode, organisant, systématisant l'usure au moyen de leurs instruments, de leurs « meubles », les Juifs, que William de Newbury appelle les « usuriers royaux ». Toutefois, ces agents spéciaux du roi, très méthodiques dans leurs procédés, réussissaient à garder pour eux une forte part des richesses qu'ils étaient chargés d'extraire de la nation. En 1187 déjà, on évaluait approximativement leur fortune mobilière en pays anglais à 240,000 livres sterling, tandis que tous les autres habitants du royaume, incomparablement plus nombreux, n'avaient ensemble que 700,000 livres [1].

Naturellement, les Juifs durent porter la peine de leur fortune, et que de fois le peuple s'ameuta contre eux, que de fois les souverains, se retournant contre leurs usuriers, qui s'enrichissaient en proportion même de l'appauvrissement du royaume, leur firent rendre l'or dont ils s'étaient gorgés; enfin, que de fois aussi, les foules fanatisées et les prêtres, prirent ils prétexte de l'usure exercée par les Juifs pour satisfaire leur haine religieuse en torturant, en massacrant, en brûlant des Juifs à petit feu !

La folie s'en mêlait parfois. C'est ainsi qu'en 1321, une rumeur

1. Ernest Nys, *Recherches sur l'Histoire de l'Economie politique.*

insensée parcourut la France, incitant le peuple aux plus cruelles abominations. Le bruit s'était répandu que les Juifs avaient imaginé un poison assez virulent pour détruire toute la chrétienté, à condition qu'il fût administré par les « mésiaulx » ou lépreux. L'horrible histoire ne trouva pas d'incrédules et de toutes parts on se précipita sur les maladreries pour y « bouter le feu : en Aquitaine et en une grande partie de la Franche Comté tout li mésiel furent ars ». La peur instinctive de la contagion contribuait sans doute à jeter le peuple dans cette atroce frénésie, mais le roi lui même, qui eut « si grant volonté de tenir ses sujets en bone paiz et en bone amour », lança trois ordonnances successives pour livrer les « lépreux fétides », hommes, femmes et enfants au-dessus de quatorze ans, aux rigueurs de la « justice », de la torture et du bûcher; à Chinon, 160 lépreux et lépreuses furent brûlés le même jour[1].

LÉPREUX TENANT LA CLIQUETTE

D'après un vitrail de la cathédrale de Bourges, XIIIe siècle.

A un point de vue tout à fait général, on peut dire que les Israélites auraient certainement fini par s'accommoder graduellement au milieu chrétien, parmi les nations de l'Europe au moyen âge, s'ils avaient continué d'être indispensables et si l'âpre concurrence de banques chrétiennes ne les avait écartés. Les grandes persécutions se produisent à l'époque où l'on commence à n'avoir plus besoin d'eux. Les moines Templiers, les « Lombards », les changeurs florentins, ayant appris à manier l'or, l'argent et les pierres précieuses avec autant d'habileté que les Juifs, découvrirent également tous les secrets du crédit et, par leurs agents et correspondants, établis dans toutes les villes de l'Orient, sur la route des Indes et de la Chine, ils s'enhardirent bientôt à soutenir la lutte contre les Juifs. Ceux-ci, devenus inutiles, furent fatalement écartés : ils succombèrent, et leurs rivaux triomphants

1. Lehugeur, André Lefèvre, *Quelques années du bon vieux Temps*, *Revue de l'Ecole d'Anthropologie de Paris*, nov. 1901, pp. 351 et suiv.

purent se laver les mains des supplices en les attribuant à l'exaspération populaire. Il en fut de même quand on fit rendre le sang dont s'étaient gorgées d'autres sangsues : pour remplacer les Templiers brûlés, il ne manqua pas de Lombards ni de Flamands!

A cette époque, le pays des Flandres, comprenant au point de vue politique une zone d'étendue considérable où se parlait la langue française, était, sur le versant océanique de l'Europe, la région dont la bourgeoisie avait pu se dégager le plus complètement de l'ancienne tutelle ecclésiastique et où les pratiques industrielles et commerciales avaient le plus librement suivi leur évolution. Vis à vis du roi de France revendiquant la suzeraineté féodale, les villes flamandes représentaient un mouvement presque républicain, mais elles ne possédaient malheureusement pas cette unité de vouloir qui donne le succès définitif : dans chaque ville deux classes étaient en lutte incessante, patriciens et plébéiens, donnant alternativement la victoire à chaque parti et permettant à d'habiles ambitieux de déplacer à leur profit l'enjeu de la lutte. C'est ainsi que les gens du peuple se trouvèrent combattre, non pour leur propre cause, mais pour tel ecclésiastique démagogue, heureux de se faire comte et chef d'armée; de leur côté, les riches citoyens des Flandres, devenus *leliaerts* ou « gens du lys », étaient par cela même tenus comme Français et, qu'ils le voulussent ou non, luttaient pour l'asservissement politique de leur patrie. La liberté sociale que rêvaient quelques uns ne pouvait s'obtenir en un pareil chaos et devait forcément dévoyer. Tout d'abord, en 1302, les prolétaires remportèrent, près de Courtrai, une de ces victoires mémorables où l'on vit une foule anonyme d'ouvriers et de paysans triompher des princes et des barons : ce fut dans l'histoire des artisans un fait analogue à celui qui se produisit quelques années plus tard, à Morgarten, dans l'histoire des montagnards. Et à Courtrai, ce furent aussi bien les habitants de la Flandre méridionale que ceux de Bruges qui culbutèrent les chevaliers « aux éperons d'or » de Philippe le Bel; quand Fouquard de Merle convoquant le peuple de Douai lui demanda quel parti il entendait prendre dans la guerre qui s'engageait, tous s'écrièrent : « Tos Flamens, tos Flamens estons! Pardieu! Fouquard, por nient en parleis, car tos summes et serons Flamens[1]! »

1. O. des Marez. *Revue de l'Université de Bruxelles.*

Mais, trois ans après la bataille de Courtrai, le peuple vainqueur se laissa représenter auprès du roi de France par des ambassadeurs nobles qui, en réalité, étaient ses ennemis, et de nouveau il dut se conformer aux traditions d'obéissance : sa colère s'était vainement assouvie

Cl. J. Kuhn, édit.

LES HALLES A YPRES

pour un temps. Si les cités des Flandres purent reprendre contre la France la vieille querelle, ce fut grâce aux complications européennes qui permirent aux Artevelde, représentants des libertés gantoises, de s'appuyer sur l'Angleterre. Dans cette lutte, les comtes de Flandre et les nobles prirent invariablement le parti de leur suzerain français : la guerre ne prit que très secondairement un caractère national : elle était avant tout un conflit entre la classe bourgeoise de la société moderne et la classe survivante de la féodalité.

C'est surtout entre la France et l'Angleterre que les guerres finirent par déterminer un état héréditaire de haine, devenu presque instinctif : des uns aux autres le phénomène normal pendant cinq siècles de durée fut de s'injurier et de se combattre, et l'on sait s'il en reste encore dans les esprits de déplorables survivances. La « guerre de Cent ans » — officiellement cent seize années depuis le jour où Edouard III prétendit à la couronne de France (1337) jusqu'à la prise de Bordeaux (1453), bien qu'en réalité l'antagonisme durât depuis Guillaume le Conquérant, roi en Angleterre, vassal en France, — la guerre de Cent ans fut la cause d'un très grand recul matériel et moral chez les deux nations. Ce drame effroyable explique par contre-coup comment l'Espagne et le Portugal, pourtant moins favorisés que la France à maints égards, l'emportèrent de beaucoup dans la concurrence vitale pendant le quinzième siècle: en épuisant la France et l'Angleterre, la guerre de Cent ans donna la suprématie temporaire à la péninsule Ibérique.

La différence des caractères, le contraste des conditions sociales se révélèrent d'une manière remarquable entre les deux nations belligérantes, et donnèrent aux événements une forme singulièrement tragique. On peut dire, d'une manière générale, que la France représentait à la fois deux causes bien différentes : celle du peuple qui défendait justement et âprement ses campagnes, ses villes, ses ateliers, et la cause de la féodalité, qui ne savait même plus combattre et se lançait follement dans les batailles comme en des tournois de parade. Quant à l'armée anglaise, aventurée sur un sol étranger, elle savait dès le premier jour combien la guerre était chose sérieuse et s'y appliquait avec une industrie toute pratique. A cet égard elle constituait une sorte de démocratie contre la survivance féodale.

Le grand avantage initial des armes anglaises pendant cette guerre interminable provenait de la possession de la Guyenne: la France du nord était ainsi prise comme dans un étau. D'autre part, la situation géographique particulière de la Guyenne, relativement au pays de ses suzerains, les rois d'Angleterre, obligeait ceux-ci à prendre d'extrêmes ménagements pour se faire accepter comme protecteurs dans cette province éloignée. Le voisinage d'ennemis redoutables qui, du nord, de l'est, du sud, menaçaient constamment la frontière, les facilités qu'auraient eues les habitants pour se révolter si le moindre tort leur avait été causé par les maîtres féodaux, leur assuraient de la part des Anglais un respect scrupuleux des libertés locales. Les Gascons se trouvaient alors, à l'égard du gouvernement de Westminster, dans une situation analogue à celle des Canadiens d'aujourd'hui. Dix-sept communes autonomes prospéraient dans le Bordelais, territoire correspondant à peu près au département actuel de la Gironde, et, plus de deux siècles après la ruine des communes de la France capétienne, celles du sud ouest jouissaient tranquillement de leur pleine liberté; en outre un très grand nombre de villettes appelées « bastides » possédaient aussi leurs chartes et privilèges [1].

Cl. J. Kuhn, édit.

BORDEAUX. — PORTE DE LA GROSSE CLOCHE

La ville de Bordeaux, qui plus tard devait être en France le champion du libre échange, recevait de Jean sans Terre, dès l'an 1205, l'exemption de toute « maltôte » ou impôt pour ses marchandises, dans la ville et le long du fleuve. Que l'on compare à cette politique sensée les absurdes mesures commerciales dont s'entourait la monarchie française! Louis IX, que l'on a l'habitude de mentionner comme un sage, comprenait la protection du trafic national comme le feraient encore des prohibitionnistes de nos jours. En établissant le port d'Aigues Mortes, il lui concéda en même temps un

1. D. Brissaud, *les Anglais en Guyenne*, pp. 65 et suivantes.

monopole auquel « tout fut sacrifié ». Les autres ports et graus du littoral, de la Camargue au roc de Leucate, furent fermés au commerce, les rivières, Hérault, Orb, Aude déclarées closes : tous les navires, même ceux que leur destination eût dû faire passer au large d'Aigues Mortes, reçurent l'ordre d'y accoster afin d'acquitter sur le montant de leur cargaison un droit de tonnage pour l'entretien du nouveau port. Et même l'absurde loi fut censée rester en vigueur quand le port d'Aigues Mortes eut été rendu complètement impraticable par l'effet des alluvions [1]. C'est dire que le trafic maritime était défendu à la France méditerranéenne : aussi le commerce fut-il rejeté forcément sur les contrées limitrophes. A l'autre extrémité du royaume, les procédés de protection industrielle et commerciale étaient également absurdes et pouvaient entraîner des conséquences atroces. Une ordonnance du 14 juillet 1315 proscrivit tous les Flamands, les expulsant du royaume de France, sous peine d'être condamnés « à être serfs et esclaves ». Et s'il en restait encore « après l'octave de la Madeleine », on devait les mettre à mort « sans attendre aucun jugement et en quelque lieu qu'ils fussent pris. » [2]

Au milieu du treizième siècle, Bordeaux, heureuse de n'être point protégée, devenait commune de plein droit, nommant son maire sans intervention du suzerain et s'alliant même directement avec Bruges, la cité républicaine des Flandres [3]. Tandis que les rois de France, forts du droit brutal donné par la conquête, secondés par les percepteurs d'impôts et la hiérarchie administrative, opprimaient ou supprimaient les communes, les rois d'Angleterre opposaient savamment les intérêts des Aquitains aux ambitions de la France. Certes, ils n'auraient pu faire naître un patriotisme anglais spontané : les mœurs, la langue, le milieu s'opposant à la fusion des volontés dans les deux patries respectives ; du moins Bordeaux et les villes de la Guyenne comprenaient-elles parfaitement bien qu'elles avaient tout avantage matériel à rester sous la suzeraineté anglaise et, loin d'aider la France dans ses luttes contre les insulaires, s'efforçaient-elles de resserrer avec ceux-ci les liens traditionnels de l'amitié. Une seule révolte eut lieu, provoquée en 1365 par les taxes arbitraires du Prince Noir, mais cette expérience suffit et les maîtres étrangers eurent le bon sens de ne pas répéter la tentative.

1. A. Duponchel, *Introduction à la Géographie générale du département de l'Hérault*, pp. 62, 65. — 2. Alphonse de Hauteville, *les Aptitudes Colonisatrices des Belges*, p. 119. — 3. D. Brissaud, *ouvrage cité*, pp. 230, 231.

Les privilèges de la bourgeoisie bordelaise furent si bien respectés que les *jurats* prirent rang avant les nobles et que même l'aristocratie

Cl. Kuhn, édit.

ÉGLISE DE NEUVY-SAINT-SÉPULCRE (INDRE)
Type d'église ronde. (Voir p. 74).

féodale était vue de mauvais œil, exclue d'avance de l'exercice des charges comme frappée d'indignité : un édit de 1375 décide que « nul gentil d'ici en avant ne pourra être juré de la ville[1]. » Combien tout aurait rapidement changé si Bordeaux, qu'un géographe arabe de l'époque appelle la capitale de l'Angleterre, avait cessé d'être un enjeu dans la lutte entre les deux nations. Aussi les bourgeois prenaient-ils leurs précautions et se prémunissaient-ils contre les conséquences fatales qu'aurait pu avoir à leur endroit la conquête définitive de la France par les Anglais. Ils exigèrent donc d'Edouard III que, si lui parvenait jamais à saisir la couronne de France, eux resteraient toujours attachés directement au royaume d'Angleterre. De même que la grande commune libre, les autres communes de Guyenne, les « filleules », demandaient aussi le maintien des institutions qui les gardaient séparées de leurs voisines françaises : la charte de l'une d'elles, Bazas, contient même des extraits de la loi anglaise de l'*habeas corpus*[2]. En 1379, Bordeaux était déjà bloquée par les Français du côté de la terre, lorsque toutes les villes communes des bords de la Garonne et de la Dordogne, depuis Saint-Macaire et Castillon jusqu'à Blaye, se liguèrent pour sauver la métropole et la garder à l'Angleterre.

Les batailles de Crécy (1346) et de Poitiers (1356), puis au siècle suivant, celle d'Azincourt (1415) présentent une telle ressemblance que l'on croirait y voir une seule et même rencontre. Dans ces trois journées, Français et Anglais paraissent appartenir et appartiennent en effet à des époques différentes. Les premiers sont encore dans l'âge des romans de chevalerie : chacun des preux, vivant dans son rêve, veut agir à sa guise, sûr de disperser devant lui la tourbe des manants : les Anglais, au contraire, entrés dans l'ère du raisonnement, tâchaient de procéder avec science dans leur campagne : ils attendaient prudemment le choc et, de concert, écrasaient les assaillants, repoussés en désordre. La vanité des nobles français, représentants par excellence de la chevalerie dans sa décrépitude, comme ils l'avaient été dans sa fleur, le sot amour-propre des gens cuirassés de fer avaient pris de telles proportions que les malheureux se ruaient à leur propre perte, entraînant dans leur ruine la France elle-même. Tandis que les armées des Flandres et de l'Angleterre tiraient leur force principale de leurs hallebardiers, archers, porteurs de maillets ou de piques, les arrogants chevaliers français jugeaient indigne d'eux de s'adjoindre un corps de troupes prises dans la roture, ou bien, lorsqu'ils étaient accompagnés dans la guerre par cette

1. D. Brissaud, *ouvrage cité*, p. 127. — 2. *Même ouvrage*, p. 263.

« piétaille » méprisée, ils l'écartaient, l'écrasaient au moment suprême pour ne pas lui laisser remporter la victoire. C'est ainsi qu'à Courtrai, les petits fantassins français ayant déjà repoussé les Flamands, la crainte de se voir ravir l'honneur de la victoire souleva la colère des nobles hommes d'armes : ils se précipitèrent sur les rangs de leurs propres arbalétriers et les foulèrent au pied des chevaux, pour avoir l'orgueil du triomphe là où ils ne trouvèrent, d'ailleurs, qu'une défaite honteuse et méritée. De même à Crécy Philippe de Valois fit massacrer toute la « ribaudaille » victorieuse qui lui barrait « la voie sans raison ». Il voulait vaincre sans elle, et sans elle il fut vaincu. C'est également pour crime de jactance que la chevalerie française fut si durement et si terriblement châtiée à Maupertuis, près de Poitiers, par les archers du Prince Noir[1].

Ces défaites plus que honteuses de Crécy et de Poitiers, venant après la bataille navale de l'Écluse ou Sluys (1340), près Bruges, où la flotte française avait été complètement détruite, étaient de nature à ruiner à jamais le prestige du pouvoir royal et des chevaliers qui le représentaient avec une insolence si peu justifiée. Il semblait que le temps était venu de voir tomber ces institutions en un mépris définitif, mais la force des habitudes et des préjugés héréditaires est telle que cette succession de désastres, quoique blessant la chevalerie à mort, lui laissa pourtant prolonger pendant près d'un siècle sa néfaste existence. La féodalité eut même, dans le royaume dévasté, une période de renouveau, grâce à sa transformation démocratique par Du Guesclin, qui sut tirer l'enseignement des rencontres précédentes et se servir, pour la reconquête du sol, des éléments populaires organisés en bandes avec les armes qui leur convenaient, suivant leur génie propre et leurs affinités de mœurs et de langage. Les guerres prirent ainsi une forme spontanée et révolutionnaire à laquelle le peuple même apportait autant de passion que les nobles.

C'est en Bretagne surtout que la lutte acquit son caractère le plus national, le plus contraire à une bonne entente avec l'Anglais. Bien différents des habitants de la Guyenne, les Bretons n'étaient pas encore entrés dans la période industrielle et commerçante : ils n'avaient pas de denrée précieuse à vendre comme l'étaient, par exemple, les vins de Clairac (*Claret*) et autres produits du Bordelais. D'ailleurs, les rudes Armoricains n'avaient pas la souplesse du Gascon et s'accommodaient

1. Siméon Luce, *Histoire de la Jacquerie*, p. 32.

mal des étrangers : ils voulaient rester maîtres chez eux et la lente infiltration française les gênait moins que les brusques irruptions de l'Angleterre. Sans doute, leur duc ne demandait qu'à les trahir et plus d'une fois rendit hommage au roi d'Angleterre, mais la résistance des populations le ramenait du côté français et ce fut là un événement de capitale importance dans l'histoire de l'Europe occidentale. Si la Bretagne, ce bloc de granit, n'avait résisté aux Anglais, comme les îles de ses rivages contre le flot, si, s'interposant entre la Normandie et l'Anjou[1], elle n'avait rompu la continuité des possessions de l'envahisseur, la France berrichonne et champenoise eût été certainement conquise par la France angevine et aquitaine sous l'hégémonie anglaise, et l'on peut évoquer toutes les conséquences heureuses et néfastes que cette victoire aurait eues pour chacun des pays intéressés, pour leurs voisins et pour la civilisation mondiale enfin !

Naturellement le peuple de France, villes et campagnes, essaya d'utiliser en faveur de l'émancipation le désarroi dans lequel étaient tombées la royauté et la chevalerie. Notamment les bourgeois de Paris crurent l'occasion propice lorsque le roi Jean le Bon, retenu comme otage par les Anglais, faisait mendier dans tout le royaume le paiement de sa rançon. L'autorité des nobles fut si bien abolie dans Paris que les titres furent même considérés comme une flétrissure. C'est ainsi que, lors de la destruction du château d'Ermenonville par ordre du prévôt Etienne Marcel, le châtelain Robert de Lorris fut forcé de renier « gentillesse et noblesse » pour avoir la vie sauve avec femme et enfants, il jura mieux aimer les bourgeois et le « commun de Paris » que ses parents et anciens amis, les nobles[2]. Mais les seigneurs, expulsés de Paris, avaient encore trop de prestige et de pouvoir héréditaire sur la population des campagnes pour accepter ainsi leur déchéance : avant de périr, la féodalité, impuissante contre l'étranger, eut assez de cohésion pour se venger de la foule haïe des bourgeois et des manants révoltés. Paris ne jouit pas longtemps de son indépendance municipale.

Avant cette époque, qui fut également celle de la « Jacquerie », il y avait eu de tout temps des révoltes de paysans contre les exactions intolérables des pressureurs et la brutalité des nobles. On peut citer en exemple la belle fédération de paysans qui se forma dans le Velay,

1. J. Michelet, *Histoire de France*, t. II. — 2. Siméon Luce, *Histoire de la Jacquerie*, pp. 115, 116.

vers 1180, sous le nom de confrérie des « Pacifiques ». Alors, comme plus tard, pendant la guerre de Cent ans, les routiers, les malandrins étaient les maîtres de la France, et les malheureux travailleurs du pays, ouvriers ou paysans, que ne défendaient pas leurs propres seigneurs,

Cl. J. Kuhn, édit.

ROSACE. SAINTE-CHAPELLE A PARIS, ÉLEVÉE DE 1243 A 1248

cherchèrent dans leur étroite union des éléments de résistance, promettant de « s'aimer et de s'entr'aider toujours ». Leur petit capuchon de laine blanche leur valut aussi le nom de « Capuchonnés » ou « Chaperons blancs », puis, lorsqu'ils furent devenus fort nombreux, non seulement dans le Velay, mais également dans l'Auvergne, le Berry, la Bourgogne, l'Aquitaine, la Provence, et qu'ils se confédérèrent dans tout le royaume, on les connut surtout sous l'appellation de « Jurés ». Ils se promettaient les uns aux autres de mener toujours une conduite régulière, d'aller à confesse, de ne jouer ni blasphémer, de ne pas fréquenter les tavernes, de donner le pain et le vin, même le baiser de paix, à celui qui, par accident, aurait été le meurtrier d'un frère. Dans leurs réunions ils devaient toujours se présenter sans armes.

Mais contre l'ennemi, les jurés s'armaient et s'équipaient avec soin, et tout d'abord remportèrent de grandes victoires. En 1183, les jurés d'Auvergne massacrent trois mille malandrins, puis, bientôt après, dans le Bourbonnais, ils en égorgent dix mille. Devenus forts, ils ne se bornèrent plus à détruire le brigandage et, s'adressant aux seigneurs et aux évêques, réclamèrent aussi que justice leur fût rendue. En un manifeste, que l'Eglise a déchiré comme impie, « ce peuple sot et indiscipliné, ayant atteint le comble de la démence, osa signifier aux comtes, vicomtes et autres princes qu'il leur fallait traiter leurs sujets avec plus de douceur... » Un contemporain constate que « les seigneurs n'osaient plus exiger de leurs hommes que les redevances légales : ils en étaient réduits à se contenter de ce qui leur était dû... : par l'effet de cette invention diabolique, il n'y avait plus ni crainte, ni respect des supérieurs. Les jurés s'efforçaient de conquérir la liberté, disant qu'ils la tenaient des premiers hommes. »[1] A leur tour, les puissants de ce monde se retournent contre les pacifiques, ils font alliance avec les routiers et partout réduisent les paysans à merci. Le brigandage redevint florissant, et « une notable partie de la France retomba sous le régime de la terreur et de la désolation qui était pour elle l'état normal ».

Parmi tant d'autres révoltes de paysans dans toutes les contrées de l'Europe féodale, la « Jacquerie » proprement dite ne fut qu'une commotion de très courte durée, comme un de ces prodigieux incendies qui parcourent en quelques heures une savane immense. Non préparée, aussitôt écrasée, cette insurrection soudaine ne dura qu'une quinzaine de jours, un mois en comptant les tueries de paysans, et pourtant cette brève fulguration resta dans la mémoire du peuple un des grands événements de la vie nationale. Les massacres commandés par le roi ou par les seigneurs féodaux n'étonnaient personne, et les chroniqueurs du temps les racontent comme chose naturelle, mais une révolte de laboureurs contre les nobles frappa les imaginations comme une sorte de prodige. Dans une société plus respectueuse de la personne humaine, il eût au contraire paru des plus étrange que ces malheureuses gens

1. Chroniqueur anonyme de Laon, cité par A. Luchaire, *Grande Revue*, mai 1900.

des campagnes aient pu supporter si longtemps sans explosion de fureur les traitements féroces auxquels les soumettait la noblesse.

A cette époque la guerre était un métier profitable, et les soldats mercenaires qui s'étaient engagés pour le compte des rois et grands vassaux continuaient volontiers pendant la paix les pillages et meurtres accoutumés : le nom de « brigands » sous lequel étaient désignés les gens de

CATHÉDRALE DE REIMS. — LES MORTS SORTANT DE LEUR TOMBEAU.
Fragment du tympan du portail du jugement.

guerre, avec la signification d'embrigadés, eut bien vite mérité le sens sous lequel il est compris de nos jours[1]. Les « grandes compagnies », commandées presque toutes par des chevaliers de haut parage, parcouraient le pays, n'ayant d'autre souci que de piller et de dévaster, de vivre grassement de la substance des villageois et même des citadins. Certaines contrées étaient devenues inhabitables, ou du moins les paysans ne pouvaient cultiver leurs champs qu'en postant des sentinelles sur les rochers ou les tourelles de guet. Aux bords des cours d'eau, les campagnards, abandonnant leurs cabanes, allaient passer la nuit dans les îlots ou les barques ancrées au milieu du courant ; dans les pays de rochers, ils se cachaient au fond des grottes ou des carrières. Après la bataille de Poitiers, lorsque le prince de Galles eut congédié ses troupes en leur livrant comme une proie « le bon et plentiveux [2] » pays

1. Siméon Luce, *Histoire de la Jacquerie*, pp. 9 et 10. — 2. Froissart, *Chroniques*, I, v, 190.

de France, la dévastation prit un caractère atroce et, en certaines contrées, le travail s'arrêta complètement.

Parfois, cependant, les paysans résistaient, et des batailles rangées se terminèrent par la défaite des « compagnies de brigands ». Les manants osèrent même lutter directement contre la noblesse tout entière, car un ordre du régent, le futur Charles V, ayant mandé aux « chevaliers de France et du Beauvoisis » de mettre en état de guerre et d'approvisionnement tous les châteaux et forteresses de la contrée, les campagnards, prévoyant tout ce que leur coûterait cette restauration féodale, se soulevèrent aussitôt contre les gentilshommes, et les massacres, les « effrois » commencèrent çà et là.

Les événements qui s'accomplirent pendant la courte période de lutte ne sont guère connus que par la chronique de Froissart, simple parasite des nobles, et par les récits d'autres gens intéressés à mendier la faveur des puissants : les « Jacques » ne sont signalés dans l'histoire du temps que par les paroles d'exécration, coutumières à ceux qui se vengent d'avoir eu peur, cherchant par de basses injures à motiver une féroce répression. L'histoire de la Jacquerie reste donc obscure dans ses détails, puisque les écrivains d'alors n'eurent d'autre souci que d'en maudire les fauteurs ; mais on sait que les Jacques, armés au hasard, sans plan d'attaque, ignorants de toute stratégie et sans autre idéal que la vengeance, marchaient au hasard de la fureur. Comme les moujiks russes soulevés contre les seigneurs, ils gardaient la religion du roi et poussaient dans la bataille le cri de « Montjoie ! » sous les plis d'un étendard fleurdelisé. Ils eurent bien quelques amis dans les villes, et même on vit dans leurs rangs des chevaliers et des moines transfuges de leur classe, mais nulle alliance étroite ne se fit, comme on eût pu s'y attendre, entre les paysans insurgés contre les nobles et les communiers de Paris ou autres villes soulevées contre le pouvoir royal : il n'y eut que des entr'aides fortuites, pour ainsi dire, chaque bande tirant de son côté après accord momentané. La défaite des Jacques, de même que celle des communiers, était donc fatale, puisqu'ils séparaient leurs forces contre des rivaux réconciliés, royauté et noblesse.

La Jacquerie, commençant le 21 mai, près de Compiègne, se terminait le 10 juin, près de Clermont, à une trentaine de kilomètres à l'ouest ; mais à « l'effroi » qui avait fait trembler les seigneurs, combien d'autres « effrois » succédèrent dans les chaumières des paysans !

Plus important et encore moins connu fut le soulèvement des Tuchins — « Tue chiens, ceux qui sont réduits par une misère extrême à tuer des chiens pour se nourrir »[1] — qui couva dans les districts de Saint-Flour et de Mauriac. Répondant aux exactions d'un duc de Berry, ce mouvement ensanglanta la Haute Auvergne dès 1363, s'étendit à tout le Midi, de Beaucaire au Poitou, et fut noyé dans le sang en 1384.

La désorganisation de la France, que l'Angleterre menaçait de toutes parts, au nord, directement par ses armées, au sud par ses vassaux, et qui se trouvait en état continuel de guerre civile entre citadins, paysans et seigneurs, cette désorganisation fut singulièrement hâtée par la scission que lui fit subir la constitution du duché de Bourgogne en un grand État réellement indépendant. Le centre de gravité des Gaules semblait s'être reporté à l'est de la Loire et de la Seine, dans le bassin de la Saône supérieure, et c'est autour de ce centre que, par le hasard des alliances, des successions et des entreprises féodales, vinrent s'agréger les terres les plus disparates, n'ayant entre elles aucune affinité par leurs populations au point de vue de l'origine, de la langue ou de l'idéal politique, sous la domination de Philippe de Bourgogne devenu par son mariage (1369) souverain des Flandres. Ce vaste royaume, formant une longue bande du sud est au nord-ouest, rappelait par sa disposition générale et par son incohérence naturelle l'ancien empire de Lothaire, démembré si rapidement par d'inévitables guerres. En soi, l'ensemble de possessions féodales que l'on appelait la Bourgogne était un véritable monstre géographique, le type de ces formations bizarres, qui, ne tenant aucun compte de la configuration physique des contrées, des conditions ethniques et de la volonté des habitants, jetaient en un désordre chaotique les duchés et les comtés, les seigneuries et les terres franches avec leurs institutions, leurs lois, leurs coutumes différentes, leurs centres d'attraction distincts et leurs ferments de haines héréditaires. La Bourgogne, prise dans un sens provincial, comme pays des Burgondes et des modernes Bourguignons, c'est-à-dire la vallée de la Saône et les versants des hauteurs environnantes, est une région naturelle, organi-

1. Marcellin Boudet, *la Jacquerie des Tuchins.*

quement constitué, qui se maintient dans le jeu spontané de sa vie économique, indépendamment des changements politiques et des divisions administratives; mais le grand État féodal de la Bourgogne était en pleine révolte contre la réalité des choses : d'un côté, les campagnes riveraines de la Saône, de l'autre, les plaines des Flandres formaient les deux extrémités de cet ensemble hétérogène. Dijon, Bruges en étaient les deux capitales, et de l'une à l'autre cité, si différentes par l'aspect, les habitants, le milieu, les seules routes étaient des chemins de guerre traversant des territoires étrangers, des fiefs alliés, des possessions d'un jour. Il arriva même que le centre de gravité du duché de Bourgogne se porta complètement du côté des Flandres : Bruges devint non seulement la ville la plus importante du domaine bourguignon, elle prit rang parmi les cités « mondiales » et peut être fut elle la première dans l'Occident européen. Vers 1400, le mot « Flamand » était devenu en Angleterre et ailleurs une expression courante, synonyme de « marchand », de même que « Lombard » avait pris le sens de « prêteur, manieur d'écus ». Les industries des lainages, des velours et autres étoffes, des tapisseries, des bijoux avaient donné le premier rang aux Flandres parmi les contrées de l'Europe. Et cela, grâce à la liberté de la production et des échanges pour toutes marchandises autres que les denrées alimentaires. Dans les premières années du quatorzième siècle, Edouard II d'Angleterre, ayant voulu faire exclure les traitants écossais des marchés flamands, s'attira du duc cette réponse, depuis bien oubliée par la majorité de ceux qui détiennent le pouvoir : « Notre pays de Flandre est en société avec le monde entier et l'accès en est libre à chacun » ! Il savait se battre aussi : à la bataille de Roosebeek, contre Charles VI, en 1382, neuf mille drapiers gantois, la moitié du contingent, se fit tuer sur place avec Philippe van Artevelde. Il n'existait alors ni droits protecteurs ou différentiels, ni primes d'aucune sorte, et la décadence ne commença qu'avec le système de « protection » introduit par les ducs de Bourgogne, guerriers et centralisateurs. Plus le joug politique pesa lourdement sur les Flandres, plus le commerce périclita [1].

Les princes de Bourgogne, disposant des richesses inespérées que l'industrie ouvrière avait amassées dans leur résidence et dans les autres villes des Flandres, en jouirent avec une prodigalité sans exemple, que

1. Alphonse de Hauteville, *les Aptitudes colonisatrices des Belges*, pp. 112 à 119.

les sujets, nobles, bourgeois et manants s'empressèrent d'imiter : ce fut une fureur de kermesses débordantes, de processions luxueuses, de cortèges et d'« esbattements » de tous genres : les tables étaient chargées de viandes pour la multitude rassemblée, toutes les fontaines publiques versaient l'hydromel et le vin. De même que la population romaine s'était vendue aux Césars pour le « pain et les jeux », de même celle des Flandres, oubliant le vieil esprit de l'indépendance communaliste, se livrait à ses maîtres pour la joie des festins ;[1] Bruges ne s'enorgueillissait pas seulement de l'activité de son commerce, de la splendeur de ses produits, elle était surtout très fière de ses glorieuses ripailles, où ses ducs trouvaient le plus sûr moyen de gouvernement. Entre les joies de la table, qu'immortalisèrent plus tard les Teniers et les Jordaens, et celles de l'extase ascétique, qui, par contraste, sévissait alors dans les couvents et les béguinages, il n'y avait point de place

N° 345. Duché de Bourgogne.

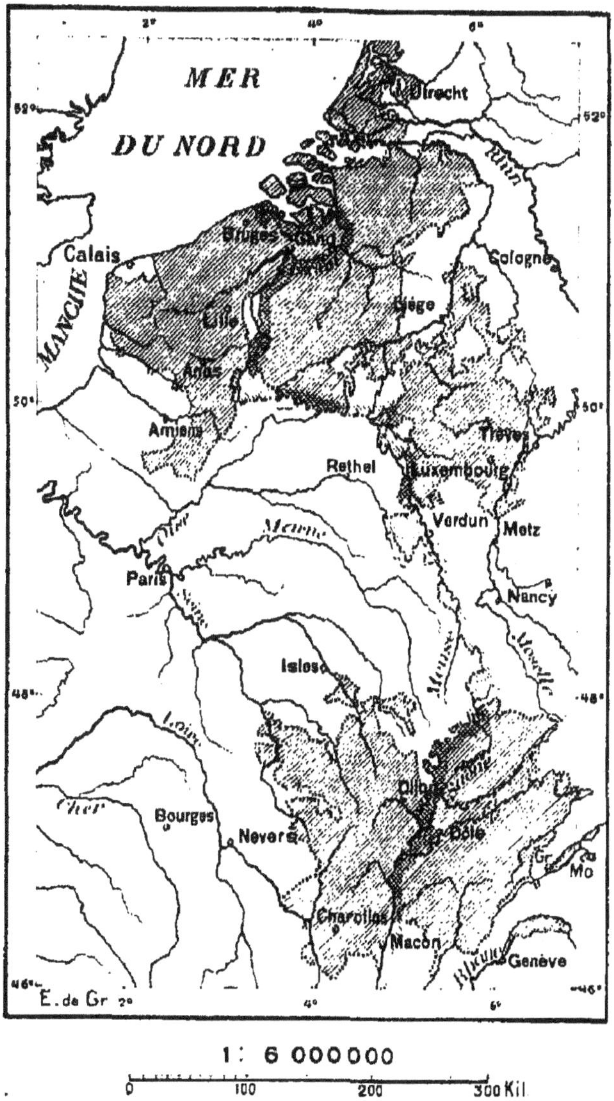

1. H. Fierens-Gevaert, *Psychologie d'une Ville.*

pour la revendication des libertés d'autrefois. Les princes pouvaient tout se permettre : tout leur était pardonné d'avance. C'est ainsi que Philippe l'Asseuré, cynique impitoyable et cruel, devint Philippe le « Bon » dans la mémoire du peuple qui se goinfrait avec lui.

Dans la situation très humiliée où se trouvaient les rois de France, les riches et fastueux vassaux bourguignons devaient naturellement intervenir en patrons, en protecteurs, et peu s'en fallut qu'ils ne devinssent les véritables maîtres : ils s'allièrent aux Anglais et le partage de la France paraissait inévitable. Dans Paris même, les partis se disputaient la domination de la rue. En une nouvelle bataille, Azincourt (1415), ce qui restait de la folle chevalerie française se fit battre honteusement par des manants à pied, comme l'avaient fait leurs pères à Crécy et à Poitiers, puis, aidés par la reine même, les Anglais entrèrent dans Paris (1418). La Loire était devenue la seule ligne défensive du royaume qui avait été si puissant sous Philippe Auguste. On évalue aux deux tiers la diminution qu'eut à subir la population de la France pendant la guerre de Cent ans[1]. De vastes étendues avaient été changées en solitudes, villes et villages par centaines avaient disparu sous la brousse, et la bête sauvage y avait remplacé l'homme. Et pourtant la paix ne venait pas encore! Les prodigieuses victoires des Anglais n'avaient servi qu'à prolonger la guerre en leur faisant espérer le triomphe final, à les encourager dans cette entreprise impossible : réduire une contrée trop vaste pour eux, où leurs forces finissaient par s'égarer et se perdre.

Ce que la France eut à souffrir pendant cette période est indicible : la population se trouvait en entier poussée vers la folie. A Paris, plus de vingt mille maisons abandonnées tombaient en ruines; les métiers ne battaient plus dans les villes industrielles, le travail était partout délaissé; la vie était devenue si incertaine qu'on ne la demandait plus à un labeur désormais illusoire et qu'on en était venu à la disputer aux loups. Les pestes passaient et repassaient sur le peuple, laissant la terreur derrière elles. Les désespérés se firent malandrins ou sorciers. On vit en certains districts les paysans sur le point de « se donner au diable », espérant en effet que l'Eternel ennemi, le dieu du mal et de l'enfer leur serait moins dur que le « bon Dieu »[2] ! « Mettons-nous en la main du Diable,

1. W. Denton, *England in the fifteenth Century*, p. 82. — 2. *Journal d'un Bourgeois de Paris*, année 1421, — cité par Raoul Rosières, *Recherches critiques sur l'Histoire religieuse de la France*, pages 411 et suivantes.

ne nous chault ce que nous devenions! » Quant aux docteurs subtils, aux timides et aux délicats que la prière et la souffrance avaient réduits

N° 346. France de la Guerre de Cent ans.

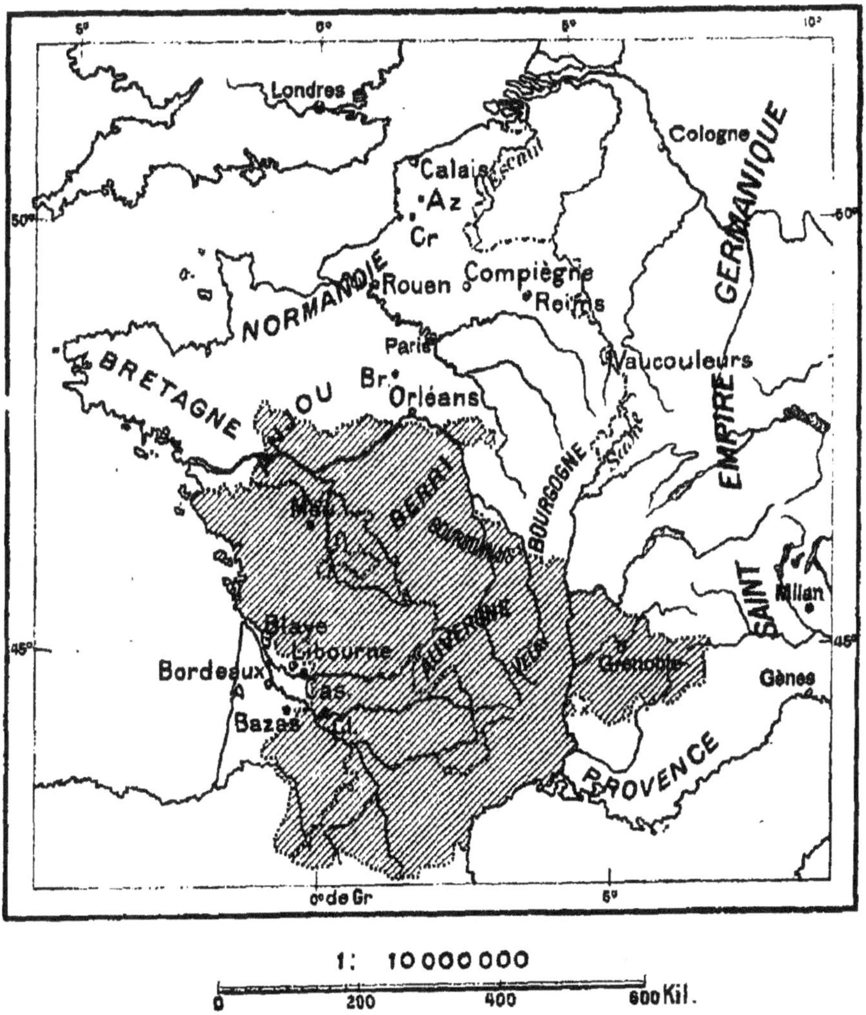

Le territoire grisé est celui qui obéissait au roi de France au moment où Jeanne d'Arc se présente à Charles VII.

Au début de la guerre de Cent ans, les Anglais ne tenaient que la Guyenne et le Ponthieu (*Voir :* carte n° 335, page 91.) Après leurs victoires de Crécy (Cr.) et de Poitiers (Mau.), à la paix de Brétigny (Br.), en 1360, leur domaine s'étendait du Poitou à l'Armagnac, jusqu'à la ligne en pointillé. Dans la seconde partie de la guerre, après la campagne de Du Guesclin et Azincourt (Az.), les Français avaient réoccupé une grande partie de la France du sud-ouest, mais presque tout le nord était aux mains des Anglais.

à la suppression de toute volonté, ils n'avaient d'autre ressource que la résignation extatique et lisaient l'*Imitation de Jésus Christ*.

Et d'où pouvait venir le salut? Le pauvre peuple aurait voulu se laisser guider encore par les seigneurs, qui l'avaient défendu si étrangement sur les champs de bataille, qu'il ne l'aurait pu, puisque les nobles se trouvaient presque tous dans les camps étrangers. Il ne lui restait plus qu'à « faire jacquerie » contre les Anglais, comme il l'avait fait plus d'une fois contre les nobles. Le désespoir lui conseillait toutes les folies, et c'est pour cela qu'il se précipita à la suite d'une bergère inspirée. C'était insensé, disaient les gens de guerre, mais la France fut délivrée. Du moins pour un temps, la lutte cessa d'être un tournoi de chevalerie, et les femmes, les paysans s'y lancèrent en toute sincérité, se servant des armes qu'ils possédaient et qu'ils surent d'ailleurs manier avec plus de force et d'adresse que les fils des paladins n'avaient su manier les leurs. La fortune changea de parti et, les unes après les autres, les villes murées, les provinces furent reprises aux Anglais. Par un magnifique exemple, le peuple des opprimés et des battus montra que l'on pouvait se passer des rois tout brodés d'or et des prélats magnifiques : aussi fut ce par un instinct très sûr de l'intérêt de classe que le roi Charles VII abandonna Jeanne d'Arc qui l'avait couronné (1429), et que les prélats, archevêque en tête, la convainquirent de sorcellerie, de pacte avec le diable, et la brûlèrent sur une place de Rouen (1431). Ceux même qui, de nos jours, continuent la tradition conservatrice de la royauté et de l'Eglise s'efforcent maintenant de placer Jeanne la Pastourelle au rang de « Sainte ». Après un demi millénium, c'est un repentir tardif.

L'intervention directe du peuple dans ses propres affaires reconquit graduellement le territoire national. Paris revint à la France en 1436, et les Anglais, que commandait Talbot, firent à Castillon (1453) leurs derniers efforts de résistance, bientôt suivis de la soumission de Bordeaux qui vit la résistance inutile. Les deux places de Calais et de Guines restèrent seules au pouvoir de l'Angleterre, parce qu'elles se trouvaient enclavées en domaine bourguignon.

De part et d'autre l'épuisement des peuples était complet. Sans doute, les expéditions, les manœuvres et les batailles ayant eu lieu sur le territoire français, c'est là que la misère et la faim causèrent le plus de maux, mais si la guerre de Cent ans ne ravagea pas directement le sol de l'Angleterre, la situation des vainqueurs ne fut guère moins misérable que celle des vaincus. D'abord, les Anglais eurent beaucoup à souffrir du brusque débarquement de pirates normands, bataves, arabes ou turcs, non seulement en temps de guerre, mais aussi en temps de paix. Malgré la vigilance des riverains, peu de villes de la côte anglaise, de Bristol et de Plymouth jusqu'à Berwick, échappèrent à l'incendie et aux ravages; les îles de Wight et de Thanet, mal secourues par les gens de la grande terre, furent presque entièrement dépeuplées, et, parmi les villes détruites par les pirates français, il en est qui ne se sont pas encore relevées du désastre : telle, sur la côte de Kent, la ville maritime jadis fort importante de Sandwich. On cessa d'entretenir les routes qui conduisaient des ports de mer vers l'intérieur, de peur qu'elles ne servissent aux corsaires. Même les habitants de Salisbury, qui se trouve pourtant à 40 kilomètres de la mer, en ligne droite, élevèrent un rempart et creusèrent un large fossé autour de leur ville, pour la mettre à l'abri des dangereux visiteurs.

Cl. J. Kuhn, édit.

STATUE DE JEANNE D'ARC A VAUCOULEURS DONNÉE PAR LOUIS XI.

Vingt-cinq ans après la mort de Jeanne, en 1456, son procès fut revisé et sa mémoire réhabilitée à Rouen.

Dans tout le pays, l'appauvrissement causé par le poids des impôts et des corvées, par le départ des jeunes hommes, la cessation du commerce et de l'industrie, eut la famine pour conséquence : en maints endroits, les femmes mangèrent leurs enfants; les voleurs enfermés dans les prisons attendaient avec impatience qu'on leur amenât d'autres criminels afin de se jeter sur eux et de les dévorer encore tout palpitants.

Les animaux domestiques disparurent en grande partie, volés par les rôdeurs ou bien enlevés par les maladies et tombant d'inanition : en certains districts, il ne restait ni bœufs, ni vaches, ni volailles, les abeilles mêmes furent tuées par la pestilence. Les rapaces et les bêtes de proie se refusaient à manger la chair des animaux putréfiés : il fallut désigner des « cadavérateurs » spéciaux pour enfouir toutes ces matières en décomposition. Les plantes nourricières mêmes étaient malades, et les « herbes médicinales », dit un auteur du temps, « distillaient du poison [1] ».

La peste régnait aussi sur les hommes, et cette peste n'était, en réalité, qu'une autre forme de la misère. Pour les malheureux paysans, 1348, le « surlendemain » de Crécy, fut l'année fatale par excellence, puisque les annalistes racontent que plus d'une moitié de la population avait été emportée par le fléau : des villages furent effacés de la terre sans qu'il en restât souvenir ; en certaines villes, comme Norwich, plus des trois quarts des habitants succombèrent à la « mort noire ». Le clergé fut encore plus frappé que les laïques ; en un seul diocèse, celui de Norwich, on eut à remplacer 863 « recteurs » : on ordonnait précipitamment des laïcs pour la seule raison qu'ils savaient lire ou qu'ayant perdu leur femme, ils pouvaient prononcer le vœu de célibat. Les pestes qui suivirent causèrent moins de mal, car le vide s'était déjà fait devant la mort, mais de fréquentes reprises se succédèrent, comme des incendies renaissant d'un foyer mal éteint. On évalua en général à une vingtaine d'assauts les attaques de la peste qui se renouvelèrent pendant la fin du quatorzième siècle et la durée du quinzième, mais il est plus vrai de dire que la maladie se maintint pendant toute cette période avec plus ou moins de violence. Les rapports étaient interrompus de ville à ville. En 1406, le roi Henri IV manqua fort d'être capturé par des pirates, parce que, n'osant pas traverser Londres, il s'était aventuré sur la basse Tamise pour aller du Kent dans l'Essex : une partie de son convoi fut enlevée. La cérémonie du baise-main tomba en désuétude, le vassal craignant de contaminer ses lèvres, le suzerain n'osant pas livrer sa main. [2]

Dans ses études historiques sur le moyen âge en Angleterre, Denton essaie de calculer le mouvement de la population depuis Guillaume le Conquérant. Il semble qu'il y eut progrès réel, quoique lent, pendant la période normande, jusqu'après la mort d'Edouard Ier. Au milieu du

1. Trokelowe ; — W. Denton, *England in the fifteenth Century*, p. 85 et suivantes. — 2. W. Denton, *ouvrage cité*, pp. 97, 105.

Cl. J. Kuhn, édit.

STYLE FLAMBOYANT

Eglise de Caudebec-en Caux, construite de 1426 à 1515.

quatorzième siècle, la population anglaise devait être d'environ quatre millions, mais la guerre de Cent ans, la lutte continuelle sur la marche d'Ecosse, la misère et la peste firent de nouveau la solitude, et le nombre des habitants tomba probablement au-dessous du niveau indiqué par les registres du Domesday-book [1].

Le recul de civilisation qui se manifesta pendant les deux siècles de massacres, de misère et de dépeuplement fut si considérable que les objets de confort et de luxe employés pendant l'époque normande furent complètement oubliés. Ainsi les pairs d'Angleterre recommencèrent à manger avec leurs doigts, et quand les fourchettes réapparurent sur les tables, pendant le règne d'Elisabeth, on parla de ces instruments comme de véritables découvertes [2]. Pourtant dès la fin du dixième siècle, un théologien éminent raconte avec horreur que la sœur d'un empereur d'Orient, ayant épousé le fils d'un doge de Venise, employait des petites fourches pour porter les aliments à sa bouche : luxe insensé qui appelait bientôt le courroux céleste sur terre, puisqu'ils moururent de la peste quelques années après!

Le brigandage était devenu la grande industrie des campagnes. Le danger des attaques à main armée avait fait voter une loi (1285) d'après laquelle les seigneurs, les communes, et autres propriétaires étaient tenus d'abattre toutes haies, broussailles et forêts jusqu'à deux cents pieds de distance, de chaque côté des chemins menant d'un bourg de marché à un autre. Le possesseur des terrains que traversaient les routes était considéré comme responsable de tout crime de violence accompli là où l'on avait négligé le travail de déboisement riverain [3].

Les conditions de la tenure du sol avaient changé et la situation du pauvre peuple empirait. Le caprice et l'avidité des seigneurs ne laissaient aux paysans que la routine de leur culture : tout était réglé dans le travail agricole. Une part de la terre était divisée en petits lots ayant chacun sa demeure familiale, bien délimitée par une clôture en bois ou la haie vive, le *ton* ou *tun*, origine première de tant de *towns* ou de cités [4]. Une deuxième partie du sol était également soumise à la culture, mais non au profit de familles distinctes : le labeur s'y faisait au bénéfice collectif de la communauté. Ce champ

1. W. Denton, *England in the fifteenth Century*, pp. 128, 129. — 2. Même ouvrage, p. 51. — 3. Même ouvrage, p. 171. — 4. Emile de Laveleye, *Revue des Deux Mondes*, 15 juillet 1870.

était divisé en billons d'une longueur uniforme, mesure que les arpenteurs et dessinateurs de plans emploient encore en Angleterre : le furlong [1], et chacun d'eux était séparé des autres par un espace inculte, gazonné ou broussailleux, dans lequel pouvaient s'abriter les lièvres. Tous les billons d'un même groupe étaient labourés par la même charrue et la récolte se faisait en même temps pour que la terre devînt pâturage commun depuis le 1er août (Lammasday) jusqu'à la Chandeleur, au commencement de février.

Le « seigneur du manoir » regardait avidement vers ces cultures qui appartenaient à la commune dont il pouvait se croire le représentant et, par une conséquence naturelle, le véritable maître. Mais l'ambition par excellence du noble était de s'emparer des forêts, des pâturages, des tourbières qui constituaient depuis les temps les plus reculés la propriété de tous et perpétuaient de siècle en siècle l'ancien régime communautaire, tel qu'il avait existé avant la période historique, chez les ancêtres bretons, germains et scandinaves. Dans ces tentatives d'accaparement, les seigneurs avaient naturellement l'appui que donne la loi, puisqu'ils formaient eux-mêmes le Parlement et pouvaient ainsi légiférer à leur aise, en s'assurant à prix d'argent le concours des juristes, haute domesticité du royaume.

Depuis le milieu du treizième siècle, une guerre ininterrompue régnait entre les barons et les communes pour la possession de ces terrains indivis : les tribunaux, le Parlement retentissaient continuellement de ces débats, et parfois on essaya de les résoudre par la force. En 1235, un acte donna le droit aux seigneurs du manoir d'enclore les parties du sol commun qui « n'étaient pas nécessaires aux communiers libres ». Mais quelle était la règle précise permettant d'établir cette distinction entre le terrain nécessaire et le terrain inutile ? Les seigneurs, généralement soutenus par les corps délibérants, demandaient la plus grosse et la meilleure part du sol, sinon la totalité, tandis que les communiers réclamaient le maintien des anciens droits et, quand on ne leur donnait pas raison, détruisaient souvent de vive force les haies ou autres espèces de clôture établies par les seigneurs. Thomas Morus parle dans son *Utopie* de ces continuels empiètements des « nobles et gentils qui enclosent tout pour en faire des pâtures, renversant les maisons, déracinant les villages

1. *Furrow long*, « longueur de sillon », soit 220 *yards* ou 660 pieds (201 mètres) : c'est la huitième partie du mille de terre, *English* ou *Statute mile*.

et ne laissant rien debout, si ce n'est l'église, pour en faire des parcs à brebis ». Ce sont des plaintes de cette nature que contiennent la plus forte part des écrits politiques anglais de la fin du quinzième siècle et de la première moitié du seizième. A chaque instant surgit encore dans la Grande-Bretagne du vingtième siècle la lutte entre les paroisses et les grands propriétaires pour le *right of way*, droit de passage, que souvent la loi refuse en fin de compte aux citoyens.

Cl. Kuhn, édit.

LE RHIN ET LA CATHÉDRALE DE COLOGNE

En s'emparant de la terre, les seigneurs cherchaient aussi à s'emparer de l'homme, à rétablir l'esclavage sous une autre forme. A cet égard, il y avait recul évident sur les progrès antérieurs. Lors de la conquête normande, les esclaves étaient encore nombreux en Angleterre, mais ils paraissent avoir diminué rapidement, grâce au refuge que leur présentaient les villes et les domaines royaux : tous ceux qui parvenaient à échapper aux recherches pendant un an et un jour cessaient d'être esclaves ou serfs pour devenir des travailleurs libres. Il est vrai que dans les actes du treizième siècle on parle fréquemment des apprentis « vendus » et « achetés », mais ces mots avaient probablement perdu leur sens primitif et se rapportaient simplement aux droits et engagements respectifs des patrons et de leurs élèves[1].

Pour faire travailler les domaines dont ils accroissaient incessamment l'étendue, les seigneurs cherchaient à fixer de nouveau l'homme et son labeur. Afin de disposer de la main d'œuvre nécessaire, ils firent publier un acte du Parlement, par lequel il était défendu aux paysans de quitter leur paroisse ; toutefois, la misère était si grande en certains districts des marais, des landes, et des marches de Galles et d'Ecosse que, dans ces contrées, la « recherche du travail » n'était pas considérée comme un délit punissable par la loi. De même, à l'encontre d'un édit défendant l'augmentation du salaire des ouvriers agricoles, les nécessités de l'offre et de la demande obligeaient souvent les propriétaires de violer à leur détriment leurs propres lois pour s'assurer des travailleurs par un accroissement de gages. Les garçons, les filles employés dans leur enfance au travail de la terre étaient par cela même condamnés à la glèbe pendant tout le reste de leur vie, l'apprentissage d'un métier leur étant absolument interdit. Cependant, l'intérêt des villes se trouvant en opposition complète avec celui des propriétaires terriens, il en résultait des juridictions contradictoires. Ainsi, la ville de Londres, où la mortalité dépassait de beaucoup la natalité, serait devenue rapidement un cimetière si des immigrants de la campagne n'étaient venus, en dépit des lois, remplir les vides laissés par les morts ; le même phénomène économique devait se reproduire dans toutes les autres villes, qui se maintenaient en violation de toutes les règles de l'hygiène. Les districts industriels faisaient aussi fléchir la loi à leur profit[2].

Mais de toutes manières, seigneurs et bourgeois se disputaient la possession exclusive des bras humains pour les utiliser en maîtres impitoyables. Aussi l'Angleterre eut elle ses « jacqueries » et même celle de toutes qui fut entreprise avec le plus de méthode et atteignit les résultats les plus considérables, d'ailleurs éphémères, comme ceux des jacqueries du continent. C'était en 1381, le Parlement venait d'imposer une nouvelle loi de capitation pour subvenir aux frais de guerre et au luxe de la cour : les paysans, exaspérés par les agents du fisc, se soule-

1. W. Denton, *ouvrage cité*, p. 36. — 2. *Même ouvrage*, pp. 145, 217 et suiv.

vèrent dans le comté d'Essex ; bientôt tous les autres comtés du sud-est suivirent le mouvement, et des bandes constituant une armée de plus de cent mille hommes se mirent en marche vers la capitale, détruisant les châteaux, ouvrant les prisons, bâtonnant seigneurs et magistrats. Le roi Richard II n'osa point se mesurer avec eux, les révoltés entrèrent dans Londres, où ils brûlèrent les palais des seigneurs les plus haïs. Alors le gouvernement céda, s'engageant par serment à toutes les réformes demandées. Les paysans confiants se dispersèrent, et Wat Tyler — Gault le Tuilier —, le chef des insurgés, fut assassiné par le lord-maire lors d'une conférence avec le roi. Il ne restait plus à celui-ci qu'à se faire dégager de ses promesses par le Parlement et à faire tuer et martyriser par centaines ceux des paysans que l'on signalait comme meneurs. L'oppression reprit de plus belle après cette tentative d'émancipation.

Parallèlement à ce mouvement économique s'était produite une poussée de liberté dans l'église anglaise : la « réforme » s'accomplissait un siècle et demi avant la période critique portant ce nom dans l'Europe occidentale. Le docteur Wiclef personnifia et dirigea cette transformation religieuse. A l'université d'Oxford, devant le Parlement et surtout devant le peuple, on le voit combattre les prétentions du pape à la domination des âmes, et l'ingérence des prêtres et des moines dans la société civile et la vie des familles ; il rejette la confession, puis, faisant appel à la Bible contre ses interprètes officiels, se met à la traduire en langage populaire pour que le peuple lui-même, débarrassé des maîtres officiels de l'Eglise, soit le juge direct et le confesseur de sa foi, enfin, par de vigoureux pamphlets, répand ses sarcasmes sur les abus religieux. Homme de principes, Wiclef va jusqu'aux conséquences de ses idées et, comme précurseur, par la logique de sa doctrine religieuse, même politique et sociale, dépasse de beaucoup ses continuateurs ; en réalité, il « aboutit à l'anarchisme individualiste absolu[1] ». Aussi le pouvoir civil devait-il réprouver son action, aussi bien que le pouvoir religieux. En 1381, l'année même du conflit qui mit directement aux prises la jacquerie des paysans et la royauté, l'enseignement de Wiclef est condamné par les professeurs d'Oxford, et ses adhérents, les *lollards*, sont persécutés. Cependant, on n'osa pas toucher à cet homme pur, universellement respecté, et il mourut trois années après sans avoir

1. Ernest Nys, Notes sur la Neutralité, *Revue de Droit International et de Législation comparée*, 1900.

subi de violences. C'est en 1428 seulement que, par ordre du concile de Constance, ses ossements furent déterrés et détruits par le feu.

Quand même, l'esprit de révolte continua de brûler sous la cendre en mainte communauté religieuse d'Angleterre, attendant l'époque où le grand incendie devait éclater de nouveau. Mais c'est ailleurs, en Bohême, au centre du continent européen, que l'œuvre de Wiclef fut reprise directement, grâce aux conditions politiques spéciales dans lesquelles se trouvait ce pays. Slaves et Germains y étaient alors en conflit, comme ils le sont encore de nos jours, et l'inimitié naturelle provenant de la différence des langues, des mœurs, des inégalités sociales qui en étaient la conséquence, exalta suffisamment les esprits pour donner la plus grande âpreté aux dissensions religieuses. Cette contrée, qui se présente superbement en affrontant les plaines germaniques, semble constituer un corps distinct et comme un monde à part. Mais en considérant les Slaves comme la garnison de la puissante citadelle, on constate que, sur la plus grande partie de leur pourtour, les murailles d'enceinte sont précisément occupées par l'ennemi, c'est-à-dire par les Germains. Les Tchèques, venus de l'est, avaient pu facilement pénétrer en Bohême dont ils avaient occupé toute la partie centrale, surtout les anciennes terres lacustres, transformées en fécondes campagnes, qui rayonnent autour du confluent de la Vltava et de la Labe — de la Moldau et de l'Elbe —, et que gardait la ville de Praha ou Prague, puissamment fortifiée par eux. Mais ils avaient été arrêtés par les monts couverts de forêts, et ne les avaient franchis qu'en de rares passages, dont le principal était celui de Domazlice ou Taus, qui pointe vers le coude du Danube. Les Allemands, plus nombreux, et, d'ailleurs, appelés par les rois de Bohême qui voulaient peupler leurs domaines, avaient escaladé les monts, s'étaient installés dans les clairières, puis avaient colonisé çà et là les vallées de l'intérieur : toute une ceinture ethnologique s'était déployée en demi-cercle autour des populations slaves de la Bohême centrale.

Ainsi le contraste des races, opposées par la force des choses et indépendamment des volontés, devait compliquer la situation religieuse, qui seule intéressait alors l'Église souveraine. A cette époque, Jean Huss était, de tous les novateurs nourris de la doctrine de Wiclef, celui qui avait gardé de cet enseignement l'impression la plus vive :

il en était agité jusque dans son sommeil[1]; il s'éleva contre l'autorité despotique du clergé. Obligé de fuir Prague, où sa vie était menacée, il fut mandé devant le concile qui siégeait alors à Constance (1414) pour essayer de remédier à l'infini désarroi de l'Église, dont trois papes se disputaient le gouvernement. Huss se méfiait à bon droit de

Cl. Kuhn, édit.

PRAGUE, HOTEL DE VILLE

l'invitation courtoise qui lui était adressée, mais l'empereur Sigismond le munit d'un sauf conduit et le fit accompagner de chevaliers garants. Toutefois, l'Église, qui possède les clefs du paradis et de l'enfer, et qui détient également le droit de changer le mal en bien pour la plus grande gloire de Dieu, déchira le sauf-conduit et fit monter Huss sur le bûcher, crime qui ne devait point être oublié. En Bohême même la guerre éclata presque aussitôt : plus de cinq cents églises et couvents furent incendiés

1. Alfred Dumesnil, *Jean Huss, fragment d'une Histoire du Libre Esprit.*

et des batailles sanglantes livrées entre les Hussites — devenus d'ardents patriotes slaves — et les catholiques allemands des alentours. L'équilibre ne devait se rétablir, au profit du catholicisme et de la maison d'Autriche, que dans la première moitié du dix-septième siècle.

La victoire de l'Eglise sur les novateurs Wiclef et Jean Huss, en Angleterre et en Bohème, de même qu'à une époque antérieure, l'écrasement des Albigeois, témoigne de l'étonnante force de résistance que possédait encore la routine des populations à l'initiative intellectuelle et morale des pionniers de justice : c'est bien la masse profonde des nations européennes qui ne voulut point se prêter au changement, quoique le désordre de l'institution papale fût devenu un véritable chaos et que de toutes parts les bourgeoisies naissantes ou constituées fissent appel à un concile de réformateurs pour mettre fin aux abus monstrueux du gouvernement clérical, aux luttes intestines du clergé, aux excommunications mutuelles des papes et des anti papes. Les conciles se rassemblèrent, à Pise, à Constance, à Bâle ; les prélats siégèrent pendant des années, mais s'ils réussirent à reconstituer l'unité apparente de l'Eglise en la soumettant au pouvoir spirituel d'un seul pontife, ils ne parvinrent point à purifier le catholicisme des pratiques de simonie, des prévarications, des violences, des exactions de toute espèce qui avaient déjà causé les premières tentatives de révolte, et qui devaient amener, dans le siècle suivant, l'explosion définitive de la Réforme. Redevenus les chefs incontestés de l'Eglise, comme princes temporels et spirituels, les papes se crurent désormais tout permis. Les conciles avaient été impuissants contre eux, ne pouvant, en vertu de leurs propres principes, contester au successeur de saint Pierre le gouvernement des âmes.

L'empire germanique était encore plus divisé que l'Eglise et son unité n'était reconnue que temporairement, suivant les intérêts immédiats des grands princes électeurs, des villes et des fédérations de villes qui se livraient des guerres incessantes. L'Allemagne, aux contours vagues, imprécis, moins bien marqués que les frontières naturelles des Etats qui la constituent, était encore très éloignée de présenter des rudiments d'unité politique : à cet égard, elle était évidemment très en retard sur les contrées de l'Europe occidentale, France, Angleterre, Espagne, dont les domaines géographiques naturels étaient du reste nettement définis.

Malgré les terribles guerres qui les avaient épuisés, malgré leur appauvrissement et leurs épidémies de « mort noire », les deux royaumes séparés par la Manche gravitaient chacun vers une forme définitive s'accordant avec les indications du milieu. En France, cet aboutissement naturel ne pouvait que se préparer, et non se réaliser, aussi longtemps

Cl. Kuhn, édit.

PRAGUE, LE VIEUX PONT SUR LA VLTAVA.

que le duché de Bourgogne déroulait ses anneaux comme un dragon du Charolais aux Flandres. En Angleterre, l'évolution se faisait d'une manière plus méthodique et plus sûre. Les districts montagneux habités par les Celtes gallois avaient été annexés en 1283, et, dès que cette conquête eut été accomplie, Edouard Ier s'était appliqué à l'œuvre beaucoup plus difficile de subjuguer les Ecossais et de placer ainsi toute la Grande-Bretagne sous la domination des rois d'Angleterre. Déjà la plus grande partie de l'Irlande leur était soumise : l'ensemble de l'archipel était forcément condamné, par l'inégalité des populations en lutte, à subir tôt ou tard l'ascendant anglais.

Mais, en dépit de cette unité imposée par la violence, la Grande Bretagne, ce fragment détaché du continent d'Europe, que de nombreuses indentations découpent en péninsules, surtout à l'occident, et qui se prolonge du sud au nord sur un énorme développement linéaire d'un millier de kilomètres, avec une très faible largeur relative, se divise, par cela même, en plusieurs contrées différentes les unes des autres, bien façonnées pour donner aux populations résidantes une vie autonome. La presqu'île de Cornwales et le massif montagneux de Wales, qui s'avance au loin dans les eaux du canal d'Irlande, étaient évidemment désignés par la nature comme des terres dont les habitants auraient dû normalement rester longtemps à part des autres insulaires en maintenant leurs coutumes, langue et institutions propres. Bien plus encore ceci était-il vrai pour le principal membre articulé du corps de la Grande Bretagne, ce territoire dont le constraste géologique, géographique, climatique, ethnique et social a créé celui des deux nations, Ecosse et Angleterre.

Evidemment, la zone basse de terrains comprenant les deux bassins de la Clyde, sur le versant occidental, et du Forth, sur le versant oriental de l'île, a dû prendre une importance capitale dans l'histoire des luttes qui eurent lieu de part et d'autre avant l'union des deux royaumes. Un foyer spécial de vie nationale devait se développer en ces campagnes à double pente, où le seuil de partage n'a que 61 mètres d'élévation au dessus de la mer et où l'industrie ne manquera pas de creuser quelque jour un canal de grande navigation. En comparaison des régions montagneuses du nord, où s'alignent les âpres chaînes des Grampians, cette étroite dépression des terres fertiles, devenues populeuses, représente presque toute la partie vivante de la contrée, et, du côté du sud, elle se trouve également en contraste avec des montagnes couvertes de bruyères, avec des rochers et des solitudes qui s'étendent de mer à mer. Les Cheviot hills, se prolongeant obliquement aux rivages dans la direction du nord-est au sud-ouest, constituent le rempart extérieur de ce massif avancé : la limite officielle de l'Ecosse, qui vient aboutir à la découpure du Solway Firth, correspond presque exactement à la limite naturelle : c'est bien là que se trouve la « taille » du grand corps élancé dont l'Ecosse comprend la tête et le torse. Seulement, à l'extrémité nord-orientale des Cheviot hills, un couloir assez large permettait le passage, et la possession de cette porte naturelle donna lieu à d'incessants conflits. C'est à la traversée des rivières, à la conquête des seuils que se livraient les batailles les plus acharnées.

Si l'on ajoute au territoire de l'Ecosse proprement dite les archipels qui le continuent au nord, la moitié écossaise de la Grande Bretagne est aussi développée en longueur que la moitié anglaise, mais elle reste de superficie moindre, et de tout temps la population dut en être plus clairsemée et proportionnellement très inférieure en nombre. Les obstacles de la nature rétablissaient pourtant l'équilibre militaire, à cette époque où les moyens de communication n'aidaient pas encore à la pénétration des

Cl. Kuhn, édit.

CHATEAU DE ALNWICK, NORTHUMBERLAND

régions du nord. Et même les Ecossais avaient, de par leur position géographique, des habitudes naturelles de pillage qu'il leur était facile de croire véritablement un droit. Du haut de leurs collines où ils musaient en gardant leurs troupeaux, ils apercevaient les campagnes labourées, les granges pleines, et quand la faim leur rongeait les chairs, ne devait il pas leur sembler très légitime de descendre en bandes chez leurs voisins pour en rapporter des vivres? Les incursions régulières amenaient un état permanent de guerres et de massacres. Puis dans les grandes campagnes stratégiques, les Méridionaux, c'est-à-dire les Anglais, réussissaient le plus souvent, grâce à leur supériorité numérique, à forcer les multiples remparts des *Low lands* ou « Terres basses », et à saisir les positions militaires d'entre Forth et Clyde; mais au delà, ils se heurtaient contre les monts escarpés du nord, où la nature leur était aussi ennemie que les hommes. L'âpreté de la contrée compensait l'infériorité du nombre.

Dès la fin du treizième siècle, l'Ecosse paraissait sur le point d'être soumise. Successivement, les chefs Baliol et Wallace furent battus par Edouard Ier; mais un nouveau révolté, Bruce, groupa les forces écossaises pour une résistance désespérée et réussit en effet à triompher de l'armée anglaise, sur la colline de Bannockburn (1314), qui couvre au sud la porte stratégique de la haute Ecosse, Stirling. Cette victoire permit au royaume du nord de reprendre l'offensive : Bruce pénétra même en Irlande, où il espérait pouvoir trouver des alliés contre l'Angleterre; mais, depuis longtemps envahie, découpée en domaines et en principautés diverses, Erin ne présentait en aucune de ses provinces assez d'unité politique pour offrir un point d'appui suffisant.

La victoire de Bannockburn fut peut être pour les Ecossais un déplorable triomphe : elle fit le plus grand mal à leurs ennemis, mais à eux mêmes bien davantage encore. L'Ecosse, qui, jusqu'alors, avait reçu du midi britannique tout son ferment de vie, cessa d'être alimentée au point de vue de l'industrie, du commerce et de l'art. Les gens instruits et les artisans habiles, qui, pour la plupart, étaient Anglais, durent quitter l'Ecosse : tout rétrograda, au point de vue matériel, intellectuel et même moral. Les Ecossais, redevenus presque sauvages, en arrivèrent même à ne plus savoir fabriquer leurs armes, qu'il leur fallait importer de France et des Flandres. D'autre part, l'ancienne nation des Pictes doit sans doute à cette séparation politique et sociale d'avoir vécu suivant un développement plus original et maintenu à travers les siècles son individualité propre.

Des deux côtés de la Solway et de la Tweed la zone bordière se changea en désert : aussi loin que pouvaient atteindre les pillards dans une chevauchée nocturne, tout le pays fut rapidement dévasté. Plus d'un million d'hommes, dit-on, furent massacrés dans les guerres nationales et civiles de l'Écosse. On peut juger des malheurs du peuple par le sort des rois eux-mêmes : la plupart périrent de mort violente, laissant le trône à leurs enfants mineurs. Nombre de cités tombèrent en ruines, bientôt recouvertes de gazon : le port de Berwick, qui, dans la Grande-Bretagne, n'avait été dépassé en importance que par

N° 347. Basse Ecosse.

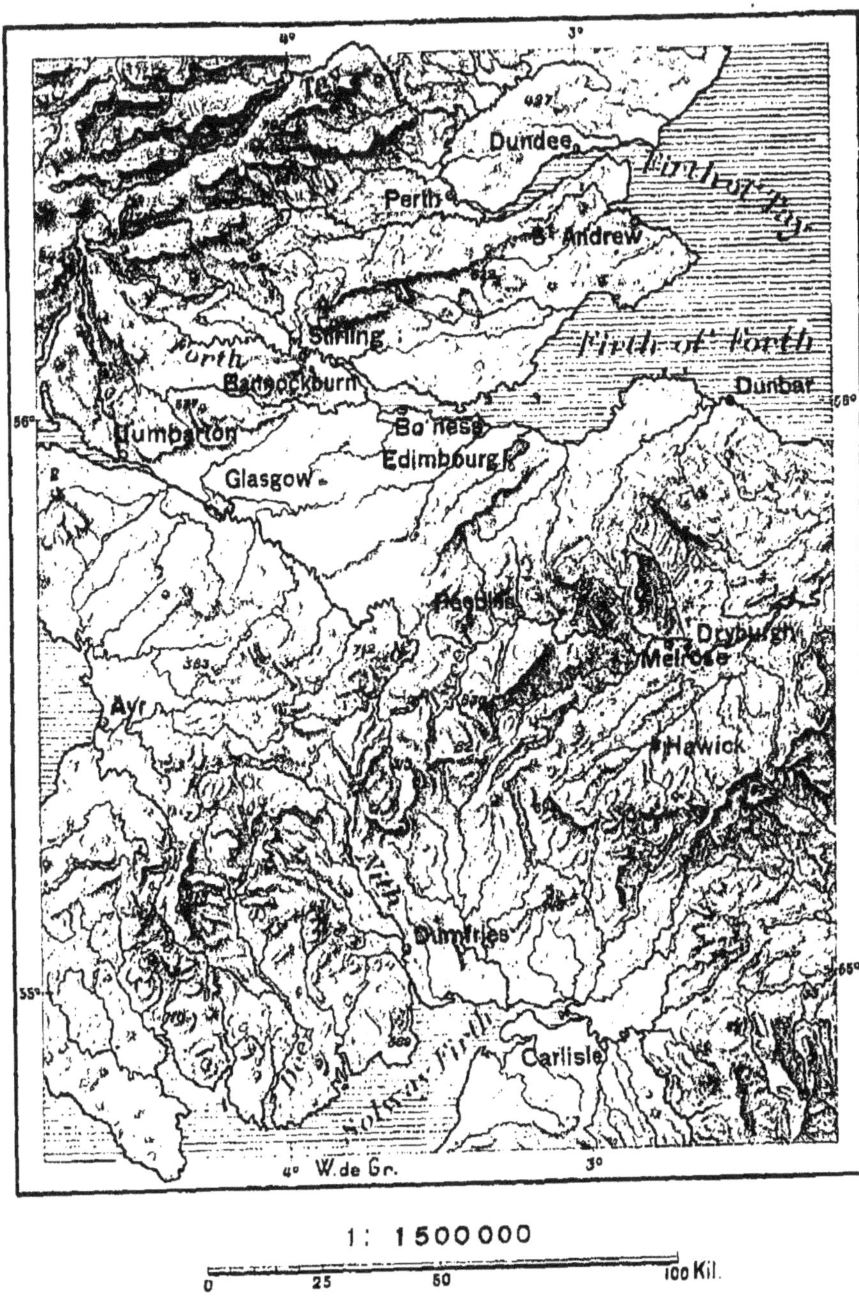

celui de Londres et qu'on avait appelé une « autre Alexandrie », perdit toute son activité, qu'il n'a jamais reconquise.

Privée de tout rapport avec sa voisine l'Angleterre, son éducatrice naturelle, l'Écosse fut par contre coup rejetée vers la France, qui devint à la fois son alliée politique et son modèle en civilisation[1]. Mais les deux contrées sont fort éloignées l'une de l'autre et les mers qui les séparent périlleuses à franchir. La force d'attraction mutuelle devait, par la nature même des choses, diminuer « en proportion du carré de la distance » : néanmoins on reste étonné des gallicismes de toute espèce qui se sont introduits et maintenus depuis cette époque dans les institutions, l'architecture, les mœurs et la langue des Écossais.

A une autre extrémité de l'Europe, les habitants de la péninsule Ibérique se débattaient aussi en de constantes luttes, sollicitées par l'une ou l'autre des deux forces en conflit, la passion de l'individualité provinciale et l'ambition de l'unité générale du pays : les traits géographiques marqués dans la presqu'île par les contours des plateaux et les arêtes des montagnes expliquent ces événements. Dans l'ensemble, les guerres incessantes du moyen âge en Espagne sont représentées à la fois comme un conflit de religions et de races. Pour les esprits simplistes, ayant subi l'éducation catholique, où tout se présente en larges couleurs unies, les révolutions d'Espagne n'auraient été qu'une revendication sans fin de la foi chrétienne contre le culte musulman, qu'un tournoi entre les chevaliers de Dieu et les suppôts du démon; tout au plus se serait il mêlé à ce conflit religieux un peu du contraste ethnique produit par le contact des races aborigènes et des fils des Suèves et des Visigoths avec les envahisseurs du Sud et de l'Orient, Berbères et Arabes. Certainement, il y a quelque part de vérité dans cette vue générale des choses, mais les phénomènes de la vie locale, dans leur mélange avec la tendance nationale vers l'unité politique, eurent sans aucun doute une importance plus considérable encore.

Et puis, il faut aussi faire la part du retour vers la barbarie créé par le continuel brigandage. On peut en juger par la véridique histoire de Ruy ou Rodrigo Diaz de Bivar, le Campeador ou « Batailleur », dans lequel la légende voyait le champion incorruptible et chevaleresque de la foi chrétienne, tandis qu'il fut en réalité un chef de bandes mercenaires, se mettant soit au service des chrétiens, soit à la solde des

1. W. Denton, *England in the fifteenth Century*, pages 65-79.

musulmans, d'après les chances du butin. Il « faisait métier d'enchaîner les prisonniers, de raser les forteresses », au profit de l'un ou de l'autre maître, torturant les captifs, les brûlant à petit feu, les faisant déchirer par ses dogues, non pour les convertir à une foi quelconque, mais pour les forcer à révéler les cachettes où se trouvait leur or. D'ailleurs, le nom de Cid, — en arabe *Sidi*, « Seigneur », qui lui est resté, est la dési

Cl. Kuhn, édit.

ROCHER DE DUMBARTON, SUR LA CLYDE.

Lorsque les Anglais envahissaient l'Écosse, ils se contentaient généralement d'occuper quatre points fortifiés commandant l'isthme : les rochers volcaniques de Dumbarton et d'Edimbourg, la colline de Stirling et un fortin près de Borrowstoness (Bo'ness).

gnation sous laquelle le connaissaient ses alliés musulmans. Désormais, l'histoire de ce bandit est bien connue[1], mais il faut dire que les documents déjà utilisés par les historiens antérieurs s'exprimaient uniformément dans le même sens; seulement on ne voulait pas y croire, tant il semblait téméraire de combattre la légende accréditée. Triste civilisation relative que celle dans laquelle un Cid Campeador peut concentrer en lui, comme un soleil, tous les rayons de l'admiration d'un peuple!

1. Reinhart Dozy, *Histoire des Musulmans d'Espagne*.

C'est à la fin du onzième siècle qu'eurent lieu les aventures guerrières célébrées dans un *Romancero* du seizième siècle, et, dès le début du siècle suivant, les chrétiens purent espérer la conquête entière de la Péninsule. Un roi d'Aragon, devenu par mariage co souverain de la Castille, crut même le moment venu de s'appeler « empereur d'Hispanie ». En 1147, une chance heureuse ayant permis aux chrétiens de prendre Almería, les royaumes arabes du midi se trouvaient déjà menacés du côté de la mer et partiellement séparés de leurs coreligionnaires d'Afrique. Dès la première moitié du treizième siècle, le sort des Arabes est irrévocablement fixé, puisque le blocus se resserre autour d'eux. Ils sont battus à Navas de Tolosa (1212), puis à Merida (1230) et l'Estrémadure leur est enlevée : on leur prend Cordoue, puis Séville, enfin Cadix, en 1250. La migration de retour commence pour les musulmans des provinces conquises, et les familles nobles demandent le baptême en foule pour devenir gentilshommes de Castille. Le cercle de fer fut complété en 1340, lorsque Algeciras tomba aux mains des Espagnols et que le royaume arabe de Grenade resta complètement isolé. Toutefois, plus d'un siècle devait encore se passer avant que fût porté le dernier coup : c'est que les peuples, intéressés au travail, n'eussent pas mieux demandé que de vivre en paix ; le zèle de la foi catholique n'avait point cette ardeur que lui donne le mirage des siècles. Même les ordres de chevalerie qui, pourtant, avaient été spécialement créés pour mener la croisade à l'intérieur, les compagnies de Santiago, d'Alcantara, de Calatrava, s'occupaient beaucoup plus d'accroître leurs titres et privilèges, leurs domaines et revenus que de guerroyer et risquer leur vie contre les infidèles. D'ailleurs, quel que fût le zèle des champions les plus ardents de l'Espagne chrétienne, ils n'en restaient pas moins les élèves des Arabes par une grande part de leur civilisation. Même en leurs institutions politiques, ils les prenaient pour modèles. La justice aragonaise fut entièrement copiée sur celle des Arabes, ainsi que l'organisation administrative et le régime militaire[1].

L'équilibre, instable et constamment modifié, comportait alors deux centres principaux dans l'Espagne catholique : la Castille, aristocratique et fière, et l'Aragon, sorte de République paysanne qui surveillait son roi, tout en lui permettant de faire des conquêtes extérieures, d'annexer les Baléares, la Sardaigne, la Sicile. Quant au Portugal, qui s'était rendu

1. Julian Ribera, *Origenes della Justicia de Aragon.*

indépendant de la Castille depuis le commencement du douzième siècle, il avait eu son évolution autonome, et par ses propres forces s'était graduellement débarrassé des Arabes : Alphonse III, qui mourut en 1279, avait

N° 348. Avance graduelle des Chrétiens en Espagne.

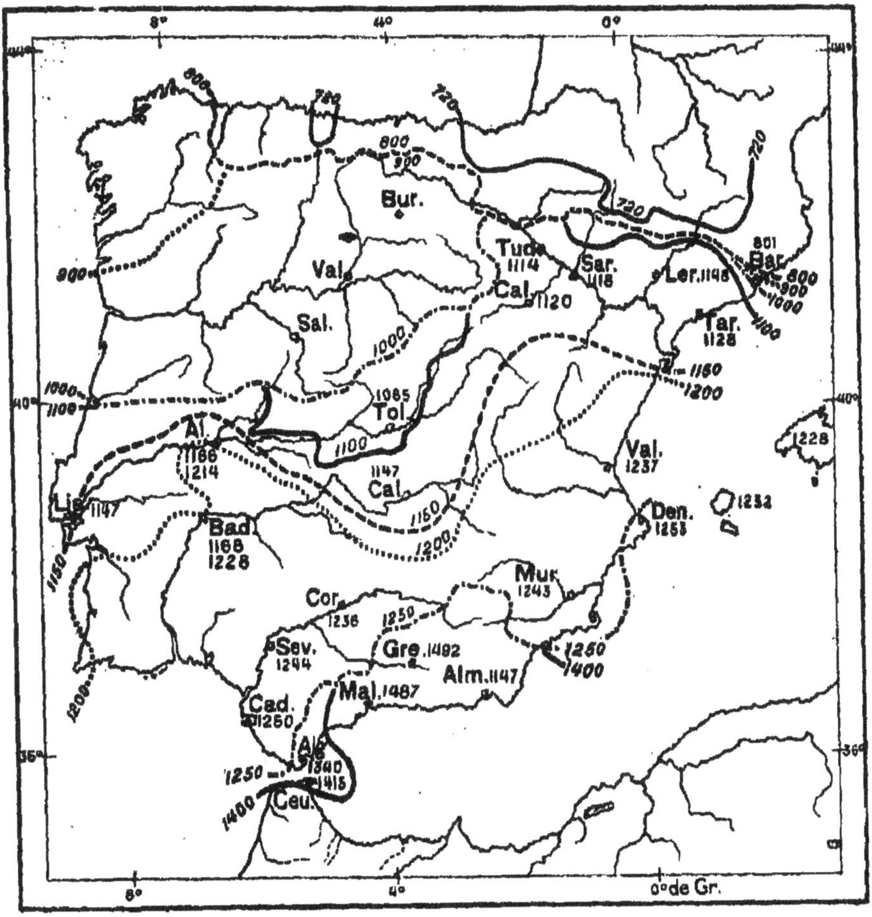

1 : 10 000 000

0 100 300 600 Kil.

Les lignes datées indiquent, d'une manière un peu synthétique, le recul graduel des Musulmans. Les chiffres près des villes donnent la date de leur passage aux mains des chrétiens. Alcantara (Al. sur le Tage), Badajoz (Bad.), Almeria (Alm.) retombèrent au pouvoir des Maures après avoir été perdues par eux une première fois. Cal. sur un affluent de l'Ebro est Catalayud; Cal. sur le Guadiana, alors qu'il devrait être à 50 kilomètres plus au sud, est Calatrava.

pu se proclamer « roi de Portugal et d'Algarve ». La fusion se fit même entre conquérants et conquis sans amener les horribles persécutions qu'eurent plus tard à subir les Maures de l'Espagne voisine. Lisbonne, si admirablement située sur l'estuaire du Tage, conserva l'importance commerciale que lui avaient donnée les Arabes et l'accrut même, grâce à ses relations avec les havres du Nord ; elle devint un tel foyer de vie cosmopolite qu'elle prit une place tout à fait distincte dans l'ensemble de la péninsule Ibérique : autour d'elle se constitua une individualité politique assez précise, sinon au nord, du côté de la Galice, du moins à l'est, vers la Castille et l'Estrémadure, où de vastes étendues montagneuses, couvertes de bruyères et de cistes, se déroulent en solitudes monotones. En 1415, lorsque les Portugais, mal à l'aise en leur étroit littoral, s'emparèrent de Ceuta, sur la côte africaine, ils étaient prêts pour la carrière de découvertes qui fit d'eux un peuple inégalé dans l'histoire du progrès humain.

Le supplice de Jean Huss

TURCS, TARTARES, MONGOLS ET CHINOIS
NOTICE HISTORIQUE

CHINE. L'époque militairement glorieuse de la dynastie des Han correspond au premier siècle de l'ère chrétienne, avec les empereurs Ming-ti (60-70) et Ho-ti (89 105). Dès 226, la Chine se fragmente en au moins trois royaumes aux contours flottants. C'est, paraît-il, pendant cette période que les relations furent le plus paisiblement nouées vers le Nord, et que la connaissance des fleuves sibériens, jusqu'à l'Ob', se répandit chez les savants chinois. Le prince établi dans la vallée du Hoang ho réunit peu à peu toute la Chine sous son sceptre, mais lorsque l'unité se fut faite, 589, il dut céder la place à une nouvelle dynastie.

Les Tang régnèrent de 619 à 906; leur plus illustre représentant fut Taï-Tsang, 627-650, qui recula les limites de l'empire jusqu'à la Caspienne et aux solitudes glacées du Nord, conquit la Corée et menaça l'Inde. De 907 à 960, cinq dynasties se succédèrent au milieu de boule versements auxquels se mêlèrent les Khitan de la Terre des herbes; puis la régularité des successions fut rétablie par les Sung, 960-1280, restreints, depuis 1127, aux provinces méridionales de la Chine.

Djenghis-khan entre en Chine en 1211, sans dépasser au sud la vallée du Hoang-ho; Ogotaï soumet le pays jusqu'au Yangtse; Kublaï, Grand khan depuis 1260, parfait la conquête et peut, en 1285, se dire roi du Tonkin. Les Mongols sont chassés en 1368 et les Ming les remplacent, 1368 1644.

ASIE CENTRALE. Temudchin, né en 1162, élu Chef suprême ou Djenghis-khan, en 1206, meurt en 1277, après avoir soumis la moitié de l'Asie à sa loi. De ses fils, Ogotaï prend l'Orient avec la suprématie nominale, Batu l'Occident et Djaggataï les étendues médianes. En 1291, la seconde femme d'Ogotaï, Turakina, fait élire son fils Kuyuk (Gaïuk) Grand khan et garde la régence jusqu'en 1246. Kuyuk meurt en 1251 et Mangu, petit-fils de Djenghis-khan par Tuli, est élu; il envoie un de ses frères, Hulayu, à la conquête de la Mésopotamie et l'autre, Kublaï (1214-1294), à celle de la Chine méridionale.

Tamerlan ou Timur lenk, fils d'un principicule de la Bactriane et arrière-petit-fils de Kublaï par une de ses filles, naquit en 1336 manchot et boiteux. Par la force de son épée, il était déjà khan du Djaggataï en 1369, et trente-cinq années de guerres continuelles le rendirent maître d'un empire s'étendant de la Méditerranée à la Mongolie et de la Russie à l'Hindoustan. Il mourut en 1405, alors qu'il se disposait à envahir la Chine : ses Etats furent partagés en de nombreux fragments.

RUSSIE. Parmi les princes antérieurs au seizième siècle, ceux de Moscou se firent remarquer par leur ténacité et l'art avec lequel ils imitèrent la pratique du pouvoir absolu dont usaient les khan de Saraï. Citons Jean Kalita 1328-1340 et Simon l'Orgueilleux 1341-1353. Dimitri Donskoï osa le premier défier les Tartares et leur infligea une défaite, bientôt vengée. Ivan III régna de 1462 à 1505.

TURQUIE. La horde turque renversa les Seldjoucides en 1292 ; Osman prit le titre de sultan et régna de 1299 à 1326 ; après lui vinrent Orkhan, 1326-1360, et Amurat (Murad Ier), 1360-1389, puis en rapide succession, Bajazet Ier, Soliman, Musa, Mahomet Ier et Amurat II. Celui-ci fut sultan de 1421 à 1451. Mahomet II, 1451-1481, et Bajazet II, 1481-1512, mènent à une époque dont il sera question dans un chapitre ultérieur.

Les voyageurs COSMAS INDICOPLEUSTES et MASSUDI naquirent tous deux en Egypte : le premier au sixième siècle, le dernier au dixième.

GUIL. DE RUBRUK, né en 1220, mourut au Mont Athos en 1293.

Deux frères POLO, Nicolo et Maffeo, commerçaient entre Venise et Bysance. Vers 1260, leurs affaires les conduisirent à Saraï, puis à Karakorum, enfin, à Khanbalik. Bien reçus par Kublaï, ils rentrèrent à Venise en 1269, puis en repartirent en 1271, emmenant le fils de Nicolo, MARCO POLO, alors âgé de seize ans. Ils mirent quatre ans à traverser l'Asie et restèrent près de vingt années au service du khan. Ils revinrent par mer, amenant à son fiancé, roi de Perse, une princesse chinoise et rentrèrent à Venise en 1296. Marco mourut en 1317.

MONGOLS-TURCS-TARTARES ET CHINOIS.

Dans chaque pays du midi, derrière chaque rempart de montagnes, le peuple envahisseur se désagrégeait rapidement comme une mouche tombée dans la corolle d'une fleur carnivore.

CHAPITRE VIII.

NOUVELLES RELIGIONS EN EXTRÊME-ORIENT. — MISSIONS BOUDDHIQUES
NESTORIENS, JUIFS ET ARABES. — ÈRE DES GRANDS TRAVAUX EN CHINE
INVASIONS MONGOLES. — CHEVAUCHÉES GUERRIÈRES. — KARAKORUM
RUBRUK ET MARCO POLO. — DÉSAGRÉGATION DE L'EMPIRE MONGOL
RUSSIE ET ORIENT MÉDITERRANÉEN. — TAMERLAN ET SES MOSQUÉES
FAUCONNERIE. — COMMERCE. — OSMANLI. — PRISE DE CONSTANTINOPLE

Le développement historique de la Chine, pendant la période qui prit en Europe le nom de « moyen âge », présente une remarquable analogie avec celui des contrées occidentales. L'empire Chinois, comme l'empire Romain, s'était fragmenté en plusieurs États, puis soudé de nouveau sous un souverain unique, mais les révolutions intérieures avaient été fort nombreuses et la confiance de la nation en sa prospérité et sa durée s'était très affaiblie. Ce fut cette période de dépression morale que saisit une religion très rapprochée moralement du christianisme, le culte du Buddha, pour pénétrer en Chine et se mêler graduellement, sinon se substituer, aux rites pratiqués par les religions antérieures. De même que le plateau d'Iran, la Judée, la Babylonie, l'Egypte et la Grèce fournirent aux Romains et aux barbares entremêlés les éléments de la foi chrétienne, de même l'Inde envoya dans tout l'Orient, par-delà les monts, des missionnaires pour prêcher sa nouvelle croyance aux sectateurs désabusés des religions antiques.

Toujours dans les mêmes conditions de parallélisme historique, le bouddhisme ne réussit à conquérir partiellement les populations de la Chine que plusieurs siècles après avoir eu son développement initial dans sa patrie d'origine, et lorsque déjà il ne ressemblait plus à ses formes primitives. La différence principale dans la marche victorieuse des deux religions s'explique par les difficultés que le milieu géographique met au va-et-vient des hommes : la parole de Jésus mit cinq ou six siècles à parcourir les contrées méditerranéennes et à atteindre les bords de l'Océan, celle de Buddha en prit dix ou douze pour passer de la péninsule hindoue à l'empire du Milieu et à l'archipel du Japon.

Le christianisme persécuté ne triompha qu'après être devenu une religion de persécuteurs ; le bouddhisme, qui avait livré ses premières luttes contre les prêtres et s'était révolté contre les cérémonies routinières pour s'attacher à la vérité pure, ne l'emporta dans les mœurs du peuple chinois qu'après s'être transformé lui même en un cérémonial ecclésiastique méticuleux. Souvent les victoires consistent à changer les noms, tout en maintenant les choses, les révolutions ne sont qu'apparentes ; mais en Chine, les anciennes dénominations ne disparurent pas en entier. La religion de Confucius, le *ju kiao*, et le *tao kiao* ou prétendue doctrine de Laotse, se maintinrent quand même ; le *fo-kiao*, culte de Buddha, eut à conclure des traités de paix, à échanger des gages avec les croyances autrefois dominantes. C'est qu'en Chine, les laboureurs assurent une force prépondérante à l'élément conservateur : nulle part les étendues livrées à l'agriculture en un seul tenant ne comprennent une aussi grande surface relative. Les diverses superstitions, magies, divinations, rites et morales s'entremêlent donc en paix, avec le grave inconvénient d'accroître de beaucoup le nombre des parasites dans les ermitages et les couvents,

La première introduction du bouddhisme dans les territoires dépendant de la Chine remonte à une époque antérieure à la nôtre d'au moins dix-huit siècles. Divers empereurs de la dynastie des Han avaient poussé les limites de leur domaine jusqu'à l'Oxus, et pendant un siècle, un

CHAPELLE BOUDDHIQUE AU JAPON.

va-et-vient particulièrement mouvementé, précédant une longue période d'isolement relatif[1], unit la Chine aux versants occidentaux des

1. Ferd. de Richthofen, *China, Ergebnisse eigener Reisen und darauf gegründeter Studien*, Erster Band, p. 511 et suiv.

hautes montagnes. Un manuscrit, découvert par Dutreuil de Rhins en 1892, dans les ruines d'un temple bouddhique, près de la rivière Kara kach, au sud de Khotan, et qui est le plus ancien document de la littérature hindoue que l'on connaisse jusqu'à ce jour, fournit la preuve de l'extension du « grand véhicule » dans la Kachgarie dès le commencement de l'ère chrétienne. En effet, il est écrit en caractères *karochthi*, alphabet de l'Inde nord-occidentale qui servait à reproduire le sanscrit et qui disparut il y a plus de dix sept cents ans. Nous savons d'ailleurs que des missionnaires isolés avaient visité la Chine à des dates plus reculées : l'itinéraire que suivaient ces pèlerins passait par la Bactriane et contournait au nord les immenses plissements de l'Asie centrale, c'est la route connue sous le nom de Tian chan pe-lu ; beaucoup plus tard seulement, elle évita ce grand détour et traversa les chaînes maîtresses, utilisant le Tian chan nan lu, la route de la Soie, celle du Jade et, même, passant directement du Kachmir au Tibet par le col de Karakorum [1].

La grande ère du bouddhisme triomphant commence en Chine avec le sixième siècle : c'est alors que les pratiques nouvelles s'introduisent au nord du Yangtse. A cette époque, l'antique ferveur de la morale de dévouement et de tendresse ne s'était pas encore dissipée, et les apôtres de la foi passaient leur existence à parcourir le monde pour annoncer la bonne nouvelle à tous les hommes. L'amour des voyages avait sa part dans les grandes pérégrinations à travers l'Asie, et l'histoire mentionne notamment, parmi ces bouddhistes zélés et non moins enthousiastes voyageurs, les missionnaires chinois Fa-hian et Hiuen-thsang [2], qui s'absentèrent chacun pendant de longues années de leur pays natal (399-414 et 629-645) et y rapportèrent, outre le récit circonstancié de leurs voyages vers la patrie de Çâkya-Muni, nombre de manuscrits originaux contenant le texte et les commentaires de sa doctrine. Leurs itinéraires, reconstitués par les savants d'Europe avec une grande incertitude dans les détails, témoignent d'une religieuse persévérance.

Les relations de commerce et de culture s'accroissaient entre peuples limitrophes, par l'effet de cette active propagande bouddhiste, qui se

1. Drouin, *Annales de l'Alliance Scientifique*, janvier 1898. — *Voir* description de ces routes, t. III, p. 14 à 22. — 2. Stanislas Julien, *Histoire de la Vie de Hiouen-thsang et de ses Voyages*.

faisait aussi directement par mer. Les historiens de la Chine parlent de

N° 349. Voyages de Hiuen-Thsang.

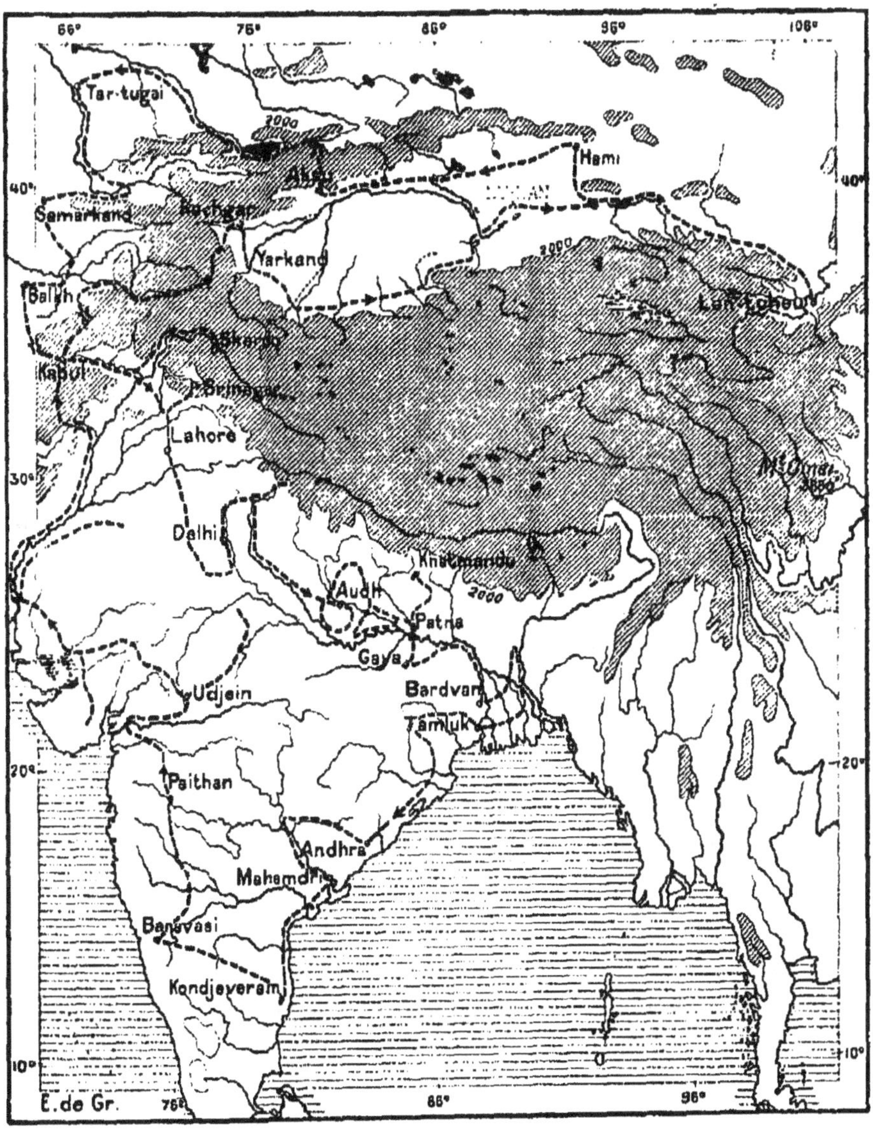

1 : 30 000 000

0 500 1000 1500 Kil.

Le tracé de l'itinéraire donné ici est, sauf en quelques détails, conforme à la reconstitution qu'en fit Vivien de Saint-Martin dans son mémoire annexé à l'ouvrage de Stanislas Julien. Les noms inscrits sont ceux que portent aujourd'hui les lieux visités par Hiuen-Thsang. La portion du trajet la plus incertaine est celle qui va de Aksu à Samarkand ; les distances en *li* et les directions indiquées par le voyageur concordent mal avec les chemins possibles.

navires envoyés à Ceylan pour aller y chercher des reliques, des statues du Buddha, les livres sacrés, et pour donner en échange les soieries, les émaux et les porcelaines de la contrée nouvellement conquise à la foi. Mais combien éloignées l'une de l'autre étaient l'Inde et la Chine, séparées par le large plateau du Tibet, aux arêtes parallèles de monts, et par les multiples remparts du système himalayen! Dès que les hautes terres tibétaines eurent été visitées elles mêmes par les convertisseurs bouddhistes et que la route se trouva ainsi facilitée pour les bandes guerrières, l'empire de Chine, qui atteignait alors sa plus grande extension territoriale, eut pourtant l'ambition d'abréger les distances à son profit par la conquête des plaines hindoues que dominent les monts glacés.

Durant le cours de l'histoire et espacées de près de douze siècles, 647-648 et 1792 de l'ère vulgaire, on signale, sur le versant méridional de l'Himalaya deux descentes militaires, dont la première se serait avancée fort loin vers la Gangà, prenant « 580 » villes et emmenant un roi prisonnier; mais, il faut le dire, les généraux chinois avaient recruté la presque totalité de leur armée dans le Nepàl. Pareille tentative ne pouvait réussir sérieusement : les montagnes, les vallées intermédiaires, les plateaux infertiles, le froid excessif, le manque de ressources, la longueur du trajet, opposant des difficultés prodigieuses aux armées en marche, empêchaient que ces incursions pussent avoir de lendemain glorieux. On a vu les difficultés éprouvées par l'expédition anglaise de 1904 vers Lhassa, équipée pourtant avec un soin parfait et guidée par toutes les ressources que la science moderne mettait à sa disposition. L'ensemble des hautes terres ne sentit donc pas le rayonnement du pays le plus proche, ou, du moins, n'en subit l'influence que par les voies détournées et pénibles du Nord, et c'est par la Kachgarie que le Tibet fut sinon conquis matériellement, du moins annexé moralement au monde oriental par l'introduction triomphante du bouddhisme depuis la fin du septième siècle.

En aucun pays du monde, « la religion n'a pris sur les hommes un aussi grand empire ». Les prêtres, moines et religieuses constituent en maints endroits la majorité de la population, et là où les couvents-citadelles n'ont pas fait le vide autour d'eux, ce qui reste des habitants n'en mène pas moins une vie tellement réglée par les rites religieux qu'ils ressemblent aux servants habituels des temples, par les génuflexions, les observances et les prières. Evidemment, le bouddhisme tibétain n'a pris une telle puissance chez ces montagnards d'un conservatisme féroce que par l'absorption intime des antiques éléments chamanistes et de toutes les superstitions primitives. Ainsi la fameuse prière *Om mani padme hum*[1], les six syllabes qui se répètent le plus

D'après une photographie de M. A. Ular.

PRÊTRE DE LHASSA

fréquemment sous la rondeur des cieux, et que l'on interprète par les mots : « O joyau dans le lotus, ainsi soit-il! » cette parole de conjuration envers l'ensemble des génies et des dieux n'est certainement

1. *Voir* gravure de cette inscription, t. III, p. 41.

autre qu'une formule des anciens cultes génésiaques, tel celui de Siva.

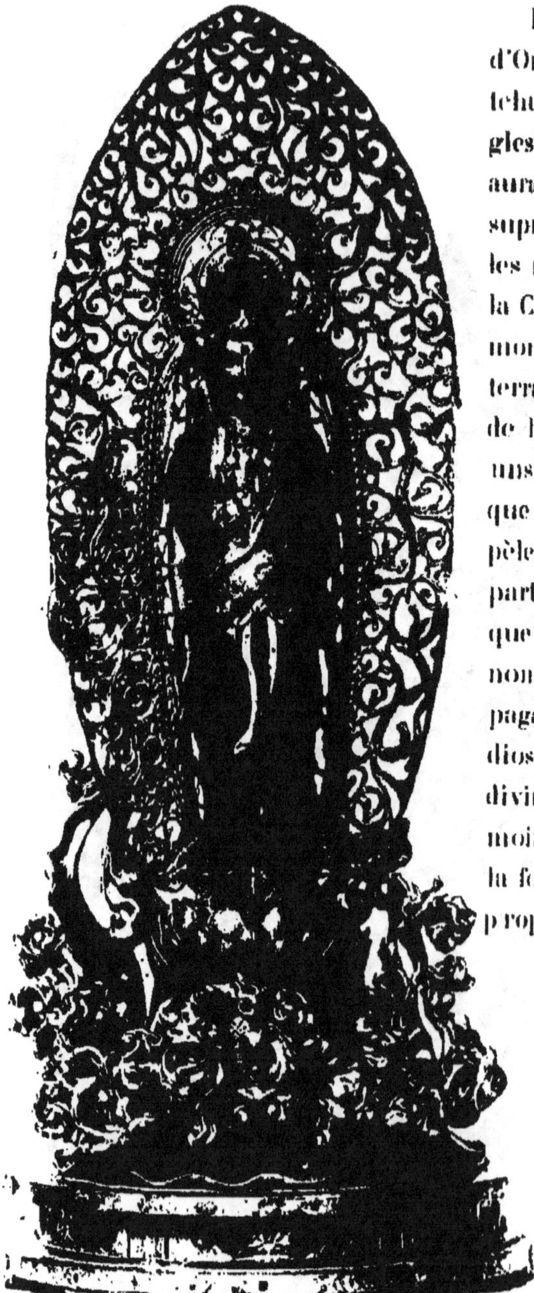

Cl. Giraudon. Musée Guimet.

DIVINITÉ BOUDDHIQUE SUR LA FLEUR DE LOTUS
Bois doré du XIIe siècle.

D'après la légende, la montagne d'Omei, qui se dresse dans le Szetchuen occidental, à l'un des angles du plateau central de l'Asie, aurait envoyé de sa plate forme suprême, haute de 3.380 mètres, les missionnaires qui convertirent la Chine au bouddhisme. Mais les monastères qui se succèdent de terrasse en terrasse sur les pentes de la montagne sacrée, reliés les uns aux autres par des escaliers que gravissent péniblement les pèlerins infirmes ou malades, appartiennent certainement à l'époque de la domination des prêtres, non à celle de l'enthousiaste propagande. Ces monuments grandioses, qui hébergent toutes les divinités locales, indiquent au moins le foyer le plus intense de la foi bouddhique dans la Chine proprement dite, en dehors du Tibet et de la Mongolie.

C'est non loin de là, près de Kia-ting, au confluent du Min kiang et du Tong-ho, que l'on a sculpté, il y a plus de onze cents ans, un rocher, de 120 mètres de hauteur, en un Buddha sublime, assis entre les deux courants, la tête au niveau du plateau voisin et les pieds baignant dans les eaux. L'image avait été primitivement peinte, ornée de stucs et de poteries;

çà et là, on voit encore quelques traces de cette ancienne décoration, notamment sur le visage que colore le soleil couchant. mais la plus grande partie du corps est drapée de feuillages : des lianes, des fougères, des arbustes ont poussé leurs racines dans les interstices de la pierre rouge, se montrant par endroits sous la robe de verdure[1].

Musée Guimet.

DÉESSE DE LA CHARITÉ, AUX VINGT-QUATRE BRAS (INDO-CHINE)

L'extension du bouddhisme se produisit au Japon à l'époque même de sa plus grande prospérité en Chine, au sixième siècle, et là aussi, il se mêla aux diverses formes des religions locales et surtout au culte des ancêtres. La civilisation chinoise et la foi qu'apportaient les missionnaires se confondaient chez les indigènes en une même évolution : la supériorité remarquable des Chinois introduisant l'écriture, les industries, les arts et surtout l'imprimerie leur donnait un grand ascendant sur les Japonais, et ceux ci ne changèrent que peu de chose aux effigies traditionnelles de Chaca ou Çâkya, non plus qu'aux diverses images de son incarnation bouddhique la plus populaire : Kannon, la Kouanyn des Chinois, « la Déesse de la miséricorde, aux mille mains secourables », que l'on retrouve également

1. Marcel Monnier, *le Tour d'Asie, l'Empire du Milieu*, pp. 293, 294.

dans la péninsule transgangétique sous des appellations analogues.

Dans l'Indo-Chine, où la conversion s'était faite de proche en proche, à la fois par terre et par mer et sur mille points de la frontière commune, la religion du Buddha put s'enraciner très fortement et, par l'intermédiaire des Malais, les grands trafiquants de l'Insulinde, elle succéda au brahmanisme comme le culte par excellence des civilisateurs hindous. On sait que la puissante nation des Khmer, ancêtres des Cambodgiens actuels, subit plus que tous les autres peuples de la péninsule transgangétique cette influence de l'Inde, et les admirables ruines d'Angkor Wat témoignent par leurs mille sculptures de la prise que la « Grande Doctrine » apportée par le Buddha eut sur les imaginations, en se mélangeant d'abord avec la végétation luxuriante des cultes de la trimourtie. La première inscription bouddhique de ce temple khmer daterait, dit-on, de l'an 667.

Pendant les siècles correspondant au moyen âge européen, la nation la plus puissante d'Indo-Chine paraît avoir été celle des Tchames (Tsiam), apparentée aux Khmer et, comme eux, fortement imprégnée de l'influence hindoue. Le pays des Tchames ou royaume de Tchampa, qu'au treizième siècle encore Marco Polo appelle « la grant contrée de Cyamba », le Tchen ching des Chinois dont les Européens ont fait Cochinchine, s'étendait, au quatrième siècle de l'ère vulgaire, du Tonkin au Cambodge, mais il eut bientôt à faire aux conquérants du Nord et, pendant onze cents années, jusqu'au quinzième siècle, lutta pied à pied contre les envahisseurs chinois : refoulés peu à peu du Tonkin dans l'Annam actuel, puis dans les provinces du Sud, les Tchames résistèrent avec une singulière persévérance, et peut-être même se seraient-ils maintenus dans les pays méridionaux si le centre d'attaque, très éloigné lorsqu'il se trouvait dans la Chine proprement dite, ne s'était transféré dans le royaume d'Annam, séparé politiquement de la Chine, quoique acquis en entier à son génie et à ses mœurs[1]. Depuis le seizième siècle, ces Tchames ont été graduellement réduits en même temps que transformés par les croisements : on n'en compte plus actuellement qu'une centaine de mille, sans compter les métis, dispersés par petits groupes sur un territoire presque aussi vaste que la France.

On constate aussi d'autres vestiges de la pénétration hindoue dans la

1. E. Aymonier, *The History of Tchampa.*

péninsule malaise. Les indigènes riverains du lac Singora prétendent être issus d'immigrants venus de l'Inde. Leurs chefs disent avoir été institués par les dieux eux-mêmes et ne veulent se courber devant personne. Ils possèdent encore des livres sacrés, mais nul ne les comprend [1].

Des inscriptions sanscrites, trouvées dans l'Indo-Chine, mentionnent des relations existant aussi entre la grande péninsule asiatique et l'île de Java. Même un roi célèbre, connu généralement sous le nom de Yaya-varman le Grand, qui régna au commencement du IXe siècle, était venu de la grande île (E. Aymonier). A cette époque, les rois de Cambodge, aussi bien que ceux des archipels Indonésiens et de l'Inde méridionale, portaient le nom de Varman : ils avaient des mœurs analogues et adoraient les uns et les autres Siva, souvent désigné par la même appellation que les rois. Les invasions de Malais et de Javanais arrivant par la mer étaient alors fréquentes et les inscriptions ne dissimulent pas une certaine crainte de ces « hommes très noirs et minces qui venaient en navires d'une contrée lointaine ». Une bande de ces pirates déroba une statue fameuse de Baghavati, qu'un roi mythique, Vicitra Sagara, avait érigée « 1 700 000 années auparavant » : on peut croire qu'elle existait au moins depuis plusieurs siècles [2].

L'île de Java conserve encore, entre autres traces de l'enseignement de Çâkya-Muni, les restes d'un temple à la fois bouddhique et sivaïte qui s'éleva, il y a plus de mille ans, à Beroe-Bœdhœr, près de Magelang, au centre même de l'île. Dans les terres qui se succèdent à l'est de Java, les traces de la doctrine apportée de l'Inde persistent encore sous des formes reconnaissables aux observateurs.

Après la migration des barbares, douze ou quatorze siècles avant nous, les régions du haut Yénissei étaient soumises à la domination d'un peuple turc, les Tou-Kioué (Tukiu) des chroniques chinoises, qui avait recueilli l'héritage des anciens Tchoudes et reçu d'eux l'écriture runique. Ces Tou-Kioué atteignirent sans doute un haut degré de puissance, puisqu'ils entretenaient des relations directes par le commerce et la diplomatie avec la Chine et l'empire Bysantin, mais, vers le milieu du huitième siècle, ils durent céder à l'ascendant de leurs voisins Ouïgour (Uigur), qui plus tard à leur tour disparurent devant les Khitan. L'écriture runique fit

1. Skeat, *Verhandlungen der Gesellschaft für Erdkunde zu Berlin*, 1900, p. 436. — 2. E. Aymonier, *The History of Tchampa*, pp. 11, 14.

place à l'alphabet d'origine syriaque apporté par les Ouïgour et transmis par eux aux Mandchoux. Plus d'une fois les civilisations se juxtaposèrent paisiblement : des stèles portent des inscriptions bilingues. Yadrintsev et Heikel signalent même, près du lac Tsaïdam, une de ces inscriptions rédigée en trois séries de caractères : chinois, ouïgour, runique[1]. Ainsi, d'Europe en Asie, la civilisation s'est propagée au moins quatre fois dans le sens de l'ouest à l'est, contrairement à une prétendue loi : quatre écritures venues de l'Occident se sont succédé en Orient durant le cours des âges, l'écriture cunéiforme, les runes, le syriaque et le russe.

INSCRIPTION OUÏGOURE DÉCOUVERTE PAR KLÉMENTZ EN SIBÉRIE (EN 1882)

A l'époque où les formes religieuses issues de la civilisation bouddhique se généralisaient en toutes les contrées de l'Asie continentale et insulaire, les cultes d'origine sémitique avaient également accès en Chine. D'après une pierre des environs de Hsi ngan[2], érigée en l'an 781 et portant une inscription bilingue, syriaque et chinoise, les Nestoriens, qui se distinguaient entre toutes les sectes dérivées du christianisme par le sérieux de leurs études, la dignité de leur conduite et la hardiesse de leurs entreprises, avaient pénétré en Chine dès 635, fondant de nombreuses communautés dans chacune des provinces. Même le mouvement religieux auquel ils donnèrent naissance influa d'une manière profonde sur les événements politiques.

Parmi les royaumes secondaires nés dans l'Asie centrale, on cite celui des Khitan — origine de l'appellation la plus commune de la Chine au moyen âge, et persistant encore en Russie, Cathay, Khitaï — qui fondèrent leur empire en dehors de la Grande Muraille, en Mongolie, et dont la domination s'étendit du Baïkal à l'Aral. Un de leurs khan ou khorkhan, Yelintache, roi des Kara Khitan qui vivait au douzième siècle, acquit un grand renom comme législateur. On croit qu'il appartenait à la secte des Nestoriens, et c'est lui qui aurait pris dans la légende

1. Deniker, *Tour du Monde*. — 2. Escayrac de Lauture, *Mémoire sur la Chine*.

chrétienne une si grande importance sous le nom de « Prêtre Jean »[1]. Les croisés qui entendirent parler de sa puissance s'imaginèrent qu'ils pourraient s'allier avec lui contre l'Islam, l'ennemi commun, mais ils ne savaient point dans quelle contrée précise il demeurait et ne connaissaient même point la route à suivre pour se diriger vers lui. Au XIIIe siècle, lorsque Louis IX envoya vers les Mongols ses ambassades fameuses, c'est le prêtre Jean qu'il espérait découvrir, mais déjà l'empire des Kara Khitan avait succombé depuis un siècle et l'on n'en conservait qu'une tradition incertaine. Cependant, les légendes ne veulent pas mourir, et, puisque les missionnaires ne réussissaient pas à trouver le prêtre Jean chez les Nestoriens d'Asie, c'est parmi les Abyssins d'Afrique, chrétiens, eux aussi, à leur façon, qu'on voulut trouver ce personnage mythique : au milieu du quatorzième siècle, la migration du prêtre sur le continent était complètement fixée par la légende.

PIERRE RUNIQUE
DES ENVIRONS D'UPSALA
Hauteur : deux mètres.

Les Juifs avaient été, comme leurs ennemis, les chrétiens, au nombre des immigrants qui vinrent demander un asile à la Chine, à la « vieille grand'mère », ainsi que la nomment les Coréens. D'après la tradition unanime, l'époque de leur exode aurait été celle pendant laquelle régna la dynastie des Han, correspondant aux deux derniers siècles de la république Romaine, aux deux premiers de l'empire : il serait donc fort possible que la cause de leur exil, volontaire ou forcé, eût été la prise de Jerusalem et la perte définitive de l'indépendance israélite. Pendant tout le moyen âge, les communautés juives se maintinrent isolées en diverses parties de la Chine ; mais le manque de relations avec les coreligionnaires du monde occidental et l'ignorance grandissante du passé religieux et

1. Gustave Oppert, *Presbyter Johannes.*

historique finirent par livrer la plupart des groupes à la mentalité ambiante du monde chinois, excepté là où l'arrivée des Musulmans permit aux Juifs délaissés de se rattacher par la conversion à la religion plus puissante des monothéistes de l'Islam : ceux ci, visiteurs fréquents des cités du littoral chinois, ou bien immigrants venus par terre dans le Yunnan ou le Kansu, constituaient, et constituent encore par leur propagande, un élément religieux de grande importance dans l'ensemble de la

TRAVAIL DE LA SOIE, DECOCONNAGE

population chinoise[1]. Le nom chinois de Hoï-hoï, désignant les anciens Ouïgour, aujourd'hui disparus, prouve qu'ils sont connus depuis douze cents ans au moins dans la Chine occidentale.

De ce côté, ce sont surtout des Turcs qui furent les porteurs de la foi mahométane, tandis qu'au sud-est et à l'est, ce furent les marchands arabes. Déjà, bien avant l'hégire, des marins du Yemen et de l'Hadramaut cinglaient vers les mers orientales de l'Asie, poussés par les moussons : d'après le témoignage de Cosmas Indicopleustes, le commerce de la soie n'aurait jamais été interrompu par les routes de la mer, et les Arabes en furent toujours les intermédiaires. Les premiers géographes

1. *Voir* Carte en couleurs N° VI.

arabes qui décrivent la Terre à l'époque où se fit la grande expansion religieuse de leur race parlent surtout d'un certain Suleïman, habile navigateur, qui traversa successivement les « sept » mers pour gagner un port de la Chine méridionale : les sept mers sont faciles à retrouver, grâce aux points de repère que marquent les îles et les détroits; Ceylan et Sumatra sont évidemment les premières étapes au delà desquelles les eaux de la mer intérieure, rétrécie par les nombreux archipels de l'Insu-

TRAVAIL DE LA SOIE, TEINTURE

linde, se divisent en de nombreux bassins. Dès la fin du huitième siècle, les annales mentionnent l'arrivée régulière des marchands arabes dans le port de Gampon, que l'on croit avoir disparu sous la violence répétée du mascaret; cependant une ville murée, qui porte le même nom sous la forme de Kamp'u, se voit encore sur la rive septentrionale de la baie de Tche-kiang ou Hang-tcheou : c'est bien dans la même région du littoral chinois que n'a cessé de se maintenir depuis cette époque le centre d'attraction du commerce de l'Extrême Orient. La visite des Arabes, suivie plus tard de celles des marins occidentaux, fut le point de départ de relations constantes qui rattachèrent la Chine au reste du monde et préparèrent la future solidarité des hommes.

L'empire du Milieu était alors bien certainement le pays du monde qui occupait la première place par la culture de ses habitants et par leurs progrès soutenus dans toutes les œuvres de la civilisation. La forme politique et sociale de la Chine répondait alors plus exactement qu'à aucune autre époque à l'idéal de Confucius, celui que présentent les familles réunies autour des pères, ceux ci groupés en communes et les communes serrées en une collectivité d'hommes conscients d'une morale réciproque. Cette vaste société à laquelle ils étaient heureux d'appartenir se désignait au moyen d'un terme général « la Terre et l'Eau », qui témoigne d'un grand sens de l'harmonie des nations avec le sol nourricier[1].

Les temps les plus prospères de la Chine paraissent avoir été ceux qui s'écoulèrent du septième siècle au dixième. Pendant une grande partie de cette période, qui correspond à la dynastie des Tang, toutes les nations de l'Asie orientale restèrent groupées en un bel ensemble politique autour des riches provinces de la Fleur du Milieu qu'arrosent les deux grands fleuves Hoang et Yangtse. Les sciences et les arts se développèrent et, parmi eux, l'art par excellence, l'imprimerie, qui donne à l'homme le moyen de reproduire sa pensée en toute précision et de la répandre par milliers d'exemplaires. Dès l'an 593, l'empereur Wenti aurait donné l'ordre de reproduire un certain nombre de classiques par la gravure sur bois, « art connu déjà depuis longtemps[2] », et, dans les temps qui suivirent, on appliqua ce procédé d'une manière générale, ainsi que la gravure sur pierre et sur cuivre et les caractères mobiles ; mais les milliers de signes dont on avait besoin pour reproduire les ouvrages de littérature, d'histoire et de philosophie ne permettaient guère d'employer ces types mobiles, si ce n'est pour les ouvrages populaires, dans lesquels on n'utilise qu'une faible proportion de mots.

Durant cette grande époque, les artistes chinois étaient incontestablement les premiers dans le tissage des soieries, dans la fabrication des laques, des porcelaines, des bronzes. Les ingénieurs de la Chine se livraient aussi à des travaux que partout ailleurs nul ne songeait à entreprendre. C'est au VIIe siècle que l'on conçut l'œuvre gigantesque de réunir, par une large voie navigable de plus de 1000 kilomètres en longueur, les trois grands fleuves du centre et du nord, le Yangtse, le Hoang-ho et le Pei ho. Malgré la dangereuse traversée du fleuve Jaune qui change fréquemment de lit et tantôt inonde les campagnes, tantôt

1. P. d'Enjoy, *Revue scientifique*, 8 sep. 1900, p. 305. — 2. Stanislas Julien, *Documents sur l'Art d'imprimer*.

les colmate de ses alluvions, ou eut l'audace d'utiliser toutes les mares,

N° 350. Grand Canal de Chine.

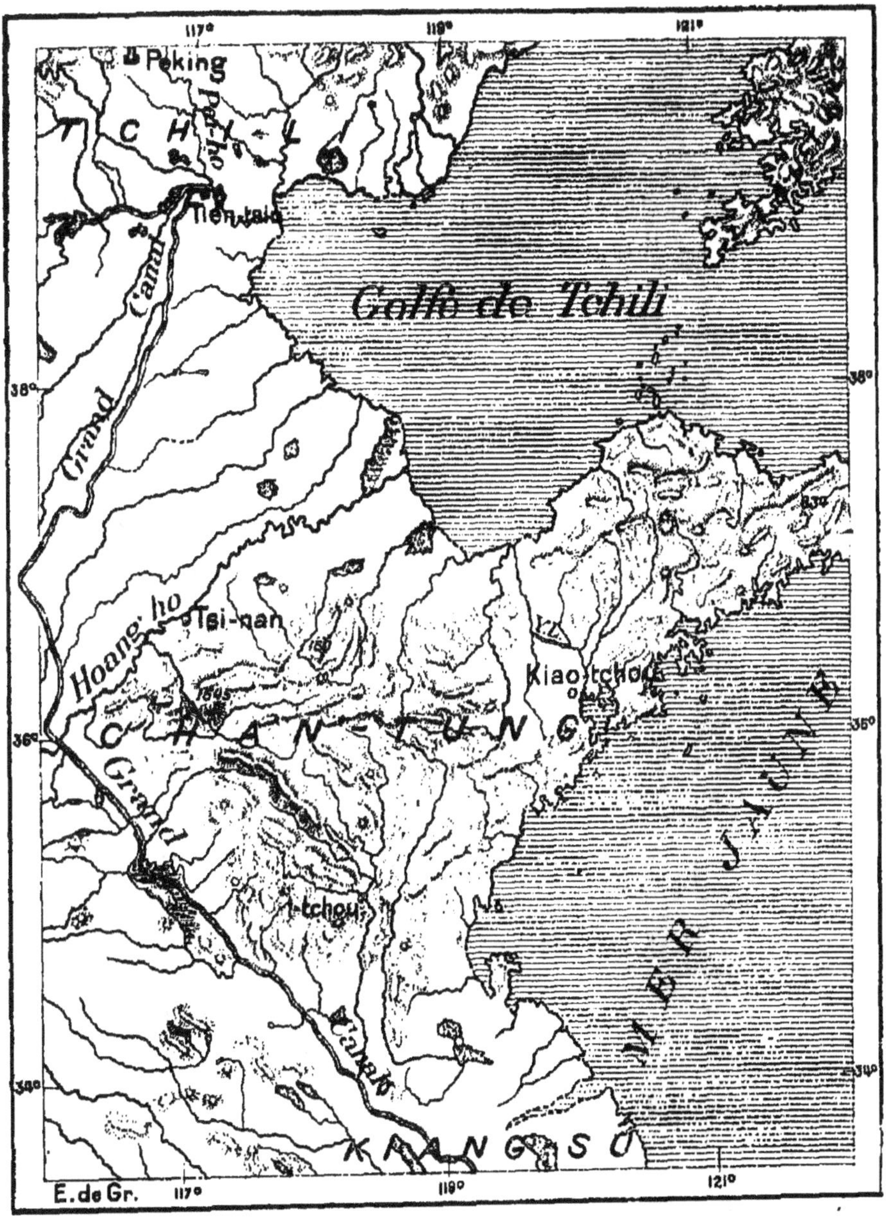

1 : 5 000 000

0 100 200 300 Kil.

Y. L. indique le tracé du Yuen-liang-ho dont il est question à la page 180.

toutes les anciennes coulées, tous les courants partiels de la plaine intermédiaire et de les unir en un chemin liquide, très inégal en largeur et en profondeur, mais partout suffisant pour le passage des bateaux de transport qui fournissent aux habitants des contrées septentrionales les vivres produits en abondance par les agriculteurs du midi. Ce chemin est le Yun ho ou le « Grand canal », que l'on a cessé d'utiliser dans son entier depuis que la navigation a rendu les voies de la mer extérieure si peu coûteuses, mais qui n'en servit pas moins pendant un millier d'années, merveille de génie pratique, laborieusement entretenue par mille moyens ingénieux.

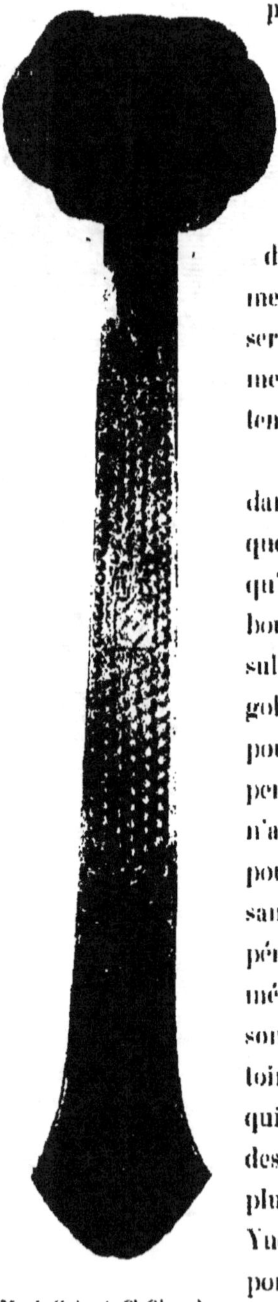

Musée Guimet. Cl. Giraudon

BATON DE COMMANDEMENT EN JADE

Ce fut également une belle œuvre d'initiative dans l'utilisation des ressources naturelles d'un pays que l'établissement du canal de navigation maritime qu'on aménagea par le rattachement des rivières bout à bout dans la partie occidentale de la péninsule de Chan-tung, entre la baie de Kiao tchou et le golfe de Petchili. Ce canal, creusé vers 960, ne pouvait d'ailleurs servir au passage des jonques pendant toute l'année. Non pourvu d'écluses et n'ayant d'autres digues que des levées de protection pour les campagnes riveraines, il restait presque sans eau dans les temps de sécheresse, les jonques y pénétraient en venant du sud pendant la mousson méridionale, puis revenaient du nord avec la mousson contraire, sans avoir eu à doubler les promontoires dangereux du Chan-tung oriental. Le canal, qui ne sert plus aujourd'hui que pour l'égouttement des campagnes, souvent inondées par les grandes pluies, était désigné sous le nom technique de Yuen liang ho, c'est-à-dire « Fleuve pour le transport des denrées venues de loin ». (A. Gaedertz.)

La construction de ponts « édifiés pour l'éternité » est aussi une spécialité du maçon chinois. Le Romain a élevé des arches superbes qui vivent depuis près de 2.000 ans, mais celles du Chinois ne sont ni moins

PRINCIPALES RELIGIONS DE L'ANCIEN MONDE

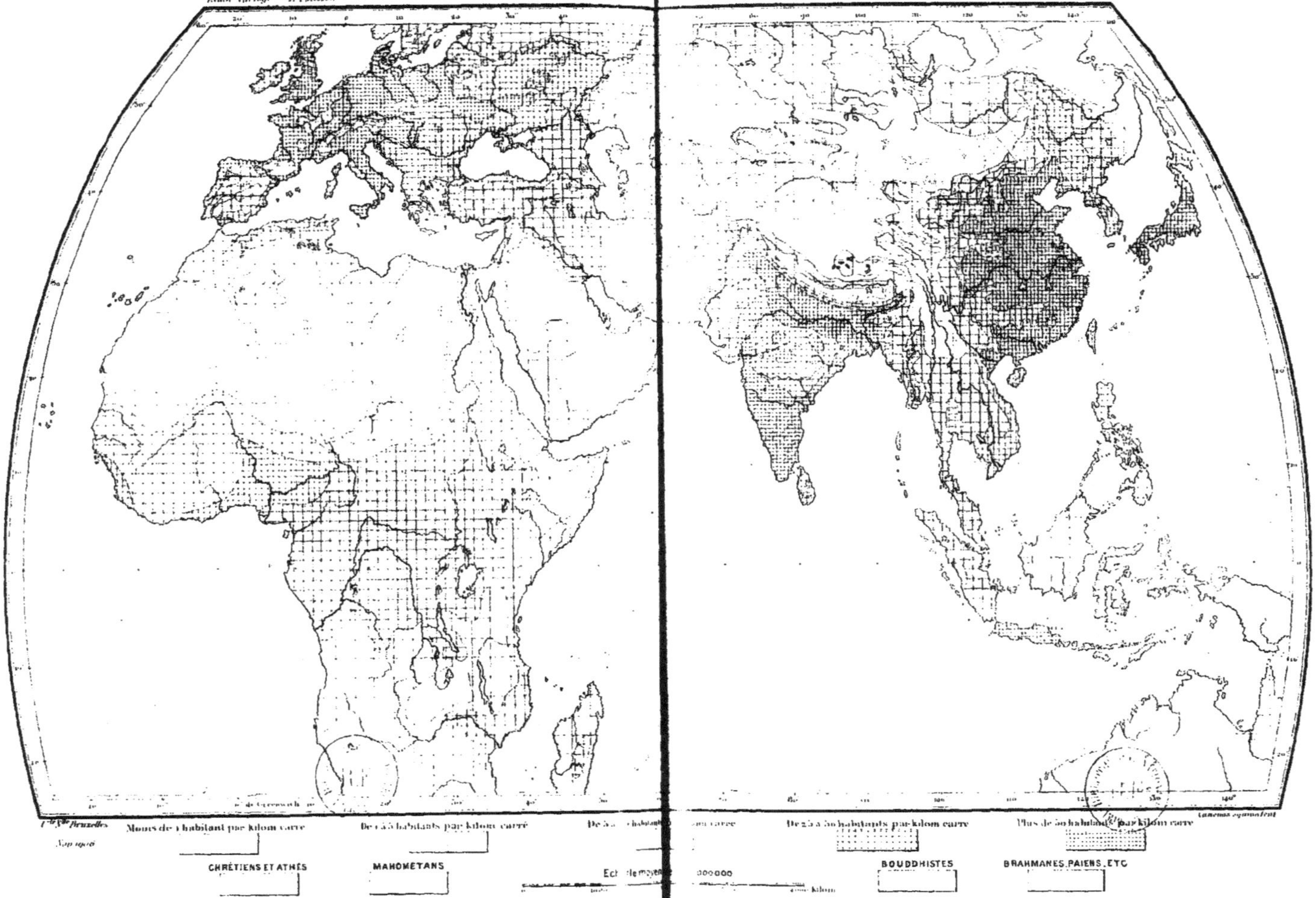

belles, ni moins anciennes et servent encore aujourd'hui au trafic des paisibles fils de Han sans qu'une pierre ait été dérangée par l'homme ou par le courant (Marcel Monnier). Pour ses ponts magnifiques, pour ses travaux de régularisation de rivières, notamment le barrage de la haute vallée du Min, les environs de Tcheng-tu, au cœur même de la Chine, sont absolument remarquables.

Musée Guimet. Cl. Giraudon

BATON DE COMMANDEMENT EN JADE

Les routes que l'on construisit aux siècles qui correspondent au moyen âge de l'Occident, étonnèrent aussi les premiers voyageurs européens admis dans l'intérieur de la Chine. Sauf quelques restes des antiques chaussées romaines, ils n'avaient, dans leurs patries respectives, aucune voie de communication qu'ils pussent comparer à celles de l'Extrême Orient. Telles routes chinoises, par exemple celle qui franchit les monts de la Chine orientale entre le Wei-ho et le Min-kiang, puis celles qui unissent le Hoang-ho et le Yangtse, le Yangtse et Canton, ont été taillées dans la roche vive pour la gravir en lacets ou en marches d'escalier ; d'autres passent en souterrains ou en longs viaducs à travers escarpements ou marécages ; d'ailleurs, œuvre d'un peuple économe de son terrain, elles n'ont d'ordinaire que juste la largeur qui convient pour le va-et-vient des piétons et porteurs de palanquins. Dans les seuls passages de grand trafic, on leur a donné assez d'ampleur pour laisser défiler plusieurs charrettes de front.

Parmi tous les travaux des « ponts et chaussées », le plus remarquable ouvrage de la Chine, qui, du reste, n'est encore égalé nulle part, date également de la dynastie des Tang : c'est la digue-viaduc qui, s'enracinant à la forteresse de Tsi-haï, située à la bouche de la rivière Ning-po, borde le rivage méridional de la baie de Hang-tcheu, sur une longueur de 144 kilomètres, et se compose d'environ quarante mille travées : le chemin de halage qu'il porte dessert un canal de navigation et d'assèchement dont les énormes dalles, recourbées à la base, protègent les polders de l'intérieur contre le formidable mascaret de la baie.

C'est à l'extrémité occidentale de l'estuaire que s'élevait l'agglomération industrielle et commerciale la plus active de la Chine, la métropole du midi de l'empire avant Nanking et Chang-haï, la fameuse Quinsay de Marco Polo devenue Han-tcheu, la « nobilissime cité, sans faille la plus noble et la meilleure qui soit au monde ».

Tandis que s'accomplissaient dans la Fleur du Milieu les merveilles de la civilisation du midi, la pression des nomades avides et pillards s'accroissait sur la frontière du nord. Les armées chinoises luttaient incessamment, avec des succès divers, contre les Tartares et les Mandchoux d'outre Muraille. A la fin la poussée devint irrésistible et les Mongols, descendant de leurs plateaux herbeux, pénétrèrent dans les campagnes basses qu'arrosent les grands fleuves. D'ailleurs, s'il y eut agression des Mongols contre le monde chinois, c'est que l'influence du grand empire méridional s'était déjà fait sentir depuis longtemps de l'autre côté de la Grande muraille et que la gloire s'en était répandue. De même que les barbares de Germanie furent attirés dans les riches cités de l'empire romain par la renommée de leur opulence, de même les Mongols avaient subi la hantise de tous les trésors accumulés dans les grandes ruches humaines de la Fleur du Milieu. Ainsi que les Goths, les Hérules et les Vandales, les Mongols avaient eu à servir comme mercenaires ou alliés dans les armées des empereurs voisins ; ils avaient appris en qualité de parasites leur métier de conquérants. Et l'atavisme guerrier des luttes d'autrefois se réveillait souvent en eux.

D'après leurs légendes, les Mongols n'étaient pas uniquement une nation de bergers nomades. Nombre de tribus qui se rattachaient à eux, tout en séjournant dans les hautes vallées des monts, connaissaient aussi l'industrie, le commerce, les arts : comme mineurs et métallurgistes, ils prirent part à cette initiation des nations occidentales qui s'accomplit par des rites secrets, par l'intermédiaire des Cabires et autres peuplades vouées aux divinités du Feu. D'après une tradition que rapporte Lenormant, les anciens Mongols avaient vécu dans une vallée de l'Altaï fermée de tous côtés par d'infranchissables montagnes de fer : pour sortir de ce paradis où ils avaient passé des âges heureux, mais qui finit

N° 351. Digue-Viaduc de Ning-po.

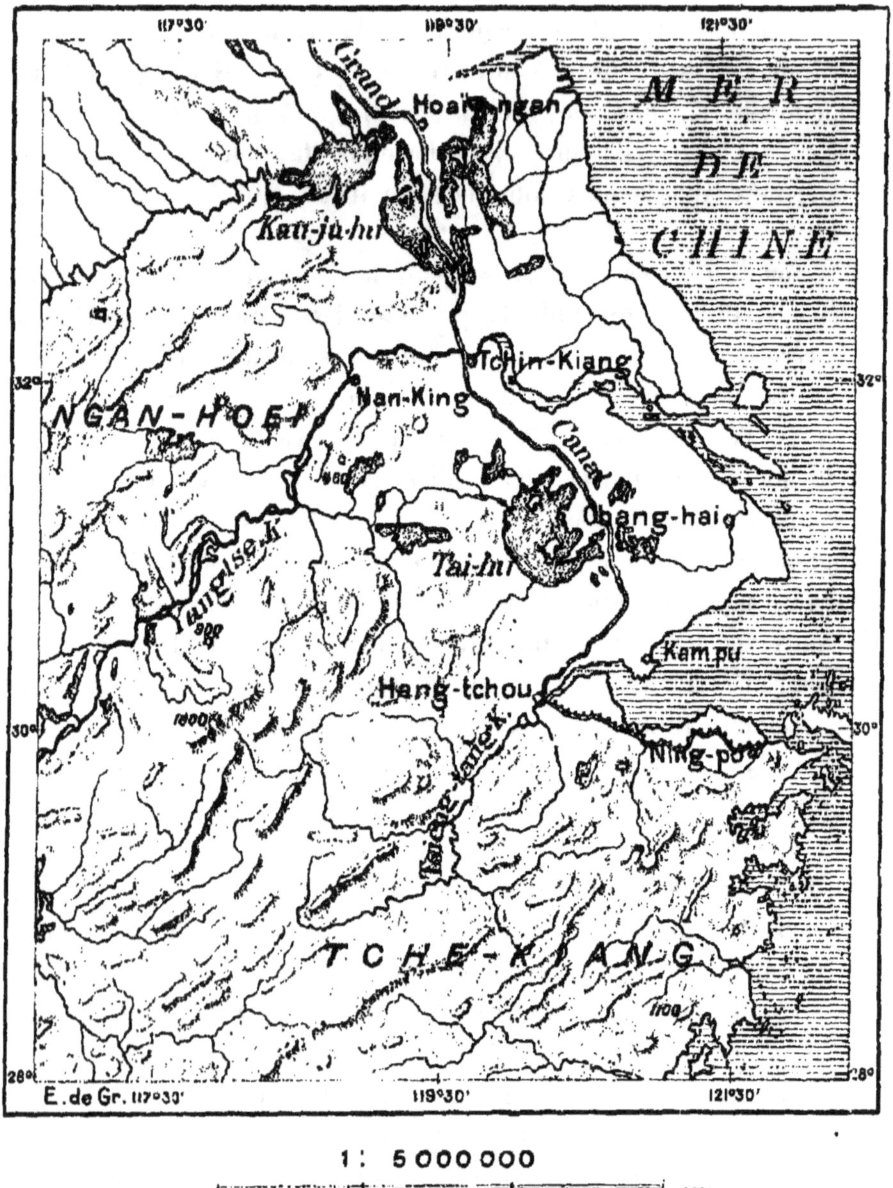

1 : 5 000 000

0 100 200 300 Kil.

pourtant par leur paraître une prison, il leur fallut s'ouvrir un défilé dans le rempart de métal au moyen d'un feu violent qui liquéfia la masse; Djenghis-khan, auquel le mythe prête tant d'origines fabuleuses, prétendait descendre du premier forgeron qui alluma l'incendie ; d'autres lui donnaient pour ancêtre le « loup bleu venu de par delà les grandes eaux[1] ».

Du côté de la Chine, l'invasion mongole prit un caractère très différent de celui qu'elle eut vers l'Asie antérieure et l'Europe. Elle fut moins barbare, comme si les assaillants avaient gardé devant les yeux la majesté de l'empire ; c'est ainsi que des Germains hésitèrent plus d'une fois devant Rome, même lorsqu'elle était sans défense. Et puis l'ambition des Mongols n'était point d'imposer aux Chinois leurs mœurs, leur langue et leur civilisation, elle fut au contraire d'atteindre ou de dépasser les « Fils du Ciel » dans la culture confucienne, dont ils reconnaissaient l'absolue supériorité ; ils voulaient se faire Chinois, et leurs chefs, façonnés à l'étiquette traditionnelle, se conformèrent à toutes les coutumes de la nation policée dont ils avaient triomphé ; seulement ils y apportèrent plus de fougue et d'originalité. Le fameux Kublaï khan, qui régna sur la Chine de 1260 à 1294, fut certainement un des empereurs qui se distinguèrent le plus par l'initiative. Il aurait une place à part parmi les souverains de l'Extrême Orient quand même il n'aurait pas été celui qui, en accueillant les marchands vénitiens de la famille des Poli, établit les premières relations directes de la Chine avec l'Europe occidentale.

Quant aux marches guerrières à l'ouest de leur territoire natal, les hordes mongoles les pratiquèrent d'effroyable façon. Leurs invasions sont, de tous les événements racontés par l'histoire, ceux qui ont fait verser le plus de sang et laissé après eux les plus vastes solitudes. Si horribles, si monstrueuses qu'aient été les luttes des nations dans tous les pays du monde, avant et après le temps des incursions mongoles, elles n'égalèrent point cette abominable tuerie, cette dévastation de fond en comble que rappellent les noms de Djenghis-khan et de Timur-lenk. Si « la paix n'est qu'un beau rêve », ainsi que nous l'a dit un grand stratégiste moderne presque en mourant, comme une parole testamentaire, il faut en conclure que la réalité c'est la guerre, et, dans ce cas, l'apogée de l'humanité serait représentée par la période des exterminations mongoles.

Les conditions du milieu qui permirent aux Mongols de se faire la nation conquérante par excellence ne se retrouveront plus, car depuis cette

1. F. Lenormant, *les premières Civilisations*.

époque la surface de la Terre a changé quelque peu et, dans une bien plus forte mesure, les populations elles mêmes. Sans doute une longue plaine facile à parcourir, si ce n'est au passage de larges fleuves, se développe, de nos jours comme alors, à travers une grande partie de l'Ancien

D'après une photographie de M. A. Ular.

PYRAMIDES EN L'HONNEUR DES DIVINITÉS MONGOLES
Après Lhassa, le plus important couvent du Tibet.

Monde, de la chaîne bordière du Pacifique jusqu'à la Baltique et à la mer du Nord, mais alors les obstacles élevés par les hommes dans cet immense champ de course étaient faciles à tourner ou à réduire, et les populations clairsemées n'étaient pas en nombre pour se grouper en masses cohérentes et résister à de soudaines attaques : elles se trouvaient dans les conditions de villageois au-dessus desquels coulent les eaux d'un fleuve qui déborde ou que menacent des neiges surplombantes.

Djenghis-khan, ou tel autre souverain mongol, lançait une expédition rapide en avant de l'armée, les cavaliers les plus hardis se présentaient en foule, prêts à chevaucher jour et nuit jusqu'au bout de leur course, n'ayant d'autres provisions qu'une poche pleine de koumis et des briquettes de lait condensé, car les pasteurs mongols n'avaient pas attendu nos chimistes modernes pour apprendre l'art de conserver le lait sous une forme solide. Quand toute nourriture venait à leur manquer, ils sautaient à bas de leur monture, lui ouvraient une veine, se restauraient d'une gorgée de sang, puis, après avoir fermé la plaie avec une substance astringente, se remettaient en selle. Chaque guerrier poussait devant lui ses chevaux de rechange, jusqu'à dix huit, disent les chroniques, et de hauts nuages de poussière se propageaient à travers les plaines comme une fumée d'incendie, annonçant, parfois des heures ou des jours à l'avance, le déluge d'hommes qui s'approchait des populations vouées à la mort. Derrière ces avant gardes, le gros de la nation cheminant à son aise n'avait pas besoin de convoi d'approvisionnements; ses troupeaux lui suffisaient ou du moins lui permettaient d'attendre la razzia faite sur le bétail de l'ennemi.

Les larges fleuves n'arrêtaient point ces nomades. En hiver, ils passaient sur la glace; dans les autres saisons, ils construisaient des cadres en bois entre lesquels ils tendaient des nappes de cuir où ils plaçaient les armes, les objets précieux, parfois les femmes et les enfants: on attachait ces cadres à la queue des chevaux, et le convoi, entraîné contre le courant, traversait le fleuve sous la protection des archers qui, rangés en deux bandes à l'amont et à l'aval, étaient prêts à fondre sur les ennemis lorsque ceux ci attendaient sur la rive opposée: souvent aussi ils faisaient choix d'un passage où, le flot les déposant sur une pointe de sable, ils pouvaient se reformer en ordre de combat. On raconte que maintes fois les Mongols capturèrent des embarcations à la nage, comme le firent plus tard, pendant la guerre de l'Indépendance sud américaine, les *Llaneros* du Venezuela, autres nomades que l'on vit un jour attaquer et conquérir une flottille espagnole en plein fleuve Apur, accompagnés, il est vrai, dit la légende, par un escadron de héros invisibles, *el escuadron de las ànimas*.

L'adresse de ces cavaliers mongols, se mouvant avec une liberté parfaite sur leurs montures comme s'ils ne faisaient qu'un seul corps avec elles, leur permettait aussi d'attaquer les ennemis suivant une tactique inusitée et d'autant plus dangereuse pour l'adversaire. Si, en arrivant au grand élan de leurs chevaux, ils se heurtaient à une masse d'infanterie trop solidement retranchée, immédiatement ils fuyaient, du moins en apparence, mais en se retournant face à l'ennemi et dardant leurs flèches contre lui. Que celui ci se hasardât à la poursuite, et soudain ils reprenaient l'offensive, dirigeant toute la masse de leurs chevaux sur un point faible de la foule des poursuivants et massacraut ceux qui s'étaient aventurés au dehors du gros de l'armée. Puis, tournoyant sans cesse auprès de l'ennemi, ils finissaient par lasser sa constance et son attention au moyen de feintes attaques jusqu'au moment où ils découvraient un point favorable pour forcer une entrée dans le camp, et l'extermination continuait tant qu'il restait homme debout. Dans leurs campagnes ils immolaient aussi tous les habitants qu'ils trouvaient sur leur passage. De cette manière ils n'avaient pas à craindre qu'on les inquiétât sur leur ligne de retraite; d'ailleurs, quand ils voulaient rentrer dans la steppe natale, ils cherchaient à traverser d'autres contrées ayant encore des villes à piller, des troupeaux à saisir; grâce à leur cohésion, les Mongols pouvaient se présenter dans tous les pays à conquérir avec le grand avantage que donne la force du nombre. Sans doute leur race était numériquement très inférieure aux peuples dont ils traversaient les territoires, mais les résidants, impuissants à se réunir en forces aussi considérables, ne résistaient guère que sous la protection de fortes murailles. Longtemps même il sembla que le destin conduisît les Mongols : ils fascinaient leurs adversaires qui se laissaient massacrer.

Une autre cause des victoires mongoles provenait de la réelle supériorité d'initiative que la pratique constante de la liberté avait donnée à ces nomades : ce n'étaient point des soldats mercenaires ou des recrues assemblées en troupeaux, comme les serfs de l'Europe retirés à la charrue ou à leurs industries : ils partaient librement pour la guerre et n'obéissaient qu'aux chefs choisis par eux dans les grandes assemblées de la steppe. C'est par élection que se constituait l'armée : les combattants élisaient leurs dizeniers, qui, à leur tour, nommaient leurs centeniers, et ainsi, par élections successives, on désignait les chefs de mille, de myriades; enfin de choix en choix on remontait jusqu'au Grand khan, au Seigneur des seigneurs dont le pouvoir devait être confirmé en de vastes assemblées, dans le *kouroultaï*, où toute la nation, siégeant à cheval et en armes, possédait voix délibérative et décisive. Evidemment l'exercice du pouvoir absolu modifia bientôt cet état de choses, mais en principe, le grand khan restait l'élu, ainsi qu'en témoigne le *yassak* ou recueil de coutumes colligé par Djenghis khan. Ce code de l'empire déclarait en termes formels que le peuple assemblé avait le droit et le devoir de déposer des souverains injustes. Dans les premiers temps de la domination mongole, ces garanties constitutionnelles n'étaient point de vaines paroles. Les maîtres, devant qui tremblait le monde, respectaient leurs sujets et veillaient à ce que justice leur fût rendue. Même les sujets appartenant à une race naguère ennemie étaient équitablement traités par eux. On cite l'exemple de l'empereur Ogotaï, fils de Djenghis khan, qui fit mettre à mort un dénonciateur mongol parce qu'il avait indûment pénétré dans la tente d'un musulman.

Les Mongols, partis de leurs steppes au commencement du XIIIe siècle, ramassèrent en route des alliés de toute origine, et peut être même leur grand chef Temudjin, qui fut élu en 1206 comme « Seigneur des seigneurs », le formidable Djenghis khan, était il de race turque. Mais tous les Mongols ne formaient avec lui qu'un corps et qu'une âme. Leur premier choc fut irrésistible. Sortant de leurs steppes natales par la large porte de Dsungarie, ouverte entre Altaï et Tian chan, ils voyaient s'étendre devant eux tout le vaste espace, sans autre obstacle que les fleuves, se prolongeant à l'ouest jusqu'à l'Oural, au sud jusqu'aux chaînes bordières du nord de l'Iranie et à l'Hindu kuch. Ils commencèrent par dévaster toutes ces plaines, dont ils rasèrent les cités, remplacées par des pyramides de têtes, et, grossissant leurs forces des populations qui restaient, continuèrent leur route vers l'Asie méridionale et l'Europe. De ce côté, la route est facile, grâce à l'ample « Porte des peuples », ménagée par la nature entre les chaînons divergents de l'Oural et les montagnes du Mogudchar, au nord de la Caspienne.

Dès l'année 1224, Djenghis khan s'avançait jusqu'aux bords de la mer d'Azov et, renversant toutes les armées qui voulaient lui barrer le passage, subjuguait la Russie méridionale. Puis, en 1237, Batu khan pénétrait dans le bassin de la Volga à la tête de 300.000 cavaliers et, en moins de trois campagnes, il anéantissait toute résistance. Ensuite il s'attaque à la Hongrie, à l'Allemagne sans être arrêté par un désastre, comme Attila. La dernière bataille (1241), livrée par les Mongols, près de Liegnitz, en Silésie, fut une victoire sur la chevalerie de l'Europe orientale; toutefois ce triomphe, péniblement acquis, arrêta la marche directe des hordes touraniennes vers l'Occident : elles infléchirent vers le sud, puis, après s'être heurtées, sans la prendre, à la citadelle d'Olmütz, elles détruisirent Buda (Ofen) à laquelle Pest ne faisait point encore vis-à-vis, s'avancèrent même jusque dans le voisinage de Vienne et, par-delà les Alpes, atteignirent les campagnes adriatiques de la Dalmatie.

Si les dévastations ne continuèrent pas plus longtemps, c'est que les armées d'invasion furent rappelées en Mongolie pour assister au grand

N° 352. Empire des Fils de Djenghis-Khan.

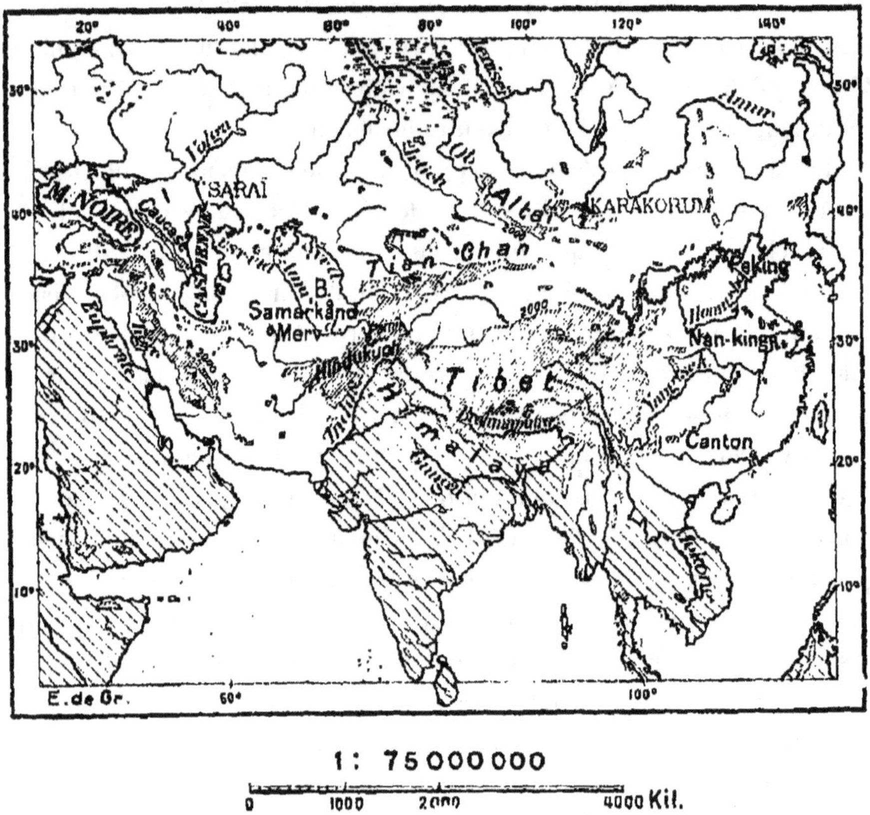

Le grisé serré recouvre les monts au-dessus de 2.000 mètres, le grisé lâche le territoire que n'envahirent pas les Mongols. Il est peu probable que le haut Nord se soit aperçu de la domination du fils de Djenghis-khan.

kouroultaï, causé par la mort d'Ogotaï, le fils de Djenghis. Kuyuk, encore jeune garçon, fut élu, avec sa mère comme régente, mais suivant des procédés électoraux qui témoignent de l'évolution rapide accomplie entre la démocratie primitive et la dynastie absolue. Le vote fut unanime, accompagné de la déclaration suivante : « Jusqu'à ce qu'il n'existe plus de ta race qu'un morceau de chair ou qu'un peu d'herbe frottée à la graisse, nous ne donnerons à personne autre la dignité de Khan ! » Le sceau de Kuyuk portait ces mots, souvent imités depuis : « Dieu dans le ciel et Kuyuk sur la terre. » (D'Ohsson.)

Au milieu du XIIIᵉ siècle, lorsque l'empire mongol atteignit sa plus grande extension, le pays qu'avaient foulé les sabots des chevaux tartares comprenait un espace démesuré pour ses propres maîtres, et que les connaissances actuelles permettent d'évaluer à vingt-huit millions de kilomètres carrés. C'est près de moitié en plus que ne possède de nos jours l'empire britannique avec ses immenses dépendances dans tous les continents et toutes les mers, ou la Russie avec ses annexes sibérienne et turkestane. A la Mongolie et aux plaines interminables du nord sibérien s'étaient ajoutés, à l'est la Chine et une partie de la péninsule indochinoise, à l'ouest le Turkestan et la Slavie, tandis qu'au sud, Hulagu s'était emparé de Bagdad en 1258, avait inféodé les Turcs seldjoucides d'Asie Mineure et conquis l'Iranie jusqu'à l'Indus. Déjà Djenghis khan mourant parlait à ses successeurs de l'immensité de son empire, si vaste que « pour se rendre du centre à l'une de ses extrémités, il ne fallait pas chevaucher moins d'une année ». Toutefois, à l'ouest, les conquêtes mongoles avaient été arrêtées par la mer, sauf dans le golfe d'Okhotzk, où les cavaliers attendaient l'hiver pour aller sur la glace attaquer les pêcheurs goldes et mandchoux. Les grandes expéditions navales de Kublaï-khan ne réussirent point dans leurs tentatives contre le Japon et contre Java.

ÉCRITURE ARAMÉENNE
Table à libation trouvée en Egypte.

L'unité politique de l'empire mongol dura pendant un demi-siècle environ, tant l'orgueil de la domination avait solidement uni les vainqueurs et tant l'effroi de la mort avait subjugué les vaincus. Aussi longtemps que le centre du pouvoir se maintint dans cette Terre des herbes d'où le mouvement s'était propagé, aussi longtemps le fonctionnement du prodigieux organisme se fit au profit de l'absolutisme unitaire. Déjà les chroniques chinoises du VIIIᵉ siècle mentionnent un camp du haut bassin de la Salenga, Holin ou Khorin, dont le nom turc originaire paraît avoir été Kara kuran ou le « campement noir » : c'est la capitale connue sous le nom de Karakorum ; l'empereur mongol Ogotaï la choisit en 1234, y fit converger les nouvelles expéditions de tous les coins du monde et y reçut les ambassadeurs des rois suppliants ou alliés. Du reste, simple halte impériale au milieu de la steppe, Karakorum ne comportait aucune utilisation du sol, aucune industrie pour l'exporta-

D'après une photographie de M. A. Ular.

RUINES DE KARAKORUM

tion d'objets précieux : elle ne servait qu'à l'hébergement des grands fonctionnaires et des fournisseurs nécessaires à l'entretien somptueux de la table et de la maison impériales. D'après le moine Rubruk, la « cité n'est pas aussi bonne que le bourg de Saint-Denis ». Il est vrai que des lieux de marché chinois et musulmans se tenaient dans la plaine, en dehors de l'enceinte, souvent animés par une grande population flottante. L'existence d'une ville dans la solitude herbeuse s'accorde si peu avec les mœurs nomades que les ruines de Karakorum restèrent longtemps ignorées des voyageurs. On les connaît maintenant grâce à Paderin et à Yadrintzev, et l'on a recueilli avec soin les inscriptions de leurs murailles, déchiffrées par les premiers explorateurs auxquels se sont joints Heikel, Thomsen, Radlov. Ces inscriptions que l'on désignait d'abord comme « runiques » sont rédigées en turc et à peine mélangées de quelques mots chinois reproduisant les titres des dignitaires; mais, par un étrange croisement des civilisations, l'écriture employée par les graveurs se rattache au système de l'alphabet araméen. Les Nestoriens avaient apporté ces lettres syriennes, que Turcs et Mongols utilisèrent à défaut d'écriture propre : ainsi se mélangeaient et se brassaient les civilisations diverses de l'Asie.

Le « campement noir » ne resta pas longtemps la capitale unique d'un royaume qui s'étendait sur plus de 10.000 kilomètres de l'est à l'ouest. Dans les vingt années qui suivirent la mort de Djenghis, ses fils et leur famille se rendirent indépendants de fait de l'empereur et se choisirent sur le pourtour de l'empire des résidences appropriées à leur domaine. Hulagu, le conquérant de l'Asie antérieure, se fixa à Maragha [1], près du lac d'Urmiah, au cœur de l'antique Azerbeidjan et, acceptant l'influence de l'astronome Nasr Edin, fit de cette ville un centre d'études de premier ordre. Dès après la prise de Bagdad, en 1259, un observatoire y fut construit, une bibliothèque se forma, des astronomes et d'autres savants y furent appelés de toutes parts et les élèves affluèrent; l'équipement scolaire comprenait, nous dit-on, des globes célestes et des sphères terrestres avec indication des régions habitées. Maragha et sa voisine Tabriz remplacèrent aussi Bagdad dans son rôle commercial et Trébizonde devint le grand port de l'Orient méditerranéen [2]. Si terrible qu'il pût être sur le champ de bataille, Hulagu était d'une tolérance parfaite en matière religieuse, aussi les moines ne manquèrent pas d'affirmer qu'il avait embrassé la Vraie foi. Il avait, du reste, épousé une chrétienne et la tombe des deux époux se trouve encore près de Maragha.

D'ailleurs les Mongols, après cinquante années de guerres extérieures, avaient cessé d'être des Mongols, tout en ayant gardé l'orgueil national et le prestige de leurs infaillibles victoires. Le gros des armées ne se composait plus des peuplades primitives : aux Khalka, aux Eleut, aux Ordos de race s'étaient mêlés des gens de toutes les nations, entraînés dans le grand déluge : Dsungares, Ouïgour, Tartares, Khirghiz et autres Turcs, Bachkir, Koumanes, Petchénègues et autres Finnois. Les Slaves étaient aussi représentés en grand nombre parmi eux, et les noms cités par Rubruk prouvent que les aventuriers européens de Bysance, d'Alle

1. *Voir* pour Maragha, carte n° 53, t. I. — 2. R. Beazley, *Mediæval Trade and Trade Routes.*

magne et d'Italie s'étaient empressés en foule d'aller offrir leurs services aux destructeurs de la chrétienté. L'esprit de l'armée avait changé en même temps que ses éléments ethniques, et les soldats avaient graduellement cessé d'être des guerriers libres, élisant leurs chefs, pour devenir de simples pillards, guidés seulement par l'appât du butin. De leur côté, les « Seigneurs des seigneurs », suivant la pente naturelle qui entraîne les hommes vers le pouvoir, ne se reconnaissaient plus volontiers comme des élus de leur peuple et préféraient se considérer comme des maîtres absolus, de par la volonté de Dieu, qui se confondait avec leur propre volonté : tous leurs décrets étaient rendus « par la puissance du ciel inébranlable ». La mort les faisait dieux, cependant à certains égards on les traitait encore comme ayant été de simples hommes, puisqu'on leur donnait des compagnons pour les suivre dans l'autre monde. On sacrifiait autour du corps les chevaux qui l'avaient porté, on égorgeait aussi quarante jeunes filles pour former son harem d'outre tombe, et tous les hommes que rencontrait la procession mortuaire étaient tués pour servir d'escorte. On dit que vingt mille hommes furent ainsi favorisés du destin qui en faisait les gardes du corps de l'invincible Djenghis. D'après les récits populaires, une forêt aurait poussé dans l'espace d'une nuit pour cacher aux yeux profanes l'endroit mystérieux où fut déposé le grand ancêtre des khan.

Devenus les souverains d'une moitié du monde, les empereurs mongols ne pouvaient manquer de recevoir les hommages de leurs adversaires, les rois chrétiens qu'ils faisaient trembler sur leurs trônes. En 1245, quatre ans après Liegnitz, le pape envoya d'abord en Tartarie un moine, Ascelin, qui, paraît il, s'y prit fort mal en ses tentatives de conversion, et que le khan eut l'envie de faire écorcher vif. Néamoins il finit par le renvoyer sain et sauf, en mandant au pape : « Nous ne savons pas ce que ton envoyé nous a dit; si tu tiens à nous faire comprendre le sens de tes paroles, viens toi-même ». L'année suivante, un autre légat, Plan-Carpin, se dirige vers le pays des Tartares « fils de l'enfer » et se présente devant Kuyuk-khan, après un voyage de seize mois, mais il ne rapporte de son séjour dans « l'autre monde » que le récit de miracles divins et de prodiges diaboliques, mêlé à quelque impression fugitive des contrées parcourues. On cite aussi l'expédition d'un André de Longjumel, en 1248.

Le roi Louis IX fit choix, en 1253, d'un ambassadeur non moins pieux mais à l'esprit plus ouvert, le moine Rubruk, Ruysbroek, Rubriquis, des environs de Valenciennes. Comme ses prédécesseurs, l'envoyé de l'Europe chrétienne dut renoncer à convertir le Grand khan et, avec lui, tout son peuple : il lui fallut même commencer par une sorte d'apostasie en se prosternant devant le souverain des Mongols comme devant un Dieu. Toutefois, il s'en tira comme il convenait à un prêtre, même avant la naissance des Jésuites, en faisant servir mentalement cet acte d'adoration à une fin chrétienne et invoquant son Père Eternel pour la conversion de Mangu-khan. Le bon moine avait bien d'autres cas de conscience à résoudre, il lui semblait voir des sortes de chrétiens parmi les idolâtres qui l'entouraient, puisque leurs prêtres pratiquaient le célibat, se tonsuraient la chevelure et portaient mitre, chasuble et chapelets, tous objets identiques à ceux qui lui étaient familiers, mais, à côté de ces indices de la Vraie foi, que de cérémonies abominables, certainement inspirées par le démon ! La chose odieuse par excellence n'était-elle pas la tolérance universelle que les khan étendaient sur les cultes de toute espèce, chamanisme et bouddhisme, islamisme et nestorianisme ?

L'homme du moyen âge chrétien, pénétré de l'enseignement formel de l'Eglise : *Compelle intrare !* « Forcez-les d'entrer », ne comprenait pas la tranquille indifférence des khan à l'égard de ce qui lui semblait être le but même de l'existence. C'était pour lui « l'abomination de la désolation », tant il est vrai que la morale d'hier devient l'immorale d'aujourd'hui. Il n'admettait que la persécution au nom de l'unité religieuse, tandis que l'on cherche à présent cette même unité des âmes dans la libre discussion et la libre recherche de la vérité scientifique. Mangu-khan comprenait l'unité à un point de vue plus personnel. Quand il renvoya Rubruk à son maître, il le chargea de ce simple message : « Ceci est l'ordre du Dieu Eternel : Un Dieu, un Roi » ! Ne fut-ce pas aussi le rêve de Louis XIV et de tant d'autres ?

Heureux de cette tolérance religieuse qui scandalisait tant le moine Rubruk, les commerçants étrangers se pressaient à la cour du Grand khan pour y exercer leur industrie ou échanger leurs marchandises. Slaves et Germains, Italiens et Français s'ingéniaient à y faire fortune. Un jardinier, Guillaume, s'y distinguait par ses talents d'ordonnateur des fêtes. Mais la ruche des travailleurs était emplie surtout de Chinois, et, dans l'histoire de la géographie, la valeur de Rubruk lui vint tout d'abord des renseignements qu'il transmit en Europe sur les merveilles du travail qui s'accomplissait en Chine : le premier il noua des relations directes entre l'Extrême Orient et l'Extrême Occident.

Toutefois ses récits ne devaient point émouvoir aussi profondément

N° 353. Voyages de Marco Polo.

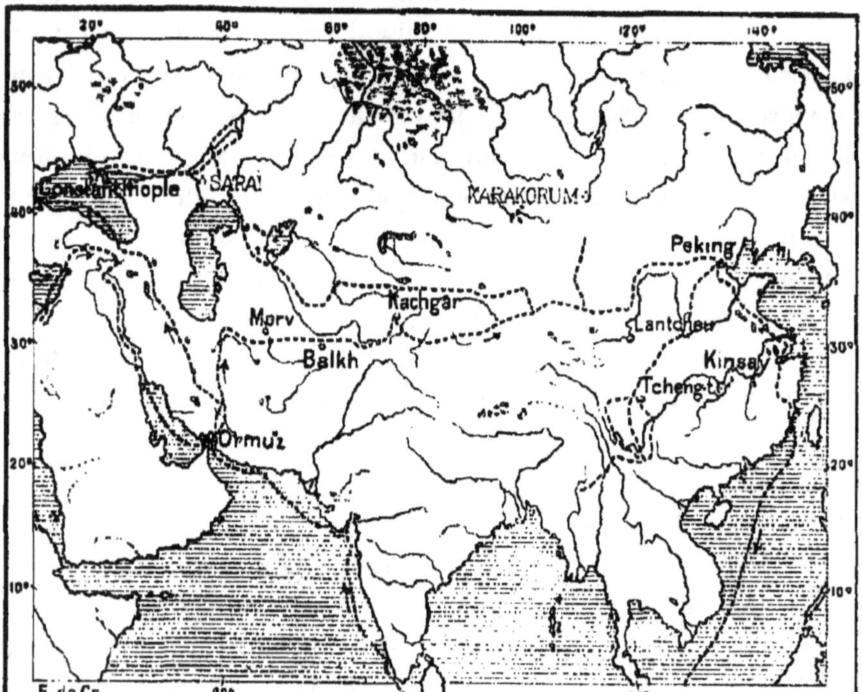

L'itinéraire passant au nord de la Caspienne est celui que suivirent les deux frères Poli, Maffeo et Nicolo, lors de leur premier voyage en Extrême Orient (1260-1269). Ils repartirent en 1271 avec Marco, fils de Nicolo, passèrent à l'aller par l'Arménie, le golfe Persique, le Pamir, puis revinrent par mer vingt-cinq ans plus tard. Ce dernier voyage dura deux ans.

l'Europe que le firent, vers la fin du siècle, ceux du messer Millone, le voyageur commerçant qui fut ainsi dénommé par ses compatriotes véni tiens à cause des millions qu'il avait vus ruisseler dans les mains de Kublaï-khan, de ses ministres et de ses fournisseurs. Devenu lui-même un des personnages de la cour, peut-être gouverneur de province et envoyé confidentiel de l'empereur, Marco Polo eut toutes les occasions favorables pour connaître, pendant son séjour de près de vingt ans, 1275-1294, le pays d'adoption qu'il avait parcouru dans tous les sens. Son livre qu'il dicta plus tard dans une prison de Gênes, à l'un de ses compagnons Rusticiano di Pisa, et que l'on publia en français, la langue populaire paraissant à cette époque la plus claire et la plus policée, fut pour ses contemporains comme une révélation d'un monde nouveau, et les yeux des Occidentaux restèrent fixés sur cet empire du Soleil levant, le pays du jade et de la soie, des émaux, des porcelaines et des laques. Lorsque Vasco de Gama doubla le cap des Tempêtes, lorsque Colomb cingla hors de l'estuaire de Palos, ils regardaient de loin vers le royaume de Kathay et l'île mystérieuse de Zipango. Le Nouveau Monde serait certainement plus tard venu dans l'ensemble de la planète si Marco Polo, cheminant de l'Occident à l'Orient, n'avait pas fait signe à Colomb par-delà les âges et ne lui avait pas indiqué sur la rondeur de la Terre le chemin de l'Orient à l'Occident.

La désagrégation de l'empire des Mongols, hâtée par l'entrée des races les plus diverses dans les hordes guerrières, était inévitable quand les haines religieuses en arrivèrent à diviser géographiquement le pays conquis. Tandis que le *gros* de la nation mongole transformait en bouddhisme son chamanisme primitif, les envahisseurs de la Chine s'accommodaient aux doctrines de Confucius, les conquérants du Turkestan et de l'Iranie se faisaient mahométans, et l'aile européenne des armées d'invasion se laissait pénétrer quelque peu par la religion du Christ. Mais le maintien de l'unité politique devint complètement impossible quand le centre de la domination abandonna son lieu d'origine, au milieu de la Terre des herbes. Aussi longtemps que le cerveau de l'empire se trouva dans Karakorum, l'homogénéité géographique des vastes plaines de l'Europe et de l'Asie put correspondre à un organisme historique, mais, par suite de l'attraction naturelle qui se produit sur tous les peuples en marche, le grand mouvement d'exode des tribus mongoles et de toutes celles qui avaient été entraînées dans leur sillage devait graduellement dévier vers le sud.

C'est ainsi que, plusieurs siècles auparavant, les peuples barbares assaillant l'empire romain s'étaient sentis attirés vers les riches pays du midi par un irrésistible aimant, puis avaient disparu dans la population conquise quand ils eurent été soumis aux influences dissolvantes d'un nouveau milieu. Les Ostrogoths se perdirent parmi les Bysantins, les Lombards se fondirent avec les Celtes et les Latins de l'Italie, les Visigoths se firent Provençaux, Languedociens, Espagnols, les Suèves et les Alains cessèrent bientôt de se distinguer des Ibères d'Espagne et, dans la Mauritanie, se cherchent vainement les traces de l'invasion des Vandales. Dans chaque pays du midi, derrière chaque rempart de montagnes formant comme une sorte de clapet ou de fermeture, le peuple envahisseur se désagrégeait rapidement, comme une mouche tombée dans la corolle d'une fleur carnivore.

Cabinet des Estampes.

CAVALERIE RUSSE AU XIIe SIÈCLE

Même phénomène pour les Mongols : eux aussi dans toutes leurs expéditions conquérantes obliquèrent dans la direction du midi, vers les doux climats, vers les campagnes fertiles et les villes opulentes. Les Seigneurs des seigneurs, abandonnant leurs yourtes somptueuses, laissèrent bien loin derrière eux la Grande muraille et s'établirent dans les plaines fécondes du Pei-ho et du Hoang-ho, pour fonder la dynastie des Yuen et habiter les palais bâtis par les industrieux Chinois. Par cela seul, ils cessaient presque complètement d'être des Mongols et devenaient eux-mêmes Chinois. Le protecteur de Marco Polo, Kublaï-khan, qui avait pris sa résidence dans Khanbalik, la « Ville du kan », la cité qui, de nos jours, se nomme Peking ou « Cour du nord », était encore un Mongol par l'énergie de sa volonté et l'orgueil de sa race, mais il était Chinois par la culture intellectuelle. De nation distincte qu'ils étaient, les Mongols de la Chine devinrent une caste privilégiée, détenant les titres, le pouvoir et la richesse. C'est en raison de leurs abus d'autorité, et non en vertu de leur race, qu'ils furent odieux au peuple chinois et que celui-ci finit par se révolter. Après une guerre de plusieurs années, le parti national, auquel on avait refusé les places et les honneurs, l'emporta sur le parti des fonctionnaires et des soldats mongols, et la dynastie purement chinoise des Ming remplaça celle des conquérants du nord. Encadrée historiquement entre des empereurs mongols et des empereurs mandchoux, cette famille est restée populaire jusqu'à nos jours dans l'esprit des nationalistes chinois.

A l'ouest de la Mongolie et de ses prolongements asiatiques s'accomplissait une évolution parallèle à celle de la Chine : les Khan tartares de la « Horde d'or » ou Kiptchak ne restaient point en communication directe avec les campements primitifs de la Mongolie. Etablis dans leur cité de Saraï, qui bordait sur une vingtaine de kilomètres en longueur la rive gauche de l'Achtuba, coulée latérale de la basse Volga, les khan n'exerçaient de souveraineté directe que sur les contrées à demi désertes de la Russie orientale, de Kazan au Don, et sur les bords de la mer Noire, notamment en Crimée. Séparés de leurs frères de race par le bassin de la Caspienne et les solitudes de l'Oust Ourt, ils n'avaient non plus que des rapports médiats avec les Slaves du centre et de l'ouest de la Russie : ils les laissaient se gouverner à leur guise, guerroyer entre eux ou même contre l'étranger, pourvu qu'ils payassent l'impôt et vinssent faire hommage à Saraï. En réalité, ils n'étaient que les fermiers généraux des contrées précédemment conquises par les fils de Djenghis.

Un partage naturel de races s'était fait conformément aux conditions du milieu. Les populations, en grande partie « allophyles », des plaines à demi asiatiques de l'Est restaient soumises aux Mongols Kiptchak, tandis que les Slaves des régions tout à fait européennes de l'Ouest continuaient de vivre sous le gouvernement de leurs chefs d'origine normande, laissant une royauté puissante se constituer dans le Kremlin, au milieu des riches villages des bords de la Moskva, après avoir échoué à Souzdal et à Wladimir[1], et que, par l'intermédiaire des républiques de Novgorod et de Pskov, les Russes commerçaient avec les contrées riveraines de la mer Baltique. Le contraste géographique opposait les agriculteurs aux nomades : à l'ouest, les « terres

1. Pierre Kropotkine, *L'Etat et son Rôle historique*.

noires ». les pays boisés et ondulés fixaient les habitants au sol et absorbaient les hôtes ou ennemis de passage; à l'est, la steppe laissait sans cohésion les tribus qui la parcouraient. Mais celles-ci, par le fait de leur isolement, perdaient graduellement en force : d'un côté, les Russes grandissaient à l'ouest, et de l'autre, se préparait une nouvelle poussée d'irruption asiatique, à la fois turque et mongole, celle de

(Document communiqué par Mme Massieu.)

ANCIEN FORT A TIFLIS

Timur. Pris entre les deux ennemis, ce qui subsistait de la Horde d'or fut exterminé par le « grand prince Ivan III, autocrate de toute la Russie », et Saraï fut détruite en 1480 : il n'en reste plus que des briques rompues, et les descendants des Tartares, devenus sujets russes, se disent actuellement Slaves et le sont réellement par la culture et la pensée.

Entre la Horde d'or et le royaume de Hulagu, le Caucase restait insoumis et développait son existence en partie double, pour ainsi dire. Les multiples peuplades caucasiennes enfermées dans leurs vallées se concentraient en elles mêmes et maintenaient une farouche indépendance vis-à-vis de leurs voisins. Les guerres étaient fréquentes et les montagnards possédant tous, par doit et avoir, un compte de vengeance à exercer et à subir, ne pouvaient trafiquer directement et devaient se faire représenter par des tiers ayant le droit de se montrer partout. Aux Juifs revenait ordinairement le métier lucratif de « francs voyageurs », permettant de se présenter en tous lieux sans crainte d'être mis à mort. Mais le passe-port universel donné aux « Juifs de la montagne », analogue à celui qui dans l'Inde est assuré aux marchands povindah, et qui naguère appartenait également aux Tsiganes d'Europe, n'allait pas sans être accompagné de certains inconvénients, car tout s'achète ici-bas. Les superbes Tcherkesses, les Lesghiens indomptés qui regardent fièrement leurs adversaires, les yeux dardés contre les yeux, accueillaient naturellement avec un certain mépris des hommes qui n'avaient pas de poignard dans la main et ne savaient pas haïr comme eux, qui se présentaient en souriant toujours humblement, le dos courbé, comme pour se faire pardonner l'odeur de l'étranger qu'ils apportaient dans leurs vêtements. Aussi le trafiquant juif devait-il se résigner à l'insulte, aux humiliations, même aux outrages. Son métier ne lui assurait pas le respect dû à des hôtes. Mais d'autres Juifs caucasiens n'exerçaient pas ce rôle d'intermédiaires qui, en tant de pays, est devenu le monopole de leur race : des groupes nombreux, notamment dans les hautes vallées du Daghestan, s'adonnent à l'agriculture ; ce sont les laboureurs les plus intelligents du pays lesghien et l'on se dispute leur vin et leur garance sur les marchés. Grâce à des habitudes héréditaires, ces Juifs ressemblent à ceux dont la Bible nous parle comme aimant à vivre à l'ombre de leurs oliviers et de leurs figuiers et se distinguent singulièrement des marchands et des prêteurs à la petite semaine par leur esprit de tolérance et par leur hospitalité.

Vers le centre de l'empire mongol primitif, les invasions qui s'étaient faites dans les pays turcs, et, plus au sud, dans l'Iranie, avaient eu également pour conséquences de grandes transformations ethniques. Les Turcs avaient fini par prédominer, même parmi ceux qui se réclamaient du nom de Mongols, c'est-à-dire chez les khan de Djaggataï, dont le domaine comprenait surtout la partie actuelle du Turkestan et de la Sibérie, comprise entre l'Irtîch et l'Oxus ou Amu-daria. Ces campagnes qu'arrosent de grands fleuves et que fertilisent les terres alluviales apportées des monts orientaux, Tian-chan, Alaï, Pamir, très exposées à l'invasion et à la conquête, puisqu'elles sont largement ouvertes au nord vers les steppes des nomades, peuvent néanmoins se repeupler faci-

D'après une photographie de Sven-Hedin.

COUVENT TCHOVA A TANSKI, SUR LES CONFINS DU KACHMIR ET DU TIBET

lement dès que la paix est rétablie. De là ces périodes successives de prospérité et de misère par lesquelles ont passé les « potamies » du Turkestan, dont on peut comparer l'éclat intermittent à celui des phares à éclipses, tantôt éblouissants de leurs gerbes de rayons, tantôt n'émettant qu'une vague lueur. Même après le premier passage des Mongols, au commencement du treizième siècle, le désert ne se fit que pour un temps.

Lorsque Djenghis-khan prit Samarkand d'assaut, en 1219, il en égorgea les 140.000 défenseurs et se crut un vainqueur clément en ne tuant que 400.000 de ses habitants paisibles. Après Samarkand, le Seigneur des seigneurs visita Balkh, la « mère des cités », où l'on comptait douze cents mosquées et deux cents bains publics, couvrant un espace de 30 kilomètres en circonférence. Tout fut rasé, et, près de là, le faubourg de Siyagird fut également changé en un vaste champ de pierres, n'ayant pas moins de 13 kilomètres, du nord au sud[1]. Quant aux habitants, on sait ce qu'en fit le vainqueur : les pyramides de cadavres se dressèrent au pied des remparts démolis. Merv eut le même sort que Balkh, et ses résidants, entraînés en processions hors de la ville, furent abattus méthodiquement, comme le sont de nos jours les bœufs dans les *saladeros* de la Plata. Et tant d'autres cités furent traitées de la même manière ! La solitude se fit de la Caspienne au Pamir.

Et pourtant, un siècle et demi plus tard, le terrible « Boiteux », Timour-lenk ou Tamerlan, put recommencer les massacres, tant le pays s'était repeuplé et enrichi à nouveau. Un répit de quatre ou cinq générations avait suffi pour rendre à ce pays dévasté la vie sociale, les industries, la recherche des sciences et même la pratique des arts.

Redevenue capitale sous Tamerlan, Samarkand fut aussi la plus belle cité de l'Orient ainsi qu'en témoignent les édifices merveilleux que le temps a respectés. Les plus beaux restes de l'architecture iranienne se voient non dans la Perse elle-même mais dans les grandes villes du Turkestan, et ceux qui les firent édifier furent précisément ces hommes sans aucun souci de la vie humaine, ne tenant aucun compte des volontés ou goûts de qui que ce fût. Il faut que le sentiment de l'art et même l'amour de la science eussent été bien spontanés et bien vivants dans la génération antérieure pour se maintenir ainsi

1. Grodekov, trad. par Ch. Martin, *From Herat to Samarkand.*

sous le règne d'un Tamerlan : ainsi, l'on voit parmi les animaux inférieurs des êtres qui continuent de se nourrir, alors que de l'autre côté ils sont mangés eux mêmes ! Quelques unes des admirables mosquées de Samarkand et de Bokhara, que fit bâtir Tamerlan, étaient des écoles vers lesquelles les étudiants accouraient de toutes parts. Chaque ville croyait encore, comme avant Djenghis Khan, être l'une des premières ou la première par ses institutions scientifiques aussi bien que par sa beauté. Samarkand se disait la « Tête de l'Islam », et les restes superbes de la *médressé* d'Ulug-beg, qui date de 1420, rappellent ce que fut l'école de mathématiques et d'astronomie la plus fameuse de tout l'Orient. Quant à Bokhara, c'était aussi une ville de savoir, d'un savoir si profond, dit la légende, que « la lumière monte de Bokhara, tandis qu'ailleurs elle descend du ciel ». Mais quelle était la part de science personnelle et désintéressée, quelle la part de verbiage et de redites dépourvues de sens ? A la fin du dix huitième siècle, Samarkand n'était plus qu'une ruine : il n'y avait qu'un seul homme, un berger, dormant sur la tombe du terrible roi boiteux, et sur la pierre avait été gravée cette inscription insultante pour le troupeau des hommes : « Si je vivais, le monde tremblerait encore » !

Dans l'Iranie comme dans le Turkestan, le passage des Mongols assura pour un temps le triomphe du Touran, celui du mauvais dieu Ahriman sur le dieu bon, le bienfaisant. Un grand vent destructeur de civilisation passa sur les campagnes qui se changèrent en steppes : on put dire des Mongols ce qu'on disait aussi des Turcs, que « l'herbe cessait de croître sur le sol battu du sabot de leurs chevaux ». Avec Djenghis Khan et Hulagu, dans la première moitié du treizième siècle, puis avec Tamerlan, dans la deuxième moitié du quatorzième, ce fut comme un déluge d'hommes, sous lequel la population persane fut engloutie : il semblait que le long travail des siècles fût à recommencer. Les dynasties nouvelles cessèrent même de prendre leur point d'appui sur le plateau d'Iran : c'est de Samarkand, et non de quelque cité placée dans la haute citadelle du massif iranien, que Tamerlan gouverna son empire.

Fait caractéristique : les Mongols n'ont donné au monde policé qu'un seul art, d'ailleurs très ingénieux, celui de la fauconnerie. Le phénomène s'explique, car, dans la Terre des herbes, aux horizons illimités, se trouvent réunies toutes les conditions nécessaires pour que cet art pût naître et se développer. L'espace est libre devant le chasseur, aussi bien sur la terre que dans l'air, et rien n'échappe à son œil exercé de la lutte pour l'existence qui se débat dans le champ de sa vue, des rapaces du ciel et du gibier de la steppe rase ou de la brousse. Il apprend facilement à connaître les mœurs et les habitudes de tous ces êtres qui pullulent autour de lui, car nulle part ne se rencontre une plus grande quantité d'oiseaux de proie, vautours, aigles, milans, faucons, éperviers, buses, hiboux: et ces espèces si nombreuses ne peuvent vivre que grâce à la multitude des oiseaux de bas vol et des animaux qui gîtent sous les pierres, dans les terriers et sur les arbustes. Édouard Blanc[1] énumère plus de cinquante genres de rapaces vivant dans les steppes de la Mongolie occidentale et du Turkestan, et presque tous sont utilisés pour la capture du gibier. On a domestiqué surtout les femelles qui sont plus fortes, plus grandes que les mâles et dont le dressage est également plus facile. Les Turkmènes, auxquels les Mongols ont enseigné leur art, emploient même les rapaces de la plus forte taille, tels que les aigles qu'ils lancent sur les renards, les gazelles et jusque sur les cerfs : l'aigle fond sur sa victime, lui crève les yeux et se cramponne à sa tête, en attendant l'arrivée du chasseur. On a dressé aussi le hibou dans le Turkestan et la Sibérie méridionale, mais il ne chasse que la nuit et, pour le

Document communiqué par Mme Masson.

MOSQUÉE ÉLEVÉE SUR LA TOMBE DE TAMERLAN

1. *Revue scientifique*, 15 juin 1895.

suivre dans l'obscurité, on lui attache de petites sonnettes aux pattes et à la queue. L'art de la fauconnerie est tellement répandu en Turkestan que les pauvres aussi bien que les riches emploient le faucon comme auxiliaire de chasse. Les enfants, dès le plus bas âge, apprennent à faire chasser le corbeau et à répéter avec lui les exercices qu'ils pratiqueront plus tard avec le faucon et autres rapaces plus nobles. C'est de la Mongolie et du Turkestan que la fauconnerie se répandit sur tout le centre de l'Asie, dans l'Inde, dans le nord de l'Afrique, en pays musulmans et jadis en Europe. Les seigneurs féodaux, revenus des croisades, aimaient fort à faire montre de leur adresse dans ce divertissement élégant et cruel, mais après l'invention du fusil, le faucon chasseur a disparu comme l'archer.

Maîtres de la Perse, les Mongols avaient également poussé jusque dans l'Inde: mais la grande distance, les déserts sans eau, les âpres montagnes, enfin les populations grossières des plateaux et des hautes vallées retardèrent la conquête définitive de la Péninsule, et les prétendus Mongols qui s'en emparèrent plus tard ne l'étaient d'ailleurs que par l'orgueil de la descendance. La route de terre, coupée d'obstacles naturels et défendue par les redoutables Afghans, restait souvent désertée par les marchands; mais, grâce aux matelots arabes, un mouvement commercial non interrompu rattachait par mer les plaines de la Mésopotamie et la frange du littoral persan aux rivages du monde indien. Toutefois la grande escale du trafic se déplaçait fréquemment, suivant les faits de guerre et les vicissitudes locales.

Au cinquième siècle, les navires se donnaient rendez vous à l'embouchure de l'Euphrate, et même remontaient plus haut; Massudi raconte que, chaque année, des jonques chinoises ancraient en rivière; elles venaient charger les matières précieuses de la Perse et de l'Arabie en échange des trésors de l'Extrême Orient. Lors de l'expansion du mahométisme, au neuvième siècle, l'emporium du grand commerce se trouvait reporté à la porte d'entrée de la mer Persique: c'était la ville puissante de Siraf[1], s'élevant à l'endroit occupé de nos jours par le village de Tcharak. Puis, un changement politique déplaça la foire maritime au profit de l'île Kaïs (Qaïs, Kich, Geïs), située au sud ouest, à seize ou dix sept kilomètres de la côte persane. Au commencement du treizième siècle, Siraf était presque dépeuplée, et sur la rive septentrionale

1. *Voir* Carte n° 366, p. 259, au chapitre suivant, pour l'emplacement de ces villes.

de l'île Kaïs s'élevait une capitale bruyante, Harira, entourée de palmeraies, de jardins et de vergers. Mais sa prospérité ne dura guère qu'un siècle et, en 1320, l'île de Kaïs, complètement appauvrie, tomba sous la dépendance d'Ormuz, ville située en dehors du golfe Persique, mais à son entrée même, dans la manche qui l'unit au golfe d'Oman. Ce grand marché, qui d'abord se trouvait sur le continent, non loin de l'endroit

Document communiqué par Mme Massieu.

INTÉRIEUR DE LA TOMBE DE TAMERLAN AU VIEUX SAMARKAND

où se groupent actuellement les maisons de Bandar Abbas, était déjà, lors de la ruine de Kaïs, transféré dans un îlot voisin du littoral, et c'est là que s'entassèrent les richesses des Indes et de l'Orient lointain, au profit des marchands arabes, jusqu'à l'époque où les Européens ayant pénétré directement dans l'Orient Indien, tout l'équilibre du monde se trouva changé[1].

De l'autre côté de l'Iranie, à l'Occident, les Mongols avaient également ravagé la contrée et travaillé de leur mieux à l'extension du désert dans la Mésopotamie, privée de ses canaux; mais les montagnes de l'Arménie, de la Syrie, de l'Asie Mineure n'avaient pu leur convenir, et leurs

1. Arthur W. Stiffe, *Geographical Journal*, June, 1896, p. 644 et suiv.

conquêtes ne furent que d'éphémères chevauchées. Un autre peuple conquérant s'était établi dans ces contrées, aux abords de l'Europe. Vers 1225, un gros de Turcs, d'environ cinquante mille hommes, avait prévu l'ouragan mongol qui allait fondre sur eux et, fuyant les plaines du Khorassan, conquises sur les Persans orientaux, avait cheminé dans la direction de l'ouest, vers les montagnes de l'Arménie. Là, les chercheurs d'aventures trouvèrent des frères de race, les Seldjoucides, qui commandaient depuis des siècles dans l'Asie Mineure, mais dont la force initiale d'attaque était déjà partiellement épuisée. Les Turcs du Khorassan étaient encore dans leur fureur primitive de hasards et de combats : ils se firent les champions du sultan seldjoucide de Konia et, sous le commandement d'Ertogrul, reçurent, dans la Phrygie du nord-ouest, un territoire à défendre contre l'empereur de Constantinople. Ce fut la lutte impitoyable du guerrier nomade contre l'agriculteur pacifique, la guerre sainte du mahométan contre le chrétien. En chaque rencontre, les Turcs, combattant de plein cœur, mettaient les mercenaires de Bysance en complète déroute. Devenu « sultan » pour son propre compte, le fils d'Ertogrul, Osman, dans les veines duquel coulait plus de sang grec que de sang turc, acquit une telle gloire militaire que son peuple fut désormais désigné, d'après lui, sous le nom d'Osmanli.

C'était à la fin du XIIIe siècle. Orkhan, non moins heureux que son père, s'empara de la magnifique Brousse au pied de l'Olympe de Bithynie, et y fit dresser son palais de la « Sublime Porte », d'où il apercevait au loin le pays qu'il voulait conquérir sur le bord de la mer ; puis Nicée tomba entre ses mains en 1330. Déjà Suleïman, fils d'Orkhan, put se saisir d'un point fixe sur la côte opposée en Europe : il prit Gallipoli, sur les Dardanelles (1356), et s'y maintint, fermant ainsi du côté du sud-ouest l'une des portes naturelles de Bysance ; le blocus, qui devait, un siècle plus tard, donner Constantinople aux mahométans, venait de commencer.

Le nom des Turcs Osmanli était devenu si redoutable que, malgré le petit nombre de leurs combattants, vingt-cinq mille à peine[1], on voyait déjà en eux les destructeurs de la Rome orientale. Mais, sachant la difficulté de leur entreprise, ils s'y préparèrent avec une grande prudence militaire : aucune armée n'était plus solidement organisée pour les

1. H. Vambéry, *Die primitive Cultur des Turko-Tatarischen Volkes*, p. 47.

campagnes et pour les rencontres, avec le parfait accord des cavaliers janissaires et des spahis; un service de recrues était aménagé dans

N° 354. Territoire attaqué par les Osmanli.

Le point L indique l'emplacement de Liegnitz, O celui d'Olmütz.

tous les pays environnants, et les aventuriers chrétiens étaient accueillis dans l'armée musulmane dont tous les privilèges leur étaient reconnus. dès le jour de la conversion. A cette époque, au moment même de leur entrée en Europe, les Turcs étaient beaucoup moins un peuple qu'une caste guerrière et conquérante.

Peu d'années après la prise de Gallipoli, Murad Ier s'emparait de la

Thrace et, en 1365, installait sa résidence dans Edirneh, l'antique Hadrianopolis, connue en Occident sous le nom d'Andrinople : il fermait ainsi toutes communications directes entre Constantinople et le continent d'Europe : réduit à une simple banlieue, l'empire d'Orient n'avait plus aucune raison d'être, puisqu'il était privé de tout commerce. En même temps, les Etats slaves de la région des Balkhans, qui avaient si souvent combattu Bysance et qui lui avaient pourtant servi de point d'appui et de défense contre les populations en marche dans la vallée danubienne, ces Etats perdaient d'un coup leur indépendance au « Champ des Merles » (1389), dans les hautes plaines de la Serbie. Le roi Lazare et la plupart des nobles serbes furent décapités dans la tente du vainqueur. Après avoir atteint, au milieu du siècle, le plus haut degré de puissance politique, puisque, sous Etienne Duchan, la Serbie comprenait d'un côté jusqu'à la Grèce, de l'autre jusqu'à la Bulgarie, cet Etat disparaissait complètement de l'histoire comme individualité indépendante, pour une durée de plus de cinq siècles. Le champ de bataille de Kossovo est, dans la mémoire de tous les Yougo Slaves, le lieu fatal où s'accomplit l'irrémédiable désastre.

Après cette victoire, qui donnait à Murad Ier la prééminence absolue dans la péninsule des Balkhans et lui assurait le tribut ainsi que le service militaire des chrétiens assujétis, il ne lui restait plus qu'à mettre le siège devant les murs de Constantinople. Le danger était si pressant qu'une nouvelle croisade s'organisa sous la direction du roi Sigismond de Hongrie; mais depuis longtemps les nations de l'Occident avaient laissé Constantinople à son destin, et les seuls chrétiens de l'Orient d'Europe étaient insuffisants à refouler l'invasion mahométane. Débarqués à Nikopoli sur le Danube, les Hongrois furent complètement battus en 1396, et la ville du détroit se trouvait à la merci des Turcs, lorsque Tamerlan vint faire diversion. La ville menacée put vraiment espérer qu'elle était intangible. Murad rassembla toutes ses forces pour résister aux Mongols, mais il fut battu dans les plaines d'Angora (Ancyre) par les Barbares (1402), et mourut en prison.

Il fallut de longues années pour restaurer l'empire turc et lui rendre sa force d'attaque : c'est en 1422 seulement que Murad II put faire de nouveaux préparatifs d'assaut, mais sans y donner suite, les Albanais du Pinde, les Serbes et les Hongrois du Danube se débattant avec énergie contre l'oppression mahométane sur les frontières occidentales, et septentrionales de l'empire. Enfin, les peuples soulevés ayant été vaincus en une seconde journée de Kossovo (1448), le siège de Bysance put être entrepris régulièrement, et, en 1453, le dernier empereur de

N° 355. Constantinople.

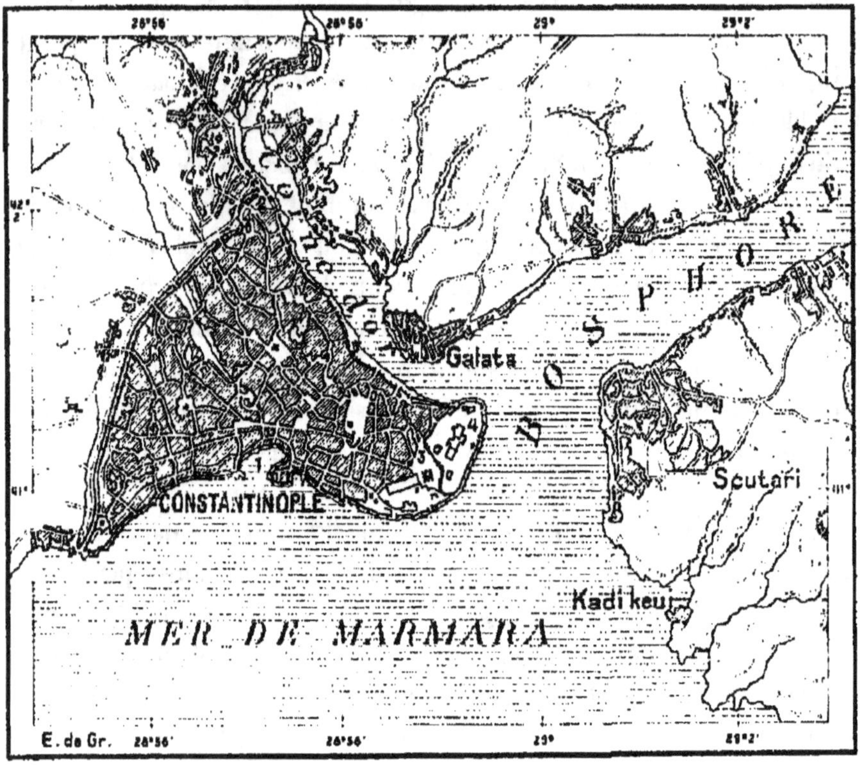

1 : 100 000

0 1 2 3 4 5 Kil.

1. Port de Théodose. — 2. Ruines du palais de Constantin.
3. Sainte-Sophie. — 4. Le sérail, sur l'emplacement de la Bysance primitive.

Constantinople, un Constantin Paléologue, tomba sur la brèche de sa ville qui, pendant un si long temps, n'avait été qu'une prison pour ses maîtres. Le sultan Mahomed consacra pour des siècles la mainmise de la barbarie nomade sur ce qui avait été la fleur de la civilisation d'Europe. Malgré les changements des dynasties et des langues, des religions et des races, c'était la revanche de l'Asie sur Alexandre qui venait de s'accomplir.

Mahomet II n'eut qu'à déblayer autour de Constantinople pour établir définitivement le nouvel ordre de choses, pendant que les pirates turcs, enhardis par le succès, s'aventuraient hors de la Méditerranée, pénétrant jusque dans les mers intérieures du nord et que les corsaires mahométans fourmillaient dans la Manche et sur les côtes anglaises (W. Denton).

Les Bysantins avaient encore un pied à terre à Trébizonde : cette ville, la dernière forteresse d'Asie, leur fut enlevée en 1461, et partout les sujets chrétiens cessèrent d'être des hommes libres pour devenir de simples *rayah*, soumis au caprice du guerrier musulman. Même les noms grecs prirent une physionomie barbare : la ville par excellence Εἰς τὴν πόλιν fut désignée sous la forme de Stamboul, et le croissant d'Artemis et d'Hecate qui ornait les édifices de Bysance, devint, contre la « croix » de Rome, le symbole même de la guerre sainte musulmane.

MARCO POLO DICTANT À RUSTICIANO DI PISA

NOTICE HISTORIQUE : DÉCOUVERTE DE LA TERRE

Nous donnons ici la succession chronologique des principaux événements de la grande époque.

1484. Diogo Cão longe le littoral africain jusqu'au 22e Sud.

1487. Pierre de Covilhaõ se rend par voie de terre aux Indes et en Ethiopie. — Bartholomeu Diaz contourne l'Afrique.

1492. Christophe Colomb part le 3 août de Palos, arrive le 12 octobre à Guanahani, le 28 à Cuba, le 6 décembre à Haïti.

1493. Colomb rentre le 15 mars à Lisbonne. Deuxième départ le 13 novembre. Retour en 1496.

1497. 8 juin. Départ de Vasco de Gama de Lisbonne, il contourne le cap de Bonne Espérance le 22 novembre. — Jean Cabot à Terre Neuve.

1498. 20 mai, Vasco de Gama arrive à Calicut. — Deuxième voyage de Cabot. — Troisième départ de Colomb, 30 mai.

1499. Alonso de Hojeda et Vespucci, Peralonso Niño et Cristobal Guerra sur les côtes de la Guyane et du Venezuela.

1500. Vicente Yañez Pinzon et Vespucci à l'embouchure de l'Amazone; Diego de Lepe et Rodrigo de Bastidas explorent les mêmes parages. — Pedralvarez Cabral prend terre le 22 avril à la Santa-Cruz, puis se rend aux Indes par le Cap. — Première carte du Nouveau Monde par Juan de la Cosa.

1501. Amerigo Vespucci sur les côtes du Brésil.

1502. Michele Cortereal se perd au Labrador. — 9 mai, quatrième départ de Colomb, rentre le 28 juin 1504. — Deuxième voyage de Vasco de Gama, découverte des Seychelles.

1503. Quatrième voyage de Vespucci. Albuquerque aux Indes.

1505. Almeida aux Indes.

1507. Le Nouveau Monde appelé pour la première fois Amérique.

1508. Vicente Pinzon sur la côte du Yucatan. — Sébastien Cabot explore le nord du Labrador.

1509. Les Portugais à Ceylan, Sumatra et Malacca.
1510. Albuquerque occupe Goa, puis Malacca en 1511.
1512. Les Portugais aux Moluques.
1513. 25 septembre, Balboa prend possession de la mer du Sud. — Ponçe de Leon contourne la Floride. — Albuquerque visite la mer Rouge.
1515. Juan Diaz de Solis au rio de la Plata. — Bateaux marchands portugais en Chine. Prise d'Ormuz.
1519. Alonso de Pineda à l'embouchure du Mississippi. — Cortes débarque à la Vera Cruz le 21 mars et arrive le 8 novembre à Mexico. — 20 septembre, départ de Magellan.
1520. Magellan traverse le détroit du 21 octobre au 28 novembre.
1521. Magellan rencontre une première île le 4 février; arrive aux Philippines le 16 mars, meurt le 27 avril.
1522, 6 septembre, Sebastien del Cano rentre à San Lucar.

Les renseignements que l'on possède sur la vie des navigateurs de cette époque sont des plus incomplets. On ignore généralement leur origine; un grand nombre d'entre eux périrent misérablement, en butte à l'ingratitude de leurs maîtres.

Bartholomeu Diaz, subordonné à Cabral, périt avec quatre navires de l'expédition en doublant le cap de Bonne-Espérance. Vasco de Gama, né en 1469, est éconduit après son deuxième voyage aux Indes, en 1503, et n'est rappelé qu'en 1524; il meurt en arrivant à Cochin. Albuquerque, né en 1453, un des plus justes parmi ces conquérants, est mis en disgrâce après une longue série de victoires et meurt de chagrin à Goa, en 1515. Cette même année voit périr Ponçe de Leon à Cuba, Alonso de Hojeda en Haïti et Diaz de Solis sur la Plata. Pierre de Covilhão, parti en ambassade pour l'Inde et l'Abyssinie, s'installe dans ce dernier pays où il mourut à un âge très avancé.

DÉCOUVERTE DE LA TERRE

Que de fois la science des livres fut-elle la cause d'un retard ou même d'une régression dans la science des faits!

CHAPITRE IX

CHANGEMENT D'ÉQUILIBRE EN MÉDITERRANÉE. — SAINTE HERMANDAD
ETAT DES CONNAISSANCES GÉOGRAPHIQUES. — CARTES, ROUTIERS, PORTULANS
AFRIQUE, DE MADÈRE AU CAP DES TEMPÊTES. — HANTISE DU NOUVEAU MONDE
COLOMB AUX INDES OCCIDENTALES. — RIVAGES DES DEUX AMÉRIQUES
PARTAGE DU MONDE. — AMERIGO VESPUCCI. — QUESTION DU DÉTROIT
ROUTES DES INDES ORIENTALES. — PREMIÈRE CIRCUMNAVIGATION DE LA TERRE

Par une sorte de compensation, le triomphe des chrétiens à l'occident de l'Europe répondait à leur défaite dans les contrées orientales. Les situations se faisaient plus nettes de part et d'autre. Tandis qu'à l'est les Turcs, appartenant à une souche de populations asiatiques très différente de celle des grands peuples d'Europe, s'enracinaient fortement sur le sol du continent, et précisément en celui de ses points vifs dont la position géographique présente le plus d'avantages naturels, les conquérants de races diverses groupés en Espagne sous le nom d' « Arabes » se préparaient à quitter la Péninsule et à repasser ce détroit de Gibraltar, qui est, comme le Bosphore, un des traits les plus essentiels dans l'histoire de la planète. Un changement d'équilibre se produisait ainsi que dans les plateaux d'une balance. Les routes orientales manquant successivement à l'Europe, une route occidentale s'imposait : rejetés de la mer Rouge, du golfe Persique et de la mer Noire, les navigateurs de la Méditerranée se trouvaient ramenés vers l'Océan, et la découverte du Nouveau Monde devenait nécessaire.

Il put sembler tout d'abord que, dans l'ensemble du développement humain, les pertes l'emporteraient en d'énormes proportions sur les avantages. La prise de la seconde Rome, qui, depuis tant de siècles, se dressait comme un phare du côté de l'Orient, paraissait devoir coïncider avec l'abandon définitif des contrées lointaines d'où l'humanité consciente avait reçu sa civilisation première; tout le domaine où s'était déroulée l'histoire partiellement légendaire des premiers âges était désormais interdit aux Occidentaux, et non seulement ce tombeau qui, pour les chrétiens, était le signe représentatif de la Rédemption céleste, mais aussi toutes les terres classiques où naquirent les mythes primitifs du paradis et du déluge, de la rencontre et de la dispersion des peuples, du passage de la mer Rouge et du séjour dans le désert. Puis, avec l'Iranie, l'Arménie et la Chaldée, la Syrie, l'Egypte, l'Asie Mineure devaient être également interdites à l'Européen, et la plus grande partie du monde grec, peut être ce monde tout entier, avec les lieux sacrés d'Athènes, de Marathon, de Salamine, avec les îles et les vallées où naquirent les dieux de l'Olympe, étaient retranchés du territoire laissé aux héritiers de leur civilisation. L'humanité consciente avait perdu la cendre des aïeux!

Sans doute, l'intérêt des princes musulmans eux mêmes leur commandait de ne pas rompre les relations de commerce les rattachant aux peuples occidentaux, et le fil d'or qui, de ville en ville, unissait les ports de l'Atlantique à ceux de l'océan Indien et du Pacifique ne fut jamais complètement tranché. Pendant un siècle encore après la prise de Constantinople, les Vénitiens conservèrent des possessions dans la Méditerranée orientale, et les Génois, tout en perdant la domination directe de Kaffa, dans la Crimée, essayèrent du moins de maintenir la ligne des marchés qu'une série de « châteaux génois » protégeait à travers les monts Caucase et jusqu'en Arménie et aux portes de l'Iran. Mais que de hontes et d'avanies à subir pour garder ce reste de trafic diminuant d'année en année! Dans l'ensemble, ce fut bien pour l'Europe vivante comme si la terre même qui portait les chemins de l'Inde avait disparu. On pouvait même se demander si la mort historique n'allait pas également frapper la Méditerranée. Les hommes, les dieux meurent; de même les terres et les eaux. Ainsi la « mer Intérieure », qui avait été la mer par excellence, depuis les temps mythiques où les Crétois dominaient sur les flots, c'est-à-dire depuis des milliers d'années, l'admirable bassin autour duquel les peuples en amphithéâtre s'étaient assis, de Tyr à Carthage et à Syracuse, l'immense domaine liquide, la « grande mer », se trouvait maintenant inutilisée, supprimée pour ainsi dire, entre les Turcs du Nord et de l'Est, qui en avaient détaché la mer Noire, l'Archipel, les mers de Crète, de Syrie, d'Egypte, et les Arabes pasteurs qui en occupaient les rives méridionales. Ses eaux allaient peut être redevenir désertes comme l'étaient devenues tant de ses terres riveraines, dont les sabots des chevaux d'Orient avaient déraciné le gazon.

Ainsi les républiques commerçantes de l'Italie septentrionale, les plus menacées par cette approche de la mort, devaient-elles, plus que tous autres pays, faire effort pour se débarrasser de l'étreinte du cadavre, pour repousser loin d'elles le poids étouffant. Mais que faire, en ce pressant danger? Le premier sentiment, celui de la résistance impulsive, incitait les porteurs du commerce mondial à réagir par la violence, par de formidables attaques contre les envahisseurs musulmans. On pensa même à *renouveler le mouvement* des Croisades, et le pape Pie II essaya de ramener dans cette voie de combat toutes les forces de l'Eglise; on échangea beaucoup de promesses, mais, à la fin du quinzième siècle, les signes avant coureurs du grand schisme protestant se révélaient dans toute la chrétienté, et les Etats du Nord, tournés vers l'Océan, jouissant de leurs libres communications commerciales les uns avec les autres, n'avaient sérieusement cure d'intérêts purement italiens comme semblait l'être le maintien des anciennes voies du trafic international. La seule tentative qui prît forme fut l'envoi, par le roi de France ~~Charles~~, XII, d'une vingtaine de galères vers la mer Egée, en 1501, expédition qui, du reste, aboutit à un échec complet devant Métélin. Les républiques d'Italie eurent donc à s'accommoder de leur mieux au nouvel ordre des choses, en faisant leur paix avec le Grand seigneur et en profitant de quelques ouvertures qu'il lui convenait de laisser dans l'immense pourtour du blocus à la fois maritime et continental.

De grands projets surgirent aussi pour conjurer le destin. Venise reprit les plans du pharaon Niko et de l'arabe Amru, en vue d'ouvrir l'isthme de Suez et de tailler une porte directe entre la Méditerranée et l'océan Indien par la mer Rouge [1]. Plus tard, au seizième siècle, sous Léon X, Paolo Centurione, devançant les entreprises du vingtième siècle, se rendit en ambassade à Moscou pour encourager le tzar à établir des relations suivies entre la Caspienne et les Indes par la voie de l'Oxus et de l'Afghanistan [2]. Mais les temps n'étaient pas encore venus pour ces grands travaux.

Suivant la loi du moindre effort, les forces vives de l'Italie, qui ne trouvaient plus leur emploi en Orient, cherchaient à se porter du côté de l'Occident, et les meilleurs, des marins et des pilotes, c'est à dire en cette occasion les plus hardis ou les plus aventureux allèrent chercher fortune dans les ports de l'Océan, à Séville, Lisbonne, même Bristol. L'industrie majeure des républiques italiennes étant le trafic des denrées et marchandises, les marins, devenus trop nombreux pour leur profession, parcouraient les ports, offrant leurs services aux puissants. On en vit même se diriger en sens inverse de l'exode général, vers cette même Constantinople dont le nouveau conquérant venait de couper les routes de l'Asie.

Les Vénitiens, isolés au fond de leur golfe s'ouvrant vers l'Orient, éprouvèrent de grandes difficultés à se dégager des anciennes voies, tandis que Gênes se retourna facilement, lorsque, par la volte-face du monde commercial, il devint nécessaire à la navigation de suivre les grands chemins océaniques partant des ports peu éloignés du détroit de Gibraltar pour se ramifier au Nord, à l'Ouest, au Sud, vers le Nouveau Monde et vers les Indes. Il est donc naturel que les navigateurs ayant eu la plus forte part à la découverte du double continent de l'Ouest, Colomb, l'explorateur des Antilles et de la « côte Ferme », Cabot ou Gabotto, le premier visiteur de l'Amérique du Nord après les Normands, aient été l'un et l'autre des enfants de Gênes, quoique le dernier, né peut être à Gaète, fût aussi citoyen de Venise [3].

Evidemment, l'ancien outillage de la géographie européenne allait

1. Rinaldo Fulin, *Archivio Veneto*, 1879. — 2. Aldo Blessich, *Il progresso ferroviario asiatico*, pp. 5, 6. — 3. d'Avezac ; Gribaudi, *Revista Geog. Ital.*, 1904.

changer en même temps que l'histoire. Le monde civilisé devait se créer de nouveaux organes pour le commerce, ceux qui lui avaient servi jusque là venant à lui faire défaut : après les îles de l'Archipel et la Crète, après Cypre, les îlots et les criques du littoral syrien, après les découpures heureuses du littoral asiatique, les détroits et les mers closes de la Thrace, les mille indentations de la Grèce et les ports de l'Italie, naturels ou artificiels, le continent européen se donnait main

Document communiqué par Mme Astier.

MADÈRE, VUE DE FUNCHAL

tenant dans la péninsule Ibérique comme un membre nouveau pour y faire converger les courants d'entrée et de sortie avec les pays d'outre-mer. L'Espagne et le Portugal devaient à leur tour, mais pour un temps relativement bref, à peine un instant dans l'histoire de la civilisation, obtenir la primauté commerciale et même réunir comme en une seule route les deux grandes voies mondiales de la Méditerranée et de l'Atlantique.

Le territoire portugais avait été le premier préparé pour son rôle géographique. L'Espagne ne fut prête qu'à la fin du quinzième siècle, lorsqu'elle eut constitué son unité politique définitive. Extérieurement, cette unité se manifesta par la consolidation en un seul royaume des deux États d'Aragon et de Castille, dans les mains d'un couple royal agissant en un même élan de tenace volonté. Mais d'une manière intime et profonde, l'unité vraie avait eu pour cause l'association, la « sainte fraternité » (*santa hermandad*) des villes et des districts de campagne pour le maintien de leurs droits, de leur liberté et de la paix domestique contre toute oppression des nobles et toute violence des chevaliers. L'alliance des cités mit un terme à cette incohérente domination des seigneurs qui avait si longtemps entretenu la guerre civile; mais la nation industrieuse qui se relevait ainsi, constituant la bourgeoisie en face de la noblesse, ne s'était pas sentie assez forte pour agir seule : elle s'appuyait d'un côté sur la royauté conquérante des Ferdinand et des Isabelle, de l'autre sur l'Église catholique, l'ennemie acharnée des Juifs et des Maures.

Jamais on ne vit se mêler d'une façon aussi étroite, en une grande crise sociale, des éléments aussi divers, comprenant à la fois des ferments de transformation heureuse pour le développement de la nation en force, en vitalité, et des germes de destruction entraînant sinon la mort, du moins une longue asphyxie. Les éléments de vie, fournis par la ligue fraternelle des cités, sont ceux qui donnèrent à l'Espagne, pourtant si disjointe au point de vue provincial, une remarquable solidité en face du reste de l'Europe; les éléments de mort consistèrent dans l'abandon de l'autorité à la royauté centralisée et surtout à l'Église « infaillible ». Cette liberté, que les villes avaient victorieusement revendiquée contre les nobles, n'en devait pas moins être sacrifiée, au profit d'autres maîtres : même ce nom de « santa Hermandad », qui avait été celui de la fédération des villes libérées, devint, par une sanglante ironie, la désignation du tribunal féroce des inquisiteurs.

Par le jeu de toutes ces énergies combinées, la même année (1492), qui vit la prise de Grenade, dernier point de l'Espagne occupé par les Maures, et le débarquement de Colomb aux Bahama, vit aussi l'expulsion de cent soixante mille Juifs dont l'intelligence des affaires, l'activité commerciale, aussi bien que l'étude des sciences, avaient fait les vrais initiateurs de la bourgeoisie naissante. A cette mesure d'expulsion générale prise contre les Juifs, succéda bientôt un décret analogue lancé contre les Maures. On ne peut s'empêcher de constater la grande différence, au point de vue moral, entre la conduite des souverains d'Espagne et celle des sultans de Turquie! Mahomet II, entrant à

Constantinople, fit appeler aussitôt le prévôt des Génois pour s'occuper avec lui, avant tout autre acte administratif, d'assurer les mesures nécessaires à la liberté individuelle et collective des chrétiens !

N° 356. Europe et Méditerranée d'après Jean de Carignan

(Voir page 222)

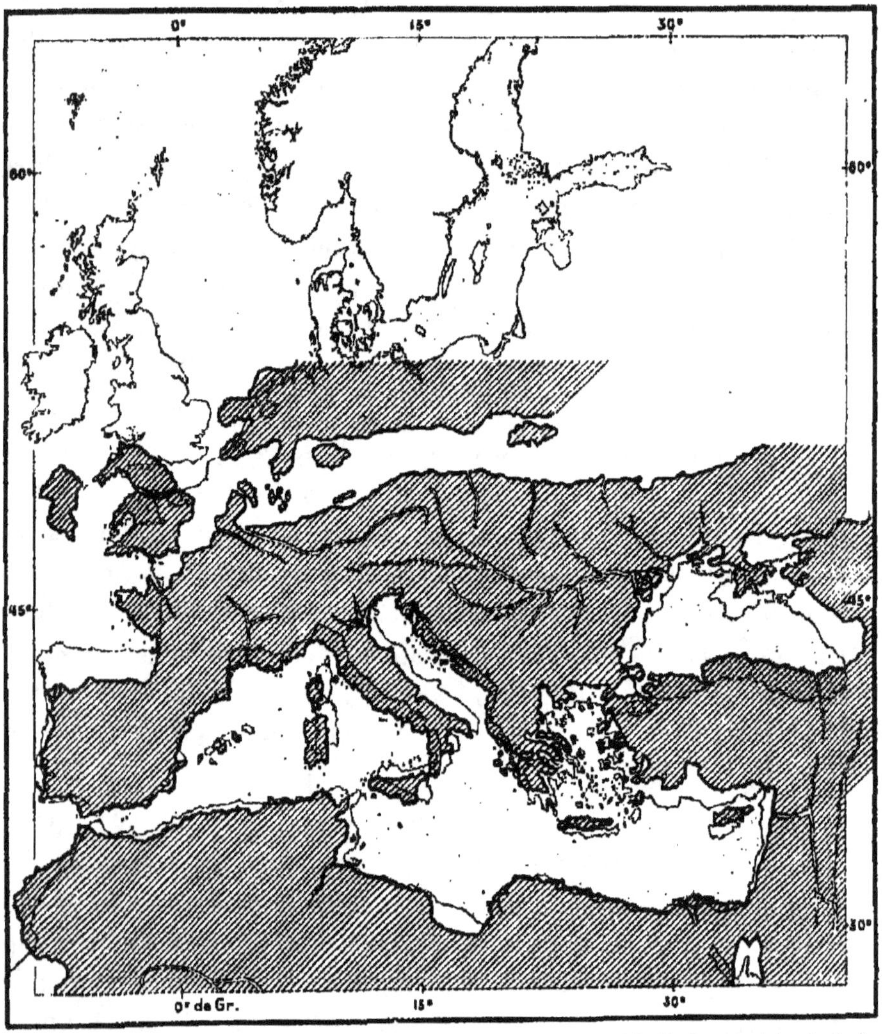

Les deux tracés, celui de la carte de fond (Canevas Mercator, échelle équatoriale de 1 à 50000000) et celui de la carte de Jean de Carignan, dont les terres émergées sont recouvertes d'un grisé de hachures, ont été superposés en prenant Lisbonne et l'angle sud-oriental de la Méditerranée comme points de repère.

L'année 1492 fut donc l'une des principales dates de l'histoire géographique, l'année pendant laquelle se fit la deuxième découverte du Nouveau Monde, cette fois définitive. A cette date, l'hydrographie des mers européennes était assez connue déjà pour que le pilote Pierre

Garcie ait pu tenter, depuis 1483, la rédaction d'un « Grand routier et pilotage et enseignement pour ancrer tant ès portz, havres que aultres lieux de la mer... tant des parties de France, Bretaigne, Angleterre, Espaignes, Flandres et haultes Almaignes », Garcie, dit Ferrande, comme son nom l'indique, évidemment d'origine espagnole, demeurait en Vendée au port de Saint-Gilles-sur-Vie, et les renseignements qui suppléèrent à sa propre expérience lui venaient surtout des pilotes des ports compris entre Honfleur et « tout Brouage ». Ce précieux document, dû aux « maistres experts du noble, très subtil, habile, courtoys, hasardeux et dangereux art et mestier de la mer », fut réédité en de très nombreuses éditions françaises et anglaises; pendant près de deux siècles, aucun livre du même genre, en aucun idiome, ne vint le remplacer[1].

A défaut de « routiers », les cartes, les portulans de la Méditerranée dressés par les pilotes italiens, provençaux, catalans, mahonais et majorquains étaient également fort nombreux, et les cartes parvenues jusqu'à nous font ressortir ce fait étrange : d'un côté la précision vraiment étonnante du dessin, de l'orientation, des distances et de tous les détails des côtes[2], de l'autre les erreurs grossières dans la direction des fleuves et des montagnes, dans l'évaluation des distances terrestres. Regardez la carte de Jean de Carignan datant de l'an 1300 environ : tout n'est que lamentable ignorance en dehors du tracé remarquablement exact des bassins se succédant du détroit de Gibraltar aux monts du Caucase, bien connus, grâce à la multiplicité des traversées qui avaient été effectuées en tous sens.

Par une singulière bizarrerie, le progrès de la science des livres eut certainement pour conséquence un recul dans l'art de la navigation. La foi réellement religieuse qu'éveillaient les œuvres des anciens devait créer des superstitions et, très souvent, substitua des idées fausses, tirées de l'antique, à des connaissances déjà précisées par les observateurs du moyen âge. Ainsi, lorsque les œuvres de Ptolémée se trouvèrent, sous leur forme primitive, dans les mains des géographes et des navigateurs au commencement du quinzième siècle, la Méditerranée reprit sur les cartes une forme incorrecte qui se perpétua même sur les portulans et dans les atlas jusqu'au commencement du dix-huitième siècle[3].

1. A Pawlowski, *Bull. de la Soc. de Géogr. Com. de Bordeaux*, 17 fév. 1902. — 2. La Reveillère, *La Conquête de l'Océan*. — 3. Joachim Lelewell, *Géographie du Moyen âge* ; Cosimo Bertacchi, *Soc. Geogr. Italiana*, Sett. 1900, p. 759.

A l'orient de l'Europe, il s'en fallait de beaucoup que les terres asiatiques eussent été explorées dans leur entier : du moins, en connaissait on la répartition en ses grands traits. Les marchands vénitiens et génois, les légats des rois et des papes avaient visité l'Asie centrale, la

N° 357. Carte du Monde d'après Fra Mauro
(Voir page 224.)

L'original de la carte de Fra Mauro a un diamètre de 0,675 ; le sud est en haut (voir la reconstitution de Kupka en tête du chapitre). Cette reproduction-ci est orientée suivant l'usage actuel et simplifiée d'après Carlo Errera : *L'epoca delle grandi Scoperte geografiche.*

Mongolie et la Chine, tandis que les Arabes et les Malais, ayant contourné les péninsules indiennes, s'étaient rencontrés avec les Italiens venus par terre, dans la somptueuse ville de « Quinsay », qui était alors le plus grand marché du monde. Des voyageurs d'Europe, moines, aventuriers, trafiquants, avaient également visité les îles et les péninsules méridionales de l'Asie, les pays, alors mystérieux « où croît le poivre », épice si nécessaire à cette époque, vu la mauvaise qualité des viandes, souvent corrompues, dont se nourrissait le populaire, et dont il fallait déguiser le goût[1]. Quelques uns de ces voyageurs, Pordenone, Mandeville, Schiltbergen avaient assez de littérature pour raconter avec plus ou moins de sincérité les merveilles de ces contrées lointaines.

Quant à l'Afrique, les portulans de la Méditerranée témoignent aussi, à défaut de récits détaillés, que les marchands du midi de l'Europe possédaient de nombreux renseignements sur l'intérieur du « continent

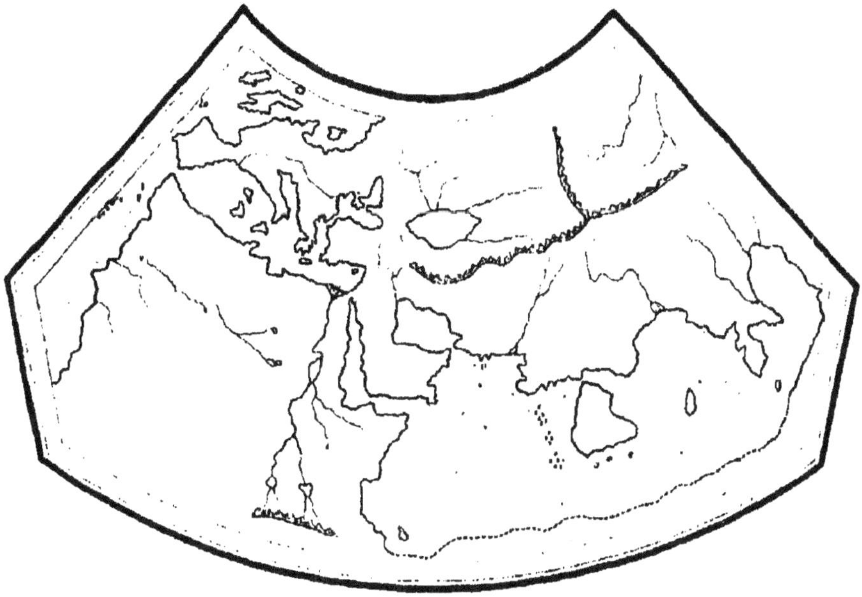

LE MONDE SUIVANT CLAUDE PTOLÉMÉE, IIe SIÈCLE

noir ». La carte de *fra Mauro*, qui ornait un palais de Venise dès le milieu du quatorzième siècle, nous montre les montagnes et les fleuves de l'Ethiopie dessinés avec une précision relative. Une autre carte, d'origine catalane, construite en l'an 1375, prouve que les relations existaient déjà entre Barcelone et la Maurétanie; on y lit les noms de Biskra, du Touât, de Tombouctou et de quelques autres endroits : les routes des caravanes y sont tracées et les Touareg sont représentés à méhari et la face voilée. Des écrits du temps parlent de voyages faits au delà du désert jusque dans la Soudanie.

1. W. Denton, *England in the fifteenth Century*, p. 206.

Les Arabes, que les moussons portaient alternativement d'une rive à l'autre dans l'océan Indien, savaient aussi profiter des brises journalières et des vents généraux sur les côtes orientales de l'Afrique dont la véritable forme leur était certainement connue. Massudi, dans la première moitié du dixième siècle, décrit déjà l'allure vraie de ces rivages;

LE MONDE SUIVANT EDRISI, 1099-1164

cependant, on est étonné de voir sur la carte, très postérieure, d'Edrisi, précieusement conservée à Oxford, le bizarre tracé que cet érudit de la cour de Roger II, le roi normand de Sicile, donne du littoral africain de la mer des Indes. Ce dessin paraît vraiment incompréhensible en plein douzième siècle, à une époque où, depuis au moins quatre cents ans, les marins arabes faisaient régulièrement escale à Mélinde, à

Mombase, dans l'île de Zanzibar et jusqu'à Sofala. Il est impossible qu'ils n'eussent pas constaté dans leurs traversées quelle était la véritable direction des côtes; ils avaient certainement vu le soleil au tropique du Nord, à l'équateur, même au tropique du Sud, puisqu'ils avaient poussé jusqu'au cap Correntes, où le remous périlleux des eaux les avait effrayés[1]. Ils connaissaient donc à l'ouest, aussi bien qu'au nord, la forme générale de l'océan Indien, et c'est d'ailleurs à eux que plus tard Vasco de Gama dut de pouvoir s'orienter facilement vers la côte du Malabar. Oui, du temps d'Edrisi, les marins, les voyageurs auraient pu dessiner assez approximativement le contour oriental du continent africain; mais nombre de savants s'imaginaient, de par leur science même, devoir s'en tenir à l'ignorance d'autrefois : ayant sous les yeux les « tables de Ptolémée », ils acceptaient ce document comme l'expression certaine de la vérité ; entre le témoignage des contemporains et les écrits des Grecs, consacrés par le temps, ils n'hésitaient point. Que de fois la science des livres fut-elle ainsi la cause d'un retard ou même d'une régression dans la science des faits !

A l'occident de l'Afrique, Arabes, Génois et Portugais avaient pénétré dans les eaux atlantiques, certainement guidés dans leurs recherches par les souvenirs de l'antiquité phénicienne, grecque et latine. Des marins génois, dont on ignore le nom, découvrirent le groupe d'îles le plus rapproché de l'Europe, et la terre la plus grande de cet archipel reçut d'eux l'appellation de Legname, traduite plus tard par les Portugais en celle de Madeira, « futaie », maintenant imméritée. A la même époque, c'est-à-dire au milieu du quatorzième siècle, toute la traînée des Açores avait été trouvée par d'autres Génois: une carte de 1351 indique déjà toutes les îles, dont l'une, San Zorzo, était désignée d'après le patron de la république ligure, tandis qu'une autre terre, la Terceira actuelle, est dite Brazi ou Brasi — d'après une ou plusieurs plantes de teinture —, appellation mystérieuse qui ne cessa de voyager sur les cartes dans la direction de l'ouest, jusqu'à ce qu'elle servît à désigner fixement la moitié occidentale du grand continent sud-américain.

Quant aux Canaries, plus rapprochées de la terre d'Afrique et du reste maintenues dans la mémoire des hommes grâce aux écrits des anciens, elles avaient été certainement retrouvées avant cette époque, au

1. Oscar Peschel, *Geschichte der Entdeckungen.*

moins dans la première moitié du quatorzième siècle. Une expédition génoise, probablement antérieure à l'an 1341, parle des Canaries

N° 358. Premiers Rivages découverts

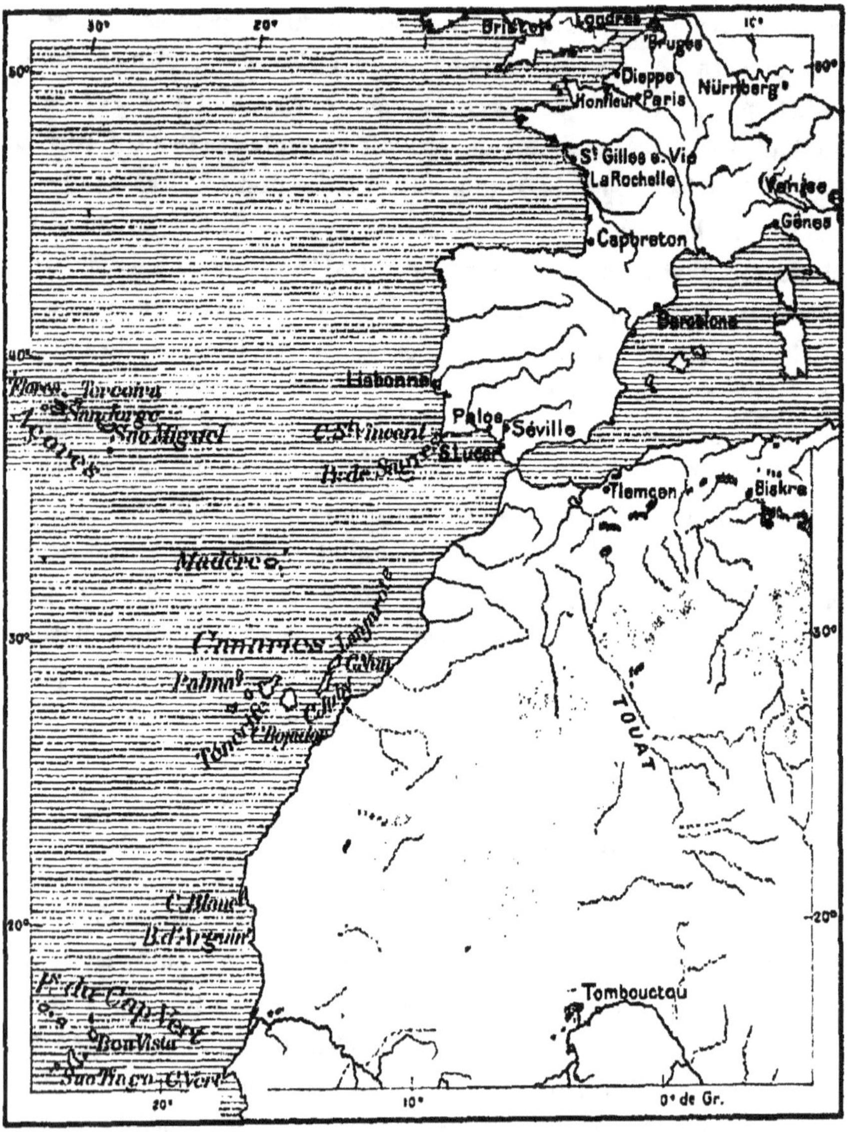

1 : 30 000 000

0 500 1000 1500 Kil

comme de terres « redécouvertes » récemment, sans doute, comme pense très justement d'Avezac, par l'un de ces chevaliers normands qui étaient alors dans toute la furie de leurs conquêtes aventureuses[1] : le *Génois* qui bâtit un « chastel » dans l'île de Lanzarote, peut-être vers la fin du treizième siècle, était un Lancelot de Maloisel, dont le nom, modifié à la génoise, devint, dans l'histoire de la République, « Lancilote de Maloxilo » ; l'île elle-même, reçut aussi cette dénomination. Un siècle plus tard, en 1402, un autre Normand, mais celui-ci venu directement de sa province, Jean de Betheneourt, partit de la Rochelle avec 53 compagnons de la France occidentale, débarqua dans Lanzarote et commença l'occupation de l'archipel pour la couronne de Castille. Après des péripéties diverses, cette conquête s'accomplit, au grand dommage de la belle et intelligente population indigène, dite des Guanches, probablement apparentée aux Berbères de la Maurétanie, et « qu'une évangélisation bien conduite fit promptement disparaître »[2].

Ces insulaires avaient conservé en grande partie leur civilisation, lointainement influencée par celle de l'Égypte : ils peignaient encore des hiéroglyphes sur leurs rochers et conservaient leurs morts sous forme de momies. Leurs mœurs et institutions témoignaient d'une culture antique très développée, qui dut régresser par suite de la faible étendue du théâtre où elle était cantonnée et des dures conditions aristocratiques auxquelles elle était soumise. Une des preuves les plus remarquables du recul des Guanches était le manque absolu d'embarcations, ou même de radeaux, dans tout l'archipel. Tandis que leurs ancêtres avaient, sans nul doute, équipé des flottes pour se rendre du continent dans les îles, eux-mêmes ne pouvaient naviguer de l'une à l'autre des terres qu'ils apercevaient à l'horizon : ils étaient devenus captifs de l'Océan. Comme le disait une de leurs traditions, le dieu qui les avait placés sur ce rocher de la mer avait fini par les oublier.

Les barbares espagnols et normands leur firent revoir la terre d'origine, mais comme esclaves : ils vendirent la plupart des indigènes aux marchands du Maroc, et maintenant il ne reste plus un seul Guanche des Canaries, à l'exception des gens de race croisée dont les ethnologistes s'essayent de leur mieux à retrouver les traits et les indices. Pendant le quinzième siècle, les seuls objets de trafic, en dehors de l'homme, furent la drogue pharmaceutique du sandragon et l'orseille,

1. *Nouvelles Annales des Voyages*, 1846. — 2. *Journal des Débats*, 26 déc. 1896.

utilisée par les teinturiers. Cependant, les Canaries ont acquis une grande valeur comme pépinière naturelle pour la transplantation dans le Nouveau Monde des espèces précieuses de l'Ancien : la canne à sucre, la banane des sages et autres plantes des Indes ne sont devenues américaines qu'après un stage dans l'archipel canarien.

Sur la côte africaine, l'œuvre de découverte se poursuivait lentement, et l'on comprend qu'il en fût ainsi puisque, sous ces latitudes, les rivages sableux ne peuvent donner accès qu'aux solitudes immenses du Sahara. D'ailleurs, on craignait de s'aventurer vers le brûlant équateur, où, d'après les antiques traditions, la chaleur était tellement forte que nul organisme ne pouvait y résister. Les marins portugais, qui devaient plus tard se distinguer entre tous par leur audace, étaient encore au commencement du quinzième siècle très inférieurs aux matelots de Gênes, de Venise, des Baléares, et lorsque l'infant Henri qui, en sa qualité de grand maître de l'ordre du Christ, était chargé des entreprises de découverte, s'installa au promontoire de Sagres avec des savants de tous pays, qu'il fonda à côté de son château un observatoire, une école navale, et rassembla une riche bibliothèque, lorsqu'il organisa enfin ce qui devait être l'œuvre de sa vie, l'exploration de la côte africaine, il dut faire venir un cartographe de Majorque, « maître Jacob », pour que celui-ci enseignât aux navigateurs portugais l'art de lire les cartes terrestres et célestes.

Document comm par Mme Astier.

GROTTE ANCIENNEMENT HABITÉE PAR LES GUANCHES
près de Las Palmas, Gran Canaria.

Avant la prise de Ceuta, en 1415, les Portugais ne dépassaient pas encore, au sud du Maroc, le cap Nun, c'est à dire le « non », le promontoire au delà duquel il semblait impossible de passer. Puis, près de vingt années d'efforts inutiles s'écoulèrent sans qu'on ait pu doubler le cap Bojador, le « mugissant », qui se prolonge au loin par de longs récifs forçant les marins à cingler vers la haute mer, jusqu'à ce que Gil Eannes, pour se faire pardonner un tort par l'infant Henri, jurât de pousser plus avant que le Bojador. Il tint parole en 1434, et c'est alors que commença la série rapide des découvertes accomplies méthodiquement le long du littoral, chaque navigateur mettant sa réputation à dépasser le point extrême atteint par son prédécesseur. Gonçalez Baldaya découvre la baie dite maintenant le rio de Oro, ainsi nommée de la poudre d'or qu'il en rapporte; cette découverte rallia au prince l'opinion publique qui le tournait en ridicule et, avec les prêtres, lui opposait l'écriture Sainte prouvant que ses explorations ne pouvaient aboutir; on comprit que désormais on tenait la route de l'Inde, « pays natal de tout or »[1]. Nuno Tristão double bientôt le cap Blanc; il dépasse ensuite la baie d'Arguin et ses riches bancs de poissons. Les plages désertes du Sahara sont laissées au nord, et les navigateurs atteignent déjà des rivages peuplés d'où l'on rapporte des gommes et d'autres objets précieux, malheureusement aussi des esclaves.

En 1445, Diniz Diaz fait la grande découverte du cap Vert, auquel il donna précisément ce nom pour montrer combien ses prédécesseurs s'étaient trompés en attribuant aux contrées tropicales une éternelle aridité. Désormais, les voyageurs se risquaient avec d'autant plus d'audace que d'autres Européens s'étaient également aventurés dans l'intérieur et que la connaissance de la terre complétait ainsi celle de la mer en un même ensemble géographique. Les désastres servaient aussi à l'expérience des marins. Ainsi Nuno Tristão et plusieurs de ses compagnons ayant été tués par des flèches empoisonnées, le reste de l'équipage s'enfuit directement par mer, sans voir le littoral sur un seul point jusqu'à l'arrivée sur les côtes du Portugal. La mort du prince Henri, en 1460, n'arrêta pas l'élan des découvertes : les navigateurs avaient atteint la côte dite aujourd'hui de Sierra Leone et en rapportaient des trésors : la cupidité aurait suffi désormais à entretenir l'ardeur des voyages.

D'après les traditions normandes, les Dieppois auraient été alors en

1. Winwood Reade, *The Martyrdome of Man.*

concurrence avec les Portugais ; un « petit Dieppe » se serait élevé sur la côte, dans le voisinage de la portugaise Elmina. Toutefois,

N° 359. Etapes du Périple africain.

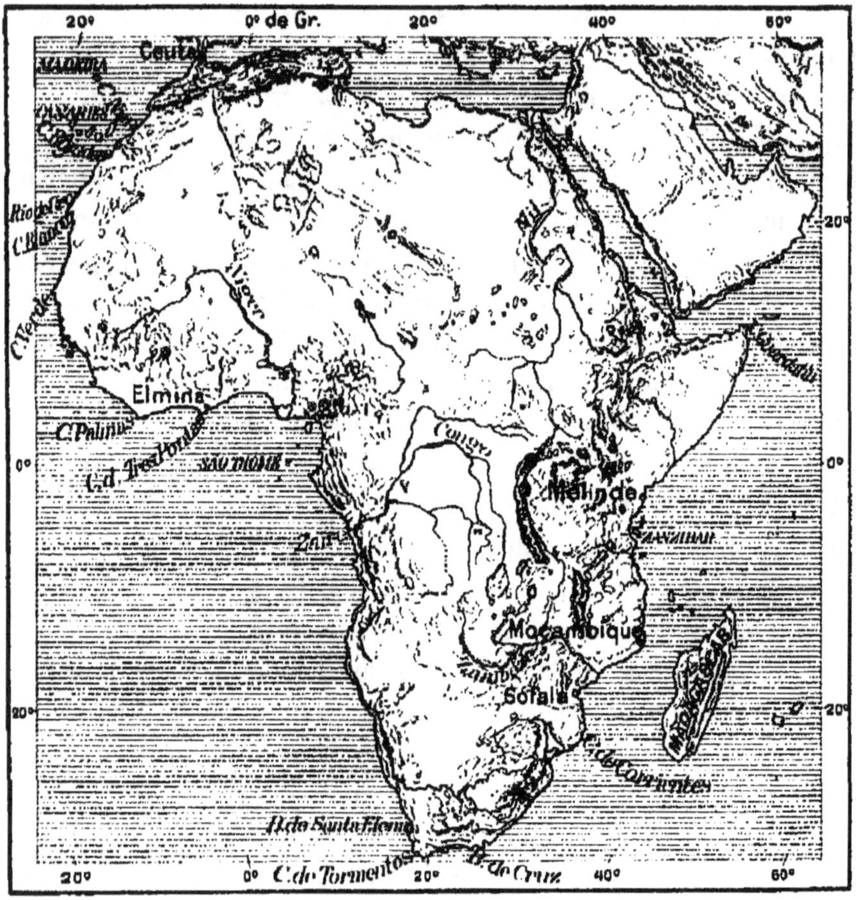

1 : 75 000 000

0 1000 2000 4000 Kil.

Les points désignés sur la carte furent atteints aux dates suivantes : 1434 Cabo Bojador, 1435 Rio de Oro, 1441 Cabo Blanco, 1445 Cabo Verde, 1456 à 1462 rivages jusqu'à proximité du Cabo Palmas, 1470 Cabo de Tres Pontas et São Tome. 1471 Elmina, 1484 embouchure du Zaïre, 1486 Bahia de Santa Elena, Cabo de Tormentos et Bahia de Cruz (ou d'Algoa).

En 1497, Vasco de Gama traverse l'Atlantique du nord au sud, ne touche terre qu'à la baie de Sainte Hélène, double la pointe d'Afrique baptisée entre-temps Cap de Bonne-Espérance et atteint Zanzibar et Melinde en 1498.

En 1500, Tombuctu fut atteint à travers le désert ; en 1501, les Portugais découvrent les îles atlantiques de Sainte Hélène et de l'Ascension, en 1502 les Seychelles, en 1505 les Mascareignes, en 1506 Tristão d'Acunha et Madagascar, nommée alors San Lorenzo.

le secret des opérations ayant été de tout temps l'un des principaux objectifs des traitants, les négociants de Dieppe furent eux-mêmes la cause de l'ignorance dans laquelle le monde est resté relativement à leurs découvertes géographiques aussi bien sur la côte américaine que sur celle d'Afrique : aucun monument écrit ne rappelle leur gloire. On doit se borner à constater ce fait, d'ordre général, que les Dieppois prenaient une grande part au commerce des denrées venues d'Afrique, notamment à celui de la malaguette ou poivre africain, épice de bien moindre valeur que le poivre indien.

Dom João, deuxième du nom, poursuivit l'œuvre du périple africain avec le même zèle que le prince Henri. Diogo Cão, franchissant la ligne de l'équateur, atteignit d'abord un très grand fleuve, auquel il donna le nom de rio do Padrão ou « rivière du Pilier », à cause de la construction qu'il éleva sur une pointe de l'embouchure, en témoignage de sa prise de possession : ce puissant cours d'eau, que le seul courant des Amazones dépasse en abondance, est le Zaïre ou Congo, dont les Portugais occupèrent bientôt les terres riveraines. Avant de s'en retourner en Portugal, Diogo Cão poussa le long de la côte jusqu'au vingt deuxième degré de latitude méridionale, où il laissa un autre pilier d'attente (1485).

Son successeur dans l'œuvre de circumnavigation africaine, Bartholomeu Diaz, dressa de nouveaux jalons sur le rivage africain, jusqu'à la baie de Santa Elena (Saint-Helens), non loin de la pointe terminale de l'Afrique, mais, ayant été saisi par les tempêtes, il fut poussé loin des côtes jusqu'en des parages où des vagues « plus hautes et plus froides qu'ailleurs », se déroulaient avec majesté dans la direction de l'Est. Les navigateurs comprirent que le continent était dépassé : ils cinglèrent d'abord à l'est, puis au nord, et lorsqu'ils atteignirent la côte de l'Afrique, là où s'ouvre la baie dite actuellement d'Algoa, ils constatèrent que le littoral gardait une direction orientale avec inflexion vers le nord (1487). Le problème était résolu et les navigateurs pouvaient retourner dans leur patrie. Pourtant Bartholomeu Diaz obtint de ses compagnons de suivre encore pendant trois jours le littoral africain, il parvint jusqu'à l'embouchure du rio De Infante, appelé depuis Great Fish River, et vit la côte se perdre dans la direction du nord-est ; quand il fut de retour devant le pilier qu'ils avaient érigé sur la baie d'Algoa, il l'entoura de ses bras « comme un fils », nous dit Barros dans ses *Décades*. Le voyage vers les Indes Orientales ne devait être poursuivi que dix années après et, dans l'intervalle, une autre découverte plus considérable encore, celle des Indes Occidentales, ou mieux, du « Nouveau Monde », s'accomplit à la gloire de l'Espagne.

A la fin du quinzième siècle, cinq cents années après les voyages de Bjornis et de Leif Erikson, la redécouverte de ce monde occidental et la prise de possession géographique de la terre entière étaient devenues des événements nécessaires, inévitables. Tous les esprits des penseurs pressentant et préparant l'avenir hâtaient déjà l'œuvre de la civilisation et les cartographes prenaient les devants en construisant des globes planétaires sur lesquels ils dessinaient les limites supposées des terres et des mers, soit d'après la tradition de Ptolémée, soit d'après les récits et légendes des marins ou leurs propres caprices. Les plus fameux de ces globes, ceux du Slavo-Germain Martin Behaim et du Florentin Toscanelli, exercèrent, nous dit-on, une influence décisive sur la résolution de Colomb et d'autres explorateurs. La science prenait possession de la Terre, même avant de la connaître : elle prescrivait d'avance à ses ouvriers le travail qu'il leur restait à faire.

PAOLO DEL POZZO TOSCANELLI (1397-1482) ET MARSILIO FICINO (1433-1499), d'après le tableau de G. Vasari à Florence.

L'œuvre d'expansion de l'Europe aux autres continents se poursuivait d'une manière inégale, avec ou sans méthode, suivant les individus et les milieux politiques et sociaux. Les légendes les plus diverses relatives aux voyages des marins vers les mers occidentales, les noms de terres insulaires, mythiques ou existantes, qui apparaissent sur les cartes, prouvent que des expéditions tentées par esprit d'aventure, ou forcées par la tempête, s'étaient faites vers le grand Ouest. La religion, mêlée au souvenir des mythes platoniciens, se mêlait à ces recherches. On disait que sept évêques bannis pour leur foi s'étaient réfugiés au loin dans les immensités de l'Océan et qu'ils y avaient découvert sept îles heureuses, ou bien que, dans une terre fortunée, ils avaient fondé sept villes, celles que recouvrent aujourd'hui les flots du lac das Sete Cidades, dans l'île de São Miguel. Une légende irlandaise racontait aussi comment un moine fervent, le saint Brandan ou Brandaines, erra pendant sept années d'île en île à travers la mer « visqueuse » — souvenir des récits de Pythéas — jusqu'à ce que les anges conducteurs l'eussent amené à la « Bonne terre », un paradis où des fruits naissaient partout pour le plaisir du voyageur. Aussi les cartes et les livres de l'époque mentionnent tous une ou plusieurs terres de Brandan, que la découverte des îles du cap Vert et des Açores refoula beaucoup plus avant, ainsi que d'autres îles mythiques, dans l'inconnu de la haute mer. Les mahométans, durant leur période de domination dans la péninsule Ibérique, eurent aussi leur part dans les aventures océaniques. Une tradition arabe parle des huit pères Almaghmirin, les « Déçus » ou les « Errants », qui partirent de Lisbonne et découvrirent en effet une île, d'où ils furent ensuite ramenés, les yeux bandés, vers une côte inconnue, atteignant finalement le port marocain de Safi : tel est le témoignage d'Edrisi. Ibn Khaldun, écrivant en 1377, s'imagine encore que la « mer des Ténèbres » est fort difficile à naviguer « parce que les vapeurs s'élevant à la surface de l'eau rendent la navigation impossible ; en effet, les rayons du soleil, réfléchis par la terre, n'atteignent pas ces régions éloignées »[1]. La vaste mer, ouverte peut-être aux saints, passait pour ne pas être permise aux hommes. Ainsi que le répète encore Dante en sa *Nouvelle Comédie*, « Hercule a planté ses deux amers sur les rives du détroit, afin que nul ne se hasarde à les dépasser ».

Mais les intérêts de l'Europe, et pas seulement ceux du Portugal, exigeaient que la « mer des Ténèbres » fût également reconnue, que la rondeur de la terre fût explorée, et Lisbonne, déjà située en dehors des deux bornes naturelles de Gibraltar et de Ceuta, n'était-elle pas le point

1. Reinaud, *Aboulféda*, tome I, p. 265.

de départ indiqué pour les futures découvertes ? C'est là que les marins génois, peut-être aussi quelques Vénitiens, allaient offrir leurs services au roi de Portugal pour le trafic avec les Flandres et l'Angleterre, ainsi que pour les voyages de découverte vers l'Afrique et ses îles. A la fin du treizième siècle, c'était un Génois, Pezagno, qui servait le roi Diniz, le « Bon laboureur », comme grand-amiral du royaume. Déjà une couple de siècles avant Colomb, deux galères génoises, équipées aux frais d'un Doria et des frères Vivaldi, avaient cinglé vers les Indes par la voie de l'Occident, mais elles n'étaient pas revenues : d'après d'Avezac, c'est en 1275, ou dans une année voisine de cette date, qu'aurait eu lieu le funeste voyage.

En 1484, un autre aventurier génois était à Lisbonne cherchant fortune. C'était un marin habile, ayant couru les régions lointaines : il connaissait les mers du Levant, celles des Canaries et même de la Guinée ; il avait vu l'Angleterre et poussé jusqu'en Islande. Ce qu'il se proposait maintenant de faire, c'était de voguer directement vers les Indes en cinglant à l'Ouest suivant la marche du soleil. « Puisque la terre est ronde », disait-il avec Pythagore et Aristote, avec tous les savants de l'époque et avec les cartographes qui construisaient des sphères célestes, « puisque la terre est ronde, il est tout naturel de cingler sur sa rondeur à travers les flots de l'Océan Atlantique. En suivant cette voie, les navires atteindront immanquablement les rivages orientaux de l'Asie. Le tout est de savoir si les distances sont telles qu'elles soient infranchissables à une expédition équipée pour un ou deux mois de voyage ».

Or, à cette époque préparatoire des grandes découvertes, il y avait parmi les humanistes deux opinions bien différentes sur la grandeur réelle de la Terre : l'une, qui s'appuyait sur la puissante autorité d'Eratosthènes, donnait à la circonférence terrestre un développement de 252000 stades, supérieur d'un septième environ aux dimensions réelles de la planète ; le chiffre qu'avait obtenu l'Alexandrin donne, traduit en mesures actuelles, 46000 kilomètres, si l'on admet — ce qui semble indiscutable — qu'il calculait en stades attiques[1]. L'autre opinion, fondée sur les mesures qui avaient été faites dans les plaines de l'Euphrate par les soins d'Al-Mamun, évaluait à une distance trop courte d'un sixième la longueur du pourtour planétaire, et le marin génois s'en

1. E. H. Bunbury, *History of ancient geography*, I. p. 622. — Le stade attique a 185 m. environ; le stade d'Eratosthènes repose sur une erreur de commentateurs.

tenait à cette version, confiant dans un document qui devint plus tard son « livre de chevet », l'*Image du monde*, par Pierre d'Ailly. Ainsi qu'aimait à le répéter Colomb, en donnant une forme précise à cette

N° 300. Hémisphère occidental de Martin Behaim

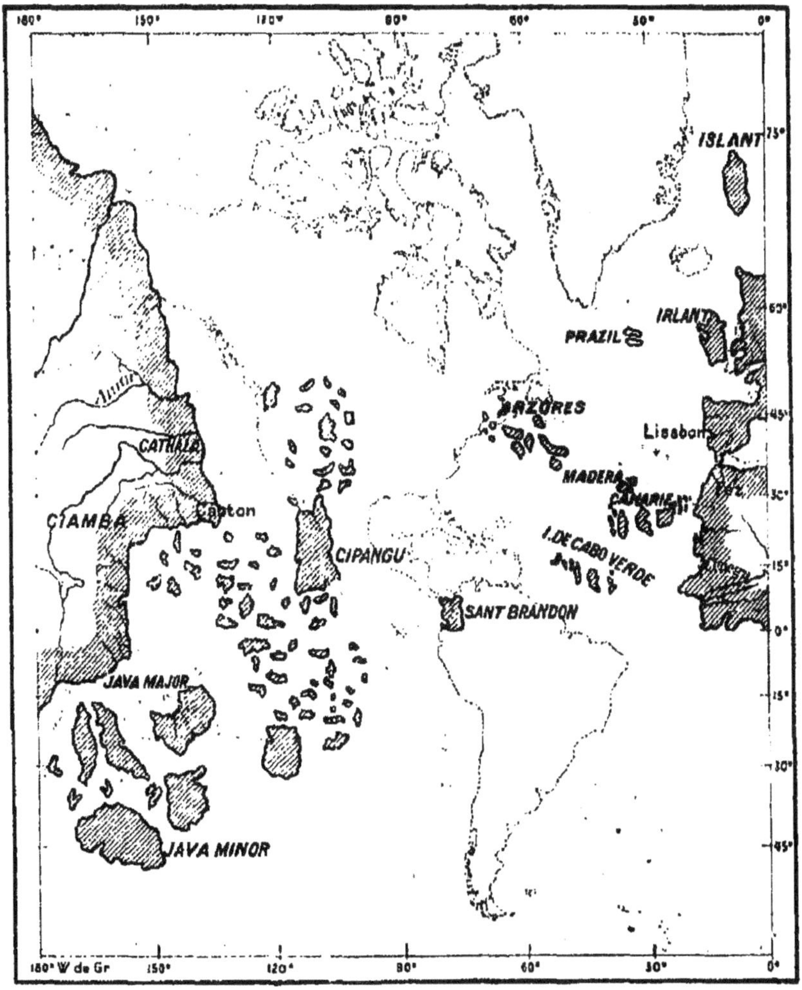

On a reporté sur une carte mondiale Mercator, à l'échelle équatoriale de 1 à 200 000 000, le dessin du globe de Martin Behaim, en superposant le méridien de Greenwich des deux tracés.

affirmation sur la mesure de la Terre : *El mundo es poco !* — la Terre est petite. Et pour corroborer son dire, il s'appuie sur une autorité bizarre, celle du scribe juif Esdras, affirmant que la terre émergée s'étend sur les six-septièmes du globe et que, par conséquent, la mer baignant l'Europe à l'Occident ne peut être d'une grande largeur. D'ailleurs, il déterminait en termes précis quelle était, d'après lui, la circonférence de la Terre : le degré équatorial aurait été de 56 milles et deux tiers, — soit (à 1.480 m. le mille romain) de 85 kil. 810 m., — ce qui, pour l'ensemble

N° 361. Hémisphère oriental de Martin Behaim

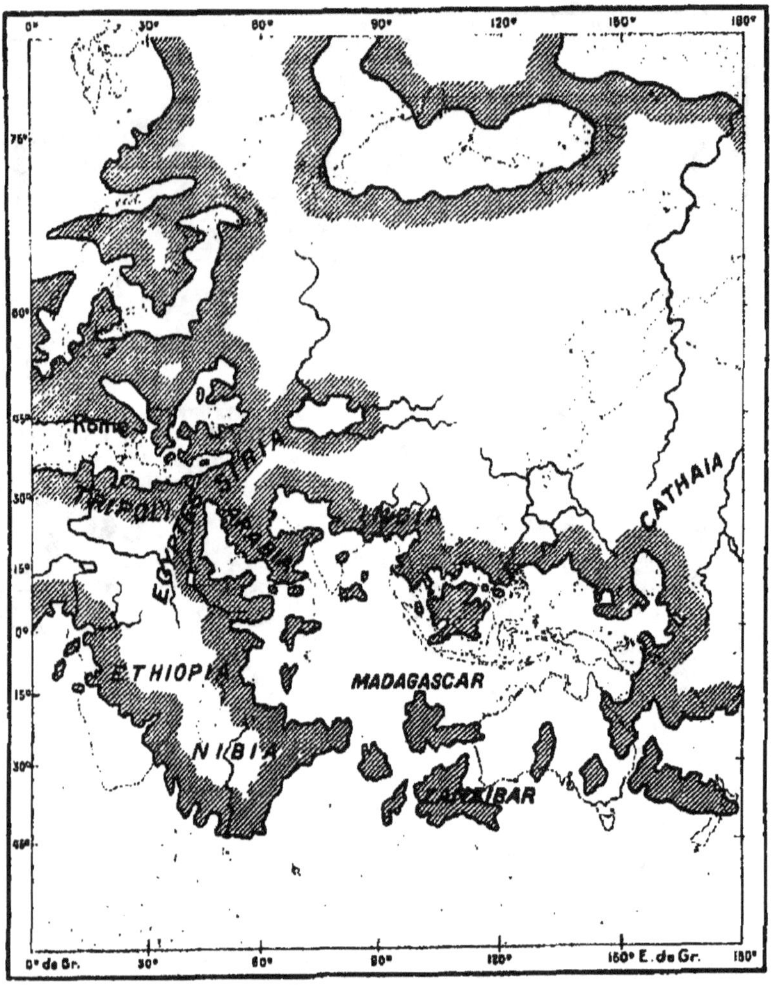

Le globe de Martin Behaim conservé à la bibliothèque de Nürnberg a un diamètre de près d'un mètre. Son relief continental est plus chargé de détails que cette reproduction. Les noms sont portés à l'index avec leur orthographe usuelle.

de la rondeur planétaire, équivaut à 30 792,000 kilomètres, environ les trois quarts de la vraie rondeur [1].

Une cause d'erreur plus considérable encore dans les éléments

1. Gabriel Gravier, *Société Normande de Géographie ;* janvier-mars 1902, page 42.

préliminaires de l'entreprise colombienne provenait de ce que les cartes de l'époque représentaient l'Ancien Monde comme ayant de l'ouest à l'est une dimension de beaucoup supérieure à la réalité. Déjà sur tous les portulans, l'axe longitudinal de la Méditerranée comportait 60 degrés, tandis qu'en réalité il est du tiers seulement, et, pour les images de l'Asie, on s'en tenait aux évaluations de Marinus de Tyr, d'après lesquelles la largeur totale de l'Ancien Monde, entre les îles Fortunées et la capitale du pays de la Soie, s'étendrait sur un espace de 225 degrés, près des deux tiers de la circonférence terrestre. Il est vrai que les Arabes avaient appris à rectifier ce dessin et ramenaient à 180 degrés, même à 174 et à moins encore[1], les dimensions de l'Eurasie, corrections qui ne furent point acceptées par les Behaim et les Toscanelli. Ce n'est pas tout : les géographes du temps, et, avec eux, Colomb, interprétaient un détail des voyages de Marco Polo en admettant que les 1.500 *li* de distance entre le rivage de la Chine et l'archipel de Zipango ou Japon signifiaient autant de milles italiens — 1.480 mètres au lieu de 576 — : la grande dépendance insulaire de l'Asie se trouvait ainsi rejetée au loin dans l'Océan, et l'espace à franchir en partant de l'Europe vers l'Orient était d'autant diminué. Les deux hypothèses, l'une amoindrissant la circonférence de la Terre, l'autre agrandissant de beaucoup la surface de l'Ancien Monde et de ses îles orientales, servaient également Colomb pour lui permettre de conclure aux faibles dimensions relatives de l'Atlantique entre l'Europe et les Indes. En somme, toutes les erreurs accumulées faussaient radicalement la distance entre les Açores et l'archipel Japonais. Le globe de Behaim l'estime à environ 36°, dixième partie de la circonférence terrestre, elle est en réalité de plus de 180°; si on l'évalue en kilomètres et tient compte de la latitude de ces territoires, il faut en compter 16000 et non 3000.

Sénèque avait déjà dit, Roger Bacon, Pierre d'Ailly et d'autres avaient répété qu' « avec un bon vent il suffirait d'un petit nombre de jours pour traverser la mer ». De plus, et ce fait devait aider le marin dans ses illusions, les insulaires des Canaries voyaient souvent échouer sur leurs rivages des fruits et des rameaux d'espèces étrangères, parfois même des produits d'une industrie humaine inconnue, et attribuaient volontiers toutes ces épaves à une grande terre située vers l'Occident.

1. Oscar Peschel, *Zeitalter der Entdeckungen*, p. 94.

Enfin, ne doit-on considérer comme certain que les Islandais conservaient encore la mémoire des voyages faits par leurs aïeux vers le Groenland et le Vinland? Une simple interruption de cinquante années dans les libres communications de terre à terre pouvait-elle supprimer tout souvenir des expéditions dans le pays des *Saga*, et Colomb lui-même, qui vit les marins d'Islande, n'entendit-il point parler de leurs exploits. Mais qu'il les ait connus ou non, il eut sur eux l'avantage inappréciable de naviguer dans une mer dont les flots et la houle le portaient directement à son but, tandis que les Viking normands affrontaient des tempêtes toute l'année [1].

CHRISTOFOSO COLOMBO (1446 ?-1506)
D'après un portrait du Musée de Como.

Par un instinct naturel qui nous porte à chercher l'unité d'impression, les historiens sont tentés de donner une grande figure héroïque, une vertu surhumaine aux hommes qui furent, à la fin d'une longue suite d'efforts antérieurs à eux, les heureux exécuteurs d'une entreprise ayant duré de longs siècles. Tant de marins intrépides s'étaient aventurés dans la mer des Ténèbres, tant de vaillants chercheurs avaient quitté les rivages connus pour aller braver les tempêtes du grand Ouest, à la découverte des îles et des côtes lointaines, une somme si prodigieuse de travaux, de malheurs et de désastres était représentée par tous ces voyages, qui se succédaient de génération en génération, que le personnage dans lequel vient se concentrer tout le rayonnement de la

1. Friedrich Ratzel, *Das Meer als Quelle der Völkergrösse.*

gloire collective prend nécessairement un caractère surhumain : on le croit spontanément plutôt un dieu qu'un homme alors que peut-être, par certains traits de sa personne, Colomb n'était point supérieur à la moyenne de ses contemporains ; on peut même l'estimer comme inférieur à quelques uns.

PREMIER DÉBARQUEMENT DE COLOMB AUX INDES OCCIDENTALES
Gravure du XVIe siècle

Les récits du temps nous disent comment Colomb, obligé de fuir le Portugal où il s'était endetté, eut à lutter péniblement pour faire accueillir son projet par les souverains de Castille et d'Aragon, Isabelle et Ferdinand : mais pour expliquer ces déboires, il ne faut pas perdre de vue que ses adversaires avaient raison contre lui : il ne découvrit point ce qu'il avait la prétention de trouver, et ce qu'il trouva, il ne le cherchait point : le hasard lui donna un démenti qu'il ne voulut point accepter jusqu'à sa mort, malgré les preuves accumulées du contraire.

La découverte dont il fut l'instrument involontaire est celle dont

Eratosthènes avait prévu la réalisation[1], en annonçant que dans l'immen-

N° 362. Bahama, premier groupe d'îles rencontré par Colomb.

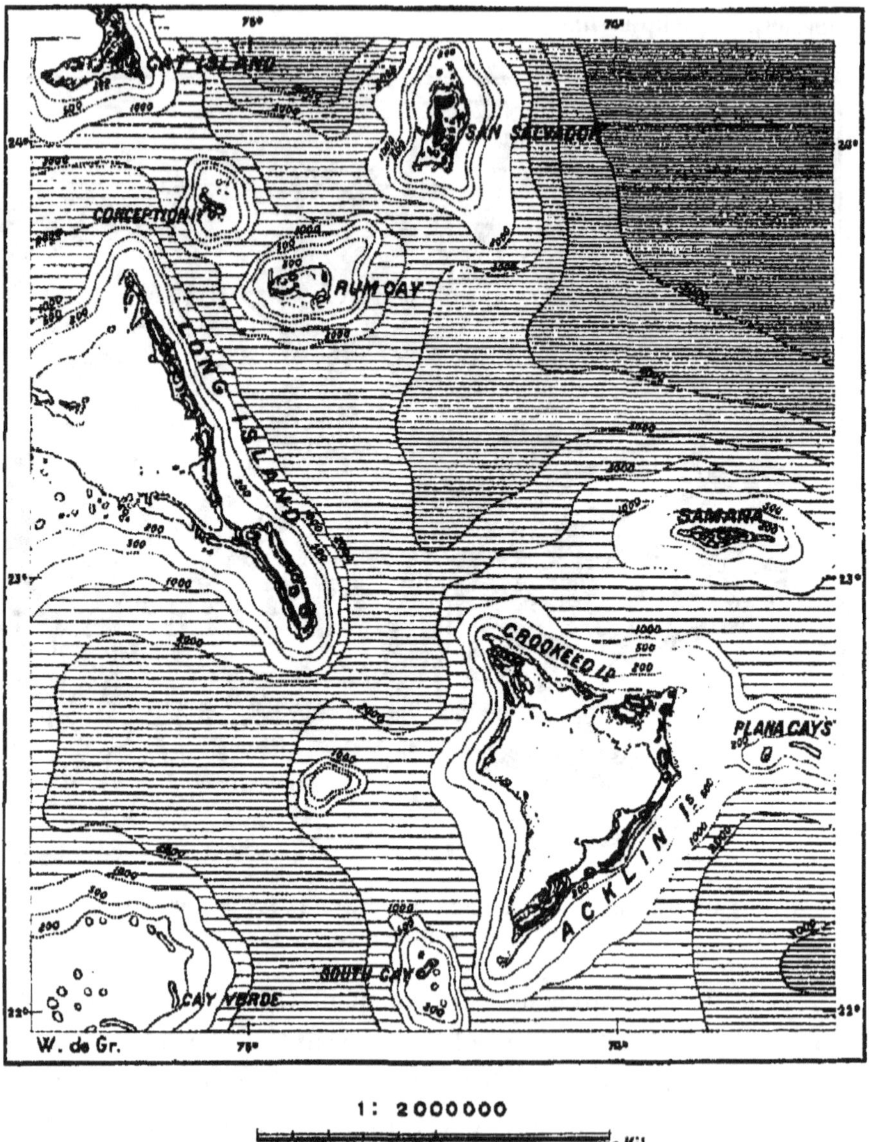

sité des mers séparant l'Europe occidentale de l'Asie orientale, on trouverait un deuxième continent habité. Colomb débarqua non dans les Indes, mais sur ces terres que l'on nomme maintenant Amérique en

1. Strabon, livre I.

l'honneur du pilote florentin qui le suivit. La première île à laquelle il aborda, Guanahani, était sans aucun doute une des Bahama sud orientales, Cat Island, Mayaguana, Samana ou telle autre île voisine : aucun des lieux d'abordage décrits par les commentateurs du journal de bord ne coïncide absolument avec le récit de Colomb. Mais pour toutes ses autres expéditions dans les Antilles et sur le pourtour de la mer des Caraïbes, les itinéraires sont bien établis : on peut suivre ses navires sur les côtes de Cuba, d'Haïti ou Española, de la Jamaïque, de Puerto Rico, des Antilles extérieures, de la « côte Ferme » et des rivages de l'Amérique centrale, entre le Honduras et le golfe d'Uraba.

D'ailleurs, il faut bien le dire, le principal objectif de Colomb, que nous révèlent ses dix années d'exploration dans les eaux du Nouveau Monde, ne fut point d'accomplir de grandes découvertes géographiques : il avait plus à cœur d'amasser des richesses, d'acquérir des domaines, de s'assurer des redevances et des monopoles, de fonder une famille bien apanagée et disposant de revenus énormes. Il est vrai que tout cet amas d'or devait servir un jour à délivrer le Saint sépulcre, mais il ne fit jamais le moindre effort pour donner à ces pieux désirs la plus légère tentative de réalisation : son zèle religieux n'alla même jamais jusqu'à embarquer un chapelain à bord de ses caravelles.

Le fait capital dans l'histoire de Christophe Colomb est qu'après les Normands oubliés, il fut le premier à retrouver les terres d'outre Atlantique, et, pour un événement de cette importance, c'est déjà beaucoup qu'un gain de quelques années. Dans le mouvement d'expansion maritime qui caractérisait alors l'Europe occidentale, un Cabot, un Amerigo Vespucci, un Cabral eussent certainement accompli l'œuvre tôt ou tard. Ne croit on pas pouvoir affirmer (Gabriel Gravier) sur la foi de documents dieppois que Vicente Pinzon, plus tard commandant d'une des caravelles de Colomb, avait visité la côte du Brésil en compagnie du Normand Jean Cousin quatre ans avant que le Génois cinglât avec sa flottille vers les terres américaines ? N'importe ! Le fait précis est là qui marque au nom de Colomb le grand tournant de l'histoire : la découverte du Nouveau Monde. C'est à lui également que reviennent, dans le domaine de la physiographie, les premières observations de la déclinaison magnétique et, dans les annales de la navigation, la pratique normale du va et vient à travers l'Atlantique suivant le cours régulier des vents : d'Europe aux Antilles avec les alizés, et des Antilles en Europe avec les courants de retour. A tous égards le monde entrait dans une ère nouvelle.

N° 363. Voyages de Christophe Colomb.

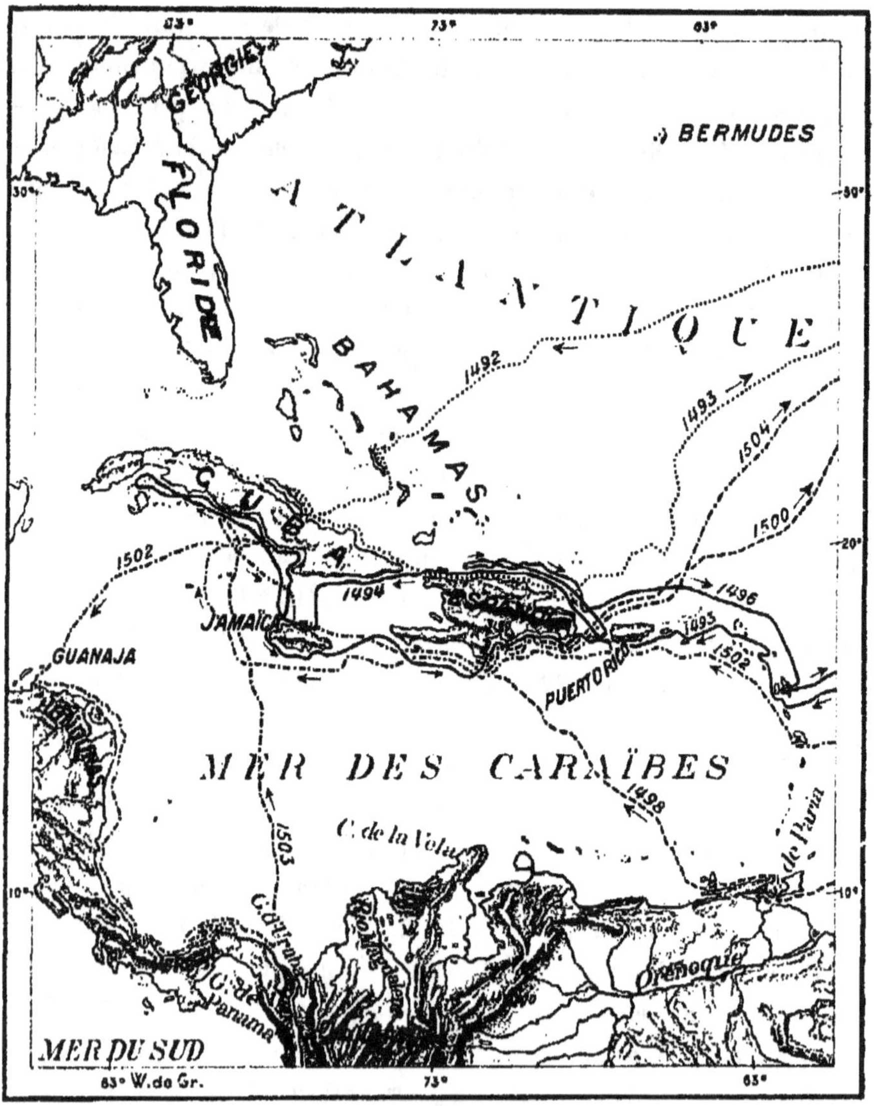

1 : 25 000 000

0 500 1000 1500 Kil.

Les premiers explorateurs nommèrent « côte Ferme », Terra firma, le littoral de l'Amérique du Sud, de l'embouchure de l'Orénoque au golfe d'Uraba.

Pendant le reste de sa vie, Colomb, qui s'était réservé le monopole légal des explorations maritimes, eut à connaître le nom de bien des émules. Un autre navigateur généralement considéré comme Génois, naturalisé Vénitien, puis Anglais, Giovanni Gabotto — plus connu sous le nom de Cabot —, avait obtenu du roi Henri VII, pour lui et sa famille, le droit exclusif d'aller, sous pavillon royal, à la découverte des terres, mers et golfes dans l'Ouest, l'Est ou le Nord et, s'il y avait lieu, d'y faire le commerce, à la seule condition de laisser au roi le cinquième de son profit. Peut être connaissait il les anciennes relations des Scandinaves avec les terres occidentales, car Bristol était à cette époque en rapports très étroits de trafic avec l'Islande : quoi qu'il en soit, il cingla franchement dans la direction même du Vinland et, en l'année 1497, plus d'un an avant que Colomb n'aperçût la « côte Ferme » d'Amérique, Jean et son fils Sébastien atteignaient, à travers les glaces flottantes, une « terre première » — *terra primum visa* —, où habitaient des Eskimaux vêtus de fourrures et où l'on rencontrait des ours blancs et des rennes. Une deuxième exploration, faite l'année suivante, amena Sébastien sous une latitude plus méridionale, vers les « îles des Morues » — peut être Terre Neuve —, puis le hardi marin, continuant sa course vers le sud à proximité des rivages, poussa jusque sous la latitude de Gibraltar, correspondant aux côtes de la Caroline du Nord. Là le manque de provisions le força au retour.

Acharné à son œuvre de découverte, Sébastien Cabot poursuivit ses explorations à son propre compte quand le roi d'Angleterre, personnage fort économe, ne voulut plus l'aider : reprenant méthodiquement son voyage où il avait dû l'interrompre, il se dirigea vers le sud et finit par rencontrer, paraît il, des navigateurs espagnols dans les parages des Florides et des Antilles. La jonction s'était opérée dans les itinéraires des Colomb et des Cabot. Aussi Sébastien, changeant de projet, s'enrôla t il au service de l'Espagne. Mais déjà les contrebandiers et les pêcheurs portugais, anglais, français prenaient part aux voyages du nord qui se dirigeaient vers l' « Ile » ou vers la « Terre Neuve », ainsi que l'on désignait à cette époque toutes les côtes nouvellement découvertes de l'Amérique du Nord. Dans sa *Vie* de Sébastien Cabot, Biddle parle de marins portugais apportant en 1505 au roi d'Angleterre des « chats de la montagne » et des « perroquets » de Terre Neuve, preuve que ce nom s'étendait au midi pour le moins jusqu'au 35e degré de latitude. Il est certain que, dès cette époque, l'exportation régulière des bancs de morue pour les marchés du carême se faisait par des navires basques, bretons et normands. Le nom de Cap Breton, donné à l'île qui continue la

N° 304. Rivages des deux Cabot

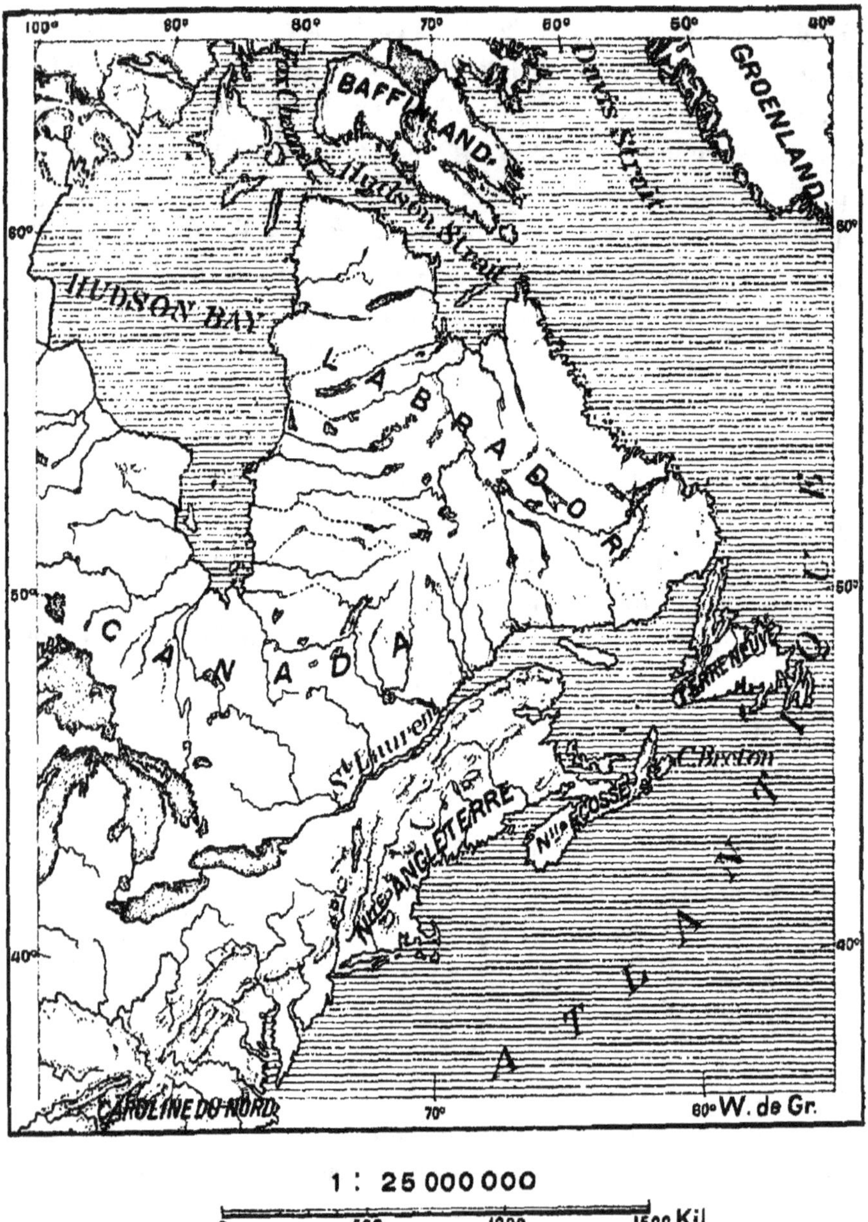

Nouvelle Ecosse au-devant de la baie laurentienne, rappelle la petite ville basque située à l'ancienne embouchure de l'Adour.

Les armateurs et les pêcheurs de morue n'écrivaient point leurs mémoires et ne se réglaient point dans leurs expéditions d'après les rapports officiels des amiraux et les décrets des rois. D'autre part, leur initiative était lente, et quand on constate l'existence d'une industrie très active, chez plusieurs nations à la fois, comme l'était, au commencement du seizième siècle, la pêche de la morue, on peut en conclure qu'elle avait pris son origine depuis longtemps déjà. Dès l'année 1464, un gouverneur de Terceira, João Vaz Cortereal, aurait visité une « terre des Morues » (*terra do Bacalhao*)[1].

La prétention qu'eut un fils de ce Cortereal, Gaspar, d'avoir trouvé dans ces parages, en 1500, une « Terre Verte », permet de considérer comme très probable le fait que la tradition des voyages islandais ne s'était jamais perdue, même dans le sud de l'Europe; les chasseurs de baleines, s'aventurant au loin dans les froides eaux boréales, avaient très probablement fait succéder la pêche de la morue ou *bacalhao* — le Kabeljau des marins du Nord — à leur première et plus périlleuse industrie, à mesure que le cétacé devenait plus rare dans le golfe de Gascogne et les autres mers tempérées. Les pêcheurs de ces mers n'étaient-ils pas ces étonnants devanciers des naturalistes de nos jours, ces hardis marins qui, depuis un temps immémorial, peut être depuis les âges préhistoriques, savaient harponner le requin des eaux abismales de l'Atlantique à des centaines de mètres de profondeur! Quoi qu'il en soit de l'hypothèse relative au maintien des navigations arctiques depuis l'an mil, les Basques, de même que les Portugais, revendiquaient comme leurs ces mers des grandes pêcheries de la « Terre Neuve ». Les premiers les nommaient Juan de Echaïde, d'après un navigateur que ne connaît pas l'histoire documentée; les seconds appelaient ces parages « mers des Cortereaes », d'après le gouverneur de Terceira et deux de ses fils qui y avaient trouvé la mort.

Les découvertes faites dans les mers tropicales, sous la franche lumière du Midi, dans les îles et sur les côtes riches en or, en perles, en plantes précieuses, frappèrent les imaginations plus que les voyages accomplis dans les sombres mers boréales, et la mémoire n'en fut point perdue. Une légion de chercheurs s'était précipitée vers les Antilles et les rives du continent méridional en dépit des interdictions officielles et des conces-

1 Luciano Cordeiro, *De la Découverte de l'Amérique.*

sions de monopoles. Deux ans après que Colomb eut touché la « côte Ferme », près du delta de l'Orénoque, « issu du paradis terrestre », tout

N° 365. Rivages des Vespucci et des Cabral

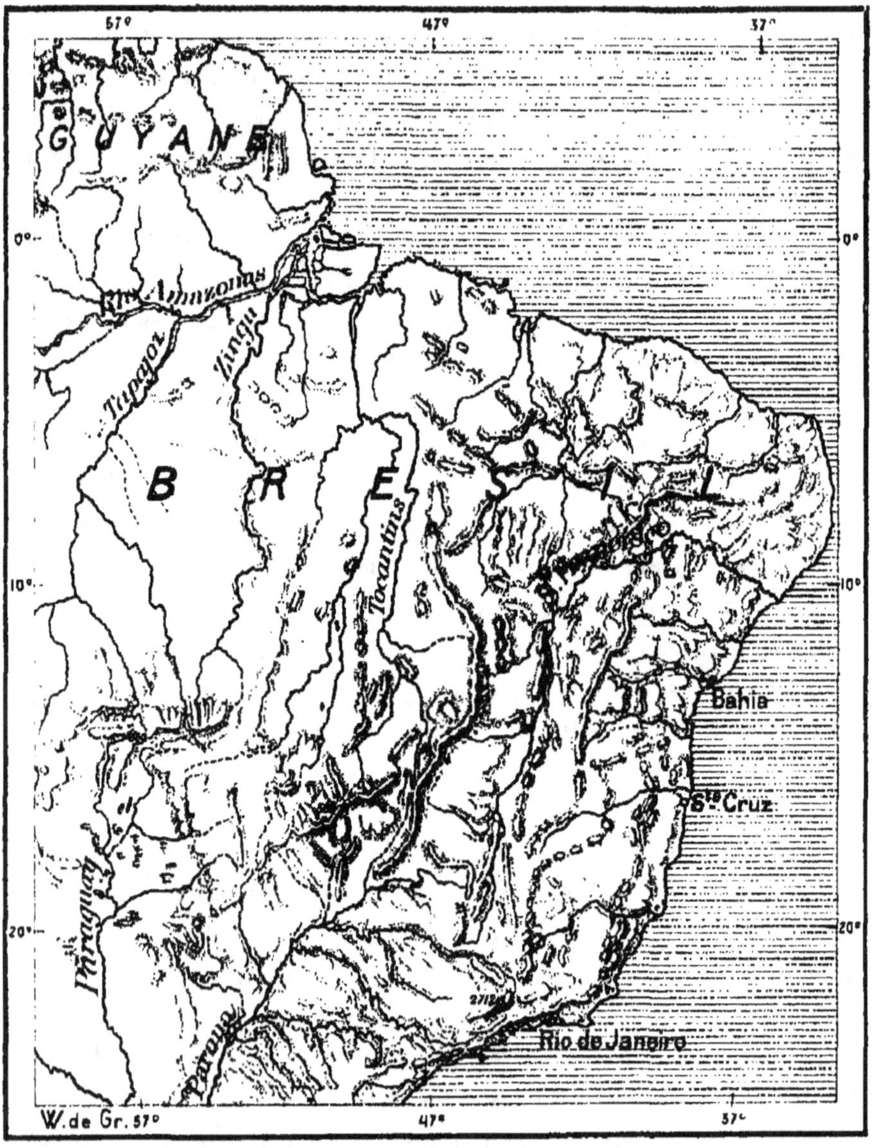

1 : 25 000 000

0 500 1000 1500 Kil.

le littoral sud américain baigné par l'Atlantique et la mer des Caraïbes était déjà reconnu, d'un côté jusqu'à la baie de Cananea, dans le Brésil du sud, de l'autre jusqu'au golfe d'Uraba, à l'angle nord-occidental de la Colombie, sur un développement côtier d'environ 9.000 kilomètres. En ces deux années 1499 et 1500, Peralonso Niño et Guerra avaient visité les rivages qui s'étendent à l'ouest du golfe de Paria ; Alonzo de Hojeda, accompagné des deux pilotes, Juan de la Cosa et Amerigo Vespucci, avait longé les côtes des Guyanes, du Vénézuéla et de la Colombie actuelle jusqu'au cap de la Vela ; puis Bastidas de Sevilla avait exploré les rivages qui se prolongent au delà vers les bouches de l'Atrato, tandis que Vicente Pinzon, l'un des anciens compagnons de Colomb, parcourait la « mer Douce » que forme le fleuve des Amazones au sortir de son estuaire. Il était suivi par Diego Lepe ; enfin, les treize navires portugais que Pedr'Alvarez Cabral menait aux Indes abordaient à l' « île de Vera-Cruz ou Santa Cruz », c'est à dire à la côte brésilienne, soit par suite d'une erreur de route, soit de propos délibéré, et pour faire reconnaître officiellement comme portugaise une terre que pratiquaient déjà des marins de toutes nations [1]. La prétention de Cabral ne fut point vaine : la langue portugaise resta implantée au milieu du domaine espagnol.

Il est certain que les traitants de Normandie faisaient des voyages sur la côte où s'ouvre la baie dite « Rio de Janeiro » « depuis plusieurs années en ça », avant 1503, puisque le fait est mentionné spécialement à propos de l'expédition du Dieppois Paulmier de Gonneville [2] : ainsi que le dit le document original, ces voyages de commerce se faisaient « surtout pour acquérir le braisil, qui est du bois à teindre en rouge ». Ce nom de « Braisil » est celui qui prévalut sur les appellations officielles de Vera ou Santa Cruz.

La prise de possession de cette terre occidentale par les navires de Pedr'Alvarez Cabral, en 1500, fut la date initiale du partage du nouveau continent entre le Portugal et l'Espagne. Celle-ci, en vertu des voyages de son grand amiral Colomb et de ses lieutenants et rivaux, était devenue, d'après les usages traditionnels du droit des gens, la suzeraine des terres nouvellement découvertes ; mais de ce fait, le Portugal, déjà propriétaire depuis longtemps des Açores, se trouvait menacé de perdre les îles, peut-être douteuses, que les marins avaient signalées dans le voisinage ; occupé depuis plus d'un siècle à la recherche de contrées dans une direction nouvelle, il risquait d'être entièrement privé de ses trouvailles au profit

1. Aug. de Carvalho, *Revista da Soc. de Geogr. do Rio de Janeiro*, 1893. — 2. D'Avezac, *Nouvelles Annales des Voyages*, 1869.

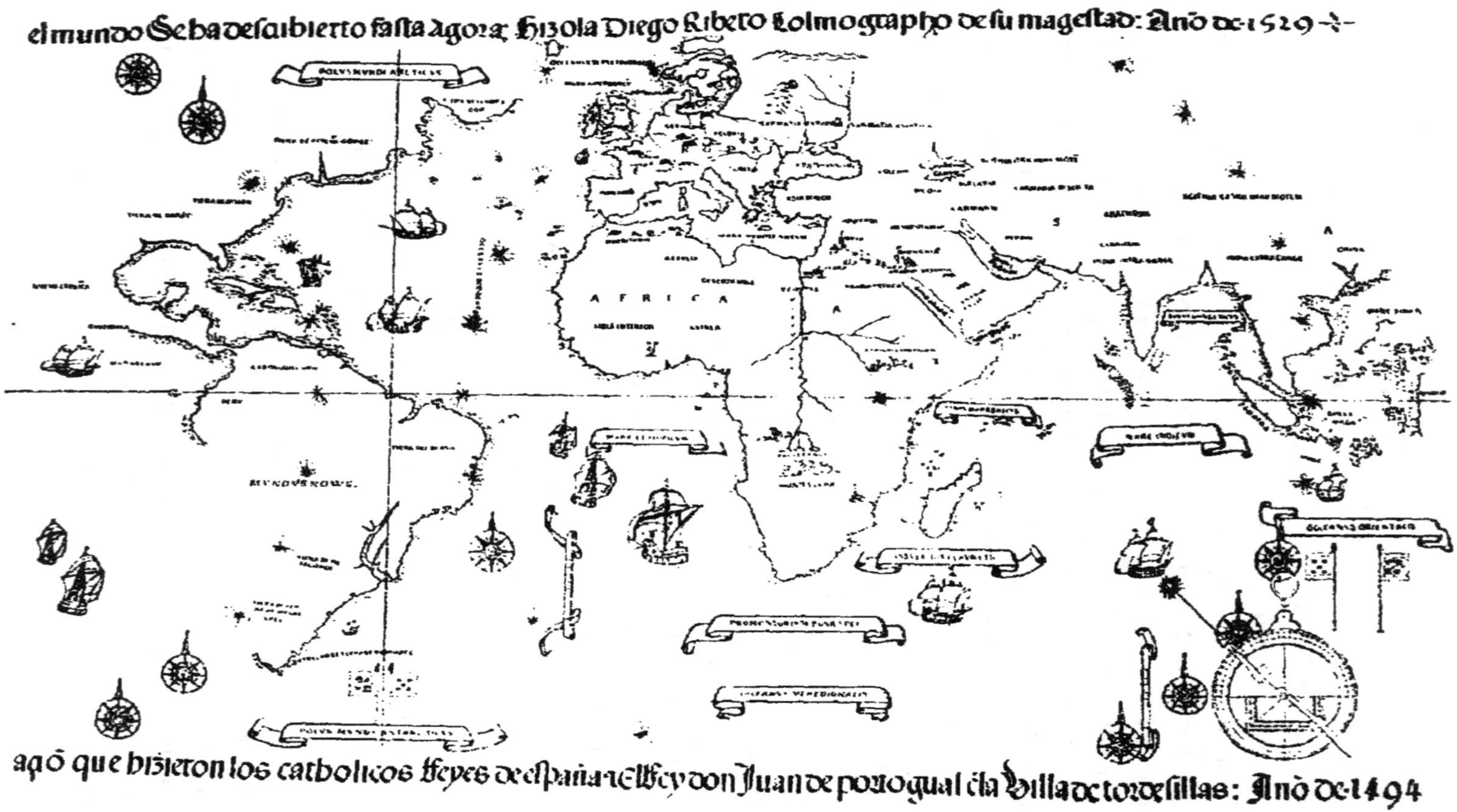

MAPPEMONDE DE DIEGO RIBERO. 1529
Simplifiée d'après Carlo Errera.

de son voisin plus favorisé. Aussi les discussions diplomatiques commencèrent elles aussitôt après le retour de Colomb de son premier voyage.

Déjà le prince Henri s'était fait octroyer au milieu du quinzième siècle une bulle papale donnant au Portugal la possession des terres qu'il pourrait découvrir au delà du cap Bojador « même jusqu'aux Indes ». Cette concession laissait donc prise au doute, puisque les Espagnols, revendiquant les terres occidentales, y voyaient aussi les escales des Indes. Tout d'abord on fit une convention d'attente, puis, en 1494, on rédigea le traité de Tordesillas [1], par lequel les Portugais, qui d'abord n'avaient obtenu pour ligne divisoire du monde, entre eux et les Espagnols, qu'un méridien passant à « cent lieues » à l'ouest des Açores, firent reporter cette limite de partage à 270 lieues du même archipel. Un cardinal de la cour d'Alexandre VI s'était chargé d'entériner ecclésiastiquement l'accord des deux puissances [2] ; mais il ne faut point voir dans la signature papale un acte de souveraineté hautaine à la Hildebrand, comme si le souverain pontife s'était arrogé le droit de couper le monde en deux à la façon d'une pomme [3] : en réalité, la force respective des deux puissances contractantes détermina seule le tracé de la ligne de démarcation : le premier méridien de limite, qui n'aurait donné au Portugal que le musoir extrême du Brésil, ayant soulevé à Lisbonne une tempête de récriminations, l'Espagne se résigna à l'acceptation du traité de Tordesillas [4] : on sait que, dans le cours de l'histoire, le Portugal ne s'en contenta point, puisque la frontière du Brésil a été reportée à plus de 2000 kilomètres plus loin dans l'intérieur.

En l'année 1501, un autre voyage eut lieu le long des côtes du Brésil, moins important que celui de Cabral, au point de vue politique, mais peut-être plus sérieux en résultats, puisqu'il fit mieux connaître le Nouveau Monde : ce fut le voyage d'Amerigo Vespucci qui, pilotant une flottille portugaise, étudia d'escale en escale le littoral brésilien, du port de Bahia à la baie de Cananea vers le 25e degré de latitude méridionale, puis, cinglant vers le sud-est, aurait parcouru l'Atlantique austral jusqu'à une terre froide, aride, rocheuse, que l'on croit être la Nouvelle-Géorgie. L'expédition fut donc celle de toutes qui, dans la

1. Tordesillas manque sur la carte n° 358 ; cette ville se trouve sur le Duro, à quelques kilomètres en aval de Valladolid. — 2. Ernest Nys. — 3. Oscar Peschel, *Zeitalter der Entdeckungen*. — 4. Oldham, *Scottish Geographical Magazine*, March 1893. — *Voir* la ligne de démarcation sur la gravure de la page 249.

première décade des voyages vers les terres nouvelles, s'aventura le plus loin dans les mers inconnues, mais son importance lui vint surtout des récits qui en furent publiés après le retour d'Amerigo Vespucci. Dès l'année 1503, une lettre qu'il avait écrite à son ami Lorenzo Medici était traduite en latin, puis les années suivantes elle paraissait dans les langues modernes de l'Europe. En 1507, d'autres récits, qui d'ailleurs contenaient de graves erreurs, les *Quatuor Navigationes*, étaient publiés à Saint Dié comme le recueil de lettres adressées par Vespucci au gonfalier Soderini de Florence, et ces documents, incorrects mais rédigés par quelque scribe d'après un mémoire certainement authentique, furent accueillis par le populaire avec une curiosité passionnée et firent connaître de tous le nom du voyageur Amerigo. Tandis que celui ci avait toujours proposé de donner aux continents récemment découverts l'appellation de « Nouveau Monde », l'éditeur des *Quatre Navigations*, Basin de Sandocourt — ou peut être son prote, Waldseemüller, plus connu par son pseudonyme de Hylacomilus, prononça le premier le nom d'Amerigo comme devant être celui qu'aurait à porter désormais la grande terre occidentale. Pendant tout le seizième siècle des vocables géographiques divers furent appliqués, dans les livres et sur les cartes, aux terres que les Espagnols désignaient officiellement avec Colomb par le terme d'« Indes occidentales »; mais au dix septième siècle le mot « Amérique » prévalut définitivement, aidé sans doute par l'euphonie que présente la série des noms continentaux : « Europe, Asie, Afrique, Amérique ».

Toutefois, cette hypothèse ne saurait être considérée comme certaine, et il se pourrait que, suivant des opinions bien accueillies par l'opinion publique américaine, entraînée peut être par un chauvinisme inconscient, le nom du double continent fût d'origine indigène. D'après Alphonse Pinart, le grand marché d'Ameraca (Maraca, Amaracapana), situé près de la moderne Cumana, aurait été le parrain du Nouveau Monde. D'après Jules Marcou, les montagnes du Nicaragua dites sierra Amerrique auraient été signalées à Colomb, dans son voyage de 1502, comme celles qui fournissaient l'or de Veragua, et ce nom, connu des chercheurs d'or, aurait fini par être attribué à l'ensemble des terres occidentales. Pourtant il ne paraît point qu'un seul document mentionne cette chaîne de l'Amérique centrale avant l'ouvrage de Thomas Belt, *The Naturalist in Nicaragua*, publié en 1874, tandis qu'une carte de 1507, retrouvée par J. Frischer, porte déjà le nom d'Amérique.

Après le dernier voyage de Colomb, en 1504, il y eut une période d'arrêt dans les grandes découvertes. C'est que les effets du monopole institué par le gouvernement espagnol se faisaient déjà sentir, et que, d'ailleurs, les explorateurs vraiment soucieux de la géographie, comme Amerigo Vespucci, étaient fort peu nombreux : la grande préoccupation des chercheurs était de trouver de l'or, des perles, des pierres précieuses, et peut être même le paradis terrestre, enfin reconquis par de fidèles

CARAVELLE DU SEIZIÈME SIÈCLE
D'après une gravure du Temps.

catholiques, récitant dévotement leurs patenôtres. Les mémoires du temps constatent que les Ponce de Leon, les Pamphilo de Narvaez et autres marins cinglant vers les Bahama et la Floride avaient pour but de découvrir cette merveilleuse « fontaine de Jouvence » dont parlaient les thaumaturges et les poètes ; mais aucune des sources d'eau claire qu'ils virent s'élancer du fond des galeries calcaires, dans les grottes mystérieuses, ou même s'élever du lit de la mer au milieu du flot salé, ne put leur rendre la jeunesse première et leur assurer la force et la santé.

Cependant, un problème géographique de premier ordre avait été soulevé par la découverte même de Colomb. Avait il réellement trouvé les « Indes », ainsi qu'il le prétendait, ou bien avait il débarqué dans un « Monde nouveau » comme le disait Amerigo? Entêté dans son idée, Colomb voulait, contre toute évidence, que Cuba fût une péninsule d'Asie ; pourtant il ne la longea pas jusqu'à son attache continentale et, tâchant de perpétuer ce qu'il pressentait être une erreur, il alla même jusqu'à menacer les gens de son équipage s'il leur arrivait de parler de cette terre comme d'une île véritable [1]. Mais, puisqu'il voulait s'imaginer ainsi longer les côtes de l'empire du grand Khan, il devait trouver dans la direction du sud-ouest le détroit par lequel Marco Polo avait contourné l'Asie, accompagnant en Iranie la princesse mongole qui allait au devant de son fiancé. Ce détroit, il en avait entendu parler lorsqu'il suivait les rives de Veragua, ou plutôt c'est ainsi qu'il interpréta ce que lui dirent les indigènes d'une mer très voisine, prolongeant au loin ses eaux dans la direction du sud et de l'ouest, mais il chercha vainement l'entrée de ce passage, laissant à d'autres navigateurs la trouvaille du mystérieux chemin. On le chercha longtemps encore après lui, et même au milieu du seizième siècle on le cherchait toujours, bien que s'occupant déjà d'un nouveau problème, celui de percer un canal artificiel, puisqu'on ne réussissait pas à découvrir le détroit naturel, l'*estrecho*, comme il était désigné par excellence.

Parmi les aventuriers et les chercheurs de richesses qui s'étaient risqués dans la Castille d'Or — la partie de l'isthme américain qui s'étend le long de la mer des Caraïbes, entre le golfe d'Uraba et la lagune de Chiriqui, — se trouvait un vaillant et rusé capitaine, Vasco Nuñez de Balboa, homme perdu de dettes, coupable de trahison et de meurtre, d'autant plus désireux de se rendre illustre par quelque grande action. L'occasion se présenta. Dans une de ses expéditions de pillage, il apprit d'un Indien quelle route il lui faudrait suivre pour atteindre, de l'autre côté de la *Sierra*, un estuaire de la mer opposée, et, vers la fin de l'année 1513, il atteignit en effet la bouche d'un estuaire s'ouvrant dans l'Océan Pacifique. En sa resplendissante armure de guerre, il s'élança sur un rocher qu'entourait l'eau montante du flot et prit emphatiquement possession, « pour la couronne de Castille, de toutes les mers australes,

1. Navarrete, tome II, v; — Oscar Peschel, *Zeitalter der Entdeckungen*, p. 200.

avec contrées, rivages, ports et îles... avec leurs royaumes et dépendances... d'origine ancienne ou récente, ayant existé, existant actuellement ou devant exister un jour... avec ses archipels et terres fermes du Nord et du Sud, ainsi que ses mers du pôle boréal au pôle austral, de ce côté et de l'autre côté de l'équateur, au dedans et au dehors des tro-

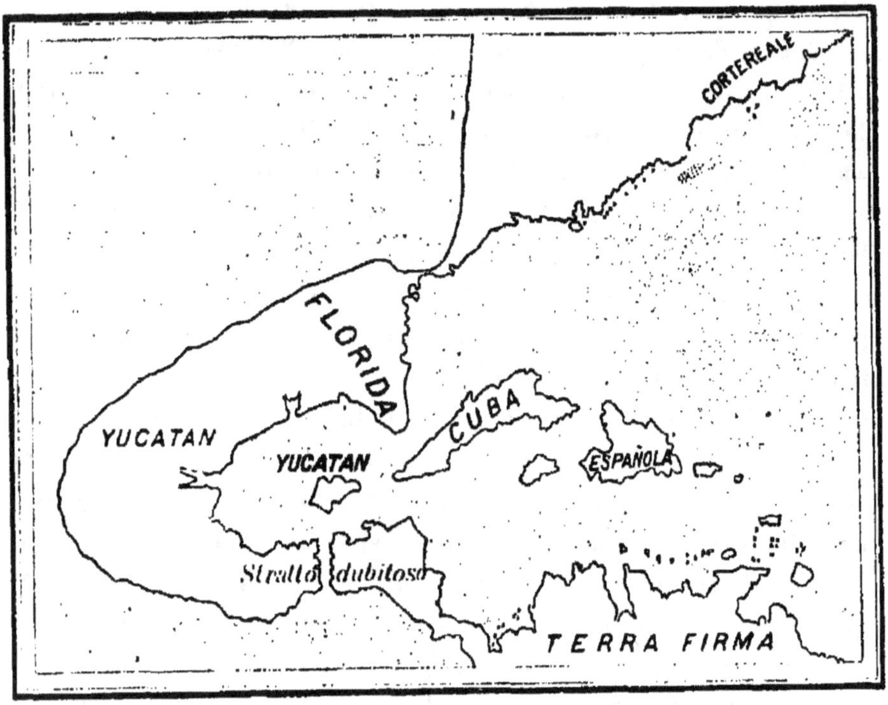

AMÉRIQUE CENTRALE D'APRÈS MAIOLLO (1527)

D'après l'Atlas de Kretschmer, *Entdeckung Amerika's*, cette carte serait une des dernières indiquant le « détroit douteux » ; pourtant il en existe une de date postérieure, 1532. D'autre part, une carte de 1512 par Joannes de Stobnicza représente une terre continue du 40° sud au 50° nord et détachée du continent asiatique et de l'île de Zipango.

piques du Cancer et du Capricorne, en aujourd'hui et à toujours, aussi longtemps que durera le monde et jusqu'au jugement dernier de toutes les races mortelles ! » C'est ainsi qu'il revendiqua jusqu'aux âges futurs toute une moitié du monde pour le roi d'Espagne, ce qui n'empêcha point que Balboa fût décapité par ordre de son maître.

Mais si peu dignes que fussent les instruments de la glorieuse découverte géographique, elle ne s'en était pas moins accomplie, et désormais on connaissait le chemin de la « mer du Sud » (mar del Sur), ainsi nommée à cause du reploiement de l'isthme dans la direction de l'Ouest, entre la mer des Caraïbes (mar del Norte) et le golfe de Panama.

Bientôt quatre caravelles furent lancées dans les eaux qui baignent l'archipel des Perles et, de là, cinglèrent le long des côtes : les chemins étaient ouverts au Sud vers le Pérou, au nord ouest vers le Mexique, à l'ouest vers cette lointaine Asie que le grand Génois croyait avoir abordée. Toutefois, des navigateurs cherchaient encore ce passage maritime que l'on avait eu vain essayé de trouver derrière les Antilles. En 1509, Vicente Pinzon et Diaz de Solis avaient un instant cru y pénétrer lorsqu'ils entrèrent dans la large embouchure du rio de la Plata; puis, en 1517, l'admirable navigateur qu'était Sébastien Cabot avait espéré, avec plus de raison, de voguer enfin sur la véritable route maritime de l'Asie lorsqu'il eut dépassé les côtes atlantiques du Labrador et qu'il fut entré dans un large détroit — probablement le Fox Channel — où il atteignit le 67°30' de latitude septentrionale; mais là, ses compagnons, effrayés par la vue des neiges, des roches arides, des glaces flottantes, le forcèrent à revenir. Il avait pourtant suivi la bonne voie. Son navire s'était engagé dans ce formidable labyrinthe de détroits qui mène à la mer de Bering et au Pacifique, et qui ne devait être découvert que 333 ans après lui par les explorateurs arctiques de la Grande Bretagne.

C'est dire quelles avaient été l'initiative, l'audace et la science de ce marin du seizième siècle pour qu'il pût s'avancer aussi loin en des mers d'un abord aussi difficile et réaliser partiellement sa tentative. Et pourtant Sébastien Cabot resta presque ignoré de son temps; on oublia que, pour la longueur des côtes découvertes et relevées, il avait fait sien le continent septentrional du Nouveau Monde; on ne donna pas non plus l'attention qu'elles méritaient à ses observations si importantes sur la physique du globe, car c'est à lui que l'on doit les premières connaissances sur la diramation des courants partiels de ce que l'on appelle aujourd'hui *Gulfstream* ou « courant Golfier »; le premier également il reconnut les parages précis de la mer — 110 milles à l'ouest de l'Açore Flores — où, de son temps, passait le méridien de la boussole sans déclinaison[1]. On ignore même quand Sébastien Cabot mourut, dans quelque réduit de Londres, après son retour d'un voyage au rio de La Plata, sur le Paranà et au Paraguay, en 1528 : là encore il avait donné des preuves de son génie en indiquant le fleuve comme la route future des pays de l'Argent, récemment découverts dans les monts Occidentaux des Andes

1. A. von Humboldt, *Cosmos*.

par les conquistadores. Le peu de célébrité relative de Sébastien Cabot est dû probablement à ce que, plus soucieux de la science que de la fortune, il ne rapporta point de ses voyages l'or et les perles qui avaient illustré Colomb et qui, plus tard, firent la gloire des Pizarre et des Cortès. En outre, la vie aventureuse de ce Génois, Vénitien, Anglais, tantôt mise au service de Charles-Quint, tantôt à celui de Henri VIII, ne permit à aucun pays de le réclamer spécialement comme une gloire nationale. Pour en faire vraiment des Anglais dans la mémoire des hommes, les habitants de Bristol ont élevé en l'honneur des deux Cabot, le père et le fils, une tour commémorative se dressant au sommet de la colline de Brandon ou Brandan ; c'est la hauteur qui portait le sanctuaire vénéré présidant aux grandes navigations de l'Atlantique. Jadis la mer était parsemée d'îles et d'archipels placés sous l'invocation du saint ermite de Bristol, remplacé maintenant par les deux Gabotto.

SÉBASTIEN CABOT (1470-1555 ?)
Portrait attribué à Holbein.

A l'époque où Sébastien Cabot cherchait le chemin de la Chine et des Indes par le « passage du Nord-Ouest », la route directe par les mers orientales était déjà pratiquée depuis près de vingt ans. Les Portugais la connaissaient même depuis plus longtemps, puisque Bartolomeu Diaz avait contourné le musoir méridional de l'Afrique et que Pero de

Covilhão, ambassadeur envoyé au roi d'Ethiopie, qu'on pensait être le fameux « Prêtre Jéan » de la légende, avait parcouru l'océan Indien sur des navires arabes, visitant Madagascar, Sofala et la côte occidentale de l'Inde. Le but et les moyens d'y atteindre étaient donc amplement connus, mais le gouvernement portugais avait hésité devant la grosse dépense d'une expédition maritime jusqu'au moment où la découverte et l'exploration des Indes Occidentales par Christophe Colomb eurent mis un terme à tout retard.

Vasco de Gama partit en 1497 avec une escadrille de quatre navires, et sans autre difficulté que d'avoir à lutter contre les forts courants du canal de Moçambique, difficulté dont témoigne encore le nom de cap Correntes que porte un promontoire du littoral, atteignit l'embouchure du Zambèze, le « fleuve des bons Pronostics ». En cet endroit, la jonction des itinéraires maritimes était déjà faite, puisque les marins arabes descendaient plus au Sud, jusqu'à Sofala, dans leurs navigations côtières. Il ne faut point croire que Vasco de Gama et ses compagnons portugais aient dû à leur seul génie et à leur inébranlable volonté d'avoir trouvé les voies de la mer des Indes : c'est grâce aux pilotes arabes de la côte orientale d'Afrique, à ceux mêmes auxquels ils allaient ravir la domination de la mer, qu'ils cinglèrent de port en port, Moçambique, Mombaz, Melindi et qu'ils se firent porter ensuite par la mousson dans le port de Calicut. D'ailleurs, lorsque Vasco de Gama se présenta dans ces mers indiennes, les règles du droit maritime y étaient observées d'une manière plus scrupuleuse que dans les mers européennes : dès la fin du treizième siècle, les navigateurs arabes et malais de religion mahométane y avaient rédigé, « d'après les coutumes anciennes », un recueil de jurisprudence maritime, universellement accepté dans les mers de la Malaisie[1], aussi bien que dans celles de Madagascar et de l'Afrique. Ce sont les chrétiens qui introduisirent les mœurs de la piraterie dans ces parages.

Les rencontres que firent les Portugais sur la côte de Malabar prouvent que, bien avant l'établissement de communications officielles entre les Etats d'Europe et d'Asie, les simples trafiquants avaient trouvé quand même le chemin des terres lointaines, poussés par la concurrence vitale. Aussi bien sur la côte africaine que sur les rivages du Malabar.

1. J.-M. Pardessus, *Collection de Lois maritimes antérieures au* XVIIIe *Siècle;* — cité par E. Nys, *Un Chapitre de l'Histoire de la Mer.*

Vasco de Gama eut pour alliés naturels des chrétiens « thomistes », descendants d'Hindous convertis dans les premiers siècles de la propagande « nazaréenne » ; puis, dans ses croisières de port en port, il engagea, comme pilote et comme espion, un juif polonais qui jargonnait l'italien : des marchands de Venise, devanciers des Portugais, avaient

N° 366. Théâtre des Conquêtes portugaises.

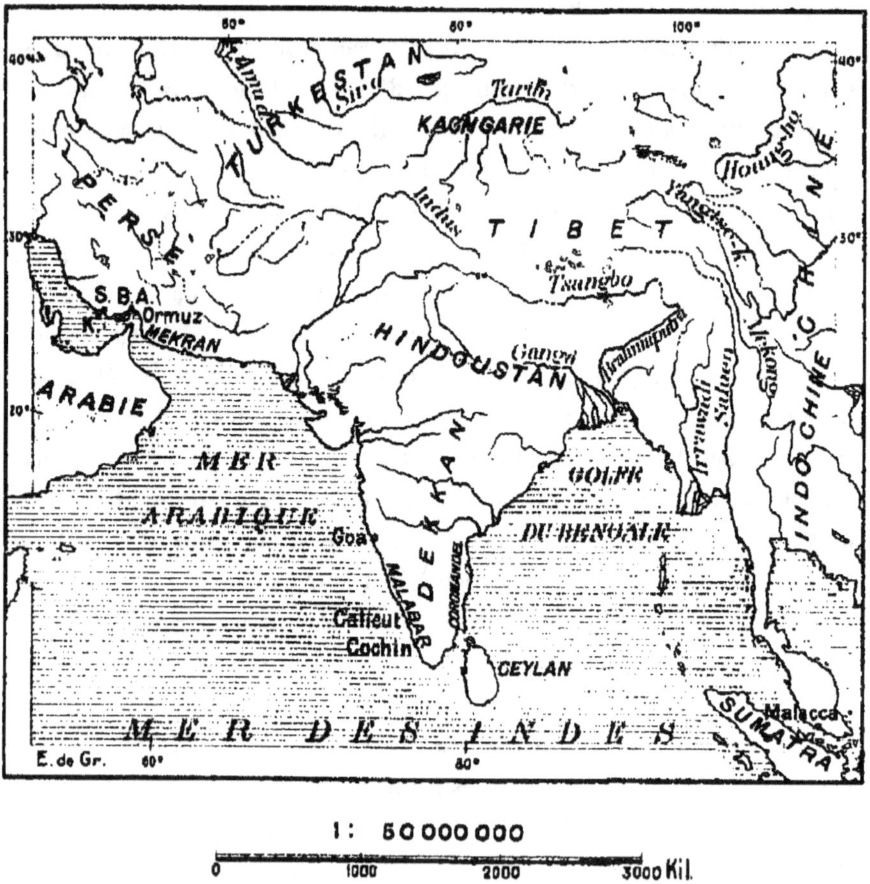

A l'entrée du golfe Persique, S indique la position de Siraf, K l'île de Kaï, et B. A. Bender-Abbas. (*Voir* page 202, au chapitre précédent.)

été ses éducateurs. Du reste, en Inde comme dans la Méditerranée, la lutte commerciale continuait entre peuples chrétiens : Lisbonne se mit à l'œuvre pour couper le trafic de Venise, desservi par les navigateurs arabes ; les guerres, assauts, surprises, batailles et bombardements qui se succédèrent entre les nouveaux-venus et divers souverains du littoral hindou ne furent en réalité que des épisodes de la lutte engagée entre les deux grands marchés européens. Lisbonne, qui possédait l'avantage de l'initiative et de l'attaque, aux lieux mêmes de la production des épices et autres denrées précieuses, remporta la victoire en un petit nombre d'années. Divisant pour dominer, les Portugais soulevèrent les petits rois contre le grand *tamutiri* ou « Zamorin » de Calicut, le « Seigneur de la Colline et de la Vague », et bientôt, en 1503, ayant pris pied sur le littoral en qualité de conquérants, ils établissaient un fort dominant l'escale de Cochin et s'y maintenaient victorieusement.

Les hauts faits, les entreprises audacieuses se succédèrent avec une étonnante rapidité : à cette époque, les Portugais, petit peuple très fier de son passé, plein de confiance en ses destinées présentes, se croyait à la hauteur de tous les prodiges. Et vraiment, les quelques centaines, puis les quelques milliers d'hommes dont les Gama, les d'Almeida, les d'Albuquerque, les Coutinho pouvaient disposer pour attaquer ce monde développé en un amphithéâtre immense autour de l'océan des Indes, accomplirent des merveilles d'énergie, comme s'ils avaient été animés de forces surhumaines. En 1507 et 1508, ils luttent contre les flottes égyptiennes, qui voulaient maintenir à tout prix le monopole d'Alexandrie comme marché des denrées de l'Inde, et les détruisent complètement ; en 1510, ils s'emparent de Goa, dont ils font l'entrepôt de l'Inde gangétique, et l'année suivante, à quelques milliers de kilomètres plus loin, ils s'introduisent de force dans la grande cité maritime de Malacca, où venaient se rencontrer les quatre nations commerçantes de l'Extrême Orient, groupées chacune en son quartier respectif, les Goudzerati ou Hindous occidentaux, les Bengali, les Javanais et les Chinois. Puis en 1515, ils s'établissent en maîtres dans l'île d'Ormuz, la gardienne occidentale de l'Océan Indien, où les richesses de l'Asie Mineure, de la Babylonie et de l'Iran s'échangeaient contre les trésors de l'Inde, le marché central qu'un proverbe persan dit être l' « escarboucle sertie sur la bague du monde ». Enfin, dès l'année 1518, les navires portugais parcourent les eaux de Banda et des Moluques et vont charger directement aux lieux de production les épices qui étaient à cette époque plus précieuses que l'or. Le roi de Portugal pouvait se proclamer le « maître du commerce de l'Inde et de l'Ethiopie ». Lisbonne, la capitale d'un minuscule royaume, devint le principal entrepôt du monde et, pour un temps, elle eut le monopole absolu du poivre, du gingembre, de la cannelle, du clou de girofle et de la muscade. Ni

DÉCOUVERTES DU MO DE DE 1400 A 1550

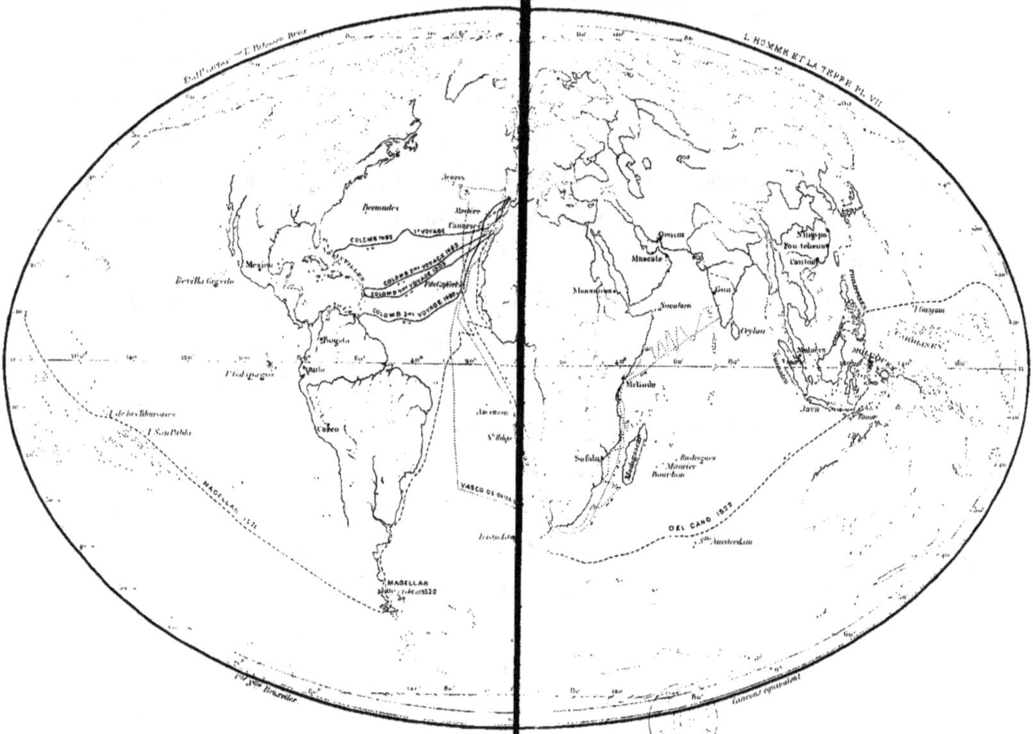

Monde connu avant 1400

Côtes explorées de 1400 à 1492

Côtes explo… 1492 à 1502

Terres explo… 1502 à 1512.

Terres explorées de 1512 à 1522

Terres explorées de 1522 à 1550

ÉCHELLE … 000

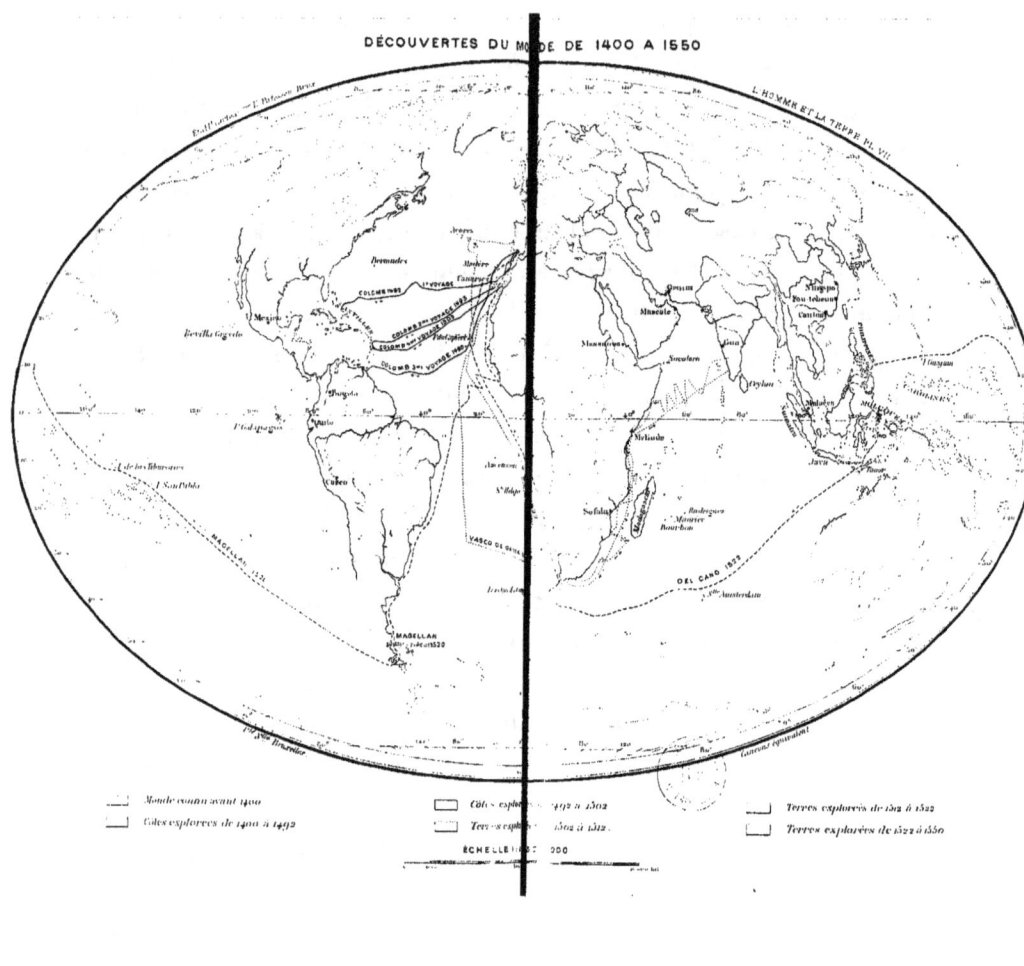

jonque, ni prau, ni barque chinoise, malaise ou arabe ne pouvaient naviguer dans les mers orientales sans passeport signé d'un contrôleur portugais.

Les vagues successives de la conquête se suivaient rapidement dans ces mers orientales. Les Musulmans venaient à peine d'asseoir leur domination complète dans l'île de Java (1478) par le renversement du royaume de Madjapahit, lorsque les chrétiens de l'Europe firent leur apparition dans les parages voisins. Plus à l'Est, dans l'archipel des Moluques, les Arabes précédèrent de si peu les Portugais que les indigènes purent maintes fois faire confusion entre les sectateurs de Mahomet et ceux du Christ. Puis, lorsque les populations de l'Insulinde étaient encore sous le coup de l'émotion, de la terreur même, causées par cette double invasion d'Occidentaux, à la fois marchands et guerriers, voici qu'ils assistent à l'arrivée d'autres hommes inconnus, cette fois venus par les mers de l'Orient. Ces étrangers étaient les Espagnols.

FERNÃO MAGALHÃES, (1470-1521)
D'après une gravure de Ferd. Selma.

Cette expédition avait été conduite par un homme tel qu'il y en eut peu dans l'histoire, un génie d'intelligence claire et de terrible volonté. Magellan (Magalhães) appartenait aussi à cet énergique petit peuple portugais qu'un siècle d'initiative nautique et d'accoutumance aux périls de mer avait si bien disciplinés au courage et à la persévérance. Il avait pris part aux expéditions de l'Inde et se trouvait au nombre des assaillants qui prirent la ville de Malacca. Plus tard, il avait guerroyé dans le Maroc; mais, croyant avoir à se plaindre de ses chefs et de son roi, il quitta secrètement le Portugal pour devenir Espagnol et proposer ses services à un souverain plus équitable. Quoique petit, boiteux, de figure sombre et rude. Magellan réussit en haut lieu : sa proposition fut acceptée par le roi Charles Ier, qui bientôt allait devenir Charles Quint, et, vers la fin de 1519, la petite flottille de découverte franchit le seuil du Guadalquivir, à San Lucar de Barrameda. Les difficultés de la navigation commençaient, mais plus âpres encore celles de la conduite des hommes, divisés par les préjugés d'origine, les haines de patrie, les vanités de rang, les rivalités d'intérêts. Les Génois en sont venus à voir

DÉTROIT DE MAGELLAN

D'après un ouvrage publié en 1602 (*Peregrinatio in Indiam occidentalem*).

A. Navires à l'entrée du détroit. B. Ile des Pingouins. C. Pingouin.
D. Baie des Coquillages. E. Escargot. F. Cap Fruart ou Froward.
I. Baie de Rillens. K. P. Hommes indigènes. L. Baie fermée.
M. Baie des Rochers. N. O. Femmes indigènes. Q. Navires sortant du détroit.
R. Restes de forteresse.

en Colomb le plus grand de leurs compatriotes, quoiqu'il ait découvert le Nouveau Monde sous un autre pavillon que le leur; mais les conditions du milieu n'étaient pas les mêmes pour Magellan : les deux royaumes de la Péninsule se trouvant alors en ardente émulation de conquêtes, le navigateur portugais fut considéré comme un traître par les gens de sa nation et, plus d'une fois, il dut se garer de leurs embûches; puis il eut à se défendre également contre les soupçons et les rancunes des Espagnols qu'il commandait, et souvent employa la force pour maintenir son autorité contestée. Il fut terrible même lorsque, dans la baie de San Julian, où commençait l'hivernage, il eut triomphé, par la ruse et la contrainte, des révoltés qui voulaient cingler directement vers les Moluques par le cap de Bonne-Espérance et s'épargner les dangers de la recherche d'un autre chemin par l'Occident. Mais la résolution de Magellan était arrêtée : il s'était promis de pousser jusqu'au 75e degré de latitude méridionale, « dût-il n'avoir à manger que du cuir

N° 367. Détroit de Magellan.

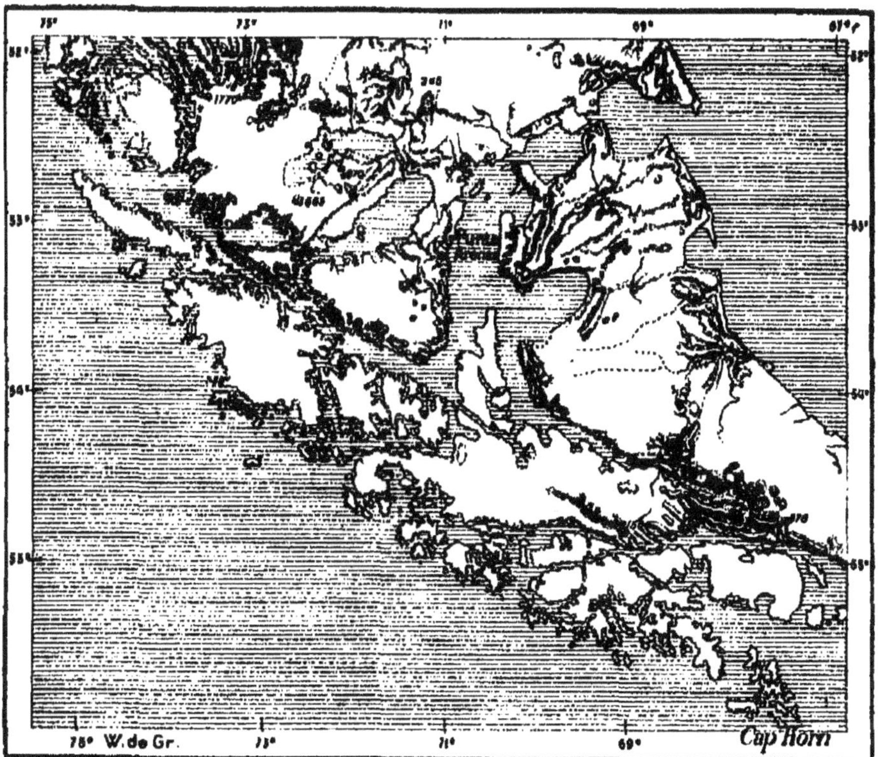

D'après F.P. Moreno

1 : 5 000 000

0 100 200 300 Kil

et des étoupes », s'il ne trouvait pas en deçà la pointe extrême du continent ou quelque passage maritime.

Il trouva ce passage, même sans atteindre le 53e degré, sans entrer dans les mers où l'on rencontre les gros fragments de glace entraînés en longues processions par le courant. Mais, tellement sinueux est ce passage, tellement coupé de détroits secondaires, bordé de baies latérales et de corridors imprévus, que souvent il dut hésiter au cours de son long voyage dans le défilé marin, et s'il ne s'y égara point, ce fut grâce à la sagacité de ses observations sur la marche des courants et de la houle, sur le vol des oiseaux et sur tous les autres indices que lui fournirent les eaux et l'atmosphère. Enfin, après un parcours de plus d'un mois, il atteignit le superbe portail du Pacifique, entre des piliers de granit qu'entourent les brisants et, laissant derrière lui la « Terre des Fumées » et le continent américain, cingla librement dans les solitudes immenses de la mer du Sud. A peine aperçut il çà et là quelque îlot dans cet Océan, que l'on a pourtant comparé à la voie lactée à cause de la multitude de ses archipels et, quatre mois après être sorti du défilé marin, il atteignait l'archipel dit actuellement des Philippines.

Mais il ne devait point le dépasser. Ayant pris part aux guerres locales, dans un accès de folie orgueilleuse, il y périt misérablement, sans avoir achevé la circumnavigation du globe, puisque de Malacca, où il avait guerroyé sous les ordres d'Albuquerque, à l'île de Mactan, où il s'enliza, tout blessé, dans la plage vaseuse, l'écart entre les méridiens représente environ la dix septième partie de la circonférence terrestre. Après la mort de Magellan, le voyage de retour ne fut plus qu'une déroute : ses compagnons, réduits constamment en nombre par les désertions, le scorbut, la faim, les privations de toute nature, fuyaient à travers la mer des Indes, puis à travers l'Atlantique, aussi vite que le permettaient la houle, les vents, leur carène chargée d'herbes et de coquillages, leurs mâts rapiécés et leur voilure en lambeaux. Enfin, des 234 navigateurs partis trois années auparavant de San Lucar de Barrameda, il en revint 13, hâves, déguenillés, lamentables, dont l'histoire a recueilli les noms : parmi eux se trouvaient le pilote Albo et le marin basque Sebastian del Cano qui commandait les restes de l'expédition et auquel Charles Quint donna le remarquable blason : « *Primus circumdedisti me* ». Le Vicentin Antonia Pigafetta, qui raconta en français, pour avoir beaucoup de lecteurs, les vicissitudes du grand voyage, était aussi au nombre des survivants.

Ces pauvres fugitifs, que des planches vermoulues défendaient à peine du naufrage, rapportaient pourtant une cargaison d'une richesse inouïe. On dit que leur avoir en clous de girofle représentait une valeur de 100000 ducats, près de cinq fois ce qu'avait coûté l'entier armement de leur flotte avant leur départ du Guadalquivir! Le manque d'équilibre commercial entre les deux moitiés du monde pouvait amener de tels contrastes dans les prix de production et d'achat des denrées. Malgré le monopole que les possesseurs des diverses « Indes », continentales et insulaires, tâchèrent si longtemps de constituer et de maintenir, la découverte de Magellan était le premier coup donné au système traditionnel des transactions secrètes, opérées par les marchands en des pays inconnus des consommateurs. Mais, si importantes que soient les relations de commerce dans l'histoire de l'humanité, elles n'en forment qu'une part, et non la plus précieuse : c'est à tous les points de vue que la première circumnavigation du monde fut l'événement capital de l'ère nouvelle, la date par excellence qui sépare les temps anciens de la période moderne.

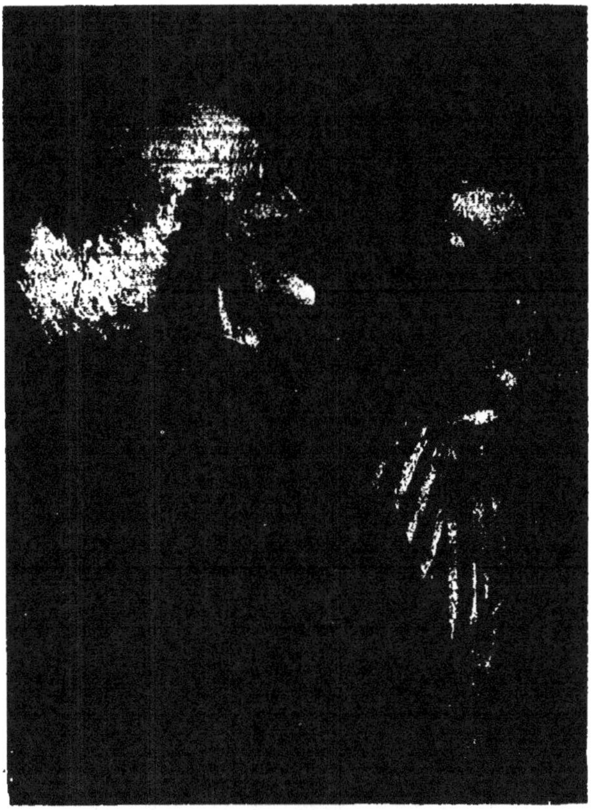

AMERIGO VESPUCCI (1451-1512)
D'après une fresque de Ghirlandajo à Florence.

Avant Magellan la rondeur de notre terre était connue des savants : elle avait même été démontrée par les astronomes et les navigateurs, mais elle était restée une conception de l'esprit, et, bien que cependant les peuples se fussent depuis des temps immémoriaux distribués dans les continents et dans les îles sur tout le pourtour de la circonférence terrestre, jamais homme conscient de son œuvre n'avait fait le tour de la planète. Les premiers, Magellan et ses compagnons l'entourèrent comme d'un fil d'or, auquel se rattachent depuis toutes les mailles du réseau tissé par la foule innombrable des explorateurs qui se sont succédé et se succèdent à la surface du globe. C'est au navigateur portugais que nous devons la ligne fondamentale, l'équateur des itinéraires qui relie en leur ensemble tous les traits géographiques. Grâce à lui, la terre s'est constituée scientifiquement et l'unité s'est faite dans l'histoire des hommes aussi bien que dans la structure générale des formes terrestres. Il est vrai que les conséquences de cette révolution se produisent avec lenteur, de siècle en siècle, de décade en décade, d'année en année, mais l'histoire en constate la sûre évolution, se poursuivant dans la confusion apparente des générations entremêlées.

LA RENAISSANCE : NOTICE HISTORIQUE

FRANCE. A Charles VII, 1422-1461, succède son fils Louis XI, 1461-1483, puis Charles VIII, tout d'abord sous la régence de sa sœur Anne de Beaujeu. Le roi étant mort sans enfant en 1498, le duc d'Orléans monte sur le trône : Louis XII, 1498-1515. A sa mort, une nouvelle branche des Capet accède au pouvoir avec François Ier, 1515-1547.

ALLEMAGNE. La dignité impériale appartient à l'époque de la Renaissance — depuis 1438 et jusqu'en 1740 — à la famille des Habsburg, ducs d'Autriche. Frédéric III occupe le trône de 1439 à 1493, puis son fils Maximilien jusqu'en 1519. Celui-ci, marié à l'unique enfant de Charles le Téméraire, a un rejeton, Philippe, qui meurt prématurément (1506) laissant un enfant de son mariage avec Jeanne la Folle. C'est ce petit-fils de Maximilien, Charles, héritier en 1516 des possessions du Nouveau Monde et des couronnes d'Espagne et des Deux Siciles, puis en 1519 du duché d'Autriche, de la Bourgogne et des Flandres, qui se présente au choix des Princes électeurs et devient l'empereur Charles Quint, 1519-1556.

ESPAGNE. Les rois d'Aragon, possesseurs de la Sicile depuis 1409 et du royaume de Naples depuis 1435, se succèdent régulièrement : Ferdinand Ier, Alphonse, 1416-1458, Jean, 1458-1479. Ferdinand II, roi des Deux Siciles du vivant de son père, 1468, épouse en 1469 Isabelle, sœur du roi de Castille ; il peut à la mort de celui-ci mettre la couronne de ce royaume sur la tête de sa femme et le couple règne sur toute l'Espagne catholique dès 1479. Isabelle meurt en 1504, laissant une seule enfant, Jeanne, mère de Charles-Quint.

Les princes de PORTUGAL engagés dans l'œuvre de découverte de la Terre sont Jean Ier (João), 1385-1433, ses fils le roi Edouard et l'infant Henri, puis Alphonse, 1438-1481, Jean II, Emmanuel depuis 1495 et Jean III, 1521-1557.

Les plus célèbres et les moins despotes de la famille des MEDICI sont Cosme, 1389-1464, gonfalonier depuis 1429, et Laurent, 1448-1492.

Nous ne citons ici que quelques grands noms, parmi les hommes de la Renaissance. D'autres, nés après 1467, se trouveront plus loin avec leurs contemporains, les Réformateurs.

GIOTTO (di Bondone), peintre, né en Toscane	1266	1336
PÉTRARQUE (Francesco Petrarca), né à Arezzo	1304	1374
BOCCACE (Giovanni Boccaccio), Florentin né à Paris	1313	1375
Gémiste, dit PLÉTHON, né à Constantinople	(1355)	(1450)
Les frères VAN EYCK, peintres flamands, Hubert	1366	1426
et Jean	(1385)	1441
DONATELLO, sculpteur toscan	1386	1466
Fra ANGELICO (Fra Giovanni da Fiesoli)	1387	1455
Biondo FLAVIO, historien, né à Forli	1388	1463
Fra FILIPPO LIPPI, né à Florence	1400	1469
Battista ALBERTI, architecte, né à Gênes	1404	1472
Giovanni BELLINI, peintre, né à Venise	1426	1516
BOJARDO, poète, né près de Modène	1430	1494
Andrea MANTEGNA, peintre, né à Padoue	1430	1505
PULCI, poète, né à Florence	1432	1484
Constantin LASCARIS, grammairien, né à Constantinople	1434	1493
MEMLING, peintre flamand, né en Souabe	1435	1494
GIOCONDO, architecte, né à Vérone	1435	1515
BRAMANTE (Lazzari dit), architecte, né à Urbino	1444	1514
PÉRUGIN (Pietro Vannucci dit le), peintre	1446	1524
BOTTICELLI (Alessandro Filipepi), peintre florentin	1447	1510
Alde MANUCE, imprimeur, né à Bassiano	(1449)	1515
GHIRLANDAJO (Domenico Currado dit), né à Florence	1449	1498
Lionardo DA VINCI, peintre et savant, né en Toscane	1452	1519
SAVONAROLE (Jérôme), né à Ferrare	1452	1498
Pierre VISCHER, sculpteur, né à Nuremberg	1455	1529
Adam KRAFFT, sculpteur, né à Nuremberg	(1456)	1507
PIC DE LA MIRANDOLE, philosophe, né près de Modène	1463	1494
Quentin METZYS, peintre, né à Louvain	1466	1530

L'humanité future, telle que doit la préparer une éducation virile, ne sera-t-elle pas composée d'hommes dont chacun pourra se suffire à lui-même et recréer un monde autour de lui?

CHAPITRE X

RENAISSANCES. — QUATTROCENTO. — HUMANISTES. — BIBLIOTHÈQUES ÉDUCATION. — RÉHABILITATION DE LA CHAIR. — AMOUR DE LA NATURE RENAISSANCE EN ALLEMAGNE. — IMPRIMERIES. — UTOPIES LOUIS XI ET CHARLES LE TÉMÉRAIRE. — FRANÇAIS EN ITALIE JUIFS ET BANQUIERS ALLEMANDS. — DÉPLACEMENT DU COMMERCE CONQUÊTES ESPAGNOLES. — PRESTIGE ET DÉCADENCE DE L'ESPAGNE

Tandis que la force vive de l'Europe civilisée s'appliquait à la découverte du monde, elle s'employait aussi à l'intérieur pour la reconstitution sociale en un grand sentiment d'unité humaine, tout différent de l'union factice obtenue par la communauté, purement verbale, des dogmes religieux et par la hiérarchie du clergé catholique.

On embrasse d'ordinaire sous le nom de « Renaissance » la période d'émancipation intellectuelle qui se produisit aux quinzième et seizième siècles, sous la double influence de l'accroissement du savoir dans l'espace et dans le temps. Les découvertes qui se sont accomplies en Chine et dans l'Extrême Orient avec les Vénitiens, en Afrique et dans les Indes avec les Portugais, puis dans le Nouveau Monde avec les Espagnols et tous les navigateurs de l'Europe occidentale ont singulièrement reculé les bornes de l'horizon terrestre et en même temps accru la portée de l'imagination, l'audace de la pensée ; de même l'érudition, la mise en lumière de la littérature antique rattachent les siècles présents aux siècles anciens, par delà les origines mêmes de l'Eglise. L'humanité s'est doublement agrandie : d'une part, elle a pris possession de tout son domaine terrestre sur la rondeur complète du globe, et, d'autre part, elle s'est emparée de son héritage gréco-romain depuis les origines de son histoire. Pareille époque mérite bien d'être désignée d'une manière spéciale dans la succession des âges.

Cependant, ce mot « Renaissance » n'a qu'une valeur relative, car avant le xve siècle, avant la fuite des grammairiens grecs de Constantinople, emportant leurs livres vers l'Occident, jamais les lettres latines n'avaient cessé d'être cultivées à Rome et dans les Gaules : Virgile y avait même été vénéré à l'égal d'un père de l'Eglise, presque divinisé. La Renaissance italienne n'avait-elle pas eu Pétrarque pour devancier, un siècle auparavant, et n'avait-elle pas été précédée par la Renaissance arabe, durant laquelle les Maures, les Juifs, les Levantins apportaient en Europe la connaissance de l'Asie orientale, de ses conditions géographiques, de ses populations, de ses produits et de son histoire ? A toutes les époques, il y eut des « renaissances » d'une valeur plus ou moins décisive. Avant celle qui répondit aux découvertes de Gutenberg et de Colomb, on cite couramment celle de Charlemagne, puis celle du douzième siècle qui, excitée par la philosophie de l'antiquité, eut l'avantage de ne point en être dominée, comme le fut sa jeune sœur, la grande Renaissance.

De même que de contrée en contrée les migrations et les transplantations sont fréquentes, donnant ainsi lieu à des phénomènes d'ordre très différents de la routine des choses, de même des « sauts » de siècle à siècle peuvent s'accomplir par-dessus les âges intermédiaires et rendre à des idées antiques une jeunesse nouvelle : telle génération ne resplendit en sa deuxième fleur qu'après des intervalles de décadence et de stérilité. C'est ce qui arriva pour la littérature, la philosophie, la morale des anciens, au sortir de la sombre époque du moyen âge.

C'est en Italie surtout que l'évolution de la science et de l'art, suivant des voies nouvelles, se manifesta d'une manière assez puissante pour mériter le nom de « Renaissance » : on l'a même résumée par le mot de « quattrocento », s'appliquant à tous les progrès de l'esprit humain qui se

Cl. J. Kuhn, édit.

VENISE. — PIAZZETTA.

Au fond Saint-Marc, à droite le Palais des Doges, à gauche le Campanile (écroulé) et la Libreria de San Sovino, un des plus purs monuments de la Renaissance.

sont accomplis spécialement en Italie pendant le cours du XVe siècle [1].

A cette époque, la commune italienne disparaissait, remplacée partout par le gouvernement d'un seigneur ; une seule ville conservait sa forme républicaine, Venise, que les lagunes séparaient de la terre ferme et à laquelle les conditions tout à fait spéciales de sa politique étrangère créaient une vie complètement différente de celle des autres cités italiennes.

Les causes de la décadence et de la ruine définitive des communes d'Italie ne sont que trop évidentes. Se partageant en castes ennemies, chacune d'elles consume ses forces en luttes intestines et, toujours, la

1. Philippe Monnier, *Le Quattrocento, Essai sur l'Histoire littéraire du XVe Siècle italien*, 2 vol.

caste opprimée va chercher à l'occasion ses alliés à l'extérieur ; la noblesse urbaine s'appuie sur la noblesse étrangère, les gros marchands concluent des alliances avec les gros marchands d'ailleurs ; le populaire fait appel au petit peuple des cités voisines, à moins que, dans son imprudence, il n'introduise dans les murs quelque puissant seigneur qui flatte ses passions, ou n'acclame un riche distribuant largement ses deniers. Chaque caste ne voit que ses intérêts particuliers et, dans les cités heureuses où l'équilibre s'est peu à peu établi, la Commune n'a d'autre idéal qu'elle-même et ne comprend pas que si elle ne défend la liberté de tous, la sienne est également compromise. Les exemples d'une plus haute appréciation des choses sont rares dans les annales des cités. Lorsqu'en 1289, Florence délivra les paysans de toute servitude, « parce que la liberté, droit imprescriptible, ne peut dépendre de l'arbitre d'autrui », cette noble attitude ne fut guère imitée, et elle-même l'oublia bientôt dans sa conduite envers Pise. Peu de républiques eurent de la magnanimité dans la compréhension de leurs vrais intérêts.

Et si les communes étaient destinées à périr de leurs luttes intestines, elles l'étaient aussi de par les guerres continuelles qu'elles soutenaient contre les cités voisines. Florence en veut à Pise de lui prendre la mer, à Sienne de lui fermer le chemin de Rome ; Milan reproche à Pavie, à Crémone, à Brescia de balancer son pouvoir, de diminuer sa part de richesses ! Pas plus à Lucques en 1348 qu'à Milan en 1447, le peuple ne voulut entendre parler d'une fédération de villes ayant toutes les mêmes droits.

Les occasions de conflit sont si nombreuses que la Commune n'a plus le temps de guerroyer par elle même : elle doit se confier à des spécialistes, à des gens dont le métier est précisément de se louer soit à un prince soit à une ville pour combattre à leur place, gagner leurs victoires ou subir leurs défaites. Celui qui sent en lui l'audace nécessaire, le goût de la rapine, l'esprit des aventures tâche de grouper une bande de mauvais sujets, aussi peu respectueux que lui de la vie humaine et des produits du travail et, quand il a réuni sa *condotta*, parcourt le pays à la recherche de villes dont il puisse entreprendre les affaires. Il se vend au plus offrant, et, si l'ennemi qu'il combattait hier lui offre plus que son allié d'un jour, il change de parti et pénètre comme maître dans la cité dont il était le défenseur. Jamais la loterie de la guerre ne se décida plus brusquement, par coups inattendus, que sous le régime des *condottieri*.

Tel qui devient le seigneur absolu d'une ancienne commune libre est une redoutable bête féroce : on tâche de s'en accommoder dans l'espérance que son fils ou quelque heureux rival sera un bon prince, généreux et

Cl. J. Kuhn, édit.

VENISE. STATUE DU CONDOTTIERE « IL COLLEONE »,
par ANDREA DEL VEROCCHIO, né à Florence en 1422 ou 1435, mort à Venise en 1488.

plein de mansuétude. On ne vit plus qu'au hasard, ballotté par la chance et la malchance, suivant les rencontres, les trahisons et les massacres.

Mais la poussée de liberté qui avait constitué les républiques, les communes et les ligues contre la féodalité devait se continuer logiquement jusqu'à l'émancipation de l'individu. L'homme du quinzième siècle cherche à se dégager de la société ambiante pour se découvrir dans la plénitude de sa force et de sa beauté. Une sorte de parallélisme se produit entre la période de la Renaissance italienne et la grande époque de floraison hellénique. A deux mille ans d'intervalle, on voit également l'homme chercher à réaliser son idéal en force, en élégance, en charme personnel, ainsi qu'à se développer en valeur intellectuelle et en savoir. Tel est le mouvement de l' « humanisme » dans son sens profond : l'individu tient à se révéler dans toute la splendeur de sa personne, débarrassé des multiples entraves des coutumes et des lois. Sans doute une élite bien faible par le nombre peut atteindre à la perfection voulue, mais c'est déjà beaucoup de le tenter, et, d'ailleurs, l'ensemble de la société se modèle toujours sur des types qui lui donnent leur caractère et en sont l'âme, pour ainsi dire. Aussi malgré les tyrannies locales, malgré les guerres civiles et étrangères, malgré le remous politique dans lequel tournoyaient les Etats, l'époque de la Renaissance n'en est pas moins une des plus remarquables de l'histoire, car la valeur des sociétés se mesure à celle des individualités fortes, conscientes d'elles mêmes, qui en surgissent. L'humanité future, telle que doit la préparer une éducation virile, ne sera-t elle pas composée de pareils hommes, dont chacun pourrait se suffire à lui même et recréer un monde autour de lui ?

Le mouvement du grand siècle de la Renaissance, continuant l'ancêtre Pétrarque, eut donc une bien autre portée que celle de créer des « humanistes » dans le sens étroit de ce mot : des hommes mettant leur gloire à parler en beau latin et voyant en un barbarisme le comble de l'opprobre. Non, l'humanisme, dans sa conception la plus haute, consistait, ainsi que son nom l'indique, dans la recherche de tout ce qui est « humain », de tout ce qui relève l'homme à ses yeux, le montre non seulement dans la pratique d'un « beau langage » — *dicendi peritus* — mais aussi dans l'exercice de toute bonté : noble, généreux, magnanime, et c'est parce que la littérature antique, grecque et latine, contient, sous la forme la plus belle, les pensées les plus profondes et la plus haute morale, c'est parce que tout le trésor des acquisitions humaines s'y trouve réuni que l'attention exclusive des hommes de la Renaissance s'est portée sur les écrivains de l'antiquité classique.

La révolution qui se produisait dans les esprits était, en sa vraie nature, essentiellement religieuse : l'homme, cessant d'être la victime du péché originel, reprenait sa pureté première et son droit de goûter librement aux fruits du paradis ; malgré la défense antique, promulguée par toutes les Eglises qui se succédèrent dans l'histoire, il avait droit surtout au fruit de l'arbre de la science : innocence et ignorance avaient cessé d'être synonymes. Certes, tous les humanistes ne furent point des hommes de haut caractère, il y eut parmi eux des gens sans consistance et sans dignité, hypocrites, flatteurs et parasites, et leur action éducatrice en fut nécessairement amoindrie, mais ils n'en apportaient pas moins des connaissances nouvelles, ils n'en ouvraient pas moins des écoles et représentaient la science contre ceux qui, avec saint Paul et saint Augustin, prêchaient l'« absurde foi ».

Quoi qu'en disent certains, le moyen âge, dans son ensemble, haïssait les livres, et ceux des religieux qui les aimaient quand même, par instinct spontané, avaient été jalousement surveillés comme fauteurs d'une révolte cachée. Pourtant, certains noms de couvents, tel celui du mont Cassin, éveillent l'idée de livres et de manuscrits : le mot de « bénédictins » fait naître l'illusion, si commune parmi ceux qui voient les choses par ordre et de confiance, que les moines du moyen âge étaient pour la plupart appliqués à l'étude, à la lecture, à la transcription des manuscrits, et que nous leur devons le précieux héritage de la littérature antique; erreur ne tenant nul compte de l'état général de la société pendant cette noire époque et de l'étroitesse d'esprit qu'engendre forcément dans toute communauté la rigide observance des règles ayant pour seul but la diminution de l'initiative personnelle. D'ailleurs, le zèle de l'apôtre Paul, faisant brûler les livres d'Éphèse, anima longtemps les pontifes pénétrés de la ferveur primitive. « On m'apprend, écrivait à la fin du sixième siècle Grégoire le Grand à un évêque, on m'apprend, et je ne puis le répéter sans honte, que votre Fraternité a osé exposer à quelques uns les principes de la grammaire... C'est chose grave et honteuse qu'un évêque s'occupe de ces futilités, indignes des religieux et des laïques ». Et nombre d'évêques négligeaient en effet ces misères mondaines de l'instruction : plus de quarante prélats, au concile de Chalcédoine, en 451, n'avaient-ils dû recourir à l'obligeance de leurs collègues ou de leurs clercs pour attester leur approbation des décrets qu'ils ne savaient pas signer eux-mêmes? Chez les moines bénédictins, dont le nom est devenu le synonyme d'hommes d'étude, grâce aux religieux érudits du dix-septième et du dix-huitième siècles, la règle n'exigeait pas que le frère sût lire et écrire et ne lui ordonnait point de s'instruire dans les arcanes de l'alphabet pendant son année de noviciat. Chez les moines de Citeaux, la norme pour ceux qui s'adonnaient à la lecture était de ne lire qu'un seul ouvrage par an et de transcrire les manuscrits en se gardant bien de les orner de la moindre rubricature[1]. C'était aux artistes du dehors, aux ouvriers enlumineurs, que revenait ce travail profane.

Aussi, combien pauvres en livres étaient, pendant les siècles du moyen âge, les plus illustres monastères ! Le plus riche de tous, en 1472, à la veille de la Renaissance, est celui de Clairvaux, qui, d'après d'Arbois de Jubainville, renfermait 1 714 volumes. Notre Dame de Paris ne possédait, en 1297, que 97 ouvrages, tandis qu'avant cette époque, au Caire, la bibliothèque des Fatimites aurait, d'après Quatremère, contenu plus de deux millions et demi de volumes! Il est vrai que la bibliothèque du Vatican dépassait toutes les autres en Europe : sous Sixte IV, elle se composait de 2 546 volumes. On se rappelle la visite faite par Boccace à ce qui restait au quatorzième siècle de la bibliothèque du mont Cassin : il n'y trouva guère que des livres mutilés; les moines raclaient alors les cahiers, coupaient les marges et en faisaient de petits psautiers pour les enfants et les femmes[2]! C'est ainsi que nombre d'ouvrages de l'antiquité gréco romaine, existant encore au dixième et au douzième siècles, se perdirent avant les jours lumineux de la Renaissance et si, à cette époque, les érudits purent heureusement en retrouver un grand nombre, c'est qu'ils les cherchèrent et les firent apparaître de nouveau, sous le grimoire de prières, de recettes ou de formules sans valeur dont les parchemins avaient été griffonnés.

Même avant la découverte de l'imprimerie, les humanistes avaient commencé la grande œuvre de conquête littéraire et scientifique qui, désormais, devait se poursuivre sans arrêt. Le sens de la continuité dans l'histoire se réveille, et des érudits cherchent à renouer les événements des temps anciens à ceux des temps modernes par dessus la période obscure du moyen âge. Flavio Biondo, l'auteur du premier ouvrage de reconstitution archéologique de Rome[3], essaie de renouveler en Italie la tentative de Ibn Khaldun chez les Mahométans de Maurétanie, un siècle avant lui, mais avec un esprit plus large, une conception plus haute et plus philosophique. L'historien arabo berbère avait pris pour objet de ses études le développement de la civilisation dans l'ensemble de l'humanité, mais, tout en disant qu'il croit avoir été le seul à s'occuper de cette « science nouvelle », il ajoute modestement qu'il peut se tromper,

1. D'Arbois de Jubainville, *De l'Intérieur des Abbayes cisterciennes*, p. 62. — 2. Benvenuto de Imola, cité par Philippe Monnier. — 3. *Roma Instaurata*, 1446.

car « il y a tant de sciences, et tant de savants ont existé chez les diverses nations ! Où sont les connaissances des anciens Persans? où les sciences des Chaldéens, des Syriens, des Babyloniens, avec leurs monuments ? »

Cette résurrection du passé, qu'Ibn Khaldun croyait impossible, a fini par se réaliser quelques siècles après lui, grâce aux âpres chercheurs de la Renaissance, comme Alde Manuce, qui s'occupèrent toute leur vie,

Académie des Beaux-Arts, à Venise. Cl. J. Kuhn, édit.

ÉPISODE DE LA VIE DE Ste-URSULE
RETOUR DES AMBASSADEURS ANGLAIS DANS LEUR PATRIE
par CARPACCIO, né à Venise vers 1460, mort en ce même lieu en 1522.

avec une inlassable ardeur, de restituer au moins le trésor littéraire de Rome et de la Grèce, et qui surent avec tant d'intelligence et de sagacité divinatoire, discuter les textes pour en élaguer les erreurs de copie, les interpolations, les commentaires et en rétablir la pureté première. C'est ainsi que le sens critique se développa, d'abord sur les problèmes de ponctuation, d'orthographe et de mots, puis sur les questions plus hautes de l'histoire et de la science dans son ensemble. De cette étude scrupuleuse des manuscrits différents et contradictoires naquit le libre examen des doctrines également diverses et opposées.

Les Italiens n'avaient pas attendu l'exode des Grecs de Constantinople pour prendre possession de l'héritage hellénique. D'ailleurs, même à la veille de la Renaissance, l'élément grec, qui, deux mille années plus tôt, avait alimenté l'école de Pythagore et d'autres collèges de science et de philosophie dans la Grande Grèce, se maintenait encore au sud de l'Italie, grâce à l'influence de Constantinople, qui était restée la souveraine du pays jusqu'à la fin du onzième siècle, et n'avait cessé de lui envoyer de nombreux fugitifs. Le vieux fond japygien de la population primitive apparentée aux Pélasges s'était si bien accommodé de la culture grecque que la langue « romaïque » ne serait pas complètement éteinte vers l'extrémité méridionale de la terre d'Otrante et de celle de Calabre. La patrie de Giordano Bruno, de Campanella, de Vico n'est elle pas foncièrement grecque par le caractère de la pensée[1] ?

Toutefois, la restitution de la littérature et de la pensée grecques à l'époque de la Renaissance ne se fit point dans l'Italie méridionale, encore à demi hellénique d'origine : elle devait naturellement s'accomplir dans la partie septentrionale de la Péninsule, là où l'histoire avait eu sa plus rapide évolution. Florence, qui était alors le véritable centre de l'Italie artistique et savante, « Florence, la cité qui fut la fleur des cités »[2], devint comme une nouvelle ville grecque.

Florence apporte à son œuvre artistique tout autant d'imagination et de verve créatrice que la grande Athènes, mais pourtant moins de richesse et de variété : elle semble découragée, dégoûtée de l'action et ne s'insurge pas contre la domination étrangère. Le cœur n'y est pas au niveau du génie, nous dit-on[3], mais ne serait ce pas plutôt que son idéal est au-dessus de la terre et que les misérables disputes des hommes ne peuvent en ternir la pureté adamantine ? Les poètes depuis Pulci et Bojardo jusqu'à l'Arioste et à Goldoni, les peintres depuis le Pérugin jusqu'au Corrège, tous montrent la même sérénité. Durant le sac de Rome, le Parmesan peignait encore que les lansquenets pénétraient dans son atelier. « Cherchez, dit Quinet, dans les vierges d'Andrea del Sarto et de Raphaël, le triste regard de l'Italie esclave, violée, dépouillée, lacérée, déchiquetée ; vous y trouverez le regard du bienheureux qui monte au ciel, non le désespoir d'une chute politique ». L'Italie est, par l'histoire de son art et de sa pensée philosophique et politique, sortie la première du cercle étroit de la nationalité proprement dite. Elle s'est confiée, sans

1. François Lenormant, *La Grande-Grèce*, t. XI, p. 65 ; — Ernest Nys, *Autour de la Méditerranée*, p. 4. — 2. J. Ruskin. — 3. G. Perrot, *Revue des Deux Mondes*, nov. 1870.

défense, à l'esprit de civilisation, au génie de l'humanité. La patrie des Italiens fut longtemps l'univers[1].

Florence, la cité lumineuse par excellence, s'était transformée en capitale depuis que les riches marchands, les Médicis, avaient su prendre le pouvoir royal, tout en en dédaignant le titre. Nulle part la vie du bourgeois et du lettré n'était plus splendide, plus joyeuse et,

Cl. J. Kuhn, édit.

CATHÉDRALE DE FLORENCE
A l'horizon, à droite, on aperçoit les hauteurs de Fiesole.
Le dôme de la cathédrale fut construit par BRUNELLESCHI, florentin, 1377-1466

en même temps, plus noblement embellie par la grandeur des arts et l'élégance de la parole, en prose et en vers, en latin souple et fluide, redevenu langue vivante et presque maternelle, en grec sonore et correct. Les courtisans, les orateurs, les grammairiens et les poètes qui gravitaient autour de Laurent le « Magnifique » avaient pleine conscience de vivre dans une époque glorieuse entre toutes, digne d'être comparée à celle qui vit la splendeur d'Athènes. Marsile Ficin, un des hommes les plus illustres du groupe, s'écrie avec bonheur : « Ce siècle est un siècle

1. Paul Ghio, *L'Anarchisme aux Etats-Unis*, p. 158.

d'or : il a remis en lumière les disciplines libérales presque éteintes, la grammaire, la poésie, l'éloquence, la peinture, l'architecture, la musique, l'art de chanter sur l'antique lyre d'Orphée, et tout cela à Florence ! » Il écrit à un ami qu'il convie à s'établir dans la noble cité : « Sois heureux, sois Florentin ! »

Durant ce beau siècle de la Renaissance, en cette belle contrée d'Italie, les joies de l'étude n'étaient pas réservées à la seule élite des hauts esprits, des princes et fils de princes, elles devaient être également réparties au peuple, s'accommoder aux enfants, transformer les écoles, en faire des « maisons joyeuses », types de celles que bâtissent çà et là les hommes libres de la société moderne. Telle l'école que fonde Vittorino Rabaldoni, près de Mantoue, dans une prairie « réjouie d'arbres et de fontaines ». Dans la vaste maison, ornée de fresques et de fleurs, les enfants, venus de tous les pays, appartenant à toutes les classes sociales, vivent en frères, heureux, sans avoir à craindre les coups. Vittorino, dont le visage est si ouvert « qu'il guérit les malades », sait rendre la science aimable et le jeu instructif, tellement que ses disciples travaillent lorsqu'ils dansent, sautent, chantent, montent à cheval, courent les montagnes, et qu'ils s'amusent lorsqu'ils récitent du Virgile, écrivent du latin, improvisent des discours. L'éducateur avait compris que les diverses parties de l'être doivent être développées parallèlement, l'intelligence renouvelée par la variété des études, le corps restauré par la diversité des aliments et tout défaut physique corrigé : c'est ainsi que s'obtiennent la force et l'endurance, la beauté et la grâce. Rabaldoni, « né d'un chêne », était le modèle auquel tous cherchaient à ressembler[1].

Que l'on compare à ce lieu de bonheur les antres dans lesquels les élèves soumis à la torture des routines avaient à payer tous leurs manquements par un autre supplice, celui du fouet, traitement qui a tant d'admirateurs en Angleterre ! Un écrivain, louangeur du moyen âge, essaie de nous montrer cette éducation féroce sous un côté poétique. Il nous décrit la « Fête des Verges » que maîtres et parents, conduisant la troupe des petits, célébraient en Allemagne pendant un beau jour d'été. Sous l'œil sévère des gens d'âge, les écoliers allaient au bois faire la provision des verges qui devaient cingler leur chair : on les leur faisait choisir souples et dures, en fin bois de

1. Philippe Monnier, *Le Quattrocento*, t. I, pp. 241 et suiv.

bouleau, et l'on donnait à chacun son fardeau à porter. Puis, après les jeux et le dîner sur l'herbe, les enfants rentraient en ville chantant

N° 368. Florence et les Environs.

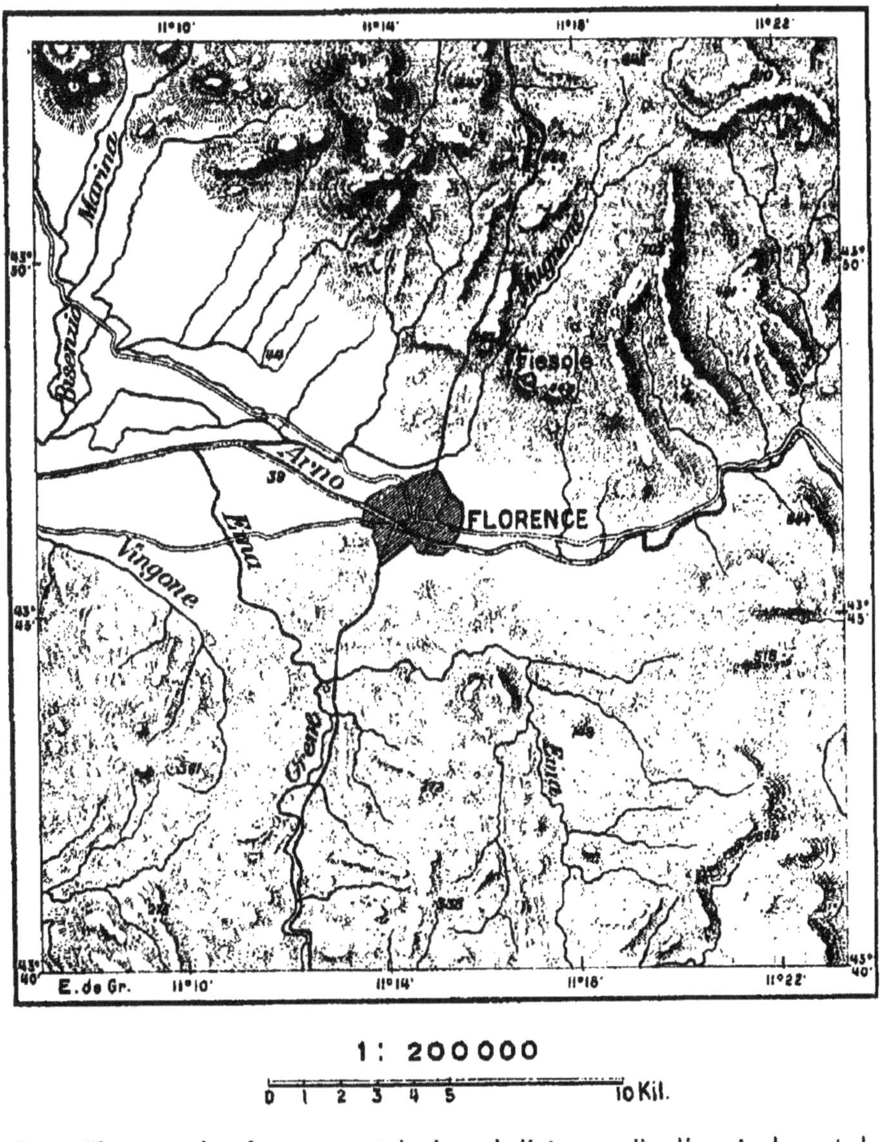

la « Chanson des Verges » ; tels les gladiateurs s'inclinant devant le César qui, d'un signe, allait les faire mourir[1].

En se rapprochant de la vérité scientifique, l'Italie, et l'Europe avec elle, s'éloignent de la foi. Sans doute les vieilles formes traditionnelles du

1. J. Janssen, *L'Allemagne à la Fin du Moyen âge.*

culte ne changent point, et même, l'art se mêlant davantage à la vie populaire, les fêtes religieuses gagnent en éclat, en splendeur, en richesse ; mais l'indifférence, plus encore que les hérésies, détourne graduellement de l'Eglise les hommes instruits des choses de l'antiquité : un des néo platoniciens venus à Florence, Gémiste Pléthon, professe sans causer de scandale parmi ses amis que la religion future ne sera « ni de Christ ni de Mahomet, et ne différera point essentiellement du paganisme ». L'autorité du souverain pontife s'était singulièrement affaiblie, surtout dans cette Italie même dont il était l'un des princes temporels. Le territoire de Rome devenait une principauté sécularisée où l'on s'occupe avant tout d'intérêts politiques et mondains, en les appuyant beaucoup plus sur la force guerrière et la ruse que sur des exhortations religieuses. Humanistes et collectionneurs de manuscrits comme d'autres potentats de l'Italie, les papes, pour la plupart hostiles à tout zèle religieux, se bornaient à consacrer les traditions de la curie. Lorsque Nicolas V mourut, le rimeur Filelfo ne parle que du désespoir d'Apollon et des muses. Et plus tard, lorsque le Portugal et l'Espagne intriguent de leur mieux auprès des chambellans et des greffiers du pape pour se faire adjuger la meilleure moitié du globe, Alexandre VI, occupé de son Etat, de sa famille, de ses affaires privées, ignore les grands intérêts que fait naître en Europe le nouvel équilibre du monde. A Rome, le cardinal Jacopo Ammanati cherche un précepteur chrétien : il ne trouve que des lettrés. Le mot « vertu » était devenu synonyme de virtuosité dans l'usage du latin.

Et c'est précisément à l'époque où l'autorité du pape cesse d'être reconnue dans l'Occident que, par une bizarre ironie des choses, on procède à la cérémonie d'un prétendu retour de l'Eglise d'Orient sous la houlette du pontife de Rome. Un concile se réunit à Ferrare, puis, chassé par la peste, se transfère à Florence où, après avoir fait montre d'érudition, de dialectique et d'éloquence, les lettrés les plus diserts de l'Eglise grecque et de l'Eglise latine proclament l'union dogmatique entre les deux parties de la chrétienté. Dans la nef de Sainte-Marie-Nouvelle se dressent deux trônes érigés à la même hauteur, celui du pape de Rome, Eugène IV, celui de l'empereur d'Orient, Jean Paléologue ; les grands dignitaires les entourent, les prêtres des deux clergés officient, la foule applaudit et se prosterne. Le traité d'union, rédigé dans les deux langues, est lu et juré solennellement, et, lettre morte, va reposer dans les archives. Ces belles fêtes de réconciliation religieuse, célébrées en 1439 dans la ville qui est le foyer même de l'humanisme, n'eurent en réalité rien de religieux : elles furent essentiellement païennes, le joyeux salut d'amour adressé aux grands génies de l'antiquité grecque revenus parmi les hommes!

Pinacothèque de Münich. Cl. J. Kuhn, édit.

DÜRER PEINT PAR LUI-MÊME (1500).

Le relâchement de la piété catholique permettait à la société pensante de revenir à la nature et d'interrompre pour un temps les pratiques d'ascétisme : elles eurent pourtant leur courte période de retour victorieux lorsqu'à la fin du quinzième siècle Jérôme Savonarole, entouré de ses « pleureurs » ou *piagnoni*, dicta des lois à la seigneurie même de Florence, et, revenant à la tradition de saint Paul, fit brûler des tableaux, des instruments de musique et des œuvres de littérature profane, entr'autres les *Contes* de Boccace. Mais cette crise de foi aiguë et de pénitence dura quatre années à peine et, à son tour, Savonarole fut brûlé par ordre du pape Alexandre VI, pour crime de trop grande ardeur dans son élan vers Dieu.

Il est certain que le mouvement de la Renaissance, pris dans son ensemble, détermina l'émancipation de la société civile en la rattachant à la culture antique par-dessus et par delà les âges chrétiens. C'est ainsi que la femme, moitié de l'humanité, reconquit alors pratiquement une faible part de la vie sociale que lui avait refusée l'Eglise : elle put sortir du cercle de la famille et de l'ombre des nefs et couvents : même un très grand nombre de femmes devinrent célèbres par leur science, leur esprit, leurs qualités viriles ; en mainte famille noble, les filles participaient pleinement à l'éducation de leurs frères.

La malédiction que l'Eglise chrétienne avait prononcée contre le corps, considéré comme le siège de toute passion vile, cessa de peser sur les hommes : « Les mille ans de crasse », par lesquels Michelet résume le moyen âge, eurent enfin leur terme. Ce fut là une grande révolution, la plus importante qu'ait déterminée la Renaissance, car elle implique un affaiblissement de ce dogme terrible du péché originel qui avait pourri l'humanité chrétienne et lui apprenait à mépriser son corps, ou à voir en lui le réceptacle de tous les vices. La punition de la coulpe première entraînait forcément l'horreur de la « chair » contrastant avec l'âme immortelle, et, dans la pratique de la vie, ce mépris du corps ne fut autre chose que la saleté. La vermine, les ulcères, les plaies furent en honneur ; on se fit gloire d'élever vers Dieu des mains purulentes, d'appeler son regard sur des membres atrophiés ou découlant de sanie. Dans les campagnes françaises, soumises pendant quatorze cents ans à la discipline ecclésiastique, ce fut jusqu'à une époque récente un devoir pour les fidèles de ne pas « laver l'eau du baptême » : par une étrange dépravation, le symbole même de la purification avait fini par servir de prétexte à l'impureté. De nos jours encore, les Mongols cessent de laver leurs vêtements pendant toute une année lorsqu'un malheur public, la perte d'une récolte par exemple, a témoigné de la colère céleste [1] : leur mentalité n'a guère changé depuis la visite de Rubruk : il raconte qu'une lessive suffirait pour faire tomber la foudre. Et, pour revenir dans les terres chrétiennes que la domination des moines a tant fait ressembler à celles de la Mongolie, ne vit-on pas en Espagne l'Église défendre l'usage de l'eau pure ? En 1567, le cardinal Espinoza mit un terme au scandale des bains que prenaient encore les descendants des Arabes restés dans le royaume « catholique » par excellence [2], dans ce pays où la malpropreté d'une princesse fut érigée en héroïsme.

Or, la réhabilitation de la chair — ainsi que s'exprimaient les saint-Simoniens à l'époque romantique du socialisme — était la condition essentielle de l'émancipation de l'art. Certes le peuple de la belle Italie

1. W. W. Rockhill, *Diary of a Journey through Mongolia and Tibet*, p. 154. — 2. A. S. Martin, *Spain, its Greatness and Decay*, p. 153.

avait toujours gardé le sens de la beauté, ou plutôt il avait toujours reflété le charme et la grâce de la nature environnante. Les paysages si aimables de la Toscane, du Lucquois, de l'Ombrie, avec la ligne pure de leurs collines, leurs bosquets, leurs rivières, leurs villages roses, la riche variété de leurs cultures, le contraste du vert tendre et des cyprès noirs,

Cl. Kuhn, édit.

MURCIE. RUINES DE BAINS ARABES

puis les forêts bruissantes des hauts Apennins, et par delà les plaines padanes à l'inlassable fécondité, les avant-monts fleuris des Alpes, ce merveilleux ensemble aux couleurs changeantes, du printemps à l'hiver et de l'hiver à un nouveau printemps, tout cela se retrouve dans le caractère du peuple, gai, dispos, spirituel, aimant, délicieusement artiste. « Joachim de Flore aimait la nature et savait la regarder : un jour qu'il prêchait par la pluie, les nuages s'entr'ouvrirent soudain et un joyeux rayon illumina l'église. Le prédicateur s'arrête, salue le soleil, entonne le *Veni Creator* et sort avec son troupeau pour contempler la campagne souriante »[1]. Alberti, humaniste s'il en fut, dont la douceur

1. Arvède Barine, *L'Italie Mystique.*

magnétique charmait les animaux sauvages, fondait en larmes à la vue d'un bel arbre ou de riches moissons; toute beauté était révélation.

Nuls paysans au monde n'ont de chants populaires plus touchants de sentiment vrai, plus harmonieux, plus élégants et mesurés dans la forme que les *rispetti*, les *stornelli* des villageois toscans. Nulle part non plus les maisonnettes ne marient plus gracieusement leur décor avec celui des arbres et des champs : le campagnard maçon ne songe point, comme en tant d'autres pays, à imposer sa bâtisse à la vue ; il sait l'unir au milieu, en ajoutant un trait de plus à la grâce du paysage. Et lui-même conscient de sa beauté, il sait la garder, faire honneur à la femme qu'il a choisie : il fleurit ses enfants, il enguirlande ses bœufs, dresse dans les champs des épouvantails qui sont des objets d'art, et, pour le plaisir des yeux, « place une tomate au dessus d'un sac de blé »[1].

A cet amour de la nature se rattache un fait précis qui lui donne une date dans les conquêtes humaines. Les escaladeurs de montagnes, grimpant pour la joie de monter, de voir les horizons s'élargir devant eux, les villes surgir derrière les collines et la ligne claire de la mer après celle des plaines, peuvent revendiquer la grande mémoire de Pétrarque gravissant le mont Ventoux[2].

Ainsi d'âge en âge, malgré l'oppression de l'Eglise et des seigneurs, malgré les incendies et les guerres, le peuple italien avait gardé le trésor du sens artistique, mais l'art ne put se développer qu'avec la liberté de sculpter et de peindre les vraies formes humaines, débarrassées de tout l'attirail hiératique imposé jadis par la coutume religieuse. Il fallait se dégager du symbole, revoir l'homme tel qu'il est dans sa beauté, non flétrie par le péché originel, et comprendre même les scènes réputées sacrées et divines à travers les personnes, les actes et les attitudes de la vie journalière : les yeux de l'artiste reprenaient le droit de voir la nature et les hommes tels qu'ils sont, et les chaînes tombaient de ses mains. Deux mille ans s'étaient écoulés depuis que les artistes grecs avaient compris la beauté de l'homme et l'avaient représentée en toute sa splendeur ; maintenant arrivés par d'autres voies, les artistes italiens s'élevaient également à la vision du beau, sinon très différente de celle des Hellènes, non moins parfaite en son ordre de sentiments nouveaux. Tandis que les sculpteurs ioniens s'abandonnant joyeu

1. Philippe Monnier, *ouvrage cité*, t. II, p. 223. — 2. Günther. *Wissenschaftliche Bergbesteigung.*

sement à la vie représentaient la jeunesse de l'art, les artistes italiens, détachés des liens du moyen âge, gardaient pour la plupart, même dans leur joie naïve, une pointe de mélancolie, de morbidesse, rappelant les tristesses d'autrefois. Ils avaient conquis, par les souffrances antérieures, la profondeur du sentiment et, par l'étude de l'homme et de la nature, retrouvaient l'entière beauté de la forme. Même le plus humblement

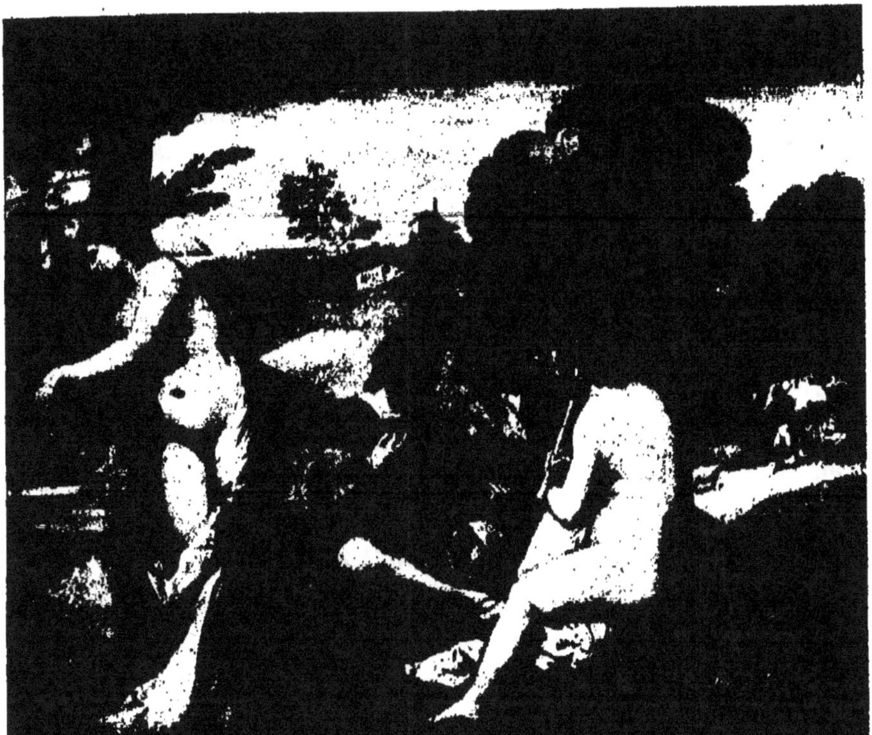

Musée du Louvre. Cl. J. Kuhn, édit.

LE CONCERT CHAMPÊTRE
par GIORGIONE, Vénitien, 1477-1511.

chrétien des peintres de ce temps, *fra* Angelico, qui n'osait faire gras à la table du pape sans l'autorisation de son prieur et peignait tous ses personnages consciencieusement vêtus du cou jusqu'aux pieds, ne perdait jamais de vue dans ses œuvres la beauté du corps humain et s'inspirait des progrès accomplis dans la technique par ses contemporains.

Et combien grande dut être la joie des artistes émancipés, presque tous gens de petits métiers, que l'on connaissait seulement par leurs prénoms ou sobriquets, quelquefois par le nom de leur ville, combien heureux dut être leur élan vers la beauté quand ils se sentirent libres de la représenter comme ils la voyaient dans tout l'éclat de la jeunesse et de la force ! Ce fut une époque de ravissement à laquelle le menu peuple prenait part, enchanté de voir les œuvres merveilleuses des siens. En même temps, les peintres, rendus audacieux par leurs progrès, se lançaient dans la voie des découvertes ; ils s'instruisaient dans la science de l'anatomie, apprenaient les lois de la perspective, trouvaient des procédés nouveaux pour la préparation des couleurs et le métier de la peinture. Ce fut un âge d'or dans le monde des artistes italiens et, par extension, dans toutes les parties de l'Europe occidentale où des conditions analogues avaient fait naître les citoyens à la compréhension de la beauté. Les cités flamandes et les villes industrielles de l'Allemagne centrale, qui avaient passé par l'éducation première de la vie communale et chez lesquelles l'émancipation de la pensée avait libéré l'initiative individuelle, devinrent notamment, par la pratique et l'appréciation de l'art, autant de petites Italies, mais chacune avec son originalité propre.

Quel merveilleux centre de poésie, de science et d'art fut la cité de Nürnberg (Nuremberg), non moins curieuse que Florence ! Ainsi que le constate un auteur du temps[1], « l'abondance et la richesse y étaient apportées par sept peuples différents, Hongrois, Esclavons, Turcs, Arabes, Français, Anglais et Hollandais ». C'est dire que toute l'Europe et l'Orient méditerranéen trafiquaient avec la grande cité industrielle. Aussi longtemps que Venise et Gènes étaient restées en relations avec l'Inde et l'intérieur de l'Asie par leurs voies respectives, Nürnberg, Augsbourg avaient gardé une importance de premier ordre pour la répartition des précieuses denrées dans le centre de l'Europe, et ces villes, la première surtout, savaient consacrer une part considérable de leurs profits à la glorification du travail et à la splendeur de l'art. Admirable monde d'artistes vraiment hommes que celui de la glorieuse Renaissance germanique, sœur de la Renaissance italienne. Ne cherchant qu'à bien faire, mais ne voulant point en tirer honneur, nombre de ces artistes sont restés anonymes : leur œuvre était parfaite, mais ils furent volontairement inconnus. Architectes, sculpteurs, orfèvres, peintres, verriers, miniaturistes vivaient en ouvriers, en frères de corporation, mangeant et devisant ensemble. Un Adam Krafft se disait « tailleur de pierres » ; un Peter Vischer était « chaudronnier »[2] et se représente en costume de travailleur au tombeau de

1. Rosenplut. — 2. J. Janssen, *L'Allemagne à la Fin du Moyen âge.*

saint Sebald[1]. L'art est partout à cette belle époque de renouveau : l'homme, conscient de la beauté de son corps, cherche à l'accroître par un costume à la coupe élégante et aux couleurs variées ; les meubles, les

Cl. J. Kuhn, édit.

UNE MAISON A NUREMBERG

maisons s'ouvragent avec amour : les rues mêmes sont peintes, racontant aux étrangers les annales, les chroniques de la cité. « Sous le rapport de l'art, nous sommes réduits à considérer l'époque du quinzième siècle, si brillante en Allemagne, comme un paradis perdu » (Schmoller).

La prééminence de ce grand moment dans l'histoire provenait de l'équilibre respectif des grandes villes qui, tout en s'étant dégagées de la domination des prêtres et de l'autorité absolue de l'empereur, étaient néanmoins obligées de s'appuyer les unes sur les autres pour se maintenir en liberté et constituaient en réalité une sorte de fédération des plus complexes, puisque les conditions en variaient étrangement de communauté à communauté. Par suite de cet appui mutuel, la paix s'était établie, une paix toujours frémissante et instable comme l'aiguille aimantée, qui, tout en oscillant sans fin, n'en reste pas moins en constante gravitation vers son nord. Ces villes étaient puissantes par leur commerce et par leurs corporations industrielles ; elles l'étaient aussi comme centres agricoles et possédaient de grands domaines. Le territoire de Nürnberg, urbain et terrien, s'étendait sur l'espace énorme de 1 100 kilomètres carrés, quatorze fois celui de Paris ; il comprenait non seulement de vastes communaux, mais aussi des terres de labour, cultivées au profit des citoyens et consistant pour la plupart en fiefs achetés à des familles nobles tombées dans la misère. Ces possessions urbaines étaient presque toutes exploitées par des fermiers libres, quoique le travail des colons asservis à la glèbe n'en fût point exclu, tant les régimes sociaux les plus divers s'entremêlaient dans cette société si compliquée du moyen âge ! C'est l'époque où Maximilien, du vivant de son père, proposait la réunion d'un congrès à Francfort pour l'établissement de la paix perpétuelle[1].

Les progrès étaient facilités, dans cette période relativement heureuse, par la constitution de la propriété, beaucoup moins injustement distribuée qu'elle l'avait été précédemment et qu'elle le fut après la Réforme. Tous les villages possédaient leur communal, consistant en bois, prairies, pâtis, et tous les communiers y avaient un droit égal, même dans les domaines composés de biens seigneuriaux : le colon attaché à la glèbe avait sa part de terre comme le paysan libre, pourvu qu'il appartînt réellement au pays, qu'il y eût son « propre feu, son pain et sa nourriture bien à lui ». Aucune parcelle de ce terrain de tous ne pouvait être vendue, et les seigneurs fonciers n'avaient pas même le droit, sans la permission des communiers, d'y faire couper du bois et d'en ordonner le transport en dehors des limites du village. Cependant le malheureux,

1. J. Janssen, *vol. cité*, p. 500.

l'étranger avaient des droits sur les terres de tous. Les femmes en cou-

N° 369. Nuremberg et son Territoire.

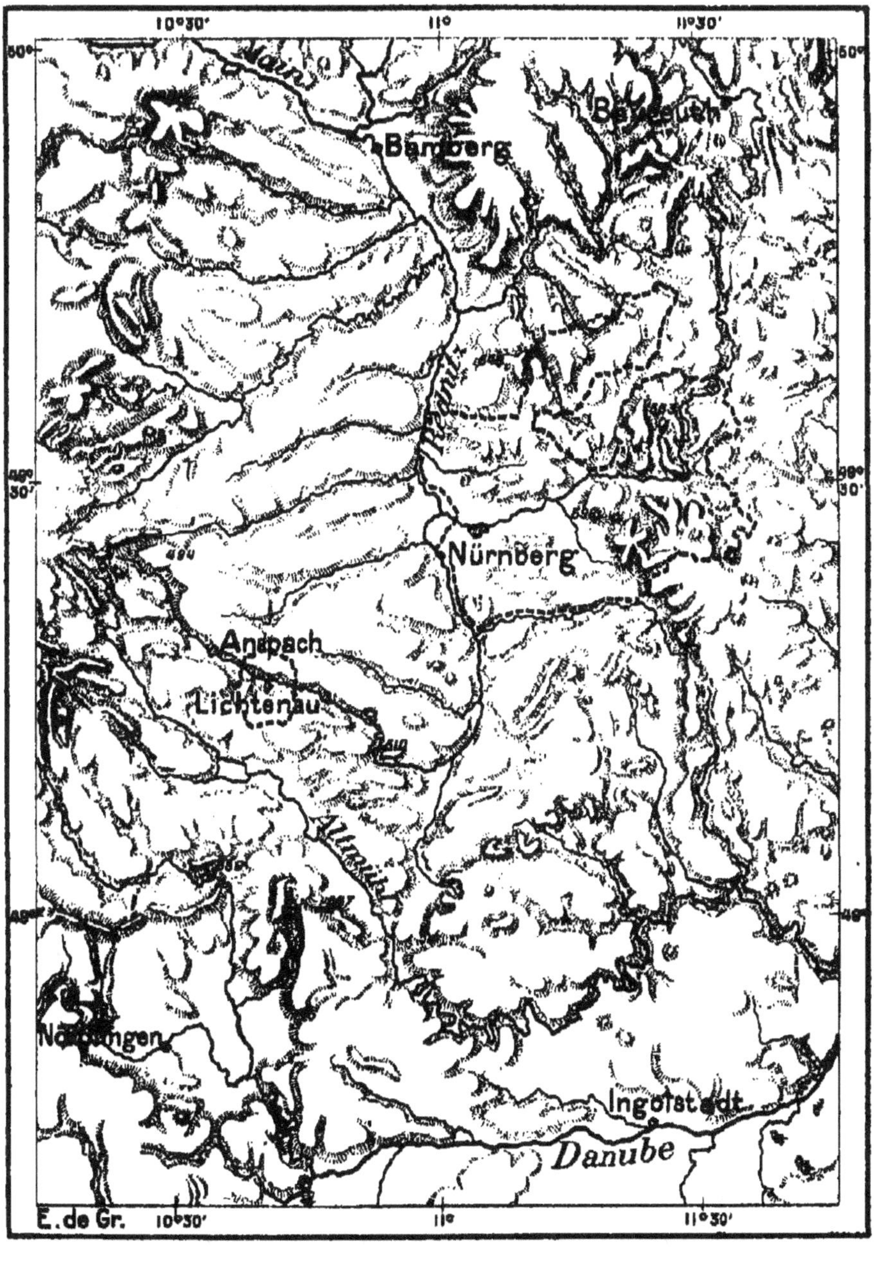

1 : 1 000 000

0 10 25 50 Kil.

ches, qu'elles fussent ou non de la commune, prélevaient, en beaucoup de villages, leur provision de bois. Le passant pouvait jeter, au moins une fois, son filet dans le ruisseau ou l'étang commun, le cavalier, le charretier, traversant le pays pendant la moisson, emportaient leur gerbe ou même davantage. Le voyageur dont les bêtes étaient fatiguées demandait le fourrage ou le remède nécessaires, et la forêt communale fournissait le bois qui devait servir à la réparation du char endommagé. A des époques déterminées, on faisait l'inspection solennelle des terres communales, en processions pédestres ou en cavalcades, bannières déployées, tambours et fifres en tête, suivant un cérémonial que l'on retrouve encore de nos jours en Ecosse, quand annuellement on simule l'inspection des bornes du territoire urbain, qu'autrefois le seigneur déplaçait volontiers. A cette époque, un autel était construit sur la limite du champ, l'Evangile y était lu et le curé bénissait la terre de la commune [1].

Les progrès s'accomplissaient si rapidement durant cette période d'équilibre des cités industrielles que le transfert de la propriété se faisait graduellement au profit du cultivateur naguère asservi : le travail menait dans une certaine mesure à l'appropriation du sol. Il était uniformément admis en principe que le laboureur dont les soins avaient assuré une bonne récolte acquérait par cela même droit à la plus forte part des produits ; toute amélioration de la terre devait appartenir à l'améliorateur : la bonification du sillon nourricier en assurait l'acquisition progressive. La société en arrivait ainsi à reconnaître que les biens affermés au colon devenaient sa propriété légitime, tandis que le droit du ci-devant propriétaire foncier allait s'amoindrissant toujours davantage, transformé à la fin en une simple taxe et garantie de prestations [2].

Il se produisait aussi un phénomène analogue à celui qui a pris de si vastes proportions dans le courant du dix-neuvième siècle, la ruée des paysans vers les cités, où ils trouvent une vie supérieure d'intelligence, plus de chemins ouverts à leur initiative. La passion du savoir se portait à une sorte de fureur. Neuf des universités existant encore actuellement en Allemagne se fondèrent pendant le demi-siècle qui s'écoula de 1450 à 1506 : l'amour de la découverte scientifique allait de pair avec le zèle des inventions matérielles. Mais que de difficultés dans les études! Que de pauvreté dans l'équipement! A la fin du quinzième

1. Grimm, *Weisthümer* ; — J. Janssen, *L'Allemagne à la Fin du Moyen âge*, p. 276 et suiv. ; — Maurer, *Geschichte der Dorfverfassung in Deutschland*. — 2. J. Janssen, *ouvrage cité*, pp. 393, 394.

siècle, la faculté anatomique de Tübingen reçoit le droit de faire une

N° 370. Universités au Début du XVIe Siècle.

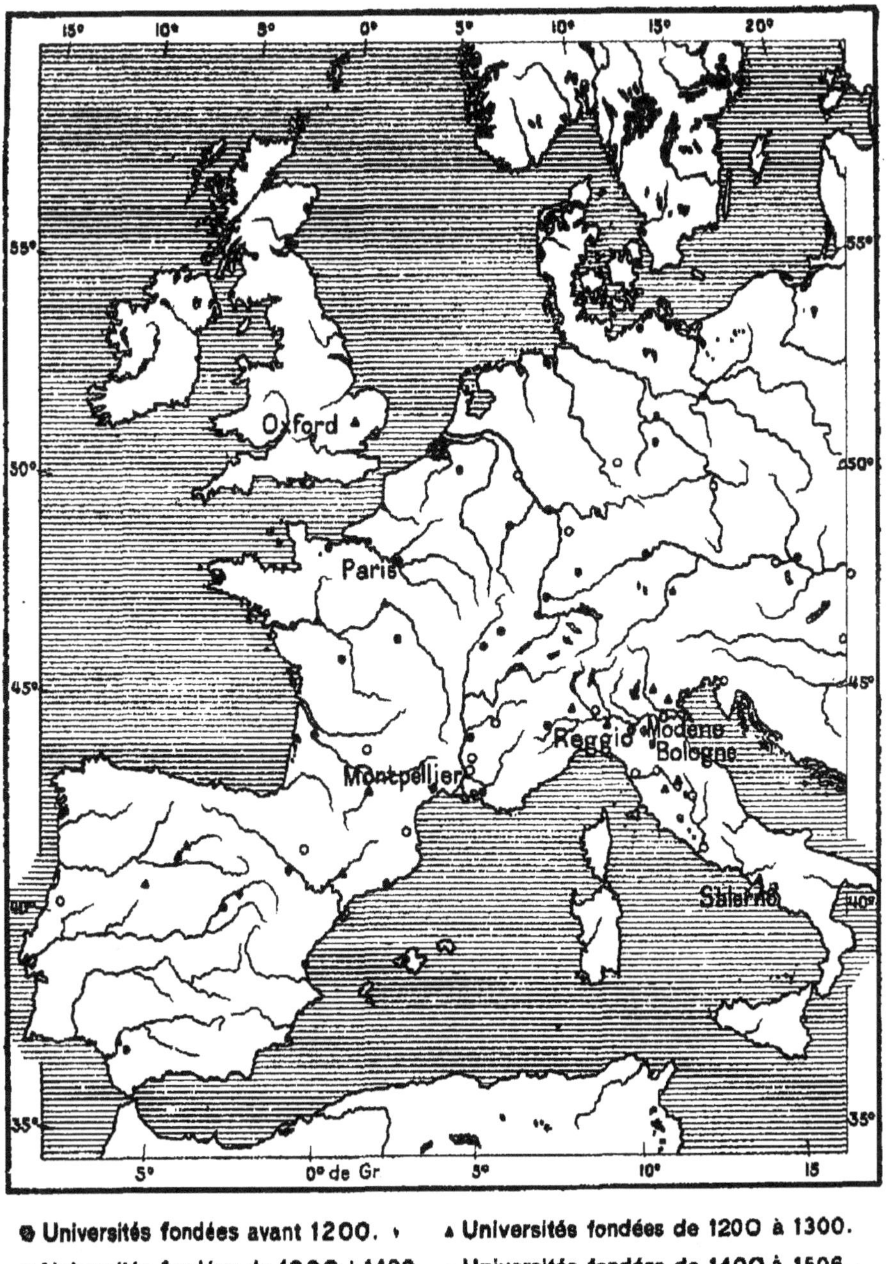

● Universités fondées avant 1200. ▲ Universités fondées de 1200 à 1300.

○ Universités fondées de 1300 à 1400. • Universités fondées de 1400 à 1506.

Succédant à l'Ecole de Ravenne, l'Université de Bologne prétend être antérieure à l'an mil ; la fondation de l'Ecole de Salerne daterait de 1080, celle d'Oxford de 1167 ; Paris ouvre son université en 1150 ou 1170 suivant les origines qu'on lui reconnaît, Montpellier en 1137 ou 1220 ; Modène et son annexe Reggio en 1182-1188. (*The Universities of Europe*, Hast. Rashdall).

Les deux cartes n°s 370 et 371 sont à l'échelle de 1 à 20 000 000.

autopsie tous les trois ou quatre ans; à partir de 1538, on peut disséquer un cadavre chaque année; en 1547, l'université fit l'acquisition d'un squelette, le seul qu'elle aura pendant 104 ans[1]. L'ardeur d'apprendre et d'enseigner fut telle qu'on vit des jeunes hommes devenir professeurs à l'âge où on ne les aurait pas encore trouvés de force à porter les armes, et, tandis que des adolescents enseignaient, des vieillards, abbés, chanoines, princes se pressaient sur les bancs pour écouter; les femmes étaient entraînées également par le désir d'apprendre[2]. Les étudiants faisaient leur tour d'Allemagne et d'Europe comme les compagnons des divers métiers, et l'hospitalité qu'ils trouvaient en tous lieux était réglée de la même manière. Déjà professeurs, géographes, astronomes, naturalistes, savants de toute espèce allaient s'établir en de grandes villes lointaines, telles que Lisbonne, où les rencontraient marins et aventuriers en quête de découvertes. La confection des globes, imaginée par les Martin Behaim comme par les Toscanelli, hâta certainement l' « invention » du Nouveau Monde.

C'est en cette Allemagne si bien préparée par l'étude et la diffusion du savoir, par l'apparition ou la restauration des industries les plus diverses que se révéla, vers le milieu du XVe siècle, le procédé de l'imprimerie en caractères mobiles, point de départ d'une révolution intellectuelle et morale auprès de laquelle toutes les révolutions précédentes n'ont qu'une valeur secondaire : c'est même grâce à l'imprimerie qu'elles se montrent à nous dans leur véritable importance relative. Le grand XVe siècle, l'initiateur de la civilisation moderne, doit son rang dans l'histoire aux deux découvertes capitales, de l'espace et du temps ; de l'espace, par l'exploration de la rondeur du globe en Afrique et dans les deux Indes, du temps, par la résurrection et la mise en lumière des chefs-d'œuvre de l'antiquité. Or, c'est l'imprimerie qui permit de faire cette conquête sur les âges écoulés, et si elle naquit, c'est précisément par suite du besoin qu'éprouvaient les humanistes de reproduire à l'infini les fragments manuscrits si peu nombreux qu'ils possédaient des œuvres originales de l'antiquité. Le désir de répandre ses propres idées, de s'adresser directement à ses contemporains comme littérateur, philosophe ou moraliste n'eut qu'une part fort minime dans la poussée d'efforts qui fit surgir l'industrie nouvelle, car tous les ouvrages imprimés dans les premières

1. A. Froriep, *Globus*, 1903, p. 162. — 2. Richard Heath, *Anabaptism*, p. 4.

années de la découverte furent des documents religieux ou profanes déjà

N° 371. Imprimeries en 1500.

O Imprimeries fondées avant 1450. o Imprimeries fondées de 1450 à 1475.

• Imprimeries fondées de 1475 à 1500.

Gütenberg aurait fait des essais à Strassburg vers 1436 avant de s'établir à Mayence en 1444. Waldvogel de Prague vivait à Avignon en 1444 et enseignait l' « écriture artificielle » à quelques personnes. Les prétentions de Haarlem, Bamberg et Florence sont moins bien soutenues. C'est de Mayence que proviennent les plus anciennes impressions parvenues jusqu'à nous.

connus, embellis par l'auréole que donne la tradition. On avait écrit dans les siècles qui précédèrent la découverte du caractère mobile, mais, au plus, la centième partie des livres du moyen âge a pu survivre [1]. Le nombre des auteurs devait être immense en un temps où l'écrivain était son propre éditeur, le poète son propre récitateur, le dramaturge son propre acteur, mais l'homme mort, l'œuvre disparaissait. L'imprimerie fut donc en certains cas un obstacle aux lettres en décourageant le penseur sans énergie, mais elle multiplia à l'infini le champ d'action des écrits qui passaient sous presse.

L'invention de l'imprimerie est un fait d'importance si capitale que nombre de pays et de villes en ont revendiqué la gloire. En admettant, ce qui d'ailleurs est probable, que la connaissance de cet art n'ait point été apportée de la Chine dans l'Occident européen par quelque Rubruk ou quelque Polo, et qu'on puisse en affirmer l'origine locale, il n'en est pas moins vrai que Mayence, Strasbourg, Bamberg, Avignon, Florence, Haarlem prétendent également à l'honneur d'être le lieu natal du grand art : et, en pareille discussion, le verdict est d'autant plus difficile à rendre que les industriels gardaient alors très jalousement leurs secrets, et que l'imprimerie proprement dite prend ses origines en des industries antérieures très rapprochées, entr'autres la gravure sur bois des cartes à jouer, des images de saints avec invocations et prières. Quoi qu'il en soit, selon l'opinion générale des érudits, Mayence est bien la patrie de la noble invention et Gutenberg en fut l'auteur. Lorsqu'après la conquête de la ville par l'archevêque Adolphe de Nassau en 1462, le « merveilleux secret » de l'imprimerie fut divulgué de par le monde, Mayence possédait deux établissements d'impression, celui de Gutenberg, luttant péniblement contre la misère mais travaillant quand même, et celui du riche Johann Fust ou Faust, qui avait cru réduire son ancien associé à l'impuissance en le faisant condamner illégalement à rembourser deux prêts avec les intérêts et les intérêts des intérêts : comme toujours, aux origines et dans le développement de l'industrie, se retrouve l'âpre lutte du capital et du travail. Mais la découverte était entrée dans la période de réalisation. Le premier incunable, dont il n'existe plus qu'un très petit nombre d'exemplaires, est une *vulgate* en deux volumes *in-folio*, que Gutenberg mit trois années à imprimer, de 1452 à 1455. L'ouvrage se vendait trente florins ; manuscrit, il en coûtait quatre ou cinq cents [2].

1. Remy de Gourmont, *Le Chemin de Velours*, p. 30. — 2. V. Duruy.

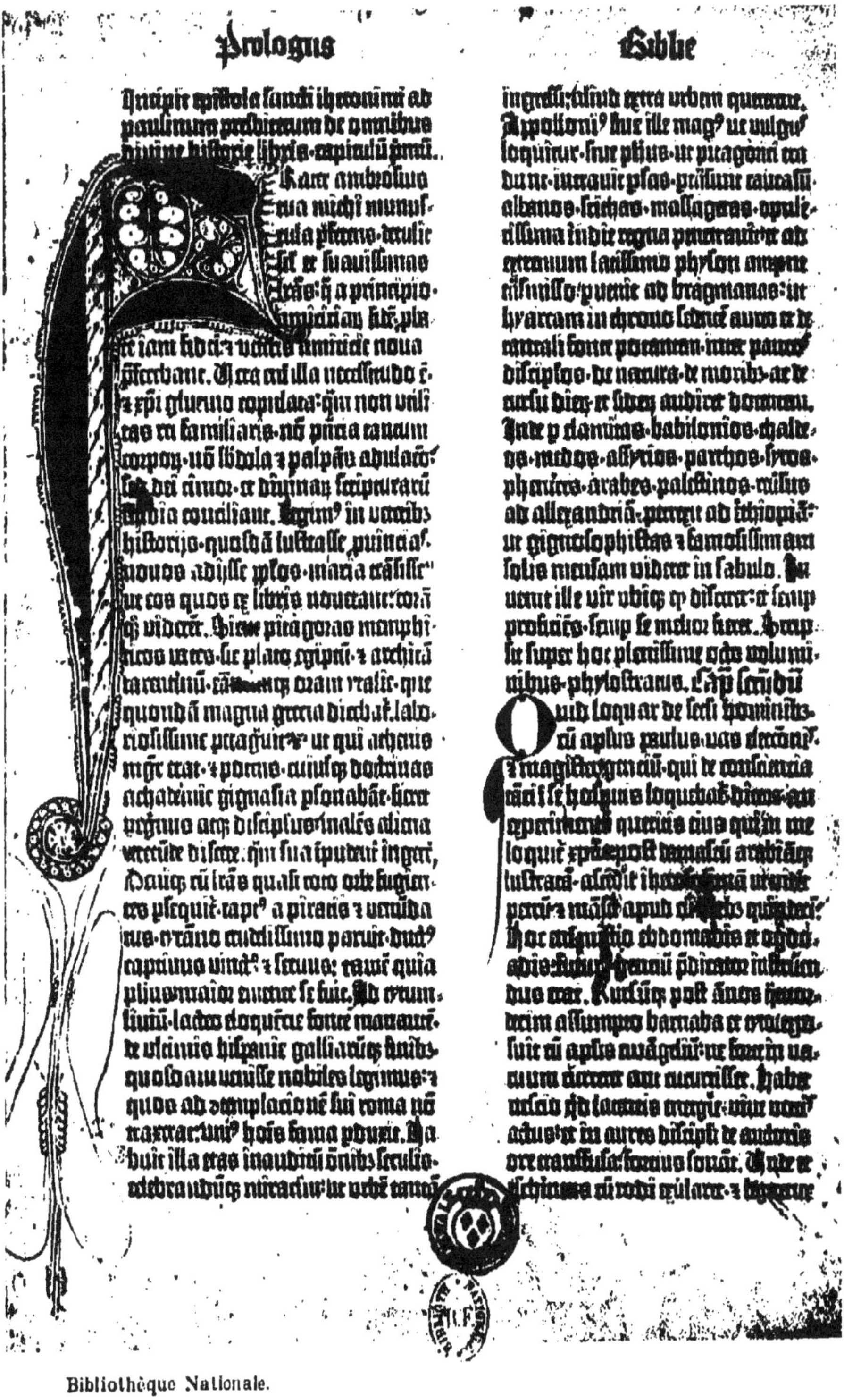
Prologus Biblie

Incipit epistola sancti iheronimi ad paulinum presbiterum de omnibus divine historie libris. capitulum primum.

Bibliothèque Nationale.

UNE PAGE DE LA PREMIÈRE BIBLE DE GUTENBERG

Jean Geinsfleisch, dit Gutenberg, naquit et mourut à Mayence, 1400-1468.

Ayant cessé d'être un secret, l'art de l'imprimerie se répandit rapidement dans toute l'Europe, et, jusqu'à la fin du siècle, en moins de quarante années, on compte plus de mille imprimeurs, pour la plupart Allemands d'origine. Deux ans après la prise de Grenade sur les Maures, il y avait déjà dans cette ville trois imprimeurs allemands ; deux de ces industriels s'aventuraient même jusque dans l'île équatoriale de São-Tome, où maintenant il serait difficile de découvrir un libraire.

Naturellement une certaine division du travail ne manqua pas de s'établir aussitôt dans les diverses contrés pour l'œuvre de reproduction des manuscrits possédés par les savants. L'Allemagne beaucoup plus engagée que l'Italie dans le mysticisme du moyen âge, imprimait surtout des ouvrages religieux, psautiers, prières, récitations pieuses auxquels s'ajoutaient des grammaires, des recueils de mots et de dictons. Beaucoup de livres imprimés en Allemagne, avant la fin du quinzième siècle se sont perdus pendant les guerres qui suivirent, mais il reste encore plus de mille ouvrages de cette époque, dont plus de cent *Bibles* et 59 *Imitations*. Quant à l'Italie, le pays des humanistes par excellence, déjà presque dégagée en ses classes instruites de la croyance au christianisme, elle s'occupa surtout de la publication des classiques. Deux moines, Schweinheim et Panartz, avaient introduit, en 1465, l'imprimerie dans le couvent de Subiaco; dès 1476, Milan imprima le premier livre grec, la grammaire de Constantin Lascaris, et bientôt l'on voit Alde Manuce « le Romain » imprimer « toute la sagesse des Grecs... aussi longtemps qu'il a un souffle de vie ». De 1495 à 1514, il publie successivement Aristote, Hésiode, Jamblique et les néo platoniciens, Aristophane, les épistoliers grecs, Thucydide, Sophocle, Hérodote, les *Helléniques* de Xénophon, Euripide, Démosthènes, les *Opuscules* de Plutarque, Platon, Pindare; puis Virgile et autres latins. A l'époque où l'atelier de Manuce à Venise produit ces admirables et précieuses éditions, dont les exemplaires se vendaient 2 fr. 50, valeur actuelle, l'Allemagne en est encore à imprimer laidement et petitement des grammaires et des manuels d'orthographe pour des commençants.

Désormais tout le trésor de l'antiquité appartient à celui qui veut apprendre et savoir, et l'on peut boire directement à la source, au lieu de recevoir la liqueur plus ou moins mélangée dans son cours par des canaux impurs. Qu'on se rappelle le cri d'enthousiasme poussé par le bon Gargantua, s'adressant à son fils Pantagruel : « Maintenant toutes disciplines sont restituées, les langues instaurées : grecque, sans laquelle c'est honte que personne se die sçavant, hébraïcque, chaldaïcque, latine. Les impressions, tant élégantes et correctes en usances, qui ont esté inventées de mon aage par inspiration divine, comme, à contre fil, l'artillerie par suggestion diabolique... Tout le monde est plein de gens sçavans, de précepteurs très doctes, de librairies très amples... Je voy les brigans, les bourreaux, les aventuriers, les palfreniers de maintenant, plus doctes que les docteurs et prescheurs de mon temps ». Il faut entendre aussi l'ardent Ulrich von Hutten pousser un cri de joie en l'honneur de son siècle : « *O sæculum, o litteræ ! Juvat vivere etsi quiescere nondum juvat !*[1] »

L'excédent de force que possédait la société de la Renaissance, et qui lui permit de faire de si grandes choses, devait se manifester aussi en œuvres sans réalisation pratique : l'âge des étonnantes découvertes dans l'espace et dans le temps fut également celui de pérégrinations dans un monde chimérique. L'ivresse d'une science mal comprise dans ses détails, mais profondément ressentie dans son ampleur et dans sa portée, est toujours créatrice d'utopies, d'un vol d'imagination d'autant plus étendu que la vie contemporaine a produit plus de changements. La triomphante victoire des Grecs sur les innombrables hordes que les rois de Perse avaient lancées contre eux porta les vainqueurs à se considérer presque comme des dieux, et, malgré la pondération naturelle de l'esprit hellénique, les écrivains imaginèrent à l'envi des sociétés idéales qu'ils savaient d'ailleurs ne devoir jamais se réaliser. Un mouvement analogue se produisit aux beaux siècles de la Renaissance et sous une poussée de même nature : tout ce qui s'était fait de surprenant dans la vie des nations fit naître par contre coup un monde de rêves, presque tous grandioses et splendides. Toutefois il s'en faut que les utopies des philosophes et des poètes fussent toutes de véritables améliorations du monde actuel, une fois transformées en faits. Loin de là. Il est rare que le rêve ait la beauté de la vie. En outre, les livres des utopistes ressemblent à leurs auteurs : comme tous les autres écrits, ils reproduisent les nobles désirs et les ambitions mauvaises, les hauts sentiments et les passions basses de ceux qui les ont pensés. Souvent, dans ces œuvres de chimère, le mauvais l'emporte sur le bon. N'est ce pas là ce qu'il faut dire de la

1. O siècle, ô belles-lettres ! Il plaît de vivre, quoiqu'il ne plaise pas encore de se reposer !

première utopie fameuse que nous a léguée Platon sous le nom de « République » ? Qui n'est en réalité qu'une glorification des Spartiates, un recul vers cette société d'où toute initiative était bannie.

La Renaissance arabe ayant précédé la Renaissance italienne, le cycle

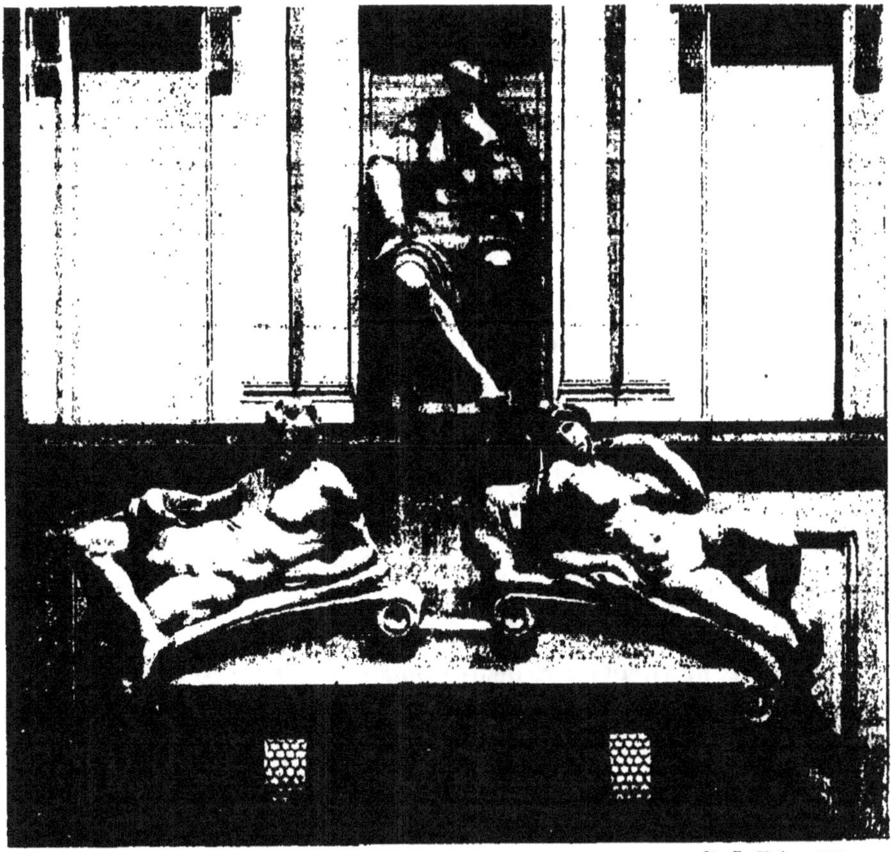

Nouvelle Sacristie San-Lorenzo. Cl. J. Kuhn, édit.

FLORENCE. TOMBEAU DE LORENZO DE MEDICI par MICHEL-ANGE, 1475-1564.

des utopies commença aussi à une époque antérieure chez les Maures d'Espagne, de même que chez les Syriens et les Arabes d'Asie. Parmi les chercheurs d'idéal évoquant une société future pour la dépeindre à leurs contemporains espagnols, chrétiens et mahométans, les érudits citent l'Arabe Ibn-Badja, qui naquit à Zaragoza, il y a huit siècles environ, et dont le nom a pris dans l'histoire la forme vulgaire d'Aven-Pace ou Avempace. Ses écrits ne sont point parvenus jusqu'à nous, et l'on n'en connaît la substance que par une analyse due au juif Moïse de Narbonne ; mais il est certain que nul auteur ne comprit mieux l'importance de l'éducation individuelle, chaque homme étant un centre naturel autour duquel se constitue la société dans son ensemble comme autour de son axe[1]. Précurseur s'il en fut, il voyait nettement que les révolutions durables ne viennent point d'en haut, de prêtres ni de rois ni même d'une élite de penseurs, mais doivent se faire d'abord en chaque individu, élément initial de tout progrès. « Solitaire » lui même, Ibn-Badja s'adresse aux « solitaires » qui, dans une société imparfaite, s'essaient à devenir des êtres constitutifs d'une société parfaite. D'abord il leur conseille de se dégager de leur éducation première, comme des plantes qui, après avoir été courbées, reprennent leur port naturel et croissent comme il convient à leur instinct de vie; devenus des « étrangers dans leurs familles et dans la société qui les entoure, les solitaires se transportent par la pensée dans la république idéale qui est leur vraie patrie ». Dans le monde nouveau que suscite Ibn-Badja, il sera inutile de rendre la justice parce que les relations des individus entre eux seront celles de l'amour[2]. La société se transformera en une grande école où chaque individu sera sollicité à la perfection de son être, à la splendeur de sa beauté corporelle et morale.

Avant Ibn-Badja, les Arabes avaient eu parmi leurs philosophes un autre utopiste fameux, Ibn Sina ou Avicenne[3], dont l'enseignement bien compris avait au fond la même portée libertaire mais dans lequel les Occidentaux ne virent guère qu'un roman, un jeu d'esprit. Le médecin philosophe autour duquel la jeunesse studieuse de Bokhara se pressait s'imagine l'existence d'un enfant, Haï, qui naît et se développe dans une île déserte, instruit peu à peu par les phénomènes de la nature et par les leçons de toute espèce que lui donnent les bêtes. Avec les animaux et les plantes, il vit heureux, aimant tous ceux qui l'entourent et en étant aimé, apprenant sans cesse, grâce à l'observation patiente : il devient ainsi philosophe et moraliste, savant et poète. Ce retour vers la nature, cette fraternisation avec les animaux restés purs de toutes les conventions de la vie artificielle enchantèrent pendant tout le moyen âge les troubadours et jongleurs, que les nécessités de l'existence forçaient de se dire chrétiens mais qui vivaient aussi leurs rêves chevaleresques de justice et de bonté[4]. De transformation en transformation, le personnage de

1. S. Münck, *Mélanges de Philosophie juive et arabe*, p. 363. — 2. Ernest Nys, *Autour de la Méditerranée*. — 3. Avicenne, 980-1037. — Avempace, né à Saragosse en 1100, mort à Fez en 1138. — 4. Raoul Debardt, *Revue Blanche*, 1er déc. 1900, p. 302.

Haï, incessamment modifié par les utopistes, qui faisaient de lui le représentant de leur caractère et le porteur de leurs idées, finit par se vulgariser fort, et sa généalogie se termine par la nombreuse famille des Robinson, qui découvrent non point une société nouvelle mais simplement les moyens pratiques de vivre en s'accommodant à leur milieu.

Les utopies de la Renaissance avaient un caractère plus élevé, ainsi

Cl. J. Kuhn, édit.

FAÇADE PRINCIPALE DU CHATEAU D'AZAY-LE-RIDEAU

qu'en témoigne le sens même donné à ce mot d' « utopie », détourné de sa signification primitive « Nulle part »[1]. Le terme devait s'appliquer désormais aux projets d'amélioration sociale condamnés sans doute à ne point se réaliser mais inspirés par un sentiment profond de solidarité humaine : Campanella cherche à placer l'individu dans une telle situation qu'il lui est presque impossible d'être dépravé ni méchant. Toutefois, chacun a son utopie, déterminée par sa nature propre : le plus voluptueux des poètes, Torquato Tasso, dans l'*Aminta*, chante l'âge d'or et le libre amour suivant les rites de l'innocence naturelle. Pour la foule,

1. Thomas Morus, *De optimo reipublicæ statu, deque nova insula Utopia*, p. 303.

accablée par le travail et manquant souvent du nécessaire, l'utopie est le « pays de Cocagne », le « Schlaraffenland », où les sources de lait et de vin jaillissent du sol, où les repas délicieux tombent du ciel tout préparés, où les tables chargées de viandes et de fruits se dressent à souhait sous l'ombrage, au bord des ruisseaux chanteurs. La ripaille est le rêve du peuple famélique, tandis que l'humanité bien nourrie mais amoureuse des livres voit dans son imagination surgir un palais aux vastes bibliothèques, fournies de volumes à la reliure superbe et au texte irréprochable. L'abbaye de Thélème, la plus belle demeure d'Utopie qu'ait élevée la Renaissance, renfermait de « grandes librairies en grec, latin, hébreu, françois, tuscan et espagnol, disparties par les divers étages selon y ceux langages ». Et, chose extraordinaire : dans cette abbaye, si différente de toutes autres, dans cet asile idéal de la libre conscience, de l'étude et du bonheur par le respect mutuel et par la pratique de la vie noble, en ce « séjour d'honneur », Rabelais, le peintre de tant de goinfreries, néglige absolument les cuisines. Il se plaît à donner tous les détails de l'architecture; il décrit galeries peintes, salles d'étude et de jeux, collections, observatoire, bassins de natation, jardins, toutes les dispositions des édifices qui pouvaient contribuer au confort des habitants ; il a si grand soin de dépeindre ce palais de la Volonté et de la Conduite Libres qu'on a pu essayer de reproduire le plan de l'abbaye utopique[1] ; mais l'auteur n'a pas songé ou peut-être a dédaigné de mentionner la réfection du corps en viande et en boissons, fait étonnant à une époque où chaque abbaye possédait des cuisines monumentales et reposait sur d'amples caves emplies de barriques superposées[2].

Les souverains qu'affolent si fréquemment le vertige du pouvoir et l'encens des flatteries et des louanges devaient également subir à leur manière la griserie de cette époque et donner à leurs chimères une forme romantique. Le duc de Bourgogne Charles le Téméraire fut, au milieu du quinzième siècle, le type le plus remarquable de ces chefs d'Etat qui se laissaient emporter par la passion frénétique de l'impossible. D'ailleurs, la bizarre configuration de ses États, si peu conforme aux divisions géographiques naturelles, dut contribuer pour une bonne part à la destinée fatale de l'ambitieux personnage : cet ensemble disparate de

1. Arthur Heulhard, *Rabelais, ses Voyages en Italie* ; César Daly, *Revue d'Architecture*, 1841. — 2. Eugène Noël, *Notes manuscrites.*

possessions n'avait de valeur à ses yeux qu'en se complétant par toutes les régions intermédiaires, et tant qu'il n'avait pas réussi à lui donner

Cl. Selliet.

ABBAYE DU MONT SAINT-MICHEL. CUISINE ET RÉFECTOIRE

une forme normale, définitive, il lui fallait intriguer, comploter, surtout combattre sans repos. Son existence aventureuse fut la conséquence nécessaire de cette logique de l'histoire lui commandant la transformation de ses domaines épars en un royaume puissant et bien équilibré.

Mais cette unité qu'il voulait créer pour une Bourgogne en très grande partie artificielle entrait forcément en conflit avec d'autres groupes politiques plus solidement constitués et d'une plus grande vitalité naturelle comme organisations nationales. l'Allemagne, la Suisse, la France. Or, cette dernière se trouvait précisément régie par le maître le plus avisé et le moins aventureux qui fût jamais. Le contraste entre les deux souverains rivaux était complet, ajoutant des traits comiques et même grotesques aux éléments du drame. Déjà les populations avaient été frappées de la singulière différence que présentaient dans leur port et leur maintien le jeune Louis XI et le duc de Bourgogne, dit « le Bon », qui s'était fait le fastueux mentor et protecteur du roi de France. Lors qu'ils firent ensemble leur entrée dans Paris (1461), on disait du roi : « Est-ce là un roy de France? Tout ne vaut pas vingt livres, cheval et habillement de son corps ». tandis que Philippe le Bon était proclamé « un soleil d'homme » par la voix unanime de la foule[1]. Lorsque plus tard Louis XI eut pour adversaire, quoique souvent pour allié prétendu, le simple et impétueux fils de Philippe, Charles le Téméraire, l'opposition des deux individualités caractéristiques placées à la tête des deux Etats prit une forme saisissante. Ils étaient pourtant bien l'un et l'autre fils de leur temps et n'appartenaient au moyen âge que par des survivances d'ordre secondaire. Louis XI comprenait parfaitement l'intérêt capital qu'il avait à s'appuyer sur le populaire pour combattre les grands vassaux et ramener la féodalité à l'observance des lois du royaume; quoique fort dévot et même fétichiste dans son adoration des images saintes, il n'ignorait pas le danger que courrait la société civile s'il laissait s'affermir la puissance des prêtres et des moines, et, quoique le premier des rois de France que le pape eût qualifié de « très chrétien », il fut peut-être celui qui aida le plus à dégager le peuple de sa foi première en donnant à l'administration civile la prépondérance sur le pouvoir religieux : enfin il aima la paix et sut même vivre simplement, en un modeste château qui n'avait rien de royal. On l'appela l' « araignée » : il se tenait prudemment blotti au fond de sa toile, surveillant les mouches bourdonnantes qui volaient de-ci de-là autour de lui et qui, finalement, venaient se faire prendre dans les fils du réseau.

1. H. Fierens-Gevaert, *Psychologie d'une Ville.*

Quant au « Téméraire », descendu d'une longue génération de cheva-

N° 372. La France à la fin du XV° siècle.

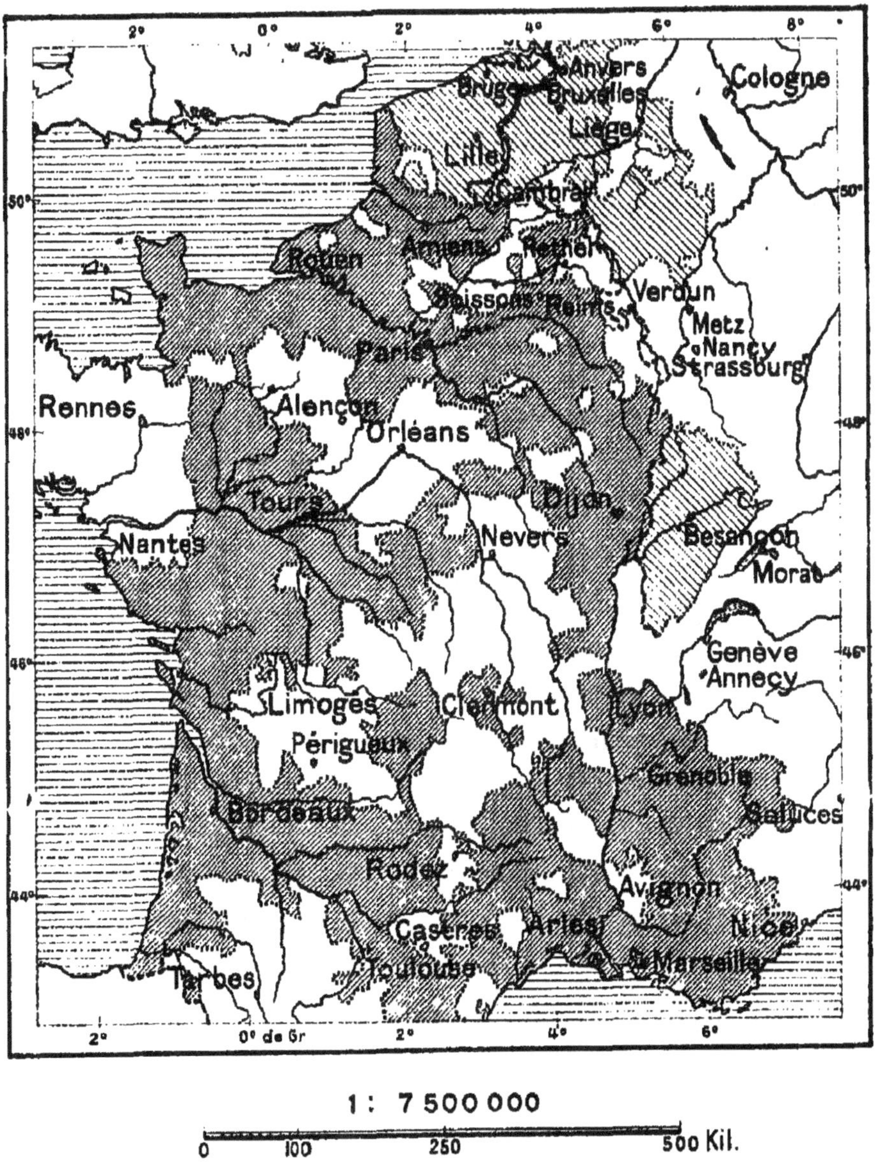

Le grisé ouvert recouvre le territoire qui resta à la maison de Bourgogne à la mort de Charles le Téméraire. Durant sa vie, *le duc avait possédé le duché de Bourgogne* (*voir* Carte n° 345, page 135) et, par moments, l'Alsace, puis la Lorraine.

Les hachures serrées indiquent le domaine directement gouverné par Louis XI à la fin de son règne; la Bretagne vint bientôt s'y ajouter, en 1491, par le mariage de Charles VIII avec la jeune duchesse, Anne, qu'épousa également son successeur Louis XII.

liers, il aimait la guerre pour elle-même; il se plaisait à donner des coups et il s'attendait à en recevoir en échange, mais ce n'était pas un simple guerroyeur comme on en voit tant parmi ses ancêtres; il se sentait également pénétré des vastes ambitions de son siècle, et, parfois aussi cruel que son rival Louis XI, avait, cependant, quelques traits de magnanimité. Poursuivi par le désir fou de se conquérir un royaume, qui ne lui aurait point suffi et qu'il eût voulu universel, il fit de ses dix années de règne dix années de guerres, et finit par périr misérablement devant les murs de Nancy (1477). Précédemment, deux sanglantes défaites subies en Suisse, à Granson et à Morat, l'avaient découronné de son prestige : les riverains du lac de Morat aimaient à se montrer flottant sur les eaux les grandes algues tachetées de rouge qu'ils appelaient « sang des Bourguignons ».

La maison de Bourgogne s'effondra au profit des Etats voisins, surtout à celui de la France. Lorsque Louis XI mourut, il avait étendu son royaume jusqu'aux Alpes et aux Pyrénées, et nombre de cités, qui ne lui avaient appartenu d'abord que par les liens d'un hommage indirect, se trouvaient définitivement soumises à ses lois; les revenus de son domaine avaient plus que doublé et le poids des impôts payés par les bourgeois et les manants s'était singulièrement allégé. Quant à la Suisse, enorgueillie par ses victoires, elle devait se laisser entraîner par son triomphe même à la honte nationale par excellence, celle de vendre ses hommes au plus offrant comme des engins vivants de guerre. La location des mercenaires devint la principale industrie des confédérés: pendant quatre cents années, les Suisses, aujourd'hui si fiers de leur « libres montagnes », eurent pour fructueux métier celui d'aller à prix d'argent détruire la liberté des peuples d'alentour. La France surtout fut le marché de chair helvétique; 12 cantons sur 13 étaient engagés à fournir au roi une levée permanente de six à seize mille hommes, mais les salaires stipulés ne suffisaient pas, il fallait aussi des cadeaux : souvent les Suisses attendus ne se présentaient pas.

Le successeur de Louis XI n'eut pas de peine à dépenser royalement les économies de son père. Comme Charles le Téméraire, mais sans aucune âpreté dans le vouloir, Charles VIII se laissa mener par sa fantaisie. Celle-ci lui montra les merveilles de l'Italie et il en fut aussitôt fasciné. En réalité, l'expédition de Charles au delà des Alpes ne fut pas une guerre, mais un roman d'aventure. Il ne savait lui-même où il allait, se dirigeant seulement vers le soleil du midi, vers la mer bleue, vers les pays splendides desquels était issue la vie. Il chevauchait devant lui comme le paladin des légendes qu'il avait lues dans son enfance. Nulle

N° 373. Campagnes françaises en Italie.

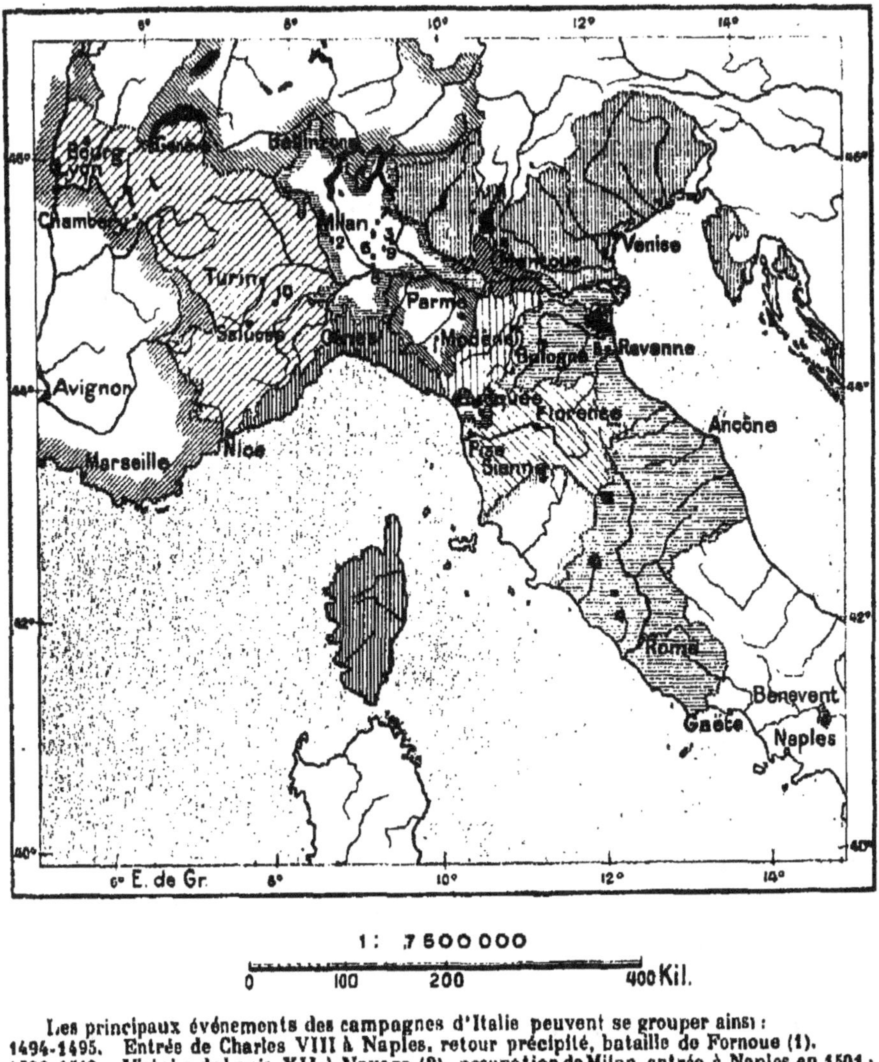

Les principaux événements des campagnes d'Italie peuvent se grouper ainsi :

1494-1495. Entrée de Charles VIII à Naples, retour précipité, bataille de Fornoue (1).

1500-1512. Victoire de Louis XII à Novare (2), occupation de Milan, entrée à Naples en 1501 ; retraite en 1503, perte de Gaëte en 1504 ; révolte de Gênes en 1507 ; défaite des Vénitiens à Agnadel (3) en 1509 ; victoires françaises à Bologne et à Valeggio (4) en 1512, puis, cette même année, défaite de Ravenne (5) et perte du Milanais.

1513. Défaite de Novare (2), évacuation de la plus grande partie du Piémont.

1515-1524. François Ier à Marignan (6), occupation du Milanais; défaite de la Bicocca (7) en 1522 ; les Impériaux envahissent la Provence et assiègent Marseille, 1524.

1525-1529. Nouvelle attaque de François Ier, défaite de Pavie (8). Sac de Rome par le connétable de Bourbon 1527, défaite des Français à Landriano (9).

1544. Inutile victoire des Français à Cérisoles (10).

Le Piémont fut occupé par les Français pendant la majeure partie du seizième siècle.

conquête ne fut plus facile, parce que l'Italie, divisée politiquement entre tant de princes, n'avait plus aucune force de résistance collective dans ses communes, et que la plupart des lettrés avaient déjà dépassé l'étroite conception de patrie, sans avoir encore compris que tout oppresseur est l'ennemi. C'est ainsi que les Français de Charles VIII, « déplorables, malhonnêtes et mal réglés », n'en eurent pas moins très aisément le renom de héros. Comme le dit Comines, ils vinrent « la craie en la main des fourriers pour marquer leur logis sans autre peine ». Mais il leur fallut pourtant repasser précipitamment les Alpes hors de ce pays au sol perfide où ils eussent risqué de périr jusqu'au dernier.

Les guerres qui suivirent, sous Louis XII, et même sous François Ier, furent dictées également par la hantise du Midi : au fond, c'étaient de nouvelles invasions de barbares, comme celles qui avaient ébranlé le monde mille années auparavant. Au point de vue politique et militaire, ces expéditions étaient absurdes et imprudentes, il était d'autant plus dangereux de s'aventurer au loin, par delà les Alpes aux périlleux sentiers, dans le Milanais, dans les Romagnes, même dans le Napolitain, que la France restait ouverte et menacée sur ses frontières du Nord. Aussi le résultat de ces campagnes ne pouvait être que désastreux au point de vue matériel. Et cependant, il en résulta un bien indirect. Pendant deux générations, la France militaire avait vécu dans le rêve, attirée vers le Midi par de beaux tableaux, des statues et des livres que l'éclat de la Renaissance mettait splendidement en lumière. Plus tard, d'autres barbares que les Français et que leurs alliés, les Suisses, flétris par les vers de l'Arioste[1], « *quei villan bruti* », vinrent prendre part au pillage; à leur tour les Allemands de Charles-Quint, commandés par le connétable de Bourbon, renouvelèrent dans Rome les hauts faits des Goths et des Vandales. Les phénomènes d'endosmose et d'exosmose qui se produisent dans les corps organisés ont également lieu dans le corps social. En vertu de sa prééminence même dans le monde intellectuel et moral, l'Italie se livrait en proie aux peuples voisins, et, selon le degré de culture des hommes qui participaient à la curée, elle donnait aux uns des ripailles et des festins, ou bien de l'or, des pierres, des bijoux, aux autres le trésor impérissable de la science et de l'art. Le domaine de la Renaissance s'étendait ainsi dans les contrées environnantes, mais par le fait même du contact et de la propagation des idées, non par la volonté des maîtres, comme le prétendirent des historiens subissant le mirage du pouvoir. La flatterie a

1. *Orlando furioso.*

décerné le titre de « Protecteur des sciences et des arts » au roi François Ier, mais il est bon de savoir que, par ses lettres patentes du 13 janvier 1534, ce personnage déclarait vouloir supprimer l'imprimerie[1]. « Dans sa singulière affection pour l'accroissement des belles lettres et estudes »,il avait tout d'abord exempté de divers impôts et du service militaire les vingt-quatre imprimeurs-libraires de Paris ; mais, cédant aux plaintes intéressées des docteurs en Sorbonne, il menaça « de la hart quiconque désormais imprimerait ou ferait imprimer dans son royaume ». Pourtant, sur les remontrances du Parlement, « douze personnages bien qualifiés et cautionnés » furent autorisés à imprimer les livres « approuvés et nécessaires au bien public »[1].

Cl. J. Kuhn, édit.

CHATEAU DE BLOIS. AILE DE FRANÇOIS Ier
LE GRAND ESCALIER

Par une singulière ironie des choses, la période de la Renaissance en Europe coïncida pour l'Espagne avec une soudaine et lamentable déchéance. L'Église catholique triomphante, hiérarchie puissante qui se rattachait officiellement à Rome mais qui agissait en autocratie parfaite, sans autre but que la défense de son pouvoir absolu, était devenue la dominatrice universelle et travaillait graduellement à s'asservir la royauté même, à la rendre impuissante par le réseau du cérémonial et de

1. Pierre Margry, *Navigations françaises.*

l'étiquette. On sait comment les prêtres avaient su profiter de la ligue des cités contre les seigneurs pour se substituer à cette « sainte Fraternité » et transformer l'unité civile en un tribunal ecclésiastique, l'Inquisition. Ces défenseurs de la foi s'acharnèrent contre toute pensée indépendante. Leur premier souci fut de brûler les bibliothèques et de fermer les écoles et les bains. Puis ils s'en prirent à tout le passé, renversant les édifices, murant les chefs-d'œuvre d'arabesques, pour les remplacer par de grossiers badigeonnages, vouant les travaux d'irrigation à l'abandon, exhumant des millions de cadavres, toutes les générations défuntes, pour en faire des feux de joie. Ici même, sur cette terre, les flammes matérielles, symbole de ces flammes de l'enfer qui ne s'éteindront jamais, devaient exterminer tous les hérésiarques et relaps, Juifs, Maures et surtout penseurs libres!

Dès l'an 1492, l'année même qui vit la prise de Grenade et la découverte de l'Amérique, la persécution des Juifs espagnols fut inaugurée d'une manière atroce. Le baptême est déclaré obligatoire, et tout Juif qui s'y refuse est tenu de quitter le royaume dans un délai de trois mois sous peine de mort et de confiscation des biens. Ceux qui repoussent l'abjuration et préfèrent le bannissement restent libres, jusqu'au départ, de disposer de leur fortune, mais non d'en emporter la valeur en or ou en argent ; c'est donc la ruine absolue : les malheureux fuient de tous côtés, mais la chasse à l'homme est déchaînée, la cruauté des souverains autorisant celle des sujets, on dépouille, on massacre les fugitifs. Quatre-vingt mille Juifs cherchent un passage vers la mer à travers le Portugal, et le roi João II leur vend le transit au prix de huit écus d'or par tête. Deux à trois cent mille proscrits se dispersent en Afrique et en Orient ; il ne reste que des traîtres, des apostats, les *marranos*, livrés d'avance à la suspicion et à des persécutions nouvelles.

De pareils attentats contre toute une race ayant eu jusqu'alors le monopole comme intermédiaire du commerce ne pouvaient être tentés sans avoir pour conséquence un retour complet vers la barbarie primitive, si les Juifs n'avaient pu être remplacés par des rivaux, chrétiens ou prétendus tels. Or ces chrétiens empressés à prendre la succession des Juifs se présentaient en foule, surtout des Italiens, des Flamands, des Souabes. Les grands mouvements géographiques causés par l'accroissement en étendue du monde commercial expliquent ce déplacement des centres d'activité. Tout d'abord, la fermeture des chemins orientaux par les Turcs avait fait refluer vers l'Occident des gens de commerce, et des plus habiles parmi eux, Vénitiens, Lombards, Florentins : de Bristol à Cadiz, on les rencontrait partout, s'établissant à demeure. Pour l'initiative des affaires, pour l'entregent, l'habileté en toute transaction d'argent et de diplomatie, les Florentins étaient devenus les principaux intermédiaires de l'Europe : le pape Boniface VIII disait d'eux qu'ils étaient le « cinquième élément » après la terre, l'eau, l'air et le feu.

Mais au point de vue purement financier, ce furent surtout les Alle-

Cl. J. Kuhn, édit.

ANVERS. COUR DU MUSÉE PLANTIN

mands du sud-ouest qui remplacèrent les Juifs dans le maniement des grandes affaires de l'Espagne. Lorsque Venise eut perdu sa domination commerciale, les cités actives de l'Allemagne ne cessèrent de la considérer comme la cité sans pareille, et les Augsbourgeois, notamment, continuaient d'y envoyer leurs jeunes gens comme à l'école du négoce par excellence. Cependant, la grande révolution qui avait frappé l'Italie devait ébranler par contre-coup les comptoirs de l'Allemagne intérieure. Le premier résultat avait été de déplacer tout le centre de gravité vers l'Ouest : Venise ayant été remplacée par Lisbonne comme marché d'importation des Indes, les entrepôts de l'Europe centrale eurent à subir un mouvement général de traction dans le sens de l'Occident, les voies majeures changèrent de direction et quelques grandes villes de l'Est perdirent leur ancienne activité. Breslau, notamment, fut découronnée au profit de Leipzig, tandis que les cités occidentales de l'Allemagne, surtout celles de l'angle du sud ouest, gagnèrent en importance relative[1].

Aussi longtemps que le Portugal, maître du chemin des Indes, conserva la prépondérance dans les échanges avec le monde des épices, Augsbourg et Nürnberg, en très bons rapports avec Lisbonne, réussirent à profiter indirectement de la nouvelle voie qui s'était ouverte au commerce du monde ; même des négociants d'Allemagne, avec leurs secrétaires et leurs employés, furent autorisés à prendre part aux expéditions vers l'Inde et à joindre quelques bâtiments au convoi de la flotte royale[2]. Mais de l'Allemagne à Lisbonne, ainsi qu'à Séville et à Cadiz, les ports d'expédition de l'Espagne, la route était beaucoup plus longue que jusqu'à Venise et à Gênes, et surtout elle avait à franchir les nombreuses et redoutables douanes intermédiaires en France et en Espagne. Les dangers étaient plus grands, les voyages plus dispendieux, de gros capitalistes seuls pouvaient se risquer à ce fructueux commerce des épices, et il fallut que de très puissants syndicats unissent leurs capitaux pour l'exploitation de ce trafic : leur richesse s'en accrut, et en conséquence leur audace : graduellement ces « compagnies générales » accaparèrent les blés, les vins, la viande, aussi bien que les denrées coloniales, et la société tout entière fut de plus en plus pressurée par elles. Le monopole de ces compagnies, substitué à celui des Juifs, s'étendit également sur les mines, et l'enchérissement général se produisit pour tous les objets de première nécessité : ce n'est pas aux mines du Nouveau Monde, comme on le croit d'ordinaire, mais à celles de l'Europe centrale que, par un mouvement parallèle, on dut en Allemagne la grande dépréciation de l'argent[3].

Ce déplacement de la puissance se produisit également en Russie, et, pour une bonne part, sous l'influence des mêmes causes. La république de Novgorod n'était plus « toute puissante », et la jalousie de ses

1. J. Partsch, *Lage und Bedeutung Breslau's*, page 7. — 2. F. Kunstmann, *Historisch-politische Blatter*. 48, 1861. — 3. J. Janssen, *ouvrage cité*, p. 384.

rivales, Pskov et Moscou, avait brisé son indépendance : même ses meilleurs citoyens furent exilés et remplacés par des immigrants moscovites. On oublia le chemin des anciens marchés. Les Novgorodiens asservis n'eurent plus de relations commerciales avec les contrées que parcourt

Cl. J. Kuhn, édit.

MOSCOU. ÉGLISE DE BASILE LE BIENHEUREUX, 1544.

le fleuve de l'Ob' « au delà des partages », c'est-à-dire à l'est des monts Ourals, et ce pays, déjà bien connu des écrivains arabes et, par leur entremise, des géographes chrétiens, dut être découvert une seconde fois, en 1579, lorsque le cosaque fugitif Yermak, à la tête de ses bandits, pénétra dans la ville de Sibir. Le patriotisme guerrier, qui ne conçoit rien sans la violence, fait un mérite à ce Yermak d'avoir occupé en conquérant des territoires dont les habitants eussent volontiers continué leurs transactions pacifiques des anciens temps, si les tsars de Russie ne les avaient eux-mêmes rendues impossibles.

Tandis que la haute banque chrétienne de l'Allemagne, plus prédatrice que ne l'avaient été les Juifs espagnols, préparait la sujétion et la ruine définitive des habitants de la péninsule Ibérique, les guerres d'expansion politique à l'extérieur continuaient sans trêve. On comprend que l'éternelle bataille, ayant été pendant sept siècles l'état normal des populations, ne pouvait cesser brusquement. Vainqueurs des Maures, maîtres de tout le sol des aïeux entre les Pyrénées et le détroit, les Espagnols devaient, en vertu de l'hérédité, chercher à dépenser ailleurs leur excédent de force. Les plus hardis parmi les batailleurs et les aventuriers voyaient le Nouveau Monde s'ouvrir devant eux, mais ces terres de miracle, dont on raconta bientôt des merveilles, se trouvaient fort éloignées ; les navires en partance, dont quelques-uns fuyaient en secret, inconnus du fisc, étaient peu nombreux et les expéditions fort coûteuses, les souverains unis de Castille et d'Aragon, très avares de leurs deniers, ne voulaient risquer de grands trésors en vue de ces conquêtes lointaines, aux résultats encore incertains. De même, ils ne s'engageaient qu'avec prudence sur le littoral d'Afrique, dont l'intérieur ne leur était que vaguement connu ; mais, très avides des richesses qu'ils voyaient à leur portée, ils se ruèrent sur les îles de la Méditerranée et sur l'Italie méridionale : de ce côté ils poussèrent à fond, non simplement par amour des aventures et du plaisir, comme les Français de Charles VIII, mais en gens pratiques, très décidés à garder les riches contrées dont ils avaient acquis la possession. Parmi les maisons royales de toute origine qui se sont succédé dans la domination de Naples, il n'en est pas qui ait eu la solidité de celle d'Aragon : elle croyait à sa force. A Naples, le roi Ferrante était un maître absolu, un vrai roi-soleil, plus âpre, plus tragique, moins majestueux, il est vrai, que le fut plus tard Louis XIV. « Nous croyons à un seul Dieu dans sa gloire, nous ne voyons qu'un soleil dans les cieux, et nous adorons un roi sur la terre », disait Giuniano Maio dans son livre *De Majestate*.

Et cet orgueil espagnol, à la fois aragonais et castillan, semblait justifié par le succès et par cette valeur militaire à laquelle, aux époques troublées, on attache la première importance. Partout où se présentait la solide infanterie espagnole, c'était pour remporter des victoires. La guerre, accompagnée de la cruauté et de l'esprit de rapine, était entrée dans le sang des vainqueurs de l'Islam. Mais les victoires s'achètent, non seulement par le malheur des vaincus, mais aussi par le regrès moral et maté-

N° 374. Espagne et Maurétanie.

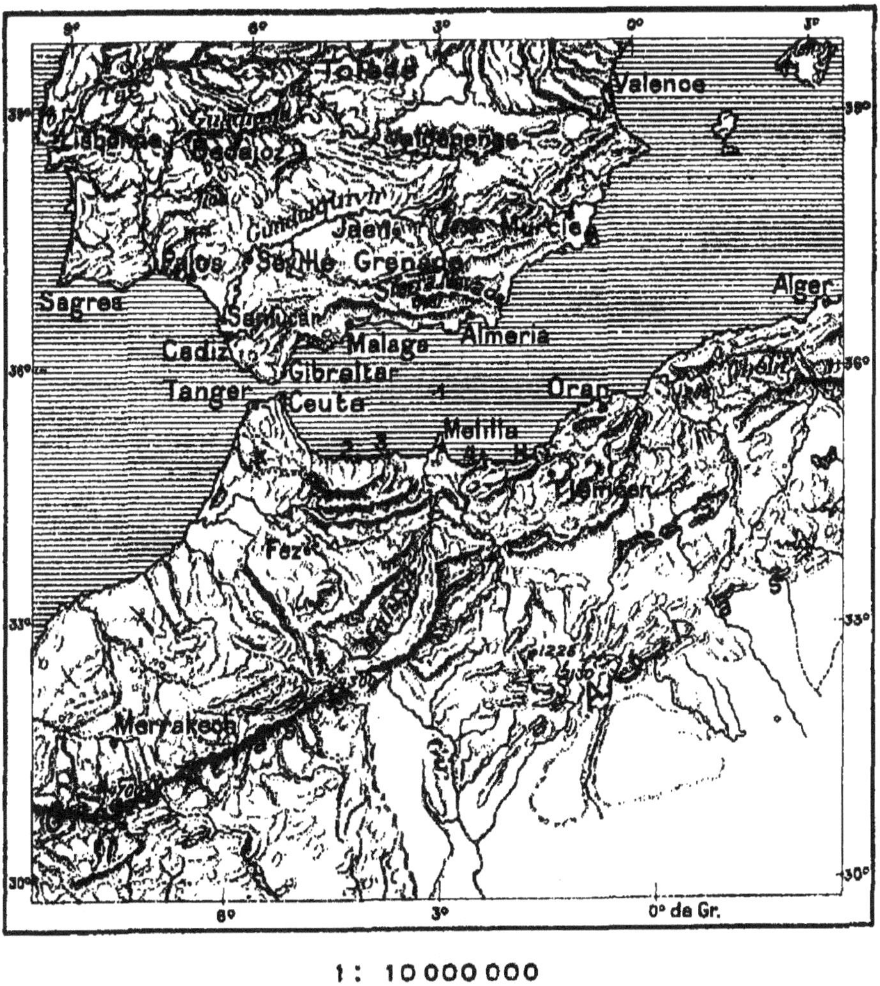

1 : 10 000 000

0 100 250 500 Kil.

Possessions espagnoles en Maurétanie (Presidios) : Ceuta, — Ile de Alboran (1), — Ile Peñon de Velez de la Gomera (2), — Ile et baie d'Alhucemas (3), — Melilla, — Ile Chaffarinas (4).
H : Honeïn, port de Tlemcen. K : Kazar el Kebir, défaite en 1578 du roi Sébastien de Portugal.

riel des triomphateurs. On en vit un exemple frappant dans toutes les contrées que baigne la Méditerranée occidentale. Avant les agressions espagnoles, quand la Maurétanie n'avait d'autres habitants que des indigènes berbères et des envahisseurs arabes, les Européens y commençaient en paix, et le droit des gens y était respecté. Il existait des traités réguliers entre les communautés des deux rivages opposés; des colonies de marchands s'étaient fixées dans les villes mauresques, les personnes et les biens étaient sauvegardés, et même le chrétien étranger avait le droit d'élever des églises à côté des mosquées. Les souverains de la Maurétanie, notamment les rois de Tlemcen, avaient à leur service des milices chrétiennes : pendant trois siècles, jusqu'à la fin du quinzième, le va-et-vient se faisait librement de la Provence et de l'Italie à toute la côte barbaresque et dans les villes de l'intérieur. Les galères vénitiennes, dites « de Barbarie », partaient régulièrement du Lido dans la seconde quinzaine de juillet, puis faisaient escale à Syracuse, à Tripoli, Djerba, Tunis, Bougie, Alger, Oran, pour terminer leur voyage au port de Honeïn, ville aujourd'hui détruite, qui servait d'échelle à Tlemcen[1].

Mais lorsque, en 1509, le roi Ferdinand, le conquérant astucieux, eut fait débarquer soldats et missionnaires sur le rivage d'Afrique et qu'il eut pris pied dans la ville d'Oran, tout changea. Les musulmans comprirent qu'on en voulait non seulement à leur territoire, mais aussi à leur foi, à leur vie, et que le seul moyen de salut était de se défendre à outrance, puis, après avoir repoussé l'envahisseur dans la mer, de fermer complètement le pays aux chrétiens, à leur influence, même à leur trafic. La victoire de l'Espagne eût été le triomphe de l'Inquisition, et d'une Inquisition non moins féroce que celle dont la lèpre et la flamme dévorèrent les Espagnols eux-mêmes. Cependant, les armées de Ferdinand le « Catholique » et, plus tard, celles de Charles-Quint avaient une si grande force offensive que la conquête de la Maurétanie, du moins de toute la région du littoral, se serait certainement accomplie, si l'Europe n'avait été alors occupée de l'entreprise immense de l'exploration et de la colonisation du Nouveau Monde et surtout de ses guerres d'ambition, en Italie et dans toute l'Europe occidentale. Les Maures d'Afrique, aidés des populations berbères, purent donc résister à la fougue des conquérants espagnols, non sans faire appel aux Turcs et sans laisser leurs ports aux mains des pirates. Les tentatives avortées des envahisseurs chrétiens n'eurent pour résultat que de couper désormais toute communication pacifique entre les deux littoraux de la Méditerranée, celui du Christ et celui de Mahomet. Le recul de la civilisation dans ces parages se fit d'une

1. La Mas-Latrie, *Traité de Paix et de Commerce.*

manière complète pour une période de trois siècles : pendant ce temps on n'apprit de part et d'autre que par des prisonniers réduits en esclavage les événements qui s'étaient déroulés en pays ennemi. Il est vrai que les Espagnols avaient pu se maintenir en apparence sur la terre africaine en fortifiant la ville d'Oran d'une ceinture de murailles et de puissants ouvrages militaires ; mais ils se trouvaient enfermés dans cette grande caserne, comme ils le sont aujourd'hui à Ceuta, à Melilla et dans leurs autres *presidios* de la côte marocaine : ils n'osaient sortir des portes, au delà desquelles chaque buisson cachait un ennemi.

Mais cet insuccès des Espagnols de l'autre côté de la mer bleue resta ignoré ou du moins inexpliqué et mystérieux, perdu dans l'éblouissement des victoires. La transformation politique de l'Espagne en cette courte période pouvait être en effet considérée comme une succession de prodiges. Nulle raison saine n'aurait pu imaginer d'avance de pareils événements. Comment un petit roi d'Aragon, une pauvre reine de Castille, personnages secondaires parmi les souverains d'Europe, purent-ils mener à fin une œuvre à laquelle les chrétiens d'Espagne s'étaient acharnés pendant sept cent années? Et cette œuvre, ils l'achevèrent entièrement, constituant l'unité politique des anciens royaumes distincts, et ajoutant à ce noyau péninsulaire toute une multitude de duchés, de comtés, de seigneuries, de villes dites « libres » ; puis, voici qu'un nouveau monde surgit par delà les océans, et ce monde, c'est l'Espagne encore qui se l'attribue et en réalise la conquête : des bandes, comprenant au plus quelques centaines d'Espagnols, se lançaient presque au hasard à travers des pays inconnus, parmi des millions d'hommes qui auraient pu être des amis, mais que l'on rendait ennemis par des violences et des brutalités sans nom : assurés de leur victoire, quoique privés de toute communication avec la mère-patrie, ils allaient droit devant eux et, dans les combats, voyaient distinctement la vierge Marie, saint Jacques de Compostelle et d'autres dignitaires des cieux accourir pour prendre part à l'égorgement des infidèles. Il n'est pas étonnant que, protégés ainsi par le ciel, les Espagnols eussent encore, par une merveilleuse conjoncture des astres, la chance de voir leur roi, presque un enfant, placer sur sa tête la couronne du « saint empire Romain » qu'avaient gouverné César et Charlemagne. Rien ne paraissait plus impossible : la monarchie universelle, image terrestre de l'infini royaume des cieux, semblait à la veille de s'étendre sur le monde.

Et cependant, par une poignante ironie des choses, l'Espagne, arrivée à l'hégémonie de l'Europe, se trouvait en pleine décadence : les moyens mêmes par lesquels s'était accomplie son ascension étaient ceux qui devaient amener son irrémédiable chute. L'histoire détaillée du seizième siècle montre comment l'Espagne, prise dans l'engrenage des événements humains, se vit absolument incapable de résoudre les problèmes de la nature, industriels, économiques, intellectuels, moraux qui se présentaient aux hommes, et comment, avec toute l'apparence de la force, elle tomba lamentablement dans l'impuissance absolue. C'est que, dans ce pays, la source de toute force était tarie : la liberté individuelle, l'autonomie communale avaient disparu.

NOTICE HISTORIQUE : RÉFORME ET COMPAGNIE DE JÉSUS

PAPES. Les principaux pontifes contemporains de la Renaissance et de la Réforme furent Pie II (1458-1464), Paul II, Sixte IV (1471-1484), Innocent VIII, Alexandre VI Borgia (1492-1503), l'énergique Jules II de la Rovère, Léon X (1513-1522), Clément VIII et Paul III Farnèse (1534-1550), qui réunit le concile de Trente. Citons encore Pie V (1566-1572) et Sixte-Quint (1585-1590).

FRANCE. A la mort de François Ier en 1547, son fils Henri II monta sur le trône : c'est sous son règne que Toul, Verdun et Metz furent incorporées à la France et Calais reprise, en dépit de la défaite de Saint-Quentin (1557). Ses trois fils, les derniers Valois, lui succédèrent : François II, 1559-1560, Charles IX, mort en 1574 et Henri III, assassiné en 1589, quelques mois après le duc de Guise. Les derniers Valois présidèrent aux guerres de religion qui, débutant en 1562 par le massacre de Vassy, durèrent jusqu'à l'édit de Nantes en 1598 et dont la Saint-Barthélemy est l'épisode le plus connu (24 août 1572).

EMPIRE. Charles Quint, abdiquant en 1556 (pour mourir en 1558), les princes électeurs choisirent comme empereur son frère Ferdinand, déjà roi de Bohême. Il fut suivi, en ligne directe, par le tolérant Maximilien II (1564-1576) et par Rodolphe (1576-1612). Sur le trône d'Espagne, à Philippe II (1556-1598) succédèrent Philippe III, Philippe IV (1621-1665) et Charles II mort en 1700.

Le PORTUGAL ayant perdu son roi Sébastien au Maroc, un vieillard, le cardinal Henri, le remplaça, 1578-1580 : à sa mort, l'Espagne prit possession du pays, mais en fut chassée en 1640.

ANGLETERRE. Henri VIII fut roi de 1509 à 1547 : il laissa trois enfants qui régnèrent : Edouard II, fils de Jeanne Seymour, troisième épouse, mort à seize ans (1553) : Marie la Sanglante, fille de Catherine d'Aragon et qui épousa Philippe II, enfin Elisabeth, fille d'Anne Boleyn, reine de 1558 à 1603.

SUÈDE. Un jeune noble, Gustave Vasa, délivra son pays du joug danois et fut proclamé roi en 1523; il abdiqua et mourut en 1560.

Voici le nom de quelques personnages de la Renaissance et de la Réforme, nés durant la période 1467-1534, durée des deux générations.

Erasme, humaniste, né à Rotterdam, mort à Bâle.........	1467 - 1528
Nicolas Machiavel, historien et homme d'Etat, florentin...	1469 - 1527
Albert Durer, peintre allemand, né et mort à Nuremberg..	1471 - 1528
Lucas Cranach, peintre, né en Franconie................	1472 - 1553
Nicolas Copernic, astronome polonais, né à Thorn........	1473 - 1543
L'Arioste (Ludovico Ariosto), poète, né à Reggio.........	1474 - 1533
Michel-Ange (Buonarotti), né à Arezzo..................	1475 - 1564
Giorgione (Barbarelli), peintre vénitien.................	1477 - 1511
Le Titien (Tiziano Verellio), peintre vénitien.............	1477 - 1576
Andrea del Sarto (Vannuci), peintre, né à Florence.......	1478 - 1530
Thomas More, utopiste et homme d'Etat, né à Londres....	1480 - 1535
Raphael Sanzio, peintre, né à Urbino..................	1483 - 1520
Martin Luther, réformateur, né à Eisleben..............	1483 - 1546
François Rabelais, curé de Meudon, né à Chinon........	1483 - 1553
Ulrich Zwingli, curé d'Einsidel, puis de Zürich..........	1484 - 1531
Ulrich von Hutten, humaniste, né en Franconie..........	1488 - 1523
Le Corrège (Antonio Allegri), peintre parmesan..........	1494 - 1534
Hans Holbein le jeune, peintre, né à Augsbourg..........	1497 - 1543
Philippe Melanchton, réformateur, né en Bade..........	1497 - 1560
Le Primatice (Francesco Primaticcio), peintre bolonais...	1504 - 1570
John Knox, réformateur écossais, né à Haddington.......	1505 - 1572
Jean Calvin, réformateur, né à Noyon, mort à Genève....	1509 - 1564
Théodore de Bèze, réformateur, né à Vezelay............	1509 - 1605
Le Tintoret (Jacopo Robusti), peintre, né à Venise........	1512 - 1594
Ramus ou Pierre la Ramée, écrivain, né en Vermandois....	1515 - 1572
Paul Veronèse (Paolo Caliari), peintre, né à Vérone......	1520 - 1588
Pierre de Ronsard, poète, né près de Vendôme..........	1524 - 1585
Louis de Camoens, poète, né à Lisbonne................	1525 - 1580
Etienne de La Boétie, écrivain, né à Sarlat.............	1530 - 1563
Michel Montaigne, écrivain, né en Périgord.............	1533 - 1592

RÉFORME ET COMPAGNIE DE JÉSUS

La Réforme demandait le droit d'examen, mais elle exigeait que le résultat de l'examen fût conforme aux conclusions qu'elle avait déduites.

CHAPITRE XI

STÉRILITÉ DE L'HUMANISME. — AVORTEMENT DE LA RENAISSANCE
RETOUR A L'ANCIEN TESTAMENT. — LA RÉFORME, LA BOURGEOISIE ET LE PEUPLE
DIVISION GÉOGRAPHIQUE DES CULTES. — GUERRE DES PAYSANS
ANABAPTISTES. — SUISSE, ALLEMAGNE, FLANDRE, ANGLETERRE, ÉCOSSE
IDENTITÉ DES RELIGIONS ENNEMIES. — CAPUCINS. — COMPAGNIE DE JÉSUS
ÉDUCATION. — LIBERTÉ D'EXAMEN. — LES SECTES ET L'ART
MISSIONS LOINTAINES

Le bel idéal des humanistes, celui de s'unir en une aimable confraternité de savoir et de jouissance artistique avec les autres hommes, devait d'autant moins se réaliser qu'ils l'ambitionnaient eux mêmes seulement pour une élite n'ayant qu'un petit nombre d'appelés, un nombre d'élus moins grand encore. Ils constituaient une aristocratie intellectuelle fort dédaigneuse de ce peuple d'en bas qui travaille et se fatigue à nous donner le pain, sans que jamais il lui reste une heure de loisir pour cultiver en lui le sens de la beauté. Tel humaniste, Erasme par exemple, se montre à nous comme dominant de très haut par l'intelligence et l'ironie les disputes religieuses et les dissensions politiques auxquelles se livrent furieusement ses contemporains, mais cette supériorité de pensée est réduite à néant parce qu'elle reste stérile et ne se transforme point en action. Elle ne participe en rien à la vie générale des peuples entraînés dans le grand remous des événements. Au contraire, elle s'en éloigne lâchement, de peur de compromettre la tranquille élaboration de la pensée et la préparation lente des phrases exquises qui doivent la traduire aux amis de choix. Erasme, le grand penseur, est aussi l'homme qui défendit sa porte à Ulrich von Hutten fugitif et le dénonça aux autorités, afin de ne pas être compromis par la présence d'un ancien ami. Les humanistes étaient déjà des « surhommes » et, comme tels, en dehors de l'humanité.

Mais de trop grands progrès avaient été réalisés dans tous les sens, trop de remarquables découvertes s'étaient faites dans l'espace et dans le temps, l'industrie et le commerce accroissaient tellement l'étendue de leur domaine et la variété de leurs applications et, en même temps, le trésor des connaissances humaines augmentait en de telles proportions que la société, déplaçant son point d'appui, allait se trouver forcément obligée de prendre des formes nouvelles. Toutefois des changements de cette nature ne se font pas de manière à réaliser logiquement les conséquences des principes invoqués par les novateurs et révolutionnaires; conformes à la résultante de toutes les forces en lutte, ils représentent la moyenne de l'état social avec ses innombrables contradictions, avec toutes les survivances du passé plus ou moins résistantes, s'entremêlant aux images rudimentaires des réalisations futures. Le mouvement intellectuel et moral de la Renaissance, obligé de prendre corps dans la société ambiante, dut s'accommoder à la moyenne des conceptions religieuses, morales et politiques, s'incarner ainsi en des institutions de beaucoup inférieures à sa tendance naturelle.

Certes, la Renaissance, prise dans le cercle étroit de son élite intellectuelle et artistique, avait été dans son essence très supérieure à la Réforme. Elle ouvrait l'esprit humain à la raison, elle cherchait la vérité pure: tandis qu'en se démoralisant pour constituer la Réforme, en s'incorporant dans la masse du peuple, elle allait en prendre les préjugés et d'abord, le premier de tous, celui du rattachement des choses humaines à l'autorité divine, l'idée d'existence supérieure ne s'étant pas encore dégagée de l'idée de vie religieuse [1]. Au point de vue historique, la Réforme est donc en premier lieu l'avortement de la Renaissance [2].

S'appuyant sur le même principe que la forme catholique romaine du christianisme, l'ensemble des sectes que l'on connaît sous le nom de protestantisme n'est donc point une vraie « réforme » et, de tout temps, il en germait comme un fouillis d'herbes sauvages autour des cultures de l'Eglise. Le protestantisme avait surgi à diverses époques et sur de nombreux points de l'Europe avant de prendre sa forme définitive en Allemagne, avec les « thèses » de Luther publiquement affichées. Sans parler de ses devanciers qui récitaient la « noble Leyezon » dans les vallées des Alpes, ni de Wiclef, dont le protestantisme fut autrement révolutionnaire que celui du moine augustin de Wittemberg, ni de Jean Huss qui sut mourir simplement pour sa foi, Luther avait pu entendre en Italie tout ce qu'il répéta plus tard devant Charles Quint. Près de deux siècles auparavant, Pétrarque, champion de l'Eglise, avait formellement annoncé la chute de la grande organisation ecclésiastique à laquelle il appartenait :

Musée du Louvre. Cl. J. Kuhn, édit.

ERASME, par HANS HOLBEIN

1. Nietzsche, *La Volonté de Puissance*. — 2. Jules Baissac, *Société Nouvelle*, sept. 1896, p. 764.

« Il n'est pas nécessaire d'être prophète, disait il, il suffit de la plus courte vue pour s'apercevoir que la papauté est sur la pente d'une ruine inévitable ». Laurent Valla, qui, du reste, fut protégé jusqu'à sa mort par l'opinion publique et sauvé de toute persécution, ne s'était il pas aussi dressé contre le pape, non moins violent et farouche que le religieux allemand : « J'entreprends maintenant d'écrire contre les vivants, et non plus contre les morts, contre une autorité publique et non contre une autorité privée. Et contre quelle autorité? Contre celle du pape, qui est ceint non seulement de l'épée laïque des rois mais aussi de l'épée spirituelle de l'épiscopat suprême. En sorte que l'on ne peut se protéger de lui, de son excommunication, de son exécration, de son anathème, derrière aucun bouclier de prince. Et je pourrais dire avec la Bible : « Où m'enfuir de devant la face et du souffle de ta bouche[1]? »

On peut dire que les conciles mêmes qui discutèrent à Bâle et à Constance les questions dogmatiques et celles de la morale religieuse, en se plaçant au dessus du pape et même contre lui, étaient animés d'un véritable esprit protestant. Il ne manquait aux docteurs et aux prélats qu'un peu plus d'audace et de sincérité pour aller de l'avant et réformer l'Église, comme Luther tenta plus tard de le faire en s'adressant au pouvoir laïque. Même une furie bien plus grande que celle du protestantisme latent, plaidant pour la Réforme par l'entraînement de la foi religieuse, n'avait cessé pendant tout le moyen âge de s'attaquer directement à l'Église. Cette force était le bon sens irréligieux. De tout temps, et même à l'époque où les âmes s'abandonnaient le plus naïvement à la foi et où le fanatisme armait le plus de bras contre l'infidèle, une grande partie de la littérature nationale témoignait d'un fond de scepticisme railleur chez nombre de gens qui, tout en se gardant prudemment d'attaquer l'Église, avaient de bien autres soucis que ceux des dogmes et de la prière. Il est à remarquer que cette ironie populaire avait une portée de beaucoup supérieure à toutes les formes chrétiennes et qu'elle ne se serait pas accommodée du culte protestant mieux que de la religion catholique. Aussi doit on constater qu'en France, le pays le plus riche en fabliaux moqueurs dirigés contre les prêtres, le protestantisme n'eut de prise vraiment profonde et tenace que dans une très faible partie de la population. La masse de la bourgeoisie, à laquelle la religion nouvelle

1. Cité par Philippe Monnier, *Le Quattrocento*, tome I, p. 285.

s'adaptait mieux que l'ancienne forme romaine, ne crut pas qu'il valût la peine de changer la routine ordinaire des pratiques religieuses. Déjà,

N° 375. Charles Quint et François Ier.

Le territoire grisé est celui de Charles Quint; en outre, l'Italie septentrionale était souvent occupée par les troupes allemandes et espagnoles.

à cette époque, « il n'y avait pas assez de religion en France pour en faire deux ».

Rabelais même, celui que l'on croit, à tort ou à raison, être l'auteur de la plus âpre satire dirigée contre « l'Isle Sonnante et tous ses vilains oiseaux, Clergeaux, Prestrigaux et Monagaux », ne daigna point abandonner l'étole et le goupillon : il resta curé, sachant bien que sous le vêtement sévère du pasteur calviniste il eût été plus ridicule encore. Au siècle de la Réforme, lorsque l'évolution religieuse fut assez puissante dans la Grande Bretagne et dans les pays germaniques pour changer la forme extérieure du culte et donner aux chrétiens une nouvelle ardeur, les éléments de ce renouveau de foi dans l'au delà ne furent pas suffisants en France pour que le protestantisme y prît une force comparable à celle qui se manifesta dans l'Est et dans le Nord : la poussée de l'élan spontané manqua.

Dans l'ensemble, si l'on considère le protestantisme en soi, sans les mille circonstances extérieures auxquelles il a dû s'accommoder, il faut bien y voir un retour vers les origines, une tentative de la part des chrétiens d'aller s'abreuver aux sources mêmes de la vie, de boire à cette fontaine vive qui s'épanche aux pieds de Jésus Christ, et qui, depuis, fut si bien canalisée, voûtée et mêlée aux flots les plus divers par les papes et les conciles. Toute révolution commence, dans la pensée de ses auteurs, par une simple réformation. Les premiers chrétiens avaient voulu revenir à la simplicité des anciens Hébreux, de même les premiers protestants cherchaient à remonter au temps de l'Evangile; bien plus, acceptant dévotement la tradition qui donnait aux deux « Testaments » des saintes Ecritures une même valeur, puisque les paroles en sont également inspirées par Dieu, ils aspiraient à rétablir l' « ancienne alliance », le pacte consenti par l'Eternel avec ses serviteurs Samuel, Moïse et le père Abraham : tout progrès, et à certains égards le protestantisme doit être certainement qualifié de tel, tout progrès commence par un mouvement de recul vers le passé.

Il ne faut pas croire que ce retour de la volonté religieuse vers les temps si lointains de l'antiquité judaïque soit resté sans conséquences matérielles, sans réaction efficace sur la civilisation protestante. L'influence de la Bible sur la culture moderne est beaucoup plus forte que l'on n'est porté d'ordinaire à se l'imaginer. Le précepte du livre, « Sondez les Ecritures », pris dans le sens de l'étude personnelle des choses saintes sans l'aide de pasteurs, entra dans la conscience du protestant, et des millions d'hommes en Allemagne, dans les Pays Bas et en Scandinavie, dans les îles Britanniques et dans la Nouvelle Angleterre, dans les montagnes cévenoles et en d'autres districts de la France huguenote, se vouèrent à la lecture unique de la « Parole de Dieu », en commençant par la Genèse, et, sous cette influence, finirent par devenir beaucoup plus juifs qu'ils n'étaient chrétiens. L'histoire mythique et légendaire, parfois atroce, des Beni-Israël leur devint beaucoup plus familière que l'histoire de leur propre nation, modifia leur langue et leur mode de penser, pénétra même jusqu'au fond de l'être par sa morale primitive. Tels livres inspirés par ces idées du protestantisme judaïsant sont absolument incompréhensibles aux non-initiés, de même que tels ou tels actes de fervents calvinistes prenant pour modèle Moïse, Josué ou le « saint roi David ». Des actes abominables, réprouvés par toute morale humaine, trouvaient une ample justification dans les exemples laissés par le « peuple élu » et, pourvu que l'ennemi fût traité de « Philistin » ou d' « Amalécite », on avait sur lui droit d'extermination, de torture et même d'éternelle malédiction, de condamnation au feu qui ne s'éteint point. Çà et là on retrouve dans les annales contemporaines le récit de quelque affreux massacre familial, qui semble d'abord un acte de simple folie, mais n'en est pas moins sérieusement conforme à l'une ou l'autre scène du judaïsme antique et se précisa dans la volonté du criminel sous l'influence de lectures de la Bible sans cesse renouvelées : ce sont là les crimes rituels du protestantisme.

Ainsi la Réforme, étudiée exclusivement au point de vue de l'évolution religieuse, n'est autre chose qu'une tentative de « renaissance » ou de purification du catholicisme, ce que la Renaissance avait été elle-même dans l'étude et dans l'art. Les protestants furent des catholiques plus ardents que les papes et les prélats; tandis que ceux-ci s'accommodaient volontiers des modifications apportées par le temps et se souciaient fort peu de ressembler à saint Paul et aux apôtres, les fanatiques réformateurs remontaient, dans leur âpre recherche du passé, aussi loin que le permettait leur érudition, par delà Jésus et ses disciples. Et d'ailleurs, comment pouvait-il en être autrement? La génération qui précéda Luther possédait déjà l'ouvrage réputé divin dont une vingtaine de traductions furent faites avant la sienne — la première, éditée à Delft, date de 1477 —, et l'art de l'imprimerie qui l'eut bientôt placé entre les mains de tous les fidèles[1], par centaines d'éditions, par milliers et centaines de milliers d'exemplaires, n'avait-il pas, par cela même, créé des multitudes de rivaux aux prêcheurs officiels, prêtres

1. Richard Heath, *Anabaptism*.

et moines? Tout lecteur de la Bible était devenu son propre dispensateur de vérité, son pontife suprême, il avait pris dans sa main la clef divine qui ouvre les portes du Paradis. Ainsi que le dit Bossuet, « une Bible à la main, tout protestant fut pape ». Du moins, il en était ainsi chez les bourgeois et les nobles, car les morales des peuples inclinèrent toujours leur balance vers le pouvoir. En proportion même de l'instruction croissante qui changeait le centre de gravité dans la société bourgeoise, l'explosion de la Réforme était devenue irrésistible, il fallait que la vieille armature de l'Eglise se brisât et qu'il s'en forgeât une nouvelle.

La forme de la religion devait donc s'accommoder à la mentalité du monde bourgeois; elle devait également se prêter aux méthodes scientifiques récentes, introduites par les humanistes, et ne plus négliger, comme elle l'avait fait jusqu'alors, les langues modernes, qui s'étaient émancipées du latin et devenaient à leur tour d'admirables interprètes de la pensée; enfin la révolution opérée dans le monde de l'intelligence devait se produire parallèlement dans la conception, dans la pratique des lois et favoriser d'autant l'évolution religieuse. Le droit romain fut substitué à l'ancien droit germanique, malgré l'opposition acharnée de l'Eglise. Possédant le tiers du territoire et des biens meubles dans l'Europe occidentale, le clergé redoutait cette transformation, qui plaçait les propriétés ecclésiastiques sous le contrôle des légistes et préparait ainsi la Réforme avant qu'elle se fût effectuée au point de vue religieux, mais il ne put l'empêcher. Les monarques français, poursuivant l'œuvre de Philippe le Bel, avaient peu à peu restreint le pouvoir des papes et, finalement, François Ier se sentit assez fort pour réserver à l'autorité civile la nomination des évêques: par le concordat de 1516, la « fille aînée de l'Eglise » imposait des conditions très dures à sa mère, mais celle-ci fut bien obligée de s'y soumettre.

De même le pouvoir de l'Eglise avait été frappé quand le duel judiciaire ou « jugement de Dieu » tomba en désuétude et fut remplacé par l'appel à la juridiction. Les hommes de loi, vainqueurs des prêtres, réussirent à supprimer la légalité du duel; mais il est bien certain que, injustes eux-mêmes, ils ne réussirent point à inspirer plus de confiance dans leur jugement que dans celui du hasard, puisque, du moins chez les Français, la pratique des « affaires d'honneur » s'est maintenue sous sa forme la plus grotesque, survivance du plus lointain moyen âge. Le nouvel équilibre religieux de l'Europe, nécessité par les idées, les connaissances, les langues et les lois, se trouva également déterminé

N° 376. Quelques Domaines ecclésiastiques.

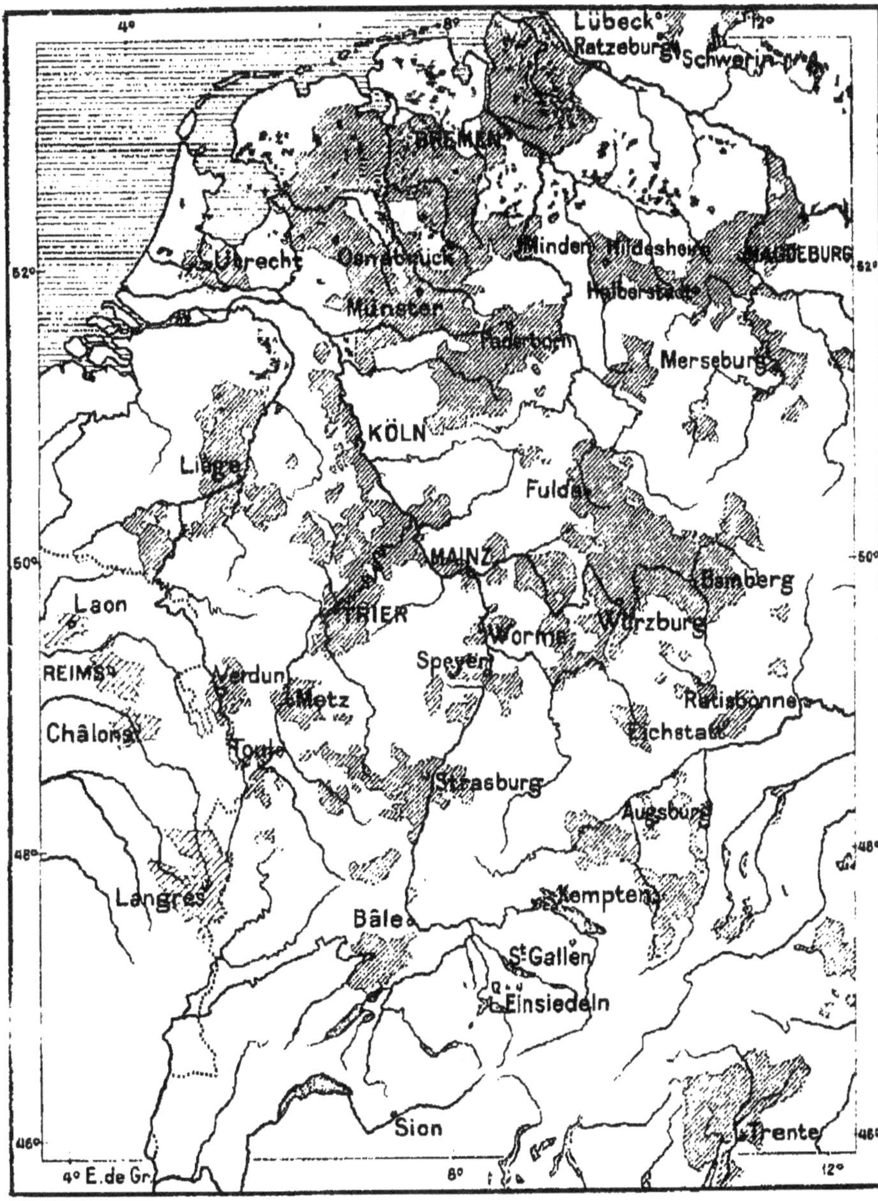

Cette carte est à l'échelle de 1 à 6 000 000.

Les territoires grisés étaient soumis à la juridiction ecclésiastique. Elle fut, en France, graduellement subordonnée au pouvoir royal, et, après le concordat de 1516, devint purement nominale.

Les noms en capitale sont ceux des archevêchés ; les autres villes étaient sièges d'évêchés d'abbayes importantes.

par le changement survenu dans la distribution des richesses : les transformations qui s'opéraient alors, prélude des révolutions économiques accomplies dans le monde moderne, avaient amené l'enrichissement de la bourgeoisie, intermédiaire de l'industrie et du commerce, au détriment des barons et des cultivateurs de la terre.

Les économies du pauvre n'allaient plus à l'Eglise, qui s'évertuait vainement à remplir de nouveaux coffres forts par la vente des indulgences. Des syndicats de marchands s'étaient constitués pour obtenir le monopole d'importation des objets précieux et s'en assurer tous les bénéfices. De puissants banquiers avaient accaparé les produits des mines du Tirol, de l'Espagne, du Nouveau Monde, ils avaient pris des royaumes en gage et, par le maniement des fonds, les spéculations de toute sorte, ils pouvaient à volonté faire la guerre ou la paix. Le luxe de tel grand personnage, que son argent avait placé parmi les magnats de l'Empire et des royaumes, représentait la valeur des produits de toute une province : un seul banquet où ruisselaient le vin et l'hydromel causait indirectement la mort de quelques milliers d'aborigènes dans Española, Cuba ou le continent d'Amérique.

Moins riches que ces banquiers, les princes et souverains eussent bien voulu imiter ces prodigalités fastueuses, dues à leur rang, mais le travail actif leur étant interdit, quels moyens pouvaient-ils employer pour ajouter une nouvelle source de richesses à celles qu'ils possédaient déjà ? De tout temps ils avaient taxé la matière imposable, prélevé des tributs, exigé des corvées, revendiqué la grosse part du parasitisme sur toute manifestation du travail humain, mais le moment n'était-il pas venu de confisquer, d' « incamérer », de s'approprier les trésors de l'Eglise, comme on avait fait tant de fois de ceux des Juifs, de poursuivre chez tous les prélats catholiques, dans tous les couvents, l'œuvre que naguère le roi de France, traînant derrière lui tout un monde tremblant et prêt à se dédire de magistrats et de prêtres, osa tenter contre le seul ordre des Templiers, déclaré d'avance hérétique pour que ses biens fussent de bonne prise ? La conversion à la forme nouvelle du christianisme offrait aux princes et à leurs amis et conseils de la bourgeoisie l'occasion unique de récompenser leur zèle soudain pour la vérité de l'Evangile par l'accaparement des économies séculaires accumulées dans les couvents et les églises. La Réforme, première grande victoire de cette classe bourgeoise qui devait aboutir, deux ou trois siècles plus tard, au triomphe de la Révolution française, allait aider également avec efficacité à la redistribution des richesses. C'est là une des formes nécessaires de l'activité des révolutions, mais ce n'est point la seule, ainsi que des historiens téméraires l'ont prétendu.

Ceux qui se contentent de larges affirmations représentées par des phrases traditionnelles répètent volontiers que, lors de la grande scission de l'Eglise, le partage se fit suivant le contraste géographique du Nord et du Midi ; on ajoute même volontiers que cette division coïncida avec celle des peuples germaniques et des peuples « latins ». Cependant, l'observation des faits montre combien ces affirmations générales sont en désaccord avec la réalité. C'est ainsi qu'en plein Nord, ou du moins sur le versant septentrional de l'Europe, la Pologne, les pays rhénans, la Belgique, l'Irlande, les Highlands d'Ecosse sont habités surtout par des catholiques, et que dans mainte contrée où les deux religions se disputent la suprématie, le climat et la race ne sont pour rien dans la différence des confessions. Il faut étudier à part dans chaque pays l'évolution des événements qui ont amené l'équilibre religieux pour apprécier et mesurer les causes diverses ayant déterminé le triomphe de la forme catholique ou de la forme protestante dans les religions nationales.

Tout d'abord, les populations des deux péninsules « latines » de l'Europe, celles précisément où des « renaissances » successives, avec leurs réformes correspondantes, avaient précédé la grande Renaissance et la *grande* Réforme, restèrent en dehors du mouvement séparatiste. Pour l'Espagne, la raison en est bien évidente : l'incomparable succès de l'autorité monarchique, à laquelle tout réussissait jusqu'à l'absurde, avait entraîné la nation dans la débâcle du recul en toutes choses. Non seulement le peuple espagnol ne pouvait plus, dans son ensemble, participer aux révoltes de l'intelligence, mais c'est à peine si quelques esprits libres gardaient la force de penser : les bûchers de l'Inquisition flambaient pour tous ceux dont les paroles n'étaient pas formule consacrée, et les actes répétition servile. Il semblerait que les rois d'Espagne eussent pu agir comme ceux de France et concentrer entre leurs seules mains le pouvoir absolu, mais de part et d'autre des Pyrénées, les conditions étaient différentes. Les Ferdinand et les Charles Quint n'avaient point derrière eux une longue tradition monarchique : à l'époque de la Réforme, ils arrivaient à peine à la possession indisputée de la Péninsule et la coopération du clergé était indispensable à l'œuvre d'expulsion des Maures : la royauté espagnole n'était forte que par l'Église.

Quant à l'Italie, épuisée par ses efforts antérieurs, elle se trouvait également en pleine période de réaction, le sol, en friche et comme brûlé, ne pouvant plus alimenter de moissons nouvelles. Même ce qui avait été l'exubérante Florence n'était plus qu'une morne cité sans vie morale et sans espérance. Devenus les maîtres absolus de ce qui avait été la république des hommes libres, les Médicis avaient pris soin de rejeter dans la torpeur les citoyens si mobiles et si ingénieux de la noble ville; pour en faire des sujets fidèles et les soustraire à la propagande hérétique, ils avaient interdit les voyages à ces fils de voyageurs « incompressibles » que l'on avait comparés au « cinquième élément ». Ils réussirent à parquer les Florentins, à les embastiller pour ainsi dire, et ceux ci, cessant de connaître le monde extérieur, furent également ignorés de lui. A part quelques familles de Toscans exilés, de Ferrarais fugitifs et de montagnards vaudois, héritiers de de l'ancienne « noble Leyczon », l'histoire de la Réforme signale à peine quelques noms italiens.

Il est certain que l'influence des cadres ecclésiastiques, l'éducation cléricale propre à chaque Église et l'interpénétration, l'alliance plus ou moins intime des éléments de même dénomination ont eu pour conséquence de différencier et d'opposer en un contraste net et même violent des populations limitrophes, distinctes par la confession religieuse. La Suisse en offre un remarquable exemple par ses contours catholiques et protestants dont les délimitations respectives ont été tracées, ici par des seigneurs féodaux ou des aristocraties locales, là par des communautés victorieuses : primitivement les voisins se ressemblaient fort sous le gouvernement du même clergé; maintenant ils diffèrent beaucoup, même par des traits de caractère que l'on serait tenté d'attribuer à une différence de race; or, l'histoire nous démontre que, dans la plupart des districts, il y eut identité d'origine.

En France, comme dans les Alpes italiennes tributaires du val de Pellice, la Réforme trouva quelques districts écartés dont les populations, protestantes avant le protestantisme, furent aussitôt annexées au monde plus vaste de tous les « frères en la foi » : les Dauphinois de la Vallouise et autres vallées avoisinantes, de même que diverses com munautés des Cévennes, ressuscitées d'une mort apparente, formèrent le

N° 377. Quelques Églises calvinistes en France.

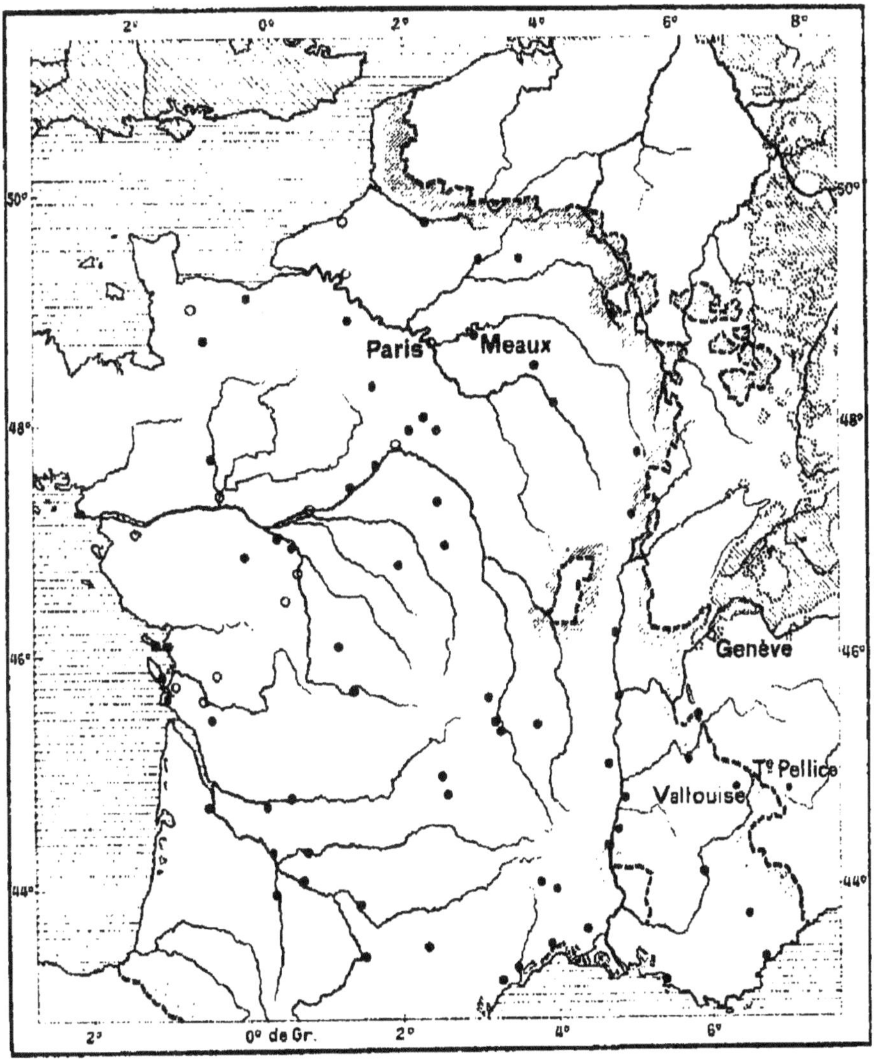

1 : 7 500 000

0 100 250 500 Kil.

Meaux est la première ville de France où un mouvement analogue à la Réforme se soit développé, vers 1520. — En 1559, un synode protestant se tint à Paris, auquel participèrent douze églises dont les sièges sont marqués par un point ouvert.

En dehors des limites de la France, le territoire grisé indique les pays soulevés contre Rome. Le Charolais faisait théoriquement partie de l'empire allemand.

premier noyau des religionnaires, auquel vinrent s'ajouter les nombreux ouvriers des villes que la propagande religieuse convertit aux nouvelles idées; même l'esprit de révolte, qui avait poussé tant de paysans dans les guerres, expéditions de pillage et jacqueries, agit aussi d'une manière indirecte pour entraîner de nombreuses communautés rurales hors de l'Eglise romaine, simple changement rituel qui n'aurait eu aucune importance en soi si la classe menacée des prêtres n'avait pas suscité la guerre civile pour garder ses prébendes. Mais la masse du peuple n'était pas assez passionnée, assez remuée dans ses profondeurs morales par la chance de lire et d'interpréter la « parole divine » sans l'intermédiaire du curé de la paroisse, pour que cette idée pût le faire se jeter de toute son âme dans les fureurs des guerres religieuses.

Il est vrai que les conséquences économiques de la suppression des couvents et des propriétés de l'Eglise auraient pu l'intéresser directement s'il avait eu la perspective d'être l'héritier des moines et des prêtres, mais on lui fit aussitôt comprendre que, manant corvéable il avait été dans le siècle de saint Bernard et que manant corvéable il resterait dans celui de Luther et de Calvin. Assez populaire chez les ruraux de France, dans le deuxième quart du seizième siècle, le mouvement de la Réforme finit par leur devenir indifférent lorsqu'ils eurent bien reconnu n'avoir reçu de lui ni liberté, ni bien être. Lors de la révolte de 1548, qui, de l'Agenois au Poitou et de la Saintonge à la Marche, souleva les habitants contre les rigueurs de la gabelle, les divergences religieuses ne jouèrent aucun rôle; pas un seul calviniste ne semble avoir protesté contre l'égorgement de milliers de paysans.

Une partie notable de l'aristocratie française, et notamment la noblesse du Midi, qui trouvait amplement son profit au transfert des biens ecclésiastiques, unissant ses intérêts à ceux des « huguenots » pendant les guerres dites de religion — en réalité des guerres sous prétexte de religion[1] —, la France fut moins partagée entre deux cultes qu'entre deux partis politiques en lutte pour la conquête du pouvoir. A la fin, la guerre religieuse, compliquée de massacres tels que celui de la Saint-Barthélemy, se transforma en une guerre dynastique entre la famille épuisée des Valois et la puissante maison des Guise. Puis, quand le poignard eut fait son œuvre, d'abord par le meurtre de Guise, ensuite par celui de Henri III, les armées protestantes se confondirent avec celles de la royauté, devenue légitime, puisque Henri de Navarre, leur

1. Edm. Demolins, *A-t-on Intérêt à s'emparer du Pouvoir?*

chef, prenait désormais le titre de roi de France. L'évolution était complète : les anciens révoltés étaient maintenant les défenseurs du trône, il

Cl. J. Kuhn, édit.

FONTAINE DES INNOCENTS, sculptée par JEAN GOUJON
de 1547 à 1549.

ne leur restait plus qu'à se faire les « défenseurs de l'autel », ce qui advint d'ailleurs lorsque Henri IV, entrant dans ce Paris qui « valait bien une messe », abjura pour la deuxième fois le culte protestant. Par un revirement populaire prouvant combien peu les pauvres et les opprimés des villes associaient leurs espérances au triomphe des protestants, c'est dans la foule des cités que la « ligue » des catholiques intransigeants trouva ses éléments les plus fanatiques.

Néanmoins, ce siècle de discordes, de luttes intestines, de haines et de massacres fut un siècle pendant lequel la nation, pleine de vie et d'élan, se développa d'une manière remarquable dans les sciences, les arts, la culture et la belle floraison de sa langue. C'est alors que la Renaissance italienne se fit française, représentée même par quelques uns de ses plus glorieux artistes, tels que Léonard et le Primatice : alors aussi la France eut de merveilleux sculpteurs, entr'autres Jean Goujon, et le plus grand de tous les écrivains qui, dans la série des siècles, illustrèrent le beau parler français, Rabelais, l'admirable « abstracteur de quintessence ». Le génie national, manifesté pendant le seizième siècle avec tant d'éclat, témoigne de la désorganisation du pouvoir à cette époque. Eglise et royauté, en leurs constantes incertitudes, n'avaient pas la force nécessaire pour dominer et mater la nation qui de toutes parts cherchait une issue à sa volonté d'agir.

Certes, François Ier aurait bien aimé exercer son autorité d'une manière absolue, mais les événements ne le servirent point à souhait. D'abord, attiré comme ses prédécesseurs dans le roman des guerres d'Italie, il alla y remporter des victoires inutiles, puis y subir d'irréparables défaites qui l'obligèrent à implorer le secours de son peuple pour payer sa rançon. Les guerres presque continuelles avec Charles Quint et, même durant les rares trêves, ses intrigues de rivalité l'entraînaient à une politique contradictoire, enlevant toute suite à ses idées : il devait chercher pour alliés à l'étranger précisément les amis de ceux qu'il persécutait dans son propre royaume. De cette incohérence de projets et d'événements, à laquelle venait se mêler le contre-coup des révolutions intérieures, surgissait une situation d'anarchie propice aux initiatives individuelles : le génie libre et la joyeuse fantaisie naissaient de l'impuissance de la royauté et de l'affaiblissement de l'Eglise.

La division de l'Allemagne en de nombreux Etats à l'équilibre instable favorisa le mouvement de la Réforme, qui, d'ailleurs, trouvait en cette partie centrale de l'Europe son milieu naturel. C'est là que la religion nouvelle prit le nom général de « protestantisme », appliqué encore à l'ensemble des sectes dérivées, même à des communautés qui, par leur dogme, se sont évadées du christianisme ; c'est là qu'eut lieu le gros de la bataille, au point de vue de la polémique aussi bien qu'au point de vue de matériel la quantité de sang versé : nulle part le conflit ne devait amener de plus grands désastres. Mais, dans les commencements de la Réforme, dont l'importance politique n'était pas encore prévue, puisque le pape Léon X, un païen de la Renaissance, y voyait seulement une « querelle de moines », la séparation des cultes se fit sans autre fracas que celui de paroles entrechoquées. Sans doute, Charles Quint, le petit-fils des souverains très catholiques, Ferdinand et Isabelle, aurait bien volontiers écrasé dans l'œuf le monde naissant du schisme, mais, ainsi que François Ier, il lui fallut, bien à contre-cœur, se plier aux circonstances : tout empereur qu'il fût, il ne l'était que par la grâce de puissants électeurs, et le grand art consistait à savamment les opposer les uns aux autres pour gagner du temps et consolider son pouvoir.

Cl. J. Kuhn, édit.

LUTHER

L'électeur de Saxe, Frédéric le Sage, le personnage même auquel Charles devait la couronne impériale, était aussi le protecteur de Luther, et lorsque celui-ci, mandé devant la diète de Worms, se leva en face même de l'Empereur, il était accompagné de cent chevaliers armés. La force contre la force ! Telle fut la raison qui permit à Luther d'échapper au sort de Jean Huss, mais, si bouillant et si audacieux que fût le moine révolté, et si nombreux que fussent ses puissants amis pour le protéger contre l'ire de l'empereur et du pape, il n'en courait pas moins de grands dangers, et Frédéric lui rendit le service de le soustraire aux effets du ban de l'empire en l'enfermant pendant une année dans la forteresse de la Wartburg, en Thuringe, prison grandiose d'où il lança sur le monde ses cris de guerre contre Rome et ses diatribes violentes et joyeuses contre tous ses ennemis ; c'est là aussi qu'il commença cette savoureuse traduction de la Bible dans le dialecte saxon du haut allemand qui, plus que toutes les œuvres analogues, nombreuses à cette époque, fut accueillie par les fidèles, fixant ainsi en un idiome sacré la langue allemande écrite, d'une manière définitive. Quand Luther sortit de sa haute résidence, qui avait été pour lui presque un Sinaï, un mont Tabor, il avait désormais son auréole de puissance et de gloire : son prestige le défendait contre Charles Quint, et le culte luthérien se constituait tel qu'il s'est maintenu de nos jours.

Naturellement, Luther eût voulu arrêter la Réforme et tout progrès humain dépassant l'œuvre qu'il avait accomplie : il prêchait l'abolition de certaines coutumes qui dans l'Eglise catholique lui paraissaient en dehors de l'enseignement direct des Ecritures : intercession des saints, purgatoire et rachat des âmes, confession auriculaire, célibat des prêtres ; mais il ne possédait pas l'art de conjurer les esprits déchaînés de la pensée libre et de la révolte : il ne pouvait arrêter le cours de ce fleuve débordé dont il avait levé les écluses. Or, les rebellions étaient d'autant plus inévitables que le monde des paysans devenait plus malheureux depuis que la société bourgeoise avait commencé de se substituer au régime féodal. L'existence du laboureur, déjà si difficile à supporter, était maintenant plus intolérable encore et le poussait à la révolution par le souvenir d'un passé moins mauvais, comparé avec l'abominable asservissement qui devenait la règle.

Un nouvel instrument de savante oppression se trouvait entre les mains des puissants, grâce à la substitution graduelle de l'âpre droit romain aux anciens droits coutumiers[1]. Au milieu du quinzième siècle, le servage n'existait plus guère que chez les paysans slaves de l'ancienne Poméranie, dans les contrées qu'avaient asservies les

1. Richard Heath, *Anabaptism*, p. 9.

chevaliers Teutoniques. Il avait été en grande partie aboli pendant la poussée de liberté qui se fit sentir à la fin du moyen âge. La loi souabe, qui prévalait alors dans toute l'Allemagne, disait expressément : « Un homme ne doit pas appartenir à un autre homme »[1]. A partir de la Réforme, le servage redevint loi, du moins en Allemagne. Les abaissements des salaires, imposés aux serviteurs et aux pâtres par les ordonnances légales de manière à rétablir pratiquement la servitude, datent tous du milieu du seizième siècle : à la même époque, c'est à

Cl. G. Jagemann.

CHAMBRE DE TRAVAIL DE LUTHER A LA WARTBURG

dire après l'établissement de la « Réforme », les colons se voient contraints de laisser leurs enfants servir chez les seigneurs, soit gratuitement, soit en échange de paiements fictifs ou dérisoires.

La résistance au pouvoir de l'Etat, des seigneurs et des bourgeois urbains n'avait cessé de se produire sur divers points, mais ces révoltes partielles, vague rudiment de révolution sociale, devaient naturellement prendre une forme religieuse, sans laquelle on ne s'imaginait point encore l'existence possible d'une société. Toutes les tentatives de

1. J. Janssen, *ouvrage cité*, p. 267.

transformation qui prenaient ce caractère naïf de la confiance en Dieu et dans les saints impliquaient par cela même en principe la fatalité de la défaite, puisque les puissances d'en haut ont toujours des interprètes qui participent à l'infaillibilité, par conséquent au pouvoir céleste, et que ces interprètes sont toujours entraînés à mésuser de leur essence divine.

Dans la longue série des insurrections agraires qui se succédèrent en Allemagne, on se rappelle surtout celle de Pfeifers-Hänslein, Jeannot Flûteux, auquel la mère de Dieu avait apparu en 1476, à Niclashausen, dans le Wurtemberg, lui enjoignant d'annoncer la fraternité des hommes, l'abolition de toute autorité temporelle ou spirituelle, le devoir pour chacun de gagner son pain par le travail. Mais, bientôt saisi, le pauvre Jeannot fut décapité sous les rires grossiers de cette foule qu'il eût voulu rendre libre.

Un peu plus tard, les seigneurs eurent à faire de nouvelles tueries de paysans dans la basse Germanie du nord-ouest. Des malheureux, épuisés par les corvées et les impôts, s'étaient soulevés en prenant pour symbole le « pain et le fromage », modeste revendication, car c'était là tout ce dont ils avaient besoin pour vivre : de là le nom de « Kæse-Brœder » sous lequel on les connaît dans l'histoire. Ce mouvement fut pour la noblesse et le clergé une occasion d'accroître leurs privilèges, non seulement en ramenant au servage les Kæse-Brœder épargnés par le bourreau, mais aussi en privant les paludiers hollandais et les Frisons de toutes les franchises traditionnelles que la ceinture des marais du littoral leur avait assurées jusqu'alors : ce fut un grand triomphe de la féodalité, dans les dernières années du quinzième siècle.

Pendant les décades qui suivirent, le sang des roturiers allemands coula plus abondamment encore. Une jacquerie plus sérieuse que les précédentes, et moins embarrassée de symboles religieux, se propagea rapidement de l'Alsace et de la Souabe dans les contrées voisines. Les paysans révoltés avaient pris pour enseigne le gros soulier du laboureur, par contraste avec la botte éperonnée du gentilhomme, et ce *Bundschuh* ou « Soulier de l'Alliance » fit souvent trembler la noblesse et le clergé, tous les corps parasitaires de la société du temps. On craignait surtout que, suivant l'exemple de la tentative faite en 1523 par Franz von Sickingen et Ulrich von Hutten, une ligue politique se formât entre les paysans soulevés de l'Allemagne et leurs voisins les Suisses qui s'étaient déjà débarrassés de leurs seigneurs et se trouvaient en lutte avec les bourgeois des villes. En diverses occasions, on vit en effet des montagnards suisses s'unir avec les paysans souabes, mais l'alliance ne fut point durable, car les gens de la houlette et de la charrue avaient déjà pris l'habitude de se vendre pour endosser le harnais de guerre. Les seigneurs combattirent les paysans révoltés en lançant contre eux d'autres paysans, des *Landsknechte*, lansquenets, ayant le droit de vol, de rapine et de meurtre.

D'ailleurs les paysans, même se redressant contre leurs maîtres, étaient encore si doux, si humbles, si respectueux des privilèges antiques, si désireux de faire de nouveau la paix que leur manque d'audace les condamnait d'avance à la défaite. Ainsi que le disait un de leurs refrains, « ils ne pouvaient se guérir des prêtres ni des nobles », si bien que, pendant la guerre, ils confièrent volontiers la direction de leurs affaires non à des paysans comme eux mais à des chevaliers, presque tous traîtres futurs. Combien modestes étaient les réclamations contenues dans les « douze articles » que la noblesse de l'époque accueillit avec tant de fureur!

« Chaque commune doit avoir le droit de choisir un pasteur et de le destituer en cas d'indignité.

« Chaque commune doit payer la dîme ordonnée par l'Ancien Testament, mais elle ne doit pas en payer d'autre.

« Le servage est aboli, car il ne s'accorde point avec la rédemption de l'homme par Jésus-Christ; mais la liberté chrétienne n'empêche pas l'obéissance envers l'autorité légitime.

« Le gibier, les oiseaux, les poissons d'eau courante appartiennent à tous.

« La propriété des forêts fait retour des seigneurs à la commune.

« La corvée n'est point permise, car il importe de se conformer aux usages antiques.

« Les seigneurs ne peuvent exiger des paysans que les services établis par contrat; pour tout surcroît de travail, il leur faut payer un denier légitime.

« Lorsque les biens sont tellement surchargés d'impôts que le travail ne rapporte plus rien au cultivateur, le taux du loyer doit être réduit après arbitrage d'hommes honorables.

« Les amendes judiciaires ne doivent pas être accrues arbitrairement, mais il faut suivre les anciennes coutumes.

« Celui qui s'est emparé injustement des biens communaux est tenu de les rendre.

« L'impôt que l'on appelle « cas de la mort » (Sterbfall) est à supprimer comme vol odieux des veuves et des orphelins.

« Nous annulerons n'importe lequel des articles précédents si on nous prouve qu'il est en désaccord avec l'esprit de la sainte Ecriture, mais nous nous réservons de l'étendre, si cela nous paraît conforme avec l'Ecriture et avec la vérité ».

Telles étaient les justes mais insuffisantes revendications des paysans « frères », et si les réformateurs avaient eu à leur égard le moindre sentiment d'équité, ils auraient dû faire cause commune avec eux, au lieu de prendre pour alliés les seigneurs et comtes palatins. Mais c'est en face de ces malheureux exposant leurs doléances avec tant de modération que l'on constate combien peu la religion nouvelle, se réclamant de la liberté d'interpréter la Bible, avait de points de contact avec l'idée de la liberté en soi, et combien, au contraire, elle aimait à se ranger du côté des forts contre les faibles, des riches contre les pauvres, des propriétaires contre les communistes qui commençaient à se dresser çà et là en masses compactes, surtout en Thuringe, en Saxe, dans la Hesse et la Souabe. Luther, hors de lui à la vue du lion populaire que ses ennemis l'accusaient d'avoir déchaîné, mit toute son éloquence, toute sa fureur au service des princes féodaux pour ramener la foule à l'asservissement traditionnel. « Si je pouvais en prendre la responsabilité devant ma conscience, je conseillerais et j'aiderais plutôt pour que le pape, avec toutes ses abominations, redevînt notre maître, car c'est ainsi que le monde veut être conduit : par de sévères lois et par les susperstitions »[1]. Mais ce que Luther n'osa pas faire en s'adressant au pape qu'il avait renié, il le fit en invoquant les princes qu'il avait associés à sa révolte contre l'Eglise, et il le fit en un langage atroce : « Comme les âniers, qui doivent rester tout le temps sur le dos de leurs bêtes, sans quoi elles ne marchent pas, de même le souverain doit pousser, battre, étrangler, pendre, brûler, décapiter, mettre sur la roue le peuple, *Herr Omnes*, pour que celui-ci le craigne et soit tenu en bride ». « Ecrasez, étranglez, poignardez, en secret, en public et comme vous le pourrez, vous rappelant que rien ne peut être plus venimeux qu'un homme rebelle. Tel prince remuant (*aufrührisch*) gagne plus vite le ciel par le massacre que par la prière ». Et les conseils du « réfor-

1. Cité par Hartmann, *Religion de l'Avenir*.

mateur » furent suivis à la lettre. Il s'en glorifie plus tard : « Moi,

N° 378. Théâtre de la Guerre des Paysans.

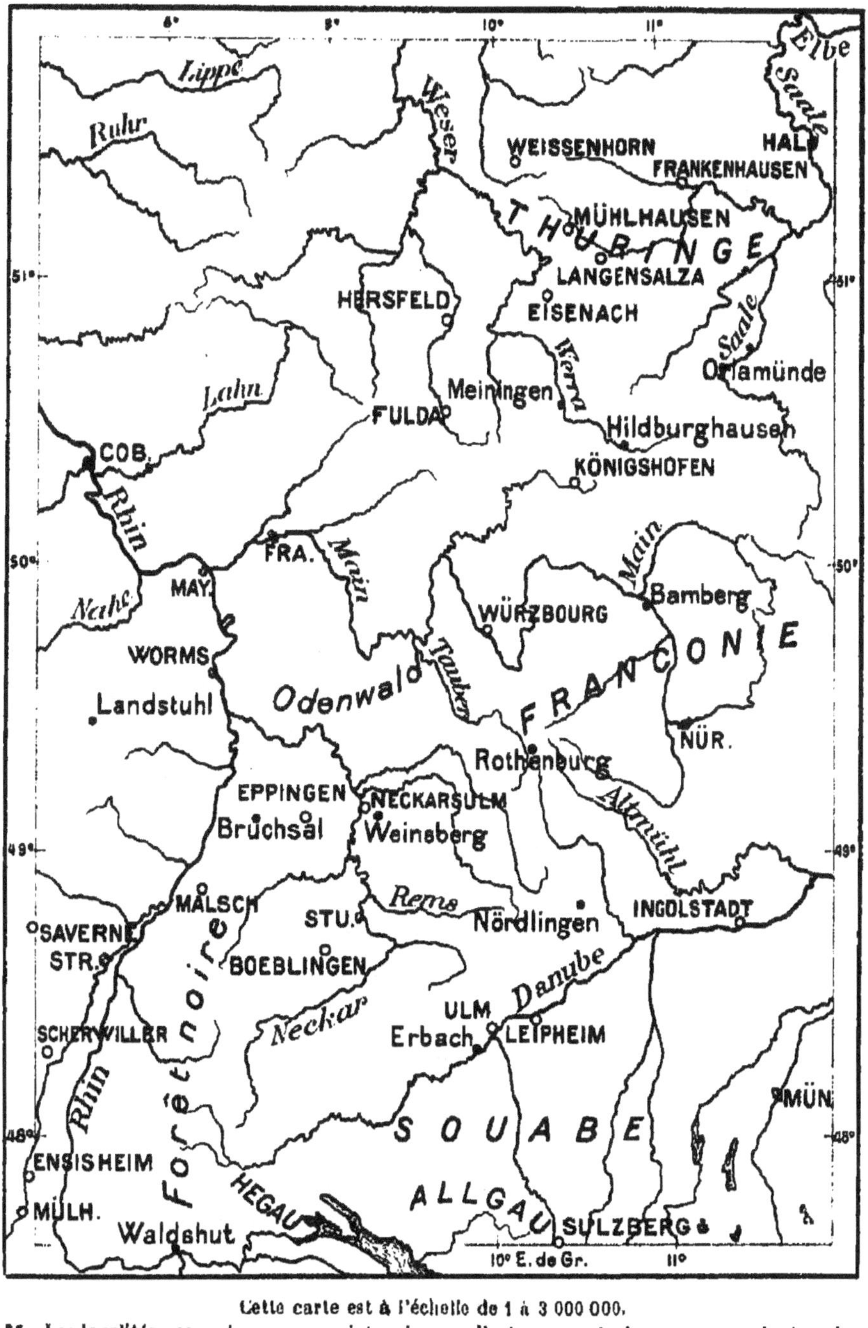

Cette carte est à l'échelle de 1 à 3 000 000.

•• Les localités marquées par un point noir rappellent un succès des paysans soulevés ; plus de mille châteaux furent détruits des centaines de villes ; fraternisaient avec les insurgés.

(•) Les points ouverts désignent les lieux de défaites et de massacres : Leipheim, 4 avril, Frankenhausen, 15 avril, Saverne, 17 mai (20 000 victimes), Eppingen, 27 mai 1525.

Martin Luther, j'ai pour ma part tué les paysans, car j'ai ordonné de les frapper à mort; leur sang coule sur mon cou, mais je me décharge de cette responsabilité sur notre seigneur Dieu, lequel eût enjoint de parler comme je l'ai fait »[1].

Lorsque les paysans de Waldshut, près de la frontière helvétique, déployant le drapeau noir rouge-or, le 24 du mois d'août 1524, eurent décidé de fonder la fraternité « évangélique » des paysans, de porter la « guerre contre les châteaux, les couvents et les prêtres », puis de lutter sans trêve jusqu'à libération de tous les frères asservis de l'empire, la frayeur avait été générale dans le monde des seigneurs. De puissantes hordes s'étant rassemblées en mars 1525, plusieurs nobles implorèrent la faveur d'être reçus parmi les « frères », de nombreuses villes s'allièrent aux paysans confédérés; ceux-ci gagnèrent même des victoires en bataille rangée contre les chevaliers et leurs mercenaires. Mais quand on s'aperçut que les paysans n'osaient pas profiter de leurs succès et se proclamaient toujours de loyaux et fidèles sujets de l'empereur, on reprit courage et la fureur s'accrut de toute la peur qu'on avait eue. La répression fut terrible, et les meurtres et tortures n'auraient point cessé s'il n'avait fallu quand même aux seigneurs des valets, des corvéables et des soldats. C'est là ce que les amis de Casimir de Brandebourg lui firent remarquer, lorsqu'il avait déjà massacré cinq cents malheureux de sang-froid : « Mais si nous devons tuer tous nos gens, où trouverons-nous d'autres paysans pour en vivre »? On se contenta, d'après l'évêque de Spire, d'en faire périr environ cent cinquante mille ; mais avec quelle joie furieuse se lança-t-on sur les révoltés intelligents qui avaient la conscience de leur œuvre, comme Thomas Münzer! Avec quel raffinement de volupté brisa-t-on leurs os et versa-t-on leur sang goutte à goutte dans les chambres de torture !

Et cependant, la logique des événements entraînait vers une liberté pratique absolue les hommes auxquels le protestantisme avait accordé malgré lui la liberté d'examen. Parmi ceux qui avaient ouvert la Bible, il en était dont l'ambition était de reconstituer cette Eglise des premiers jours, qui avais mis en commun tous les biens terrestres pour n'avoir à s'occuper que du salut éternel. Les « anabaptistes » des villes hollandaises et du nord-ouest de l'Allemagne, réformés qui voyaient dans le baptême

1. *Tischreden*, édition Reclam, p. 194.

des adultes un acte symbolique de conversion personnelle et de convic-

N° 379. Münster et ses environs.

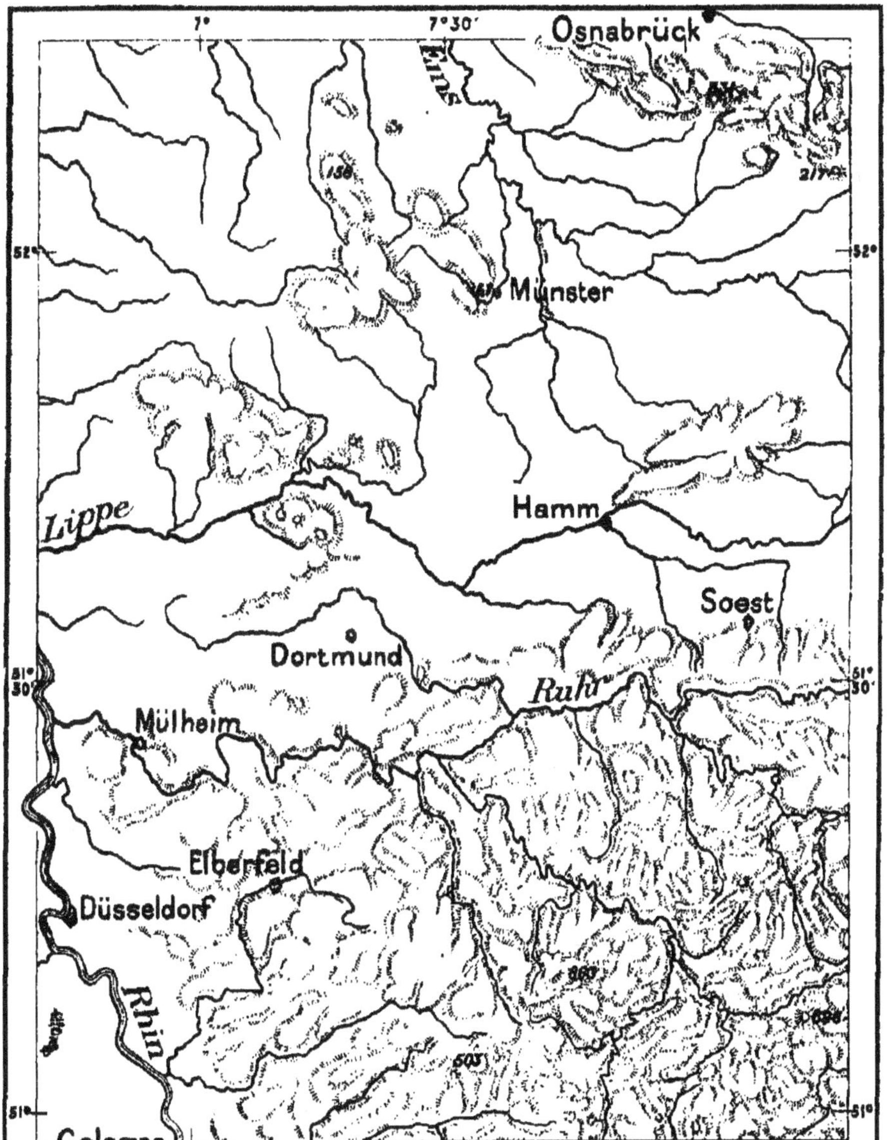

1 : 1 000 000

0 10 25 50 Kil.

tions agissantes, étaient de ceux qui, dès la vie présente, voulaient faire descendre le ciel sur la terre et supprimer ces haines d'intérêt que font naître le tien et le mien entre les hommes. Mais pour cela il leur fallait sortir de toute société officielle, ignorer les maîtres et leurs décrets. Malgré le souvenir des récents massacres de paysans, ces communistes osèrent se grouper en sociétés indépendantes. Dès 1533, la ville de Münster, en Westphalie, devint une commune où toutes les anciennes lois furent abolies. L'or, les joyaux, même les riches étoffes furent livrés au trésor commun. Les maisons des bourgeois et nobles fugitifs devinrent le logis des citoyens pauvres, tandis que les étrangers, accourus pour jouir de la belle égalité dans la cité libre, avaient pris les églises pour demeures. Chacun continuait de travailler à l'œuvre pour laquelle il se sentait utile et recevait à cet effet les matières premières. Les repas étaient publics, chacun devait veiller à ne pas couper plus de pain qu'à son appétit. Une pareille société eût été d'un trop dangereux exemple pour qu'elle pût être tolérée, et les princes protestants de la basse Allemagne, unis à l'évêque titulaire de la ville, la reprirent d'assaut (1535), en massacrant les défenseurs. Le corps de Jean de Leyde, le roi de la « Nouvelle Sion », resta longtemps exposé dans une cage de fer suspendue à la tour de la cathédrale. La rage de destruction fut telle qu'on s'acharna contre tous les documents racontant la vie des anabaptistes et les événements auxquels ils prirent part : on aurait voulu détruire jusqu'au souvenir de leur existence, et jusqu'à nos jours l'histoire officielle du soulèvement de Münster se résume en la liste des abus d'autorité que Jean de Leyde aurait commis.

La secte religieuse qui, en dehors de toute ambition politique ou sociale, ne visait qu'à sauvegarder l'enseignement dogmatique et le nom originaire, eut à se faire très humble pour obtenir le droit de se manifester en marge de la société protestante, se distinguant entre toutes les communautés par son respect de l'ordre établi. Les Mennonites qui, de la Hollande, passèrent en Allemagne, puis en Russie et qui, trois siècles plus tard, devaient encore fuir au Canada, aux Etats-Unis, dans la République Argentine, gardèrent surtout, comme par héritage, l'obligation stricte de rechercher la paix, d'éviter toute violence, d'exécrer les armes, tandis que les « frères Moraves », descendants d'autres persécutés, réussirent à sauver les pratiques de la fraternité humanitaire.

Parallèlement au luthéranisme, qui se constituait principalement dans le nord de l'Allemagne et dans les contrées scandinaves, se développait une autre forme de protestantisme, qui reçut également dans le langage courant le nom de son fondateur : le calvinisme, la religion de l'âpre Calvin. En Suisse, les idées nouvelles, revendiquant pour le simple lecteur de la Bible, clerc ou laïc, le droit de devenir son propre prêtre et de parler directement avec son Dieu, sans interprète humain, avaient été déjà proclamées par Zwingli, précédant Luther d'une année, dès 1516, et l'Église romaine dépossédée avait essayé vainement de ramener ses ouailles des hautes vallées dans le bercail orthodoxe. Comme dans l'Allemagne voisine, la controverse se compliquait de batailles, et l'équilibre des forces se déplaçait constamment sans que l'ancien régime pût se reconstituer.

Le mouvement irrépressible de la religion nouvelle eut surtout Calvin pour docteur, et pour seconde Bible l'*Institution de la religion chrétienne*, où les dogmes acceptés par les huguenots français étaient exposés en un style d'une clarté parfaite et d'une rigidité glaciale. Une première fois, les citoyens de Genève n'avaient pu supporter l'implacable régime de leur directeur spirituel, mais il revint en 1541 et, dès lors, la petite ville suisse, protégée à la fois par la nature, par les cantons alliés et par la jalousie mutuelle des puissances voisines, devint une sorte de capitale, la « Rome du protestantisme », d'où le redoutable Calvin, écrivant ses lettres, envoyant ses émissaires, entretenait l'ardeur de la foi dans toute l'Europe atteinte par la propagande de la Réforme, et spécialement dans les Flandres et en Écosse. D'ailleurs, la moitié calviniste de la religion protestante ne tolérait point la liberté de penser plus que ne le faisaient les luthériens : pour le réformateur de Genève comme pour celui de la Wartburg, tout hérétique c'est à dire tout homme pensant autrement que lui méritait la mort. Il montra en toute sérénité d'âme cette intolérance, lorsqu'il fit emprisonner et condamner au bûcher le savant physicien et géographe aragonais Michel Servet, qui avait en même temps le malheur d'être théologien et d'avoir émis sur la Trinité des opinions contraires à l'orthodoxie calviniste. Non seulement Calvin fit brûler Servet, mais ordonna aussi de jeter sur le bûcher les exemplaire de ses deux éditions de Claude Ptolémée[1].

Les tribunaux de Genève étaient donc une cour d'inquisition, mais, si rigoureuses que fussent leurs condamnations, elles firent pourtant

1. *Geographical Journal*, 1902, p. 648.

moins de mal aux populations que l'austère et maussade conception de la vie calviniste, toujours viciée par le remords du péché originel auquel venaient s'ajouter les mille péchés de chaque jour. « Zwingle et Calvin ont ouvert les couvents, dit Voltaire, pour transformer en un couvent la société humaine ».

La carte religieuse de la Suisse et de l'Allemagne occidentale, telle que la tracèrent les événements du seizième siècle, montre bien que l'initiative des habitants fut sans grande énergie dans le choix des deux croyances en présence. La volonté spontanée du peuple ne fut guère appréciable, ici dans le maintien de la religion catholique traditionnelle, là, dans l'introduction de la foi nouvelle. On peut constater facilement que les principautés et cantons d'Allemagne et de Suisse sont presqu'aussi nettement délimités pour la confession religieuse que pour l'allégeance politique. D'une part, la conservation, de l'autre le changement de culte s'était fait par ordre, non de par le vouloir des habitants fidèles à l'ancienne foi ou convertis à la nouvelle. Suivant les intérêts de telle famille régnante, de tels groupes d'aristocrates dirigeants, de telle classe bourgeoise ayant le pouvoir en main, on avait gardé les prêtres catholiques ou fait venir des pasteurs protestants.

Cl. J. Kuhn, édit.

CALVIN

On peut citer en exemple de ces religions imposées celui que présentent les deux cantons du Valais et de Vaud, déjà contrastés par la forme de leurs noms qui, tout en ayant une signification à peu près analogue « Grande Vallée » et les « Vallées », ont pourtant un aspect et un son si différents. La coupure est absolument nette ; la limite des religions est identiquement celle des frontières politiques : ceux qui regardent à l'Ouest, vers Lausanne, sont protestants et durent le devenir, sous peines graves ; ceux qui sont tournés à l'Est, vers Sion, restèrent catholiques, et l'apostasie leur eût coûté cher. A la différence

Cl. J. Kuhn, édit.

LE RHONE ET LA ROME PROTESTANTE

des religions correspondit celle des alliances, des institutions, des pratiques traditionnelles et, sous les influences opposées que créaient les deux milieux distincts, les habitants des deux cantons se développèrent comme s'ils constituaient des races étrangères l'une à l'autre, presqu'ennemies.

Mêmes contrastes religieux et politiques dans le bassin rhénan : cette contrée si remarquable a pour axe médian le Rhin, qui croise du Sud au Nord un autre axe, d'importance plus considérable, celui de l'Europe entière, représentée surtout par les grandes plaines qui, de la Russie, se prolongent jusqu'à la Loire. Pareille disposition géographique assurait à la vallée du Rhin des avantages exceptionnels, utilisés certainement dès avant la période romaine. Le mouvement commercial devait suivre le courant et faire naître de grandes villes à tous les sites de traversée, d'arrêt forcé, de confluents ou de routes convergentes qui rythmaient le cours fluvial. Les richesses s'accumulaient en conséquence dans les centres d'activité qui se succèdent le long de cette

N° 380. Protestants et catholiques en Suisse.

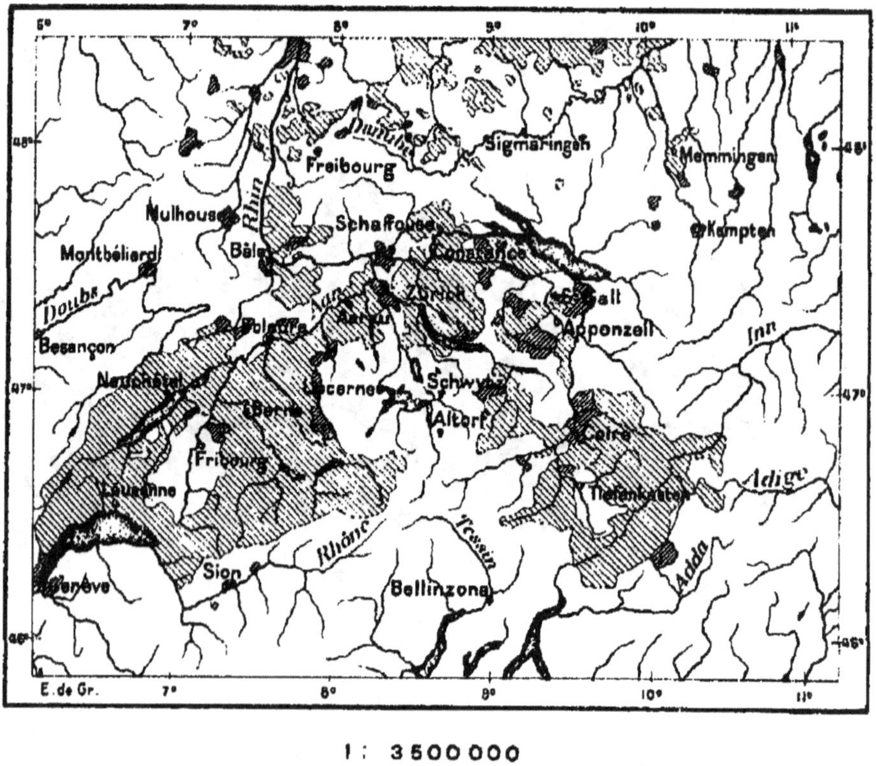

Sur les deux cartes N° 380 et 381, dressées d'après l'atlas Sydow-Wagner, les hachures espacées recouvrent les territoires où les protestants forment au moins 75 0/0 de la population, les hachures serrées ceux où leur proportion oscille entre 75 et 50 0/0.

ligne de vie, bordée par des régions montueuses et forestières à populations alors relativement barbares. Mais toute supériorité hâtive se paie, et les privilèges même des cités riveraines qui n'avaient pas su se fédérer entre elles attirèrent maintes fois les assauts et l'infortune. Des malheurs de toute sorte frappèrent ces villes, causés principalement par un double parasitisme, celui des seigneurs féodaux qui avaient dressé leurs tours de guet sur les rochers, creusé leurs cavernes à butin dans les promontoires, et celui des prélats, d'autant plus redoutables que les richesses venaient s'entasser d'elles-mêmes, pour ainsi dire, dans leurs églises et leurs couvents, apportées volontairement par les pèlerins et acheteurs d'indulgences. Aussi, lors de la grande crise religieuse de laquelle sortit le fractionnement de l'Eglise chrétienne occidentale, les populations rhénanes, exsangues, exploitées à fond, n'eurent point de volonté personnelle à manifester : elles reçurent des ordres, se

N° 381. Protestants et catholiques dans l'Allemagne du Sud.

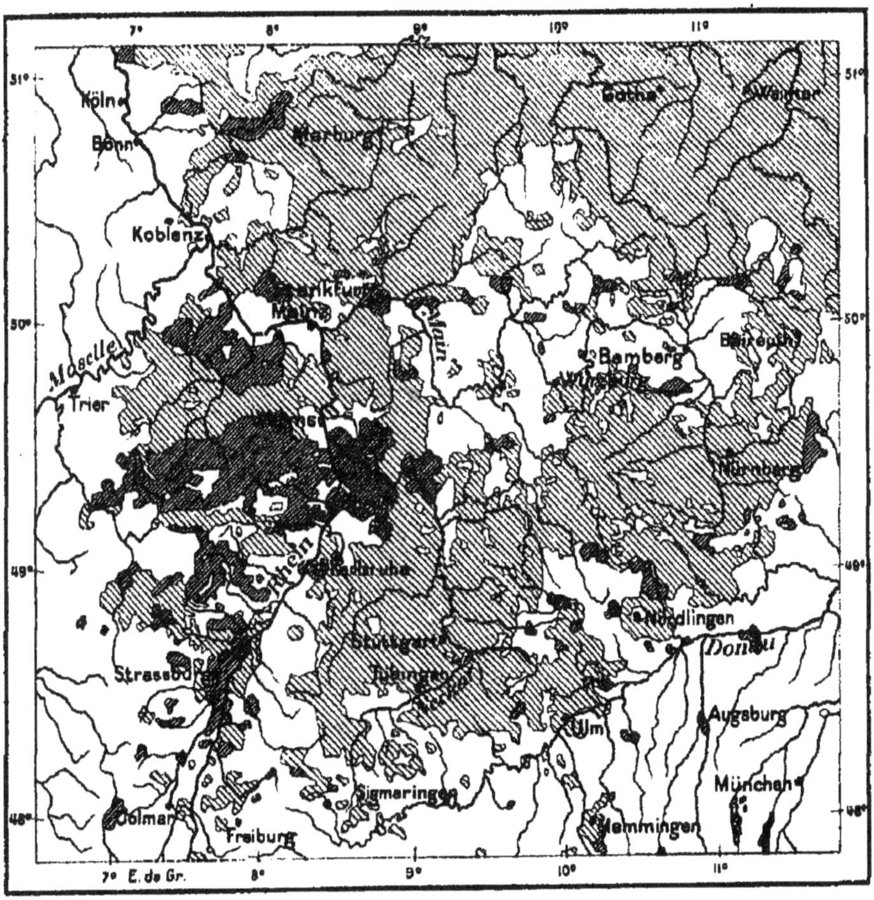

1 : 3 500 000

0 50 100 200 Kil.

firent protestantes ou restèrent catholiques suivant la volonté de ceux qui leur commandaient : évêques obéissant à Rome ou grands seigneurs, heureux de pouvoir s'emparer des biens ecclésiastiques.

On dit que la persécution ne triomphe jamais et que « le sang des martyrs est la semence de la foi » ; mais qu'on regarde simplement la carte de l'Europe telle qu'elle a été faite à l'époque de la Réforme et qu'elle subsiste presque identiquement de nos jours : qui donc a tracé ces frontières, si ce n'est le glaive, et qui les a marquées si ce n'est le sang? L'histoire en rend témoignage : partout où le pouvoir politique a pris résolument parti pour l'une des deux doctrines qui se disputaient les âmes, les âmes ont appartenu à cette doctrine, catholique ou protestante, c'est-à-dire à la force [1].

C'est ainsi, par l'épée des maîtres et par le sang des victimes, que s'établit cette antinomie de l'Allemagne du Nord et de l'Allemagne du Sud, opposition qui prit une si grande importance dans les deux siècles suivants et qui continua d'exister, quoique sous une forme moins aiguë : une frontière religieuse nettement tracée marquait la séparation des territoires respectifs. Dans le Nord et le Nord Est, les maîtres du sol et, du même coup, tous les habitants qui leur obéissaient s'étaient ralliés au protestantisme sous la forme luthérienne ; le landgrave de Hesse-Cassel, l'électeur de Saxe, le duc de Mecklemburg et de Poméranie s'étaient empressés de séculariser tous les biens de l'Eglise romaine qu'ils trouvaient à leur convenance, et l'électeur de Brandeburg, grand-maître de l'ordre Teutonique, avait profité de la crise pour se déclarer duc héréditaire de la Prusse, sous la suzeraineté de la Pologne. Celle ci fut même sur le point de passer entièrement au protestantisme : on évaluait au sixième seulement de la population le nombre des habitants qui étaient restés fidèles à l'ancienne foi. Mais là aussi « le fer et le feu » accomplirent leur œuvre. Les catholiques, bien que restés en minorité, avaient gardé le glaive en main, et ils l'employèrent aussitôt pour frapper les plus dangereux de leurs ennemis, ceux qui, non satisfaits de la liberté dite de conscience, voulaient conquérir la liberté complète et sa garantie efficace, la possession du sol. L'émiettement du protestantisme en une multitude de sectes différentes et même ennemies facilita si bien le triomphe de Rome qu'en peu d'années la terreur avait rétabli l'unité de foi. La « réforme » du christianisme fut comme effacée de l'histoire, mais une révolution autrement importante qui se produisit à la même époque et qui sortit tout armée du cerveau d'un Polonais devait pleinement triompher. C'était la révolution qu'opéra Copernic en renversant le vieux système ptoléméen des rotations astrales autour

1. Hyacinthe Loyson, *La grande Revue*, 1er sept. 1900, p. p. 504, 505.

de la Terre et en restaurant comme vérité définitive, et désormais démontrée, l'antique doctrine de Pythagore qui fait tourner le globe terrestre et les planètes autour du soleil.

Au nord des plaines germaniques, les États scandinaves, promptement détachés de Rome, restèrent acquis au protestantisme sans de grands

Cl. J. Kuhn, édit.

NÜRNBERG, VIELLE MAISON SUR LA PEGNITZ

conflits. Le pouvoir avait fait pencher la balance du côté des formes nouvelles, Gustave Wasa n'ayant pas confisqué moins de treize mille bénéfices ecclésiastiques. Au nord-ouest de l'Allemagne, le luthéranisme avait aussi pénétré dès les premières années dans les provinces de la basse Meuse et du bas Rhin, mais l'inquisition espagnole s'était hâtée de l'y poursuivre. Ce fut une lutte mémorable que celle des catholiques, menés par le duc d'Albe, et des réformés unis qui se rangeaient autour de Guillaume le Taciturne : rarement l'histoire offrit des exemples semblables de volontés ennemies s'étreignant avec tant d'énergie, de persévérance et de ténacité. C'est que dans ce drame émouvant et grandiose, il ne s'agissait pas seulement de la forme des génuflexions et du libellé des prières, mais aussi de l'indépendance politique ou de la servitude. Il est certain que, dans le conflit, ce furent surtout les Espagnols, habitués héréditairement au meurtre, qui commirent le plus d'atrocités et versèrent le plus de sang : les précédents et les exhortations de l'Eglise le voulaient ainsi. Sous la terrible domination du duc d'Albe, près de dix-neuf mille habitants de la province des Pays-Bas furent livrés au bourreau, et combien plus nombreux ceux qui périrent égorgés sur les champs de bataille et dans les villes livrées à la fureur des soldats! On dit que Philippe II et son lieutenant, faisant ensemble leur examen de conscience, convinrent que les victimes suppliciées juridiquement devaient rester au compte du roi, tandis que le duc d'Albe aurait à sa charge devant Dieu des hérétiques et des innocents tombés à la guerre ou dans les massacres. D'ailleurs, l'un et l'autre devaient se sentir en paix avec eux-mêmes et peut-être se juger coupables de clémence, puisqu'ils avaient reçu dans leur œuvre d'extermination l'approbation directe du pape. On peut juger du caractère qu'avaient pris les rapports entre belligérants par cette parole du vice-roi, relative aux assiégés d'Alkmaar : « Chaque gorge servira de gaîne à un couteau ». D'autre part, les citoyens de Leyde, attaqués par la flotte espagnole, n'hésitaient pas un instant à se ruiner, à perdre leurs prairies et leurs bestiaux pour augmenter leur force de résistance ; « Faut-il couper les digues »? demande le Taciturne. « Oui », répondent les assiégés d'une voix unanime.

Le résultat du long et sanglant conflit fut précisément celui que faisait prévoir l'équivalence des forces en lutte. La partie méridionale du territoire disputé, c'est-à-dire celle où les armées catholiques d'invasion se trouvaient le plus rapprochées des contrée des recrutement et d'approvisionnement, et où elles avaient sous les pieds le sol le plus ferme pour établir leur camp et tracer leurs voies de communication, cette moitié belge du grand champ de bataille resta au pouvoir de l'étranger et continua de force à professer la religion du vainqueur, qui était en même temps celle des aïeux. Après avoir hésité entre les deux confessions, ainsi que l'évolution naturelle du siècle le rendait inévitable, la Belgique, rivée par le fer comme sur un échafaud, fut bien obligée de répéter les vieilles litanies, mot pour mot, suivant les ordres de l'Inquisition, et, comme il arrive toujours en vertu de l'invincible amour-propre des hommes, ces mêmes Flamands et Wallons qui professaient une foi imposée par la

N° 382. Les Sept Provinces Unies.

La Carte est à l'échelle de 1 à 2 500 000.

Le liseré de hachures limite les sept provinces (de la Frise à la Zélande), qui s'unirent par le traité d'Utrecht en 1579, et se séparèrent formellement de l'Espagne par celui de la Haye, le 26 juillet 1581.

La révolte des protestants contre le régime inquisitorial commença en 1566 et 1567; les sièges de Leyde, Haarlem, Alkmaar, etc., datent de 1572-1574; Guillaume le Taciturne fut tué à Delft en 1584; les villes et provinces méridionales se soumirent en 1585, sauf Ostende qui capitula en 1604 seulement.

terreur, finirent par s'y conformer de nouveau en toute naïveté d'âme, s'imaginant dévotement qu'ils n'avaient jamais essayé d'échapper à l'ignorance héréditaire. Quant aux républicains victorieux des sept Provinces unies, qui, de leur côté, ne manquèrent pas d'attribuer le succès

VIERGE DE TOLÈDE, OUVERTE ET FERMÉE

A leur entrée à Tolède, les troupes françaises trouvèrent cet instrument de supplice dans un des souterrains de la prison. Qu'il ait servi ou non, il ne répondait pas au dogme de l'Inquisition de punir sans effusion de sang.

à leur intelligence et à leur vertu, ils durent beaucoup à la nature du vaste damier de polders et de canaux que leurs aïeux avaient conquis sur la mer et qu'ils transformèrent en une imprenable forteresse de digues, de fossés et de lacs. Remplis de la fierté consciente que leur donna le triomphe, les Hollandais unis accomplirent des merveilles d'audace et de vigueur : peuple très petit par le domaine et par le nombre, ils rendirent néanmoins leur nation puissante, acquérirent, pour un temps la domination des mers, et, mieux encore, eurent le noble orgueil de transformer leur pays en un lieu d'asile pour les penseurs et les persécutés.

En Angleterre comme sur le continent, la force brutale prit une très grande part aux changements religieux qui s'accomplirent. Tout d'abord, Henri VIII, conservateur zélé des choses du passé, avait lancé des imprécations contre Luther, et, s'érigeant en « défenseur de la foi », était devenu, parmi les souverains, le principal champion de la papauté. Mais Henri était un homme colère, violent, impulsif et, quand le pape refusa de prononcer son divorce d'avec sa femme, Catherine d'Aragon, dont il était las après vingt ans de mariage, il comprit soudain que le protestantisme avait du bon pour les rois et, sans cesser pour cela d'être rigide catholique, il divorça suivant son bon plaisir pour se marier ensuite en des unions successives, tuant ou laissant vivre ses femmes d'près les caprices du moment. Ce fut peut-être par manque de courage qu'il ne se fit pas proclamer « pape », du moins se déclara-t-il (1534) chef suprême de l'Eglise d'Angleterre, dont il fit retoucher les dogmes par un conseil de théologiens complaisants : ce fut désormais l'Eglise « Anglicane », qui prétend d'ailleurs être la continuation directe de l'ancienne Eglise dont saint Pierre est considéré comme le premier pontife. Les biens des prélats, représentant une valeur de près

Cl. J. Kuhn, édit.

HOTEL DE VILLE D'ALKMAAR.

d'un milliard, parurent également au roi être de bonne prise et lui servirent à récompenser les flatteurs et les bourreaux. Mais la foule de la nation résistant çà et là quelque peu, le roi n'hésita point à brûler ou à pendre tous ceux, catholiques ou hérétiques, que le prestige de sa parole n'avait pas entraînés : les premiers devaient mourir parce qu'ils ne le reconnaissaient pas comme chef de l'Eglise, les autres parce qu'ils étaient des blasphémateurs, des adorateurs du diable. Grand moraliste, Henri VIII comptait beaucoup sur l'exemple pour la répression des actions et opinions qu'il estimait mauvaises : pendant son règne, il ne pendit pas moins de 72 000 sujets. La lecture de la Bible continua d'être défendue aux personnes du commun : encore neuf années après la répudiation du pouvoir papal, un édit du roi déclarait que : « Les gens de basses classes ayant tellement abusé du privilège de lire les Ecritures en particulier, il leur était désormais interdit de le faire sans une licence spéciale »[1].

Le contraste fut grand entre les deux formes que la révolution religieuse prit en Angleterre et en Ecosse. Dans le royaume du sud, elle avait été voulue, dirigée, contenue par la royauté et, sous ses ordres, par la noblesse et les prélats faciles, mais sans qu'il y eût solution absolue de continuité, puisque les anciens temples avaient été conservés sans changements pour le nouvel ordre de choses et que le cérémonial, les livres, les chants n'avaient été que légèrement modifiés. En Ecosse, la crise se produisit sous le coup d'une poussée plus naturelle, provenant de la volonté même d'une grande partie de la population relativement instruite, qui comprenait la bourgeoisie, les cadets des familles nobles, le petit clergé et jusqu'à des moines, les augustins et les dominicains[2]. Toutefois, le mouvement de conversion fut beaucoup plus tardif que dans le reste de l'Europe occidentale, par le simple effet matériel de la distance, l'Ecosse se trouvant à l'extrémité du monde civilisé, sur les rivages inhospitaliers de mers alors rarement explorées.

Mais si la réforme écossaise fut plus lente à se faire que celle de l'Europe centrale, elle en eut d'autant plus de sérieux et de rigidité. John Knox, qui fut l'apôtre le plus zélé de cette évolution religieuse, connaissait la misère sous toutes ses formes, ayant même ramé pendant deux années dans les galères françaises ; à Genève, sous les yeux du maître, il

1. Richard Heath, *The Captive City of God*, p. 89. — 2. Andrew Lang, *History of Scotland from the Roman Occupation.*

s'était pénétré de la doctrine intransigeante de Calvin : lorsqu'il revint dans son pays, ce fut presque en conquérant et non pas seulement en convertisseur. Tout d'abord, il se mesura avec la reine régente d'Écosse et la « monstrueuse » Marie d'Angleterre, soulevant le peuple contre elles : pratiquement l'Écosse devint une sorte de république, régie par des pasteurs élus qui souvent furent plus puissants que la couronne. Knox ne

Cl. J. Kuhn, édit.

EDIMBOURG, ÉGLISE SAINT-GILLES OU PRÊCHAIT JOHN KNOX

mourut (1567) qu'après avoir contribué pour une large part à faire déposer la reine Marie Stuart. Lors de l'enterrement du réformateur, le régent Morton prononça ces paroles, que bien peu d'hommes ont méritées : « Ici repose celui qui jamais ne trembla devant une face humaine ! »

Quant à l'Irlande, qui, dans les premiers temps du moyen âge, avait eu une part considérable à l'introduction du christianisme, elle resta obstinément fermée à la forme nouvelle : il lui suffisait que l'Angleterre ennemie l'eût acceptée pour qu'elle la refusât. Il est vrai que la reine Elisabeth s'empara des biens du clergé catholique pour en doter les prélats anglicans, mais ceux-ci n'en restèrent pas moins étrangers au troupeau des fidèles qu'on leur avait distribués comme tenanciers et corvéables. Des révoltes éclatèrent en beaucoup d'endroits, et les quarante dernières années du seizième siècle furent employées par les armées anglaises soit à maintenir violemment soit à reconquérir l' « Ile sœur ». L'émigration, qui devait prendre, trois siècles plus tard, une importance démographique si considérable, avait déjà commencé, non dans la masse du peuple, il est vrai, mais dans les familles nobles : nombre de jeunes gens quittaient l'Irlande pour aller servir dans les armées de la France ou de l'Espagne, sans crainte, ou plutôt dans l'espérance d'avoir à combattre les Anglais. Même plusieurs fois des émigrés, accompagnés de troupes espagnoles, débarquèrent sur les côtes méridionales de l'Irlande pour y soutenir une guerre de partisans contre les envahisseurs britanniques. C'est en 1602 seulement que l'île fut complètement déblayée de ses bandes de révoltés. Mais, réduits à subir la paix, les Irlandais frémissants n'en restèrent pas moins les ennemis de l'Angleterre, doublement ennemis étant doublement opprimés, comme Irlandais d'abord et comme catholiques.

Le mouvement de la Réforme aboutit à changer à fond le catholicisme lui-même : tout en persécutant les huguenots, les papistes ardents n'en devenaient pas moins des protestants sans le savoir. Avant le schisme, le catholicisme, fondu avec la Renaissance classique, se montrait admirablement sous un double caractère de « christianisme paganisé ». Religion à la fois mystique et sensuelle, il pouvait satisfaire les deux tendances primordiales et contradictoires de l'humanité, qui sont de vivre à la fois dans le fini et dans l'infini. Lorsque Luther et Calvin, les continuateurs directs de l'âpre saint Paul, prêchèrent le retour à la simplicité de l'Evangile, le catholicisme, obligé par les nécessités de la lutte de se débarrasser des éléments païens et de la part artistique de sa vie, devint à son tour une sorte de « protestantisme hiérarchisé » ayant perdu sa raison d'être et se rattachant au passé plus par la tradition que par le génie [1]. Des deux tendances

1. Remy de Gourmont, *Revue Blanche*, 1er avril 1898, p. 488.

toujours en lutte dans le sein de la religion catholique, celle de l'Évangile pur, dégagé de toute la survivance des anciens cultes, remporta, du moins officiellement, une victoire définitive. Le catholicisme s'épura au point de vue théologique, mais, déplaçant son centre de gravité, il s'éloigna de la vie ambiante, et le peuple ne trouva plus guère en lui, comme dans le dogme des protestants, que la consolation banale des promesses du Paradis, sans adoucissement matériel à ses misères présentes. Le catholique devint raisonneur et controversiste pour se mettre en mesure de discuter contre les savants, athées ou schismatiques; il fonda de nouveaux ordres qui répondirent à cette évolution nouvelle, et éprouva, à cette époque, quelque honte à patronner les petits ordres, tels que les capucins, qui, pourtant, avaient contribué plus que tous les érudits et dialecticiens à la consolidation de l'Église catholique romaine. Restés gens du peuple, amis des pauvres et pauvres eux-mêmes, camarades réjouis et bouffons en dépit de leur vêture sombre, de leurs grosses et brutales macérations, ils étaient aimés et faisaient aimer l'Église. Ils riaient sans scrupule avec les joueurs et les buveurs, tapaient sur le ventre au compère et plaisantaient bruyamment avec la commère, intervenant dans toutes les affaires de famille et de voisinage, naissances, mariages et morts, brouilles et réconciliations. C'est à eux, comme au juge de paix et au directeur public des consciences, que l'on s'adressait dans toutes les petites difficultés de la vie. Qu'un philosophe hérétique ou qu'un orateur sonore vînt « saper les bases de la foi », certes, le capucin n'avait rien à répondre, mais la foule lui savait gré de son ignorance, aussi profonde que la sienne; et, riant avec lui, n'était nullement ébranlée dans sa foi naïve. Sans étalage de science ni de mérite, le capucin à la barbe longue et aux pieds nus a peut être plus fait pour la durée du catholicisme que les jésuites et autres ordres religieux aux allures majestueuses[1].

Tout naturellement l'Église, dans son organisation de caste propriétaire, chercha beaucoup moins à se défendre par des arguments qu'à répondre aux revendications par la toute-puissante raison de la hart, du fer et du feu. L'organisme savant de l'Inquisition fonctionnait avec tout le délire de la folie que donne l'hallucination divine : le tribunal sacré n'hésita point à faire emprisonner, torturer et brûler, peut-être plus

1. Martin Philippson, *Les Origines du Catholicisme moderne*, pp. 21, 22.

soucieux encore de voir le feu dévorer les livres que les écrivains eux-mêmes. Julianillo, pour avoir introduit en Espagne des exemplaires de la Bible en langue vulgaire, fut enfermé trois ans, torturé vingt fois et bâillonné avant d'être brûlé en 1557. Suivant les opinions des historiens et les documents sur lesquels ils ont cru devoir s'appuyer, on évalue diversement le nombre des victimes condamnées au dernier supplice par l'Inquisition en Espagne, sans compter les colonies. Quoi qu'il en soit, les résultats obtenus au delà des Pyrénées, en Languedoc, en Belgique, par l'Eglise vengeresse, prouvent amplement que la violence employée avec méthode et persévérance peut avoir raison des idées, et que celles-ci, quelle que soit leur excellence, ne triomphent point par leur seule supériorité, il leur faut être servies par des volontés tenaces et pendant des générations successives[1].

L'Eglise n'avait pas à son service que les cachots et les bûchers : elle put disposer aussi fréquemment de massacreurs en grand. Les guerres dites de « religion », quoique les convictions intimes n'entrassent dans ces luttes que pour une faible part, aidèrent en mainte contrée, en France notamment, au triomphe du catholicisme. Les hommes de guerre se jetaient avec indifférence dans l'un ou l'autre parti, suivant les chances de succès. « Un jour, dit Götz von Berlichingen, nous allions commencer le combat, un berger se trouvait tout près de nous, gardant ses moutons, lorsque, comme pour nous donner le signal, cinq loups se jettent en même temps sur le troupeau. Je leur souhaitai heureuse réussite, et à nous aussi, leur disant : « Bonne chance, chers compagnons ! Bon succès à vous en tous lieux »! Parmi les illustres victimes de l'intolérance, il faut aussi compter les savants que poursuivaient des haines littéraires, des envies d'impuissants, de basses rancunes. L'un des plus grands parmi les hommes, Kepler, fut souvent persécuté, et sa mère fut poursuivie comme sorcière : il mourut de faim. Etienne Dolet fut brûlé, jeune encore, parce qu'il était imprimeur et qu'il n'observait pas l'orthodoxie classique en parlant d'Aristote. Pour semblable irrévérence vis-à-vis du grand homme, d'abord honni, puis adopté par l'Eglise, Campanella, s'étant permis d'avancer que toute nouveauté n'est pas périlleuse pour le dogme, passa vingt sept ans dans les cachots. Giordano Bruno, qui, entre autres hérésies, opposait au monde fini

1. Louis Braud, *Trois Siècles de l'Histoire du Languedoc.*

d'Aristote le monde infini en évolution éternelle, fut brûlé vif. Vélasquez n'a pas peint de nu, si ce n'est une Danaé, un an avant sa mort, parce que l'Inquisition le défendait[1]. Cependant quelques-uns échappaient, tels Le Tasse, Montaigne et « son autre lui-même », La Boëtie, mort, du reste, avant que son œuvre, le simple et grandiose *Contre un*, fût connue. Certains usaient de souplesse, d'habileté et de ruse,

SCÈNE DE LA SAINT BARTHÉLEMY

parfois même de procédés qu'on a peine à reconnaître : On a vu un Henry Estienne, contraint de fuir pour échapper au bûcher, dénonçant au bourreau, du fond de sa retraite, ses propres amis qui ne pensaient pas comme lui[2].

La « compagnie de Jésus » naquit en face du protestantisme, et se donna pour mission non seulement de défendre l'Eglise et d'exterminer ses ennemis mais encore de lui conquérir le monde entier. Une œuvre de cette importance ne pouvait avoir pour initiateur qu'un homme de sincérité parfaite et d'inébranlable volonté. Ce vaillant homme, un Basque, Inigo Lopez de Recalde, que l'histoire connaît sous le nom d'Ignace de

1. Anatole France, *Le Jardin d'Epicure*.
2. Theo. van Rysselberghe.

Loyola, d'après le château où il naquit, en 1491, fut le contemporain des réformateurs et, comme tel, sentit gronder en lui le premier flot de la colère. Ayant été grièvement blessé à la défense de Pampelune, il consacra ses armes à la Vierge Marie, jurant de se faire désormais non le champion d'un roi mais le chevalier de la Reine des cieux. Puis il distribua ses biens et commença le combat spirituel en Palestine, à Rome, à Paris, où il rencontra Lainez et autres avec lesquels il discuta les principes de l'ordre qu'il voulait fonder. Depuis plusieurs années déjà, les jésuites avaient préparé leur œuvre, lorsqu'en 1540 l'ordre fut définitivement institué. Loyola, général de la Société, en fut aussi le plus humble serviteur, se vouant à l'éducation des enfants et à la collecte des aumônes.

Aux trois vœux des autres moines, pauvreté, chasteté, obéissance, les élèves de Loyola en ajoutaient un quatrième, celui de « consacrer leur vie au service constant du Christ et des souverains pontifes, de servir comme guerriers sous la bannière de la croix, de n'obéir qu'au Seigneur et à son représentant sur la terre et d'accomplir aussitôt sans hésitation ni récrimination tout ce que les papes leur ordonneraient pour le salut des âmes et pour la propagation de la foi, quelle que fût la contrée où ils seraient envoyés ». Les papes, qui voyaient alors des nations entières abandonner la foi catholique, accueillirent avec enthousiasme la nouvelle troupe qui se livrait à eux corps et âme, et lui assurèrent tous les privilèges qu'il leur était possible de concéder, même ceux qui ne dépendaient que des souverains temporels. Dès leur origine, les jésuites eurent à la fois les droits du religieux et ceux du prêtre : ils étaient déclarés indépendants de l'évêque et du fisc ; en dehors du pape et du général de leur ordre, ils ne reconnaissaient aucun supérieur, ils recevaient le pouvoir de lier et de délier, de pardonner les péchés, de modifier la teneur des vœux d'abstinence, de se placer au-dessus des obligations imposées à tous les autres religieux ou prêtres et de se parer des titres académiques non obtenus par la voie régulière : en un mot, ils pouvaient changer le mal en bien, le mensonge en vérité, et réciproquement.

Considéré dans son ensemble et d'une manière générale, l'ordre des jésuites, qui se recruta toujours avec une extrême circonspection, comprit que la vraie méthode de défense était d'attaquer. Dans les contrées où la foi catholique n'avait pas été ébranlée, comme en Espagne et dans quelques autres parties de l'Europe occidentale, cette politique d'agression était facile, puisqu'il suffisait de maintenir les tribunaux d'inquisition et d'alimenter leurs prisons et leurs bûchers de tous les hommes soupçonnés ou convaincus d'hérésie. Mais dans les pays disputés énergiquement par le protestantisme ou, chose plus grave, par les revendications sociales, il fallait agir avec de savants détours. Avant autre chose, il importait aux jésuites de conquérir le pouvoir, non pas directement et de haute lutte, comme l'ambitionnent aujourd'hui les socialistes d'Etat, mais indirectement, par un concours d'influences et de volontés

Cl. J. Kuhn. édit.

ÉGLISE DE LOYOLA DANS LE PAYS BASQUE

convergeant toutes vers le même but et finissant par asservir les souverains les plus fiers de leur puissance à la mystérieuse domination du Gesù. Et pour finir par imposer sa volonté dans ce monde de luxe, de caprices, de mensonges et d'intrigues qui est celui des cours, il ne fallait pas craindre d'employer sans hésitation ni remords des moyens analogues à ceux que l'on avait à combattre, et surtout il fallait disposer d'une armée secrète dont les membres, dévoués jusqu'à la mort, fussent toujours conjurés sous la volonté du maître.

La société de Jésus était dans son ensemble une école merveilleusement organisée pour dresser tous les membres à la part de collaboration qu'on leur demandait. Les candidats n'étaient point admis aussitôt : ils devaient tout d'abord passer par une période d'épreuve et de continuels examens moraux avant qu'ils fussent admis au noviciat et, seulement deux années plus tard, entraient dans la société, mais encore sans en connaître le fonctionnement : ils devenaient coadjuteurs, les uns dans l'ordre spirituel pour fournir à la communauté de futurs professeurs, des dictateurs ou confesseurs, suivant leurs aptitudes présumées et surtout suivant le jugement des supérieurs, les autres dans l'ordre séculier, comme serviteurs, cuisiniers, manœuvres, intendants, quelquefois même sans l'autorisation d'apprendre à lire et à écrire. D'ailleurs les uns et les autres avaient été également assouplis à l'obéissance parfaite, « comme le bâton dans la main du maître », « comme la carcasse sous le pied du passant », et cette obéissance, on ne l'exigeait pas d'eux seulement dans les choses d'apparence légitime ou naturelle, mais aussi bien dans les cas qui semblaient contraires au sentiment, à la justice, à la morale : ce que le maître commande, c'est à dire le pape, c'est à dire Dieu, voilà ce qui est normal, juste et bon. Leurs mouvements mêmes étaient réglés : la tête du jésuite devait se pencher légèrement dans l'attitude convenue de l'humilité, et les yeux ne devaient pas regarder dans les yeux de l'interlocuteur.

On s'étonne qu'un ordre religieux composé d'un petit nombre d'associés — car à la mort de Loyola, en 1556, la compagnie ne comprenait guère plus d'un millier de membres — ait pu acquérir une si grande et durable influence sur le gouvernement du monde : c'est que nulle société ne présente plus de cohésion et en même temps plus de diversité dans sa texture si parfaitement solide et d'une si merveilleuse souplesse. Pour toutes les conjonctures, faciles ou difficiles, elle avait les hommes qu'il lui fallait, en bas des sicaires prêts à toute obéissance périlleuse, en haut des hommes d'État qui rédigeaient des traités, préparaient les mariages princiers, décidaient de la paix ou de la guerre, puis, entre le général et le dernier des coadjuteurs illettrés, toute la série des instruments humains, adroits à se servir, suivant les circonstances, des passions, des volontés ou des vices de leurs contemporains.

Dès la constitution de leur société, les jésuites avaient compris le rôle qui est resté le leur, celui d'incarner l'éducation cléricale. Dès 1542, ils avaient fondé le collège de Saragosse, qui bientôt eut jusqu'à vingt-cinq filiales. Tous les pays catholiques reçoivent ainsi leurs établissements d'éducation jésuitique dès le milieu du seizième siècle. L'université d'Ingolstadt, en Bavière, devient leur centre de propagande, puis ils s'emparent de l'université de Prague avec ses énormes revenus et tous ses privilèges : ils obtiennent de l'empereur un ordre instituant le recteur de leur collège directeur perpétuel de toute l'Université, « cassant et annulant le droit que d'autres pourraient y prétendre ». La même ordonnance soumettait à la juridiction des jésuites « tous les collèges et petites écoles du royaume, tant ceux qui sont établis que ceux qui s'établiront à l'avenir »!

L'enseignement dont ils cherchaient ainsi à conquérir le monopole et qu'ils réussissaient en effet à s'assurer dans quelques contrées ne pouvait évidemment guère différer de celui qui avait été départi par les moines des siècles précédents : les pères se distinguaient seulement par l'art avec lequel ils savaient flatter les passions de leurs élèves, très habiles à se concilier pour leurs projets futurs le concours des puissants, des riches et des ambitieux intelligents, en les maintenant au point de vue du dogme dans une foi complètement irraisonnée et par conséquent inébranlable : l'étude du latin, la mémoire des périodes retentissantes et des mots sonores devaient remplacer les recherches personnelles. Par une singulière coïncidence, prouvant bien qu'au fond les compétiteurs pour la conquête du pouvoir, les protestants et les jésuites, devaient avoir recours aux mêmes moyens et ne différaient pas autant que la haine mutuelle le leur faisait imaginer, les uns et les autres procédaient de la même manière et suivant les mêmes méthodes d'instruction, les jésuites avec plus de grâce, de goût et d'habileté, les protestants avec plus de sérieux et de raideur. Mais Aristote et les pères de l'Église étaient également les génies inspirateurs des écoles de l'un et de l'autre culte. Devenus protestants par esprit de conservation, par haine de l'évolution qui s'était accomplie dans le monde religieux, Luther et les autres prétendu « réformateurs » de son temps étaient aussi les conservateurs des conceptions antiques dans le monde des idées. Leur but essentiel était de réagir, de revenir en arrière, à l'époque où les « Livres saints » n'avaient pas encore été interprétés par l'évolution de l'Église contemporaine. Mais quant aux choses de la science profane, les protestants s'en tenaient à la stricte observance des doctrines adoptées par la Sorbonne. Aristote leur restait sacré, quoiqu'à un moindre degré que la Bible. Toute science était censée se trouver dans les ouvrages profanes de l'antiquité et, dès qu'on en avait fixé rigoureusement le texte, il ne restait plus qu'à s'incliner. Aussi les idées de Copernic furent-elles assez mal accueillies dans le monde protestant, dont les convictions bien arrêtées sur l'autorité divine absolue s'accommodaient fort d'un système géocentrique de l'univers.

Luther se moque de Copernic, et Melanchton le combat avec âpreté[1]. Théodore de Bèze, l'ami et le continuateur fanatique de Calvin, écrivait à Ramus : « Les Genevois ont décrété une bonne fois et pour jamais que, ni en logique ni en aucune autre branche du savoir, on ne s'écarterait chez eux des sentiments d'Aristote ». De même les statuts de l'Université d'Oxford portaient que « tous bacheliers et maîtres ès arts ne suivant pas exactement Aristote seraient passibles d'une amende de 5 shillings par point de divergence » ; et c'est même ce règlement qui fit chasser Giordano Bruno de l'université anglaise où il s'était retiré.

Chacun de son côté, le protestantisme et le jésuitisme exercèrent l'influence la plus néfaste sur la vie universitaire : tandis que les premières universités s'étaient constituées sur le modèle des villes libres, en communautés autonomes, vivant de leur propre vie, sans ingérence de l'Etat, et laissant aux étudiants l'initiative des recherches indépendantes, luthériens, calvinistes et jésuites, également âpres à la conquête du pouvoir, ne visaient qu'à transformer les hautes écoles en établissements d'Eglise et d'Etat, leur fournissant, sous la surveillance d'une police redoutable, le personnel nécessaire de propagandistes et de serviteurs.

Un écrivain catholique l'a démontré avec surabondance de textes et documents à l'appui[2], l'Allemagne était en pleine voie de prospérité intellectuelle pendant le siècle qui précéda la Réforme, et ce dernier mouvement avec l'aide de son frère ennemi, l'ordre de Jésus, eut pour résultat prompt et décisif d'enrayer tous les progrès. La réaction se produisit avec ensemble dans les deux camps contre l'esprit de liberté qui avait soufflé pendant la Renaissance. La pensée s'était indûment émancipée au quinzième siècle, elle s'était dégagée graduellement de la contrainte intellectuelle exercée par l'Eglise; elle était devenue plus humaine, plus intéressée aux phénomènes de la vie, à l'observation de la nature, à la recherche expérimentale du bonheur terrestre qu'aux spéculations métaphysiques et à la préparation mystique du salut. La Renaissance avait déplacé l'axe de la pensée, le reportant des mystères de la vie future aux problèmes de la vie présente, et de l'histoire étroite du christianisme à celle du monde en son ensemble. Mais la révolte de Luther ramena violemment la société contemporaine à la foi du Christ et, du coup, les catho

1. S. Gunther, *Der Humanismus in seinem Einfluss auf die Entwickelung der Erdkunde*, Geographen-Kongress zu Berlin, 1899. — 2. Johann Janssen, *Geschichte des deutschen Volkes, seit dem Ausgang des Mittelalters.*

liques se convertirent eux-mêmes à nouveau : de part et d'autre, on s'acharna contre le plus redoutable des ennemis du fidèle, la Raison, cette « prostituée du diable », ainsi que l'appelait Luther, et l'on prépara par l'asservissement des esprits cet état religieux et social qui devait aboutir à l'effroyable guerre de Trente ans. La Réforme avait eu aussi pour résultat d'aider à la domestication matérielle des individus.

Cl. J. Kuhn, édit.

COLLÈGE DES JÉSUITES, A MELK PRÈS D'INGOISTADT, SUR LE DANUBE

Remontant jusqu'à la Bible, elle remontait également jusqu'au code Justinien, en écartant les anciennes coutumes locales. L'empire romain n'ayant connu que la grande propriété aristocratique et l'esclavage, les juristes ne virent dans le mode de fermage usuel qu'un simple bail temporaire et ne comprirent point qu'on pût régler la position des colons vis-à-vis de leurs seigneurs autrement qu'en les considérant comme esclaves.

Toutefois, aucune révolution funeste ou utile dans son ensemble ne se présente sans un mélange d'éléments bons et mauvais. La Réforme eut aussi des influences heureuses, quoique, vue en grand d'une manière générale, elle soit principalement un phénomène de réaction contre la pensée. D'abord, ce fut une révolte, et, comme telle, elle fut accompagnée forcément de nobles revendications et de hauts exemples. En outre, la Réforme affirma pour elle-même et d'une manière triomphante la liberté d'examen : elle aurait donc à cet égard une grande part dans l'histoire des progrès humains. Toutefois la Réforme s'ingéniait à la fois à donner et à retenir. Oui, elle proclamait la liberté d'examen, mais les audacieux qui se permirent cette liberté grande d'examiner les raisons de la foi sans autre guide que leur propre intelligence le firent à leurs risques et périls, et ces risques allaient jusqu'à l'emprisonnement, jusqu'à la mort par le glaive et le bûcher : les protestants aussi savaient manier la hache et allumer le feu purificateur. Oui, les moines, les prêtres, les théologiens, même les simples lettrés qui avaient la Bible entre leurs mains, surtout le texte original, hébreu, chaldéen, grec ou l'édition latine, très incorrecte, de la Vulgate, s'attribuaient hardiment le droit d'obéir directement à la parole divine en « sondant les Ecritures » : mais il fallait que cette opération de « sondage » les menât aux mêmes conclusions que leurs devanciers dans la recherche de la vérité, sinon, ils devenaient coupables de blasphème, de péché contre le Saint Esprit, d'abomination criminelle, punissable de l'enfer.

La Réforme demandait, exigeait le droit d'examen, mais elle exigeait que le résultat fût conforme aux conclusions qu'elle avait déduites ; elle apportait un peu plus de raison, laquelle raison voulait s'imposer à tous, parce qu'elle se disait et se croyait la Raison définitive, la Raison éternelle[1]. La Réforme n'a point proclamé la liberté d'opinion ; elle fut seulement une période initiale dans l'histoire des luttes que livrèrent les révoltés de la pensée. Elle posa la question qui, d'ailleurs, est loin d'être résolue, car toutes les libertés sont solidaires : aucune liberté n'est garantie aussi longtemps que toutes ne le sont pas.

On peut comparer aussi les protestants et les jésuites, représentants des deux tendances opposées de la société religieuse au seizième siècle, par leur attitude envers l'art et les artistes. Le retour du protestantisme vers la Bible dans son entier aurait eu certainement pour conséquence logique de faire condamner absolument la peinture et la sculpture, toute

1. Elie Reclus, *Notes manuscrites.*

représentation graphique de cette forme humaine qui est en même temps

Cl. J. Kuhn, édit.

BURGOS, CHŒUR DE L'ÉGLISE

la forme divine, l'« image de Dieu ». A cet égard, le christianisme renouvelé eût dû être aussi intransigeant que l'Islam. Il le fut, du moins dans ses églises, que l'on éleva nues et froides, simples murs badigeonnés, ou que l'on ne voulut recevoir en héritage du catholicisme païen sans les avoir soigneusement nettoyées de tous les objets d'art, tableaux, statues, bas-reliefs rappelant les prosternements et les adorations de la veille, pour que rien de beau ne détournât la pensée de la parole rigide tombée de la chaire. La Réforme fut un mouvement de réaction contre la Renaissance, mais un mouvement avorté puisqu'il n'osa qu'à demi. Si les farouches protestants, comme il en existe encore quelques-uns, vivaient toujours sous les regards de leur Dieu, rejetant de leur existence tout ce qui ne leur semblait pas l'expression directe de sa volonté, la grande masse des religionnaires dut composer avec le monde extérieur, accepter les faits accomplis sous la poussée irrésistible des conquêtes humaines, faites en dehors de la religion. La société protestante était vaincue d'avance comme le christianisme tout entier puisqu'il s'accommodait avec l'art et avec la science dans la vie civile, puisqu'il devait autoriser la représentation et l'étude de la forme humaine, même la dissection des organes intérieurs. Si les temples devinrent de simples cubes évidés, répugnants à voir parce qu'ils étaient aménagés sans goût ni confort, du moins des artistes libres, vivant en dehors de la communauté, poursuivaient en toute indépendance la recherche de la beauté en lui associant parfois l'étude profonde des caractères.

Quant aux jésuites, toujours amènes et prévenants pour rendre facile l'entrée de l'Eglise, et par là même celle du Paradis, ils se gardèrent bien de combattre l'art, même ils voulurent en faire. C'est-à-dire qu'avec leur système d'éducation, ils devaient nécessairement enlaidir, pervertir tout ce qu'ils touchaient : l'art dit « jésuite » révèle l'âme de ceux qui firent édifier ces églises à larges nefs, commodes, avec de bons confessionnaux, bien abritées, éclairées, mais sans que l'on sache d'où vient le jour, pleines d'échos sourds et discrets qui se confondent avec un murmure continu, élégamment ornées de volutes, de mascarons et de reliefs, cachant leurs statues bouffies dans un amas d'étoffes ballonnées d'auréoles, d'étoiles et de nuages, faisant briller de loin leurs riches autels tout dorés, festonnés, enguirlandés, dominés par un fronton fastueux que portent des colonnes torses. Surtout les piliers, remplaçant les fûts droits et superbes qui, de tout temps, portèrent franchement le poids des édifices, symbolisent le mouvement onduleux et souple de ces directeurs de conscience qui mènent au ciel par la même voie ample et douce que l'on croyait jadis mener en enfer.

De même que les jésuites restaient jusqu'à un certain point supérieurs aux protestants par une compréhension autrement large du cœur humain, puisque, ne voulant négliger aucune des forces par lesquelles on peut influencer les hommes, ils avaient fait une place à l'art, de même ils avaient également dépassé leurs ennemis et rivaux par leur ardeur à la propagande. Ils avaient compris que, pour garder les avantages de l'attaque, il fallait reprendre l'œuvre des missions abandonnées depuis les croisades et fermer le monde aux protestants, par la conversion des peuples païens. Dès 1541, c'est-à-dire une année seulement après la constitution de la Société de Jésus, l'un des compagnons immédiats de Loyola, né comme lui dans une vallée pyrénéenne, Francesco de Javier ou Xavier, partait pour aller évangéliser les nations des grandes Indes, à la fois comme envoyé spirituel du pape et comme délégué civil des rois de Portugal. Il visita en effet l'Inde péninsulaire et, en 1549, le Japon. Son œuvre de conversion fut certainement considérable et l'on raconte merveilles des peuples accourant à sa voix pour se faire ondoyer au nom de Yaso, c'est-à-dire de Jésus, que l'on croyait être une nouvelle incarnation du Buddha. Mais au milieu de tous les miracles que l'on attribue au saint François Xavier, il est malaisé de discerner la véritable existence de l'apôtre : ses amis restés en Europe en firent presque un Dieu. Lorsqu'il mourut à Goa, son tombeau devint un lieu de pèlerinage; son corps reçut même le titre de gouverneur des Indes, de vice-roi, de capitaine général, et les vrais dignitaires furent censés se faire conférer par lui leur délégation au pouvoir. Au milieu du dix-huitième siècle, quand les Portugais n'avaient déjà plus qu'une ombre de puissance à défendre dans la péninsule gangétique, saint François Xavier fut officiellement chargé dans le ciel de « protéger les Indes ».

Le glorieux apostolat de Xavier, si remarquable qu'il fût en réalité, sans l'auréole de miracles ajoutée par les dévots, ne fut cependant pas la plus étonnante de toutes les missions envoyées par la Compagnie de Jésus dans le monde des infidèles. Durant sa période de grandeur, l'ordre des jésuites donna des preuves vraiment prodigieuses de la cohésion sans pareille de son organisme, dont les membres, fraternellement unis, travaillaient de concert à des œuvres si diverses et en apparence contradictoires; tandis que, d'un côté, la pensée directrice de l'ordre employait les intelligences les plus souples, les casuistes les plus déliés à la machination, à la conduite et à la solution des intrigues de cour, elle savait utiliser, aux extrémités de la terre, les dévouements les plus inlassables à catéchiser des tribus sauvages et à les grouper en nations pour aboutir, d'ailleurs de part et d'autre, au même résultat, la gloire de l'Eglise. Cette partie de l'entreprise des jésuites, la propagande, que des protestants, entre autres les frères moraves, imitèrent plus tard avec un zèle ardent, sans arriver toutefois à un résultat comparable à celui de leurs devanciers, prit une grande importance, notamment en Chine et dans l'Amérique méridionale, et contribua, par divers moyens, à développer l'étude et la connaissance des pays et des peuples de la terre. Comme les Cortez et les Pizarro, les Gama et les Albuquerque, les deux missionnaires Verbiest, Anchieta et leurs collègues luttaient et peinaient pour la conquête du pouvoir.

COLONIES : NOTICE HISTORIQUE

PAYS BAS. — Les provinces unies déclarèrent en 1581 Philippe II déchu de toute autorité sur elles. Dès que l'invincible Armada eût été détruite sur les côtes anglaises en 1588, l'indépendance des Pays Bas était assurée et les pêcheurs hollandais purent se lancer vers les mers lointaines. En 1596, ils prennent pied dans le détroit de la Sonde. En 1602, la première compagnie des Indes Orientales est organisée ; en 1604, Amboina, le centre des Moluques, change de maître ; en 1619, Batavia est fondée : moins de quarante ans après la naissance de la nation batave, son domaine colonial décuplait les sept provinces unies.

MEXIQUE. — En 1518, une première reconnaissance fut envoyée en pays mexicain par le gouverneur de Cuba. En 1519, Fernando Cortez, né en 1485, est le chef de la deuxième expédition, mais on l'accuse bientôt d'agir avec trop d'indépendance. Ayant gagné Mexico et saisi Montezuma sans difficulté, il a bientôt à faire face à une insurrection et à des troupes espagnoles ; la « nuit triste » est du 1er au 2 juillet 1520. Mexico fut reprise en 1521 et Guatimozin exécuté en 1522. Cortez, remplacé en 1536, mourut en 1547 près de Séville.

PÉROU. — Partis une première fois de Panama en 1524, Francesco Pizarro et Almagro ne constatent qu'en 1527 l'existence d'une civilisation péruvienne, et en 1532 seulement, Pizarro prend pied à Tumbez. Avec 168 soldats, il pénètre jusqu'à Cajamarca, à 500 kilomètres de Tumbez, se loge dans une partie abandonnée de la ville et rend visite à l'empereur. Le 16 novembre, les Espagnols reçoivent à leur tour l'Inca. A peine le cortège a-t-il pénétré dans le carré espagnol qu'une fusillade renverse les Péruviens... Atahualpa est prisonnier, puis, des tonneaux d'or ayant été apportés pour sa rançon, il est « jugé » et garrotté le 29 août 1533. En 1534, se place l'entrée à Cuzco et la fondation de Lima ; Almagro part pour la conquête du Chili. — 1535, soulèvement des Péruviens. — 1536, rupture entre Almagro et Pizarro. — 1538, exécution d'Almagro par Hernando Pizarro. — 1540, Gonzalo Pizarro gouverneur de Quito ; exploration amazonienne et voyage de Orellana. — 1541 meurtre de Francesco Pizarro à Lima; arrivée d'un grand juge espagnol. — 1543, ordonnance de la couronne de Castille supprimant l'esclavage des Indiens; soulèvement des colons sous Gonzalo Pizarro. — 1544, arrivée d'un vice-roi dont Pizarro se rend vainqueur. — 1547, arrivée d'un nouveau grand-juge. En 1548, Gonzalo Pizarro est exécuté.

Nous continuons ici la liste des savants, philosophes et artistes :

Fernando DE HERRERA, poète, né et mort à Séville.......	1534 - 1597
TORQUATO TASSO, poète, né à Sorrente.................	1544 - 1595
TYCHO-BRAHÉ, astronome, né en Scanie................	1546 - 1601
Michel CERVANTES, écrivain, né à Alcala de Henares.....	1547 - 1616
Giordano BRUNO, philosophe, né à Nola...............	1550 - 1600
Francis BACON, philosophe, né à Londres.............	1561 - 1626
Christophe MARLOWE, dramaturge, né à Canterbury.....	1562 - 1592
Felix LOPE DE VEGA, écrivain, né et mort à Madrid......	1562 - 1635
William SHAKESPEARE, poète, né à Stattford-on-Avon....	1564 - 1616
GALILÉE (Galileo Galilei), astronome, né à Pise..........	1564 - 1642
Thomas CAMPANELLA, philosophe, né en Calabre........	1568 - 1639
Jean KEPLER, astronome, né en Wurtemberg...........	1571 - 1630
FLETCHER (et BEAUMONT, 1585-1615), dramaturge........	1576 - 1635
Pierre-Paul RUBENS, peintre flamand, né en Westphalie..	1577 - 1640
Jose RIBERA, peintre, né près de Valence..............	1588 - 1656
René DESCARTES, philosophe, né en Touraine...........	1596 - 1650
Francisco ZURBARAN, peintre, né en Estramadure........	1598 - 1662
Antoine VAN DYCK, peintre, né à Anvers..............	1599 - 1641
Diego VELASQUEZ, peintre, né à Séville................	1599 - 1660
Claude LORRAIN (Gellé), peintre, né près de Mirecourt...	1600 - 1682
Pedro CALDERON DE LA BARCA, poète, né et mort à Madrid.	1601 - 1681
Thomas CORNEILLE, dramaturge, né à Rouen............	1606 - 1684
Jean ROTROU, dramaturge, né et mort à Dreux..........	1609 - 1650
David TENIERS le jeune, peintre, né à Anvers...........	1610 - 1694
MURILLO (Bartol. Esteban), peintre, né et mort à Séville.	1617 - 1682
Jean LA FONTAINE, poète, né à Château-Thierry.........	1621 - 1695
MOLIÈRE (Jean Poquelin), poète, né et mort à Paris......	1622 - 1673
Blaise PASCAL, écrivain, né à Clermont-Ferrand.........	1623 - 1662
Baruch SPINOZA, philosophe, né à Amsterdam...........	1632 - 1677

Le bûcher de l'Inquisition qui brûlait un homme libre brûlait en même temps l'Espagne elle-même.

CHAPITRE XII

MONARCHIE ABSOLUE. — ARMADA. — GRANDEUR ARTISTIQUE DE L'ESPAGNE PORTUGAL, INDONÉSIE, EMPIRE ZENO. — ESPAGNE ET POSSESSIONS AMÉRICAINES IMMIGRATIONS ET CIVILISATIONS PRÉCOLOMBIENNES. — CONDITIONS NATURELLES AZTÈQUES, MAYA, PIPIL ET QUICHVÉ, MUYSCA, ANTOQUENOS, AYMORA ET INCA COMMUNISME PÉRUVIEN. — ARAUCANS. — VOYAGES DE DÉCOUVERTES CONTINENTALES FRANCE ET CANADA. — ANGLETERRE ET BOSTONIE ÉVOLUTIONS DIVERSES DES COLONIES

En tout temps l'amour de la domination dut inspirer aux rois la folle ambition de se faire les maîtres du monde, et maintes fois depuis Alexandre, que ses flatteurs prétendaient n'avoir plus trouvé de terre à conquérir, maintes fois des dompteurs de peuples purent se croire à la veille de voir tous les hommes se prosterner devant eux : mais toujours quelque barrière s'était dressée en obstacle à leurs désirs, ou bien ils avaient cédé à la lassitude de vaincre, ou bien la mort les avait saisis en pleine victoire. Cette fois l'ambition des Attila ou des Djenghis, des Charlemagne ou des Charles Quint n'était plus simplement celle d'un dévastateur d'instinct ou de génie, elle devenait, grâce à la création de l'ordre des jésuites, un idéal religieux auquel tous les catholiques devaient croire comme à un dogme : c'était désormais aux sujets eux mêmes de préparer cette monarchie universelle. Le sombre et timide Philippe II put, sans trop de folie apparente, viser à ce pouvoir royal sans bornes, appuyé sur cette compagnie de Jésus vraiment incomparable par sa complète solidarité politique et par la puissance de son dévouement. Pour ces apôtres, l'unité de l'obéissance au roi devait reposer sur l'unité de croyance et de prière. Jamais pareille entreprise n'avait été tentée, jamais plus de volonté, de longue persévérance ne fut mise au service de l'œuvre de domination universelle; les conditions les plus heureuses étaient réunies pour qu'enfin, une fois dans l'histoire de l'humanité, la monarchie absolue pût arriver à ses fins; plus d'une fois, en Europe, en Chine, au Japon, dans l'Amérique du Sud, ce régime parut être en voie de réussir, mais, partout, en Espagne comme ailleurs, il finit par succomber. Quel asservissement définitif eussent célébré les maîtres! « Une foi, une loi, un roi »! Mais aussi c'eût été la mort de la pensée. En Espagne déjà, elle fut tuée pour des siècles.

L'immensité même du monde conquis, ou du moins annexé officiellement, par delà les mers, aurait pu faire croire que la méthode des anciens conquérants était désormais abandonnée, et qu'au lieu de parcourir triomphalement la terre de champ de bataille en champ de bataille, il suffirait au futur maître des hommes de savoir préparer lentement par de savantes conspirations, aidées au bon moment par des coups de force, l'assujétissement ou l'humiliation des nations voisines. Mais, si favorisé qu'il fût par les circonstances et si bien secondé par l'appui de l'Eglise et des ordres religieux, le triste personnage qu'était Philippe II n'avait pas le génie de l'à propos, ni celui de la décision quand la fortune venait à lui, ne lui demandant que d'agir; même victorieux, il parlementait encore et temporisait comme pour éviter une défaite. Le plus jaloux des hommes, il cachait encore ses projets lorsqu'ils auraient dû être en pleine réalisation; à la lumière du jour, il se blottissait au fond de sa noire caserne, au milieu de ses policiers et de ses moines, au lieu de chevaucher triomphalement à la tête de ses armées, les plus solides du continent.

Son père Charles Quint n'avait pas réussi à lui assurer le trône de l'*empire*, *mais il l'avait marié à la reine* d'Angleterre, Marie, ce qui lui servit seulement à se faire détester par le peuple anglais comme le monstre par excellence, comme le « démon du midi ». Après la bataille

Cl. J. Kuhn, édit.

L'ESCORIAL DE PHILIPPE II
à une cinquantaine de kilomètres au nord-ouest de Madrid.

aventureuse d'Alkazar el kebir (1578), où Sebastião disparut, Philippe II, héritier indirect de la couronne du Portugal, réussit par la force à faire prévaloir ce qu'il appelait son « droit ». Toute la péninsule Ibérique eut à reconnaître le même souverain, et du même coup, toutes les immenses possessions mondiales de l'Orient et de l'Occident, toutes les Indes de l'Ancien et du Nouveau Monde, toutes les terres d'au deçà et d'au delà que séparait le fameux méridien d'Alexandre VI, divisant la planète en deux moitiés, tout cela devint le domaine incontesté du moine de l'Escorial. La conséquence fatale fut que ses embarras en augmentèrent.

Où commençait, où finissait son empire? Tous l'ignoraient, et le prétendu maître, perdu dans l'orgueil insensé de son pouvoir divin, le savait encore moins. Pendant la première période de folie héroïque, aux temps de la découverte et de la conquête, tout semblait facile et le devenait réellement, les conquérants se trouvant portés comme par une sorte de délire et marchant d'ailleurs dans la pleine initiative de leur volonté. Mais quand l'heure fut venue de mettre en mouvement la machine immense, on s'aperçut que le point d'appui manquait. Séville ou Madrid ne pouvaient soulever le bras de levier qui s'étendait aux extrémités du monde: des années se passaient avant que telle nouvelle, d'ailleurs mal comprise, parvînt de l'Amérique ou des Philippines jusqu'au souverain, que tel ou tel ordre fût transmis à des capitaines, qui peut être étaient déjà morts. Ainsi que le dit un historien du dix-septième siècle, « c'est un vaisseau difficile à gouverner que celui qui a sa poupe dans l'Océan Atlantique et sa proue dans la mer des Indes ».

La fin du règne de Philippe II, qui fut en même temps la fin du siècle, réunit le semblant de la toute puissance à une décadence lamentable. De même qu'à une époque antérieure le pape Adrien IV avait fait cadeau de l'Irlande au roi Henri II, lui envoyant la pierre d'émeraude symbolique, de même Sixte Quint avait conféré ce royaume à son bien aimé fils Philippe II (1587): mais, pour rendre le présent effectif, il aurait fallu transformer le donataire en homme de vouloir et d'action, l'arracher à ses prières, à ses prosternements d'irrésolu et lui donner la maîtrise des tempêtes. Les quelques bandes d'Espagnols qu'on envoya pour soutenir les révoltés irlandais ne purent faire que d'inutiles campagnes de partisans, puis la formidable flotte, l'Armada par excellence, qui comprenait 131 navires de guerre montés par 7000 marins et 17000 soldats, se dispersa presque sans choc, ridicule jouet des vents et des flots : des récifs de la Manche à ceux de la mer d'Irlande et des Hébrides, tout le littoral fut jonché des épaves de galères brisées: les 25 navires d'Elisabeth n'eurent qu'à en ramasser les débris. Puis, quelques années après, des bâtiments anglais vinrent par bravade jusque devant le port de Cadiz brûler une flottille ennemie. Déjà le corsaire Drake, qui, le premier parmi les marins étrangers, contourna l'Amérique par le détroit de Magellan (1578), parcourait les mers dans tous les sens pour enlever des galions espagnols, assaillir des forteresses lointaines, humilier de toutes les façons les sujets de Philippe II. Il ne restait plus à ce souverain du monde qu'à tâcher de forclore aux étrangers son royaume, et, de l'autre côté des mers, ses possessions démesurées. Malgré l'or et l'argent du Mexique et du Pérou, malgré les précieuses épices des Indes et des Moluques, il était même devenu pauvre, le plus pauvre des princes de la chrétienté : par deux fois, il dut suspendre ses paiements et, à sa mort, la dette avait déjà dépassé le milliard et demi ; c'était le commencement des gros budgets modernes.

Toutes les grandes pensées du règne de Philippe II, l'assimilation du Portugal, ses tentatives contre la Turquie, la Scandinavie, l'Angleterre, la France, les Pays Bas, échouèrent successivement[1] ; impuissants à l'extérieur, les rois d'Espagne eurent du moins la ressource des souverains faibles, celle de persécuter leurs propres sujets. Les supplices et les brûlements d'hérétiques étaient désormais une institution, une fête comme les courses de taureaux, et l'on en donnait volontiers le spectacle aux ambassadeurs étrangers et aux dames de la cour. Il est vrai que toutes ces atrocités étaient enveloppées en des phrases pieuses qui en faisaient autant d'actions méritoires de miséricorde et de bonté. Mais « les compassions des méchants sont cruelles », a dit un passage des livres déclarés saints par les inquisiteurs, et ceux-ci, plus que tous autres hommes au monde, ont prouvé par leur conduite combien ces paroles sont effroyablement vraies. C'est ainsi que, suprême hypocrisie, la sainte confrérie livrait les prétendus coupables au bras séculier, « afin qu'ils fussent punis aussi charitablement que possible et sans effusion de sang » : c'était l'euphémisme benoît employé pour indiquer la mort sur le bûcher.

La population de l'Espagne paraît avoir baissé durant le règne de Philippe II : on dit que, sur dix millions d'habitants vivant dans la péninsule au milieu du seizième siècle, la diminution totale pendant les cinquante années qui suivirent aurait été de plus d'un million et demi. Il était urgent de songer au repeuplement du royaume, et l'on publia, en effet, des édits pour introduire des agriculteurs laborieux et restaurer l'industrie du sol ; mais que pouvaient signifier de pareils décrets, alors qu'en 1609, une ordonnance de « grâce » envoya en exil environ huit cent mille individus, tous les Maures qui ne s'étaient pas encore convertis au catholicisme, ou ceux dont la sincérité de foi chrétienne ne paraissait

1. Victor Duruy, *Histoire de l'Europe.*

pas de bon aloi ! Ce fut un désastre absolu : certaines régions de

N° 383. Campagnes de Murcie et de Valence.

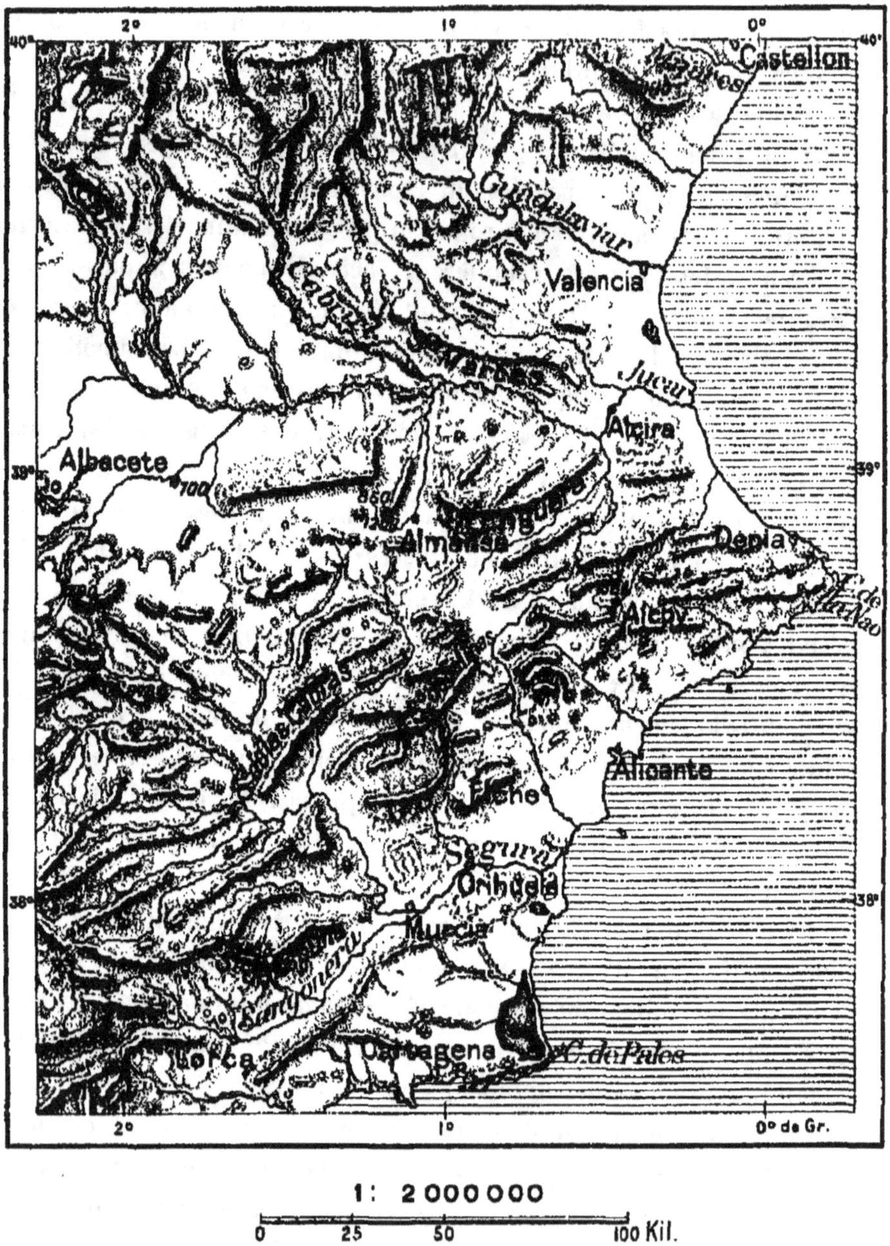

l'Andalousie et des campagnes de Valence et de Murcie furent complètement dévastées. Tous les grands travaux hydrauliques pour l'arrosement des vallées et des plaines avaient été accomplis par les

Maures, même depuis l'époque de la domination castillane : le grand barrage d'Almansa, sur un affluent du Jucar, date de 1506, ceux d'Elche et d'Alicante de la fin du seizième siècle. Toutes ces belles constructions qui ont admirablement résisté à l'assaut des crues torrentielles furent, il est vrai, respectées par les chrétiens et même utilisées, mais aucun

Cl. J. Kuhn, édit.

NORIA SERVANT A L'IRRIGATION AUX ENVIRONS DE MURCIE.

travail nouveau n'est venu améliorer le système des irrigations arabes.

Les bannis eurent des chances diverses dans leurs nombreux lieux d'exil de l'Afrique mineure. La plupart s'arrêtèrent dans les villes du littoral de la Maurétanie, entre Mogador et Tripoli, mais les cités de l'intérieur, Fez, Tlemcen, Constantine, reçurent aussi chacune sa colonie d' « Andalous ». Leurs coreligionnaires les accueillirent partout avec dévouement et leur assignèrent des campagnes pour la culture; toutefois l'activité industrielle, agricole, sociale étant à recommencer pour des centaines de milliers d'êtres à la fois, il en résulta une grande déperdition de vies humaines, et, dans l'ensemble, il ne paraît pas que les nouveau venus aient rapporté dans le pays de leurs ancêtres berbères des éléments de civilisation supérieure ; ils se perdirent peu à peu dans le milieu des musulmans africains ; cependant ils se sont maintenus çà et là en groupes distincts, se transmettant avec fidélité les belles légendes de la contrée perdue. La haine du « Roumi » s'est conservée chez eux, plus ardente, plus âpre que celle des indigènes du Maroc ou de l'Algérie. Un voyageur, séjournant récemment à Fez, parle avec émotion de ce sentiment de froide répulsion, implacable, méprisante, avec lequel le regardaient, lui fils de chrétien, les fils des Maures chassés par Philippe II[1].

Dans chaque effet se retrouvent les causes, de même que les causes dans leur infini mélange produisent des conséquences analogues. On est donc étonné d'avoir à constater que l'Espagne, quoique diminuant très rapidement en population, en prospérité matérielle, et n'ayant plus guère en dehors de ses prêtres, de ses soldats et de ses fonctionnaires que des vagabonds et des mendiants, eût encore en cette période de décadence une admirable floraison d'écrivains et d'artistes. Plusieurs des premiers d'entre les Espagnols et d'entre les hommes de tous les temps, Cervantes, Lope de Vega, Calderon de la Barca, Antonio de Herrera, Ribera, Zurbaran, Velasquez et Murillo, Camoëns appartiennent à cette lamentable époque de compression dans laquelle plusieurs de ces personnages durent s'abaisser jusqu'à devenir « familiers », c'est-à-dire policiers de l'Inquisition. Quoique souillés par l'exercice d'un pareil métier, ces hommes furent grands. C'est que l'élan reçu pendant la génération précédente, lorsque l'Espagne apparut soudain la première parmi les nations et que s'accomplirent les prodiges de la découverte du Nouveau Monde, avait suffi pour susciter jusque dans le siècle suivant toute une pléiade de génies ayant la fierté, le langage et l'allure dignes de la race ; consciente de son antique héroïsme, tant de fois éprouvé, l'Ibérie célébrait après coup, et même en un siècle d'abaissement, tout ce qu'elle avait voulu, achevé et pressenti de grand et de beau.

Au moment où, se sentant mourir, le peuple se redressait dans sa plus noble attitude, il chantait son hymne de gloire, celui que l'on

1. Ed. Ditte, *Questions diplomatiques et coloniales*, 1901.

Cl. J. Kuhn, édit.

FRANCESCO RIZI. — UN AUTO-DA-FÉ. — MUSÉE DE MADRID.

entend encore et qui résonne d'âge en âge. Déjà, pendant cette grande époque de sa littérature, le génie de l'Espagne déborda de beaucoup les frontières politiques, et la France, l'Angleterre en reçurent une large part de leur vie intellectuelle. Rotrou, Corneille, Beaumont et Flechter, Marlowe et même le puissant Shakespeare, doivent au moins une étincelle à la flamme qui brûlait alors au sud des Pyrénées.

D'ailleurs, tandis que la nation mère dépérissait, les fils qu'elle avait envoyés par delà les mers continuaient leurs expéditions fabuleuses dans les pays lointains du rêve, et cela sans tutelle, sans direction venue de l'Escorial. Par la force des choses, les Cortez, les Pizarro, les Almagro, séparés de la mère patrie par des mois, même par des années de navigation, ne devaient compter que sur leur propre initiative, et ils marchaient de l'avant selon leur bon plaisir. S'ils avaient été tenus d'obéir au mot d'ordre lancé par le roi, ils auraient attendu, temporisé, déchiffré de longues dépêches contradictoires, mais n'auraient conquis ni Mexique, ni Pérou : c'est à d'autres qu'ils eussent laissé ce prodigieux butin. Tant que la volonté royale n'avait pas réussi à transformer tous les héros du Nouveau Monde en de soumis et tremblants sujets, un peu de leur liberté ennoblissait encore l'Espagne, et peut-être les esprits indépendants qui ne l'avaient pas quittée trouvaient-ils une vengeance suffisante à se savoir des frères *conquistadores* libres de leurs actions de l'autre côté des mers et se riant des édits lancés contre eux.

L'Espagne n'était donc pas encore exsangue, malgré l'émigration de ses fils les plus vaillants, malgré la frénésie du gain et l'action dissolvante de l'or; toutefois elle était condamnée à déchoir promptement par suite de l'oppression absolue de la pensée. Le bûcher de l'Inquisition qui brûlait un homme libre brûlait en même temps l'Espagne elle-même. Tout individu qui sentait germer en son cerveau une idée de vérité ou de justice devait l'étouffer aussitôt ou bien la pervertir dans un langage menteur, c'est-à-dire devenir lâche ou hypocrite, sous peine de tomber entre les mains des familiers du Saint-office. Toute vie mentale s'arrêtait dans le grand corps : il retomba par régression dans une pure existence végétative : suivant l'expression de Michelet, « de saignée en saignée, l'Espagne s'était évanouie ». Mais cela n'empêchait pas l'orgueil de l'Espagnol de croître, pour ainsi dire, en proportion de son abaissement. Pas un porcher des Castilles qui ne sente un empereur en lui. Nulle part mieux qu'en Espagne, on ne peut juger des conséquences d'un régime où l'homme est remplacé par le surhomme.

L'union politique s'était faite sous le règne de Philippe II entre les deux parties de la péninsule Ibérique, Espagne et Portugal, au moment même où leur domaine de conquêtes coloniales s'étendait sur de si vastes espaces inconnus qu'on pouvait les dire illimités. En cet immense empire, espagnol d'un côté, portugais de l'autre, les régions de l'Afrique et de l'Asie eurent une histoire beaucoup moins remplie d'événements que celle du Nouveau Monde américain. En réalité, les quelques milliers de Portugais, marchands, marins, soldats et missionnaires, qui s'étaient égrenés le long des côtes et dans les îles, de la Guinée jusqu'aux Moluques, représentaient, au milieu de centaines de millions de nègres, d'Hindous et de Malais, un élément ethnique trop peu considérable pour que son action pût avoir une grande importance matérielle : l'influence, surtout économique et morale, s'exerça indirectement par le déplacement des voies commerciales, la formation de nouveaux marchés, le changement des procédés commerciaux et des clientèles, et aussi, en une faible mesure, par le contact direct des races. En dépit de leur férocité envers les indigènes, les Portugais étaient d'un naturel assez liant et sociable; çà et là, notamment à Ceylan, ils restèrent populaires et quelques bribes de leur langue persistèrent : les noms portugais sont encore très répandus, tandis que les Hollandais qui vinrent plus tard sont totalement oubliés [1].

Si minime que fût leur nombre parmi les vastes multitudes, les Portugais devaient à leurs navires, à leurs canons, à leur tactique militaire et à l'art des fortifications une si grande supériorité brutale qu'il leur fut facile d'en abuser. Non seulement ils cherchèrent à s'assurer le monopole commercial de toutes les précieuses denrées de l'Orient — à cet égard ils agissaient comme eussent agi à leur place toute autre classe de trafiquants avides et firent le vide autour d'eux comme l'avaient fait à une époque antérieure les Vénitiens, les Egyptiens, les Arabes et comme le firent plus tard les Hollandais, — mais ils exercèrent aussi leur intolérance dans les matières religieuses : es marchands étaient accompagnés de missionnaires, et ceux-ci

1. Em. Tennent, *Ceylon*, I, p. 418.

n'admettaient point que l'on pût professer sans péché une autre foi que la croyance en la « très sainte Trinité » et en la vierge Marie. Les tribunaux de l'Inquisition, importés à Goa, à Malacca, fonctionnaient d'une manière plus atroce encore que dans la mère patrie, où pourtant Maures, Juifs et chrétiens hérétiques avaient été sacrifiés par milliers. Il en résulta des haines implacables et, si les timides Orientaux parmi lesquels séjournaient les aventuriers d'Europe manquaient de l'énergie

RUINES DU PALAIS DE L'INQUISITION A GOA

nécessaire pour expulser leurs oppresseurs, du moins étaient-ils prêts à changer de maîtres. Ils attendaient de nouveaux conquérants pour les acclamer.

Moins d'un siècle après ses grandes découvertes et ses triomphes éblouissants, le Portugal était déjà vaincu d'avance par le premier ennemi venu, car il avait complètement abdiqué entre les mains des jésuites, devenus ses directeurs de conscience. Leur élève, le roi Sébastião, qui avait fait vœu de chasteté et d'obéissance et auquel sa fonction de souverain interdisait le vœu de pauvreté, avait pu du moins remettre son trésor et son armée à ses professeurs bien-aimés, théologiens ardents mais politiques et généraux incapables. C'est à eux que revint l'organisation de cette campagne marocaine dans laquelle périt Sebastião, et qui devait avoir pour conséquence l'annexion du Portugal aux domaines illimités de Philippe II, autre despote aussi mal conseillé et aussi imprudent que n'importe lequel de ses devanciers.

Ce qui restait encore d'esprit d'aventure et de découverte dans les deux nations assujetties fut aussi mal dirigé que les entreprises de guerre. Qu'on en prenne pour exemple l'histoire du malheureux pilote Pedro Fernandez de Quiros : il lui fallut dix années de requêtes et d'efforts pour obtenir le prêt de deux navires péruviens. La terre où il eut la chance d'aborder était une des plus grandes de l'archipel des Nouvelles Hébrides, mais elle ne méritait point le nom d'Australie — Austrialia del Espiritu Santo, — qu'il lui donna, soit en l'honneur de l'Autriche, soit dans la croyance qu'il foulait le grand continent austral dont l'existence était soupçonnée mais que gardaient des lignes de récifs. Quoi qu'il en soit, il prit possession de cette terre « jusqu'au pôle... au nom de l'Église, du pape et du roi... pour une aussi longue durée que celle du droit ». Puis il désigna l'emplacement de la « Nouvelle Jerusalem » au bord d'un fleuve, le « Jourdain », et prit part à une procession solennelle des prêtres et de l'équipage (1606).

Avant la fin de sa vie, Philippe II eut le temps de porter le premier coup à son empire colonial. En sa passion du monopole absolu, il tenta cette chose impossible d'empêcher le commerce de détail auquel se livraient les marchands hollandais et fit saisir en une seule fois cinquante navires des Pays Bas ancrés dans le port de Lisbonne (1594). Les hommes audacieux et intelligents qui dirigeaient alors la république des Provinces Unies comprirent que, s'ils ne pouvaient obtenir les épices de seconde main, il valait la peine d'aller les chercher au lieu même de production, en se substituant par la force aux traitants du Portugal. La tentative réussit promptement; un libraire d'Amsterdam s'était procuré des cartes portugaises dès 1592 et, dix ans plus tard, dans les premières années du dix-septième siècle, les escadres hollandaises chassaient les marins portugais de l'archipel des Moluques, trafiquaient directement avec la Chine, le Japon, et dictaient de nouveaux traités de commerce à la plupart des populations riveraines de la mer des Indes. Les Portugais, représentés alors par l'Espagne, ne gardèrent de leur empire d'Asie qu'une moitié de l'île Timor dans l'Insulinde, et Goa avec quelques enclaves dans la péninsule gangétique. Néanmoins les

Philippines, ainsi nommées en l'honneur de Philippe II, restèrent aux Espagnols ; la capture des Moluques et de Java, bien autrement précieuses au point de vue commercial, suffisait aux Hollandais.

Ceux-ci, fort économes de leurs navires et de leurs équipages,

N° 384. Iles d'Indonésie.

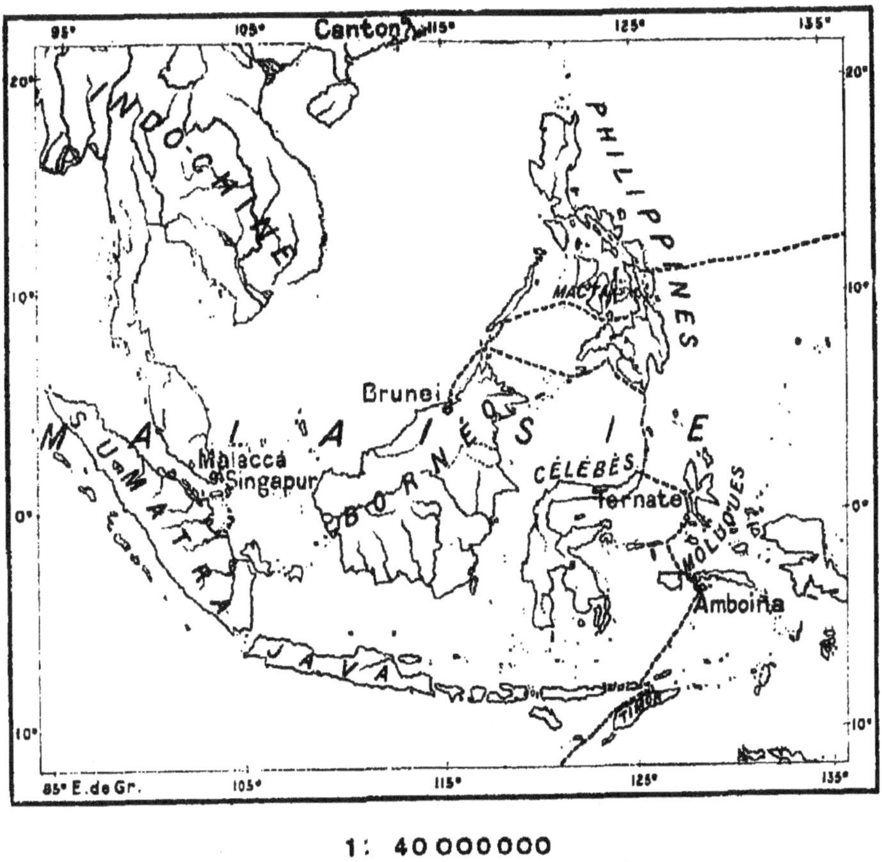

L'itinéraire indiqué en traits discontinus est celui des navires de la première circumnavigation. Arrivant le 16 mars 1521 en vue des Philippines, Magellan mourut le 27 avril devant l'île Mactan; del Cano se trouvait le 8 juillet à Brunei et ne quitta Timor pour l'Espagne que le 11 février 1522.

ne se donnèrent pas la peine d'essayer la conquête des parties du littoral africain que baigne l'Océan Indien : la triste figure que faisaient les occupants lusitaniens n'encourageait guère de prudents calculateurs, comme l'étaient les trafiquants de Hollande, à se lancer dans les conquêtes de terres inutiles. Nulle part l'intervention des Portugais n'avait eu de conséquences plus fâcheuses pour les populations riveraines. Avant l'arrivée de Vasco de Gama, toute la région de la côte, des bouches du Zambèze au cap des Aromates, constituait une grande fédération de républiques commerçantes, connue sous le nom d'empire zeng : des cités populeuses, Mombaza, Mélinde, Sofala, d'autres encore attiraient les marchands de toutes les terres riveraines de l'océan Indien, qui s'y rencontraient avec les caravanes de l'intérieur. La violente intervention des Portugais changea tout ce bel équilibre. De peur des persécutions religieuses, les musulmans s'abstinrent de fréquenter les marchés du littoral, et les caravaniers finirent par en oublier le chemin : de l'empire zeng, il ne subsiste qu'un nom : « Zanguebar » ou Zanzibar, terre zeng, et les villes de la côte, ayant perdu leur force d'attraction, laissèrent retomber les habitants de l'arrière-pays en leurs éléments primitifs de peuplades distinctes et ennemies. La régression fut complète, mais du grand désastre il reste à peine un souvenir : tant de nations, après avoir brillé pendant un temps, ont successivement disparu de l'histoire!

Dans le Nouveau Monde proprement dit, les Espagnols purent longtemps continuer leurs entreprises de conquêtes et de colonisation sans avoir à craindre leurs rivaux d'Europe autrement que dans le voisinage des ports et sur la haute mer, comme boucaniers et pirates; à l'intérieur des terres, ils n'eurent de conflits qu'avec les indigènes. Pendant plus de trois siècles, les latinisés de la péninsule Ibérique, Espagnols et Portugais, furent les seuls Européens dont l'action se fît sentir sur les populations de la partie du Nouveau Monde limitée au nord-est par le bassin du Mississipi. Drake, Hawkins, Raleigh et autres corsaires anglais étaient trop peu nombreux pour chercher à annexer des territoires ; ils se contentaient de faire la course aux galions espagnols et leur œuvre s'arrêtait généralement à la côte.

Il n'y eut intervention et conquête de la part d'autres Européens que dans la pléiade des Antilles et sur le musoir le plus avancé du Brésil, à Pernambuco, où, vers le commencement du dix-septième siècle, les Hollandais continuèrent le mouvement de reprise des colonies portugaises, qu'ils avaient si brillamment accompli dans les Indes Orientales. L'immense domaine, environ vingt-deux millions de kilomètres carrés, qui comprend aujourd'hui toutes les républiques latines de l'Amérique resta donc soumis à l'influence de l'Europe par l'intermédiaire unique des Espagnols et des Portugais pendant une dizaine de générations, et, si le régime colonial dut s'effondrer après le long travail qu'amena le croisement physique et le mélange des instincts et des idées, ce n'est point à l'action brutale du dehors que cette révolution peut être attribuée, mais simplement à l'impossibilité de vivre sous le régime du droit divin. Ce qui restait de la monarchie

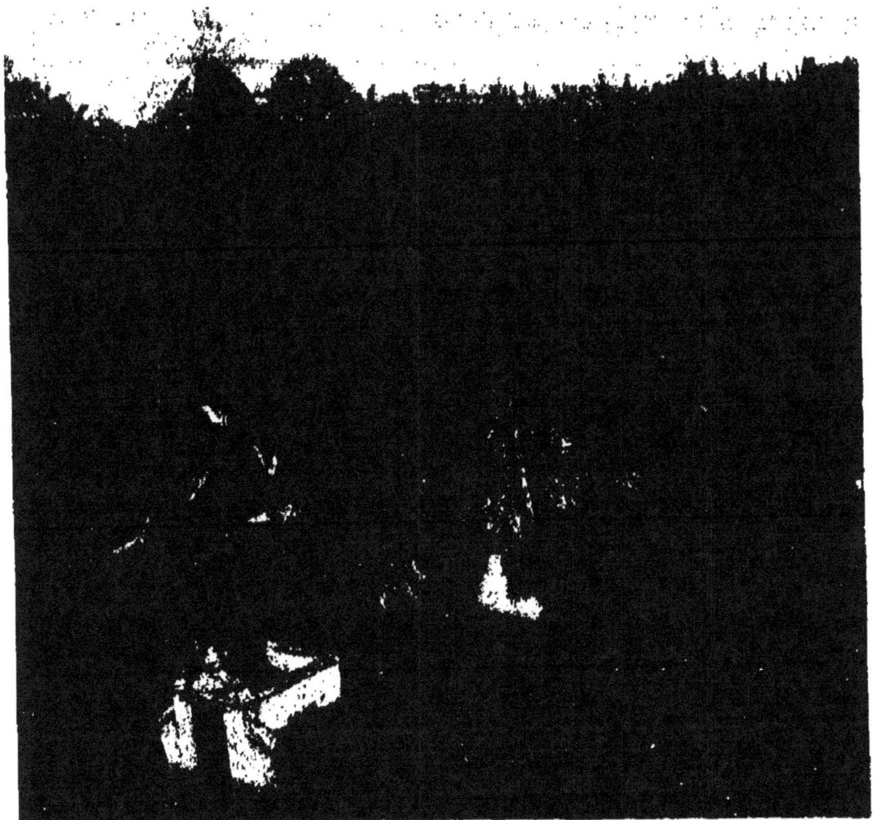

Doc. communiqué par Mr. Agassiz.

TOMBEAU DES ANCIENS SULTANS A JAVA

universelle de Philippe II s'éteignit par manque de souffle.

Quels avaient été, avant Colomb, les rapports des populations de l'un à l'autre groupe de continents, de l'Ancien au Nouveau Monde? On ne connaît d'une manière certaine que deux déplacements d'hommes à travers les mers de séparation. D'un côté, les Eskimaux du littoral polaire américain et de l'Alaska ont franchi le détroit de Bering pour s'établir sur les côtes de la Sibérie; de l'autre, les Normands de la Scandinavie et de l'Islande ont débarqué, vécu, fondé des colonies dans le Grœnland et dans les terres nord-orientales de l'Amérique du Nord.

Voilà les faits nettement établis, mais en outre, les migrations volontaires ou involontaires de Tchuktchi et d'Eskimaux, de Japonais et de Polynésiens ont été trop nombreuses pendant la période des quatre cents dernières années, soit à travers le détroit de Bering, soit par les chemins tempétueux de la mer, pour que l'on puisse émettre le moindre doute au sujet d'anciens voyages accomplis par des Asiatiques vers les rives du Nouveau Monde, ou par des indigènes américains vers l'Asie centrale : un père jésuite, visitant la Tartarie au seizième siècle, rencontra une femme Huron qui avait été vendue de tribu en tribu et avait parcouru près de la moitié de la circonférence terrestre [1]. Des industries diverses, tissage d'étoffes, cuisson des argiles, fabrication du bronze, peuvent avoir été ainsi introduites dans les terres du double continent.

Il est très naturel d'admettre qu'il y eut des échanges de procédés et d'idées, puisque la mer et les vents, même indépendamment de la volonté des individus, mirent souvent en relations directes les représentants de races diverses. Un jeu compliqué, devenu le tric trac des Européens, fournit une preuve des relations entre l'Asie et l'Amérique : on le retrouve sous des formes très similaires chez les Hindous et les Birmans, qui le nomment Patchiti ou Patchit, et chez les anciens Mexicains, qui le connaissaient sous le nom de Patolli [2]. Le naturaliste Ten Kate croit avoir trouvé un témoignage de ces anciennes relations à la pointe méridionale de la péninsule californienne, où vivraient encore des négroïdes mélanésiens [3]. En outre, un fait très important comme indice de parenté des races a été récemment découvert. On a constaté l'existence de taches pigmentaires bleuâtres dans la région sacro lombaire des nouveau nés de la plupart des nations malaises et sino-japonaises qui peuplent le pourtour de l'océan Pacifique, et ces mêmes taches se retrouvent chez les enfants eskimaux, jusque dans le Groenland. Comment, pense-t-on, ne pas voir en ce trait commun une preuve de parenté [4]?

Les étendues immenses du Pacifique, séparant les côtes de l'Amérique méridionale et celles des grandes terres océaniennes, ont dû empêcher toute communication active pendant la période géologique contemporaine ; mais, sans remonter jusqu'aux âges qui donnèrent à l'Argentine

1. Charlevoix. — 2. E. B. Tylor, cité par Karl Gross, *Die Spiele der Menschen*, p. 243. — 3. *Bulletin de la Société d'Anthropologie de Paris*, t. VII, p. 564. — 4. J. Deniker, *Bulletin de la Société d'Anthropologie*, séance du 4 avril 1902.

une partie de la flore du Gondivana de l'Inde et de la faune australienne, il est certain que des relations continues furent établies, et probablement à une époque où les contours des masses continentales différaient des formes actuelles, entre l'Amérique du Sud et les îles

N° 385. Courants du Pacifique.

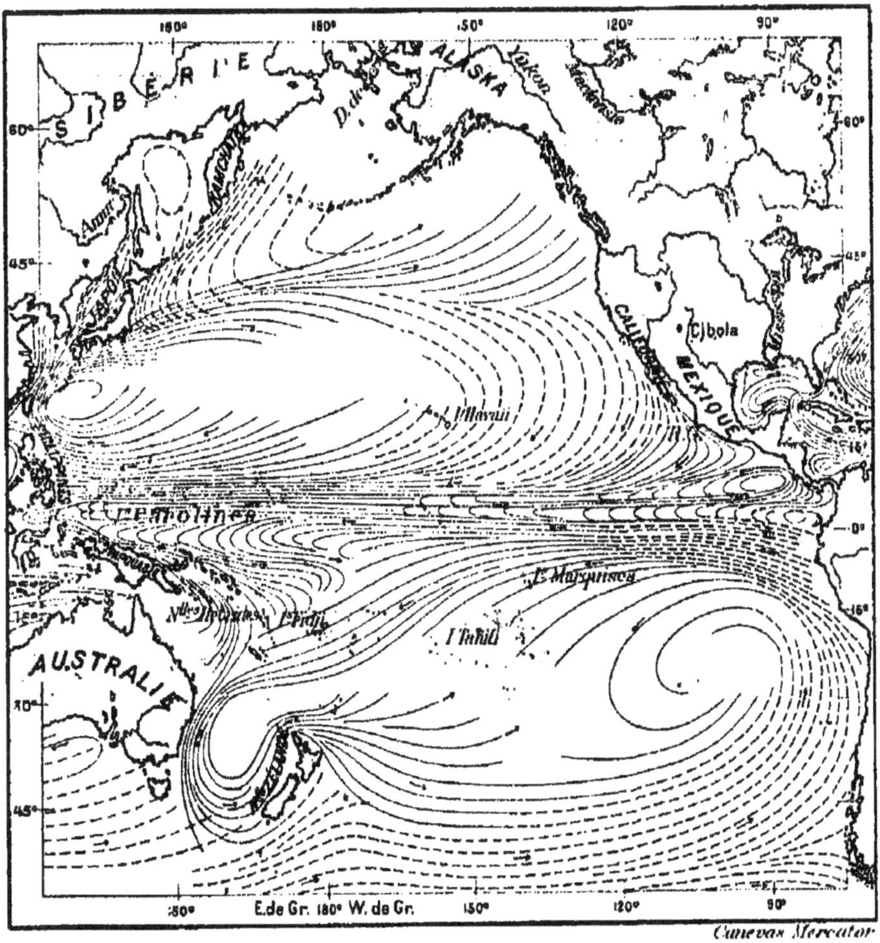

Canevas Mercator

L'échelle équatoriale de cette carte est de 1 à 50 000 000.
Les traits interrompus représentent les courants froids. — On voit par la disposition des courants que la Californie et le Chili sont plus prédisposés que le Mexique et l'Equateur à recevoir des visites d'outre-Pacifique.

occidentales. Sur les bords du rio Negro de Patagonie et dans le pays des Calchaqui, au nord ouest de la République Argentine, on a trouvé des crânes reproduisant incontestablement le type papoua; les fouilles de Cuzco au Pérou, celles de Santiago del Estero en Argentine ont fait découvrir des instruments de pierre d'origine maori : des massues en bois sculpté, entièrement semblables à celles des îles Marquises, proviennent des ruines inca des environs de Truxillo et de divers autres lieux de la côte occidentale de la Colombie jusqu'au Chili [1]. Le musée de Lima contient une rame de type samoan admirablement sculptée, que l'on a trouvée au Pérou.

C'est donc par cette antique voie maritime, non utilisée depuis des âges inconnus, qu'auraient pu se transmettre aussi diverses peintures et sculptures symboliques dont l'origine semble asiatique : telles les *svastika*, qui ne diffèrent point de celles de l'Inde et du Japon, tel aussi le *taïki* des ruines de Copan, qui est essentiellement l'image vénérée des Chinois représentant à la fois le principe mâle et le principe femelle, la force et la matière, la foudre et la pluie. Quoi qu'il en soit, et malgré le silence absolu de l'histoire précise, bien que les commentateurs modernes aient prouvé la non-identité du Mexique avec le Fu-sang des annales chinoises, il n'en reste pas moins constant, d'après les objets trouvés dans les fouilles, qu'il y a eu des rapports directs entre les terres de l'Extrême Orient et celles de l'Extrême Occident. En outre, l'hypothèse d'un mouvement de peuples européens vers le monde occidental n'est pas de celles qu'on puisse rejeter sans phrases, car il y eut jonction des terres entre les deux parties du monde pendant les temps quaternaires jusqu'à l'époque paléolithique. Le renne passa par cet isthme, et le berger put passer à sa suite [3].

Cl. A. Quiroga.

URNE FUNÉRAIRE, TROUVÉE A TAFI
On remarque les croix peintes que porte la figurine.

Les annales retrouvées çà et là et les souvenirs que conservaient les

1. Philippe Salmon; Gabriel de Mortillet, *Bulletin de la Soc. d'Anthropologie*, 1897, p. 447, etc. — 2. Adan Quiroga, *La Cruz en America*. — 3. Josef von Siemiradski, *Beiträge zur Ethnographie der Südamerikanischen Indianer*, [*Mitt.*] *d. Anthr. Ges. in Wien*, t. XXVIII, p. 170 ; F. P. Moreno, *Geographical Journal*, II, p. 576.

Américains vaincus ont permis de reconstituer quelques traits de l'histoire précolombienne du Nouveau Monde. Il est aussi des indications qui ressortent des conditions géographiques du double continent : l'état de civilisation des indigènes devait correspondre aux avantages du milieu que leur présentait la nature et se trouvait écrit par avance à la surface du sol. Ainsi nulle nation, grande soit par le nombre, soit par le développement de l'intelligence, n'eût pu se développer dans les clairières de l'immense selve amazonienne, où les communications naturelles par terre à travers les marais, les fourrés de lianes et les vasières sont rendues presqu'impossibles, où l'on ne peut guère voyager que par eau, en des régions dont les produits nourrissent l'homme assez pauvrement, mais sans le solliciter au grand effort pour améliorer sa vie. Au nord est et au sud de ces vastes étendues forestières, d'autres régions de plaines sont également peu favorables à la naissance et à la croissance de peuples prospères ; ce sont d'un côté les *llanos*, de l'autre les *pampas*, espaces interfluviaux manquant de l'humidité nécessaire et où la non-existence d'animaux domesticables bœuf, brebis, cheval ou chameau, ne permettait même pas la formation de tribus nomades comme celles des Arabes ou des Mongols. Plus au sud encore, les grands déserts de pierre du versant oriental de la Patagonie tenaient les rares habitants dispersés dans les territoires de chasse et, vers la

Cl. A. Quiroga.

VASE CÉRÉMONIEL DES SIOUX POUR IMPLORER LA PLUIE PORTANT UNE CROIX PEINTE

On reconnaît aussi des têtes d'hommes et des femmes appartenant au peuple des Nuées, le front encerclé de gouttes de pluie, des insectes qu'on ne voit qu'en temps de pluie et probablement des éclairs.

pointe du continent, les glaciers, les éboulis, les moraines, les roches abruptes et les forêts devaient aussi réduire la surface des terres, d'ailleurs avares, où les derniers des indigènes menaient leur rude existence. Dans le grand triangle de l'Amérique méridionale, certains plateaux des Andes non encombrés de neiges ou de laves, ou non revêtus d'infranchissables forêts, ainsi que diverses régions intermédiaires entre la plaine et la montagne étaient donc les seules contrées qui pussent favoriser le développement de tribus en nations policées, grâce aux bonnes conditions du sol et du climat, à l'ampleur et à la cohésion suffisante du territoire.

Le semis des Antilles, petites et grandes, présente une variété singulière de formes avec une diversité correspondante de conditions faisant de l'île ou d'une de ses parties un lieu de séjour pénible ou désirable ; mais la plupart de ces terres sont de véritables paradis par la beauté des paysages, l'abondance des eaux, la richesse de la végétation : à la vue de certaines Antilles, on se demande si peut être le spectacle que l'on a sous les yeux n'est pas le plus merveilleux de la planète entière : à la splendeur des lignes et à l'éclat de la lumière, les Antilles ajoutent la facilité d'accès par une mer souvent calme, parcourue de vents réguliers : sans peine on se meut d'une île à l'autre, et c'est ainsi que purent se rencontrer et s'instruire mutuellement des gens de races très différentes, venus du continent américain septentrional ou bien des terres serpentines qui se déroulent à l'ouest.

Malheureusement cette même libre entrée qui favorisait les amis laissait aussi pénétrer les ennemis, et des guerres d'extermination avaient souvent défait l'œuvre longue de la paix ; même des Caraïbes anthropophages, les « Cannibales » que rencontra Colomb, et qui venaient probablement de l'Amérique du Sud, où vit encore le gros de la race, s'étaient installés sur les côtes orientales de la grande île Española.

Malgré les retours vers la barbarie causés par les guerres atroces, des civilisations avaient pu naître du contact des immigrants de milieux différents. Le peu de détails que les premiers visiteurs espagnols ont pu nous donner sur les mœurs et la culture intellectuelle et morale des Cebuneyes d'Haïti et de Cuba suffit pour montrer que ces nations insulaires avaient depuis longtemps dépassé la sauvagerie primitive et que même elles étaient incomparablement supérieures, par la mansuétude, la bonté, l'esprit de justice, à l'atroce bande des aventuriers espa gnols. Un de ces ravisseurs, Colomb, nous dit des Haïtiens qu'ils

Cl. Sellier.

VILLAGE INDIEN
D'après un ouvrage du seizième siècle.

« aimaient leurs prochains comme eux-mêmes, et que leur parler, toujours très aimable et très doux, était accompagné de sourires ». Mais l'œuvre d'extermination dans les mines, les plantations, les chantiers ou sous la dent des bouledogues, et en même temps la brutale indifférence des nouveau-venus à l'égard de tout ce qui n'était pas or ou n'en facilitait pas l'acquisition, fut si complète que la postérité n'a presque rien appris au sujet de ces pauvres nations antiliennes. En moins d'un demi siècle, les millions d'hommes qui peuplaient les îles avaient disparu, ne laissant que de rares familles, cachées dans les retraites des montagnes[1]. Telle fut l'oppression, terrible comme si le ciel s'était abattu sur les têtes des malheureux, que les indigènes s'éprirent de la mort comme d'une délivrance : ils mangeaient de la terre ou des cailloux, se nourrissaient de manioc non débarrassé de son suc vénéneux. Les Cebuneyes moururent, non seulement de fatigue et d'épuisement mais aussi de la volonté d'en finir. Les femmes cessèrent d'enfanter ou firent périr leur fruit afin que l'esclavage cessât avec elles.

Toutefois, la race à laquelle appartenaient les Cebuneyes ne fut point complètement exterminée, grâce à son extension en dehors des Antilles dans la masse continentale de l'Amérique. Les Maya de la péninsule quadrangulaire du Yucatan faisaient partie du même groupe de nations que les habitants de Cuba. Ils avaient le même aspect physique, le corps ample et massif, la figure large, le front rejeté en arrière par la manipulation que les mères leur faisaient subir dans le bas âge, et l'on dit qu'ils se distinguaient également par l'amour du labeur tranquille et les mœurs pacifiques. Mais ils avaient l'avantage d'être mieux protégés contre l'invasion. Plus éloignés de l'Espagne que leurs frères des Antilles, ils habitaient une terre basse, environnée de récifs et d'écueils, s'étendant jusqu'à perte de vue des côtes ; en outre, on ne pouvait les assaillir de tous les côtés à la fois comme les insulaires, et, en cas de défaite, il leur était facile de se retirer dans les forêts impénétrables de l'intérieur ; d'ailleurs les marins espagnols évitèrent, pendant plusieurs décades après la découverte, de se hasarder dans les fourrés du continent. En leur domaine bien délimité du Yucatan, les Maya purent développer en paix leur civilisation d'une manière plus originale et plus complète que les Cebuneyes, quoique ceux-ci fussent arrivés déjà, dit-on, à un degré remarquable de culture. Grands navigateurs, ils s'aventuraient fort loin sur les eaux en de larges embarcations qui pouvaient au besoin contenir toute la population — des centaines

1. Bart. de las Casas, *Destruccion de las Indias.*

d'individus — vivant d'ordinaire dans les *barabaques* ou maisons communes. Comme les Chinois, ils avaient appris à domestiquer des animaux pour la pêche, retenant au moyen d'une corde un poisson à ventouses, le fameux *pegador Echeneis naucratis* ; qu'ils lançaient contre la tortue franche et ramenaient dans leur barque avec sa victime[1].

Musée d'Ethnographie du Trocadéro.

CORTEZ DONNANT DES ESCLAVES A MANGER A SES CHIENS

De même que le continent du sud, celui du nord américain ne pouvait fournir de sol favorable à l'éclosion d'une civilisation prospère que dans la moindre partie de son étendue. Les côtes du Groenland, celles de l'Archipel polaire hébergeaient seulement quelques pêcheurs clairsemés, et ceux-ci n'eussent même pu résister aux causes de désagrégation et de mort s'ils ne s'étaient entr'aidés contre le mauvais sort par la plus étroite solidarité. Dans l'épaisseur du continent, les interminables plaines glacées du « grand Nord », où ne croissent même plus les arbres nains, sont parcourues, il est vrai, par de rares tribus d'Indiens, qui se nourrissent d'animaux broutant la mousse, mais c'est merveille de voir des hommes

1. Felipe Poey, *Memorias sobre la historia natural de la Isla de Cuba.*

réussissant à maintenir le souffle quand même en des pays si froids, si âpres et privés de toutes ressources. Sous les latitudes tempérées, où le ciel est plus doux, diverses régions sont défavorables à l'homme, soit à cause de leurs côtes basses et de leurs marais difficiles à franchir, telles les flèches littorales et les vasières des Carolines, soit à cause de leurs lacs, qui transforment toute la contrée en un labyrinthe, comme certaines parties du Canada, du Michigan, du Wisconsin, ou bien encore par l'épaisseur des forêts, où manque toute variété renouvelant le cours des travaux et les habitudes de la pensée, comme presque tout le territoire laurentin. Et les grandes plaines de l'Ouest, presque sans eau, pouvaient-elles être guère habitées par d'autres que des chasseurs nomades? Et les plateaux salins ou neigeux des Rocheuses! Rares étaient les oasis où parvenaient à se blottir les peuplades éparses, incapables de s'installer quelque part en un groupe formant une nation.

Ainsi qu'en témoigne une *carte de la densité actuelle de la population*, c'est au tiers environ des Etats Unis que l'on peut évaluer la surface des diverses régions où les habitants jouissaient de conditions telluriques et climatiques favorables à leur développement, à condition toutefois qu'ils ne fussent pas en état de guerre incessante et que leur activité ne consistât pas à s'exterminer mutuellement. Parmi les peuplades de Peaux Rouges, les plus heureuses paraissent avoir été celles qui vivaient au bord des estuaires poissonneux, tandis que les chasseurs, à l'étroit dans leurs forêts où la part de nourriture nécessaire à l'homme *représente un grand domaine de vénerie, entraient souvent en lutte* sur les confins de leurs territoires respectifs. Les tueries, les destructions de campements et les migrations lointaines, entraînant toujours avec la déperdition de forces un recul de la civilisation, étaient les événements les plus communs de l'histoire précolombienne; cependant maintes institutions locales, sauvées du naufrage de la race, de même que les discours, les proverbes et les chants, nous montrent que l'esprit des indigènes s'était élevé à une grande hauteur de pensée et qu'il avait acquis une rare profondeur dans la connaissance des passions. A ce point de vue, nul groupe ethnique n'est plus intéressant que celui auquel les sociologues nord-américains ont donné le nom d' « Amérindiens », peu agréable à prononcer et, par cela même, condamné sans doute à ne pas entrer définitivement dans la langue scientifique.

Dans le continent septentrional du Nouveau Monde, la civilisation la plus nettement caractérisée fut celle du peuple mexicain, et, précisément, le plateau que l'on a désigné dans son ensemble par le nom d'Anahuac appartenant spécialement à une portion du territoire, constitue une forte

N° 386. L'inhabitable grand Nord.

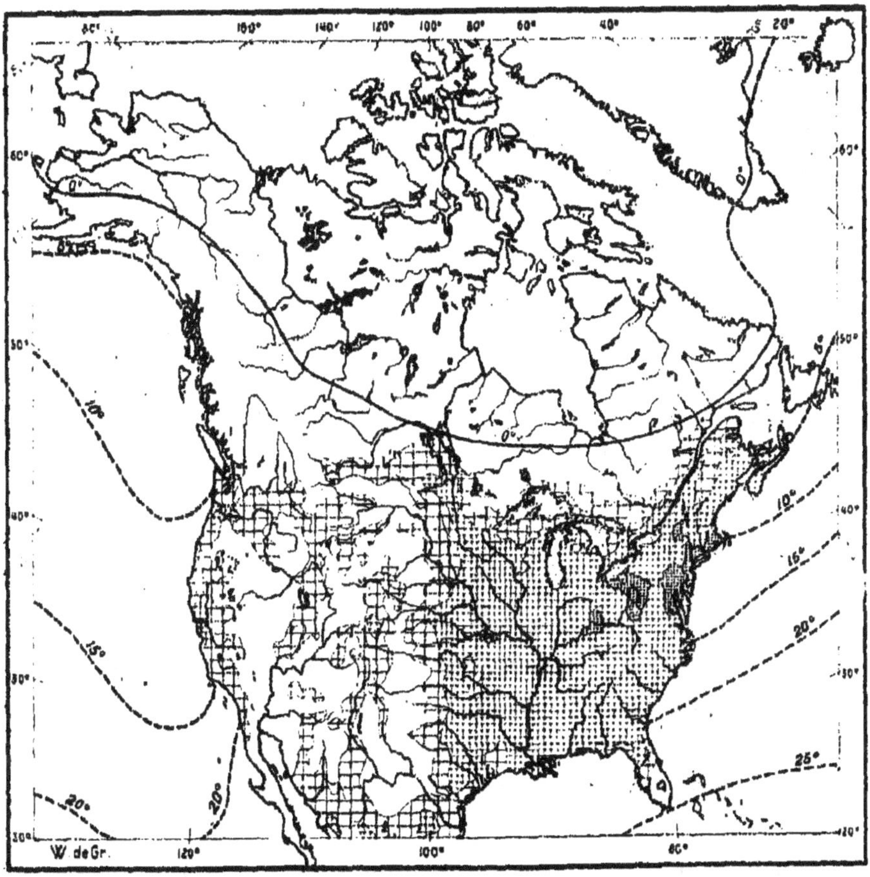

Moins de 1 habitant par kilom. carré. — De 1 à 5 " " " " — De 5 à 25 habitants par kilom. carré. — Plus de 25 " " " "

1 : 60 000 000

0 1000 2000 3000 Kil.

individualité géographique, dont les traits aident à comprendre les destinées de la nation. Vers son extrémité méridionale, ce plateau se dresse comme un rempart et présente des escarpements difficiles à gravir qui, du bord de la mer, s'élèvent jusque dans la région des neiges et qu'enceignent, comme des écharpes de couleurs différentes, autant de climats distincts, formant barrière aux populations respectives des diverses altitudes. Il en résultait que les résidants du plateau, enfermés dans la haute enceinte, n'avaient guère à craindre les assauts des peuples de la zone inférieure. En premier lieu, ils étaient de beaucoup supérieurs en nombre, grâce à la nature de leur sol tempéré, qui partout était propre au défrichement et à la culture; ensuite ils devaient à cette prédominance de densité la naissance de grandes villes et de classes industrielles ingénieuses à tous les travaux, entr'autres ceux de la défense, tandis que les tribus parsemées dans les terres chaudes du littoral, et n'ayant point à travailler pour leur nourriture, restaient dans la paresse intellectuelle primitive, ne songeant guère à l'escalade des hauts sommets et à l'attaque de leurs défenseurs. Aussi, lorsque les conquérants espagnols gravirent le plateau, se trouvant, eux, en des conditions spécialement favorables pour l'offensive puisqu'ils avaient le cheval et les armes à feu, ils constatèrent que l'empire de Montezuma, établi dans le bassin fermé de Mexico, comprenait la plus grande étendue des pentes extérieures jusqu'aux deux mers : l'initiative de la conquête avait appartenu aux montagnards, de même qu'en tant d'autres endroits des Andes, de l'Himalaya, des Alpes.

Il est vrai que du côté du nord, le plateau du Mexique, enserré entre ses deux chaînes bordières qui suivent, l'une le littoral du Pacifique, l'autre celui du golfe mexicain, s'ouvre largement vers le haut bassin du rio Grande. Dans cette direction, le relief du sol n'oppose pas d'obstacle aux migrations et aux conquêtes, aussi des ressemblances de race et de mœurs témoignent elles de la parenté des populations. Il est certain que des mouvements ethniques ont eu lieu dans le sens du nord au sud des plaines du Mississippi vers l'entonnoir que présente le plateau du Mexique, graduellement rétréci dans la direction du sud est (Bandelier). A une époque antérieure, alors que les glaciers des Rocheuses et des autres systèmes montagneux de la contrée avaient empli de lacs les vallées et répandu de toutes parts des eaux courantes, les espaces devenus arides et déserts qui séparent le Far west américain du plateau tempéré de l'Anahuac étaient parmi les plus agréables de la Terre, et les nations émigrantes s'y mouvaient en toute facilité. C'est alors que durent se faire les échanges de civilisation entre les riverains du Mississippi et les habitants des hautes terres méridionales, séparés maintenant par des solitudes et par des zones de très faible population. L'extension graduelle du désert précise de plus en plus l'isolement ethnique des naturels du plateau mexicain qui leur permit de se développer dans leur originalité première.

Le contraste qui existe entre les deux extrémités continentales du

N° 387. Le Plateau d'Anahuac.

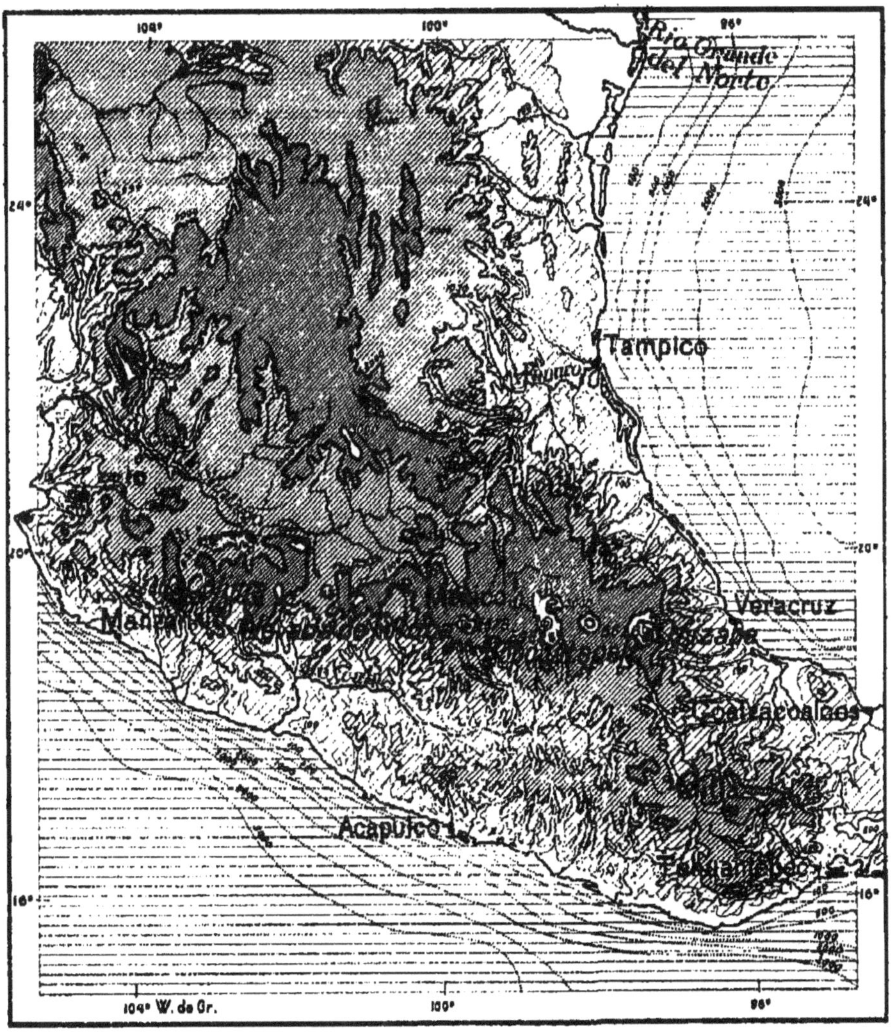

1: 10 000 000

0 100 250 500 Kil.

Mexique, l'une se dressant en bastion de forteresse au dessus des forêts de végétation dense qui remplissent l'isthme de Tehuantepec, l'autre s'étalant en plaines arides, se présente aussi sous une autre forme entre les deux littoraux, celui de l'est, qui regarde le golfe du Mexique, celui de l'ouest tourné vers l'océan Pacifique. La côte orientale se développe en un vaste demi cercle et limite une mer fermée : les rives sableuses et vaseuses du Texas, la patte d'oie des bouches mississippiennes, les bancs coralligènes de la Floride et de ses « cayes », la « langue d'oiseau » qui termine l'île de Cuba, puis la masse quadrilatère du Yucatan limitent cette mer intérieure, ne laissant que deux bouches de communication entre les eaux du dehors, la mer des Antilles et l'Océan Atlantique. La concavité du littoral mexicain formait donc un lieu naturel de convergence pour les navigateurs venus des côtes environnantes : c'est par cette façade de la contrée qu'arrivèrent tous les apports de la civilisation extérieure, du Yucatan, de la Floride, des Antilles et finalement ceux de l'Europe.

La côte occidentale du Mexique, au contraire, s'arrondissait en une longue courbe convexe au bord d'un océan sans limites. Jusqu'à l'époque des grandes navigations mondiales qui rapetissèrent le globe terrestre, cette partie du rivage océanique dut rester solitaire, sans autres relations que celles du petit trafic, de baie en baie. Défendue contre les courants du large par la presqu'île de Californie agissant comme un brise-lames de mille kilomètres de long, la côte ne pouvait être le lieu d'arrivée des embarcations en détresse, montées par des Japonais ou des Polynésiens : c'est plus au nord, vers la Californie septentrionale, ou beaucoup plus au sud, le long du littoral chilien, que de pareils naufrages, occasion de mélanges ethniques, purent avoir lieu. On peut même se demander si les Mexicains d'autrefois ont connu les îles volcaniques de Revilla Gigedo, qui dressent leurs rochers à 600 kilomètres à l'ouest de la côte. Même par terre, les migrations de peuplades et les rapports internationaux ne purent se faire qu'avec une grande lenteur le long de la côte convexe du Mexique occidental, à cause du manque d'une route naturelle bien tracée de bassin fluvial à bassin fluvial : en maints endroits les communications étaient rendues fort pénibles par des coulées de laves, des espaces sans eau et d'abrupts promontoires.

L'œuvre de la conquête espagnole au Mexique, en Colombie, au Pérou, fut certainement facilitée par l'état politique et social des populations qui se trouvaient alors en voie de régression évidente et que l'on aurait été forcé de respecter davantage si elles avaient conservé, comme les Araucans, l'énergie de leur initiative individuelle. Les Mexicains reconnaissaient leur décadence, puisqu'ils parlaient d'un âge d'or pendant lequel les sciences, les arts, l'industrie avaient merveilleu sement prospéré. Ils se disaient déchus, et à bon droit, mais peut-être n'en voyaient ils pas la vraie cause : une évolution analogue à celle qui s'était accomplie en Europe aurait pu être observée dans le Nouveau Monde; les classes parasitaires des maîtres temporels et spirituels, souvent en lutte pour la conquête du pouvoir, mais plus fréquemment

Cl. Sellier.

DIFFÉRENTS MOYENS QU'EMPLOIENT LES INDIENS POUR TRAVERSER LES RIVIÈRES
D'après un ouvrage du seizième siècle.

encore unis contre le peuple et le réduisant à l'état de parfait esclavage, avaient presque entièrement achevé leur œuvre d'asservissement, et toute initiative avait disparu chez les individus : les sujets, transformés en une foule sans ressort, sans force de résistance, n'avaient plus l'énergie nécessaire pour rejeter dans la mer « ces fils de l'Océan » qui leur apparaissaient soudain : *à peine avaient ils la force de s'émerveiller* à la vue de ces étrangers dont la peau était de nuance moins foncée que la leur, qui étaient autrement vêtus et lançaient la flamme et la mort avec un tube d'acier.

Cependant il fallut deux années d'efforts à Fernando Cortez pour venir à bout de la résistance de Mexico. Lorsqu'il débarqua en 1519, près du lieu où il fonda la cité de la Vera Cruz, il n'amenait avec lui guère plus de cinq cents hommes, mais, n'ayant point à combattre de grandes armées, il put triompher en détail des caciques plus ou moins puissants qui lui barraient la route, puis renforcer sa troupe des Indiens vaincus qui consentaient à le suivre, et surtout des hommes valides recrutés dans les tribus indépendantes ou même révoltées contre l'oppression des Aztèques : plusieurs fois aussi, il eut la bonne fortune de ranger de son côté des centaines de soldats espagnols que son ennemi et rival Velasquez, le gouverneur de Cuba, envoyait contre lui. Aussi rusé que courageux et avide, Cortez réussit à se saisir de la personne de Montezuma, le souverain de la nation, et à gouverner en son nom, en lui faisant décréter la soumission de la contrée à l'empereur Charles Quint et le paiement d'énormes tributs. Mais, trop pressés de jouir, les conquérants ne surent ni ne voulurent se concilier le peuple et, dans la *noche triste*, la « triste nuit », lorsqu'il leur fallut évacuer la ville insulaire de Tenochtitlan, la Mexico de nos jours, en passant avec leurs bagages et leurs quelques chevaux et canons sur l'étroite chaussée coupée de ponts qui rattachait la ville à la terre ferme, ils crurent que leur dernier moment était venu. La légende se fit aussitôt sous les yeux hallucinés des fuyards : la mère de Dieu et saint Jacques de Compostelle, saisissant eux-mêmes le drapeau de Castille et de Léon, conduisirent les survivants sur la terre ferme, où ils se préparèrent à la reconquête de la cité lacustre.

En 1521, la domination espagnole était définitivement assise sur le plateau d'Anahuac : tous les Aztèques et autres peuples indigènes ayant été soumis, devenaient par cela même autant de chrétiens présumés : Cortez, dans son ascension victorieuse du plateau, avait déjà converti tous les païens rencontrés par lui, en les forçant à s'agenouiller devant la croix et les images de la Vierge [1] ; mais cette cérémonie préliminaire n'était pas même indispensable pour opérer des conversions en masse : il suffisait de proclamer la prise de possession. Un moine, armé d'une croix, prononçait quelques paroles latines devant la foule des indigènes, puis un notaire lisait un document officiel, à peine compréhensible pour les Espagnols eux mêmes, attribuant au « roi

1. Barnal Diaz del Castillo.

catholique », en propriété légitime et sacrée, l'immensité des territoires inconnus. C'était tout : à partir de ce moment, les religieux pouvaient

N° 338. Tenochtitlan et sa Lagune.

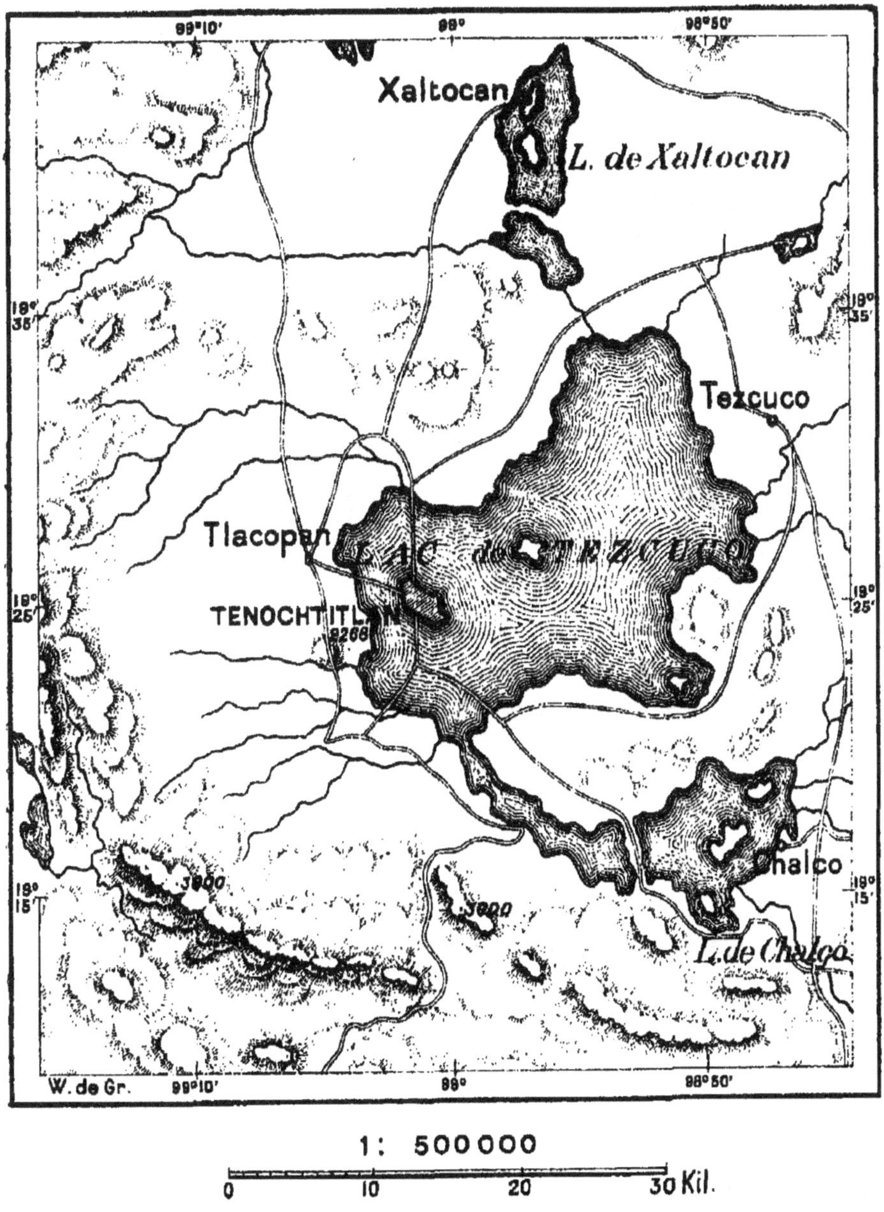

déclarer relaps les Indiens qui ne se conformeraient pas aux rites imposés, et les soldats castillans, devenus les serviteurs du Saint-office, prenaient le droit de vol et de pillage, de massacre et de torture. On finit même par se contenter d'une simple figuration de cérémonie publique en se bornant à symboliser la conquête et la conversion. En 1538, le moine Marcos de Niza, qui, le premier, s'avança sur une colline d'où l'on apercevait au loin l'un des villages du mystérieux pays de Cibola, au nord du rio Grande, entassa quelques pierres à la hâte pour y planter deux branches en forme de croix et s'emparer officiellement du « nouveau royaume de saint François », représentant les pays actuels du Nouveau Mexique et de l'Arizona. Puis, aussitôt après, il s'enfuit « avec plus de frayeur que de vivres », comme il le dit lui même [1].

Cl. Sellier.

PIERRE DU CALENDRIER MEXICAIN

La conversion voulue par les Espagnols s'accomplit d'autant plus rapidement que les indigènes vivaient depuis longtemps sous l'empire des hallucinations religieuses, ne s'étonnaient d'aucun miracle et se prosternaient volontiers devant toutes les idoles nouvelles avec la même foi que devant les anciennes. Les Espagnols, voulant faire croire aux Indiens que le blanc était un être immortel, quoique maint cadavre des leurs fût resté dans les combats, se gardaient bien d'exposer le crucifix [2], mais ils exhibaient d'autant plus l'image de la Vierge Marie ou « Grande Dame », la Tegleciguata qui, plus tard, même pendant la guerre de l'indépendance du Mexique, devint la patronne du peuple sous le nom de Notre Dame de Guadalupe.

Au point de vue religieux, les Aztèques et autres indigènes du pays connaissaient assez les horreurs des sacrifices humains pour accepter

1. A. F. Bandelier, Mémoires divers; F.-W. Hodge, *The American Anthropologist*, april 1895, vol. VIII, n° 2. — 2. Remesal; — Aubin; *Mémoire sur la Peinture didactique.*

sans étonnement les dogmes et les pratiques de la religion chrétienne. Les rites introduits par les prêtres, et constamment aggravés par eux sous l'empire de la frayeur, étaient les plus atroces que l'on pût concevoir. Même la farine offerte aux dieux devait être trempée du sang des vierges et des enfants morts de peur; le terrible Huitzilopoutzli ne voulait pour offrande que des cœurs humains, mais il lui en fallait des milliers : les tueries dont s'étaient chargés les prêtres, « écorcheurs » vêtus de

Cl. Lippincott.

PIERRE DE SACRIFICE CHEZ LES MEXICAINS

peaux sanglantes, se continuaient sans cesse dans les abattoirs d'hommes. Pour entretenir les massacres, pour suffire à toutes les fêtes de dédicace et d'inauguration, pour faire baigner les murailles des temples dans le sang des captifs, on proclamait des « guerres sacrées » et l'on condamnait par traités les vaincus à fournir de nombreuses victimes. Les Mexicains avaient aussi leur Eucharistie : ils mangeaient la chair de ceux qu'ils avaient faits dieux.

Du moins, l'Inquisition, en comparaison de ce régime, dut-elle paraître douce aux nouveaux fidèles de l'Eglise. Si la population du Mexique diminua notablement, ce furent surtout les misères de l'esclavage que l'on doit considérer comme en étant la cause. Officiellement, les Indiens ne pouvaient être réduits en servitude puisqu'ils s'étaient empressés de se faire chrétiens, d'entrer dans le giron de l'Église universelle ; mais en fait on les traita plus durement que les nègres, parce qu'ils étaient plus faibles. La répartition du pays en grands domaines que le roi concédait à des personnages civils ou religieux, entraînait la distribution du peuple en chiourmes de malheureux que l'on accablait de travaux et que les maladies contagieuses apportées d'Europe enlevaient par villages, par districts entiers. La race pure semblait destinée à disparaître et ne s'est maintenue réellement qu'en des pays écartés. Parmi les civilisations locales qui s'éteignirent presqu'entièrement, on peut citer celle des Zapotèques, les immortels terrassiers qui remodelèrent en plateformes et en pyramides des montagnes entières sur des kilomètres carrés d'étendue, les habiles constructeurs des palais de Mitla, les architectes qui égalèrent ceux des meilleures époques de la Grèce et de Rome par la perfection dans la coupe et l'arrangement des pierres[1] : près de quatre siècles après le passage des ravageurs, on découvre avec étonnement ces belles ruines, avec leurs hiéroglyphes et leurs décorations admirables[2]. L'Anahuac aurait été complètement dépeuplé si les immigrants espagnols, à l'imitation des Cortez et des autres *conquistadores*, n'avaient en très grande majorité pris des Indiennes pour femmes et si la nation ne s'était métissée à fond, remplaçant les Nahua d'origine pure par des hommes de sang mêlé, rattachés à la fois à la souche des aborigènes et à celle des Espagnols qui représentent eux-mêmes tant de mélanges ethniques.

Ces unions de race à race contribuèrent pour une bonne part à conserver le trésor des anciennes légendes et facilitèrent la reconstitution des souvenirs nationaux depuis une époque lointaine précédant la conquête d'environ un millier d'années. A cette époque, les Mexicains ou Aztèques, de race « nahuatl » comme les indigènes de l'Amérique Centrale, constituaient déjà une nation ayant conscience d'elle-même et possédant une véritable unité de civilisation, répondant à l'unité géographique du plateau d'Anahuac. Les progrès scientifiques des habitants s'étaient accomplis d'une manière parfaitement originale, sans intervention des influences asiatiques imaginées par un grand nombre d'auteurs[3]. Non seulement les Mexicains avaient les métiers qui indiquent

1. Viollet le Duc ; — Charney, *Cités et Ruines américaines*. — 2. W. H. Holmes, *Archelogical Studies among the ancient Cities of Mexico*. — 3. Cyrus Thomas ; — Alfred Chavers, etc.

partout les commencements de la civilisation. ils pratiquaient aussi les arts, architecture, peinture, sculpture, et c'est même sous le vocable de Toltèques — toltecatl « artistes » — que l'on connaît une de leurs tribus qui, du septième au onzième siècle, aurait été la plus puissante parmi les Nahua du plateau. La langue nahuatl, qui se parle encore au Mexique conjointement au castillan, mais qui a perdu la plupart des mots de l'ancien idiome littéraire, témoigne par son extrême richesse en termes abstraits du très haut développement intellectuel qu'avait atteint la nation. Tandis que dans presque tous les pays nouveaux, les traducteurs de la *Bible*, de l'*Imitation* et autres ouvrages mystiques éprouvaient la plus grande difficulté à reproduire dans l'idiome étranger le sens de l'original, ils n'eurent aucune peine à le rendre en aztèque. Si les Mexicains n'avaient pas d'écriture cursive proprement dite, ils transmettaient très bien leurs idées au moyen d'hiéroglyphes peints sur les feuilles du maguey ou d'un autre « arbre à papier », gravés sur le bois ou la pierre et dessinaient aussi des cartes géographiques et célestes. Habiles astronomes, ainsi qu'en témoignent la pierre conservée dans la cathédrale de Mexico et le « codex » de Dresde, Aztèques et Maya divisaient parfaitement l'année en dix-huit mois de

Cl. W. H. Holmes.

SCULPTURES D'UN PALAIS A UXMAL

La longueur du mur sculpté atteint 221 mètres, comprenant 2 000 pierres de 15 centimètres sur 30. Une croix blanche indique l'endroit d'où une tête sculptée a été détachée.

vingt jours, auxquels on ajoutait cinq jours supplémentaires, puis douze ou treize jours, suivant les calculs, après chaque cycle de cinquante-deux années, considéré comme la période normale de l'activité humaine. Au musée de Mexico, un calendrier sculpté en pierre est l'un des plus précieux monuments de l'ancienne civilisation. Quant aux édifices élevés par les Aztèques, ils ont tous été rasés, à l'exception des pyramides à degrés, temples du soleil, semblables à ceux de la Chaldée; il en reste encore plusieurs dont toutes les structures de pierre se sont écroulées et qui ressemblent maintenant à des collines naturelles à très large base : des cultures, des arbres et, au sommet, des églises catholiques ont pris la place des anciens ornements architecturaux de la pyramide.

Cl. W. H. Holmes.

PYRAMIDE SUR LA COTE NORD-ORIENTALE DU YUCATAN

Les Maya furent plus heureux que les Aztèques, car si la persécution politique et religieuse sévit contre eux avec la même violence, ils surent résister plus âprement et même conserver leurs mœurs, leur nationalité, leur indépendance dans les régions de l'intérieur où le plateau calcaire du Yucatan vient s'appuyer sur les avant monts boisés de la grande chaîne. Lorsque les Espagnols se présentèrent dans le Yucatan ou Mayapan, la « terre des Maya », ceux ci n'étaient point, semble-t-il, en état de décadence comme les Mexicains de l'Anahuac : moins dominés par les prêtres, étrangers à la religion du sang, aimant les fêtes joyeuses et vivant pacifiquement en des cités non fortifiées, ils étaient en pleine floraison de culture et, certainement, très supérieurs en moyenne à leurs bourreaux, les « conquérants » et les inquisiteurs, qui venaient raser les villes, briser les sculptures et brûler les bibliothèques. D'ailleurs, ils sont restés à maints égards la race dirigeante, puisque, ayant conservé leur langue, ils en ont naturellement imposé l'usage à la grande majorité des Espagnols, devenus les bourgeois des cités et les propriétaires des domaines. Une soixantaine de villes ont encore des restes de temples, de pyramides, de palais sculptés; des routes nombreuses, construites d'après des procédés qui n'étaient point inférieurs à ceux des chaussées romaines et de nos voies à macadam, sont toujours utilisées entre les villes de marché, et les musées possèdent de remarquables statues, qui n'ont pas toutes la forme exagérée du type originaire des anciens Maya, avec leurs nez busqués et leurs fronts rejetés en arrière. Mais de tous les trésors de l'antique civilisation, les plus précieux sont

Cl. Lippincott.

CHOLULA. PYRAMIDE RECOUVERTE DE VÉGÉTATION ET SURMONTÉE D'UNE ÉGLISE
Cholula, au pied oriental du Popocatepetl, était la ville sainte de l'Anahuac.

les livres, ou toiles recouvertes de hiéroglyphes « calculiformes » que les savants d'Europe et d'Amérique s'occupent de leur mieux à déchiffrer, suivant des méthodes diverses et avec des résultats jusqu'à maintenant contradictoires. Ces documents précieux ont peut être en réserve d'importantes découvertes sur la préhistoire des nations américaines.

A l'est et au sud-est, les habitants de l'Amérique Centrale, à l'étroit dans leur ruban de terre serpentin, n'eurent pas les facilités nécessaires pour se développer en nations aussi puissantes que celles des Aztèques et des Maya. Cependant il n'est pas douteux que les frères des premiers, connus dans l'Amérique isthmique sous le nom de Pipil, et les Quiché du Guatemala, apparentés aux Maya du Yucatan, aient participé à la civilisation des Mexicains et même qu'ils l'aient précédée. Tandis

N° 389. Péninsules de Yucatan et de Honduras.

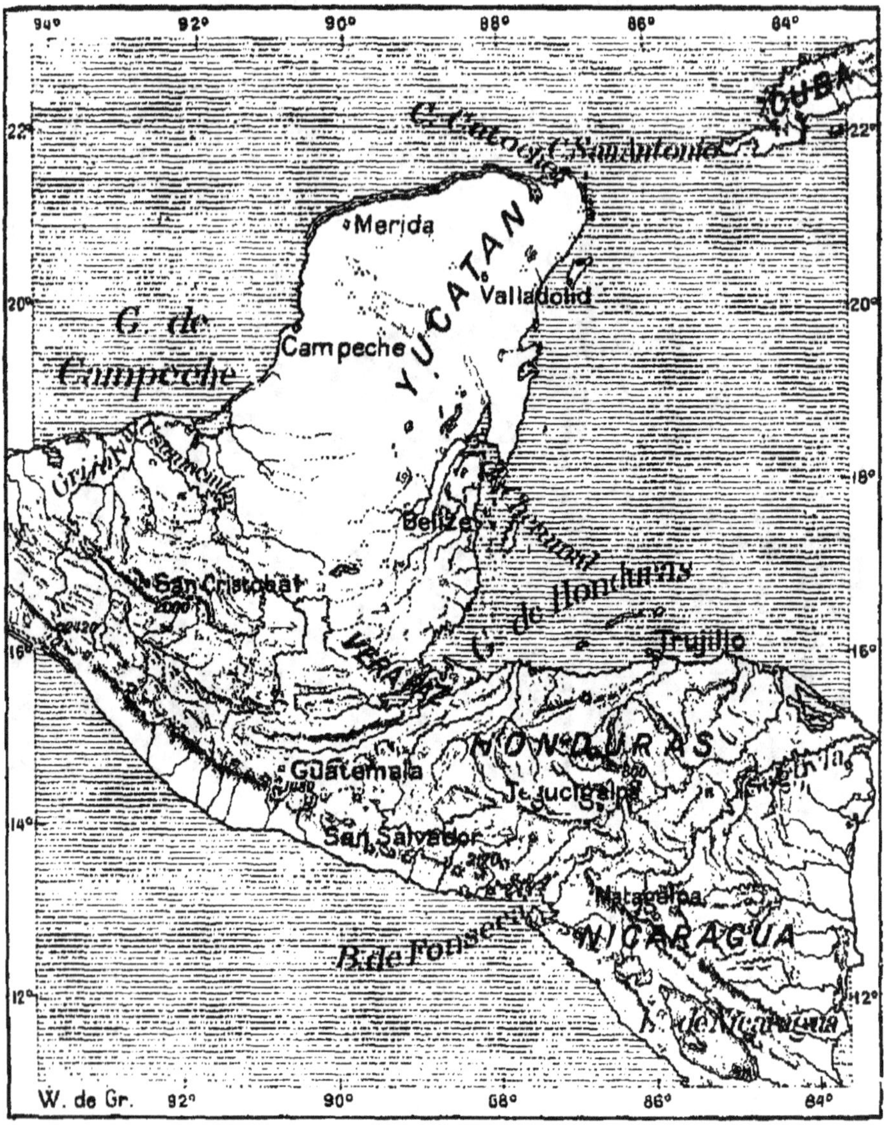

1 : 10 000 000

0 100 250 500 Kil.

que la société nahuatl ne remonte pas au-delà du sixième siècle, un acajou engagé sous une ruine guatémalienne a permis, par ses cercles de croissance, de fixer à 1 700 ans au moins l'âge de la construction.

(P. Mougeolle). Les Quichué ont même laissé un trésor littéraire des plus précieux, le Popol-Vuh ou « Livre d'histoire », que l'on a

N° 390. Langues de l'Amérique Centrale.

Le Nahuatl, le Pipil, le Tsoluteka, et le Niquiran sont des langues étroitement apparentées, ainsi que d'autre part le Tzendal et le Tsol ; autrement chaque domaine correspond à une langue distincte.

tâché de traduire ou plutôt d'interpréter en espagnol et en français. Avant l'arrivée des blancs, Pipil et Quichué vivaient paisiblement côte à côte : ils n'habitaient point en groupes et s'étaient parsemés dans la campagne, chaque famille au milieu de ses cultures. Les villages ne se sont fondés que depuis l'époque où les révolutions, les massacres et les guerres ont forcé les habitants à s'occuper de leur défense; les tueries en masse qui suivirent l'arrivée des Espagnols eurent précisément lieu dans les régions les plus populeuses et les plus civilisées, comme au Nicaragua où les agriculteurs de la contrée, ayant déboisé leurs campagnes, manquaient de lieux de refuge.

Cl. W. H. Holmes.

PLAN DU MONTE ALBAN

La péninsule de Nicoya serait la véritable limite des deux ensembles continentaux de l'Amérique : au nord du district, les archéologues constatent qu'ils se trouvent dans une aire de civilisation apparentée à celle du plateau mexicain, mais dès qu'ils atteignent le versant méridional des volcans de Costarica et le voisinage de l'isthme, ils sont en face d'une tout autre nature représentée par des types nouveaux de plantes, d'animaux et d'hommes : on entre évidemment dans la selve sud-américaine[1].

1. Pittier; Sapper; Soler, *Globus*, 14 avril 1904.

Dans l'Amérique centrale, les Indiens qui résistèrent aux exterminations espagnoles, grâce à un milieu plus favorable, furent ceux qui vivaient en « sauvages » dans les forêts épaisses ou dans les gorges des montagnes. On les désigne actuellement sous l'appellation générale de Chontales (Tsondales), qui n'indique nullement une communauté de race, mais seulement le genre de vie indépendante, à l'abri des vexa-

Cl. W.-H. Holmes.

VUE PERSPECTIVE DES TRAVAUX DU MONTE ALBAN, PRÈS D'OAXACA.

Le point de vue est indiqué par une croix sur le plan ci-contre.

tions du maître blanc ou métissé. Les Indiens policés, appartenant aux nations Quiché ou Maya, n'échappèrent aux massacres, sinon à l'oppression des Espagnols, que dans le district dit de Vera Paz « Véritable Paix », où les missionnaires dominicains obtinrent de Charles Quint le droit de pénétrer seuls et sans armes et d'en tenir tout fonctionnaire, tout soldat, éloigné pendant un laps de cinq années. La population ne fut point décimée : elle vécut, mais tellement subjuguée, appauvrie intellectuellement, privée d'initiative qu'elle constitue à cette heure la partie la moins prospère et la plus retardée de toutes manières dans la république de Guatemala. La fondation de la Vera Paz, qui témoigne de la constante rivalité de pouvoir entre l'élément mililaire et l'élément religieux, rappelle en petit ce qui se fit en grand, et avec des résultats analogues, dans l'Amérique du Sud, sur les bords du Paraná et du Paraguay.

De même que l'Amérique Centrale, la Nouvelle Grenade, à l'angle nord occidental du continent du sud, manque de larges plateaux à climats uniformes où pût se développer une grande nation répandant au loin le prestige d'une haute culture intellectuelle. La région, divisée par ses chaînes de montagnes élevées en plusieurs aires géographiques distinctes se reliant difficilement entre elles, devait être scindée politiquement entre les populations différentes ne se connaissant guère que par de lointains échos. Cependant les Espagnols auxquels la soif de l'or fit accomplir le prodige de la conquête trouvèrent presque partout des populations habiles aux métiers et aux arts; toutes avaient leurs potiers et leurs tisserands, leurs teinturiers et leurs maçons, leurs peintres, architectes et médecins. De belles routes dallées, dont on voit les restes avec étonnement, escaladent les montagnes les plus âpres, là où les rares habitants, épars en quelques vallées aujourd'hui, n'ont plus besoin que d'étroits sentiers frayés à travers la forêt.

Les Colombiens de nos jours ont pour principaux ancêtres, non les quelques émigrants espagnols arrivés pendant les trois derniers siècles mais les Indiens aborigènes, représentés surtout dans la préhistoire de la contrée par les Muysca, appelés également Chibcha d'après la langue chuintante qui se parlait encore au dix huitième siècle, et dont les linguistes modernes ont recueilli la grammaire et le lexique. Comme dans les autres pays de conquête, les exterminations furent atroces; mais, si affreux qu'ait été dans ses épisodes le changement de régime, on peut se demander si la civilisation dégénérée à laquelle mit fin l'invasion étrangère n'était pas plus déplorable encore, car la société muysca en était arrivée à une complète annihilation morale par la prostration absolue des sujets devant les prêtres et les rois : le peuple ne savait plus que trembler et obéir; il s'était comme figé dans son antique civilisation, et tout développement nouveau lui était devenu impossible. Son activité, en dehors des travaux domestiques, se bornait presque uniquement à tailler des idoles monstrueuses et à fabriquer en or et en pierres dures des figurines humaines et des objets symboliques, recueillis par milliers dans les musées et les collections particulières. Du moins la fin des nombreux petits États muysca et autres coïncida-t-elle avec l'arrivée de quelques éléments ethniques nouveaux, apportant l'initiative nécessaire

N° 391. Nouvelle Grenade et Equateur.

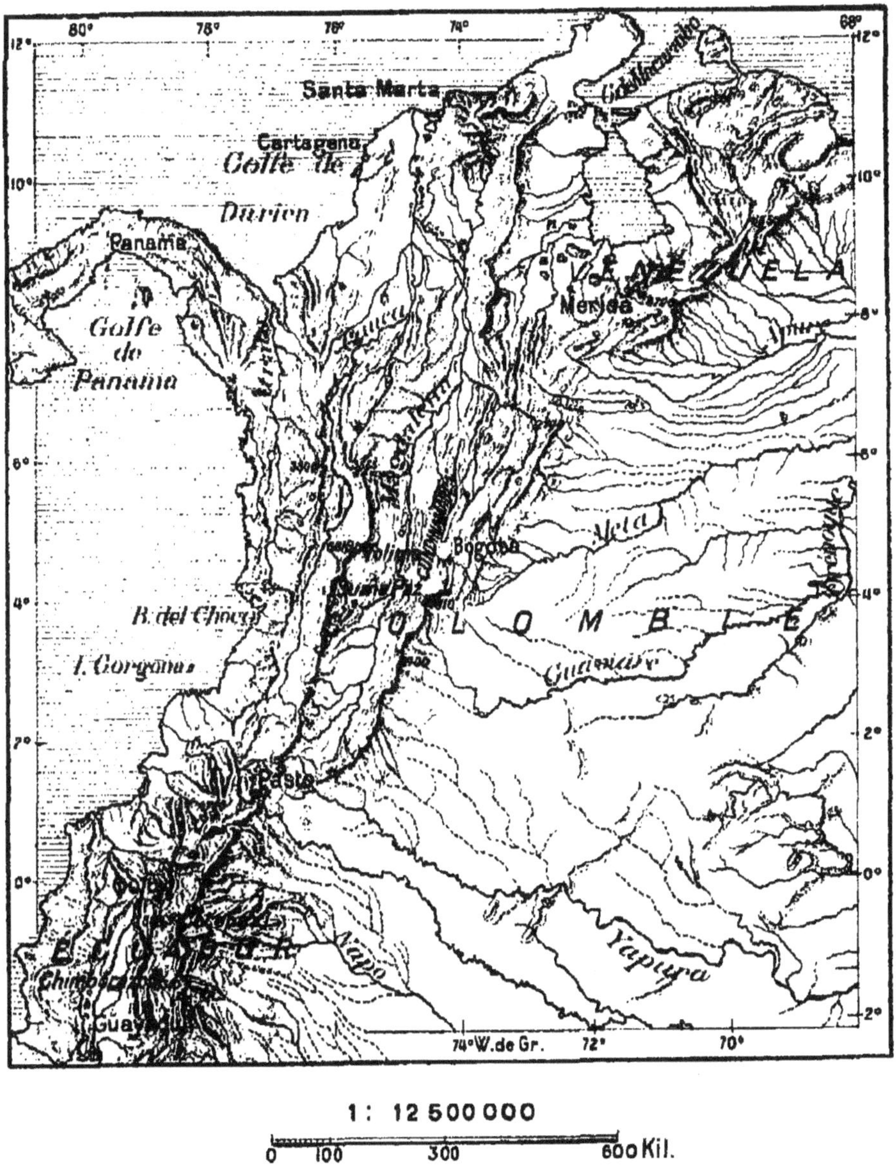

au progrès. C'est ainsi que les Antioqueños ou descendants des Espagnols métissés qui s'établirent sur les hauteurs, entre les vallées profondes du rio Magdalena et celles du rio Cauca, ont réellement reconstitué la race. La tradition les dit issus de fugitifs juifs et maures qui, dans les premiers temps de la conquête, cherchèrent dans l'exil volontaire un abri contre la persécution : eux mêmes prétendent être d'origine basque. Peut être les deux versions ont elles une part de vérité : quoi qu'il en soit, les petits commerçants et industriels antioqueños que l'on rencontre dans toutes les parties de la République justifient ce renom de labeur ingénieux que l'on attribue à leur race.

Par sa disposition géographique, le système des Andes présente du nord au sud une succession de plateaux qui rappellent les conditions des hautes terres de l'Anahuac, mais en des proportions beaucoup plus considérables. Du massif colombien de Pasto jusqu'à celui d'Aconquija, dans la République Argentine, sur un développement d'environ 4000 kilomètres, les arêtes andines se prolongent parallèlement en une double ou triple rangée, de manière à délimiter nettement de hautes plaines dont le climat n'est pas encore trop froid pour le séjour de l'homme ; le sol y est fertile et les communications, quoique pénibles en certains endroits, sont néanmoins plus praticables que dans les immenses forêts des versants orientaux tournés vers les fleuves amazoniens. Le long espace ainsi circonscrit par les montagnes est, il est vrai, assez étroit dans sa partie septentrionale, mais vers le centre, dans les contrées qui constituent aujourd'hui le Pérou méridional et la Bolivie, il n'a pas moins de quatre à cinq cents kilomètres en largeur, de sorte que la nation établie sur ces hauteurs disposait d'un ample point d'appui pour s'étendre au loin et maintenir un caractère homogène dans sa vaste demeure.

Lors de l'arrivée des Espagnols, dans la première moitié du seizième siècle, un empire existait en effet dans ce territoire andin, et, quoique déchu par suite des vices de son organisation intérieure, il n'en comprenait pas moins un espace de beaucoup supérieur à celui des plus grands États européens. A l'époque de sa toute puissance incontestée, le Tlahuanti-Suyu, ou royaume des Quatre Parties du Monde, gouverné par la famille des Inca, avait de beaucoup débordé de la haute région des plateaux pour descendre à l'est et à l'ouest sur les deux versants : du côté de l'Océan, il atteignait le littoral où se succédaient de grandes cités, reliées les unes aux autres par un service de navigation sur de très solides radeaux à deux mâts. Jusqu'en pleine mer, à plus d'un millier de kilomètres du continent, les Inca s'étaient approprié l'Archipel des Galapagos. Sur les pentes orientales des Andes, les fourrés de la selve impénétrable limitèrent l'empire et son influence d'une manière plus efficace que les déserts côtiers qui s'étendent à l'ouest, interrompus de distance en distance par des vallées fertiles et habitables.

N° 392. Plateau des Inca.

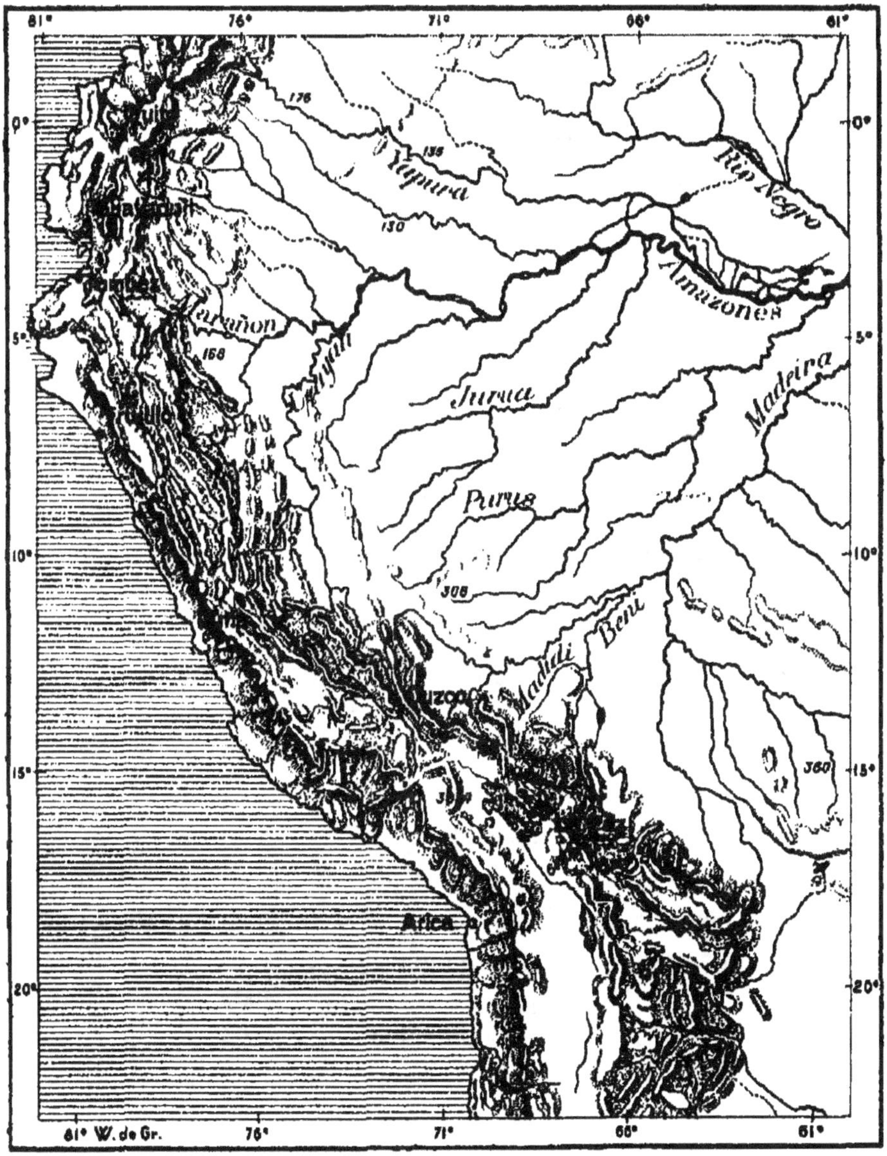

1: 20 000 000

0 250 500 1000 Kil.

La civilisation des Quichua, Aymara et autres peuples qui s'étaient soumis à la domination des Inca, était relativement très avancée, au moins l'égale de celle des Maya et des Nahua du Mexique et de l'Amérique Centrale. Les trouvailles faites par les archéologues en quantités considérables prouvent même qu'à une époque historique très ancienne, leur domaine de civilisation était beaucoup plus étendu et comprenait des régions actuellement désertes ou presque complètement dépeuplées à cause du manque d'eau. L'étude de toute la partie de la République Argentine, située au nord-ouest entre les Andes et le massif de l'Aconquija, montre qu'il y avait autrefois de grands lacs dans ces vallées inférieures et qu'elles étaient bordées de villes et de villages, tandis qu'aujourd'hui cette même contrée n'offre que des plaines salines et des roches stériles, parsemées de ruines imposantes, telles que la grande forteresse de Pucara [1]. De même sur les côtes du Pacifique, la zone de verdure et de peuplement était beaucoup plus ample aux époques lointaines, des siècles avant l'invasion castillane, et l'on peut en tirer la conclusion probable que la détérioration du climat, ayant pour conséquence fatale la réduction de l'aire de civilisation, a également réduit la valeur de la culture elle-même. Quoi qu'il en soit, qu'ils fussent ou non déchus, les peuples du plateau péruvien savaient, eux aussi, élever de beaux monuments, et l'on en voit encore d'admirables exemples, notamment à Cuzco et sur la haute colline de Sacsahuaman, derrière laquelle ce qui restait de la famille des Inca se défendit si vaillamment contre Her

Cl. Sellier.

DÉTAIL DE LA PORTE MONOLITHE DE TIAGUANACO

1. Francisco P. Moreno. *Geographical Journal*, 1901, II, p. 581.

nando Pizarro et sa bande d'égorgeurs. Les restes des palais et des temples du Gran Chimu, près desquels fut fondée Trujillo, et de Pachacamac, remplacée par Lima, édifices datant probablement des âges antérieurs aux Inca, témoignent aussi de la hardiesse dans la construc-

PORTE MONOLITHE DE TIAGUANACO
Tiaguanaco se trouve à une vingtaine de kilomètres du sud du lac Titicaca.

tion et de la délicatesse dans l'exécution qu'apportaient à leur œuvre les architectes du temps. Combien plus pénétrés de l'idée panthéiste de la vie étaient ces bâtisseurs que les plus mystiques des architectes de l'Ancien Monde ! Chaque colonne du Gran Chimu devait être évidée pour avoir son « cœur » : tout objet travaillé recevait aussi un cœur : pas un vide, pas un réduit qui n'eût son petit autel, sa niche avec une figurine de métal, d'argile, de bois, ou bien son urne avec des grains de maïs. La demeure vivait par toutes ses murailles. C'est bien là qu'on pouvait dire des argiles et des pierres : « Elles parlent »[1] !

Les ruines d'une ancienne ville, Chanchan, au sud de Tumbez,

1. Adolphe F. Bandelier; — Fr. Webb Hodge, *American Anthropologist*; sept. 1897.

forment un ensemble prodigieux de *huacas*, nom sous lequel on désigne indistinctement toute construction antique, nécropole, palais, forteresse entrepôt, aqueduc ou demeure. Une de ces huacas fournit, en 1577 et 1578, des objets sculptés en or pour une valeur totale de 4450784 pesos d'argent[1] (20 à 30 millions de francs?). Et ce n'est là qu'une faible partie des trésors recueillis dans ces catacombes.

Quant aux routes, celles qui partaient du centre politique de l'empire étaient construites avec autant de soin que celles des Maya, et l'ensemble du réseau, comprenant la ligne du littoral et celle de la montagne avec tous les rameaux intermédiaires, n'avait pas son pareil dans le monde : celui des anciens Romains ne l'égalait ni en étendue ni en audace et ne dura pas aussi longtemps; même sur le versant des grandes forêts, on voit çà et là les routes dallées descendre vers les fleuves amazoniens : il en existe en pleine selve sur les bords du Beni, le grand affluent du Madeira. Les missionnaires franciscains établis au poste d'Ysiama, près de la bouche du Madidi, ont suivi cette ancienne chaussée, dite des Inca[2], quoiqu'elle appartienne peut-être à des temps plus anciens, comme une autre route, également nommée des Inca, qui franchissait la Cumbre, la brèche des Andes que doit utiliser un jour le chemin de fer de Buenos-Ayres à Valparaiso.

Les métiers de l'âge incasique n'étaient inférieurs à ceux d'aucune autre nation du Nouveau Monde. Ce peuple était même le seul qui avait su apprivoiser un animal de manière à l'utiliser au point de vue économique. Le lama était devenu le compagnon de l'indigène comme bête de somme pour le transport des denrées et des marchandises; le compagnon, car jamais on ne le frappait, jamais on ne le forçait à hâter le pas : on le suivait en l'encourageant par de bonnes paroles, des gazouillis et des chants. Si les Inca n'étaient pas encore arrivés à l'invention de l'écriture proprement dite, ce qu'affirment des auteurs contemporains et ce que d'autres nient, du moins savaient-ils transmettre leurs idées et raconter les événements au moyen de *quippu* ou cordelettes en laine, de diverses longueurs et diversement nouées, qui présentaient d'infinies combinaisons. La belle langue souple des Quichua, qui se parle encore dans presque toutes les régions andines, de l'Ecuador aux frontières de l'Argentine et du Chili, et qui, dans la lutte pour l'existence, l'a même

1. Edwin, R. Heath, *Antiguedades peruanas*, Bol. de la Soc. geogr. de la Paz, Bolivia, 1904. — 2. George Earl Church, *Geogr. Journ.* Aug. 1901, p. 150.

emporté provisoirement sur le castillan, en dehors des grandes villes, était employée par des poètes, des dramaturges, des historiens, on s'en servait pour célébrer les amours et les joies ; maintenant elle résonne sur tous les *tristes* ou chants mélancoliques des malheureux opprimés qui peinent en travaillant pour autrui.

N° 393. Routes des Inca.

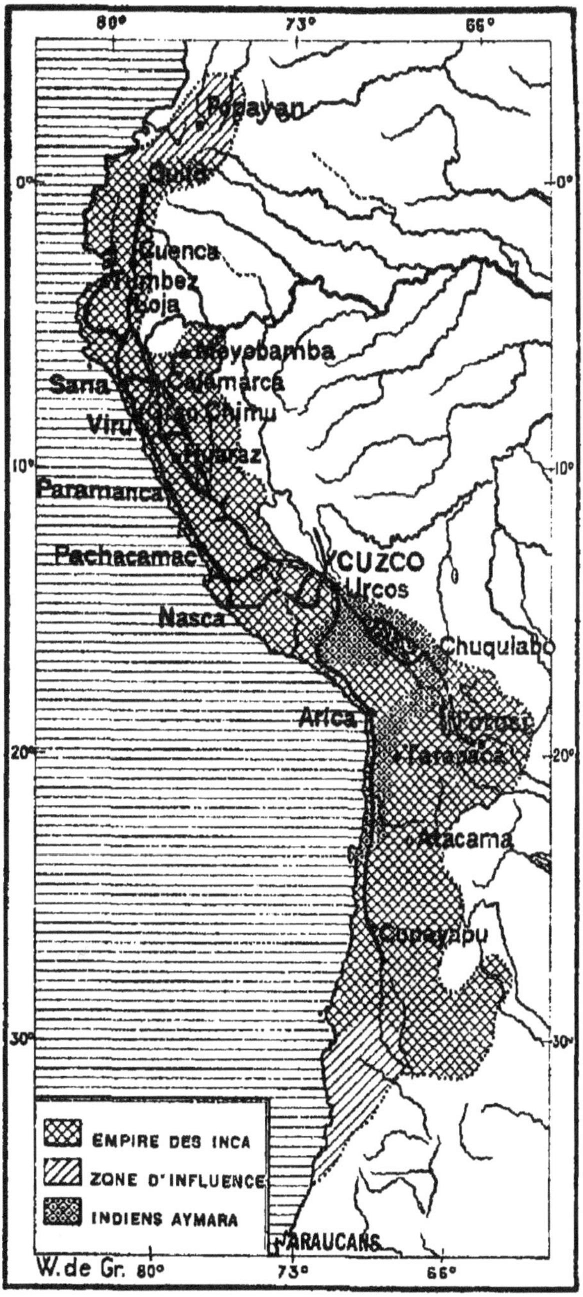

1 : 30 000 000

0 500 1000 1500 Kil.

Mais si les Inca et les peuples qu'ils gouvernaient, Quichua et Aymara, sont devenus fameux en Europe, surtout chez les philosophes et moralistes du dix-huitième siècle, c'est à leurs mœurs communistes qu'on doit l'attribuer. On peut juger de l'admiration provoquée par le régime politique des Inca en lisant la préface de la *Basiliade*, l'œuvre renommée de Morelly, d'après laquelle l'utopie de son peuple heureux serait une pure copie du régime péruvien : « Le système n'est point imaginaire, puisque... les mœurs de peuples que gouverne Zeinzenim ressemblent, à peu de chose près, à celles des peuples de l'empire le plus florissant et le mieux policé qui fut jamais....celui des Péruviens »[1]. Même de nos jours, il n'est pas rare d'entendre vanter les Inca comme un modèle à suivre dans la société future.

Certainement les indigènes du plateau andin l'emportaient de beaucoup sur les civilisés de nos jours, au moins par ce fait que tous les individus sans exception y avaient leur subsistance assurée. Pareil résultat témoigne chez les Péruviens d'un esprit de solidarité et d'une conscience scrupuleuse dont est complètement dépourvu notre monde européen, reposant sur le principe de la propriété personnelle illimitée. A ce point de vue, la civilisation moderne qui enorgueillit tant les ingénieurs et les industriels est inférieure à celle des Inca, d'autant plus qu'il n'y a aucun doute aujourd'hui sur l'immensité des ressources que possède la Terre. Il est incontestable — quoique les économistes de l'école officielle passent ce fait sous silence — que les produits annuels en aliments de toute espèce dépassent de beaucoup les nécessités de la consommation. Certes, des hommes meurent de misère et de faim par milliers, mais immédiatement à côté d'eux, des amas de denrées s'avarient et se perdent dans les greniers les entrepôts et les magasins.

Tout en reconnaissant donc qu'à cet égard les modernes ont à s'humilier devant les Inca, il faut dire que la civilisation, telle que ceux-ci l'avaient conçue et la pratiquaient, devait amener fatalement la décrépitude et la ruine de la nation. Les Péruviens croyaient à cette utopie du « bon tyran » qui séduit aussi un grand nombre d'esprits en Europe mais que les révolutions successives ont heureusement rendue irréalisable. L'Empereur ou Inca était le fils du Soleil et le « Soleil » lui-même, le grand régulateur de tout le système qui gravitait autour de lui : la loi, *apou-p simi*, était la « parole du maître »[2]. Non seulement sa volonté était irrévocable comme celle des rois des Perses, elle était aussi infaillible comme l'est devenue, en théorie, celle du Souverain pontife. Le peuple n'avait qu'à jouir du bonheur dont la raison suprême du monarque voulait bien le combler. Toutefois, sans qu'il s'en rendît compte, l'Inca obéissait certainement à d'anciennes coutumes qui, après avoir été celles de communautés autonomes, avaient pris un caractère impérieux nette-

1. *Basiliade*, t. I, p. XLI ; — André Lichtenberger, *Le Socialisme au XVIIIe Siècle*, p. 108. — 2. Célestin Prat, *Bull. de la Soc. d'Ethnographie de Paris*, avril-juillet 1904.

ment monarchique. Tout d'abord la terre était divisée, comme l'empire lui même, en quatre parties: un quart était dévolu au Soleil, c'est à dire à son représentant terrestre, à l'Inca: un deuxième quart appartenait au gouvernement, c'est à dire encore à l'Inca: un troisième quart constituait les propriétés des chefs ou *curaca* : enfin le quatrième quart se divisait annuellement entre les familles des communautés. Cette portion suffisait d'ordinaire à l'entretien des sujets, mais, en cas de disette, ceux ci avaient recours aux greniers publics, constitués par les réserves de l'Inca. Les animaux de charge étaient répartis de la même manière entre les Péruviens, mais le droit de chasse était réservé aux grands personnages. On ne laissait à la disposition de tous que les herbes des champs et le poisson des rivières, des lacs et de l'océan. Le guano des îles Chincha était strictement divisé entre les provinces du littoral et de l'intérieur pour fumer les campagnes respectives, aussi bien les plus éloignées de la mer que les plus voisines. On avait prévu la situation des infirmes et des malades; ils ne tombaient point à la charge de la charité privée, mais devenaient les hôtes de la nation, et les terres auxquelles ils avaient droit étaient cultivées par leurs voisins.

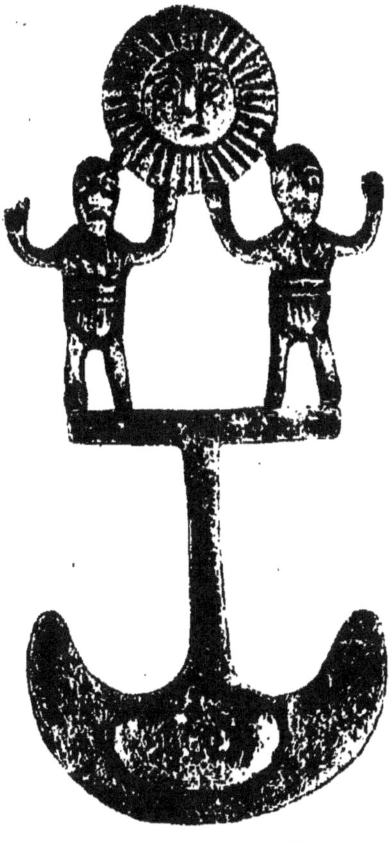

Cl. A. Quiroga.

BIJOU D'ARGENT DES BORDS DU LAC DE TITICACA

En échange de la terre qui donne la nourriture, l'homme du peuple devait l'obéissance absolue à tous ceux qui reflétaient la lumière du soleil. Il travaillait pour ses maîtres, soit dans les champs, soit dans les mines, sur les routes ou dans les palais; même, en certaines circonstances, on lui demandait sa vie, et il était tenu de la donner avec joie.

Les grands dangers nationaux, les maladies des chefs, les signes de mauvais augure exigeaient du sang, surtout celui des enfants les plus forts, des jeunes filles les plus belles. En dehors des ordres de l'État, la volonté individuelle ne se manifestait en rien : les mariages se faisaient conformément au choix des maîtres et, d'ailleurs, toujours dans le cercle d'un étroit parentage et entre habitants d'un même village. Le droit d'aller et de venir n'était même pas toléré : si les courriers avaient à porter les ordres du souverain de l'une à l'autre extrémité de l'empire, les cantonniers ne pouvaient pas dépasser la part de chemin dont l'entretien leur était confié, et le laboureur restait fixé sur le lopin dont la moisson lui était dévolue. La police suivait chaque individu dans toute son existence, impossible d'échapper à la surveillance de ce grand œil de l'État, du soleil qui voit toutes choses. Les têtes étaient façonnées d'avance suivant les classes et le genre de travail auquel on les destinait : on avait pris soin de donner des formes monstrueuses aux crânes des gens condamnés à la servitude absolue : l'homme réputé infâme était affligé d'avance d'une tête d'infamie, tandis que l'on admettait certaines tribus, particulièrement protégées, au bonheur de porter les oreilles en éventail[1].

Ainsi la docilité des peuples du plateau, Quitu, Quichua, Aymara, Atacama, Chunchos, était obtenue d'une façon complète ; le roi Soleil avait des sujets selon son cœur. Mais, quoique ayant le titre de dieux et étant adorés comme tels, les Inca étaient de simples hommes, d'autant plus exposés à l'ignorance que personne autour d'eux ne leur disait la vérité, d'autant plus en danger de succomber à la folie qu'ils pouvaient prendre au sérieux le langage de leurs flatteurs. Et ces traits d'ignorance et de folie ne manquèrent point. C'est grâce à la guerre de deux compétiteurs que les Espagnols purent entrer dans l'empire désuni, grâce à la stupidité d'Atahualpa que Francesco Pizarro put le tenir dans sa forte main comme un pantin dont il tirait les fils, grâce à l'irrésolution de ces millions de sujets sans énergie, sans volonté, qu'un petit nombre de bandits résolus purent s'emparer d'un territoire tellement immense qu'ils étaient loin de s'en faire une idée. D'ailleurs, les Péruviens étaient tout prêts à se prosterner devant les nouveaux dieux. Ne voit-on pas un fils même des Inca, Garcilaso de la Vega, lécher les mains

1. Ch. Wiener, *Pérou et Bolivie* ; — Edm. Gosse, *Déformation des Crânes*.

sanglantes qui tuèrent les siens? « O illustre race des Pizarre! s'écrie-t-il dans son ouvrage, illustre race, combien te sont obligés les peuples du Vieux Monde pour les richesses que le Nouveau leur a données! Mais combien plus te sont redevables les deux empires du Mexique et du Pérou pour tes deux illustres fils Fernando Cortez et Francesco Pizarro, avec ses trois frères, Fernando, Juan et Gonzalo, qui ont

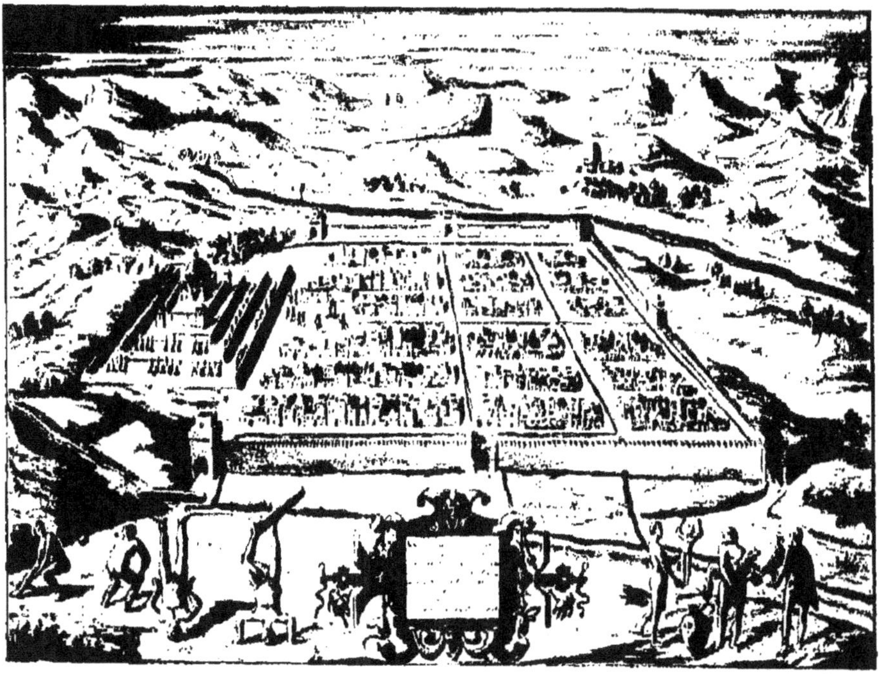

Cl. Sellier.

VUE DE CUZCO
D'après un ouvrage du seizième siècle.

tiré ces idolâtres des ténèbres où ils étaient! O famille des Pizarre, que tous les peuples du monde te bénissent de siècle en siècle »!

L'argent, l'or, telles furent d'abord les grandes richesses du Pérou. L'événement capital de la guerre d'asservissement fut la livraison des masses d'or qui devaient emplir jusqu'à hauteur d'homme la chambre du palais de Cajamarca et servir de rançon au malheureux Atahualpa, condamné quand même à être exécuté après un semblant de jugement. On sait quel est le deuxième sens du mot « Pérou », celui d'un amas prodigieux de richesses illimitées. Quelques mines ont été épuisées, d'autres se sont perdues, d'autres encore ne peuvent être exploitées maintenant à cause du manque de combustible, de voies d'accès ou de population locale; mais, tant que les conquérants espagnols eurent à leur disposition, en héritage des Inca, les Indiens du plateau pour leur imposer la corvée jusqu'à ce que mort s'en suivît, la seule préoccupation des maîtres fut d'extraire le métal et encore le métal. Atteindre directement l'or tangible et lourd en masses énormes, telle fut la frénésie. Aussi, le faste plus que royal, l'ostentation agressive, l'arrogance prirent les proportions de la folie par l'effet de ces fortunes sans limites que le travail des Indiens faisait sortir de terre. Un des vice-rois du Pérou, le duc de Palata, qui régnait vers la fin du dix-septième siècle, fit paver une rue en argent massif pour que, lors de son entrée triomphale dans la ville de Lima, il ne foulât point la terre sordide sur laquelle passaient les vulgaires mortels : cette fantaisie lui coûta, dit-on, quatre cent millions de francs. Mais pour élever un beau monument, pour peindre ou sculpter une véritable œuvre d'art, les ressources manquèrent toujours.

On attribue d'ordinaire à l'extermination directe la dépopulation du Pérou et des autres contrées minières de l'Amérique. C'est là une erreur, puisque les Péruviens, dressés à la docilité absolue, ne luttèrent pour leur indépendance ou ne se révoltèrent qu'en de rares occasions, et seulement dans le voisinage des grandes forêts, où des tribus de fugitifs, retournés à la sauvagerie, avaient repris un peu de la vaillance que donne la vie libre parmi les arbres et les bêtes. Le dépeuplement du plateau minier fut la conséquence fatale de la corvée; quant à celui des régions côtières, le long du Pacifique, il était en grande partie antérieur à la conquête. Des villes nombreuses du litoral étaient déjà ruinées par l'effet des guerres qui avaient eu lieu entre les indigènes. D'ailleurs, on s'était beaucoup exagéré la population probable des villes de la côte. Sans doute, les ruines du Gran Chimu occupent un espace énorme, comparable à celui de l'antique Memphis, mais les constructions furent élevées à des époques différentes, en sorte que les demeures habitées étaient séparées par des décombres; en outre de vastes espaces aménagés pour les cultures s'étendaient comme aujourd'hui entre les divers villages de la plaine : toute la tribu des Chimu, évaluée au plus à une cinquantaine de mille individus, vivait à l'intérieur des limites urbaines et y trouvait sa nourriture[1].

Sur les versants des Andes, les Espagnols n'occupèrent que de bien étroites bandes de terrain, en dehors du royaume des Inca. Dans le terri-

1. Adolphe Bandelier. — Hodge, *American Anthropologist*, Sept. 1897.

toire qui est devenu le Chili méridional, ils s'épuisèrent en de sanglantes luttes contre les Araucans, qui, vivant libres, sans maîtres, étaient de tout autres hommes que les Quichua tremblants : ils ne s'étaient point laissé assouplir par les Inca, ce qui leur valut le nom qu'ils portent signifiant « rebelles » : ils ne se soumirent pas davantage aux Espagnols. Au milieu du dix septième siècle, après cent ans de combats infructueux,

Cl. Sellier.

INDIENS TRAVAILLANT DANS LES MINES SOUS LA SURVEILLANCE DES ESPAGNOLS
D'après un ouvrage du seizième siècle.

il fallut bien reconnaître par traité l'indépendance politique des Araucans, et si, deux siècles plus tard, ceux-ci finirent par devenir Chiliens, c'est par suite d'une lente modification de la race, des mœurs et des conditions économiques : il n'y eut point conquête.

Sur le versant oriental des Andes, ce sont les obstacles opposés par la nature, autant que l'hostilité des Indiens, qui mirent une limite aux invasions espagnoles : les bandes n'arrivaient dans les plaines inférieures que diminuées par les fièvres, abîmées de fatigue, blessées et perdues ; la moindre escarmouche avec les indigènes leur donnait le coup de grâce. C'est en vain que les conquérants de la Bolivie voulurent gagner le réseau des fleuves amazoniens. En 1560, Diego Alemàn descendait de la Paz vers les régions que parcourt l'Amara Mayo ou « Madre de Dios », mais il fut capturé par les indiens Mojos. Cinq ans après, une expédition envoyée à la recherche des mines d'or et d'argent fut plus malheureuse encore : on n'en reçut jamais de nouvelles[1].

D'ailleurs, si les entreprises d'exploration furent souvent malheureuses, les autorités coloniales en étaient presque toujours la cause. De même que le gouvernement métropolitain s'était attribué le droit de permettre ou d'interdire les expéditions dans le Nouveau Monde, de même les divers pouvoirs représentatifs de la volonté royale veillaient avec un soin jaloux à ce que les voyages, tous tentés en vue de trouvailles d'or et d'argent, fussent autorisés et surveillés : il leur fallait d'abord être assurés qu'ils auraient la bonne part des bénéfices futurs : des deux côtés du continent, les autorités castillanes et portugaises se défiaient les unes des autres, aussi que de fois des explorateurs durent s'enfuir pour échapper à la surveillance inquiète des gouverneurs espagnols! Pour cette raison principalement, et, par suite des extrêmes difficultés des expéditions, les communications entre les Andes et l'Atlantique étaient toujours arrêtées : c'est par le côté du Pacifique seulement que l'Espagne pouvait se mettre en rapport avec les conquérants du Pérou.

A l'est de l'Ecuador, l'ancien royaume des Quitu, il semblait plus facile qu'ailleurs de s'ouvrir une porte de sortie vers l'Atlantique, car, en cette partie de leur développement, les Andes proprement dites sont moins hautes et moins larges que dans le reste de leur étendue, et les rivières qui en descendent mènent en droite ligne vers la grande artère fluviale des Amazones. Un des frères du fameux Pizarro voulut en effet suivre ce chemin, il s'embarqua en 1540 sur le fleuve Napo, à travers une forêt d'arbres qu'il s'imaginait être des canneliers; mais le voyage se fit si long, si pénible, il se compliqua tellement de fièvres et de maladies d'épuisement que Gonzalo Pizarro dut y renoncer et reprendre la route du plateau pour sauver ce qui restait de sa troupe. Seulement un de ses lieutenants, Orellana, laissant porter son esquif par le courant du Napo puis par le grand flot de l'Amazone, finit par atteindre la « mer douce »

1. Sixto L. Ballesteros, *La Provincia de Caupolicán*, pp 8 et 9.

et rejoindre l'étendue bleue de l'Atlantique. Le continent avait donc été traversé de part en part, mais Orellana ne rapportait point d'or ni de perles : le récit de ses aventures ne lui suscita guère d'imitateurs, et son expédition ne se refit, en sens inverse, qu'un siècle plus tard, en 1638

N° 394. Pérou méridional.

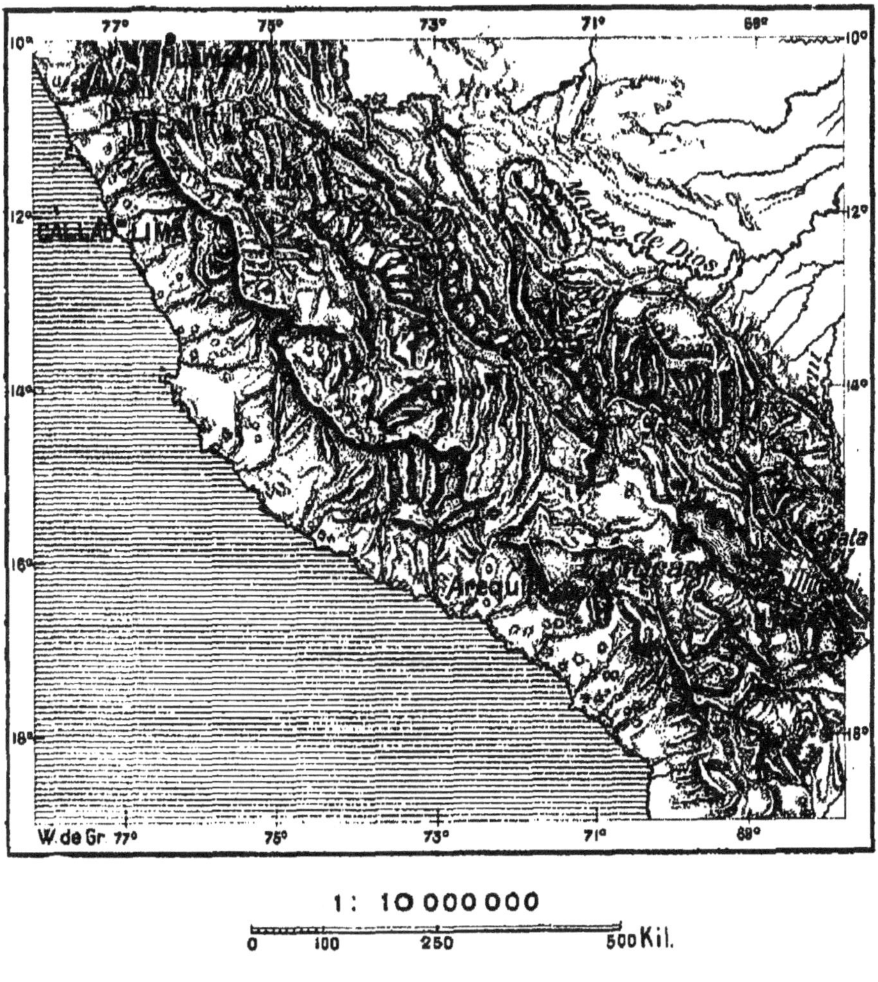

et 1639, lorsque le Portugais Texeira remonta le fleuve à la tête d'une cinquantaine de canots chargés de provisions.

Sous un climat plus tempéré, le bassin des fleuves platéens, que les navigateurs espagnols avaient abordé par la voie directe de l'Atlantique, était colonisé par eux bien avant l'époque où le fleuve des Amazones fut reconnu directement. On a même supposé que Sébastien Cabot avait, en 1528, prévu l'importance future des eaux de la Plata comme chemin naturel vers les mines d'argent du haut Pérou : de là, disait on, le nom de fleuve « Argentin », donné à l'estuaire dont les deux grandes cités de Buenos Ayres et de Montevideo gardent aujourd'hui l'entrée ; toutefois, cette explication du terme de la Plata paraît à Lafone Quevedo purement fantaisiste : l'appellation provient de ce que les découvreurs eussent bien voulu trouver de l'argent dans le territoire nouveau et qu'ils lui donnèrent en conséquence un nom de bon augure.

Au sud de la mer des Antilles, les premiers découvreurs depuis Colomb, les Niño et les Guerra, les Hojeda et les Vespucci, les Bastidas et les Juan de la Cosa, avaient déjà suivi le littoral, et rapidement on en connut bien les ports et les marchés : mais la prise de possession des contrées de l'intérieur ne se fit guère qu'un tiers de siècle plus tard et en des conditions spéciales indiquant déjà l'ère de la domination capitaliste, arrivée de nos jours à la perfection.

Au seizième siècle, les richesses s'étaient tellement amassées dans les maisons des puissants monopoleurs du trafic et de la finance que leur fortune dépassait celle des empires. Sans André Doria, qui possédait à lui seul plus de navires que la république de Gênes, Charles Quint n'aurait pu disputer aux Barbaresques les rivages de la Méditerranée occidentale. Sans les banquiers d'Augsbourg, le monarque n'aurait pu faire occuper la côte Ferme de l'Amérique. La haute banque, maniant les écus et les ducats par millions, haussait ses ambitions jusqu'à l'empire et faisait la guerre, la piraterie et les massacres en commandite. Déjà les riches Medici étaient devenus de véritables rois par la puissance de l'argent. Pourquoi les Welser et les Fugger, plus riches encore, n'auraient ils pas acquis au moins le rang de vice rois? En effet, les banquiers, ayant prêté douze « tonnes » d'or à Charles Quint, reçurent en hypothèque d'immenses étendues de terrains avec droit de gouvernement et de propriété, y compris celle des hommes. Cela explique l'apparition de noms germaniques tels qu'Alfinger, Speier, Fredemann parmi les appellations des *conquistadores*, jusqu'alors presque toutes espagnoles.

Un de ces chefs allemands mérita même plus que tous autres d'être rangé parmi les héros de guerre : à la tête d'une petite bande comprenant des cavaliers, il escalada (1537) les pentes orientales de la haute chaîne de Suma Paz, la « Paix Suprême », pour redescendre sur la terrasse de Cundinamarca, où s'élève aujourd'hui la capitale de la république de Colombie, Santa-Fé de Bogotá. Mais on savait que cette région des Andes possédait de l'or et des émeraudes: aussi Fredemann n'était il pas seul à franchir les montagnes, les neiges et les vallées profondes pour atteindre ce pays de promission, où vivait le fameux roi « Doré », l' « El Dorado », qui se baignait dans un lac, après s'être recouvert de sable d'or. Trois bandes européennes de pillards se rencontraient à la fois sur le haut plateau : l'une, celle de Fredemann, qui semblait descendre du haut des nuages de l'Est: la deuxième, celle de Belalcázar qui, des volcans de Quito, était apparue dans la fournaise de la vallée magdalénienne pour remonter ensuite vers les hautes terres; la troisième, celle de Quesada, qui venait du port de Santa-Marta par des chemins non moins âpres. Les gens des trois bandes que l'on dit avoir été composées exactement du même nombre d'hommes armés — cent soixante — avec l'accompagnement obligatoire de moines, hésitèrent quelque temps entre la guerre et la paix mais finirent par s'entendre moyennant rançon que devait fournir le travail des Indiens. En aucune partie du Nouveau Monde, les Espagnols ne furent plus cruels, avec de plus hideuse méthode. Ce qu'on appelle la piété se mêle si bien à la férocité que de pieux capitaines firent vœu de massacrer chaque jour douze Indiens en l'honneur des douze Apôtres.

La division du travail de conquête et d'aménagement colonial s'était répartie au quinzième et au seizième siècles entre les Espagnols et les Portugais. Les premiers avaient eu les Antilles, le Mexique, l'Amérique centrale, les régions andines et platéennes; les seconds prirent le littoral brésilien, que leur avait assuré le voyage d'Alvarez Cabral, et s'avancèrent graduellement le long des côtes, d'un côté vers l'Amazone, de l'autre vers la Plata, bien au delà des limites que leur accordaient en longitude le traité de Tordesillas et la bulle du pape Alexandre VI: dès l'année 1616, ils arrivaient à Para sur le réseau des rivières qui forment le parvis des régions amazoniennes. Ils ne trouvèrent point devant eux de nations organisées qui pussent leur résister, comme les Aztèques et les Maya à Cortez, les Araucans aux Almagro et autres chefs de bandes qui lui succédèrent. N'ayant d'autres adversaires que des hordes sans consistance, ils avancèrent à leur gré partout où ils reconnaissaient intérêt à le faire; mais, colons ou guerriers, ils étaient en si petit nombre que le territoire réellement occupé par eux se bornait à quelques points du littoral ainsi qu'à un arrière pays très rapproché, entouré de forêts où continuaient de vivre les Tupi, les Coroados et autres Indiens. D'ailleurs, la division des possessions portugaises en d'immenses capitaineries où l'immigration ne pouvait se faire ouvertement qu'au prix de mille tracasseries policières, n'était pas de nature à augmenter rapidement la population européenne.

Mais un Etat fondé sur la violence ne peut se maintenir que par la violence, et les Portugais ne se bornèrent point à vivre en paix dans le merveilleux pays qui leur donnait ses ombrages. D'abord ils eurent à expulser les Européens rivaux qui réclamaient leur part de ce que l'on croyait être « l'île » de Santa-Cruz. En 1567, ils chassèrent les Français de la baie de Rio Janeiro et leur prirent, en 1615, l'île de Maranhão. La côte brésilienne étant aussi exposée que les Antilles aux attaques des corsaires, il fallut la défendre sur mille points contre Anglais, Français et Hollandais, surtout contre ces derniers qui finirent même par occuper le littoral avancé de Pernambuco pendant trente années du dix-septième siècle (1642-1654). Mais, à part la guerre soutenue pour la reconquête de ce territoire, le principal conflit qui éclata dans la terre brésilienne, vouée à la foi catholique, fut précisément une lutte à caractère presque religieux, puisqu'elle mit aux prises les *mamelucos*, blancs métissés de São Paulo, et tout le Brésil méridional avec les missionnaires jésuites. En réalité, il s'agissait de part et d'autre de la possession des indigènes. Les jésuites, qui les avaient convertis et en avaient fait les serviteurs les plus dociles, voulaient les conserver, tandis que les Paulistas prétendaient s'en emparer pour les faire travailler sur

POTERIE PÉRUVIENNE

leurs plantations. Après de terribles massacres, les prêtres jésuites, suivis de leurs troupeaux humains, durent s'enfuir au loin par delà le Paraná, dans les solitudes du Paraguay, et réussirent pour un temps à maintenir leurs communautés de fidèles obéissants et laborieux.

Naturellement les prodigieuses conquêtes des Espagnols et des Portugais avaient excité la rivalité des autres nations maritimes de l'Europe occidentale. Elles eussent voulu prendre également leur part de la Terre, et même, à défaut de plages encore inoccupées, se substituer à leurs heureux devanciers dans les contrées du Nouveau Monde déjà soumises. C'est ce que les Français avaient tenté de faire au Brésil, quoique à cette époque leurs forces fussent bien faibles pour se répandre à l'extérieur. Toutefois les pêcheurs basques, rochelais, bretons se dirigeaient vers les « Terres Neufves » depuis un temps immémorial, probablement pré-colombien : n'ayant point d'intérêt à faire connaître les chemins de la mer et les « chafauds » du littoral qui servaient à leur industrie, ils restaient ignorés, si utile que fût leur trafic : la gloire de la découverte appartint à des voyageurs qui ne suivaient point les traditions de la pêche. Les documents recueillis par Fernando Duro et par les historiens du Canada nous apprennent qu'au commencement du seizième siècle, cent ans avant la colonisation officielle, des campements de pêcheurs bretons se succédaient au nord du golfe de Saint Laurent, près de l'entrée méridionale du détroit de Belle-Isle[1] : sur la baie

POTERIE PÉRUVIENNE

1. Fernando Duro, *Arca de Noe;* — Benjamin Sulte, *Histoire des Canadiens français.*

de Bradore, le campement de Brest hébergeait, au moment de la pêche, jusqu'à trois mille individus. Et pourtant, c'est en 1535 seulement que Jacques Cartier, de Saint Malo, poussa plus avant que les terres de l'entrée laurentine et reconnut le caractère fluvial des eaux qui proviennent de l'intérieur du continent. Il pénétra jusqu'à l'étranglement principal du lit, à l'endroit où la rivière dite actuellement de Saint-Charles se déverse dans le Saint-Laurent et où se dresse le promontoire superbe qui resserre le lit du fleuve jusqu'au détroit du cap Rouge. Ce rocher, qui domine le confluent et porte la cité pittoresque de Québec, l'une des métropoles du Nouveau Monde, n'avait alors d'autre village qu'une agglomération de huttes, un *canada*, mot d'après lequel est désigné maintenant tout le territoire de la « Puissance ».

Le campement de Cartier et d'autres qui se fondèrent plus tard, dans le courant du seizième siècle, furent abandonnés par les colons et rasés par les sauvages, et, d'ailleurs, le peuplement de la contrée par des émigrants venus de France et d'autres lieux était presqu'impossible, ces longues étendues de côtes et tout l'arrière-pays ayant été donnés en monopole à des personnages bien en cour qui n'étaient pas assez riches pour faire exploiter le sol, mais qui voulaient interdire à tous autres d'y faire commerce ou profit. Tandis que la péninsule d'Acadie, la future Nova-Scotia ou Nouvelle Ecosse appartenait à M. de Poutraincourt, une dame, Mlle de Guercheville, était censée la propriétaire de toute la Nouvelle France, à l'ouest de la péninsule d'Acadie, et les agents de la concessionnaire étaient autorisés par le roi à pourchasser tous les étrangers ou Français qu'ils rencontreraient « dans la rivière plus haut que l'endroit de Gaspé » ; au delà « tout trafic et commerce » restaient interdits à « tout capitaine, pilote, marinier et autres de la mer océane »[1].

C'est ainsi que la colonisation fut retardée et même complètement empêchée pendant un siècle. Partout la foule des pêcheurs dut se contenter d'abris temporaires. Des colons ne purent officiellement prendre possession du sol et y fonder des établissements permanents qu'au commencement du dix-septième siècle, en 1604, à Port-Royal de l'Acadie — maintenant Annapolis — et en 1608, à Québec, c'est-à-dire au « Détroit », au-dessus du large port que forme la rivière Saint-Charles à son confluent. Mais les quelques immigrants amenés au Canada par

(1) Benjamin Sulte, *Histoire des Canadiens français*.

Samuel Champlain n'étaient pas même assez ingénieux pour savoir trouver leur nourriture en ces terres fécondes, au bord de ce fleuve

N° 395. Embouchure du Saint-Laurent

1 : 12 500 000

0 100 300 600 Kil.

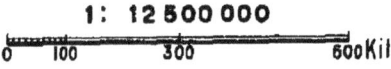

poissonneux ; quand les provisions envoyées de France venaient à manquer, la famine régnait et le scorbut emportait les colons. En dehors de la vaine recherche de l'or et du commerce des « pelus » ou pelleteries, les nouveau-venus ne connaissaient aucun métier et n'avaient aucune initiative. Il fallut le génie du Parisien Hébert pour inventer le jardinage sur cette terre fertile qui ne demandait qu'à produire.

A la pauvreté et à l'incurie des concessionnaires, à l'ignorance des colons, s'ajouta bientôt une autre cause de lenteur dans l'appropriation du sol : ce fut l'intolérance religieuse. Les immigrants qui se seraient présentés en plus grand nombre, si le gouvernement colonial avait autorisé le peuplement spontané, auraient été les protestants, puisque la plupart d'entre eux étaient persécutés dans la mère-patrie et que, d'ailleurs, le changement de foi, la rupture des liens traditionnels, les dures nécessités d'une existence nouvelle les douaient d'une certaine initiative. En effet, dans les premiers temps, des huguenots, venus surtout de la Saintonge, débarquèrent au Canada. D'abord protégés par l'esprit de tolérance qui avait dicté l'édit de Nantes, ils furent bientôt obligés de quitter la colonie : la pratique d'orthodoxie intransigeante finit par se préciser et l'unité de foi prévalut, au grand profit matériel du clergé, devenu souverain.

Les vrais rois du Canada, desquels dépendaient les gouverneurs aussi bien que les colons, étaient les missionnaires jésuites : toutes les hautes situations leur étaient acquises et les terres les plus riches leur appartenaient, en même temps que, par la dîme, une part considérable de la propriété des fidèles. A côté de cette aristocratie de la compagnie de Jésus, les franciscains, les frères récollets aux pieds nus étaient tenus pour une sorte de plèbe religieuse, bonne tout au plus à convertir les indigènes, avec lesquels elle s'associait volontiers. Maîtres de la terre, les jésuites eussent voulu également posséder le monopole du commerce et voyaient de très mauvais œil les aventuriers qui s'enrichissaient par le commerce des fourrures. Les ordonnances formelles, sollicitées par eux, défendaient aux « coureurs », sous peine de galères, d'aller chasser à plus d'une lieue de distance. Il en résulta que ces « chercheurs de pistes », obligés de fuir la société policée, allaient vivre chez les Indiens, qui les accueillaient en frères, et que leurs familles, composées de « bois brûlés », c'est-à-dire de métis, se résorbaient peu à peu dans la population aborigène. L'alliance du sang entre les colons français et les tribus de Peaux Rouges, alliance qui eût donné une solide assise à la race nouvelle et lui eût peut être permis de résister plus tard à l'attaque des colons anglais du littoral, fut réprouvée par les directeurs spirituels du Canada comme une pratique immorale, et l'on préféra s'adresser aux prêtres des paroisses françaises pour envoyer des orphelines, de même qu'à la police de Paris pour trouver dans les asiles et les prisons des femmes chargées de maintenir sur les bords du Saint-Laurent la pureté du sang européen. C'est grâce à ces arrivées de personnes à marier que les Canadiens du bas fleuve sont restés Français d'origine authentique[1].

Pendant la même période, la Grande-Bretagne, d'ailleurs mieux placée pour les relations avec le monde extérieur, avait employé son excédent de force pour le commerce, sinon pour l'émigration coloniale, beaucoup plus activement que la France. L'Angleterre, de même que la

Cl. Sellier

QUÉBEC A LA FIN DU XVIIe SIÈCLE

Hollande, remplaçait l'Espagne et le Portugal pour l'importation des épices et autres précieuses denrées. Les galions espagnols, pourchassés sur les routes habituelles de l'Océan, n'osaient plus s'y risquer sans se faire accompagner de puissants vaisseaux, tandis que les bâtiments légers des corsaires Hawkins et Drake couraient audacieusement les mers.

Dès 1600, la reine Elisabeth donnait sa première charte à la compagnie des Indes Orientales. Mais les difficultés du peuplement dans le Nouveau Monde furent d'abord aussi grandes pour les Anglais que pour leurs rivaux de France, et même ils n'aboutissaient que quelques années plus tard à un résultat définitif. Sur la côte des Etats Unis actuels, de même que sur le littoral du Canada, les premiers colons avaient été des huguenots français cherchant un lieu de paix loin de la patrie marâtre : c'étaient, en 1562, une vingtaine d'individus dirigés par Ribaud, ami de Coligny, qui s'établirent dans un des îlots de l'estuaire que commande aujourd'hui la ville de Charleston, métropole de la Caro-

1. Benjamin Sulte, *Prétendue Origine des Canadiens français.*

line du Sud ; mais ces hommes de guerre, placés dans un nouveau milieu, n'eurent pas l'intelligence assez preste pour s'y accommoder, et s'enfuirent à travers les périls de mer pour éviter les périls de terre. Deux années après, deuxième débarquement de huguenots, cette fois plus au sud, dans un îlot du fleuve floridien dit aujourd'hui le Saint-John. Mais la rumeur de leur arrivée se propagea au loin chez les Indiens, et les Espagnols des Antilles avertis de la présence de ces Européens, doublement ennemis comme Français et comme hérétiques, vinrent fonder dans le voisinage le port de San Augustin, qui existe encore, et surprirent le fortin des huguenots pour en massacrer les habitants. Trois ans plus tard, en 1568, les meurtriers espagnols furent tués à leur tour par un groupe de vengeurs, venus spécialement de Bordeaux avec Dominique de Gourgues pour saisir et pendre les défenseurs de San Augustin, « non comme Espagnols mais comme traîtres ».

C'est au dix-septième siècle seulement que les Anglais prirent enfin pied sur le territoire habité maintenant par quatre-vingt millions d'individus parlant leur langue et désignés dans la conversation courante, quoique sans vérité, comme autant d'Anglo-Saxons. Il est vrai que, depuis 1584, Elisabeth avait officiellement concédé les côtes atlantiques situées entre les « Terres neuves et la Floride » à son favori Walter Raleigh ; toutefois celui-ci n'avait fait que de vaines tentatives pour utiliser cette vice-royauté de la « Virginie », qu'il avait ainsi dénommée en l'honneur de la reine Vierge. La première colonie destinée à durer quelque peu ne fut établie qu'en 1607, sous le règne du successeur d'Elisabeth, James, dont elle prit le nom. Encore cette Jamestown, dont il reste à peine quelques vestiges, était-elle si peu favorablement située en un îlot malsain, entouré de vasières et de marais, qu'il fallut aussi l'abandonner pour aller plus loin, sur les côtes mieux égouttées de l'intérieur, labourer des terres moins insalubres. Sans doute, cette partie du littoral américain eût été encore une fois délaissée si la culture du tabac, pratiquée par les Espagnols dans les Antilles, n'avait été introduite en Virginie, apportant soudain un grand élément de richesse dans le commerce de l'Angleterre.

Mais, en imitant les Espagnols comme planteurs de tabac, les Anglais les imitèrent également comme exploiteurs de la main d'œuvre. Sous ce climat tempéré, il leur eût été facile de labourer eux-mêmes, ils préférèrent employer des compatriotes en les « engageant » en esclavage temporaire. Les agents des concessionnaires virginiens allaient les recruter

N° 396. Littoral nord-américain.

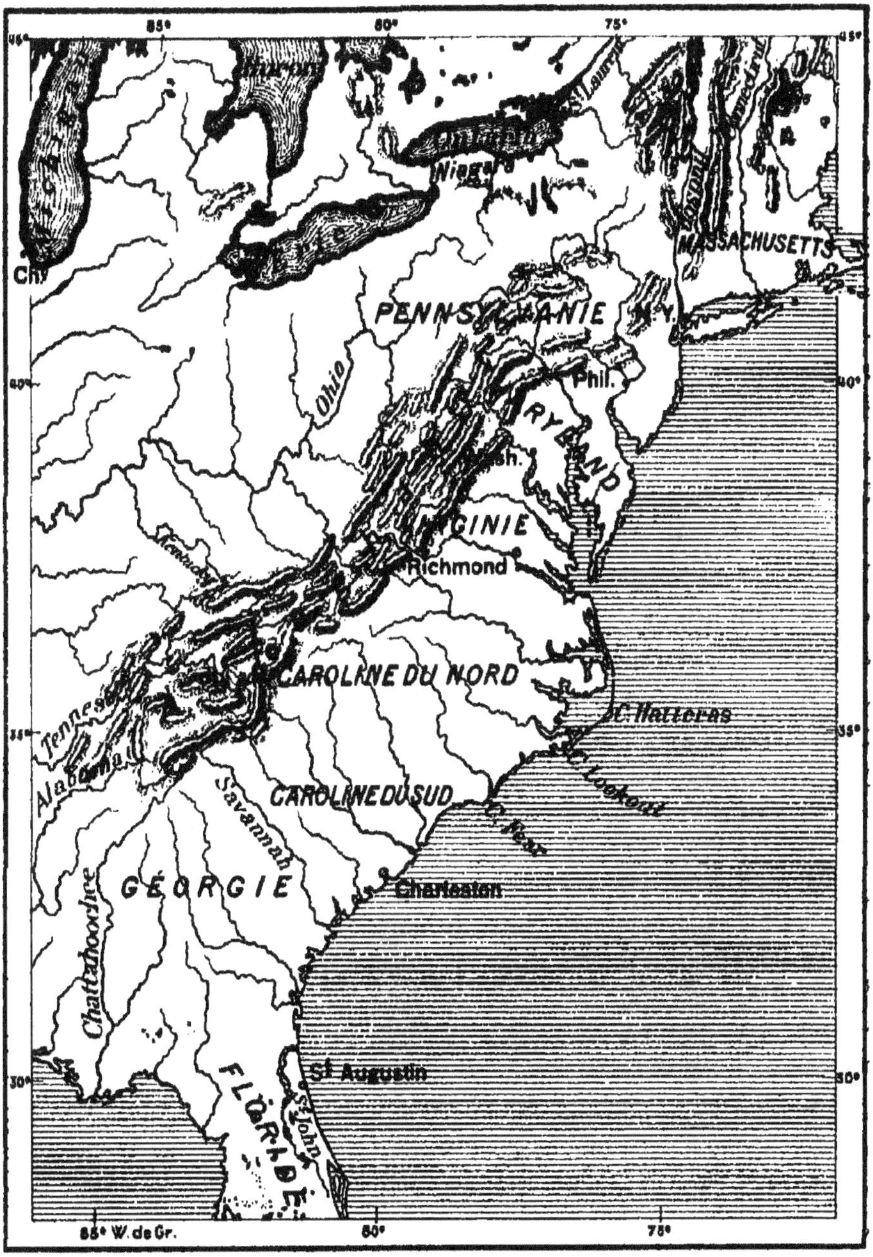

1 : 12 500 000

0 100 300 500 Kil.

dans les ports anglais ou les capturer dans quelque terre ennemie, puis ils les vendaient tant par tête aux planteurs. On achetait également des femmes, soit pour les colons propriétaires, soit pour les « engagés », au prix moyen de 1200 à 1500 livres de tabac. Le gouvernement anglais favorisait ce commerce en livrant aux traitants des prisonniers politiques ou autres, qui servirent à constituer peu à peu, à mesure qu'ils étaient affranchis, le gros de la population libre de la Virginie. Quelques noirs, destinés à rester esclaves leur vie durant, « grâce à une heureuse disposition de la Providence », furent débarqués aussi sur les marchés de la côte dès l'année 1620, mais ils n'étaient pas d'importation anglaise, on les avait acquis des traitants hollandais. Aussitôt après, les marins anglais s'empressèrent de monopoliser le trafic des noirs avec les colons, leurs compatriotes d'outre-mer. Avant cette époque, le corsaire Hawkins, qu'avait commandité la reine Elisabeth, et ses élèves négriers n'avaient volé de nègres sur les côtes de Guinée que pour en fournir les colonies espagnoles.

En cette même année 1620, où commença l'esclavage des noirs dans les plantations de la contrée qui devint la république des Etats Unis, s'accomplissait dans l'histoire de la colonisation un autre événement d'importance ethnique et sociale non moins considérable. Une centaine d'émigrants, que la persécution religieuse avait forcés de quitter l'Angleterre et qui s'étaient d'abord refugiés en Hollande, avaient pris la résolution de fuir dans le Nouveau Monde et de s'y établir sur les bords du Hudson dont leur avait parlé quelque voyageur; mais, navigateurs inhabiles, ils n'avaient pas su trouver le lieu cherché, là où, trois années après, des Flamands devaient fonder la colonie de Manhadoes, la future New York, et le hasard les avait menés beaucoup plus au nord, sur le rocher de New-Plymouth, à l'entrée de la grande baie dont Boston occupe maintenant l'extrémité occidentale. Ce fut la première des colonies de la Nouvelle Angleterre qui se distingua, parmi toutes celles du Nouveau Monde, par l'homogénéité de la race et par la rigueur des observances religieuses. Les millions d'hommes qui, par la descendance directe, appartiennent plus ou moins à cette race des « Puritains d'Amérique » ont singulièrement exagéré la valeur morale de cet élément ancestral et lui ont donné le rôle prépondérant parmi tous les immigrants dont la postérité fonda la république des Etats Unis, cent cinquante ans après le débarquement des « pèlerins ». Sans doute, ces hommes, âprement convaincus d'être possesseurs de l'éternelle vérité et les représentants infaillibles de la volonté du « Très Haut », exercèrent une action rectrice très puissante, mais aussi très funeste, sur les généra-

N° 397. Océan Atlantique.

Canevas Mercator

L'échelle équatoriale de cette carte est de 1 à 100 000 000.

S = Santiago del Estero ; C = Copan.
Le premier chemin de la traite des nègres fut de la Guinée vers les Antilles et la Virginie.

tions qui se succédèrent, persécutant les Indiens Peaux Rouges, comme autant d' « Amalécites », et d'« Amorrhéens » et punissant du fer rouge, de la prison, de la mort, les hérétiques, les blasphémateurs et les sorcières.

Dans les colonies du nord de l'Amérique, l'appropriation du sol se fit en des conditions tout autres que dans les territoires de conquête espagnole, entraînant ainsi des conséquences historiques très différentes. Les soldats des Cortez, des Pizarro et des Almagro s'étaient emparés du Nouveau Monde au nom de leur roi, devenu propriétaire direct et absolu de la terre conquise et de ses hommes, tandis que les immigrants du littoral américain, qui s'étend de la Floride à Terre-Neuve et au Labrador méridional, se constituaient en groupes sous la direction et la responsabilité de concessionnaires. Anglaises, hollandaises ou françaises, ces colonies n'étaient pas le fait d'expéditions militaires, mais le résultat d'entreprises relativement pacifiques, amenant la fondation de petites sociétés analogues à celle de la mère-patrie, Angleterre, Hollande ou France.

Les immigrants qui venaient de franchir la mer agissaient absolument comme ils eussent agi s'ils n'avaient eu qu'à traverser un ruisseau pour aller s'établir dans une lande voisine. Les personnages qui avaient obtenu de leur gouvernement le droit d'acquérir un fief en pays d'outre-mer amenaient avec eux leurs vassaux, et le domaine occupé subissait tout d'abord un régime analogue à celui des fiefs de la mère-patrie. Au fond, on retrouve partout le même système : un seigneur personnel ou impersonnel recevant de la couronne l'investiture seigneuriale sur une région déterminée, à charge par lui d'en opérer le peuplement avec des hommes choisis. D'eux-mêmes, les colons n'avaient pas eu l'idée de s'expatrier, mais à la suite du cadet de famille ou de l'aventurier qui les conduisait et leur faisait espérer un bel établissement, ils se hasardaient à partir pour le Nouveau Monde, où une métairie de vastes dimensions les attendait : peut-être même, si le sort les favorisait, deviendraient-ils, à leur tour, possesseurs de fiefs et seigneuries.

De toutes les colonies nord-américaines, celles qui gardèrent le mieux et le plus longtemps leur caractère féodal furent celles de l'Acadie et du Canada. C'est que les seigneurs canadiens accompagnaient leurs clients, vivaient de la même vie, arrivaient à constituer avec eux une sorte de clan, rappelant, mais en des conditions bien préférables grâce au bien-être, l'ancienne existence au pays natal. Cet état de choses se maintenait si fortement, grâce à la routine héréditaire, qu'il ne fut pas grandement modifié par la conquête anglaise vers la fin du dix-huitième siècle, et qu'il en reste même de nos jours de remarquables survivances.

L'évolution fut plus rapide dans les colonies du littoral fondées ou acquises par les Anglais. Les compagnies auxquelles la Couronne cédait de grandes étendues de terrains et qui les divisaient en fiefs n'étaient représentées dans le Nouveau Monde que par des chargés d'affaires, non par les seigneurs concessionnaires. Lord Baltimore, auquel on fit cadeau du Maryland, et William Penn, fondateur de la Pennsylvanie, furent parmi les rares personnages anglais qui vinrent installer leurs tenanciers, le premier en 1632, le second en 1681 : encore ne résidèrent-ils pas longtemps dans leurs domaines. Les mandataires n'avaient pas l'autorité suffisante pour maintenir les droits seigneuriaux, et il en résulta de profondes modifications dans la primitive organisation féodale : on ne vit bientôt dans ces ayant-droit que de simples percepteurs contre lesquels l'opinion se révolta de plus en plus. Les tenanciers se liguèrent en assemblées délibérantes et les réunions annuelles se transformèrent graduellement en réunions politiques, d'où les anciens privilèges féodaux furent écartés.

Les différences de toute nature provenant de l'éloignement, des conditions nouvelles du travail, du sol et du climat amenèrent dans les diverses colonies le plus curieux mélange d'institutions distinctes où le caractère premier était difficile à reconnaître. Dans les colonies du sud, les petits feudataires se furent bientôt débarrassés des hauts personnages auxquels les provinces avaient été concédées et constituèrent une véritable aristocratie terrienne faisant cultiver ses terres par des « engagés », c'est-à-dire par des blancs asservis temporairement ou par de véritables esclaves noirs. Dans les communautés de la Nouvelle Angleterre l'évolution prit encore une autre allure. Le zèle religieux des puritains modifia le régime féodal de la société, en substituant le pouvoir des pasteurs et les conseils de discipline ecclésiastique à l'autorité des vassaux concessionnaires. Le gouvernement se transforma en un conseil théocratique dont la hiérarchie fut promptement substituée à celle de l'ancien fief. Cependant les institutions s'entremêlaient d'une façon si bizarre que la province puritaine par excellence, celle de la « Baie » ou de Massachusetts, resta « seigneuresse » de deux provinces achetées dans le territoire du Maine et gouvernées contre leur gré.

Quels que fussent, d'ailleurs, les changements économiques et sociaux qui se produisaient dans les colonies du littoral nord-américain, elles gardèrent sur celles de l'Espagne l'avantage capital de rester en relation constante avec les mères-patries et de participer ainsi d'une manière plus intime à leur vie politique et morale. Tandis que les colonies espagnoles, dépendant uniquement du « Conseil des Indes » et fermées à tout commerce, à toute immigration non recommandée par autorité royale, finissaient par être complètement ignorées des Espagnols eux mêmes et se trouvaient, comme avant Colomb, séparées de l'Europe par une mer infranchie, les terres de l'Amérique du Nord qui font directement face à la France et à l'Angleterre se rapprochaient au contraire de plus en plus, et, sur les deux bords du « grand fossé », les mouvements historiques se propageaient par une même ondulation. Entre l'Angleterre et ses colonies, l'unité de civilisation se révélait en toute évidence.

LE ROI SOLEIL : NOTICE HISTORIQUE

EMPIRE. A Rodolphe, mort en 1612, succèdent les empereurs Mathias, Ferdinand II (1619-1637), Ferdinand III, Léopold Ier (1658-1705) et Joseph, mort en 1711.

FRANCE. De 1589 à 1715, trois princes seulement occupent le trône : Henri IV, assassiné en 1610, Louis XIII, mort en 1643 et Louis XIV. Quelques-uns des ministres et généraux méritent d'être cités : Sully (1559-1641), Richelieu (1585-1642), Mazarin (1602-1661), Turenne (1611-1675), Colbert (1619-1683). Condé (1621-1686), Louvois (1639-1691), enfin Vauban (1637-1707), dont la valeur personnelle dépassait celle de son œuvre professionnelle, déjà considérable.

ROYAUME UNI. Dès 1603, l'Angleterre et l'Ecosse obéissaient au même monarque, Jacques, arrière-petit fils d'Henri VII, mais l'union des deux royaumes n'eut lieu qu'en 1707. A Jacques Ier succède son fils Charles Ier 1625-1648, dont les principaux ministres, Buckingham assassiné. Strafford et l'archevêque Laud exécutés donnent au roi un avant-goût de sa propre fin. Au *Lord Protector*, Olivier Cromwell, né à Huntingdon en 1599, succède en 1658 son fils Richard, bientôt démissionnaire. Sous la protection du général Monk, Charles II, fils de Charles Ier monte alors sur le trône (1660) et règne jusqu'en 1685 au milieu de difficultés croissantes; son frère Jacques II, aidé dans son œuvre de répression par le sanguinaire Jeffreys, réussit encore moins. Guillaume III stathouder de Hollande, petit fils de Charles Ier et gendre de Jacques II, débarque dans le Devon en 1688 et supplante son beau père sans combat mais non sans donner des gages de future fidélité au régime représentatif. Jacques II meurt à Saint-Germain en 1701, et Guillaume III, déjà veuf, en 1702. Anne, fille de l'un, belle-sœur de l'autre devient reine; son règne est illustre par les victoires de Marlborough, 1650-1722.

POLOGNE. Un Suédois, Sigismond Vasa, élu roi de Pologne en 1587, occupe le trône jusqu'en 1632 : ses fils Ladislas et Jean II (1648-1668), puis un Michel Koributh, lui succèdent. Jean Sobieski, qui depuis 1648 commandait les armées polonaises, est alors élu (1674) et règne jusqu'en 1696.

Russie. Au *Tsar* Ivan le Terrible (1533-1584) succède son fils Feodor. De 1598 à 1613, période troublée sous Godunov, un de ses fils, puis deux ou trois autres « usurpateurs » : c'est alors que les Polonais occupent Moscou. Mais Michel Romanov est proclamé, et sa lignée règne désormais : Michel (1613-1645), Alexis, Feodor III (1675-1682), puis ses fils Ivan et Pierre sous la régence de leur sœur Sophie. Pierre, âgé de 17 ans, écarte frère et sœur et gouverne seul (1689).

Suède. Parmi les successeurs de Gustave Vasa, Sigismond III, qui fut aussi roi de Pologne, déjà cité, est remplacé comme roi de Suède, dès 1604 par Charles IX. Le fils de ce dernier, Gustave-Adolphe, monte sur le trône à 17 ans en 1611. Tué en 1632 à la bataille de Lützen, il laisse le pouvoir au chancelier Oxenstiern (1583-1654), l'armée à d'habiles généraux, Baner, Torstenson, Wrangel, et la royauté à sa fille Christine. Elle abdique en 1654 et meurt à Rome en 1689, remplacée sur le trône par son cousin, Charles X, dont le petit-fils Charles XII est le vaincu de Poltava en 1712.

La liste suivante d'hommes éminents ou célèbres complète celle de la page 378, jusqu'en 1667 :

Ben Jonson, poète dramatique, né à Londres.	1573 - 1637
Rembrandt (van Ryn, dit), peintre, né à Leyde.	1606 - 1669
John Milton, poète, né à Londres.	1608 - 1674
Bossuet, orateur chrétien, né à Dijon	1627 - 1704
Charles Perrault, écrivain, né à Paris	1628 - 1703
John Locke, philosophe, né en Somerset.	1632 - 1704
Nicolas Boileau, poète, né à Paris.	1636 - 1711
Nicolas de Malebranche, philosophe, né à Paris	1638 - 1715
Jean Racine, poète tragique, né à La Ferté-Milon.	1639 - 1699
Isaac Newton, mathématicien, né près de Lincoln	1642 - 1727
Gottfried Leibnitz, philosophe, né à Leipzig.	1646 - 1716
Pierre Bayle, philosophe, né près de Foix.	1647 - 1706
Fénelon, littérateur chrétien, né en Périgord	1651 - 1715
Jonathan Swift, écrivain, né à Dublin.	1667 - 1745

LE ROI SOLEIL

La main de Louis XIV pèse encore sur les solitudes cévenoles.

CHAPITRE XIII

HENRI IV ET ÉLISABETH. — L'ANGLETERRE, MAITRESSE DES FLOTS
ÉQUILIBRE RELIGIEUX. — GUERRE DE TRENTE ANS. — LE COMMONWEALH
RICHELIEU, LA FRONDE, LE ROI SOLEIL. — GUERRES ET FRONTIÈRES DE LOUIS XIV
RÉVOCATION DE L'ÉDIT DE NANTES. — ÉPUISEMENT DE LA FRANCE
RÉVOLUTION ET HÉGÉMONIE DE L'ANGLETERRE. — TURQUIE, POLOGNE, RUSSIE, SIBÉRIE
COLONS, SERFS ET RASKOLNIKI. — CAPITALES RUSSES. — LA CHINE ET LES JÉSUITES

A l'époque où l'Europe commençait à déborder sur le monde d'outre-mer pour s'en emparer moralement après en avoir fait la conquête matérielle, ses peuples se trouvaient bien éloignés de l'équilibre intérieur et ne se reposaient des anciennes guerres que pour en préparer de nouvelles. Cependant le théâtre des luttes s'était élargi : l'Europe prenait conscience d'elle-même et l'idée d'un concert des Etats, né du mouvement humaniste de la Renaissance, se posait devant les esprits.

La France, l'une des puissances qui, à la fin du seizième siècle, prenaient la plus grande part à l'hégémonie morale de l'Occident, entrait dans une période de grand calme succédant à de terribles crises. Le massacre de la Saint Barthélemy, les meurtres en masse, les incendies, les batailles, la famine de Paris, celles de tant d'autres cités et campagnes avaient laissé un sentiment d'horreur; le pays avait besoin de repos, et ses ressources suffisaient heureusement pour lui rendre la vie et même une certaine prospérité. Henri IV qui, lors de la Saint Barthélemy, avait abjuré le protestantisme, puis était redevenu huguenot pour avoir une armée à son service, n'hésita point devant une troisième apostasie pour devenir roi de France; la ligue catholique, désarmée par cette conversion, consentit à la paix et la famille rebelle des Guise, qui ambitionnait le trône, fut obligée de faire sa soumission; le roi d'Espagne lui-même, las de fournir des hommes et de l'argent pour une cause perdue, finit par signer un traité à la veille de sa mort; et, tandis que les jésuites, coupables à leurs propres yeux de n'avoir point réussi dans une tentative de régicide, partaient pour un exil temporaire, les huguenots acquéraient, en vertu de l'édit de Nantes (1598), le droit de vivre pacifiquement à côté des catholiques et de prier à leur guise, en observant les lois du royaume. Pendant une douzaine d'années encore, la nation française vécut presque complètement en paix, sauf de petites guerres du côté des Alpes et du Jura, et l'on dit, mais sans preuves statistiques formelles, que la population se serait accrue de trois millions d'âmes — s'élevant de dix à treize millions — à l'époque même où l'Espagne perdait un nombre égal d'habitants. Henri préparait, il est vrai, ses finances et son armée pour de nouveaux et sanglants conflits : il semblait presque inévitable qu'un choc se produisît entre les troupes françaises et celles de la maison d'Autriche, les maux de la guerre allaient recommencer, lorsque Henri IV, poignardé par Ravaillac, laissa le pays s'accommoder à de nouvelles conjonctures, sous la régence de la Florentine Marie de Médicis et de ses favoris italiens.

D'ailleurs, aidé dans sa mémoire par la propagande officielle de l'Église et de la noblesse royaliste, le peuple se souvient encore vaguement d'Henri IV, surtout à cause des vices d'inconstance et de luxure par lesquels il lui ressemble, mais il lui sait également gré de n'avoir point haï ses sujets, comme le font la plupart des maîtres. Henri IV a laissé la réputation d'avoir voulu que le pauvre ne souffrît pas de la faim.

qu'il fît même bonne chère à l'occasion, ce qui ne l'empêcha point d'être impitoyable contre les braconniers et de restreindre de son mieux tout ce qui pouvait rester des libertés municipales et nationales : il se garda bien de convoquer les États généraux. C'est d'Henri IV que procédèrent Richelieu et Louis XIV.

Dans la Grande-Bretagne, la transformation religieuse avait pris son caractère officiel et définitif : de schisme violent qu'avait été la religion dictée par Henri VIII à ses sujets, le protestantisme anglican était devenu un culte ayant son originalité propre, son dogme, sa liturgie, un commencement de traditions. Cependant, le tassement des idées et des habitudes ne s'était pas encore suffisamment opéré pour que la réaction catholique ne pût momentanément reprendre le dessus. Aidée par le royalisme monarchique, très puissant sur l'esprit des foules, la dévote Marie, fille de Catherine d'Aragon, l'emporta (1553) sur la protestante Jane Grey, sa rivale infortunée, qui perdit bientôt après sa tête sur le billot. Marie put même, pendant les cinq années de son règne, reprendre l'œuvre de persécution catholique contre les hérésies ; elle établit sous un autre nom le tribunal des inquisiteurs, et envoya sur le bûcher près de trois cents individus, parmi lesquels trois prélats anglicans, une soixantaine de femmes et quarante enfants. Aux yeux de ses sujets protestants, la reine ne fut plus que « Marie la Sanglante ». Néanmoins, elle mourut de sa belle mort, après avoir engagé l'Angleterre dans une guerre contre la France et associé ses armées à celles de son mari Philippe II, lors de la victoire de Saint-Quentin.

L'ordre naturel de succession au trône (1558) ramena le régime anglican avec le gouvernement d'Elisabeth, également fille d'Henri VIII, mais par Anne de Boleyn. L'état d'équilibre instable dans lequel se trouvait encore l'Angleterre au point de vue religieux cessa complètement : le protestantisme règne désormais, représenté non seulement par son Église d'État, imposante héritière de la religion catholique, mais aussi par des sectes nombreuses nées du libre examen, de l'initiative spontanée des fidèles. Aussi la nouvelle religion officielle, se jugeant infaillible, comme la précédente, eut elle à sévir d'une part contre les catholiques, encore ambitieux de reconquérir le pouvoir, d'autre part contre les « dissidents » ou non conformistes, qui se permettaient de pratiquer leur culte en obéissant à leur conscience et non au formulaire hiérarchique. Le régime qui prévalut en Angleterre sous le règne d'Elisabeth, pendant toute la dernière moitié du seizième siècle, fut celui d'un « gouvernement fort », c'est à dire peu respectueux de la vie humaine : la moyenne des pendaisons annuelles pour crimes, délits ou opinions s'élevait à un demi-millier. La « haute commission » nommée par la reine prenait tous les droits contre les sujets, même celui de les soumettre directement aux conseils de guerre. Le Parlement intimidé n'osait plus critiquer les actes de la souveraine et s'abstenait même de revendiquer sa prérogative essentielle, le vote du budget. L'Angleterre restait livrée au bon vouloir de la « Reine Vierge », d'ailleurs strictement économe, même dans ses caprices : elle approuvait fort le luxe déployé en son honneur par les favoris du jour, mais ne s'associait point à leurs prodigalités.

Néanmoins, Elisabeth resta glorifiée dans la mémoire du peuple par des motifs analogues à ceux qui rendirent « le roi Henri » populaire en France : son règne est la période représentative d'un ample développement du commerce et de l'industrie. Tous les arts de la paix fleurirent, et la population, moins opprimée par la misère, trouvant plus d'expansion pour son labeur, s'accrut largement. Avant la fin du seizième siècle, les antiques lois interdisant aux travailleurs de terre de quitter la glèbe natale prévalaient encore : la population n'était pas devenue mobile. En de rares districts seulement, là où les travaux manufacturiers avaient déjà pris naissance, à Norwich notamment, les maîtres tisseurs avaient le droit de prendre des apprentis où il leur convenait. Mais avec la nouvelle ère qui devait faire de la Grande Bretagne l'initiatrice de l'industrie mondiale, la transformation économique réagissait sur les anciennes mœurs, forçant la législation à se mettre à son service. Désormais, les actes de la reine Elisabeth et de ses successeurs permettront aux industriels de recruter leurs apprentis parmi les paysans, et aussi de se procurer leurs maîtres ouvriers en dehors de l'Angleterre : les guerres, les persécutions religieuses sévissant alors sur le continent leur fournissaient un grand nombre d'hommes intelligents parmi les plus habiles et les plus expérimentés dans les divers métiers. L'Angleterre s'enrichit donc aux dépens des contrées d'outre-mer et ceux qu'elle accueillait étaient précisément les meilleurs, la véritable élite, puisqu'ils avaient les convictions — chose rare — et la volonté de les défendre

1. W. Denton, *England in the fifteenth Century*, pp. 217 et suiv.

jusqu'à la ruine et à l'exil — chose plus rare encore — Presque soudainement la valeur intellectuelle, morale et la civilisation matérielle des citoyens anglais s'accrut en de fortes proportions, grâce surtout à l'afflux des fugitifs et des exilés flamands qui arrivèrent en foule dans les districts industriels de l'Angleterre, et non seulement dévelop

Cl. Kuhn, édit.

PRISON DE LA PRINCESSE ELISABETH A LA TOUR DE LONDRES
PENDANT LE RÈGNE DE SA SŒUR MARIE

pèrent les métiers existant déjà, mais en créèrent de nouveaux. Ce fut un véritable élan dans l'accélération des progrès nationaux. Et l'on dit que, de nos jours encore, après plus de trois siècles, les comtés dans lequels les émigrés flamands apportèrent leur travail, leur pensée, leur amour de la liberté, sont ceux qui se distinguent le plus par le nombre des citoyens de belle initiative et de valeur morale. L'hérédité lointaine laisserait encore de très visibles traces[1].

La mobilité croissante à l'intérieur répondait à un mouvement

1. Richard Heath, *Notes manuscrites*.

d'expansion vers l'extérieur. Le goût des aventures, des voyages, devenu si puissant en Angleterre, se précisait déjà comme un trait national et pénétrait dans la littérature : des centaines, des milliers de déclassés se précipitaient à la suite de Walter Raleigh ou de tel autre chercheur de trésors ou de prodiges dans les pays lointains. La destruction de la grande Armada des Espagnols laissait la mer libre, et désormais les Anglais, n'ayant plus que les Hollandais pour grands rivaux, voyaient s'ouvrir devant eux tous les chemins de l'Océan.

Aussi longtemps que les centres commerciaux étaient restés dans le bassin de la Méditerannée, Tyr ou Carthage, Bysance ou Syracuse, Venise ou Gênes, la Grande Bretagne paraissait être aux extrémités les plus reculées de la terre : ses promontoires, ses archipels tournés vers les vagues de l'Océan tempêtueux étaient des limites redoutées que personne n'osait franchir. Mais dès que le Nouveau Monde eut été découvert et dépassé, dès que la circumnavigation du globe eut été faite, que la Terre fut réellement devenue ronde sous le sillage des vaisseaux, l'ensemble du monde connu se déplaça par rapport aux îles Britanniques, et l'Angleterre, cessant d'être l'extrême borne des terres habitables, se trouva du coup, sinon au véritable centre, du moins vers le milieu de tout l'ensemble géographique des masses continentales. Nulle position ne lui était supérieure pour les échanges avec le monde entier[1]. Du reste, l'Angleterre prétendait déjà depuis longtemps, depuis Edouard Ier, en 1299, à la souveraineté des mers chrétiennes jusqu'en vue des côtes d'Espagne. Cette prétention était maintenue en droit international, et les vaisseaux de guerre anglais exigeaient le salut en pleine mer.

Mais c'est principalement de l'époque de déploiement commercial inauguré à la fin du seizième siècle que date la tradition de « Britannia commandant aux flots et à la mer », à la fois par ses pirates et par ses marchands. On en vint même à définir expressément les « mers britanniques », ou mieux, « les mers de Sa Majesté » comme l'étendue maritime se prolongeant jusqu'au cap Finisterra, et, quoique de nos jours les lois internationales fassent commencer la haute mer à trois milles marins (cinq kilomètres et demi) du littoral, tout l'estuaire de Bristol, entre les comtés de Somerset et de Glamorgan, était tenu pour « territoire » anglais. Quoi qu'il en soit, les navigateurs britanniques du seizième siècle

1. H. J. Mackinder, *Britain and the British Seas*, p. 1, 4.

s'élancèrent sur les eaux marines comme si elles leur avaient appartenu de tout temps. Eux, qui n'avaient pris part aux découvertes des continents

N° 398. Plymouth et l'Atlantique.

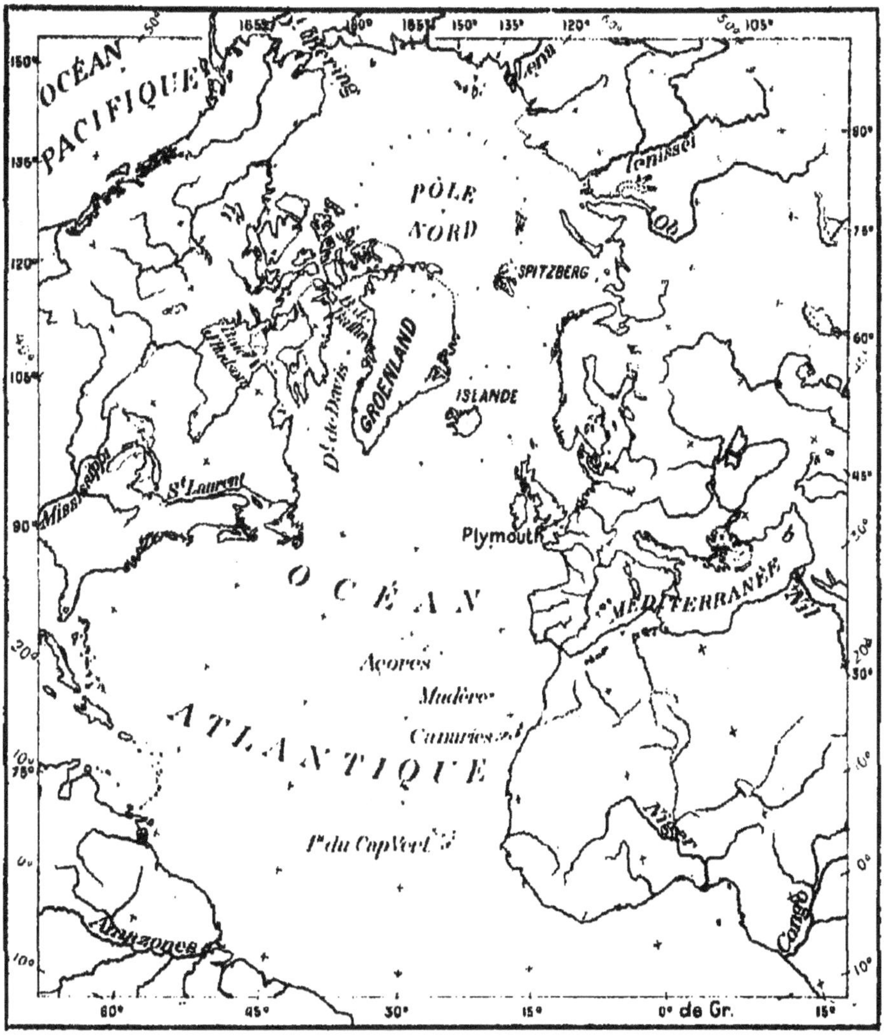

1 : 100 000 000

0 1000 2500 5000 Kil.

L'île Vaïgatch est placée comme un trait d'union entre Novaya Zemlia et le continent; l'île Kulguyev se trouve à mi-chemin entre Vaïgatch et l'entrée de la mer Blanche; la mer de Kara s'étend de Novaya Zemlia à l'embouchure de l'Ob.

lointains que par l'intermédiaire d'étrangers, les Cabot ou Gabotto, cherchaient surtout à s'approprier des voies directes vers l'Asie Orientale par les deux circumnavigations boréales des continents, d'un côté au nord de l'Amérique, de l'autre au nord de l'Asie. Mais ni Frobisher en 1576, ni Davis en 1585, ni Hudson en 1610, ni Baffin en 1616, ne réussirent là où le grand Sébastien Cabot avait échoué, et même lorsque Baffin revint de son expédition infructueuse, il crut pouvoir prononcer une sentence définitive : « Le passage du nord-ouest n'existe point »! Même insuccès vers l'Est; en 1553 Willoughby ne dépassa pas l'île Kulguyev et périt en Laponie, Chancellor retrouva le chemin de la mer Blanche l'été suivant, Burrough atteignit l'île Vaïgatch en 1556, Pet et Jackman, en 1581, pénétrèrent dans la mer de Kara, le Hollandais Barents, enfin, découvrit le Spitzberg en 1584 et hiverna à la pointe nord de Novaya Zemlia : on ne devait dépasser l'embouchure de l'Ob qu'au milieu du dix-huitième siècle.

Si les tentatives de navigation boréale, de trois siècles prématurées, devaient forcément échouer, la marine anglaise ne s'en développait pas moins et de nouveaux ports se fondaient sur le littoral pour la navigation transocéanique. Auparavant, presque tout le commerce de la Grande Bretagne était localisé dans la partie sud-orientale de l'île, c'est-à-dire au plus près des terres continentales avec lesquelles se faisaient les principaux échanges. Le nouveau mouvement de trafic avec les contrées lointaines d'outre-mer devait avoir pour résultat de déplacer l'activité commerciale vers les baies du sud-ouest et de l'ouest. Une statistique précise du milieu du quatorzième siècle permet d'apprécier le contraste saisissant qui se produisit entre les points vitaux de l'Angleterre à deux cents ans d'intervalle, du temps d'Edouard III à celui d'Elisabeth. Lorsque le premier souverain mit à contribution tous les ports du royaume pour la fourniture des navires destinés au siège de Calais, il demanda qu'on lui remît cinquante-sept vaisseaux : le port de Hastings, représentait à lui seul plus du tiers du mouvement commercial du royaume, puisqu'il avait eu à livrer vingt et un bâtiments. Qu'on lui compare la modeste Liverpool d'alors, à laquelle on ne demanda qu'une barque montée par six matelots!

La situation historique, vue dans son ampleur, nous est ainsi révélée. Alors les « Cinque Ports », les cinq ports par excellence, parmi lesquels deux ou trois sont maintenant à distance de la côte et dont aucun n'a plus la moindre activité en dehors de la navigation de plaisance et de la petite pêche, Hastings, Winchelsea, Rye, Romney, Hythe, qui étaient comme les tentacules avancées de Londres, se trouvaient être les havres le plus rapprochés du continent, ceux dont les marins pouvaient cingler le plus rapidement vers les côtes de la Normandie ou des Flandres. La vie appelant la vie, toute la poussée de l'Angleterre devait agir dans cette direction; l'appel de la civilisation continentale obligeait la nation à concentrer dans cette région du littoral tout ce qu'elle avait de force, non seulement pour

Cl. J. Kuhn, édit.

ESTUAIRE DE L'AVON, EN AVAL DE BRISTOL

recevoir, mais aussi pour réagir et pour attaquer. A la fin du seizième siècle, le cours des événements n'avait certainement pas fait disparaître cette attraction que le continent exerce sur l'archipel britannique, mais celui-ci, ayant plus solidement constitué son individualité dans toutes ses parties, avait pris une vitalité générale qui, tout en se manifestant spécialement vers la pointe sud-occidentale de l'île où se trouvait la capitale, se produisait également, quoique à un moindre degré, sur tous les points du territoire. Près de l'extrémité sud-occidentale du royaume, Plymouth était devenue le grand port de guerre et des lointaines expéditions navales, tandis que, sur la côte de l'ouest, Bristol, si bien située sur un estuaire que remonte chaque jour une très haute marée, n'était plus seule à profiter des marchés d'outre-mer offerts aux ports anglais par la découverte du Nouveau Monde.

Liverpool attirait une part, cependant encore minime, de ces avantages; c'est au commencement du dix-huitième siècle seulement que

N° 399. Chester et Liverpool.

1 : 1 000 000

0 10 25 50 Kil

Chester, datant de l'époque romaine, est l'ancienne ville importante du district; Manchester et Liverpool, reliées par un canal maritime, ont aujourd'hui chacune plus de 500 000 habitants; Fleetwood est le port d'embarquement pour l'île de Man; Blackpool, Southport, Llandudno sont des plages de bains de mer.

le commerce de la contrée, obligé de fuir l'estuaire de la Dee, graduellement comblé par les alluvions, alla s'établir dans l'estuaire de la

Mersey, presqu'exactement au centre de figure des Iles Britanniques.

La grande époque de l'industrie naissante et du mouvement local

N° 400. Les Cinque Ports.

1: 1000000

0 10 25 50 Kil.

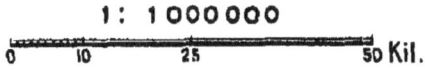

Les « Cinque ports », ainsi que les Anglais désignent encore aujourd'hui ces cinq antiques points d'embarquements, sont indiqués en écriture grêle; les grands ports actuels en écriture grasse. Tilbury et Gravesend ne sont que des avant-bassins commerciaux de Londres: Chatham est l'arsenal militaire; Queensborough et Folkestone sont têtes de ligne des services de passagers vers Flessingue et Boulogne: Douvres, dont la rade des Downs est une annexe, a les services d'Ostende et de Calais, et acquiert en outre une grande importance comme escale: Southend, Margate, Ramsgate, Hastings, Eastbourne sont des plages de bains de mer.

des échanges s'épandant soudain sur le monde fut aussi pour l'Angleterre celle d'un admirable épanouissement de la science et des œuvres littéraires. Ce fut l'âge éblouissant de Shakespeare, de Marlowe, de Ben Jonson, de Beaumont et Fletcher. Le génie anglais s'ouvrait largement aux influences classiques de la Renaissance et des littératures nouvelles qui s'étaient épanouies dans les autres contrées d'Europe.

surtout en Italie et en Espagne[1] : en même temps, il participait à l'esprit général d'aventure pour se livrer aux élans d'une imagination qui ne fut jamais dépassée en ampleur ni en audace. De nos jours le nom de Shakespeare n'a point d'égal parmi ceux des écrivains dramatiques, et, cependant, le chaos des événements politiques le fit presque complètement oublier pendant plus d'un siècle : pour constituer une histoire plus ou moins probable de la vie du grand homme, les commentateurs de son œuvre ont eu recours aux suppositions les plus hasardées.

L'expansion morale de l'Angleterre et l'influence de son langage, de ses idées, de son individualité politique sur l'Ecosse, sa voisine du nord, devaient amener l'alliance intime des deux nations et la pénétration mutuelle de leurs intérêts généraux, malgré les souvenirs haineux des anciennes guerres et les ambitions rivales des grandes familles. Déjà l'ascendant de l'Angleterre s'était manifesté d'une manière si puissante que la reine d'Ecosse, Marie Stuart, fuyant la révolte de ses sujets, implora asile de sa cousine Elisabeth qui la détint prisonnière pendant dix neuf années, et finalement scella du sceau royal la condamnation à mort prononcée par le Parlement protestant contre la catholique Marie, protégée du pape (1587). L'Ecosse et l'Angleterre puritaine, presbytérienne et même anglicane, se trouvaient alors unies de la même haine contre la religion des aïeux et la reine qui lui était restée fidèle. Puis, quand Elisabeth mourut à son tour (1603), le roi d'Ecosse Jacques VI, fils de Marie la décapitée, fut accepté comme roi d'Angleterre, sous le nom de Jacques Ier. La loi de succession au trône et la volonté de la reine Elisabeth l'avaient ainsi décidé, et les Anglais, pleinement conscients de leur suprématie politique et sociale, n'y mirent aucun obstacle. Les royaumes séparés d'Angleterre et d'Ecosse devinrent la Grande Bretagne désormais unie, et le souverain, émigré d'Edimbourg à Londres, eut maintes fois l'occasion d'apprendre à ses dépens combien le milieu avait changé autour de lui.

Au commencement du dix septième siècle, la crise du protestantisme se trouvait presque entièrement terminée dans les trois principales contrées de l'Europe occidentale, sinon dans ses conséquences sociales.

1. H. J. Mackinder, *Britain and the British Seas*, p. 21.

du moins dans sa première phase religieuse. Dans la péninsule Ibérique, le catholicisme avait triomphé d'une manière absolue, écrasant en même temps que le libre examen toute initiative individuelle et collective. En Grande Bretagne le phénomène inverse s'était produit : là l'Église romaine avait été vaincue par les sectes protestantes et une nouvelle ferveur religieuse s'emparait des âmes. La France, entre ces deux extrêmes, n'avait pas eu de solution précise dans l'un ou

Cl. J. Kuhn, édit.

PORT ACTUEL DE RYE

l'autre sens, mais le résultat définitif, avec des atténuations, était bien la victoire de Rome. Un mouvement analogue à celui des grandes contrées de l'ouest avait eu lieu dans les Pays Bas, où les régions du midi c'est-à-dire la Belgique, restaient sous le joug imposé par Philippe II, tandis que les Provinces Unies sauvegardaient en même temps leur foi, religieuse et leur liberté politique. Ainsi que le fait remarquer Taine, la crise de la Renaissance avait renouvelé le christianisme dans les pays du Nord, au lieu d'émanciper l'esprit comme en pays latin.

En Allemagne, l'équilibre était encore instable entre les deux religions en lutte. Les conventions et les traités de paix signés par les confessions rivales n'étaient sincères d'un côté ni de l'autre, et la désunion des sectes protestantes, calvinistes, luthériennes compliquait encore la situation en permettant aux habiles de nouer tout un réseau de machinations secondaires dans le grand drame qui se préparait. Déjà plusieurs fois, la guerre avait été sur le point d'éclater : les deux armées se constituaient : lorsque l'union des princes et des villes se fit en 1608, au nom du protestantisme, la Ligue catholique lui répondit en 1609. En dehors de l'Allemagne, l'Espagne et la France se tenaient prêtes pour entrer dans le mouvement, l'une afin de réaliser l'idéal jésuitique de l'Eglise universelle, l'autre, animée par l'intention toute politique d'abaisser la puissance de la maison d'Autriche et de prendre sa place dans l'hégémonie européenne. Mais la mort d'Henri IV retarda le cours des événements jusqu'à ce qu'un accident, la « Défénestration » de Prague, accomplie, « selon un vieil usage de Bohême », par la foule des Tchèques mécontents sur la personne des conseillers impériaux, déterminât la guerre.

C'était en 1618, et, pendant trente années, devait se continuer l'égorgement, accompagné de misères sans nombre. Le premier choc ne fut pas favorable aux novateurs : la bataille de la montagne Blanche (1620) livra les Bohémiens rebelles à la merci de l'empereur Ferdinand II, qui poursuivit son succès par une persécution terrible et méthodique, sous la très savante direction des jésuites, car, depuis trois siècles, la Bohême vaincue est restée fidèle au culte qu'on lui imposa, et la vie politique ne s'y est ranimée que depuis les temps révolutionnaires modernes. Victorieuses en Bohême, les troupes impériales et catholiques de l'Autriche, de la Bavière, de l'Espagne poussaient leurs avantages dans le Palatinat, puis sur les bords inférieurs du Rhin et dans les plaines septentrionales. Après dix années de guerre, la réaction religieuse et politique parut l'avoir emporté dans toute l'Europe centrale, quoique le roi de Danemark, Christian IV, fût intervenu pour aider les protestants d'Allemagne. Les grands capitaines, Tilly, Spinola, Wallenstein avaient tout balayé devant eux : seulement ce dernier ayant échoué devant les remparts de Stralsund dut, après deux mois de siège, battre en retraite avec une armée amoindrie de douze mille hommes. Néanmoins le triomphe de l'ancien régime semblait si bien établi qu'en 1629, Ferdinand II fit proclamer un « édit de restitution » d'après lequel tous les biens que princes et villes avaient enlevés à l'Eglise dans toute l'étendue de l'Empire lui seraient rendus : de même que les richesses matérielles, les âmes devaient être restituées au catholicisme : partout on essaya d'imposer l'abjuration du protestantisme et le retour des repentants au « bercail ».

N° 401. Théâtre de la Guerre de Trente Ans.

La carte est à l'échelle de 1 à 6 000 000.

Les principaux faits de guerre sont les suivants : (c), victoire autrichienne, (p), défaite.

1620, Weisserberg (c); 1622, Wimpfen (c), Höchst (c); 1623, Stadtlohn (c); 1625, les Danois traversent l'Elbe à Stade; 1626, Lutter (c), Dessau (c) ; 1629, siège de Stralsund; 1630, arrivée de Gustave-Adolphe; 1631, sac de Magdebourg, Breitenfeld (p), Donawörth (p), traversée du Lech (p) ; 1632, Lützen (p) ; 1634, Nördlingen (c) ; 1636, Wittstock (p); 1638, Rheinfeld (p), Brisach (p) ; 1639, Chemnitz (p), Glogau (p), Schweidnitz (p) ; 1641, Wolfenbüttel (p); 1643, Rottweil (p) ; Tuttlingen (c) ; 1644, Fribourg (p), Jüterbog (p) ; 1645, Marienthal (c), Yankowitz (p), manque sur la carte, Nördlingen (p) ; 1647, Lauingen; 1648, Süssmarch (p), Rain (p). Vienne menacée, prise du château de Prague par les Suédois.

La bataille de Rocroy, 1643, et de Lens, 1648, où les impériaux furent battus, appartiennent au même cycle de guerre.

Ne redoutant plus le danger, les vainqueurs s'empressèrent de se disputer les dépouilles, et Wallenstein, devenu trop puissant pour ses alliés, dut abandonner en disgrâce le commandement des armées. Il était renvoyé trop tôt, car les princes protestants, frappés à l'endroit sensible par l'édit de restitution, cherchaient un appui en dehors des frontières, en France et en Scandinavie. Le cardinal de Richelieu, devenu le véritable souverain de la France à la place du vacillant Louis XIII auquel il ne laissait que le décor officiel, fut, avec le soldat Gustave-Adolphe, le personnage qui rétablit l'équilibre des cultes et des Etats dans l'Europe centrale. Prélat romain, il ne laissait point discuter par ses sujets français les prérogatives de l'Eglise catholique, mais à l'étranger, il n'était plus embarrassé par sa foi et ne cherchait qu'à susciter des ennemis, fût-ce le pape, fût-ce même des protestants, à l'insidieuse Espagne et à l'orgueilleuse Autriche. Il y réussit et fournit l'argent aux princes confédérés, tandis que Gustave-Adolphe leur amenait son armée, constamment victorieuse. Mais la campagne du vaillant homme de guerre ne dura qu'une année, et le deuxième acte de la terrible lutte se termina en 1632 par la bataille de Lützen, où il mourut en plein triomphe. Aux grandes manœuvres stratégiques, d'ailleurs toujours accompagnées de brigandages, succéda un état général de chaos sur presque tous les points de l'Allemagne : les massacres, les famines et les pestilences dépeuplèrent le pays et, de lassitude absolue, les survivants seraient probablement retombés sous la domination de l'Autriche si les troupes envoyées par Richelieu ne s'étaient unies aux Suédois et n'avaient fait campagne à côté d'eux pendant les seize années que dura encore cette interminable guerre.

Enfin, après sept années de conférences préliminaires, en 1648, la paix dite de Westphalie fut signée à Münster et à Osnabrück par un acte dont le dédoublement sauvegardait de niaises susceptibilités de préséance. Les discussions oiseuses des plénipotentiaires semblaient devoir durer aussi longtemps que les campagnes des chefs de guerre ; les opérations militaires continuaient normalement pendant que l'on discutait les conditions de paix, et lorsque les diplomates réussirent à se mettre d'accord, les protestants étaient en train de reconquérir Prague ; la guerre de Trente ans se terminait à l'endroit où elle avait commencé. Les petits princes lésés par les terribles événements, les bourgeois ruinés, les peuples décimés furent oubliés dans le règlement définitif, mais les grands États recueillirent le bénéfice de leur victoire sur la maison d'Autriche ; l'indépendance de la Suisse et celle des Provinces Unies furent pleinement reconnues ; la Suède reçut un morceau du territoire germanique, et la France se fit assurer la paisible possession des évêchés de Metz, Toul et Verdun, ainsi que celle des campagnes de l'Alsace. Naturellement, il fut stipulé que les conventions réglées entre les

Cl. J. Kuhn, édit.

CATHÉDRALE DE METZ (1332-1546)

puissances auraient un caractère « éternel ». Du moins, cette éternité dura-t-elle un siècle et demi, jusqu'à la Révolution française. La paix de Westphalie fut le point de départ de toute la politique nouvelle en Europe, politique dont le dogme initial faisait de la « maison de France et de la maison d'Autriche comme les deux pôles desquels descendaient les influences de paix ou de guerre »[1]. Lors du traité, les trois cent cinquante-cinq États souverains de l'Allemagne étaient absolument épuisés, sans force pour agir au dehors, incapables même d'empêcher les peuples voisins de faire du territoire germanique

1. Ernest Nys, *La Notion et le Rôle de l'Europe en Droit international.*

leur champ de bataille. Quel avait été l'amoindrissement de la fortune publique? De combien de millions d'hommes la population germanique avait elle été diminuée? On ne sait, mais les évaluations des historiens sont effrayantes : il ne serait resté que des milliers d'individus, là où l'on en comptait des millions au commencement du dix septième siècle. Des brousses, des tourbières recouvraient les bourgades et les cités disparues.

Pendant la guerre de Trente ans, les protestants anglais n'avaient pu se porter au secours de leurs coreligionnaires d'Allemagne : ils avaient eu également leurs grandes luttes à soutenir. Là, les idées nouvelles, qui se révélaient d'une manière éblouissante dans leur manifestation littéraire, cherchaient également à se réaliser dans le monde politique et social, contrairement aux intérêts de toute nature engagés dans le maintien des institutions anciennes. Le roi Jacques Ier, luttant contre son Parlement, essayait sans succès de gouverner seul, conformément à son droit divin : le manque de fonds l'obligeait quand même aux concessions humiliantes. L'état de crise s'envenima lors de l'accession de Charles Ier au trône (1625) à tel point que le roi, personnage volontaire, capricieux, perfide, et non moins infatué de sa dignité royale que l'avait été son père, crut pouvoir se brouiller définitivement avec son peuple : pendant onze années, il préleva les impôts en violation des lois, sans convoquer les membres du Parlement, et s'appuya sur des alliances avec la France et l'Espagne pour intimider ses sujets indignés contre lui. Mais la Révolution finit par éclater à propos d'une question religieuse, suscitée quand même par l'esprit national, car c'est en Écosse que le mouvement éclata : en 1637, dans l'église St-Giles, à Edimbourg, une femme du peuple Jenny Geddes, jeta son tabouret pliant à la tête du prêtre qui lisait la liturgie suivant le rite anglican. Un an plus tard, les presbytériens s'engagèrent par un solennel *covenant* ou contrat à se soutenir mutuellement contre tous les ordres du roi, relatifs à la confession de foi religieuse et à l'exercice du culte.

Ce contrat, c'était la guerre, et déjà çà et là les *covenanters* écossais commençaient à expulser les troupes royales. Il n'était plus possible à Charles Ier de continuer à gouverner en dépit de son peuple et, de la plus mauvaise grâce du monde, il dut s'exécuter en convoquant le Parlement de 1640 : mais c'est en vain qu'il demanda de l'argent. On lui en refusa, tandis que les Ecossais pénétraient en pleine Angleterre et marchaient sur la Tyne. Le roi essaya de parer aux difficultés en opposant la Chambre des Lords à celle des Communes et en s'appuyant sur la seule aristocratie : il lui fallut céder quand même et convoquer, cette fois sérieusement, un parlement qui débuta dans son œuvre révolutionnaire par la mise en accusation des ministres et par la déposition du roi. Celui-ci n'avait plus la force, mais il lui restait la ruse. Il essaya de susciter des conspirations catholiques, puis conspira lui même, et

Cl. Valentine.

UNE RUE DE LONDRES. WHITEHALL

L'échafaud où fut exécuté Charles Ier faisait face au prémier bâtiment à gauche, de plain pied avec la fenêtre centrale du rez-de-chaussée.

dut à la fin s'enfuir. La guerre civile commença entre les « Cavaliers », les fidèles du roi, et les « Têtes rondes », gens sans perruque, insoucieux des beaux habits mais d'autant plus âpres à la bataille. La guerre dura sept années, tant les forces étaient près de s'équilibrer entre les deux partis. Elle se termina pourtant par la capture, la décapitation du roi et la proclamation de la République (1649).

Cet événement considérable était dans la logique des choses. La bourgeoisie, déjà très forte, disposant des ressources imprévues de l'industrie et du commerce et comptant parmi les siens des philosophes, des écrivains et des artistes, avait évidemment à se donner une forme politique correspondant à la nouveauté de la situation. En outre, le mouvement religieux venait très puissamment à son aide par l'énergie farouche des croyants qui se plongeaient dans la lecture de la Bible, dans la récitation des cantiques, dans l'extase de la prière, et se confiaient aveuglément aux promesses de victoire et de salut, telles qu'ils les interprétaient dans la violence de leur foi. La « chose commune » — le Commonwealth — était copiée sur l'état politique des douze tribus d'Israël à l'époque des juges et des prophètes, avant l'élection du roi Saül, et comportait à l'égard des ennemis de Dieu « toute l'impitoyable cruauté qu'avait ordonnée Yahveh à ses serviteurs, Josué et Gédéon ». Les « Cavaliers » ou catholiques irlandais étaient également des Amorrhéens maudits. Les soldats de Cromwell repoussaient devant eux les paysans celtiques : « Au Connaught »! criaient-ils, et, le plus souvent, ce cri était remplacé par l'expression plus énergique : « To Hell »! En enfer!

Mais la république fondée par ces rudes exterminateurs néo-juifs fut-elle vraiment une république? Les mots changent de valeur suivant les âges et, si mal gouvernée qu'elle soit, la « chose publique » n'en reste pas moins celle qui doit intéresser tous les hommes participant à son entretien. A ce point de vue, chaque nation constitue réellement une république pour un nombre plus ou moins grand de ceux qui peuplent l'ensemble du territoire. Quant à la république idéale, dont tous les membres agissent en citoyens solidaires, comme part intégrante d'un même corps politique, le Commonwealth d'Angleterre ne chercha point à l'être : il s'établit franchement en État centralisé, disposant d'une force plus que royale pour la suppression de toute résistance. La période la plus libre du peuple anglais fut celle de la guerre qui précéda la déchéance temporaire de la royauté, car chacun pouvait alors prendre part dans un camp ou dans l'autre, pour défendre la cause dont ses opinions se rapprochaient le plus. Mais la victoire des Têtes-rondes était de celles qui font céder toute opposition, et celui qui leur commandait se trouvait être un véritable empereur, bien qu'il se contentât d'un titre plus modeste. Devant lui, le Parlement n'osa point formuler d'acte de « remontrance », et, quand cette assemblée vint à déplaire, il suffit d'une troupe de soldats pour la disperser. Cromwell était si bien devenu le souverain effectif que, vers la fin de son règne, en 1658, il essaya de reconstituer une Chambre des Lords, pour s'appuyer sur une assemblée aristocratique contre les représentants de la bourgeoisie et du peuple naissant. Il mourut trop tôt pour achever personnellement l'œuvre de réaction à l'intérieur : c'est la royauté, dynastiquement restaurée, qui devait reconstituer le mécanisme traditionnel.

Cl. Sellier.

UNE BANQUE EN L'AN 1680.

A l'extérieur, l'Angleterre occupait une situation à laquelle on eût pu appliquer le mot de « splendide isolement », imaginé deux siècles plus tard. Tant de fermes intelligences, tant de puissantes volontés avaient été à l'œuvre dans les grands événements, que la nation dans son ensemble était devenue absolument sûre de sa force et qu'elle pouvait se donner le luxe de vivre sans alliés. Naturellement, elle avait pour ennemie la nation française, que le respect du « droit divin » avait entraînée à se solidariser avec la dynastie des Stuarts, mais les marins du « grand roi » n'avaient pas été les plus forts, et Mazarin eut l'humiliation de reconnaître la république anglaise, et celle, peut-être plus cruelle encore, de ne pouvoir faire persécuter les Vaudois des Alpes, désormais protégés par le bras de l'Angleterre. Le Portugal, l'Espagne avaient été réduits également à demander la paix, et même l'Espagne fut obligée de céder la Jamaïque, l'une des grandes perles antiliennes, dont les marchands anglais s'empressèrent de faire aussitôt le principal marché de nègres pour le recrutement des esclaves dans les plantations d'Amérique. Enfin, l'Angleterre atteignit un tel degré de puissance maritime qu'elle put même se brouiller avec les Provinces Unies par l'acte de « navigation » publié en 1651, qui réservait tout le commerce des îles Britanniques aux seuls navires anglais. Après trois années de conflit sur mer, les Hollandais furent obligés d'accepter les dures conditions du vainqueur: la Grande Bretagne était désormais la seule puissance à pouvoir se dire la « Reine de la mer ».

Et cependant, par un contraste assez naturel, tandis que les navires de l'Europe occidentale, et surtout ceux des Etats du Nord, anglais et hollandais, pratiquaient de plus en plus le chemin de l'Océan, la Méditerranée, qui avait été jadis la « mer » par excellence, se dépeuplait presqu'entièrement. Les embarcations espagnoles et italiennes n'osaient plus s'aventurer dans les eaux orientales, où dominaient les Turcs, et ceux ci redoutaient de pénétrer dans les parages occidentaux. Seuls, les pirates de la Méditerranée, profitant de la terreur superstitieuse que leurs mœurs barbares avaient répandue, rôdaient le long des côtes, prompts à s'emparer des pêcheurs qui s'attardaient à rentrer au port, des bergers et des troupeaux de la rive auxquels ils avaient pu couper la retraite. Les habitants des rivages maritimes, même ceux des villes, saisis de frayeur, avaient abandonné leurs habitations côtières pour s'établir sur les promontoires du guet, dans l'enceinte de hautes murailles où ils s'enfermaient à la moindre alerte. La navigation de commerce, devenue timide, diminuait de plus en plus, et, comme toujours, trahie par les gouvernements « protecteurs », fut même officiellement interdite: pendant une partie du dix septième siècle, tout commerce de la France avec la Maurétanie resta supprimé par ordre d'en haut. Il est certain que le mouvement de recul en civilisation dont tout le monde oriental avait été frappé depuis le renversement de Bysance avait tendance à se reproduire aussi sur le littoral méditerranéen de l'Ouest; à certains égards, les populations côtières avaient rétrogradé jusqu'à l'époque pré phénicienne. On s'étonne que l'audace et le succès des corsaires mahométans aient grandi précisément aux temps où les nations chrétiennes avaient déjà conquis l'immensité de la rondeur terrestre par leurs voyages de circumnavigation. Ce phénomène historique ne peut s'expliquer que par le déplacement relatif de l'activité humaine : en se portant vers l'Ouest, la vie des nations avait abandonné son ancien foyer, elle ne gravitait plus autour de Rome, mais autour de Londres et d'Amsterdam pour le commerce mondial, de Paris pour le travail de la pensée et des arts.

Un indice frappant du recul dans la civilisation de la Méditerranée occidentale se voit dans le fait que la piraterie put s'y maintenir pendant

Cl. Kuhn, édit.

ALGER, VU DU NORD-EST

La jetée rattachant l'îlot de la Marine au littoral, et protégeant le port contre le vent du Nord, fut construite, dès 1530, par Kheïr-el-Din, l'un des frères Barbarossa (Bab' Aroudj). L'îlot porte un phare et des travaux de défense.

trois siècles, depuis l'arrivée des frères Barbarossa en 1516 jusqu'à la prise d'Alger en 1830. Peut être cette étonnante durée d'un État de corsaires, ne disposant d'ailleurs que de ressources militaires assez limitées, doit-elle être expliquée par des alliances secrètes, les puissances de l'Europe aimant à se susciter mutuellement des ennemis. Quoi qu'il en soit, les côtes de la Maurétanie se dressèrent longtemps pour les Européens comme un mur de bronze. En 1541, Charles Quint, ayant Fernand Cortez dans son état-major, avait inutilement risqué sa fortune devant les murs d'Alger : sa flotte de 870 vaisseaux avait été dispersée, et c'est à grand' peine qu'il put ramener le reste de son armée. Les « Barbaresques » avaient, dans leur période de prospérité, jusqu'à 200 navires de course, qui leur servaient surtout à recruter leurs ateliers d'esclaves et leurs harems : une part des captifs était rachetée et la somme des rançons enrichissait le trésor du dey, tandis que les gens capturés en tout pays constituaient cette population hybride des « Maures » qui remonte par sa généalogie à toutes les races de l'Europe, de l'Afrique et de l'Asie. Les corsaires d'Alger, participant au mouvement général qui entraînait les marins dans la direction de l'Ouest, osèrent aussi franchir le détroit de Gibraltar et faire de soudaines descentes sur les côtes océaniques. On les vit en Irlande, où ils détruisirent la ville de Baltimore ; en 1627, ils apparurent même dans la « Terre des Glaces », et l'île principale de l'archipel Westmann fut par eux complètement nettoyée de sa population et de tout ce que ses cabanes avaient en objets de valeur [1]. C'est en vain que la Grande Bretagne, au fort de sa puissance, canonna les forts d'Alger. D'autres attaques des Hollandais et des Anglais unis, en 1669 et 1670, furent également inutiles. Les Français, ayant des intérêts plus immédiats à défendre, puisque les côtes du Languedoc et de la Provence font face à celles de la Maurétanie, mirent plus de suite dans leurs attaques, et finalement, en 1687, Alger, en grande partie brûlée, fut réduite à demander une paix, d'ailleurs mal observée. Cette exécution créa pour la France une sorte de droit politique dont elle profita, un siècle et demi plus tard, pour substituer son pouvoir à celui des souverains mahométans.

La paix relative dont la France avait joui pendant les dernières années du seizième siècle et la première moitié du dix-septième, avait renouvelé son avoir en hommes et en ressources. Elle était redevenue assez riche pour reprendre ses habitudes de prodigalité. Lorsque le fils d'Henri IV, Louis XIII, mourut, quelques mois après Richelieu, l'homme de puissante et tenace volonté qui l'avait toujours mené à la lisière, la France avait conquis l'hégémonie parmi les puissances de l'Europe continentale. Le successeur de Richelieu, également un prêtre, le cardinal Mazarin, continua la politique du maître qu'il avait servi, sans apporter dans ses actes la même audace ni la même volonté, mais avec plus de cautèle et de souplesse, et d'ailleurs, avec le même succès ; il eut pourtant à lutter contre de très grandes difficultés et, plus d'une fois, on put le croire vaincu, puisqu'il fut obligé de s'exiler temporairement,

1. Olafson et Palsson, *Voyages*.

d'abord à Brühl, près de Cologne, puis à Bouillon. En ce moment de l'histoire (1648), tous les mécontents, et ils étaient nombreux, croyaient que la minorité du roi Louis XIV, alors âgé de sept ans, sous la tutelle d'une femme et d'un prêtre, tous deux étrangers, fournissait une occasion unique pour amener un changement favorable à leurs intérêts. Les personnages de la haute aristocratie dont Richelieu avait rabaissé l'orgueil et diminué les grands privilèges voulaient reconquérir ces prérogatives traditionnelles de grands feudataires indépendants; les gens de robe, à leur tête les magistrats du Parlement, cherchaient à reprendre leur part d'action dans l'État que le maître avait graduellement centralisé à son profit : tous ceux qui voulaient à divers titres occuper une fonction honorifique ou rémunérée, se prononçaient contre l'intrusion de plus en plus active d'étrangers de toute espèce, d'Italiens surtout, que la faveur de Mazarin comblait de bénéfices et de places : déjà le cri de « la France aux Français » ralliait les ambitieux du pouvoir en un grand parti. Enfin le peuple, amusé par le bruit, entraîné par le vague espoir d'une amélioration quelconque, se mêlait naïvement à cette agitation dont il ne devait point profiter et contribuait à lui donner ce caractère de « fronde » qui le dépeint dans l'histoire. En effet, le sérieux lui manqua, elle ne répondait point à un vouloir profond, nécessité par un changement d'équilibre dans la vie nationale : s'il avait été modifié, ce n'aurait

Cabinet des Estampes.

WILLIAM SHAKESPEARE

pu être que dans une voie de régression, par une sorte de retour vers la féodalité. Le mouvement avorta, perdant tout caractère d'agitation générale avec un but déterminé, pour devenir une simple querelle entre deux individus : un général heureux d'une part, Louis de Condé, dont le grand nom et ses succès contre les Espagnols ne suffisaient pas à compenser, aux yeux de ses propres amis, l'orgueil grotesque et la grossière insolence, et, d'autre part, un prêtre rusé, connaissant toutes les ressources du mensonge et de la flatterie, ayant pour lui la force de la tradition et l'appui de la maison royale dont même il faisait partie, puisque la reine régente, Anne d'Autriche, l'avait pris religieusement pour mari, disent les mémoires du temps. En 1652, il était absolument maître de la situation; et bientôt il rentrait dans Paris, précédé par une amnistie qui ne devait point être observée. Louis de Condé fut réduit à trahir la France pour se faire nommer dans les Flandres généralissime de ces Espagnols qu'il avait naguère vaincus.

Néanmoins la Fronde n'avait pas déroulé ses petits événements sans être de quelque utilité pour la France. Ce que l'on appelle le « principe d'autorité » avait été fort affaibli pendant cette période, et les initiatives individuelles en avaient grandement profité. On s'amusa beaucoup sous le régime changeant et chaotique des « frondeurs » et des royalistes qui se disputaient le pouvoir, mais les penseurs, les moralistes, les peintres de caractères purent étudier plus librement, les intelligences se développèrent avec plus de force et de joie. Aucune époque de l'histoire de France ne fut plus riche que la période de la Fronde pour la formation d'hommes de génie ou d'un talent supérieur : si Corneille était alors en sa pleine vitalité, puisqu'il était déjà l'auteur du *Cid*, La Fontaine et Molière étaient de tout jeunes gens, Perrault, Boileau, Racine se trouvaient encore en pleine enfance, et La Bruyère naissait dans les années mêmes des dissensions civiles. Nul doute que l' « âge d'or » de la littérature française ait eu en très grande partie son origine dans cette période d'interrègne entre les deux dominateurs inflexibles, le cardinal de Richelieu et le roi Louis XIV.

Celui-ci, qui reçut le pouvoir au lit de mort de Mazarin, en 1661, n'avait alors que vingt-deux ans, et sa part dans les fatigues du gouvernement avait été nulle; mais, par une illusion très naturelle aux rois, il put se croire très grand depuis le premier jour, puisque ses domaines avaient de toutes parts dépassé les anciennes frontières, que les récoltes emplissaient les greniers et que la population augmentait dans toutes les provinces, que ses armées étaient les plus solides et les mieux commandées de l'Europe et que ses finances, en fort bon état, lui permettaient d'intervenir avec autorité dans la politique de tous ses voisins. Il occupait le premier rang parmi tous les souverains de l'Europe avant d'avoir régné, et lui-même avait pleine conscience de la hauteur de son destin. Noble et digne dans son maintien, il était aussi plein de grâce : il ne lui suffisait pas d'être majestueux, il avait, en outre, le souci de plaire et réussissait à merveille parce qu'il s'entendait également à faire valoir les autres. Il possédait le vrai sens du faste, car il était non seulement magnifique dans sa personne, il savait l'être aussi dans l'ensemble de sa cour, dans l'ordonnance de tout ce qui l'entourait, dans les institutions qui se fondèrent sous son nom, dans le fonctionnement et l'harmonie de ses ministères, dans tout l'organisme de l'État.

Cabinet des Estampes.

LABRUYÈRE, 1645-1696.

Partout il sut ménager ces belles perspectives architecturales qu'il réalisa matériellement et symboliquement, à la fin, dans son immense palais de Versailles, dans ce monde sans fin de pierre et de marbre, dont les galeries et les terrasses, les somptueux escaliers, les allées aux fontaines jaillissantes et le peuple de statues se prêtent si bien à la magie des couleurs, à l'élégance des groupes et à la pompe des cortèges. La cohue des courtisans se transformait autour de lui en une belle figuration théâtrale, et tout ce qui ne pouvait entrer dans ce décor incomparable, le peuple aux bras nus et au grossier langage, les bourgeois affairés s'occupant de leur commerce et de leur profession, tous les corvéables et payeurs d'impôts étaient tenus à distance. Le luxe s'étalait à Versailles, mais c'est à Paris que se faisait le travail, répugnant pour les beaux yeux, c'est à Paris que l'on continuait de penser et d'agir, choses indélicates qui n'eussent point été permises auprès du maître. Ainsi s'établissait nettement le contraste de la « cour » et de la « ville », sièges de deux royautés, l'une orgueilleuse, envahissante, suivie de renommées qui claironnaient sa gloire ; l'autre s'ignorant presque elle-même et se faisant petite, mais ayant pourtant en elle les promesses de l'avenir. Malgré toutes les apparences, c'est là que se trouvait la force, et c'est à elle que s'adressaient les écrivains, tout en envoyant humblement leurs dédicaces au Roi.

Toute opposition formelle avait disparu : aucun murmure ne se faisait entendre. Les magistrats des parlements, si bruyants lorsqu'ils espéraient triompher de Mazarin, étaient devenus silencieux et se bornaient à enregistrer les édits qu'on leur donnait à lire et à copier. Les franchises des provinces et des corporations qui ne s'accordaient pas avec les règles de la centralisation générale étaient supprimées. Il n'était plus question des libertés municipales depuis plusieurs règnes, mais du moins en restait-il çà et là quelques symboles, et ces symboles même étaient désormais abolis. C'est ainsi qu'en se présentant devant le roi, l'échevin de Marseille, Glandavès, paya cher son respect des anciennes coutumes. Conformément au droit traditionnel des magistrats de l'antique cité, il avait gardé la tête couverte en face du souverain ; mais la tradition fut brusquement coupée par un cérémonial nouveau et plus puissant, puisque le fier échevin faillit être décapité : il ne fut sauvé que par le dévouement de ses collègues, qui, solidaires de son orgueil, le firent échapper, puis subirent un long emprisonnement.

Catholique sévère, car la religion avec sa belle hiérarchie, ses rites et ses fêtes appartenait à la magnificence de l'Etat, Louis XIV ne souffrait non plus aucune opposition de la part des prélats. L'Eglise dite « gallicane », parce qu'elle tenait compte des intérêts royaux dès Gaules contre la domination des papes, se constitua victorieusement sous Louis XIV, et tous les corps de l'Etat durent l'aider à triompher. A diverses reprises, l'ingérence du pape fut fermement écartée, et finalement, en 1682, un concile, où siégeaient trente-cinq évêques, accueillit par son vote respectueux les « quatre propositions » formulées par Bossuet, d'après lesquelles « princes ni rois ne sont soumis à la puissance de l'Église dans l'ordre matériel, tandis que les papes doivent, même en matières religieuses, se conformer aux résolutions des conciles et observer, notamment en France, les principes établis, les coutumes, les institutions ». Ces quatre articles eussent été considérés deux cents

Cl. J. Kuhn, édit.

VERSAILLES. LE BASSIN DE LATONE ET LE PALAIS

ans plus tard comme de véritables hérésies, et deux siècles plus tôt auraient conduit leur auteur au bûcher, mais elles étaient alors l'orthodoxie même pour les prélats français et ne les empêchaient nullement de persécuter les hérétiques d'alors, jansénistes et protestants.

En ses domaines, tous étaient prosternés devant le roi ou même devant son image fulgurante de rayons comme un soleil. Naturellement, il devait prendre au sérieux ce nom de « Grand » dont ses courtisans le saluaient et se laisser tenter par l'ambition de faire resplendir sa gloire jusqu'aux confins du monde. Si sa bizarre devise, *Nec pluribus impar*, présente un sens quelconque, ne signifie-t-elle pas qu'il se sentait de force à lutter contre plusieurs adversaires à la fois et qu'il les défiait d'avance en prenant leurs royaumes pour enjeu? La folie de la domination universelle l'avait pris pour victime, comme d'autres que la fortune a placés dans la région du vertige, et, dans le vaste organisme militaire qui se groupait autour de lui, au-dessus de la foule des producteurs ne demandant que la paix, combien de jeunes oisifs d'audace et de talent étaient prêts à seconder ses ambitions! Malgré les traités qui avaient assuré à la France une situation dominante, la guerre était nécessaire à la gloire de son maître, et son règne ne fut, en effet, qu'une guerre sans fin.

Les raisons ne pouvaient manquer à un homme placé au dessus de la morale humaine. Marié à une fille d'Espagne, il réclame, à la mort de Philippe IV, 1665, une part d'héritage à laquelle il n'avait aucun droit. Ce fut le début de l'interminable lutte dans laquelle ses généraux, habitués à la victoire, trouvèrent bientôt des rivaux dignes d'eux, tandis que leurs ressources en hommes et en argent s'épuisaient peu à peu. La fin du siècle marque l'apogée de la puissance territoriale du roi Soleil : en 1700, un de ses petits-fils monte sur le trône d'Espagne; mais l'Empire, l'Angleterre, la Hollande, le Portugal se liguent contre lui, et à la période des victoires succède celle des campagnes indécises, puis celle des batailles perdues et des retraites désastreuses. De 1704 à 1710, Marlborough et le prince Eugène de Savoie infligent défaite sur défaite aux Français : Blenheim, Ramillies, Oudenarde (Audenarde), Malplaquet, et rendent à peu près nulle l'œuvre des Turenne, des Condé et des Vauban; pourtant une dernière et suprême journée, celle de Denain, en 1712, trois années avant sa mort, permet à Louis XIV de s'éteindre dans une certaine attitude de majesté et laisse la France dans les limites que l'on est convenu d'appeler « naturelles » sans qu'il soit possible de spécifier en quoi elles consistent : il est en tous cas certain que, suivant le lit du Rhin ou la crête des Vosges, la frontière politique ne respecte pas celle des langues.

De toutes les annexions de provinces qui se firent sous son règne, la moins contestée par les habitants eux mêmes et par les puissances étrangères fut celle de la Franche-Comté, qui — étrange bizarrerie des jeux de la politique et du hasard — était restée jusqu'alors une dépendance de l'Espagne. Il est certain que la pente générale du pays, la direction des vallées, les relations commerciales, la langue et les mœurs de la population donnaient à la France une grande force d'attraction sur les Francs-Comtois, et ceux-ci se seraient depuis toujours unis à leurs voisins occidentaux en une même communauté nationale s'ils avaient été sûrs de conserver les franchises locales, dont ils étaient justement fiers et qui avaient valu son nom glorieux à leur patrie. Une autre force d'attraction, provenant aussi du voisinage et de la ressemblance due à des institutions analogues, tendait à rattacher la Franche-

Gravure extraite de Sites et Monuments de France.

FRANCHE-COMTÉ. — LA SOURCE DU LISON

Comté aux cantons « libres » de la Suisse; mais, à cette époque, les États confédérés n'offraient point un exemple à suivre. La vente des jeunes hommes à titre de mercenaires avait avili la nation, et les bourgeois des villes, en privant les paysans des terres communales, les forçaient à la servitude. Il en était résulté, en 1653, de sanglantes révoltes qui furent réprimées avec la même cruauté que le soulèvement des paysans d'Allemagne l'avait été un siècle auparavant. La « Comté » n'aurait donc pu trouver d'appui dans les cantons suisses pour maintenir son indépendance après la retraite des armées espagnoles, en 1674, lorsqu'elle fut sollicitée par la monarchie française. En fait, l'occupation se fit en quelques jours, presque sans lutte, et fut définitive.

Du côté du nord-est, entre le littoral des Flandres et le massif des Ardennes, toute frontière ne peut être que purement artificielle. Des

N° 402. Batailles de la Marche belge.

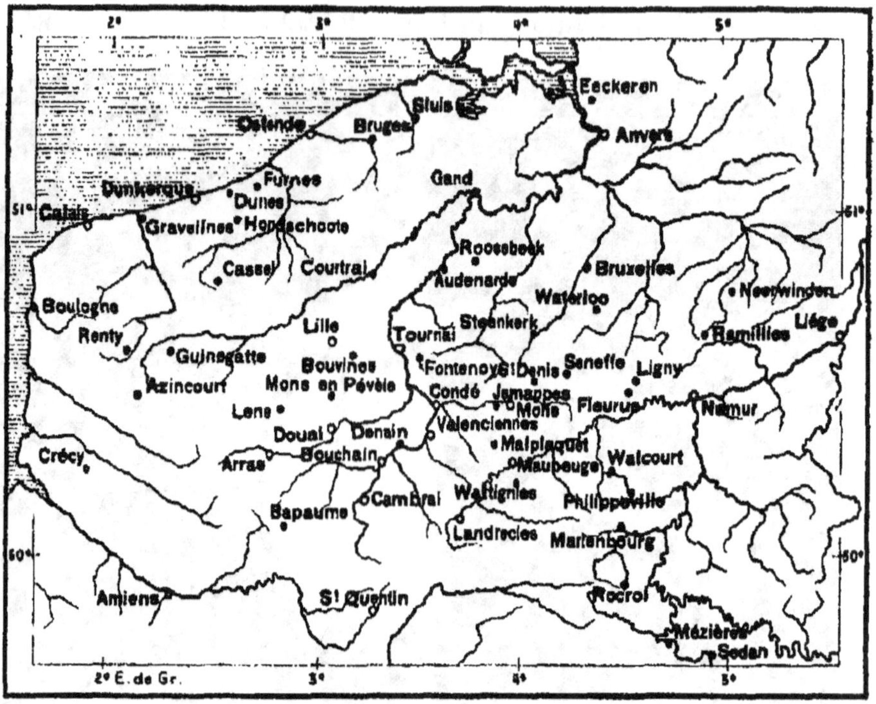

1 : 2 500 000

0 50 100 150 Kil.

Les points noirs indiquent des lieux de bataille, les points ouverts, des villes dont les sièges eurent quelque importance.

Succession des batailles en rase campagne et sièges. — s, victoire du sud ; n, victoire du nord.

1214	Bouvines	s	1479	Guinegatte	n	1678	Saint Denis	s	1745	Fontenay	s
1297	Furnes	s	1513	Guinegatte	n	1689	Walcourt	n	1792	Jemappes	s
1302	Courtrai	n	1554	Renty	s	1690	Fleurus	s	1793	Wattignies	s
1304	Mons-en-Pévèle	s	1558	Saint-Quentin	n	1692	Steenkerk	s	1794	Fleurus	s
1328	Cassel	s	»	Gravelines	n	1693	Neerwinden	s	»	Hondschoote	s
1340	L'Ecluse	n	1643	Rocroy	s	1703	Eeckeren	s	»	Seneffe	s
1346	Crécy	n	1648	Lens	s	1706	Ramillies	n	1815	Ligny	s
1382	Roosebeek	s	1658	Dunes	s	1708	Oudenarde	n	»	Waterloo	n
1408	Halbain	s	1659	Marienbourg	s	1709	Malplaquet	n	1870	Sedan	n
1415	Azincourt	n	1674	Seneffe	?	1712	Denain	s	1871	Bapaume	s

1213	Lille, et 1297, 1667 1708, 1792	1539	Gand	1646	Dunkerque, et 1658, 1793	1692	Namur, et 1695 1745, 1792
1347	Calais	1544	Boulogne	1676	Bouchain, et 1711, 1712	1710	Douai, et 1712
1467	Liège	1555	Rocroy, et 1656	1677	Cambrai, Cassel	1712	Landrecies
1414	Arras, et 1479 1640, 1654	1572	Mons, et 1691 1746, 1792	»	Valenciennes, et 1793, 1794	1745	Tournay
1521	Mézières	1585	Anvers, et 1832			1793	Maubeuge
		1604	Ostende			»	Condé

voies historiques faciles la franchissent sur divers points, et la limite des langues — flamand et wallon —, la seule ligne de séparation qui pourrait justifier en apparence la création d'une barrière politique, se

N° 403. Batailles de la Marche alsacienne.

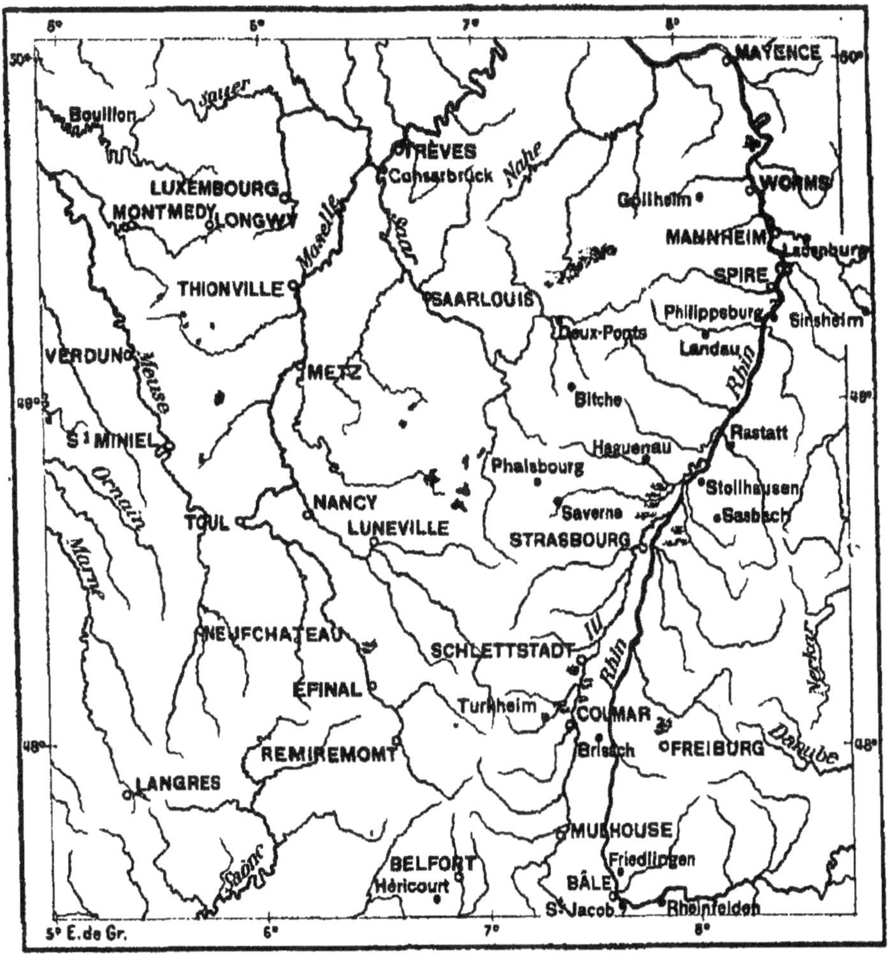

Actuellement, la ligne des fortifications françaises passe par Verdun, Saint-Mihiel, Toul Epinal, Remiremont, Belfort, avec forts détachés vers Montmédy, Nancy, Lunéville, Neufchâteau; Langres fait partie de la seconde ligne. Les lignes allemandes comprennent Thionville, Metz, Strasbourg et Mayence. — e, victoire de l'est; o, victoire de l'ouest.

1298 Göllheim e	1638 Rheinfelden o	1675 Turckheim o	1703 Höchstädt o
1444 Saint-Jacob o	1674 Sinsheim o	» Consarbrück e	» Spire o
1474 Héricourt e	» Ladenburg o	1702 Friedlingen o	1707 Stollhofen o
1524 Saverne o	1675 Salsbach e	1703 Stollhoffen o	1796 Rastatt o

1445 Metz, et 1572	1632 Worms, et 1689	1677 Freiburg	1689 Spire
1477 Nancy	» Schlettstadt, et 1815	1680 Landau, et 1702 1704, 1713, 1793	» Rastatt
1551 Verdun, et 1792	1657 Montmédy	1681 Strasbourg, et 1814	1744 Phalsbourg, et 1814, 1815
1558 Thionville, et 1639 1643, 1792, 1814	1675 Trèves	1684 Luxembourg, et 1795, 1814	1793 Bitche
1631 Mayence, et 1644 1688, 1793, 1796	» Haguenau	1689 Mannheim	1795 Bouillon
	1677 Philippsburg, et 1688 et 1734		1815 Longwy

développe presque en droiture de l'Ouest à l'Est, transversalement à la rangée de places fortes, double ou triple, suivant le danger présumé, que les souverains ennemis dressèrent au milieu des campagnes disputées. Les historiens parlent en souriant des prodigieux et vains efforts des empereurs de Chine élevant la « Grande Muraille » pour arrêter les incursions mongoles, mais que dire de ces chaînes de forteresses qui s'alignent menaçantes le long d'une frontière mobile, incessamment déplacée, et qu'il a fallu maintes fois reconstruire, pourvoir de nouveaux outillages de guerre, transformer pour les raser ensuite et les rebâtir encore : un mur d'argent n'eût point autant coûté que ce rempart dont chaque fort, baigné de sang humain, porte un nom dans l'histoire des massacres. Les guerres de Louis XIV nous montrent, pendant plus d'un demi-siècle, le brusque va-et-vient de cette ligne militaire de partage, d'abord se repliant en pointes agressives vers le Nord, puis s'infléchissant défensivement vers le Sud.

Au delà du massif des Ardennes, une autre ligne de forts, entre l'Alsace et le Palatinat, marquait une autre frontière artificielle, servant alternativement pour l'attaque ou pour la défense, suivant les vicissitudes des campagnes de guerre et de la diplomatie. Ces ouvrages militaires, s'étendant jusqu'aux bords du Rhin, devaient couvrir au nord la grande plaine de l'Alsace, terre nouvellement acquise, dont le maintien dans l'ensemble des provinces françaises était d'autant moins assuré que la population se rattachait à l'Allemagne d'outre-Rhin par la langue, les traditions et les mœurs. Pourtant cette conquête ne fut point arrachée à Louis XIV ; l'Alsace devait rester pendant deux siècles annexée à la France, et même s'unir sincèrement à elle en un sentiment de collectivité nationale. La reprise par les armées allemandes de la rive gauche du Rhin, en 1870, a été en réalité un phénomène de réaction directe contre les agissements de Louis XIV, car les ravages du Palatinat ordonnés par lui ne furent jamais oubliés en Allemagne et fournirent le texte le plus souvent commenté par l'évangile de la revendication nationale. Alors, comme vers la fin de la guerre de Trente ans, l'unique stratégie consistait à créer la famine pour l'armée ennemie et pour les populations qui eussent pu la nourrir. « Manger le pays, ou du moins n'y rien laisser de mangeable, voilà quelle était l'œuvre poursuivie. » (Carlyle.)

Dans son infatuation, le maître infaillible, Louis XIV, en guerre avec l'Europe, n'avait pas craint d'envoyer à ses propres ennemis le renfort le plus précieux, celui de ses sujets protestants. Jamais il n'avait été loyal dans l'application de l'édit de Nantes promulgué par son aïeul. D'abord il avait interdit toute cérémonie de respect dans les enterrements de huguenots, dont il fallait désormais enfouir le corps comme ceux des suppliciés; ensuite il avait donné une prime infâme à

Cl J. Kuhn, édit.

VALLÉE DE LA JONTE, PRÈS DE MEYRUEIS.

l'apostasie en déchargeant les convertis des dettes contractées envers leurs anciens coreligionnaires: puis, successivement, toutes vexations et persécutions, toutes fraudes et violences avaient été déclarées légitimes à l'égard de ces hérétiques sans droits: des prêtres les tourmentaient au lit de mort, les privaient de leurs enfants, démolissaient leurs temples. Enfin, en 1685, Louis XIV, que la peur de la mort avait rendu dévot, se laissa persuader de frapper le grand coup: il révoqua l'Edit de Nantes sous la double influence de ses confesseurs jésuites et d'une femme doucereuse et perfide, Madame de Maintenon, qui avait elle-même à faire son salut et voulait se faire pardonner ses origines protestantes. Libre de tout engagement envers ceux des Français qui se rendaient au prêche au lieu d'aller à la messe, Louis XIV punit désormais l'hérésie comme un crime. Des milliers et des milliers de protestants apprirent à connaître les « galères » du roi, nom qui fait encore frissonner les paysans de France dans les campagnes écartées. Le bâton, le fouet, les ceps, les instruments de torture régnaient dans ces galères sur les malheureux, captifs maures ou Français coupables, innocents ou martyrs que le mauvais sort ou la méchanceté des hommes y avaient assemblés. De quel côté les horreurs étaient-elles plus grandes, dans les parages de la Maurétanie, où les captifs chrétiens ramaient pour le dey musulman, ou bien dans les mers du Lion, que parcouraient silencieusement les galères du grand Roi?

Plus heureux que les captifs furent ceux qui succombèrent en hommes libres. Dans les vallées des Cévennes, sur les deux versants, les protestants étaient assez nombreux pour constituer une véritable nation dans la nation, qui eût aimé vivre en paix avec ses voisins mais qui avait le sentiment de sa force et se savait défendue par ses âpres rochers sans chemins. Elle résista, souvent victorieuse, et il fallut envoyer contre elle de véritables armées commandées par des maréchaux de France, qui s'étaient mesurés dans les guerres étrangères avec les plus illustres capitaines. De tout temps, les « expéditions à l'intérieur », non contrôlées par le droit des gens, furent plus barbares que les campagnes dirigées officiellement contre les ennemis du dehors, et les « missions bottées » ou « dragonnades » qu'organisèrent les convertisseurs des Cévennes furent une de ces horribles entreprises militaires accompagnées d'abominations de toute nature.

La guerre proprement dite n'éclata que longtemps après la révocation officielle, en 1702, et ne dura que deux années et demie, mais elle eut pour conséquence le dépeuplement presque complet du pays. Ce qui donne à la belle lutte des montagnards contre des armées entières une allure si démocratique et si fière, c'est que les nobles n'y prirent aucune part, comme dans les soulèvements antérieurs des réformés. Les pasteurs non plus ne participèrent point à la guerre : ils se tirèrent à l'écart, attristés et malveillants, répétant sans cesse leur lâche et commode formule : « Obéissez aux puissances » ! Mais les « camisards », ayant fait un « pacte avec la mort », n'avaient besoin ni de seigneurs ni de pasteurs pour résister victorieusement dans leur citadelle de montagnes. Pour les affamer et les obliger à descendre dans la plaine, où l'on voulait les forcer comme le gibier, il fallut procéder méthodiquement à la démolition de tous les villages, de tous

N° 404. Théâtre de la Guerre des Camisards.

1 : 1000000

0 10 25 50 Kil.

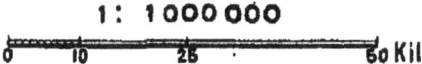

Les routes portées sur cette carte sont copiées d'après une carte publiée durant la guerre : « Les Montagnes des Cévennes où se retirent les fanatiques du Languedoc et les plaines des environs où ils font leurs courses, avec les grands chemins royaux faits par ordre du Roy pour rendre ces montagnes praticables, sous les soins de M. de Baville, intendant du Languedoc, dessinés sur les lieux... 1703. »

L'intendant du Languedoc fit dévaster 446 bourgs et hameaux habités par 19 500 personnes.

les hameaux du pays insurgé, tout fut rasé. Depuis cette époque la marche de séparation formée par les Cévennes entre le versant de la

Méditerranée et le bassin de la Loire, entre la France du midi et celle du nord, s'est beaucoup agrandie. La main de Louis XIV pèse encore sur les solitudes.

Tous les protestants qui purent échapper à la persécution acceptèrent l'asile offert avec un empressement à la fois généreux et intéressé par l'Angleterre, la Hollande et diverses villes ou principautés de l'Allemagne, ou bien ils réussirent à se glisser dans certaines villes de l'étranger, comme Genève, qui n'osaient les accueillir ouvertement, de crainte de susciter la colère du roi Soleil. On évalue diversement à quatre ou cinq cent mille le nombre des Français qui moururent dans les prisons et dans les combats ou qui furent obligés de s'exiler du royaume. C'était au moins le trentième de sa population dont la France se trouvait ainsi brusquement diminuée, et s'il eût été possible de mesurer cette perte par la valeur des individus, il est bien certain que l'amoindrissement industriel, intellectuel et moral représentait une proportion bien autrement forte, car les protestants étaient de beaucoup les plus instruits, les plus entreprenants des sujets, et la nécessité qui leur était faite de défendre leur foi contre le mauvais vouloir des maîtres les obligeait à plus de dignité et de tenue que celle du grand troupeau des fidèles catholiques.

Nombre de villes furent dépeuplées ; d'autres, perdant leur industrie, tombèrent dans l'abandon et la pauvreté : telles Saumur et Tours ; Rouen, que peuplaient 80 000 personnes, fut privée du quart de ses habitants. Les industries spéciales à la France furent comme déracinées et transplantées aux Pays-Bas, en Suisse, en Angleterre, dans les pays rhénans, au Brandebourg : elles permirent à ces contrées étrangères d'entrer en concurrence avec les sujets de Louis XIV, ou même de les écarter complètement du marché pour les produits manufacturés dont elles avaient acquis le monopole.

L'acte gouvernemental promettant asile et aide aux exilés est l'édit de Potsdam (1685), fameux dans l'histoire germanique. Quinze années après, en 1700, les colonies françaises de la Prusse se composaient de 14 484 personnes, sans compter les militaires qui étaient entrés au service. Environ deux cents de ces colonies se fondèrent dans l'ensemble de l'Allemagne, mais les plus faibles disparurent bientôt dans le milieu ambiant, surtout par l'effet de l'entrée graduelle des calvinistes dans l'église luthérienne : la conscience de la race qui résistait à la perte de la langue s'effaçait rapidement quand la religion cessait de différencier les fidèles. Un certain nombre de ces groupes se renfor-

N° 405. Colonies de Huguenots en Allemagne.

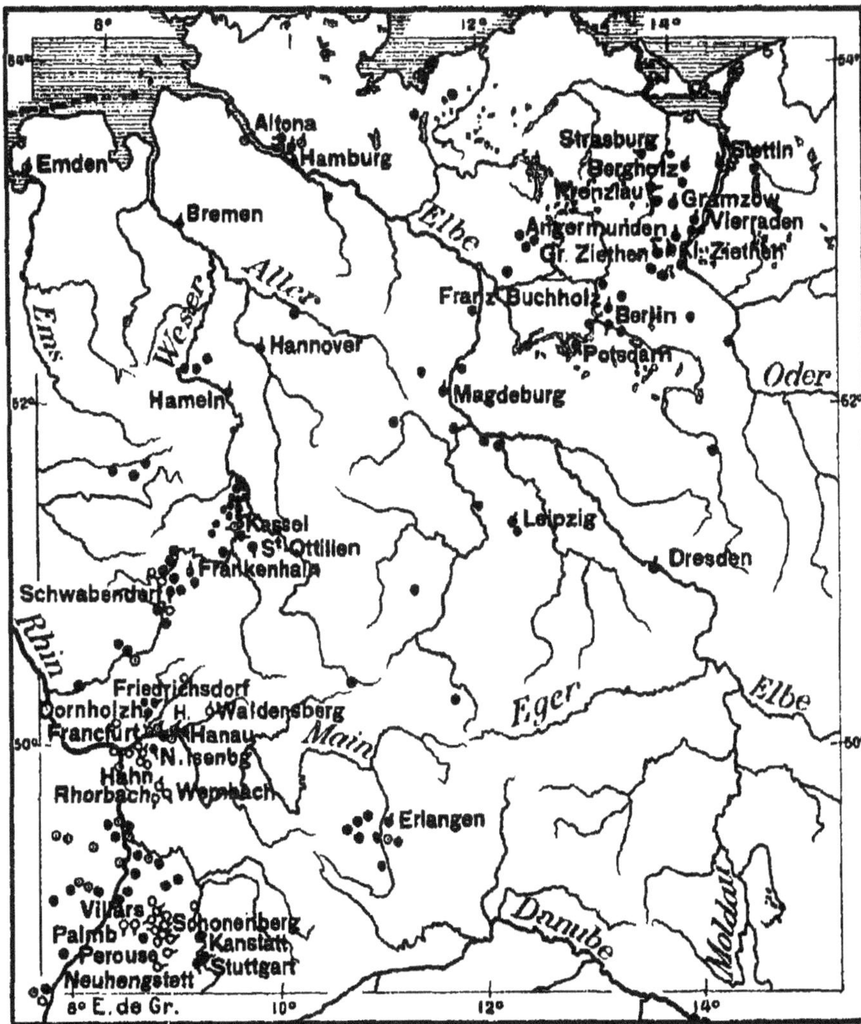

D'après H. Tollins.

○ ó *Vaudois*. ◉ ó *Wallons*. ● ● *Français*.

Cette carte est à l'échelle de 1 à 5 000 000.

Les points jalonnés indiquent des colonies existant encore en 1902. Elles sont accompagnées de leur nom, sauf Walldorf et Hombourg, près de Francfort, et Untermuschelbach, Corres, Serres, Durrmenz et Pinache, aux environs de Stuttgart.

cèrent plus tard par les émigrés de « Coblentz » dont quelques-uns continuèrent de séjourner dans le pays et y laissèrent leur descendance; enfin des artisans, parmi lesquels principalement des perruquiers et des tailleurs, pris souvent comme types par excellence du « Français », vinrent s'établir dans les grandes villes d'Allemagne. En tout, on compte de nos jours une centaine de mille individus de généalogie française qui ont gardé leur nom sans le traduire ni le déformer et, même, se considèrent comme constituant une sorte d'aristocratie par le fait de leur lignée dont ils ont conservé soigneusement la mémoire, même ceux qui sont devenus chauvins allemands ou qui affectent de l'être.

Les industries principales apportées en Allemagne par les fils des huguenots français furent celles de la laine, de la soie, du papier, mais les peintres et dessinateurs, les graveurs et les imprimeurs, les libraires et les professeurs représentaient une part proportionnelle encore plus considérable. Tandis que sur cinq cents Allemands on n'en compte en moyenne qu'un d'origine française, le nombre en est cinq fois plus fort dans le monde nobiliaire et intellectuel [1].

Afin de prouver que les événements politiques, guerres, révolutions et contre-révolutions ont avant tout un caractère économique, on a prétendu que la vraie cause de la Révolution religieuse provenait de la lutte d'intérêts mettant aux prises les catholiques agriculteurs et les protestants industriels. Sans doute, cette cause partielle de conflit eut son importance : nombre de patrons huguenots étaient devenus de redoutables exploiteurs, et le prétexte de leur hérésie avait fourni un précieux argument aux catholiques appauvris par la prélibation des protestants sur leur travail. Lors de la Révocation, un siècle s'était écoulé depuis les guerres de la Réforme, et la situation respective des populations de différents cultes avait notablement changé. Les protestants, mal vus, persécutés, exposés à des avanies de toute espèce, exclus de la plupart des emplois avaient dû, comme souvent les Juifs et les Arméniens, s'ingénier pour vivre, développer leur initiative, inventer de nouveaux procédés, même de nouvelles industries, et trouver, jusque dans les conditions d'infériorité qui leur étaient faites, les ressources nécessaires pour conquérir au moins une supériorité, celle que donne l'argent.

Quoi qu'il en soit, les causes économiques furent certainement très secondaires dans l'acte de suicide partiel que commit la France en se

1. Jacques Blainville, *Revue des Revues*, 1er févr. 1900.

privant de sa classe la plus industrieuse. La persécution vint d'en haut, de ce monde dévot de la cour qui distille perfidement le poison de la calomnie. C'est du même monde que venait aussi l'intolérance haineuse contre ceux des catholiques auxquels on ne pouvait guère reprocher qu'un trop grand rigorisme dans l'observance de leur foi. Les jansénistes étaient mal vus parce qu'ils étaient trop pieux et qu'on ne pouvait attendre d'eux les basses complaisances : ils ne laissaient point les beaux courtisans ni les dames élégantes déambuler à leur aise sur le « chemin de velours ». Quant aux penseurs libres, leur prudence était justifiée quand ils cherchaient un asile dans les provinces de Hollande ou dans les cantons suisses. Pierre Bayle, dénoncé comme blasphémateur par les protestants eux-mêmes, eut à souffrir jusque dans son exil puisque l'enseignement lui fut interdit par la magistrature de Rotterdam. Descartes comprit aussi le danger de rester sous l'œil vigilant de Richelieu, réprobateur des théories de Copernic, et se garda bien de professer ou d'écrire en France. Toujours fuyant, en Allemagne, en Hollande, en Suède, il ne se hâtait point de publier les manuscrits où il traitait de sujets dangereux, notamment des questions qui avaient fait condamner par l'Inquisition Galilée, son grand prédécesseur dans les études physiques et mécaniques.

Cabinet des Estampes

GALILÉE, 1564-1642

On sait que, plus d'un siècle après la découverte du Nouveau Monde, l'admirable astronome et penseur de l'Italie fut jugé deux fois par les tribunaux religieux, en 1615 et en 1633. Le haut savant fut condamné par des inquisiteurs ignares à se mettre à genoux pour abjurer la doctrine « absurde » de la rotation terrestre, puis emprisonné et tenu jusqu'à la fin de ses jours en « domicile forcé » dans la ville d'Arcètri[1], son propre fils assumant le rôle de surveillant pour le compte du Saint-Office. D'ailleurs la forme libre et populaire du langage de Galilée avait alarmé Rome plus encore que le fond de la doctrine : grand écrivain, admirable orateur, Galilée faisait œuvre de propagande ouverte[2]. Que le mot sublime, *Eppur si muove*, elle tourne pourtant! ait été prononcé par Galilée devant ses juges, ce qui est improbable et dont nul document historique ne témoigne, ou bien que cette parole ait été imaginée en 1774 par Steinacher de Würzburg[3], il importe peu, car le mot a pris un sens épique et s'emploie symboliquement pour toute vérité qui, en dépit de l'oppression des prêtres, de la haine des rois et de l'envie des ignorants, finit par rayonner au-dessus de l'immensité des ténèbres.

Le dernier acte considérable de Louis XIV, alors que misanthrope, malade, inquiet de sa mort prochaine, il voyait ses ambitions s'évanouir et son royaume s'effondrer autour de lui, fut de se prosterner devant l'Église par un acte suprême de contrition. La bulle *Unigenitus* que le pape Clément XI promulgua en 1713, en apparence contre les jansénistes et les protestants mais tout autant contre l'église gallicane et contre le roi lui-même, était pourtant exigée par lui. Au dessus de tout, même de l'État, devait planer l'autorité du pontife infaillible, représenté par les directeurs de conscience. C'est par le suicide que se terminait la carrière du souverain qui avait tenté de se faire le dominateur du monde! Mais on se trouvait à l'aurore du dix-huitième siècle, et désormais le Pape et le Roi, l'Église et l'État n'étaient plus les seuls à se disputer la possession des hommes. Ceux-ci commençaient à penser par eux-mêmes, en se riant à la fois de ces deux maîtres, souvent si terribles et pourtant illusoires puisqu'ils règnent seulement en vertu de la terreur universelle.

La France, relativement riche et prospère au commencement du règne de Louis XIV, se trouvait à la fin de cette longue domination dans un état de misère extrême, même pire qu'elle le fut un siècle plus tard, à la veille de la Révolution. Les taxes avaient été doublées et la sur-

1. White, *History of the warfare of Science.....*, trad. de Varigny. — 2. Th. H. Martin, *Galilée*; Picavet, *Revue Rose*, 1895. — 3. Seb. Gunther, *Kepler, Galilei*.

veillance méthodique, savante qu'avaient organisée les « réformes » de Colbert ne permettait plus à qui que ce fût d'échapper à la rapacité du fisc. Certain d'avoir à rencontrer sur toutes les routes, à toutes les portes de villes, d'impitoyables percepteurs d'impôts, le commerce local avait cessé, et la famine pouvait sévir dans une province alors que dans la province voisine les récoltes avaient été surabondantes. La résidence presque forcée de tous les nobles à la cour, l'irrésistible attraction de Versailles les avaient amené la ruine des châteaux éloignés de la résidence. Les seigneurs cessaient de visiter leurs terres ou même ne les avaient jamais vues, mais ils continuaient d'en réclamer les revenus habituels, sans faire restituer au sol la moindre parcelle de ses éléments de richesse ; il en résulta qu'une grande partie des terres du royaume retomba en jachère et ne valait plus les hypothèques dont le propriétaire appauvri les avait grevées.

Cabinet des Estampes.

RENÉ DESCARTES, 1596-1650

Plusieurs « gâtines » se créèrent ainsi, non par la faute de la nature mais par celle de l'homme. Si la terre était « gâtée », il ne fallait point en accuser le climat ni le sol, mais les guerres, les impôts, les mœurs des courtisans royaux et leur imprévoyance. Parmi ces terres redevenues inutiles à l'homme, on peut citer la Sologne, qui avait été dévastée pendant les guerres de religion, et que ses possesseurs nobles finirent par abandonner complètement aux landes et aux marais.

Aussi la fin du régime fut-elle accueillie avec joie, quoiqu'elle ne dût point annoncer la fin des maux. D'ailleurs il semblait que le Destin s'acharnait sur le roi vieillard qui ne voulait pas mourir, alors que ses héritiers, fils, petits fils étaient successivement frappés. L'opinion publique ne pouvait croire que toutes ces morts n'eussent pas été voulues, et, soupçonnant volontiers le crime, voyait dans la cour un antre d'empoisonneurs. Rarement grande époque de magnificence et de faste finit de manière plus lamentable. Pourtant « le monde veut être trompé », et, malgré l'effondrement du règne, l'apothéose du roi se fit peu à peu dans l'histoire, telle que la racontent les écrivains courtisans. Louis XIV a toujours ses flatteurs comme Alexandre, César et Charlemagne; que de rois, même parmi les contemporains, prennent encore exemple sur lui!

C'était au tour de l'Angleterre d'avoir la première place en Europe. Malgré les révolutions politiques intérieures et un double changement de dynastie, malgré des revers passagers et même des humiliations nationales, le progrès en population et en commerce n'avait cessé de se produire pendant la deuxième moitié du dix-septième siècle. Le roi Charles II, rappelé d'exil après la mort de Cromwell et le renoncement du fils au protectorat, avait naturellement essayé de réagir contre tout ce qui s'était accompli pendant son absence, tentant l'œuvre impossible de supprimer l'histoire : il s'acharna aussi contre des cadavres et fit décapiter les corps des régicides. Il eût même voulu ramener l'Angleterre au catholicisme, et se laissa tenter jusqu'à devenir le pensionné de Louis XIV. Néanmoins il lui fallut longtemps compter avec son Parlement, c'est à dire avec la bourgeoisie grandissante. S'il réussit, vers la fin de sa vie, à faire prévaloir son pouvoir absolu, à se débarrasser de ses plus fiers adversaires par la main du bourreau, même à faire déclarer solennellement par l'université d'Oxford que la doctrine de la souveraineté populaire se transmettant au prince par contrat est blasphématoire et criminelle, son frère et successeur Jacques II (1685) devint un témoignage vivant que la force appartenait pourtant à ce peuple méprisé.

Celui-ci ne régna que trois ans, son gendre Guillaume III d'Orange débarqua pour le combattre sous prétexte qu'il était héritier légitime du trône, mais en réalité comme champion du protestantisme et du légalisme parlementaire contre le catholicisme et le régime du bon vouloir. Jacques eut à peine le temps de résister. Fait prisonnier, puis relâché avec mépris comme personnage sans importance, il dut se

Cl. Sellier.

LE PARLEMENT SOUS LA REINE ANNE

réfugier en France auprès de son modèle, le « Grand roi ». Il est intéressant de remarquer que ce changement de dynastie porte, dans l'histoire d'Angleterre, le nom de Révolution de 1689 — l'avènement du nouveau roi et la « déclaration des droits » datent en réalité de février 1688, l'année commençant alors le 25 mars —. Dans l'esprit des classes bourgeoises, la guerre civile, la mort de Charles Ier et le Commonwealth ne constituèrent qu'une sorte d'épisode préparatoire à leur prise de possession du pouvoir.

Guillaume III, pleinement réconcilié avec le Parlement, qui retrouvait avec la nouvelle branche royale l'exercice incontesté de ses anciens droits, fut bientôt assez fort pour devenir le chef des alliés contre Louis XIV. Sa belle sœur, Anne, proclamée reine à son tour (1702), représente une période de la Grande Bretagne encore plus triomphante au point de vue militaire, puisque les victoires de Blenheim, Ramillies, Audenarde, Malplaquet, remportées par son général Marlborough, se succédèrent sous son règne. Le traité d'Utrecht (1713) assura la haute position de l'Angleterre dans les conseils de l'Europe et accrut en d'énormes proportions son empire colonial aux dépens de la France : il lui donna la Nouvelle-Ecosse, Terre-Neuve et les mers voisines; il lui assura également la possession du rocher de Gibraltar, insulte permanente au peuple d'Espagne, et, précieux avantage pour une nation de marchands, il lui accorda le droit exclusif de l'importation des nègres, au nombre de 4800 par an, dans les Antilles espagnoles. L'Angleterre avait conquis le monopole du commerce de chair humaine.

A cette époque, l'histoire de l'Angleterre et celle de la France présentaient un remarquable parallélisme dans les vicissitudes dynastiques dont le contre coup se répercutait dans tout l'organisme du grand corps politique. Tandis que la mort de la reine Anne (1714) plaçait sur le trône de la Grande-Bretagne la famille allemande des George de Hanovre, la fin de Louis XIV (1715), dont l'arrière-petit fils Louis XV n'était qu'un enfant, amenait l'intervention redoutée du Parlement et la nomination d'un régent de France, le Duc d'Orléans, que précisément le roi défunt eût voulu écarter du pouvoir.

L'Allemagne, que les guerres entre catholiques et réformés avaient partagée en de nombreux Etats et principautés poursuivant leurs ambitions particulières, même en s'appuyant sur l'étranger, se remettait lentement de l'effroyable guerre de Trente ans. L'antagonisme du Sud et du Nord, de l'Autriche et de l'électorat de Brandebourg, destiné à devenir, en 1701, le royaume de Prusse, avait pratiquement dissous l'empire germanique, et le fragment le plus considérable qui en restât, l'Autriche, avait fort à faire pour se maintenir contre les Turcs qui se trouvaient encore animés de fureur conquérante.

La Turquie était bien affaiblie depuis un siècle, c'est-à-dire depuis l'époque où les flottes de Soliman le Magnifique dominaient dans la Méditerranée. L'expansion turque vers l'Occident avait cessé depuis l'inutile siège de Malte, en 1565, et la bataille de Lépante, en 1571, et les sultans, s'enfermant dans leurs palais, entourés de conspirations et d'intrigues, avaient chargé leurs mercenaires de poursuivre l'œuvre de la conquête. Néanmoins, l'Allemagne était encore bien plus épuisée que la Turquie, et le grand vizir Kara-Mustapha, « Mustapha le Noir », maître du vaste hémicycle entre les Alpes et les Carpates, vainqueur de toutes les armées autrichiennes en rase campagne, osa même se hasarder contre Vienne, la capitale de l'empire (1683).

Kara-Mustapha échoua devant Vienne, au secours de laquelle Sobieski, le roi de Pologne, s'était élancé : la deuxième attaque ne fut pas plus heureuse que ne l'avait été celle de Soliman en 1529, et de nouveau le reflux commença. La retraite des Turcs entraîna pour eux la perte de Bude et d'une grande partie de la Hongrie, puis, après la bataille de Mohacs (1687), il leur fallut évacuer la Slavonie et la Croatie. Les Impériaux pénétrèrent jusque dans Belgrade. A la fin du siècle, la paix de Carlowitz obligeait les Turcs à livrer la Hongrie et la Transylvanie aux Autrichiens, Azov aux Russes, l'Oukraine et la Podolie aux Polonais, le Péloponèse aux Vénitiens : c'était en superficie et en population plus du tiers de leur empire d'Europe. D'autres conflits aux vicissitudes changeantes se succédèrent pendant les années suivantes jusqu'à la paix de Passarowitz (1718), qui assura la position dominante de l'Autriche dans les contrées du Danube, en dehors de l'Allemagne. Ainsi le centre de gravité de l'Empire s'était porté de l'Occident vers l'Orient.

D'étranges événements avaient impliqué la Suède et la Russie dans ces guerres danubiennes : les royaumes lointains du nord prenaient également leur part dans les grands mouvements de l'histoire d'Europe. Déjà la Suède, comme puissance protestante embrassant en son domaine de vastes territoires germaniques, avait été entraînée dans le remous de la guerre de Trente ans ; mais la Russie, quoique échappée

N° 406. Plus grande Turquie.

1 : 12 500 000

0 100 400 800 Kil.

Le grisé clair indique les pays que perdit la Turquie à la fin du dix-septième siècle; le territoire en blanc est celui qui lui resta après la bataille de Zenta, 1697, et la paix de Carlowitz, 1698.

Le champ de bataille de Mohacs, qui vit la défaite des Turcs en 1687, était celui de leur triomphe sur la Hongrie, en 1526.

à la domination des Mongols et des Tartares, restait presque ignorée des nations de l'Europe occidentale et n'avait point de relations directes avec elles : on peut dire qu'elle était masquée, du côté de l'Occident, par la Hongrie, où chrétiens et musulmans se débattaient en d'incessantes guerres, et par la Pologne, qui, avec la Suède et les petits Etats baltiques, barrait complètement le passage entre l'Allemagne et la Russie, types de ces « Etats-tampons » qui existèrent de tout temps, avant d'avoir été inventés à nouveau par la diplomatie moderne.

Déjà depuis la fin du quinzième siècle, la domination des Tartares de la Horde d'or avait cessé dans la Russie centrale, et le « grand prince et autocrate » Ivan III avait pris pour symbole l'ancien blason bysantin de l'aigle à double tête cherchant sa proie aux deux côtés de l'horizon ; cependant la Russie n'était pas entièrement européenne, puisque, près d'un siècle plus tard, en 1571, les Tartares de la Crimée faisant un retour offensif avaient pénétré jusqu'au centre de la grande plaine russe, brûlé Moscou et traîné cent mille captifs en esclavage. A cette époque régnait Ivan IV, à bon droit dit le « Terrible ». Ce maître redoutable, qui reste dans l'histoire un des types de la férocité brutale, était aussi un protestant à la manière de son contemporain Henri VIII : tout en acceptant les dogmes traditionnels et en pratiquant les cérémonies accoutumées, il entendait que le clergé fût à ses ordres et à sa merci.

Le métropolite de Moscou ayant hasardé quelques timides remontrances à propos d'actes sanglants commis par le tsar, celui-ci quitte Moscou à l'improviste en plein hiver et s'installe avec sa garde dans un village voisin d'où il signifie au métropolite son intention d'abandonner son empire, dont le clergé protège les boyards coupables et les soustrait à la colère du souverain. Atterrés par cette missive qu'ils savent être pleine de menaces et, d'ailleurs, trop façonnés à la servitude pour s'imaginer une nation libre s'administrant elle-même, les Moscovites s'empressent de rappeler leur tsar qui, désormais, peut torturer, tuer et massacrer à sa fantaisie. Il se fait donner en propriété privée un grand nombre de villes et de districts dont les jeunes hommes lui appartiennent comme sa chose et dont il fait, suivant l'occasion, ses soldats ou ses bourreaux, sévissant tout d'abord contre l'irrespectueux métropolite.

Guerroyant de tous les côtés, au sud contre les Tartares, à l'est et au nord contre les populations asiatiques et finnoises, Ivan en voulait surtout à ses voisins occidentaux, plus riches, plus instruits, plus civilisés que lui. La ville ci-devant glorieuse qui avait été la « grande Novgorod » était la plus haïe de toutes parce que la tradition d'indépendance y vivait encore, aussi donna-t-il l'ordre de la dépeupler : pendant cinq

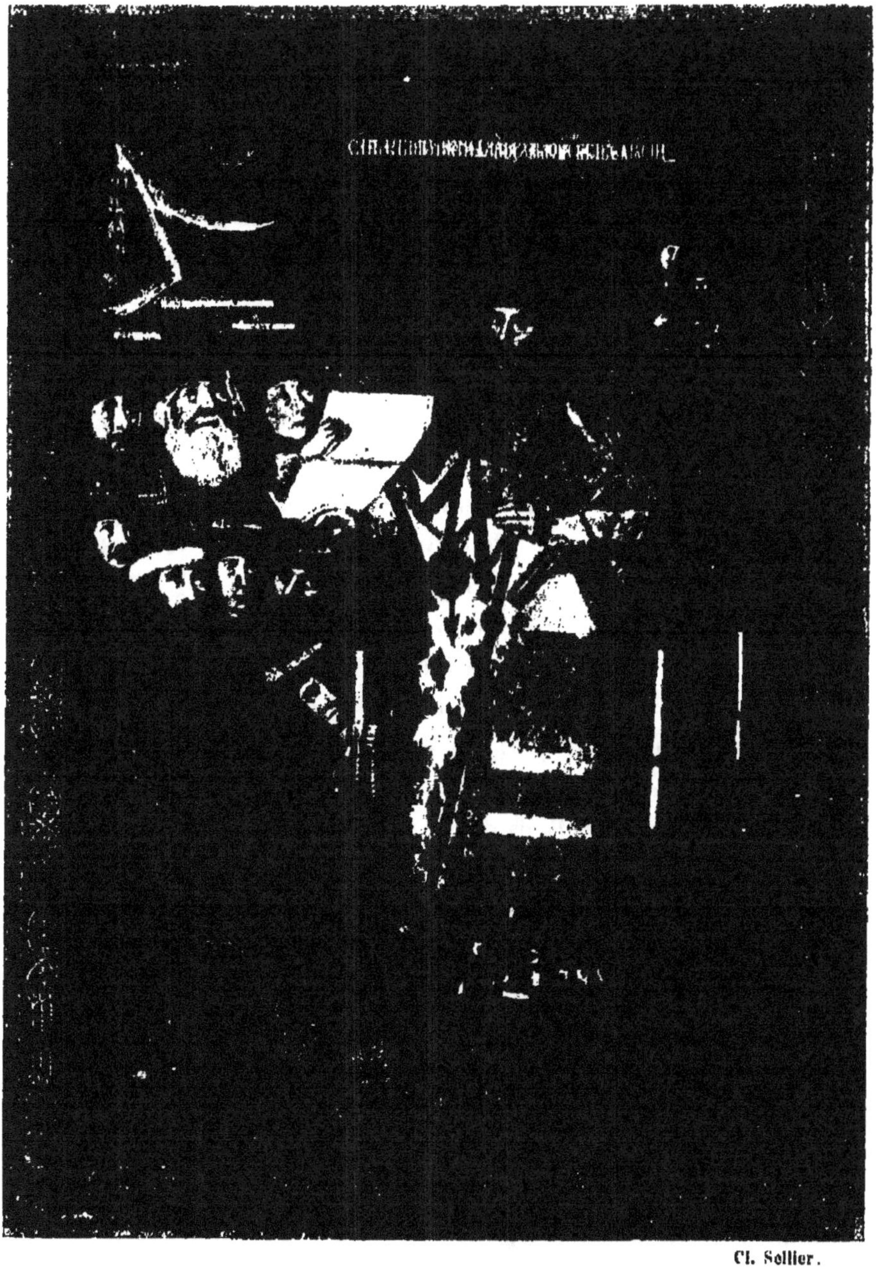

Cl. Sellier.

PATRIARCHE RUSSE ET SON CLERGÉ, XVIIe SIÈCLE

semaines, on tua chaque jour des centaines ou des milliers d'individus, soixante mille en tout, disent les annales, et le cours de la rivière

Volkhov se trouva bloqué par les cadavres. Le tsar déblaya les abords du golfe de Finlande et de la mer Baltique, mais en même temps il coupait les communications naturelles que son empire possédait déjà par l'entremise de Novgorod avec l'Europe occidentale et, dans les luttes qui s'engagèrent, Polonais et Suédois, restant les plus forts, empêchèrent les Russes de parvenir à la côte.

La fière république de Novgorod, que l'on retrouve à l'origine de toutes les grandes entreprises du monde slave oriental, avait déjà frayé ses voies de trafic, sans conquêtes mais par d'habiles alliances et par les intérêts directs de l'échange, jusqu'à la mer de Scandinavie, toujours libre de glaces, accessible en toute saison. Elle avait fondé la ville de Kola dès le commencement du onzième siècle, et construisait des embarcations de trafic et de pêche naviguant dans les fjords de la côte « mourmane » ou normande, ainsi nommée des navigateurs avec lesquels ils troquaient leurs marchandises. Même les Novgorodiens exerçaient alors un droit de suzeraineté s'étendant sur un espace plus considérable que celui dont la Russie revendique aujourd'hui la possession territoriale, puisque leur juridiction comprenait les bords du Varangerfjord, actuellement norvégien : depuis huit siècles, l'influence slave s'est donc relativement amoindrie dans ces parages. En l'année 1553, lorsque le marin anglais Chancellor se présenta dans la mer Blanche, le port de la Nouvelle Kholmogorî, où il jeta l'ancre, n'était que l'héritier de l'ancienne ville du même nom qu'avaient fondée les Biarmiens ou Permiens, alliés depuis des siècles à la grande Novgorod. C'est donc à tort que l'on attribue aux navigateurs anglais l'ouverture de l'entrée commerciale par la voie d'Arkhangelsk : ils l'utilisèrent à leur profit par un traité direct avec Ivan IV, mais elle était pratiquée depuis cinq siècles au moins.

Il en fut de même pour la prétendue découverte de la Sibérie par Yermak, cosaque fugitif dont la tête était mise à prix. Ce chef de bande qui parcourut la Sibérie en 1579, du temps d'Ivan IV, s'ouvrit par l'épée un chemin que les marchands novgorodiens et biarmiens avaient depuis des siècles pacifiquement pratiqué. Mais l'esprit des esclaves est ainsi fait qu'il ne donne point de valeur aux événements s'ils ne sont consacrés par la violence et le sang. Bien avant Yermak, les cartes de Sébastien Munster et de Herberstein figuraient les contrées de la Sibérie, c'est-à-dire du « Grand Nord », que parcouraient les marchands de Novgorod; il est vrai qu'au delà de l'Ob', toute l'Asie se trouvait condensée en une étroite zone, puisque Cumbalik, c'est-à-dire Peking, et le royaume de Kitaï, nom russe de la Chine, occupent la rive droite du fleuve sur la carte de Herberstein. Mais la vérité sur la position relative des diverses contrées eût été bientôt connue si le gouvernement, qui s'ingère toujours à supprimer le commerce sous couleur de le mieux protéger, n'avait pas fait tous ses efforts pour interrompre les relations. Dès 1580, un an après l'expédition de Yermak, les navigateurs anglais

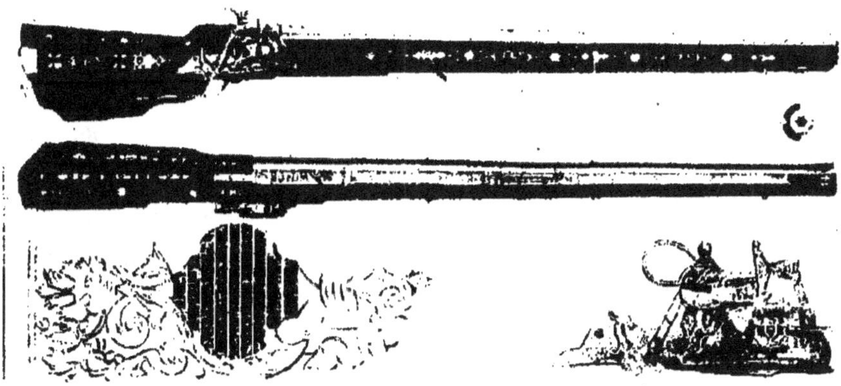

Cl. Sellier.

FUSIL D'ALEXIS MIKAÏLOVITCH, VUES ET DÉTAILS

Pet et Jackman ayant pénétré dans la mer de Kara, suivirent l'exemple des bateaux russes qu'ils rencontrèrent dans ces eaux et communiquèrent avec le bassin de l'Ob' par l'isthme d'Obdorsk. Cette expédition n'aurait pas été, du reste, sans influence sur la fondation de Mangaseia, qui s'éleva en 1601, à plus de 200 kilomètres en amont de la bouche du Taz, et qui attira non seulement des marchands russes mais aussi des importateurs étrangers [1]. Ainsi l'Angleterre aurait été déjà en relations directes avec la Sibérie, lorsque le gouvernement, inquiet de ces rapports avec l'extérieur, supprima complètement la liberté des échanges. C'était en l'année 1620, et plus de deux siècles et demi devaient s'écouler avant que Nordenskjöld renouât la « chaîne des temps » par sa grande expédition de 1875.

L'œuvre d'Ivan IV fut doublement contradictoire. S'il cherchait à

1. A. Kintoch, *History of the Kara sea trade route to Siberia.*

mettre son empire en communication directe avec l'Europe par la conquête du golfe de Finlande, d'autre part il coupait les routes de commerce en dégarnissant sa frontière occidentale pour la livrer ainsi, sans le vouloir, aux entreprises des rois de la Pologne et de la Suède. Lorsqu'il mourut en 1584, il laissa les peuples terrorisés, prêts à tous les abaissements, à toutes les tyrannies. C'est alors que le régent Boris Godunov, qui, plus tard, s'empara du pouvoir suprême (1598), put consommer le crime de rattacher les paysans à la glèbe en « âmes » sujettes, en véritables esclaves, et cela sous le prétexte d'améliorer la situation du pauvre peuple. Mais il ne pouvait en être autrement. L'autocratie absolue comporte l'assujettissement complet des populations. La noblesse, ou plutôt l'ensemble des courtisans, *dvorianstvo*, désormais asservis sans garanties aucunes à la volonté maîtresse, ayant été transformée en une pure hiérarchie de fonctionnaires dépourvus de tous droits politiques et soumis même pendant longtemps aux peines corporelles, il en résultait que la servitude se répercutait dans tout l'organisme social jusqu'au dernier individu, sur la multitude des moujiks. L'esclavage existait déjà en fait lorsqu'une loi de Boris Godunov, en 1590, défendit aux travailleurs de changer de résidence pour ne point voler leurs bras aux propriétaires du sol. Le nombre des paysans attachés par lui de force à la glèbe moscovite est évalué à 1 500 000, armée de malheureux qui devait s'accroître, décupler, vingtupler même pendant une durée de trois siècles, malgré tous les progrès et révolutions accomplis autour de la Russie dans le reste du monde.

La période qui suivit immédiatement les temps maudits d'Ivan le Terrible et de Boris Godunov fut peut-être pire encore : le peuple semblait s'être complètement abandonné ; il était la proie de l'hallucination et de la folie. Les jésuites, qui visaient à la domination du monde, purent croire que le moment était venu de s'emparer de la Russie comme ils s'étaient emparés de la Pologne pour la gouverner au nom du roi Sigismond. Suivant leur méthode qui consista toujours à faire les révolutions par en haut, en circonvenant les maîtres et en les changeant au besoin, ils lancèrent un imposteur, prétendu fils de tsar, pour leur préparer les voies et, bientôt, en effet, ils occupaient le Kreml' de Moscou, bien gardés par une garnison polonaise. Mais ils abusèrent du pouvoir conquis, distribuant trop ostensiblement les places lucratives à leurs protégés étrangers, de Pologne et d'Allemagne, et le sentiment national aidant, une rébellion générale finit par réconcilier contre eux l'ensemble de la nation, prêtres, marchands, peuple et boyards. En 1613, le Kreml', monument

N° 407. Russie, d'Ivan à Pierre le Grand.

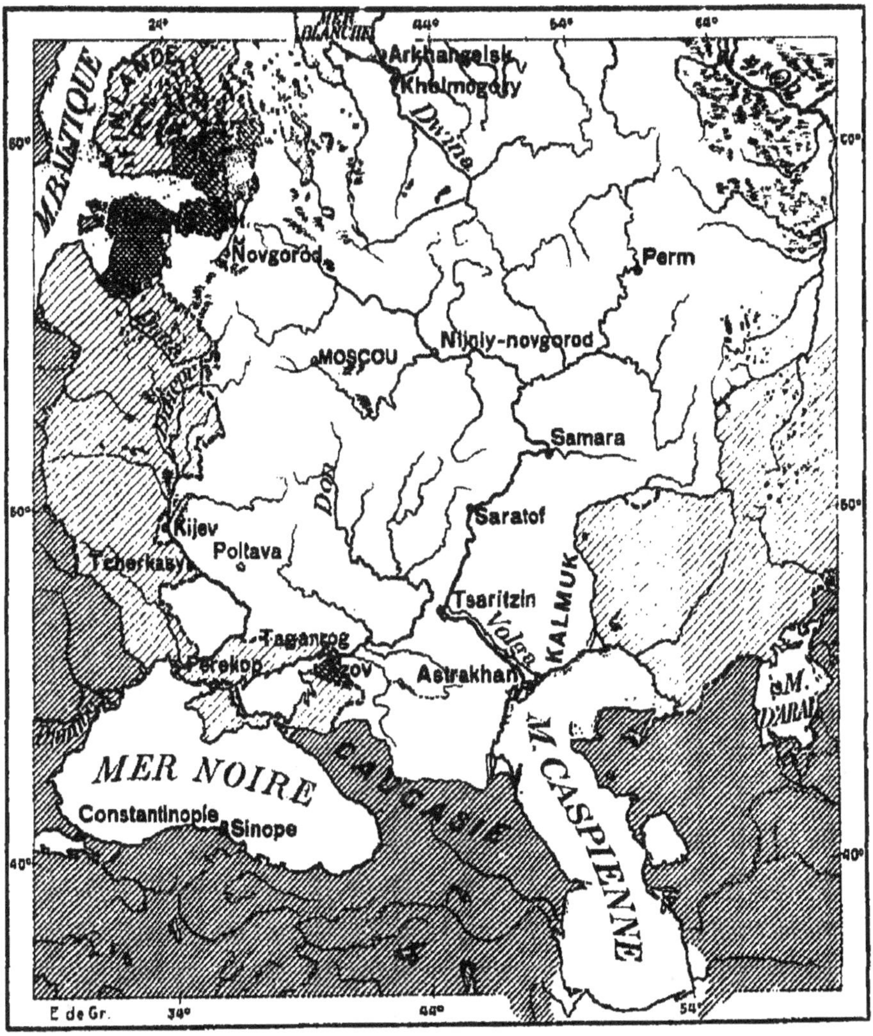

1 : 25 000 000

0 500 1000 1500 Kil.

L'espace blanc représente l'empire d'Ivan le Terrible et de ses successeurs immédiats ; les parties en hachure croisées indiquent les acquisitions de Pierre le Grand, et le grisé clair celles de Catherine II, 1762-1796. La réunion de la Finlande à l'empire ne date pourtant que de 1809, alors qu'une partie du Caucase obéissait déjà au tsar.

symbolique de la puissance nationale, était repris sur les soldats polonais, et une nouvelle dynastie, celle des Romanov, s'établissait à Moscou.

Mais la guerre devait continuer sur les frontières que les tsars eux-mêmes avaient dégarnies de leurs défenseurs naturels, et, sous la pression des Turcs, des Polonais, des Suédois, l'étendue des possessions russes se modifiait incessamment sans que des points fixes, péniblement conquis, permissent de constituer des limites artificielles par un cordon de forteresses. Néanmoins, si nombreuses que fussent les vicissitudes sur les confins occidentaux de l'empire, les plus grands changements, après la réconciliation momentanée qui s'était produite contre les maîtres étrangers, devaient être ceux qui s'accomplissaient dans l'intérieur de la Russie, sous un double effort, absolument contradictoire par les conséquences, provenant de la nature même du milieu géographique et de l'accaparement des terres, y compris l'homme qui les cultivait. Tandis que, dans la plaine illimitée, le soleil de chaque soir, conviant au voyage, disparaissait derrière les forêts de l'horizon, un maître, armé du fouet, enfermait le paysan dans un village d'où il lui était interdit de sortir. De nouvelles émigrations, la colonisation de terres vierges répondaient à une impulsion naturelle, presque irrésistible, et tout l'ensemble du pouvoir représenté par les décrets et les lois, les peines et les supplices imposait l'immobilité du servage ! C'est ainsi que l'histoire de la Russie est double dans son aspect : elle fut alternativement ou même à la fois l'histoire des invasions par les peuples nomades et celle de la colonisation par les populations agricoles ; les annales de la contrée sont pleines de récits, relatifs, les uns à l'inondation soudaine du pays par des étrangers, les autres à l'établissement des moujiks en pays nouveaux [1].

La plaine immense de la Russie facilitait l'ampleur alternative de ces mouvements contraires, soit lorsque des hordes asiatiques s'épandaient en un déluge d'hommes sur les campagnes, soit lorsque les familles d'agriculteurs, devenues trop nombreuses, essaimant de proche en proche, ajoutaient commune à commune ainsi que des cellules prolifères dans un organisme. La force illimitée conquise rapidement par le pouvoir central s'explique aussi en partie de la même manière : le maître que la horde triomphante avait à sa tête ne trouvait pas d'obstacles devant lui ; nulle part il ne se heurtait à des citadelles de rochers fortifiés et, par suite, nul corps féodal, composé de nombreux seigneurs, à la fois les subordonnés et les rivaux du souverain, ne balançait sa puissance. Les compagnons de guerre et de commandement qui se

[1] Al. Tratchevski, *Revue internationale de Sociologie*, août 1895.

tenaient autour du maître ne formaient pas un groupe de petits princes vassaux comme les seigneurs de l'Occident : ils constituaient une *droujina*, c'est-à dire une « camaraderie », un groupe d'amis vivant de la part de pillage ou d'impôts qui leur était allouée par le chef, mais ne s'établissant pas sur le sol et ne transmettant pas de terre domaniale à leurs fils aînés. La bande tumultueuse des compagnons du chef ne pouvait contrôler

Cl. Sellier.

VILLAGE RUSSE AU XVIIe SIÈCLE

son caprice, mais souvent elle était emportée par le même élan de folie et de fureur, comme au temps d'Ivan le Terrible.

En leur volonté féroce de faire régner partout l'obéissance parfaite, politique et religieuse, les tsars avaient surtout pour ennemis les cosaques « zaporogues », c'est-à dire « ceux qui s'étaient campés au delà des chutes », sur les bords marécageux et boisés, ainsi que dans les flots du Dniepr. Que de fois ces vaillants hommes s'étaient-ils dévoués pour défendre les chrétiens pacifiques de la Russie intérieure ! Que de fois, rendant incursion pour incursion, avaient-ils pénétré au loin dans les pays musulmans, prévenant ainsi les campagnes de la « guerre sainte » par une autre « guerre sainte » ! Sur des barques légères, ils osaient même traverser la redoutable mer Noire à la poursuite de l'adversaire ou à la recherche du butin. On les vit en Asie Mineure, à Sinope qu'ils brûlèrent, sur le Bosphore, à Constantinople dont ils incendièrent les faubourgs. Sans eux, l'empire des tsars, que ne protégeait au sud aucune frontière naturelle, serait certainement devenu simple province de l'islam bysantin. Donc ils avaient droit à la reconnaissance de leurs voisins et compatriotes, Petits-russiens et Grands-russiens.

C'est à eux que la Russie avait dû son indépendance politique; mais de même que la *vetché* de Novgorod, la *sitch* ou *setch* des Cosaques Zaporogues, c'est-à-dire leur assemblée populaire, campée sur quelque rocher du Dniepr ou dans quelque pli de la steppe que protégeait un rempart circulaire de chariots, formait un conseil républicain, insoucieux de la volonté du tsar. De là des haines furieuses : le libre Zaporogue, tenu pour ennemi, fut bien plus détesté que le Turc mahométan. Et d'ailleurs, comment deux institutions aussi foncièrement différentes que le servage des paysans et une république guerrière auraient-elles pu coexister dans une plaine illimitée comme la Russie, sans autres obstacles intérieurs que des forêts, des marécages et des rivières? Il est évident que des propriétaires de domaines cultivés par des mains esclaves ne pouvaient tolérer à côté d'eux une société d'hommes fiers de leur indépendance et parcourant librement la steppe dans toutes les directions. Si la communauté remuante des Cosaques se fût maintenue, il eût été impossible d'empêcher la fuite ou la révolte des esclaves les plus énergiques, ceux qui avaient à satisfaire des passions ou à venger des injures. Il fallait que l'une des deux institutions supprimât l'autre, et la morale de la nation qui, ne revendiquant point la liberté pour tous, n'y voyait qu'une heureuse chance ou qu'un privilège de race ou de classe, pouvait faire prévoir que l'âpre intérêt des possesseurs d' « âmes », russes ou polonais, finirait par l'emporter dans la république du Dniepr.

Le contraste des deux sociétés en lutte devenait d'autant plus aigu que les contrées en litige du sud de la Russie se trouvaient alors en voie de peuplement rapide et que tous les intérêts de l'Europe orientale étaient directement sollicités par les transformations qui s'accomplissaient dans le pays. En effet, brigands turcs et cosaques avaient tellement dévasté les parties méridionales de la Russie, entre la zone des « terres noires » et le littoral, qu'il n'y avait plus rien à piller, que les habitants avaient disparu jusqu'au dernier, et que les incursions à la recherche du butin devenaient trop longues pour que le résultat pût en compenser les fatigues et les dangers. Même une contrée d'environ 50 000 kilomètres carrés avait été délimitée au sud de Tcherkasl, entre le Dniepr et les sources de l'Ingul et de l'Ingulets, pour constituer une marche complètement interdite. Mais, si le dépeuplement de ces terres fertiles mettait enfin un terme aux incessantes luttes des Turcs mahométans et des Cosaques chrétiens, ce

Cl. J. Kuhn, édit.

LE KREMLIN, MOSCOU

dépeuplement même appelait de toutes parts la multitude des immigrants. En même temps que les libres Zaporogues, affluaient des serfs fugitifs ainsi que des colons dépendant plus ou moins de seigneurs qui s'étaient fait concéder ou qui s'étaient de main-forte approprié des terres.

Toutefois, les riches concessionnaires, Polonais pour la plupart, ne pouvaient attirer d'immigrants sur leurs terres qu'à la condition de promettre aux paysans une liberté au moins temporaire. C'est avec enthousiasme que la foule des malheureux faméliques du Nord se rua vers les campagnes fertiles du Midi, où elle devait trouver une glèbe qui lui appartînt bien en propre. En quelques années, des Lithuaniens par centaines de mille s'étaient portés sur la région déserte naguère, et chaque ruisseau, chaque rivière se garnissait d'un collier de villages et de villes. Le peuplement fut aussi rapide que, deux siècles plus tard, dans les campagnes de l'Ouest américain. La suzeraineté du seigneur devenait donc d'autant plus difficile à maintenir que l'étendue de son domaine se peuplait plus rapidement et que les colons s'accoutumaient à la pratique de la liberté. Pourtant le maître prétendu continuait à revendiquer ce qu'il appelait son droit sur les paysans colonisateurs et cherchait des alliances parmi les souverains et les bandits : il en résultait tout un remous de guerres entre Cosaques, Polonais et Russes, qui déplaçait incessamment les frontières des seigneuries et des communautés plus ou moins libres.

Un autre élément, celui des luttes religieuses, venait s'ajouter et souvent se confondre au mouvement social et politique de la colonisation des terres nouvelles. La Russie ne pouvait échapper à l'ébranlement général qui avait agité l'Europe aux temps de la Réformation ; mais la crise y fut naturellement plus tardive et dut son caractère spécial à un milieu tout à fait différent. Le gouvernement des tsars, qui ne voulait au dessous de lui qu'une foule sans pensée se conformant au geste d'en haut, avait fait décider par un concile de prélats (1666) tout un ensemble de changements liturgiques et confessionnels qui parurent autant de blasphèmes aux vieux croyants. La révolte des consciences éclata et, comme il arrive souvent par suite de la complexité infinie des sentiments et des pensées, il se trouva que les conservateurs les plus ardents de la pratique des aïeux étaient en même temps les novateurs les plus hardis au point de vue politique. Les paysans, habitués aux cérémonies traditionnelles, ressentirent comme un crime l'ingérence du pouvoir civil dans ce qui était du ressort de leur conscience privée, mais il est évident que cette rancœur religieuse se confondit pour une bonne part avec l'amer regret de la liberté perdue : les pratiques de culte leur semblaient être la consolation suprême depuis que, devenus serfs, ils n'avaient plus même le droit d'échapper à la terre, celle ci ne leur appartenant plus. De là naquirent ces sectes du *raskol* (scission), qui proviennent toutes de l'esprit de conservation et présentent cependant tant de formes diverses. Il y eut peu de soulèvements à main armée, car les paysans n'avaient que des bâtons et des fléaux contre des épées et des fusils. La plupart s'enfuirent dans les solitudes des marécages et des forêts ou bien en dehors des frontières de l'empire ; d'autres allèrent rejoindre les cosaques de la steppe ; d'autres encore, restant sur la glèbe prescrite, se bornaient à opposer sans cesse une force passive ou active à toutes les injonctions du pouvoir, à toutes les « réformes » religieuses, administratives ou politiques. Quelle que fût l'insurrection qui se produisît, elle recrutait des adhérents parmi les dissidents *raskolniki*. La plupart des vieux croyants ont pour premier article de foi dans la vie civile l'abolition du passeport et des paperasses administratives; ils s'opposent à tout recensement, évitent soigneusement tout rapport avec les autorités : la vie anarchique, loin de tout représentant du pouvoir, est leur idéal. Et leur amour de la liberté est tel que, souvent, ils ont préféré la mort au service militaire et au paiement de l'impôt. On a vu des *beguni*, ravis en extase, allumer leur propre bûcher ou bien se clore en quelque réduit pour y mourir de faim. Les restes de ces martyrs sont vénérés comme des reliques par les paysans des alentours.

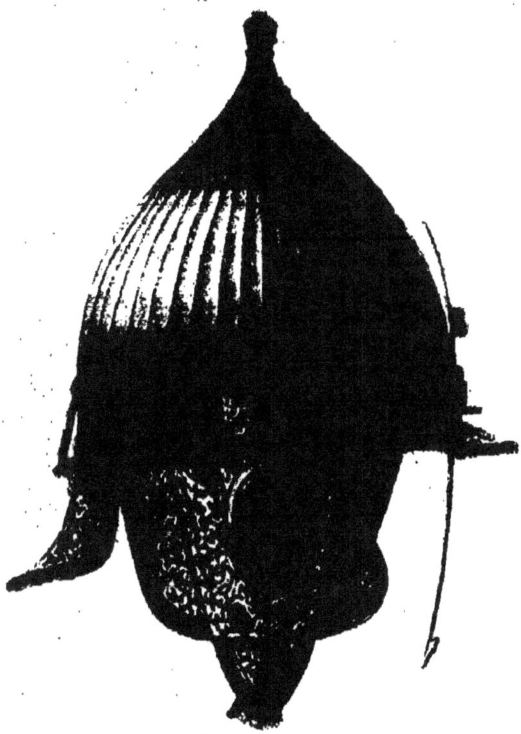

Cl. Sellier.

CASQUE RUSSE, XVIIe SIÈCLE

De toutes les révoltes qui éclatèrent en Russie, la plus dangereuse pour le trône des tsars, celle dont l'âme fut Stenko (Etienne) Razin, sévit sur les bords du Don, de la Volga et jusque dans l'Oural. En 1669, Razin, qui avait à venger la mort d'un frère, pilla les biens des seigneurs et des bourgeois dans toute la région de Tsaritsin, de Samara, de Saratov et s'établit solidement dans Astrakhan, dont la population l'avait acclamé. Il était devenu le grand justicier, appelant à lui les « offensés » et les « humiliés », tous ceux qui souffraient pour leur foi ou leur loyauté; le bruit public disait qu'il avait avec lui Nikon, le patriarche persécuté, ainsi qu'un fils de tsar, véritable héritier de l'empire. Après quatre années de guerres sauvages qui coûtèrent la vie à plus de cent mille individus, Stenko Razin fut vaincu dans une grande bataille, puis capturé et livré à la mort par la torture. La ville insurgée d'Astrakhan tenta vainement de résister; toute révolte matérielle fut écrasée, et il ne resta plus dans la masse asservie du peuple que les haines sourdes et les espoirs invincibles. Longtemps la tradition populaire maintint que Stenko Razin n'est pas mort, et qu'il attend le grand jour de la liberté, au delà de la « mer bleue »[1].

C'est au milieu de tous ces éléments chaotiques d'une société en formation que se développa l'enfant, Pierre Alexeyevitch, qui, déjà revêtu du titre de tsar à dix ans (1682), devint bientôt le maître absolu de l'État, comme l'avait été son devancier Ivan le Terrible, et marqua l'appareil gouvernemental d'une telle empreinte qu'on la voit encore après deux cents années. Tout d'abord il débute en se débarrassant par le massacre des prétoriens Streltsi qui s'ingéraient dans les affaires politiques et religieuses, puis, avec une armée réorganisée qu'il confie à des officiers de fortune venus de l'Europe occidentale, il reprend pour l'empire russe la grande tâche de rouvrir les portes maritimes presqu'entièrement fermées depuis la destruction de Novgorod.

En 1697, Pierre s'empare d'une de ces portes, Azov, située d'ailleurs au bord d'un golfe presque perdu de la mer Noire, les anciens Palus Méotides : tel quel, ce point du littoral n'en est pas moins une précieuse conquête et le lieu de départ des acquisitions futures. Une ville de commerce, Taganrog, s'élève non loin de la citadelle d'Azov, à l'ordre de Pierre, et ses navires se montrent dans les ports de la Transcaucasie et de l'Asie Mineure. Puis le tsar se retourne vers l'Ouest, où la mer Baltique l'invite à un commerce bien autrement lucratif avec les contrées les plus industrieuses du monde. Mais ces trésors sont gardés par des dragons dont il faut d'abord triompher par la force ou par la ruse : la Suède et la Pologne en barrent le chemin. Ce fut alors que s'engagea le drame épique entre Charles XII et Pierre le Grand, entre la fantaisie héroïque et la tenace volonté.

1. P. Mérimée, *Etude littéraire sur Tourguenef.*

Celle-ci finit par l'emporter. Vaincu une première fois à la bataille de Narva en 1700, Pierre est victorieux à Poltava, neuf années après,

N° 408. Saint-Pétersbourg et ses Environs.

1 : 2 000 000

0 25 50 100 Kil.

et refoule son adversaire sur le territoire turc. Tombé dans une embûche, dont il est heureusement dégagé par une habile diplomatie, il n'en poursuit pas moins son œuvre capitale, qui est de déplacer le centre de gravité de son empire de manière à le mettre en communication constante avec les pays de l'Europe occidentale. Le delta marécageux de la Neva, quoique fort humide, difficile à consolider et à protéger contre les inondations fluviales et marines poussées par le vent d'Ouest, était d'ailleurs l'endroit le plus favorable qu'il fût possible de choisir comme entrepôt de commerce et lieu de résidence tourné vers l'Occident. Les Suédois, premiers possesseurs de cette partie du littoral, n'avaient pas manqué de l'utiliser pour le trafic et la guerre : ils y avaient bâti Landskrona, puis Nyskans. Pierre ne faisait que recommencer leur œuvre à son profit et en de telles conditions qu'il y plaçait comme enjeu tout le destin de son empire. Il ne se contenta point d'y bâtir une ville avec ses premiers aménagements en attendant que le développement naturel de la vie économique entraînât au progrès normal déterminé par l'accroissement régulier de la nation et de ses ressources; mais il y concentra toutes les forces de l'empire, même avec violence, obligeant les seigneurs à se construire des résidences urbaines, recrutant les travailleurs en véritables armées pour augmenter d'autant la population, emplissant à la fois les casernes et les cimetières. Une forteresse insulaire, Kronstadt, protégeait la ville naissante du côté du large, mais le rôle de Saint Pétersbourg était surtout agressif : devenue capitale de l'Empire, elle avait à déblayer devant elle les bords du golfe de Finlande et de la Baltique orientale; elle avait à tracer au large à travers Pologne, Suède et provinces allemandes un vaste cercle de conquête.

C'est une curieuse série que celle des trois capitales qui se sont succédé dans l'immense plaine, sous l'influence de pressions et d'attractions changeantes. D'abord Kiyev, qui fut la plus grande des cités de la Slavie quand la ville de Constantinople exerçait pleinement sa force d'appel sur le monde de l'Europe orientale. Alors, le foyer de répartition des marchandises et des idées devait se trouver à portée du commerce de Bysance et en communication directe avec elle, sur l'affluent russe le plus abondant qui se déverse dans la mer Noire et vers l'endroit où se ramifient les grandes vallées tributaires; en effet, le lieu précis où se trouve Kiyev, sur la rive droite du Dniepr, remplit admirablement ces conditions : nulle part n'existe une diramation des voies naturelles mieux tracée d'avance vers le bassin de la Vistule, vers les golfes de Riga et de Finlande, vers la haute ramure du bassin de la

Volga. Mais cette ville, si bien située pour bénéficier des avantages de la paix, voyait arriver les armées de l'Est, du Sud et de l'Ouest, Mongols, Tartares ou Polonais, aussi facilement que les convois de marchands, et souvent elle fut détruite; même en 1584, dit-on, l'emplacement en

N° 409. Moscou et ses Environs.

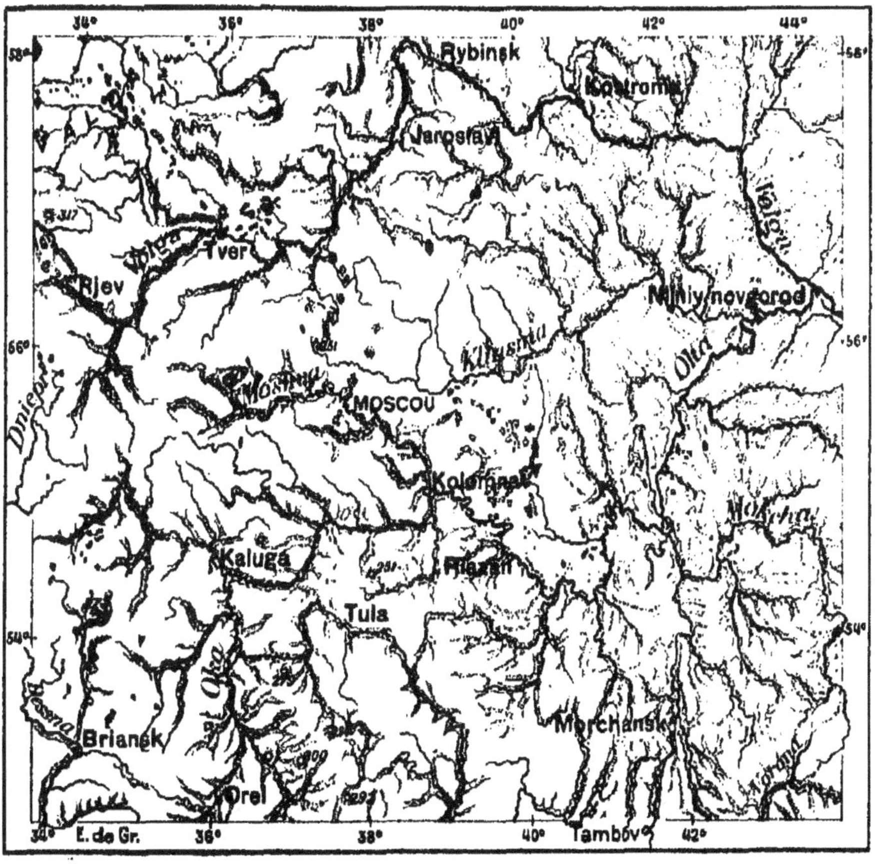

1 : 6 000 000

0 100 200 300 Kil.

serait resté absolument désert après la retraite des incendiaires tartares. Elle devait renaître pourtant, de même qu'une plante refleurit sur une terre féconde où dormait la semence, et si Kiyev n'est plus la principale cité de la Russie, elle en est probablement la plus sainte pour la foule des pèlerins : son antiquité lui assure le prestige.

Moscou qui devint capitale de la Russie après Kiyev devait évidemment lui succéder, elle ou toute autre cité de la région des plaines, lorsque la pression asiatique commença de diminuer et que le bassin de la Volga, cessant d'être entièrement sous la domination mongole, put être considéré comme la continuation du domaine géographique de la Slavie. Alors Moscou devint véritablement un centre ethnographique de toutes les populations de l'immense campagne, non seulement slaves mais aussi finnoises, tartares, ouraliennes, lithuaniennes même. Il est vrai que la ville n'a pas eu le privilège de naître au bord d'un grand fleuve : toutefois la rivière Moskva, qui serpente dans une région doucement ondulée, porte déjà bateaux et communique avec la « mère Volga » par l'Oka, affluent peu inférieur au courant principal. En outre Moscou se trouve très rapprochée du versant méridional des plaines russes dans la direction de la mer Noire, et c'est à une faible distance à l'Ouest et au Sud que s'épanchent les premières eaux du Dniepr et du Don. A des centaines de kilomètres autour de ce point central, admirablement placé comme lieu de rendez-vous, s'étendent uniformément les plaines faciles à parcourir : là se rencontraient les marchands venus de la Pologne, de Constantinople et de l'Asie. Un des quartiers de Moscou avait pris très justement le nom de Kitaï gorod ou cité chinoise. Aussi, malgré Pierre le Grand et la résidence qu'il fit surgir des marécages de l'Ingrie, Moscou est bien restée une capitale naturelle de l'empire russe, et, dans les grandes circonstances nationales, c'est bien vers elle que l'on revient. Si cette ville n'est pas encore tout à fait sainte comme l'aïeule Kiyev, elle l'est au moins comme mère, c'est la « Moskva Matouchka ». D'ailleurs, la Russie n'a plus de nos jours à regarder avec tant d'obstination vers l'Europe occidentale : de ce côté, l'équilibre semble être beaucoup plus stable que du côté de l'Asie, où tant d'annexions se sont récemment succédé.

A la mort de Pierre le Grand, « empereur de toutes les Russies » (1725), la puissance des tsars pénétrait déjà en Asie : le Caucase se trouvait tourné du côté de l'Orient par la Caspienne, et même la Perse avait été plus profondément entamée qu'elle ne l'est aujourd'hui : le littoral caspien fit partie de l'empire russe pendant une dizaine d'années (1727-1734) ; mais, à cette distance du centre politique, le bras de la Russie n'était pas encore assez puissant pour maintenir l'annexion d'un territoire qui se trouvait, pour ainsi dire, « en l'air », et Nadir-chah, autre conquérant de la trempe de Pierre, reconstitua pour un temps l'empire d'Iranie. De l'autre côté des monts Oural, les Cosaques, représentants de la domination russe, avaient pénétré d'une manière définitive dans les vastes forêts sibériennes sans trouver d'ennemi qui leur barrât le passage. Chasseurs de martres zibelines, ils avaient voyagé de fleuve en fleuve par les portages, accompagnés des indigènes, et, sans trop se rendre compte de l'immensité du monde parcouru, ils avaient fini par atteindre les confins de l'empire chinois.

Cl. Attoff.

LE IÉNISSEI, A PROXIMITÉ DE KRASNOÏARSK

Ainsi le contact entre les deux grandes puissances domaniales de l'Europe et de l'Asie s'était produit matériellement, et la puissance du tsar était déjà représentée par des compagnies de soldats sur les bords de l'océan Pacifique, lorsqu'il mettait une si âpre énergie à s'ouvrir une issue vers les mers occidentales. Mais, de la mer Baltique au lac Baïkal et à la mer d'Okhotsk, les espaces étaient trop vastes, trop entièrement dépourvus de ressources pour qu'il fût possible au gouvernement d'utiliser les golfes sibériens de l'Océan, gelés pendant plus d'une moitié de l'année, soit à protéger un commerce quelconque, soit même à déployer orgueilleusement le drapeau de l'aigle à deux têtes sur les mers voisines. Les solitudes de la Sibérie, qu'une seule piste, boue, poussière ou neige, frayée à travers les steppes et les forêts, rattachait à l'Europe, ne servaient qu'à recevoir ceux dont le tsar et les seigneurs voulaient se débarrasser, vivants ou morts : criminels et vieux croyants, favoris qui avaient cessé de plaire, honnêtes gens qui gênaient les intrigues de cour, ennemis politiques, tous ceux qui restaient déclassés par leurs fautes ou par leurs vertus ; ceux qu'on envoyait en Sibérie étaient les pires et les meilleurs. Une société dont l'institution fondamentale était l'esclavage ne pouvait faire autrement que se compléter par un lieu d'exil considéré dans toute son étendue comme une immense prison. Des bagnes spéciaux, où l'existence avait été réglée d'une manière méthodiquement atroce, recevaient les malheureux que l'on voulait faire mourir avec accompagnement de tortures ; mais la grande majorité des exilés allaient grossir le nombre des immigrants, chasseurs, commerçants, aventuriers ou fugitifs qui s'établissaient çà et là, autant que possible loin des fonctionnaires représentant le pouvoir central. Venus de toutes les parties de l'empire, Russes et Polonais, Slaves et Allophyles, les exilés et les immigrants de races diverses qui se croisèrent eux-mêmes avec les rares habitants du pays, Turkmènes et Bouriates, Toungouses et Yakoutes, constituèrent une nation nouvelle dans laquelle domine le type Grand-russien mais qui garde cependant un caractère original dans l'ensemble des provinces de la Slavie russienne [1].

Simple lieu d'exil et territoire de chasse aux pelleteries, la colonie sibérienne n'avait pas assez de ressort à la fin du dix septième siècle pour trouver de même sa frontière du côté de la Chine : des individus isolés étaient les seuls qui s'aventurassent dans l'empire du midi, en compagnie de caravanes mongoles ou mandchoues. C'est en 1567, dit-on, que les Cosaques russes se présentèrent pour la première fois à la cour de Péking ; mais ils ne furent pas reçus parce qu'ils n'arrivaient pas les mains pleines, en qualité de tributaires. En 1619, un Russe se vit également refuser audience pour le même motif et, en 1653, un ambassadeur direct du tsar Alexis, Baïkov, dut se retirer parce qu'il refusa, disent les documents russes, de se prosterner devant le trône du dragon. Pourtant les relations commerciales prenaient de l'importance entre les sujets des deux empereurs, jaune et blanc ; en 1689, les gouvernements limitrophes signèrent leur premier traité, celui de

1. N. Yadrinzev, Webers von Petri, *Sibirien*, p. 62.

Nertchinsk, d'après lequel la Chine, qui était alors la puissance incontestablement prépondérante, obtint en effet le maintien de sa prééminence en faisant raser quelques campements dans l'Amour et reporter la limite idéale des deux États sur la crête du Stanovoï.

Nº 410. La Chine à l'époque mandchoue.

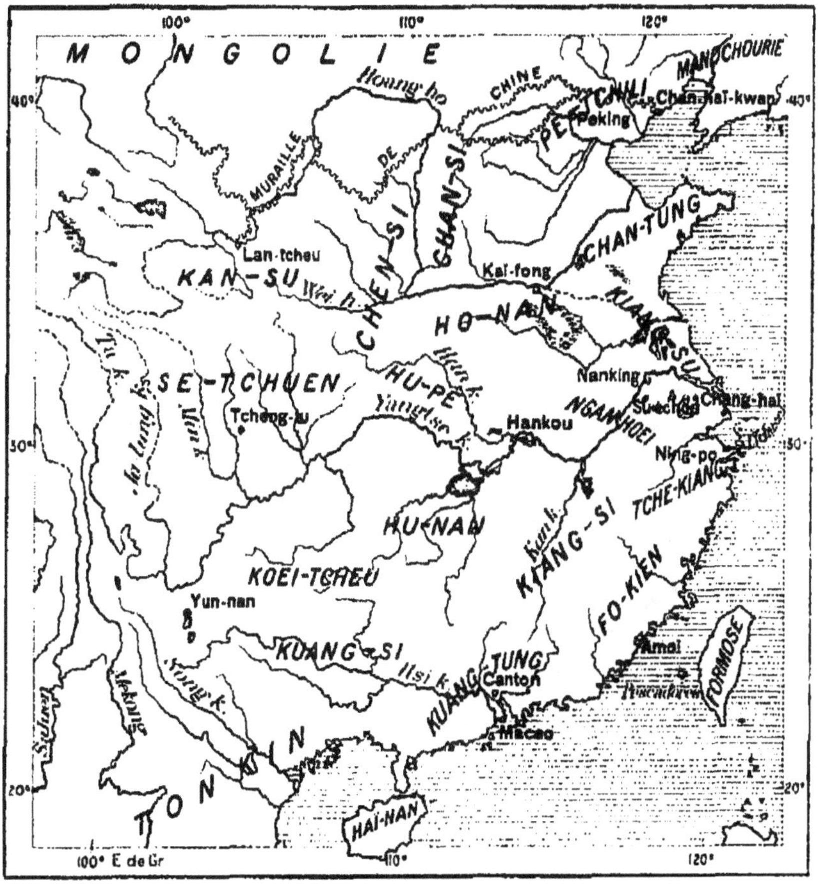

1 : 25 000 000

0 500 1000 1500 Kil.

La Chine avait eu ses révolutions comme l'Europe, et, par un remarquable parallélisme des événements, les dissensions religieuses prirent aussi leur grande part dans ce chaos politique. L'empereur Chi-Tsung, qui appartenait à la dynastie des Ming, fut, de l'autre côté de l'Ancien Monde, un protestant à sa manière, ordonnant même de détruire tous les temples bouddhistes de la capitale (1536) et d'en employer les trésors à la construction d'un temple pour sa mère[1];

c'est à dire qu'il voulait en revenir à la pureté de la foi, au culte primitif des ancêtres, de même que Luther faisait retour à la parole de l'Evangile. A la fin de sa vie (1566), Chi Tsung fit démolir tous les autels taoïstes de son palais, parce que l'intercession des prêtres n'avait pas réussi à lui procurer tel élixir d'immortalité[1] que Catherine de Médicis et tant d'autres personnages superstitieux de l'Occident cherchaient à la même époque et par des moyens analogues. Mais, en lutte avec elle même, la Chine était d'autant moins forte pour résister à la pression des ennemis du dehors: de même que l'Europe envahie par les Turcs, elle était périodiquement attaquée par les pirates japonais et par les nomades mongols. Les premiers s'emparèrent pour un temps de Ningpo, des îles Tchusan, de Changhaï, de Sutchou, d'Amoï et autres points de la côte du Fo'kien. Les seconds, commandés par Anta ou par son fils Sihlina, se ruaient chaque année dans les provinces septentrionales de la Chine pour en rapporter autant de butin qu'ils désiraient : il fallut à la fin acheter très chèrement la paix.

POTICHE CHINOISE REPRÉSENTANT LA DUCHESSE DE BOURGOGNE

Puis ce fut le tour des Mandchoux. Un chef de clan très audacieux et d'une haute intelligence, Nurchatchu, que la légende dit être descendu d'une vierge fécondée par la « pie divine »[2], ayant eu à se plaindre d'un manque de foi chez les représentants des Ming, résolut d'unir tous les Mandchoux en une seule nation pour les lancer contre l'Empire. Il prépara lentement mais sûrement sa vengeance et, en 1616, ayant enfin constitué ses forces d'attaque, il prit officiellement le nom d'empereur « par le décret du ciel » et fit choix, par l'emprunt de caractères mongols, de douze radicaux symboliques desquels devaient

1. J. Macgowan, *A History of China*, pp. 495-499. — 2. *Même ouvrage*, p. 105.

être dérivés tous les autres mots de la langue mandchoue, voulant ainsi opposer civilisation à civilisation. Pour mettre les puissances célestes de son côté, s'adressant à tout son peuple armé, il fit réciter devant lui les « sept griefs » mortels qu'il avait contre la Chine, puis il fit brûler solennellement le document accusateur, afin que la fumée en montât vers le ciel et lui assurât, avec la faveur des dieux, la satisfaction de sa « haine immortelle ».

Les quatre armées chinoises, représentant ensemble une force de 470 000 hommes, furent battues séparément en 1618, et Nurhatchu eut même la joie de forcer les portes de la Grande Muraille, à Chanhaïkuan : mais, ayant à passer dans l'étroit chemin qui mène vers la capitale et dont il ne possédait pas les points d'appui, il dut rester en arrière pour tâcher de s'emparer de la ville forte de Ming-Quen. Cette dernière tentative (1626), fut infructueuse, et le grand chef mourut de chagrin de n'avoir pas accompli son œuvre. Mais ce qu'il n'avait pu faire, les révolutions intérieures de la Chine, aidées même par une incursion temporaire des Hollandais à Formose, dans les Pescadores et dans le district d'Amoï, le firent pour sa dynastie. Un premier siège de Péking, tenté par les Mandchoux en 1629, n'avait pas réussi : défendue par le canon, la ville avait vigoureusement résisté aux barbares : elle ne résista point aux Chinois révoltés qui, depuis une quinzaine d'années, bouleversaient l'Empire. En 1644, le chef des insurgés venait de s'installer à Péking et de se proclamer empereur, mais à peine avait-il eu le temps de sentir qu'il était le « Fils du ciel » qu'on le renversait lui-même. Un de ses généraux offensés, celui qui veillait aux frontières du nord est, fit appel aux Mandchoux pour venger la dynastie légitime des Ming. Le nouveau maître fut complètement vaincu à Chanhaï-

POTICHE CHINOISE REPRÉSENTANT
LE ROI LOUIS XIV

kouan, et le jeune roi des Mandchoux, enfant de six ans, fut proclamé empereur de Chine : la dynastie des Tsing était fondée. Cependant dix huit années se passèrent avant que les derniers défenseurs du loyalisme chinois fussent définitivement vaincus : il fallut les poursuivre jusqu'en pleine Barmanie et dans les îles de la mer, aux Pescadores et Formose. Le plus fameux empereur de la Chine moderne, Kanghi, était sur le trône lorsque la domination des Mandchoux, qui s'était ingénieusement assouplie aux exigences de l'étiquette chinoise, reçut enfin l'adhésion universelle des sujets.

Ce fut la grande époque historique de la pénétration du christianisme dans l'empire chinois. Il n'y avait point eu de continuité entre les âges du christianisme nestorien et ceux de la propagation du catholicisme européen. Les nestoriens avaient été exterminés pour la plupart, et certainement la longue durée du temps pendant lequel ils restèrent éloignés de leur milieu d'origine, parmi des populations de race et de mœurs très différentes, ne leur avait laissé pour héritage religieux que des formules et des gestes dont ils ne comprenaient plus le symbolisme : on peut donc dire que le culte de Rome ne fit son apparition dans l'Extrême Orient qu'à la fin du treizième siècle, avec l'Italien Montcorvino : il groupa de nombreux pratiquants autour de lui, grâce à la tolérance naturelle des Chinois pour toutes les cérémonies qui n'excluent pas les rites traditionnels de la vénération des ancêtres. Le christianisme était toléré à la condition de se déguiser, et, lorsque les commerçants européens, Portugais et autres, purent s'établir en hôtes dans les villes du littoral chinois, ils furent les premiers à décourager les efforts des missionnaires chrétiens, craignant à juste raison que la propagande de ces prêtres ne compromît leurs intérêts. Macao, le comptoir qui avait été concédé aux Portugais pour leur trafic, ne devint point, comme Rome l'espérait, le parvis de la grande Eglise d'Orient.

Cependant un jésuite italien, Ruggiero, vêtu en Chinois, réussissait, en 1581, à pénétrer dans Canton et, l'année suivante, il était suivi par le fameux Ricci, qui finit par devenir un grand mandarin et par jouer un rôle politique important. Il arrivait dans l'Empire à une époque des plus critiques pour les destinées de la nation, puisque les Mandchoux commençaient alors les invasions qui devaient avoir pour conséquence le renversement de la dynastie chinoise des Ming. Les simples prêtres étrangers surent se mouvoir aisément dans ce monde de ruses et d'intrigues qu'agitait le conflit des intérêts entre les partis, et, bientôt, ils se rendirent indispensables. On sait combien grandes étaient alors les ambitions de l'ordre : il visait à l'empire de l'univers : ses envoyés, sachant se faire « tout à tous », allaient vivre en simples au milieu des sauvages, en savants diplomates parmi les civilisés. Partout il leur fallait réussir, chez les Guarani du Paraguay comme chez les Chinois et les Mandchoux de l'Orient d'Asie. Mais, pour préparer à ces derniers un « chemin de velours » vers le christianisme occidental, les missionnaires eurent à pousser la tolérance jusqu'à se faire Chinois eux-mêmes en adaptant leur foi aux mœurs de la nation, en insistant beaucoup plus sur le seul vrai Dieu que sur les trois personnes divines, en ne voyant dans le culte des ancêtres qu'un acte louable de piété filiale, en fermant les yeux sur les cas de polygamie justifiés par le désir de perpétuer une descendance mâle[1]. Grâce à toutes ces complaisances, dans lesquelles le dogme chrétien finissait par disparaître, la religion catholique put aspirer à prendre rang dans l'empire à côté des autres religions

N° 411. La rivière de Canton et Macao.
Reproduction du Levé des Jésuites.

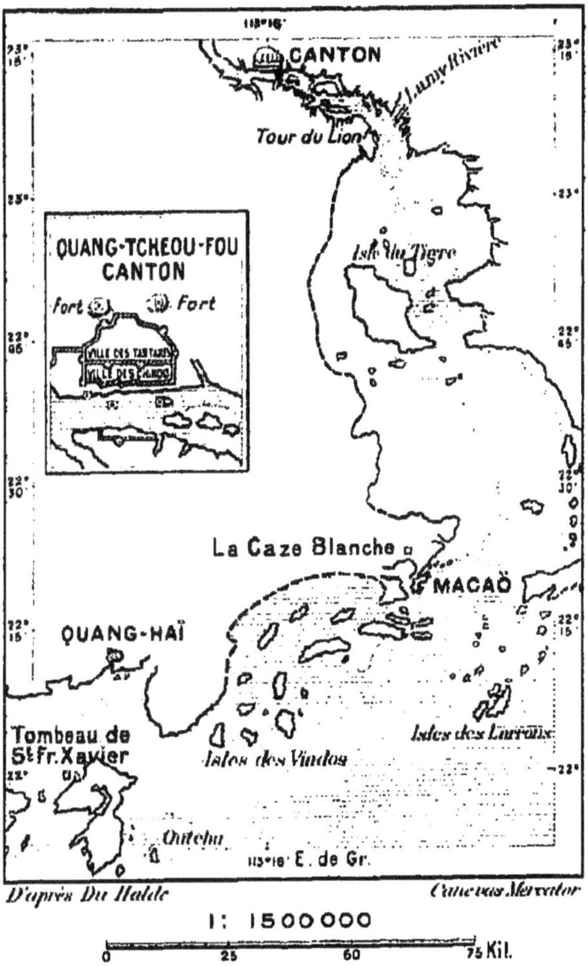

D'après Du Halde — Canevas Mercator

1. A. de Pouvourville, *L'Empire du Milieu*, p. 150.

officiellement constatées, confucianisme, bouddhisme, taoïsme, et les prêtres jésuites devinrent de très hauts personnages : Adam Schaal fut même nommé docteur de Kanghi, mais ce poste « trop » enviable lui coûta cher, puisque les régents le jetèrent en prison et le condamnèrent à être « coupé en mille morceaux », peine qui fut commuée en détention perpétuelle [1].

La grande période d'honneur pour les missions des jésuites date du règne de Kanghi qui prit le gouvernement personnel en 1667, homme intelligent et désireux de laisser un grand souvenir dans l'histoire. Kanghi reconnut aussitôt la valeur scientifique des missionnaires dont l'ordre des jésuites l'avait entouré et qui avaient été choisis avec soin parmi les pères les plus instruits, astronomes, mathématiciens, géographes. Après avoir établi une sorte de concours entre les savants indigènes et les missionnaires étrangers, Kanghi désigna le père Verbiest pour rédiger un nouveau calendrier, et l'astronome flamand, plus intransigeant en science qu'il ne l'était pour le dogme religieux, maintint avec rigueur les corrections qu'il dictait à ses collègues chinois. Le rôle scientifique des pères jésuites prit même une telle importance que Kanghi les chargea d'explorer l'empire, d'en dresser la carte détaillée et leur abandonna tout un personnel de mandarins pour cette œuvre capitale. C'est en 1708 que les missionnaires Bouvet, Régis et Sartoux commencèrent la construction de ce précieux document, antérieur même aux travaux du même genre entrepris dans l'Europe occidentale. Jusqu'à l'époque moderne, inaugurée sur le littoral par les ingénieurs hydrographes des diverses nationalités, et dans l'intérieur de la Fleur du Milieu par les Fritsche, les Richthofen, les Chevalier et autres géodésiens et géographes, cette carte des jésuites servit de point d'appui pour l'étude de l'Asie orientale.

Cependant, le même Kanghi, qui devait ample reconnaissance à ces missionnaires de l'ordre, au nom du progrès scientifique, se crut obligé de sévir contre la religion de l'Occident. Les dominicains et les franciscains constituaient le gros de l'armée des convertisseurs marchant à l'invasion de l'Orient, mais ils n'avaient point les talents diplomatiques des disciples de Loyola : êtres simples, peu développés intellectuellement, n'ayant d'autre passion que celle de conquérir les âmes à la sainte Eglise et se laissant aller volontiers au fanatisme du martyre, ils prêchaient

1. J. Macgowan, *A History of China*, p. 528.

candidement leur foi en se heurtant, au mépris de toute prudence, contre les coutumes chinoises qui leur paraissaient opposées aux commandements de Rome. La « question des rites », c'est à dire des honneurs rendus aux ancêtres et à Confucius, fut décisive en Chine, et le contre-coup en fut redoutable dans tout le monde chrétien. Les jésuites prudents autorisaient ces rites, les ardents dominicains les dénonçaient comme

Cl. J. Kuhn, édit.

JAPON. UNE PORTE DE TOKIO

impies, et les autorités de l'Eglise, prises de part et d'autre entre leurs intérêts, se trouvaient fort perplexes. En 1645, Innocent X condamnait les rites chinois sur l'exposé du dominicain Moralès. En 1656, Alexandre VII les autorisa sur un nouvel exposé du jésuite Martini. En 1669, Clément IX confirme à la fois les deux décrets de ses prédécesseurs [1], espérant échapper ainsi au danger d'une solution. Puis en 1693, s'accomplit enfin l'acte de condamnation officielle, presqu'immédiatement après la proclamation d'un édit de tolérance absolue.

Sous la « houlette » des pasteurs dominicains, les catholiques se comptèrent bientôt par centaines de milliers dans les provinces du

1. H. Hauret, *La Mission de Kiangnan*, p. 24.

Sud et celles de la vallée du Yangtse. Mais peut-être le succès de la propagande dans ces régions du Midi était-il causé partiellement par les sentiments de révolte qui fermentaient encore dans la population contre les conquérants venus du Nord. Aussi le vice-roi de Canton supplia-t-il l'empereur, en un long mémoire (1716), de parer au danger et d'expulser les missionnaires, ces hommes « dont l'unique but était de séduire les âmes pour les entraîner à croire des doctrines contraires à celles des grands sages de la Chine ». Kanghi agréa la demande du vice-roi de Canton, et, tout en prenant des mesures d'exception en faveur de quelques-uns des résidants de Péking, il décréta le bannissement de tous les autres prêtres catholiques, avec peines sévères contre ceux qui continueraient de résider secrètement dans les provinces. La raison déterminante de l'acte de proscription, analogue à celui que Louis XIV, le Kanghi de l'Occident, venait de prendre contre ses sujets de religion protestante, provenait de l'audacieuse intervention de Rome dans les affaires intérieures de la Chine. Jaloux de son autorité, Kanghi avait été indigné de voir un légat du Pape se permettre de s'établir à Péking pour décider de choses qui intéressaient directement son empire, et, en outre, il voulait en finir avec les ennuis que lui donnaient les dissensions des jésuites et des religieux d'autres ordres.

En réalité, ces événements constituaient un triomphe de l'Eglise catholique traditionnelle contre les jésuites, mais un triomphe bien chèrement acheté puisque l'Eglise elle-même y perdait une des plus importantes provinces de son domaine. Car la persécution fut efficace. La religion des Occidentaux, après son ère de prospérité, disparut presqu'entièrement de l'empire jusqu'à la nouvelle invasion des missionnaires qui se produisit au dix-neuvième siècle, sous la pression commerciale et politique de la société européenne. Mais la phase moderne de la propagande ne présente pas les mêmes conditions que l'ancienne : elle s'adresse beaucoup moins à la population résidante et travailleuse des « Cent familles » qu'à ceux des habitants, plus ou moins déclassés, qui ont intérêt à trouver des protecteurs mondains dans leurs « pères spirituels »[1] et, par leur entremise, dans les consulats des puissances étrangères.

C'est également dans la partie méridionale du Japon que le christia-

1. A. de Pouvourville, *L'Empire du Milieu*, p. 150.

nisme avait fait le plus de progrès après l'arrivée de François Xavier en 1549. Si l'on en croit les rapports des missionnaires Jésuites, près de deux cent mille fidèles, constitués en deux centaines de communes religieuses, auraient confessé la foi catholique avant la fin du onzième siècle. D'après Charlevoix, historien du Japon, un prince aurait même envoyé une *ambassade au « grand, universel et très saint Père du monde entier, le seigneur le Pape »*, pour témoigner de son obéissance et de sa docilité comme inquisiteur et destructeur de bonzeries. Mais le dictateur Taïko-sama, le puissant maître japonais qui s'était débarrassé de la suzeraineté plus ou moins décorative de l'empereur de Chine, prit ombrage de cette ingérence politique d'envoyés étrangers prenant des airs de maîtres, prétendant diriger les consciences et même se substituer aux parents pour baptiser les nouveau-nés. En 1587, il lança un édit contre les missionnaires jésuites, leur ordonnant de quitter le pays dans le délai de vingt-quatre jours. Les religieux s'empressèrent de se conformer en apparence à cet ordre et, changeant d'habits, devinrent officiellement de simples trafiquants, comme les traitants portugais qui s'étaient établis à côté d'eux dans les ports. On consentit à tolérer leur présence sous ce déguisement : mais franciscains et dominicains vinrent les dénoncer au pouvoir, puis exciter les convertis les uns contre les autres. La guerre civile se produisit çà et là, et finalement l'édit d'expulsion fut rigoureusement exécuté. Des massacres eurent lieu, et les légendes racontent même que des milliers d'hommes auraient été jetés dans un cratère de volcan. Quoi qu'il en soit, des ambassadeurs portugais furent mis à mort comme appartenant à la religion des rebelles, et désormais il ne resta plus au Japon, pendant plus de deux siècles, que des chrétiens timides, pratiquant leurs rites en secret, sous le couvert du bouddhisme ou du sinto. L'ensemble du trafic direct avec l'Europe, par l'intermédiaire de quelques traitants hollandais, parqués devant Nagasaki, dans l'îlot de De Sima, fut limité en 1685, à la somme de 300 000 taels, soit environ deux millions de francs. Le gouvernement japonais voulait se ménager une lucarne d'entrée pour les curiosités et les merveilles du monde occidental, mais il avait pris soin de n'admettre que des protestants hérétiques, des maudits de l'inquisition, et des contempteurs du crucifix.

En cette période de son histoire, où le Japon, plus heureux que l'Inde et que les empires du Nouveau Monde, réussissait, grâce à son isolement et sa nature insulaire, à régler prudemment ses relations avec les

Occidentaux, il accomplissait aussi une importante révolution intérieure. Véritable Richelieu du Japon, Taïkosama et son successeur Iya Yassa réussirent à rompre la puissance de la féodalité en augmentant le nombre et diminuant la valeur des fiefs, et surtout en leur attribuant de vains honneurs et des privilèges chimériques à la cour d'un prince également chimérique, l'empereur ou mikado, que l'adoration traditionnelle de ses sujets noyait en sa gloire et privait de tout contact avec les hommes, de toute prise énergique des événements. Quant au régent ou *siogun*, il se réservait le droit du commandement, l'action : le nom de « Roi soleil » restait au prince enfermé, mais c'est au siogun que revenait la force pour susciter ou pour détruire.

LE DIX-HUITIÈME SIÈCLE : NOTICE HISTORIQUE

FRANCE. Louis XIV naquit en 1638, il règne à partir de 1643 et gouverne de 1661 à 1715. Entre autres enfants, il eut de Marie Thérèse, morte en 1683, le Grand Dauphin, et de Mme de Montespan qui succédant à Mlle de la Vallière, fut maîtresse en titre de 1668 à 1682, le duc du Maine (1670-1736) : Mme de Maintenon, épouse du roi à partir de 1684, mourut sans enfant. Le Grand Dauphin meurt en 1711, son fils aîné, le duc de Bourgogne, en 1712, le duc de Bretagne, fils de celui ci, en 1712, le duc de Berry, second fils du Grand Dauphin, en 1714. A la mort de Louis XIV, il ne reste plus que le duc d'Anjou, né en 1710, second fils du duc de Bourgogne : il devient le roi Louis XV. Le Régent, Philippe d'Orléans, petit fils de Louis XIII, meurt en 1723, peu après la majorité de Louis XV. Sous le nouveau règne, Fleury est au pouvoir de 1726 à 1743. Louis, fils de Louis XV, étant mort avant son père, en 1765 : c'est le petit fils de ce dernier qui, né en 1754, monte sur le trône en 1774 et règne jusqu'à la Révolution.

PRUSSE. C'est en 1415 qu'un Hohenzollern devint markgraf de Brandebourg. Frédéric Guillaume, grand électeur de 1640 à 1688, accueille les Huguenots : son fils Frédéric III se fait roi et comme tel devient Frédéric Ier, Frédéric Guillaume Ier le roi sergent, règne de 1713 à 1740, et Frédéric II, le Grand, de 1740 à 1786. Un neveu, Frédéric Guillaume II, lui succède en 1797, suivi d'autres Frédéric Guillaume.

AUTRICHE. Charles VI, empereur et roi, (1711-1740), ne laisse qu'une fille, Marie-Thérèse. Elle exerce le pouvoir de 1740 à 1780, mais l'électeur de Bavière est nominalement empereur de 1742 à 1745, puis François Ier, époux de Marie-Thérèse et Joseph II son fils (1765-1790). Son frère Léopold lui succède, puis François II, fils de ce dernier (1792 1835).

GRANDE-BRETAGNE. A la mort d'Anne (1714), son frère Edouard Stuart étant exclu par sa religion, l'héritier de la couronne est George de Hanovre, descendant par sa mère de Jacques Ier. Quatre Georges se succèdent de 1714 à 1830.

RUSSIE. La veuve de Pierre le Grand, Catherine Ire (1725-1727), une nièce de Pierre, Anna Ivanovna (1730-1740), une fille de Pierre, Elisabeth (1741-1762), Catherine II (1762-1796), épouse d'un petit fils de Pierre, furent, au XVIIIe siècle, les principaux monarques de ce pays.

POLOGNE. Entre 1697 et 1732, Auguste II de la maison de Saxe, et Stanislas Leczinski, alternent sur le trône. Auguste III, mort en 1764, et Stanislas Poniatovski furent les derniers et peu glorieux rois polonais.

INDE. Akhbar (1555-1605), Djihan-guir, Chah-Djihan (1627-1657), Aureng Zeb, mort en 1706, sont les principaux Grands-Mongols.

Voici des renseignements sur quelques hommes de l'époque dont il s'agit ici.

BERKELEY, philosophe irlandais	1680 - 1753
Alexandre POPE, poète, né à Londres	1688 - 1744
Jean-Baptiste VICO, philosophe et historien, né à Naples	1688 - 1744
MONTESQUIEU, né près de Bordeaux	1689 - 1755
QUESNAY, économiste, né à Montfort l'Amaury	1694 - 1774
VOLTAIRE (François Arouet), né à Paris	1694 - 1778
MAUPERTUIS, mathématicien, né à Saint Malo	1698 - 1759
LA CONDAMINE, voyageur et savant, né à Paris	1701 - 1774
Benjamin FRANKLIN, physicien, né à Boston	1706 - 1790
MABLY (Gabriel Bonnot de), écrivain, né à Grenoble	1709 - 1785
Jean-Jacques ROUSSEAU, né à Genève	1712 - 1778
Denis DIDEROT, né à Langres	1712 - 1784
VAUVENARGUES, philosophe, né à Aix en Provence	1715 - 1747
CONDILLAC (Étienne Bonnot de), écrivain, né à Grenoble	1715 - 1780
D'ALEMBERT, encyclopédiste, né à Paris	1717 - 1783
BUFFON, naturaliste, né à Montbard	1717 - 1788
MORELLY, écrivain français, né on ne sait où vers	1720? — ?
Adam SMITH, économiste, né à Kirkaldy	1723 - 1790
Emmanuel KANT, philosophe, né à Königsberg	1724 - 1804
James COOK, navigateur, né en Yorkshire	1728 - 1779
Ephraïm LESSING, poète et critique, né en Saxe	1729 - 1781
BOUGAINVILLE, navigateur, né à Paris	1729 - 1814
Thomas JEFFERSON, homme d'État, né en Virginie	1743 - 1826

Que de fois se renouvela l'illusion du bon tyran réalisant l'idéal de la liberté et de l'égalité des citoyens : ces trésors seront conquis, ils ne seront point donnés.

CHAPITRE XIV

HÉRITAGE DE LOUIS XIV. — LAW ET LA BOURGEOISIE FINANCIÈRE
LUTTES DE LA PENSÉE ET DU DROIT DIVIN. — CONSTITUTION ANGLAISE
RÈGNE DE FRÉDÉRIC II — LA COMPAGNIE DES INDES. — LE GRAND DÉRANGEMENT
LE CANADA CHANGE DE MAITRE. — ENCYCLOPÉDIE; PRINCES ET PHILOSOPHES
PARTAGES DE LA POLOGNE. — FUITE DES KALMOUK. — RÉVOLUTION D'AMÉRIQUE
LOUIS XVI ET LES ÉCONOMISTES. — MESURE DES ARCS DE MÉRIDIEN.

La domination du « Grand Roi » avait fini d'une manière déplorable : non seulement son intervention avait été funeste à l'Europe dont il avait voulu régler les destinées, son gouvernement avait été surtout fatal à la France qu'il avait ruinée d'hommes et d'argent, appauvrie dans le sol et ses moissons. Déserté par le sort, il déplaisait même à ses courtisans, et tous l'abandonnaient pour se tourner vers l'un ou l'autre des deux personnages, le duc d'Orléans ou le duc du Maine, entre lesquels les chances de l'héritage flottaient encore incertaines. Mais, si désabusé que l'on fût sur l'homme dont la grandeur avait naguère paru surnaturelle, le principe de la royauté dans son essence ne se trouvait entamé en rien : la superstition de la monarchie absolue était si bien entrée dans les esprits que même les novateurs, les génies à la pensée la plus libre ne s'imaginaient d'amélioration possible que par la concentration de tous les pouvoirs entre les mains d'un bon tyran, d'un prince affable et doux, devenu omniscient par les soins d'un précepteur parfait, d'un philosophe vertueux comme ils l'étaient eux mêmes : il leur fallait un duc de Bourgogne, élevé par un Fénelon, un « Télémaque » se rappelant les leçons d'un « Mentor ». Nul ne comprenait que la liberté appartient seulement à ceux qui la conquièrent : on s'imaginait volontiers que la belle éducation d'un prince aurait pour conséquence heureuse l'éducation du peuple même aux destinées duquel il présiderait.

Heureusement pour la renommée du duc de Bourgogne, ce prince dévot, indécis, incapable, grand approbateur de la Saint-Barthélemy et de la révocation de l'édit de Nantes, mourut à temps pour qu'on n'ait pu choisir précisément son exemple et montrer comment l'éducation la plus attentive et la plus savante porte toujours à faux quand elle a pour point d'appui l'orgueil de la naissance et du pouvoir. D'ailleurs, si Louis XV manqua de véritables éducateurs ou plutôt n'eut guère autour de lui que des incitateurs à la perversité, on ne lui demandait qu'une seule chose, de ne point mourir : ses peuples, qui voyaient en lui un « enfant du miracle », échappé au naufrage de la famille entière, eussent tout donné pour garder cette précieuse vie : c'est de tout cœur qu'ils se précipitèrent au devant de lui en un flot enthousiaste et qu'ils le proclamèrent le « Bien Aimé » lorsqu'à la suite d'une maladie grave il voulut bien renaître à la vie. Les dures expériences déjà faites ne suffisaient point à cette multitude d'asservis qui, sans confiance en elle même, attendait tout de ses maîtres.

Un intervalle de quelques années sépara les deux règnes de Louis XIV et de son arrière petit fils, et presque tout cette période fut occupée par la régence de Philippe d'Orléans, qui, du moins, aura dans l'histoire le mérite exceptionnel d'avoir laissé faire, quoique n'ayant rien fait lui même : on peut lui reconnaître aussi la qualité d'avoir été curieux des choses de l'industrie, de l'art et de la pensée. S'il n'eût été régent, il eût été bon homme, bien différent de son pupille qui fut l'égoïste par excellence, le roi qui mena gaiement son royaume au désastre en parfaite indifférence du lendemain : « Après nous, le déluge », disait-il plaisamment, sachant bien qu'il avait bien le temps de s'amuser et que l'échafaud ne se dresserait pas encore pour lui. Déjà, sous le régent, les événements qui devaient donner à la fin du siècle un caractère si

N° 412. Puerto Escoces et l'Isthme de Panama.

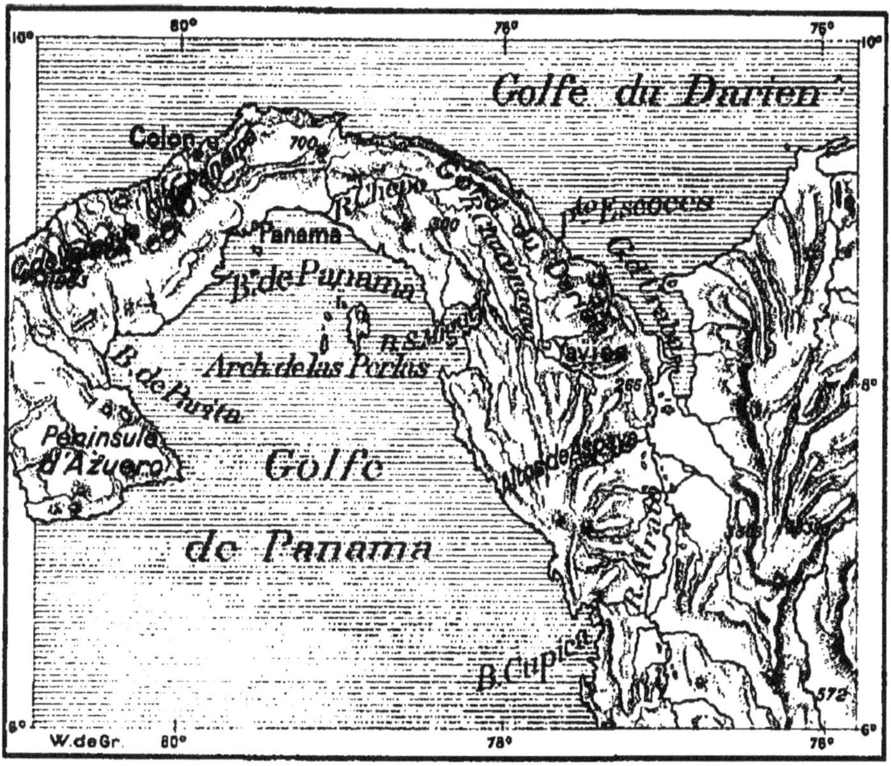

1 : 5 000 000

0 100 200 300 Kil.

L' « isthme » du Darien relie l'embouchure de l'Atrato à la Baie de Saint Miguel.

tragique s'annonçaient d'une manière évidente : les anciens cadres de la société ne convenaient plus aux éléments nouveaux qui s'y pressaient et cherchaient un équilibre en rapport avec leurs intérêts : la bourgeoisie qui, avec les Colbert avait mis sa gloire à servir le Roi, s'exerçait désormais à s'émanciper, à créer des forces économiques correspondant à sa toute-puissance prochaine.

Les entreprises de banque dont l'effondrement ruina tant de spéculateurs vers la fin de la Régence, témoignent de l'audace de cette bourgeoisie naissante. Industriels et commerçants se dégagent si bien de l'Etat qu'ils n'ont plus besoin de sa tutelle et même le subordonnent à leurs agissements. Ce sont eux qui entreprennent la colonisation, dirigent le commerce et la banque, se substituent au gouvernement pour la gérance du budget et le paiement des dettes. Law ne fut en cette occasion que le représentant, le paladin de la bourgeoisie qui se lançait dans sa première folie de jeunesse avec une sorte de frénésie, entraînant naturellement à sa suite de tardifs repentirs.

Law avait eu un prédécesseur en ces grandes affaires d'extension coloniale, dans cet appel au crédit, c'est-à-dire à l'utilisation présente de revenus futurs, assurés par la culture du sol et le développement des échanges. Un des compatriotes du banquier écossais, le général Patterson, qui avait fondé à Edimbourg un établissement financier dont la prospérité n'a cessé de grandir pendant les deux siècles écoulés depuis lors, avait suffisamment étudié la carte du Nouveau Monde pour comprendre l'importance géographique de premier ordre que présente la péninsule de jonction entre les deux Amériques : pressentant le futur canal des deux océans, il avait cru nettement que le possesseur de l'isthme aurait entre les mains la « clef du monde » et s'était empressé de prendre les devants dans l'espérance prématurée de pouvoir, sinon réaliser, du moins préparer l'œuvre des générations suivantes. A la tête d'un petit groupe d'Ecossais, Patterson campa en 1698 sur le bord d'une crique peu éloignée du golfe d'Uraba, près des sentiers que suivaient les Indiens Cuna pour traverser l'isthme et gagner le golfe de San Miguel sur le Pacifique. Il se trouvait là sur territoire considéré comme domaine espagnol par les traités internationaux et sa position n'eût été tenable que si la Grande Bretagne, aussi ambitieuse que lui, l'avait soutenu résolument par l'envoi d'une flotte et par la construction d'une route. Mais on n'osa point à cette époque se lancer dans la grande aventure, et, en l'an 1700, des navires espagnols vinrent détruire ce qui restait de Puerto-Escoces ou Port Ecossais.

Les projets de Law avaient une bien plus large base géographique et s'appliquaient d'ailleurs à un territoire appartenant à la France par le droit de découverte et même de colonisation commençante : en 1717, lorsque se fonda la « compagnie d'Occident », sept cents Français, cultivateurs ou chasseurs de « pelus », s'étaient établis sur les bords du

Mississippi ou de ses affluents. Déjà les hommes de prescience ou d'imagination créatrice, comme l'était Law, pouvaient prédire en toute sécurité l'avenir prodigieux qui se préparait en ces contrées si fécondes et si heureusement disposées pour l'expédition des produits. Même dans leurs rêves les plus audacieux, ils n'arrivaient certainement pas à faire apparaître devant eux un tableau qui ressemblât lointainement à celui que présente aujourd'hui le bassin du « Père des Eaux » avec ses

Cl. Sellier

LES SPÉCULATEURS DANS LA RUE QUINCAMPOIX
D'après une estampe de l'époque.

populations grandissantes, ses riches cultures, ses puissantes usines et ses magnifiques cités, les métropoles jumelles de Saint-Paul et de Minneapolis, Saint Louis, près du confluent des deux grands fleuves Missouri et Mississippi, les villes de l'Ohio ou « Belle Rivière » : Cincinnati et Louisville, et la gardienne des bouches fluviales, la Nouvelle Orléans, si bien située en amont des passes et tout près d'un lac en libre communication avec la mer ! Mais déjà le présent était fort beau et fournissait une ample garantie aux quatre millions de livres dont disposait le fondateur de l'entreprise, aux débuts de cet énorme remuement de capitaux qui lança le monde des joueurs dans la folie furieuse de la spéculation.

Sans doute les actions du Mississippi eussent pu garder leur valeur et devenir une source régulière de revenus pour leurs possesseurs, si le

« système » de Law, entraîné dans la frénésie du jeu, ne s'était compliqué en même temps du remaniement de tout le régime fiscal et financier de la France et de l'Europe. Tout devait se transformer à la fois, mais ces changements menaçaient les nombreux fonctionnaires et parasites qui vivaient de la routine, les fermiers généraux et les receveurs, les gens de loi et les gens d'église qui se liguèrent aussitôt contre le novateur. D'ailleurs, comment celui-ci n'aurait-il pas été vaincu, puisque tout en agissant en dehors de l'Etat, de sa pleine initiative, il n'en rêvait pas moins que l' « abolition de l'abus se ferait par l'abus suprême, que la révolution allait s'opérer par le pouvoir illimité, indéfini, le vague absolutisme, le gouvernement personnel qui ne se gouverne pas lui-même »[1]. Quoi qu'il en soit, la banque de Law et celles qui naquirent vers la même époque en Angleterre, à Ostende et en Hollande, donnant lieu aux mêmes abus et aux mêmes catastrophes, n'en marquent pas moins une date capitale, le commencement d'une ère dans l'histoire de la bourgeoisie : sur le marché des écus — en attendant mieux — tous sont devenus égaux; la banque ne distingue plus entre hommes et femmes, jésuites et jansénistes, nobles et roturiers, maîtres et laquais.

Mais l'avènement financier de la bourgeoisie était peu de chose en comparaison de la liberté de parole et de pensée reconquise par les écrivains, hérauts de la société future. Déjà Voltaire, qui devait un jour personnifier le dix-huitième siècle, avait commencé son œuvre de révolution par l'ironie en rimant ses premiers vers, fort médiocres d'ailleurs, à la gloire d'un roi resté à demi huguenot, et proclamant la tolérance religieuse.

C'était d'une belle audace chez un jeune homme qui connaissait déjà la Bastille[2]; mais, plus grand que Voltaire dans sa conception de l'histoire, Montesquieu ne s'attaque pas seulement aux oppresseurs, il ne se borne pas à plaider la cause de la pitié, il se fait encore le défenseur de la justice, il cherche, dans l'ensemble des âges et chez tous les peuples, quel est le droit dans son essence, non celui d'un homme, d'une classe et d'une nation, mais celui de l'homme lui-même. La portée de son œuvre dépasse de beaucoup en réalité le but qu'il voulait atteindre, car si le droit de l'homme est intangible, toute autorité qui l'abaisse, qui restreint son développement libre, n'est-elle pas inique par

1. Michelet, *Histoire de France*, XV, la Régence, p. 242. — 2. *Même ouvrage.*

cela même? Logiquement comprise, la philosophie de Montesquieu, qui dans un autre ordre d'idées reproduit celle de Descartes, aboutit également

N° 413. Embouchure du Mississippi.

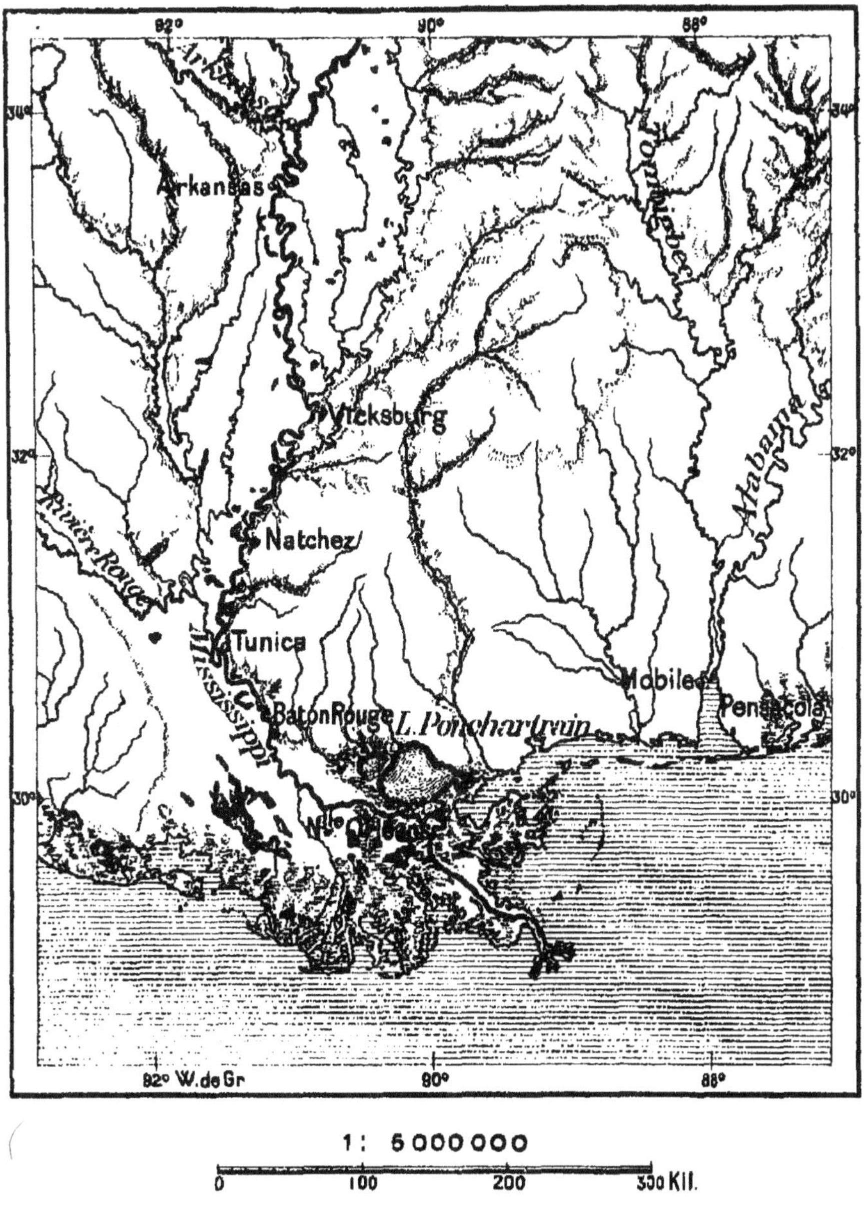

à la suppression de l'autorité : « Je pense et ce n'est point un autre qui pense en moi ! Je reconnais ce qui est juste et nulle autre justice ne prévaudra contre la mienne » ! Ainsi la satire des *Lettres Persanes* s'élève bien au-dessus des patries, au dessus des religions et, surtout, bien au-dessus de la routine abominable des lois. On brûlait encore des condamnés à Paris en 1726, et les prisons de Bordeaux, la ville où siégeait Montesquieu, renfermaient encore des cachots effrayants dans lesquels la victime ne pouvait être debout, ni couchée, ni assise!

Toutefois, si acérée que soit l'ironie, si profonde qu'en soit la portée, elle ne vaut pas encore la parole directe d'accusation fulminée contre les grands. Et cette parole, nul ne l'avait encore prononcée. D'ailleurs, après la mort du régent, l'autorité du droit divin s'était pleinement ressaisie. Ni jansénistes, ni protestants, quelles que fussent les persécutions endurées, ne pouvaient pousser le cri de liberté, puisque leur dogme les enchaînait absolument et que, même dans les supplices, ils étaient tenus de vénérer le prince comme le représentant du Dieu qu'ils adoraient. Quant aux penseurs libres, aux hommes dégagés du « mensonge conventionnel », de toute superstition religieuse et monarchique, ils n'osaient pas encore tout dire, ni surtout écrire, de peur de la Bastille ou du bourreau; leur audace éloquente ne se manifestait d'ordinaire que dans les salons et les cafés, excusée d'avance par l'animation du discours et des répliques, la gaieté et l'esprit des saillies. Et puis la pensée ne vit pas seulement d'elle-même, elle s'accommode facilement à son milieu. Rares étaient les écrivains que les conditions ambiantes portaient vers l'indépendance du caractère et de la parole; chez ceux d'entre eux qui étaient fonctionnaires la fonction finissait par avoir raison de la vaillance : le bel héroïsme qui s'était attaqué d'abord à tout le mécanisme social se bornait à la critique de tel ou tel abus et ne demandait plus que des réformes.

C'est ainsi que Montesquieu, reçu solennellement par les hauts personnages de l'Angleterre en grand seigneur qu'il était, revint en France fasciné par ce Parlement qu'il avait vu fonctionner avec assez de puissance pour balancer le pouvoir de la royauté. En réalité, la constitution britannique ne s'appliquait qu'à une faible partie de la nation, celle qui comprend les nobles, anciens riches, et les délégués des communes, enrichis récents : la grande masse du peuple, paysans, ouvriers, prolétaires, restait en dehors de ce fonctionnement électoral. Pourtant le mécanisme duquel devait sortir l'équilibre entre les dominateurs de la nation, royauté, noblesse, bourgeoisie, parut un tel chef d'œuvre politique à Montesquieu que son enthousiasme, devenu communicatif, fut partagé pendant un siècle et demi par tout le monde civilisé, et qu'après tant d'essais de toute nature, ce système finit par être adopté presque universellement jusque chez les jaunes du « Soleil levant » et chez les Nègres de Liberia [1]. Telle fut la réforme qui, pour un grand nombre de politiciens, masqua le véritable problème de l'émancipation humaine dans son ensemble.

Cabinet des Estampes.
MONTESQUIEU (1689-1755)

Du moins, sous le régime de ce Parlement anglais, la pensée se manifestait plus librement que sous la dictature du cardinal Fleury, lui-même terrorisé par les jésuites. Plus d'un siècle auparavant, l'Angleterre avait eu sa période littéraire par excellence; maintenant elle se trouvait au point suprême de sa gloire scientifique : après avoir eu Shakespeare, elle avait Newton. Grâce à lui, la loi universelle de la gravitation était conquise par l'observation et par le calcul; une ère nouvelle s'ouvrait pour le génie de l'homme. En même temps, toute une école de philosophes se dégageait de l'influence du christianisme et même réagissait contre lui. De son voyage chez les Anglais, Voltaire rapportait non seulement les théories de Newton mais aussi les doctrines rationalistes de Locke, dont l'exposé eut l'honneur d'être brûlé par la main du bourreau. Sous une forme

1. Maxime Kovalevskiy.

plus grave, moins brillante et moins littéraire, mais aussi profonde qu'en France, la pensée humaine abordait en Angleterre toutes les sciences d'observation : même l'œuvre de l'Encyclopédie, dirigée par des penseurs libres, y prenait une forme analogue à celle que lui donna plus tard le fougueux génie de Diderot, puisque c'est le *Dictionnaire universel des Arts et des Sciences* ou *Cyclopedia*, publié par Ephraïm Chambers en 1728 qui suggéra l'idée de l'ouvrage français, dont le premier des dix-sept volumes date de 1751 et le dernier de 1765.

Toutefois les Etats de l'Europe ne pouvaient abandonner le passe-temps de la guerre. Les armées continuaient d'aller et de venir, souvent sans que l'on sût trop quel était l'ami ou l'ennemi, et on changeait d'adversaire, d'alliés, de politique, suivant les conseils d'un confesseur ou les caprices d'une dame de la cour. Mais, lorsque la grande guerre recommença, il y eut au moins un capitaine, Frédéric II de Prusse, qui prit la chose très au sérieux et dont la claire volonté, d'ailleurs insoucieuse de tout scrupule, devait nécessairement triompher de gens qui ne savaient pas vouloir. C'était, dans la dualité des Etats principaux de l'Allemagne, le prince dont le royaume représentait la plus grande unité nationale. Tandis que l'Autriche était un magma de peuples hostiles les uns aux autres, ayant des mœurs, des traditions, des langues différentes, et toujours difficiles à mettre en ligne, à tenir sous une même direction, la Prusse embrassait un ensemble de populations, sinon très unies, du moins très solidement martelées et assujetties : Allemands et Slaves plus ou moins organisés formaient une masse compacte, bien dressée à l'obéissance, de même que l'armée réglementée par les souverains de la Prusse avec un zèle qui touchait à la manie.

Depuis la paix de Westphalie, le petit Etat de Prusse s'était graduellement agrandi, consolidé, dégagé des puissances voisines, Suède, Pologne, Empire d'Autriche. Très ambitieux et prenant part à toutes les intrigues diplomatiques de l'Europe, le « grand Electeur » Frédéric Guillaume avait même voulu, presque sans marine, se donner un empire colonial : au risque de se brouiller avec ses voisins jaloux, les marchands hollandais, il avait fait établir un comptoir sur le cap des Trois Pointes, un des promontoires de la Côte de l'Or. Mais bientôt après cette entreprise, qui ne devait point avoir de résultats utiles, la Prusse eut un coup de fortune, la révocation de l'édit de Nantes, qu'elle sut utiliser en accueillant largement les protestants fugitifs. Plus de quinze mille Français se prévalant de l'édit de Potsdam mirent au service de l'Allemagne leur intelligence, leur instruction, leurs industries : du coup l'équilibre des forces vives se trouva déplacé en Europe. La Prusse, et notamment la ville de Berlin, gagna ce qu'avait

Cl. J. Kuhn, édit.

BERLIN. MUSÉE D'ANTIQUITÉS ET LUSTGARTEN
Ces constructions datent du début du XIXe siècle.

perdu la France. Et non seulement des protestants introduisaient leurs professions et leurs métiers en Allemagne, ils surent y créer des entreprises entièrement nouvelles, grâce à l'esprit d'initiative qu'ils avaient à développer forcément sous peine d'humiliation et de misère : il leur fallait accommoder leurs capacités diverses à un milieu dont les conditions différaient entièrement de celles qui leur étaient familières. Ainsi de très sérieux progrès dans le travail et les procédés scientifiques compensèrent, au profit du Brandebourg et de l'Europe en général, les pertes énormes subies par les districts protestants français.

Pendant près de deux siècles, la colonie huguenote de Berlin s'est maintenue, malgré les croisements, les changements et traductions de noms et la pénétration intime de l'ambiance germanique.

En l'an 1701, la Prusse constituait un Etat assez puissant déjà pour que le prince Frédéric Ier crût le moment venu de se déclarer roi. De ses mains, il ceignit la couronne, mais sa vie de faste, de dépenses irréfléchies, de caprices bizarres, montra combien la vanité l'emportait chez lui sur l'orgueil, car, en prenant le titre, il faisait des concessions humiliantes à l'empire. Il était en train de défaire ce royaume qu'il avait baptisé tel tout en l'affaiblissant, lorsque la mort le surprit. Frédéric Guillaume Ier était un tout autre homme, une vraie brute, fier de son ignorance, d'une étroitesse de vues telle qu'il devint la risée générale, mais si âpre dans sa volonté que tout cédait devant lui. Il était si économe que son premier coup fut de réduire au cinquième tous les appointements des gens de sa cour. Il était si correct sur la discipline qu'on ne lui arracha qu'à grand' peine la grâce de son fils, condamné à mort comme « déserteur ». Sa manie particulière était celle des revues et des parades militaires. Il avait divisé le royaume en districts correspondants aux régiments de son armée; l'alignement, la symétrie, la régularité des corps de troupe était sa grande préoccupation, il tenait par dessus tout à ses compagnies de beaux hommes recrutés par tous les moyens possibles, y compris l'achat et l'enlèvement en pays étrangers. Mais il aimait tant son armée qu'il se refusait à la détériorer par la guerre : c'est à son successeur Frédéric II que devait revenir l'emploi de cet outil formidable. La préparation de la guerre n'est point une raison de paix, comme le dit un proverbe menteur, au contraire, elle entraîne toujours la guerre. Si l'industrie de la Prusse fut longtemps, comme on l'a dit, l'art de la guerre, c'est au Prussien par excellence, à Frédéric Guillaume Ier qu'on doit en faire remonter la responsabilité. Frédéric II trouva les éléments de la guerre tout préparés, des hommes, des arsenaux, de l'argent, et il s'en servit aussitôt. Le zèle avec lequel son peuple le suivit dans l'œuvre de conquête s'explique en partie par la pauvreté naturelle des landes, des sables et des marais du Brandebourg et autres provinces qui constituaient le noyau de la Prusse proprement dite : la richesse des terres avoisinnantes promettait un ample butin.

A peine sur le trône, Frédéric s'occupa d'arrondir ses domaines en s'emparant de la belle Silésie, qui avait précisément cet avantage d'un rondement fructueux et qui promettait de compléter élégamment le royaume par le haut bassin de l'Oder et la frontière naturelle des

N° 414. La Prusse au dix-huitième siècle.

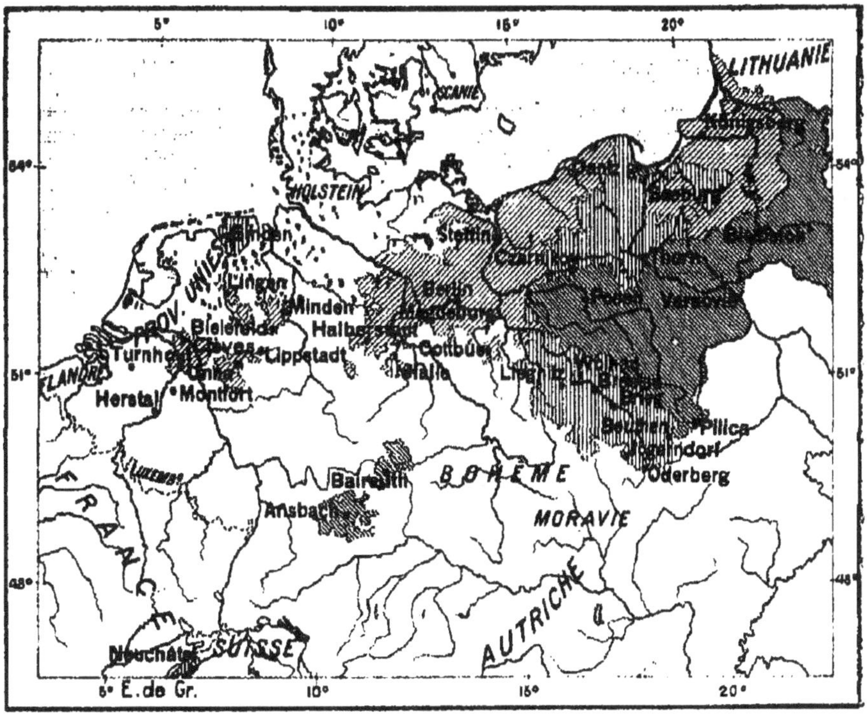

1 : 12 000 000

0 100 300 600 Kil.

A l'avènement de Frédéric II (1740), la Prusse était formée de morceaux disjoints : le grand duché de Prusse, autour de Konigsberg, la Poméranie et le Brandebourg, le duché de Magdebourg, la principauté d'Halberstadt, puis les districts de Cottbus, Halle, Lippstadt, Minden, Lingen, Bielefeld, Unna, Clèves et quelques autres, puis Herstal (1732-1740), Turnhout (1732-1753) et Montfort (1732 1754), enfin la principauté de Neuchâtel (1707-1807).

Frédéric occupa la Silésie en 1742, sous prétexte de droits sur plusieurs villes (Liegnitz, Oderberg, etc.), puis, en 1772, réunit les deux fractions principales du royaume par l'acquisition de la basse Vistule, de Seeburg à Czarnikov. Le district d'Emden échut à la Prusse et le duché de Mansfeld, près de Halle, en 1780.

Le successeur de Frédéric ajouta à ses domaines, les territoires de Baireuth et d'Ansbach (1792), Dantzig (1793) et partie de la Pologne, de Posen à Bielostok (1793 et 1795).

Sudètes. Les arguments ne manquent jamais aux conquérants, et Frédéric avait généralement comme bonne raison la force agressive de son armée. Non encore aguerri lui même, il débuta par un incident ridicule, puisqu'il s'enfuit du premier champ de bataille, se croyant vaincu alors que ses troupes étaient victorieuses : mais il s'habitua vite au sifflement des balles, et bientôt la Silésie arrachée à l'Autriche agrandit la Prusse jusque vers les sources de la Vistule (1742). Ce fut le premier acte de ces deux guerres de Sept ans, 1741-1748 et 1756-1763, qui se déroulèrent principalement autour de la malheureuse Silésie, piétinée, dévastée, et dans la Bohême, plus malheureuse encore à cause de sa valeur stratégique comme centre de l'Europe.

Pendant la première moitié de la lutte, Frédéric fut d'abord partiellement soutenu par la France, dont la politique traditionnelle était de combattre la puissance autrichienne; mais cette alliance française était incessamment neutralisée par les intrigues de cour et de confessionnal qui donnaient à l'Autriche et à sa souveraine Marie-Thérèse l'appui des machinations secrètes, ourdies contre son propre pays par le cardinal Fleury, inspirateur officiel de ses agissements. Puis, lors de la deuxième guerre, l'influence des jésuites triompha ouvertement : la France conclut une alliance offensive avec la Russie et la Suède pour soutenir l'Autriche et la Saxe contre Frédéric II. Celui-ci eût donc été complètement entouré par un cercle d'ennemis s'il n'avait eu quelques petits princes allemands pour alliés, et, par delà le détroit, le concours de la flotte anglaise. Mais en ce danger imminent, il se révéla tacticien incomparable par l'art de diviser ses adversaires pour les surprendre et les battre isolément. Il se délivra d'abord de la France par la victoire de Rossbach (1757), journée d' « immortel ridicule », où il dispersa devant lui plus de dames, de coiffeurs et de cuisiniers que de soldats, et qui lui valut non seulement l'admiration enthousiaste de ses propres troupes mais encore celle de ses ennemis, surtout de la France elle-même. Pourtant il lui eût été impossible de résister jusqu'au bout contre le déluge d'hommes qui, du sud, de l'est, du nord, inondait son royaume s'il n'avait pu reconstituer ses armées, terriblement amoindries, par la foule des aventuriers et déserteurs étrangers accourant vers lui de toutes parts, et si l'Angleterre ne l'avait soutenu de ses millions. Enfin, lorsqu'il semblait presque fatalement pris, comme entre deux mâchoires, entre les Autrichiens et les Russes, une mort de tsar, un changement de règne le sauvèrent soudain et lui permirent de se dresser vainqueur, désormais inattaquable.

Pour la première fois dans l'histoire du monde, les guerres de l'Europe avaient eu leur contre-coup direct dans les autres continents : les conflits s'étaient propagés sur une grande partie de la surface planétaire, que cherchaient à s'approprier les émigrants des diverses nations occidentales. La guerre de Sept ans se poursuivait aussi dans les Indes orientales et dans l'Amérique du Nord, des deux côtés au grand avantage de l'Angleterre, dont la puissance militaire s'appuyait sur une industrie de plus en plus active et sur un commerce extérieur toujours grandissant. Dans la lutte de navigation qui se continuait entre la Hollande et la Grande Bretagne, celle-ci l'emportait rapidement en dépit des avantages acquis et de la pratique coutumière que possédait sa rivale. Pendant la deuxième moitié du dix-septième siècle, période de sa grande prospérité, ce tout petit peuple batave possédait à lui seul près de la moitié du tonnage de toutes les flottes commerciales appartenant aux nations européennes, soit environ 900 000 tonnes sur 2 millions[1]. Mais la grande île disposait à la fois de ports plus nombreux et plus sûrs, d'une population plus considérable et surtout d'une industrie propre plus active, plus facile à développer et plus riche en produits variés. Au commencement du dix-huitième siècle, Daniel de Foë signale la prospérité croissante de Manchester, dont la population aurait doublé en quelques années, grâce à la fabrication des tissus[2]. Dès l'année 1585, Manchester et Bolton, sa voisine, n'avaient-elles pas été le refuge des tisseurs de coton d'Anvers, échappés aux massacres que commandait le duc d'Albe? Pourtant, au milieu du dix-huitième siècle, l'outillage des manufactures anglaises était encore aussi rudimentaire que celui des humbles ateliers hindous : les découvertes industrielles que l'on avait déjà faites en maints endroits, en Italie, en France, en Allemagne, dans les Flandres, n'étaient point appliquées au nord du Pas-de-Calais. La grande révolution du travail qui devait se produire à la fin du siècle ne s'annonçait pas encore.

Après son grand triomphe sur Louis XIV, la politique anglaise avait été relativement pacifique, surtout sous le long ministère de Robert Walpole, cynique philosophe qui préférait mener les hommes par la corruption que les contraindre par la violence. D'ailleurs le gouvernement anglais avait alors deux grandes difficultés à vaincre : en premier lieu celle de consolider le pouvoir de la dynastie de Hanovre qui régnait sur les îles Britanniques et de sauvegarder en même temps, sans en déplacer le centre de gravité, ses intérêts sur le continent : en second

1. Harry Petty, *Political Arithmetic*. — 2. G. de Greef, *Essais sur la Monnaie, le Crédit et les Banques*, VIII, pp. 6 et 7.

lieu de prévenir ou de réprimer toute tentative de restauration de la part des représentants de l'ancienne dynastie des Stuart. Incessamment s'ourdissaient de nouvelles conspirations dirigées par d'infatigables jésuites disposant de toutes les forces occultes de l'Eglise. Le danger ne fut définitivement écarté qu'en 1746 : Charles-Edouard, le fils du prétendant Jacques III, ayant débarqué en Ecosse, occupa le château d'Edimbourg et pénétra en Angleterre, mais il dut bientôt rebrousser chemin et sa petite armée fut anéantie dans les landes de Culloden. Les massacres, l'échafaud, les cachots, les confiscations donnèrent raison au loyalisme d'introduction récente sur le loyalisme traditionnel.

Désormais débarrassée de la question d'Ecosse et n'ayant plus à craindre que les rancunes de l'Irlande, non suivies d'effet, la puissance britannique pouvait s'exercer librement dans le monde et notamment dans les Indes orientales. L'influence du Portugal y avait rapidement faibli, et, d'ailleurs, n'avait pas dépassé le versant occidental des monts. A cette époque la domination de l'Hindoustan, du golfe de l'Indus jusqu'à celui du Bengale, appartenait à la dynastie dite du « Grand Mongol » qui s'était emparée de Delhi dans la première moitié du seizième siècle et qui avait fait de cette ville un lieu somptueux où venaient s'amasser les richesses prélevées, de l'Himalaya au Dekkan, sur une population de peut être cent millions d'hommes. Dans le reflux de la civilisation iranienne qui s'était portée sur l'Inde avec le sultan Baber et son cortège de Mongols et de Tartares iranisés, les villes hindoues occupées par le Grand Mongol avaient singulièrement profité de l'art des constructeurs persans : les cités du nord ouest, où ils avaient établi le siège de leur puissance, montrent encore d'admirables constructions de cette période, tours, palais, forteresses, édifices qui, du reste, ne sont point sans mélange d'éléments hindous, et même européens puisque le principal décorateur du fameux Tadj Mahal fut, nous disent les annales, le Bordelais Austin. Les plus beaux monuments d'Agra datent du temps de Rubens, de Poussin, de Velasquez (Roger Peyre).

La force d'appel exercée par cette magnifique cour du Grand Mongol, avec ses trésors remplis de métaux précieux, de diamants et de perles, attira de très nombreux voyageurs d'Europe, parmi lesquels des savants, tels que le médecin Bernier qui séjourna plusieurs années auprès de l'empereur Aureng-Zeb ; des compagnies financières, soutenues par des privilèges de leurs gouvernements respectifs, s'établirent dans les ports de l'Inde pour entrer en relations de commerce avec le puissant souverain et avec ses vassaux. La compagnie néerlandaise fut la première en date, environ un siècle après le voyage de Vasco de Gama, et la compagnie britannique la suivit de près (1600). Ses progrès furent rapides : à diverses reprises elle accrut ses attributions, même politiques;

Cl J. Khan, édit.

LE TADJ-MAHAL, PRÈS D'AGRA, AU BORD DE LA DJEMNA
Cet édifice, mausolée de Chah-Djihan et de son épouse, fut construit à la fin du dix-septième siècle. Sa hauteur au-dessus de la plateforme est de 78 mètres.

elle acquit le privilège de haute et de basse justice. Les marchands de la compagnie exerçaient en réalité le pouvoir royal, sous un prétendu contrôle que la distance rendait illusoire. La flotte de transports pacifiques était aussi une escadre de guerre : on distinguait difficilement entre ses commis et ses officiers. Les conquêtes de la compagnie étaient en même temps celles de la Grande Bretagne.

Avant d'opérer celle de l'Inde, ce qui n'était encore dans les ambitions de personne — tant la puissance du Grand Mongol semblait inattaquable —, il fallait en déblayer les abords. C'est ce que firent les Anglais en rasant la ville d'Ormuz (1622), qui avait été si longtemps le centre du commerce des Portugais dans la mer des Indes [1]. Puis les comptoirs qu'ils établirent sur la côte de l'Inde, Surate à l'ouest, Masulipatam à l'est, devinrent graduellement des points d'appui politiques : même, en 1639, la compagnie reçut d'un radjah du littoral l'autorisation de cons-

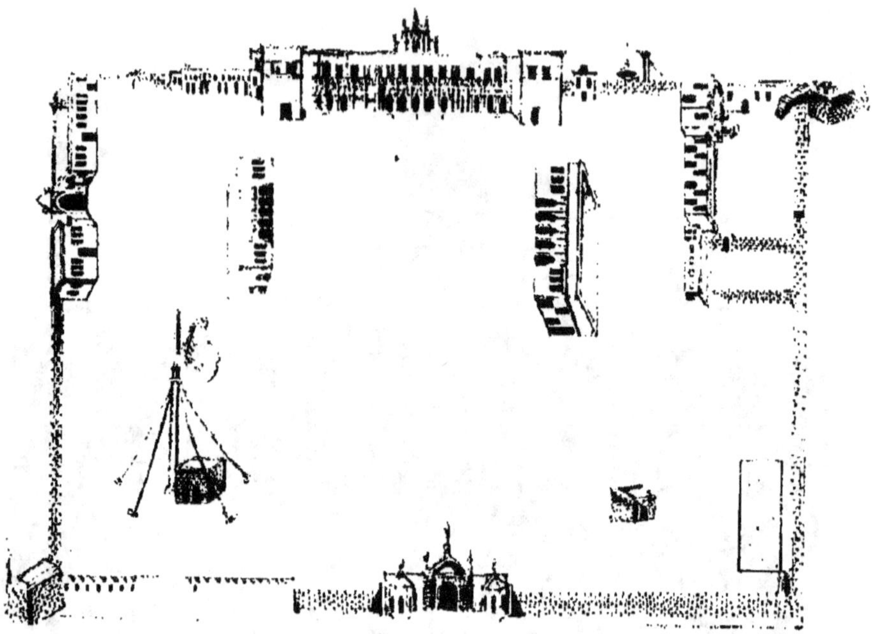

Cabinet des Estampes. Cl. Sellier.

LE COMPTOIR DES FRANÇAIS A CHANDERNAGOR

truire le fort de Saint George pour la protection de la factorerie qui, de nos jours, a, sous le nom de Madras, pris rang parmi les grandes cités : Ce fut le premier pas dans l'œuvre prodigieuse de la conquête. Peu à peu les acquisitions formèrent comme un collier le long du littoral hindou. L'île de Bombay, que la femme portugaise de Charles II lui avait apportée en dot, fut transmise à la compagnie en 1668 ; puis, avant la fin du siècle, trois villages de la rive droite du Hougli servirent de noyau à la cité grandissante de Calcutta, protégée par les canons du fort William.

Mais déjà la compagnie française des Indes, fondée par Colbert en 1664, entrait en conflit direct d'intérêts avec la compagnie britannique,

1. Arthur Stiffe, *R. Geograph. Journal*, June 1896, pp. 644 et suiv.

surtout dans les districts où les points d'opération étaient rapprochés, comme entre Madras l'Anglaise et Pondichérry la Française, entre Calcutta et Chandernagor. Les rivalités étaient permanentes et les décla-

N° 415. L'Inde de Dupleix

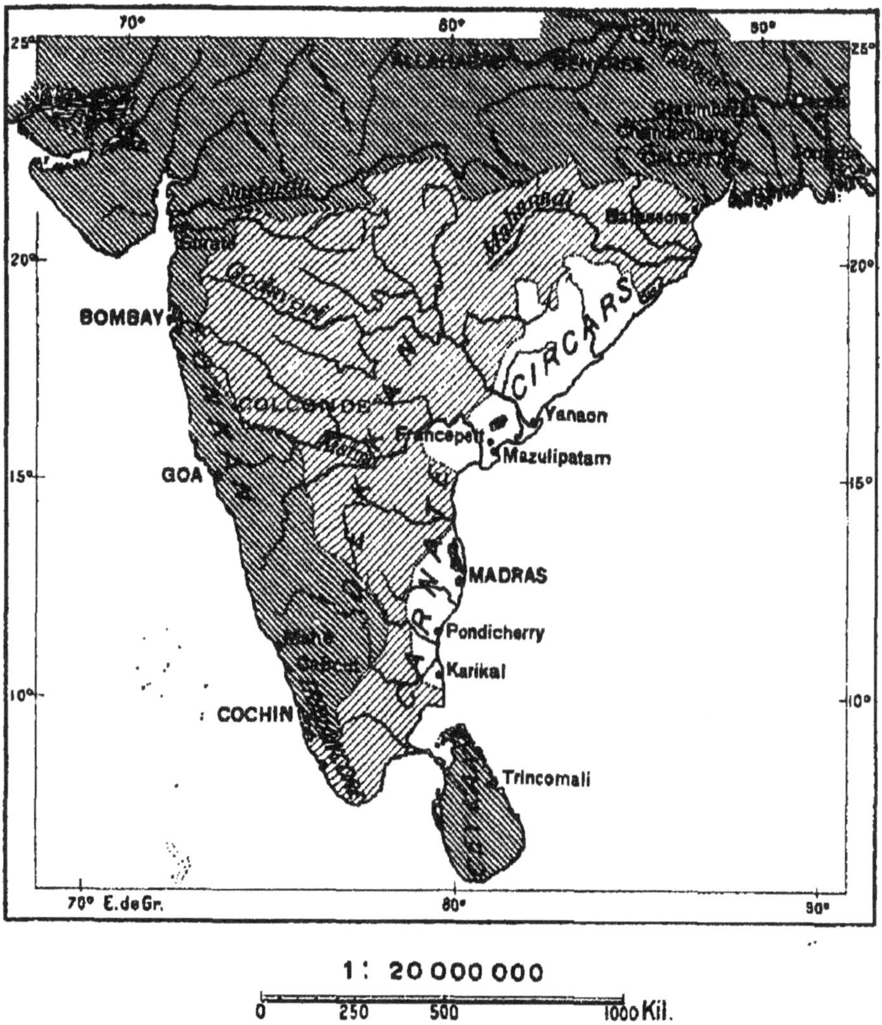

Les établissements français sont inscrits en petit texte; le Comptoir de Pondicherry date de 1674, Chandernagor de 1688, Mazulipatam de 1724, Mahé de 1725, Karikal de 1739, Yanaon de 1750. La côte orientale était sous la domination des Français et leur influence s'étendait jusqu'au voisinage de la côte du Konkan.

rations de guerre faites en Europe étaient aussitôt mises à profit dans les possessions hindoues. En 1746, les Français s'emparent du fort Saint-George et de la ville de Madras, qu'ils sont forcés de rendre deux années après, lors de la paix d'Aix-la-Chapelle: mais la guerre ne cessa poin malgré la trêve apparente entre les puissances d'Europe et les compagnies respectives : elle se continua par l'intermédiaire des alliés et des vassaux hindous. Dupleix, le gouverneur de Pondicherry, génie extraordinaire dans la connaissance et le maniement des hommes, entreprit de gouverner tout le sud de la Péninsule sous le nom des princes indigènes, qu'il savait opposer les uns aux autres et dont il utilisait toutes les faiblesses. Marié lui-même à une femme hindoue, il était considéré par les radjahs comme un des leurs et reçut le titre de nabab « protecteur ou dominateur » de toutes les contrées situées au sud de la Kistna. En peu d'années, l'humble compagnie de marchands, qui s'était d'abord gérée presque en suppliante auprès des riches souverains hindous, se trouvait maîtresse, directement ou indirectement, de toute la région dravidienne de l'Inde. Mais il y avait un moyen de vaincre Dupleix, l'artisan de toutes ces conquêtes, c'était de le faire rappeler par la cour de Versailles : en ce centre de machinations, de perfidies et de bassesses, où les affaires de l'Inde lointaine n'intéressaient personne. Dupleix ne trouva point d'homme qui pût comprendre ses vastes projets : il fut abandonné de tous et peu après mourut obscurément. Il partageait le sort de Labourdonnais, le vainqueur de Madras, envers lequel il avait eu personnellement des torts et qui eut également à souffrir de la disgrâce et de la misère. Le traité de 1763 remettait les choses en l'état qui avait précédé la guerre, c'est à dire que la France perdait tout son empire colonial de l'Inde, gardant seulement quelques comptoirs, menacés par le canon des Anglais.

Cependant ceux-ci avaient réalisé dans le nord de l'Inde une œuvre de conquête analogue à celle qui avait été accomplie, temporairement, par Dupleix dans le sud de la Péninsule. Clive, jeune favori de la guerre, eut autant de bonheur que d'audace. Dans la bataille de Plassey, qui fut livrée en 1757 sur les bords de la Baghirati Ganga, en des campagnes maintenant emportées par le fleuve, Clive ne réussit pas seulement à dégager la ville de Calcutta, mais il remporta aussi une victoire décisive qui fit de la compagnie la puissance dominante dans le Bengale. Le butin qu'il avait conquis, représentant une valeur de 50 millions, l'encourageait à pousser plus avant, à se mesurer avec le Grand Mongol dont les palais étaient plus riches encore. La bataille de Bagsar (1764) établit définitivement la puissance britannique représentée par la compagnie. « Nous sommes les maîtres de l'Aoudh, écrivait Clive, et demain nous pourrons nous emparer, si nous le désirons, de l'empire du Grand Mongol. » Les conquérants n'eurent pas besoin de se presser.

Document communiqué par Mᵉ Massieu.

TOMBEAU DU CHAH DJIHAN
fondateur de la ville actuelle de Delhi, père d'Aureng Zeb.

L'immense domaine de l'*Inde*, des hautes vallées de l'*Himalaya* jusqu'au promontoire de *Comorin*, tomba graduellement entre leurs mains par fragments de différentes grandeurs, et si l'œuvre d'annexion rencontra des obstacles imprévus, du moins le pouvoir suranné des princes qui régnaient à Delhi ne la gêna nullement : au contraire, les Anglais se servirent du nom de l'Empereur pour substituer peu à peu leur puissance à la sienne, pour emprunter tout son système d'administration et d'impôts. De nos jours encore, après plus d'un siècle de domination, l'Angleterre, héritière de la compagnie, gouverne ses possessions de l'Inde, non suivant les us britanniques mais beaucoup plus en conformité des méthodes persanes qui prévalaient sous l'empereur Akhbar. Ainsi que le veut la loi commune de l'histoire, les Anglais, faible groupe perdu au milieu d'une mer d'hommes étrangers, furent beaucoup plus conquis que conquérants : le travail d'égalisation entre les races qui s'accomplit au contact des différents peuples a commencé dans le pays des castes par la constitution d'une caste britannique non moins rigide et fermée que celle des brahmanes. L'Orient l'emporte encore sur l'Occident.

Dans le Nouveau Monde, le conflit entre l'Angleterre et la France pour l'expansion de l'empire colonial avait eu le même résultat qu'en Asie. Déjà au commencement du siècle, 1713, le traité d'Utrecht avait favorisé les Anglais en leur transférant les possessions de la France sur le pourtour du continent américain, de la baie de Fundy à la mer de Hudson. Presque toutes ces contrées n'avaient encore que leur faible population indigène ; toutefois la petite péninsule d'Acadie — aujourd'hui Nova-Scotia — ayant reçu pendant le siècle précédent quelques immigrants français, presque tous originaires de la Normandie et du Perche, constituait en 1713 une colonie de 2 100 individus. Les conquérants anglais installèrent leur garnison dans la place de Port-Royal, devenu Annapolis, tandis que les paysans français restés sur leurs héritages, continuaient de prospérer en paix : au milieu du siècle, ils étaient plus de 14 000, ayant sextuplé en quarante années sans le secours d'aucune immigration d'Europe [1].

Les Anglais furent effrayés de cet accroissement rapide de colons étrangers par l'origine, parlant une langue et professant une religion qui n'étaient pas les leurs. Le danger leur paraissait d'autant plus pressant que ces catholiques français avaient été reconnus « neutres » par les traités et que le serment d'allégeance, demandé par le gouvernement britannique, leur garantissait le droit de ne jamais être obligés de

1. Rameau de Saint-Père, *Une colonie féodale en Amérique*, tome I, p. 12.

combattre leurs anciens compatriotes ni les tribus indiennes. En réalité, le vrai tort des Français était de posséder les meilleures terres de la

N° 416. Embouchure du Saint-Laurent.

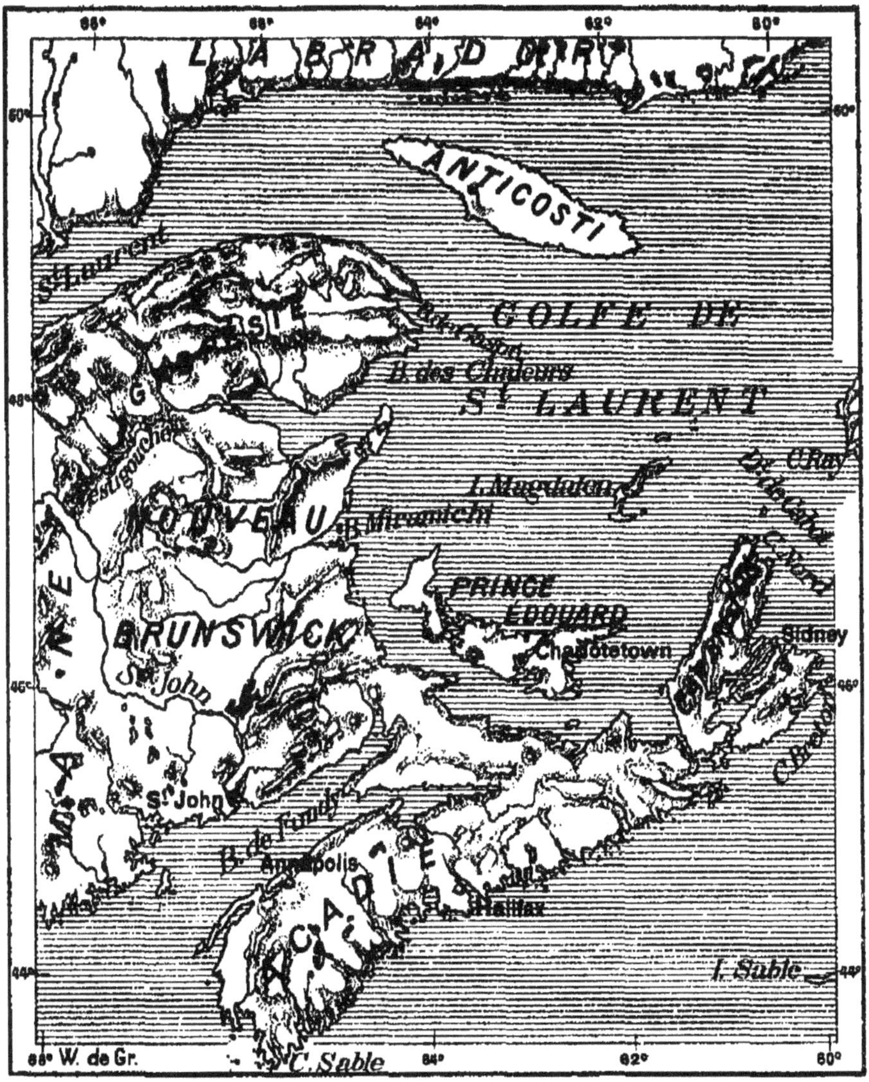

1 : 6 000 000

0 100 200 300 Kil.

colonie, de récolter les plus belles moissons : il fut décidé que l'on déplacerait cette population, coupable de trop de bien-être. En 1755, Laurence, le gouverneur de Nova-Scotia, ainsi nommée parce que des colons écossais allaient s'établir sur les champs des Français, fit réunir tous les Acadiens dans les églises pour leur annoncer que leurs terres, leurs maisons, leurs troupeaux étaient confisqués par la couronne et « qu'ils seraient eux mêmes déportés, mais que le roi gracieux, dans sa grande bonté, comptait bien avoir toujours en eux des sujets fidèles en quelque endroit du monde où le sort dût les jeter ». Ce fut « le grand dérangement » : quelques milliers d'Acadiens s'enfuirent et furent recueillis dans les clairières des forêts par les Peaux-Rouges amis d'autres, qui résistèrent aux capteurs, furent massacrés ; mais le gros de la nation, près de huit mille individus, fut réparti dans les diverses colonies américaines pour y travailler les plantations de cannes à sucre ou de tabac, à côté des nègres esclaves ; des centaines échouèrent en Angleterre, quelques-uns revinrent en France, notamment à Belle-Isle-en-Mer, où on leur fit une petite concession de terre. Nombre de fugitifs retournèrent plus tard en Acadie, lorsque les Anglais en lutte avec les colonies américaines cherchèrent à se concilier les colons d'origine française. Actuellement les descendants des Acadiens y sont au moins dix fois plus nombreux qu'à la veille du « grand dérangement » ; mais ils ne forment plus de groupe homogène au point de vue ethnologique et se mêlent diversement aux éléments écossais, anglais, irlandais, scandinaves, allemands. Le poème d'*Evangeline* où Longfellow raconte les abominations du bannissement est devenu classique pour les fils des colons qui dépouillèrent les malheureux Acadiens.

La perte de l'Acadie et des terres voisines placées devant l'estuaire du Saint Laurent devait désormais rendre très difficiles les communications de la France avec les colonies canadiennes bordant en amont les deux rives du fleuve. Le demi-cercle des possessions françaises qui se déployait autour des colonies britanniques, de la bouche du Saint-Laurent à celles du Mississippi, se trouvait rompu à son point de départ. D'ailleurs ce cercle d'investissement était en grande partie fictif : le grand hémicycle de la Nouvelle France, dans son développement formidable de 2500 kilomètres, n'avait qu'une illusoire réalité en dehors du Canada proprement dit. Quelques postes, fort éloignés des uns des autres, séparés par d'immenses prairies, de larges rivières, des marécages, des forêts difficiles à traverser, contenaient un petit nombre de centaines d'habitants, et, dans le reste du territoire, l'influence française n'était représentée que par de rares « voyageurs » ou marchands de pelleteries, presque tous métis ou « bois brûlés », jargonnant à peine quelques mots de la langue paternelle et réprouvés comme des criminels par les pères jésuites du Canada. Aussi dès que les colons bostoniens et

N° 417. Le Nouveau Monde en 1740.

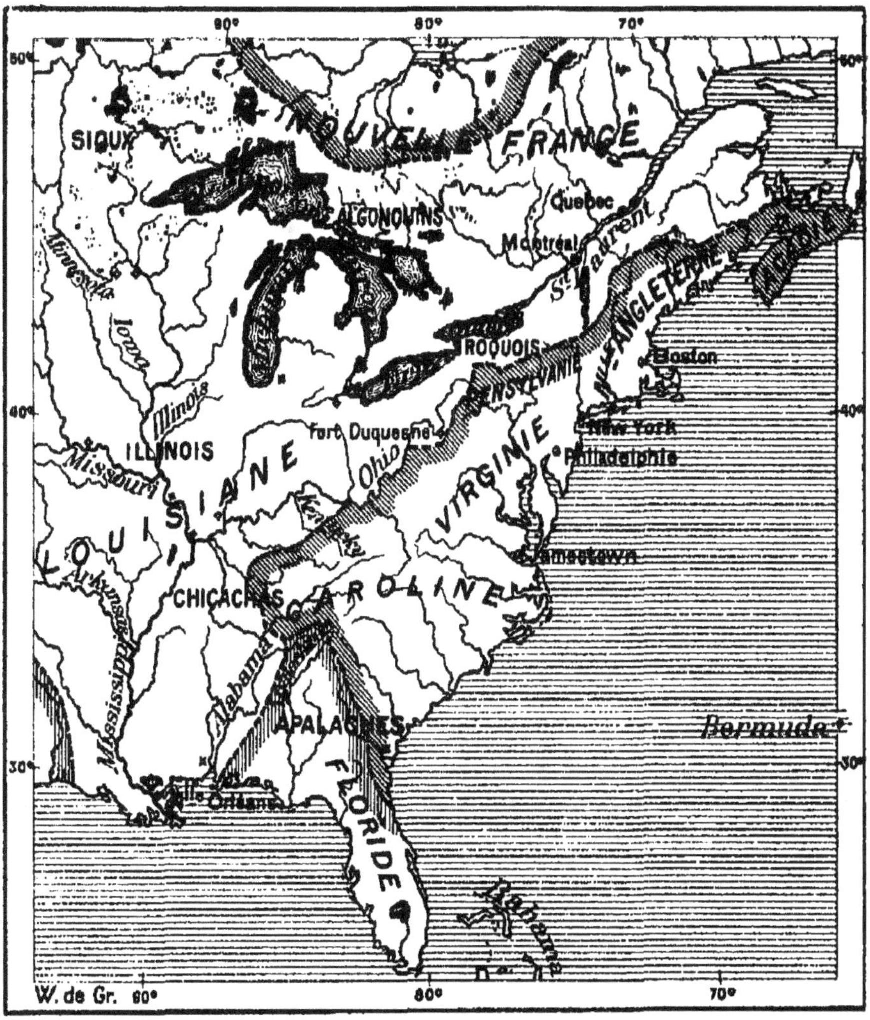

1 : 25 000 000

0 500 1000 1500 Kil.

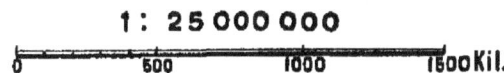

Les Français cédèrent l'Acadie à l'Angleterre en 1714, puis la compagnie d'Hudson les pressaient au nord, enfin, en 1763, ils durent abandonner le reste de leur domaine sauf la Louisiane. Les Anglais occupèrent le pays à l'est du Mississippi, tandis que les Espagnols échangèrent la Floride contre la rive droite du fleuve.

virginiens eurent franchi les montagnes bordières pour redescendre sur le versant du Mississippi, ils n'eurent point de peine à percer la ligne des prétendus assiégeants. La seule difficulté militaire fut de réduire le fort Duquesne que les Français avaient élevé au point vital où se réunissent les deux rivières maîtresses de l'Ohio, l'Allegheny et la Monongahela. Ce fortin, remplacé actuellement par la populeuse et puissante ville de Pittsburg, témoigne de la sûreté de coup d'œil qui avait indiqué ce lieu de défense, mais il eût fallu que la petite garnison de la place s'appuyât sur une population d'immigrants : elle restait dans le vide, pour ainsi dire, et en 1758, après avoir subi de nombreux assauts, elle dut se retirer sous la double poussée civile et militaire des Anglais; même la déclaration de guerre eût été inutile, l'accroissement rapide de la population qui se faisait sous pavillon britannique eût suffi pour noyer les îlots presque imperceptibles de provenance française parsemés à de grandes distances sur le versant du Mississippi. Si ces petits groupes n'avaient représenté symboliquement la nation ennemie qui, pendant des siècles, avait soutenu contre leurs aïeux une lutte héréditaire, les Anglais eussent pu les considérer comme une quantité négligeable.

Mais il y avait les Indiens. Les colons français du Saint-Laurent et du lac Champlain, quoique très peu nombreux en comparaison des Anglais du littoral atlantique, étaient cependant assez fortement établis dans ces régions de l'arrière-pays pour empêcher l'extension et l'immigration britannique dans la direction du nord et du nord-ouest; en outre ils étaient alliés à des tribus indiennes qui leur servaient d'avant-garde dans la guerre presque incessante des frontières. Les « Bostoniens », ainsi qu'on nommait alors les blancs de la nouvelle Angleterre actuelle, avaient même été obligés de changer leur politique à l'égard des Peaux-Rouges par suite de l'obstacle que leur opposait la colonisation française. Tandis que, dans les premiers temps, ils se considéraient, lecteurs assidus de la Bible, comme un nouveau « peuple élu » entrant dans une nouvelle « Terre promise », avec ordre divin d'en exterminer les Philistins, la continuation de la guerre d'extermination eût pu désormais devenir trop dangereuse et, pour résister aux Français et à leurs confédérés indiens, ils durent entrer à leur tour dans la voie des traités avec de puissantes peuplades aborigènes. C'est ainsi que s'engagea l'inexpiable lutte entre les Hurons, amis des Français, et les cinq nations des Iroquois alliés des Anglais. Un siècle plus tôt, les Hurons auraient été probablement de taille à se mesurer avec les Iroquois, que les Bostoniens lançaient contre eux ; mais ils avaient été « convertis » par les jésuites, privés de leur vaillance première, transformés en une pâte molle et ductile,

N° 418. Bostonie et Canada.

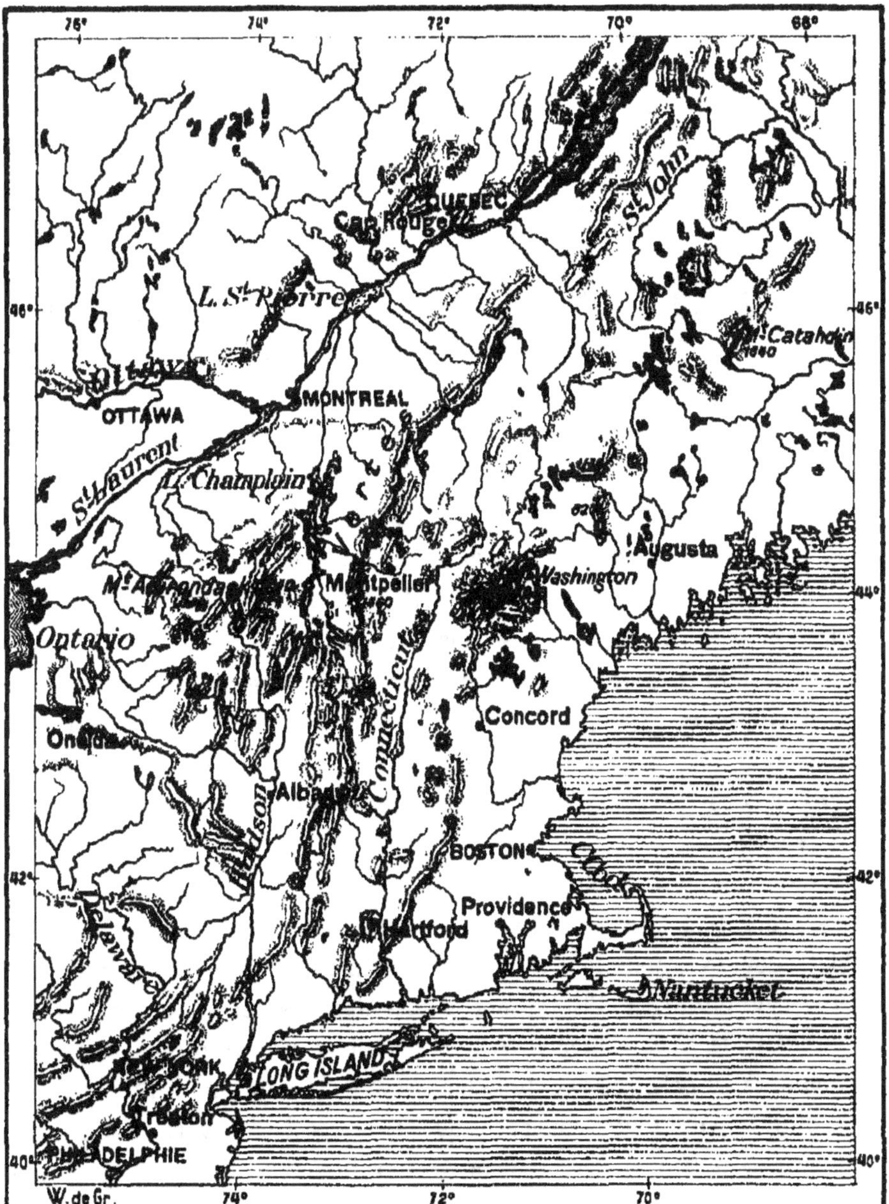

1 : 6 000 000

0 100 200 300 Kil.

comme l'étaient, dans l'autre moitié du Nouveau Monde, les Guarani du Paraguay. Aussi les Iroquois restés eux-mêmes dans la pleine conscience de leur force, mais ignorants de l'œuvre funeste à laquelle on les destinait, furent-ils les vainqueurs dans cette lutte à mort, où il s'agissait en réalité de l'extermination de leur propre race.

Débarrassés des Indiens par la force ou par la ruse, les Bostoniens, aidés par une armée anglaise, pouvaient donc se considérer d'avance comme maîtres du Canada français. Lorsque la guerre décisive éclata enfin, en 1759, les corps de troupes qui envahirent la colonie par trois côtés à la fois, le centre et les deux extrémités de l'amont et de l'aval, formaient un effectif presque égal en nombre à celui de tous les habitants français de la contrée, hommes, femmes et enfants. On comprend à peine comment la résistance fut possible et même entremêlée de victoires pour cette petite nationalité qui d'avance était vaincue. Les Anglais avaient été battus lorsqu'une flotte de secours, entrant dans les eaux de Québec, assura définitivement l'annexion du Saint-Laurent à l'empire colonial de l'Angleterre. Les ports de France, bloqués par les vaisseaux anglais, n'avaient pu envoyer de renforts au Canada, et, d'ailleurs, qui, au milieu des fêtes et des intrigues de Versailles, s'inquiétait de ces « quelques arpents de neige »?

Cabinet des Médailles.

MONNAIE DE BILLON FRAPPÉE A PONDICHERRY DITE DE LA DEMI-BICHE.

Pourtant les Canadiens, tout en exécrant le traître Louis XV qui les avait ainsi négligemment abandonnés, n'en continuèrent pas moins de rester Français à leur manière, et même avec une fidélité singulière, qui s'explique par l'isolement relatif dans lequel ils se sont trouvés pendant le siècle suivant, par leur groupement solide en une société distincte au point de vue de la langue et de la religion, enfin par l'extraordinaire vitalité de leur race, qui, sous cet heureux climat, grâce au bienfaisant travail de la terre, se développa numériquement en des proportions qui sont presque sans exemple. Les soixante-sept mille Franco-Canadiens qui vivaient aux bords du Saint-Laurent en 1763, lorsque le traité de Paris en fit des sujets anglais, étaient devenus plus d'un million d'hommes un siècle plus tard ; ils sont deux millions aujourd'hui.

La France échappait à la guerre de Sept ans aussi profondément humiliée qu'elle le fut jamais. Le traité de 1763, que l'on signa dans Paris, comme pour en faire peser plus lourdement la honte sur le vaincu, assurait à la Grande Bretagne presque tout ce qui avait constitué les possessions coloniales de la France en Asie et dans le Nouveau Monde. A ce prix, l'Angleterre consentait à ne pas garder Belle-Ile qu'elle avait occupée et à ne pas trop insister sur la démolition des fortifications de Dunkerque, exigée comme « monument éternel du joug imposé à la France ». D'autant plus grande était la honte d'un pareil traité que Paris élevait à cette occasion la statue équestre du roi et que les ministres y trouvaient encore moyen d'accroître leur fortune personnelle. Il était impossible de tomber plus bas.

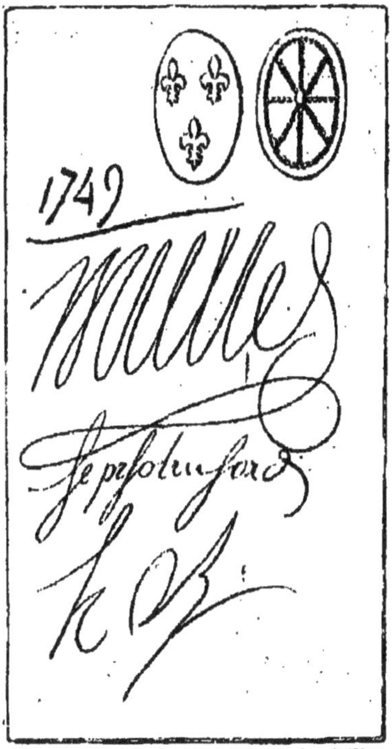

Archives Nationales. Cl. Sellier.

MONNAIE DE CARTE ÉMISE AU CANADA EN 1749.
Valeur 7 sols 6 deniers.

Et pourtant, c'est précisément alors que la France, justement méprisée comme État, avait atteint comme nation le plus haut de sa gloire : jamais elle n'eut sur le monde plus grande et plus légitime influence. En ce « siècle de l'Esprit », celui de tous les siècles qui fut le « plus grand » par le mouvement de la pensée libre, c'est en France que retentirent les voix les plus éloquentes pour clamer tout ce qui pouvait agrandir l'intelligence des êtres humains, tout ce qui contribuait à les unir en une même compréhension de la vérité.

Bien plus que le siècle de la Renaissance, et en des proportions tout autrement considérables, le siècle de la philosophie prit un caractère largement objectif, ignorant les frontières des étroites patries pour s'étendre non seulement à l'Europe mais aussi à l'humanité tout entière, avec ses races diverses par les langues et les couleurs : il s'adressait à tous les hommes de bon vouloir dans l'universelle patrie. L'amour de tous les êtres embrassés dans le même idéal de justice et de bonté s'étend jusqu'aux étoiles : « Si, dans la Voie lactée, un être pensant voit un autre être qui souffre, et ne le secourt pas, il a péché contre la Voie lactée. Si, dans la plus lointaine étoile, dans Sirius, un enfant, nourri par son père, ne le nourrit pas à son tour, il est coupable contre tous les globes » (Voltaire). Ce beau caractère d'unité des mondes se montre admirablement dans l'œuvre de Montesquieu, l'*Esprit des Lois*, qui plane bien au-dessus de la France de Louis XV pour aller chercher en tous les pays et en tous les temps, dans les rapports de l'homme avec la nature, les causes des diversités politiques et sociales.

Voltaire entreprend une œuvre analogue dans son *Essai sur les Mœurs*, avec moins de sérénité mais avec une bien autre ardeur. Ce livre est un livre de combat dirigé surtout contre l' « infâme », c'est-à-dire contre les hommes noirs, inventeurs de mensonges, faiseurs d'obscurité, artisans d'ignorance, qui pervertissaient, abêtissaient et corrompaient les foules pour les opprimer plus sûrement. Buffon, le plus majestueux des écrivains du dix-huitième siècle, s'écarte de la lutte bruyante, mais son labeur patient avait pour but d'écarter aussi les légendes absurdes et les niaises redites de l'Eglise sur l'origine du monde et de montrer, dans leur succession magnifique, les *Epoques de la Nature* déterminées, non par une création d'en haut mais par une évolution graduelle de la matière. Puis vient le merveilleux, l'incomparable Diderot, qui, dans sa naïveté sublime d'honnête homme, tente de réaliser l'impossible en associant tous les savants, tous les artisans, tous les penseurs à la rédaction de l'*Encyclopédie*, grand livre exposant toutes les connaissances, toutes les industries et faisant la lumière sur toute chose, de manière à prévenir désormais le retour offensif de ces prêtres qui, pourtant, avaient encore une bonne part du pouvoir matériel dans les mains et que Diderot lui-même ne brava pas toujours sans danger.

Quoique personne ne lise plus l'*Encyclopédie*, remplacée depuis longtemps par la science, dans ses progrès incessants, cette œuvre n'en reste pas moins un monument symbolique du bel idéal qui se montrait alors à l'humanité consciente : le dix-huitième siècle est avant tout le siècle de l'*Encyclopédie*. Pour en atténuer l'effet, les jésuites, obligés de renoncer pour un temps à l'emprisonnement et au bûcher, leur méthode préférée de réfutation, essayèrent de lutter par une entreprise analogue. De leur couvent de Trévoux, ils lancèrent leur *Dictionnaire*, ancien ouvrage de Furetière, remanié par le protestant Basnage, puis de nouveau accommodé par les révérends pères à l'usage des bien pensants[1]. Mais, au point de vue de l'ébranlement moral produit, nulle comparaison n'était possible entre les deux « Encyclopédies ». Les jésuites eux-mêmes désertaient leur ordre pour se convertir à la libre-pensée, à la recherche désintéressée du vrai. L'abbé Raynal fut un de ces transfuges, et il donna un beau gage de la sincérité de ses convictions nouvelles en publiant l'*Histoire philosophique des deux Indes*, à laquelle collabora le grand Diderot, et qui fut accueillie avec enthousiasme dans le vaste monde conquis alors à la langue française.

Cabinet des Estampes.

DENIS DIDEROT, 1713-1784.
Portrait par J.-B. Greuze.

Jean-Jacques Rousseau, qui resplendit encore avec Voltaire en pleine apothéose comme l'un des représentants par excellence de la période d'évolution qui précéda la Révolution française, fut un tard-venu dans la lutte, puisque son fameux *Discours sur les origines et les fondements de l'Inégalité parmi les Hommes* ne parut qu'en 1753, mais aussitôt il remua la société tout entière : on vit en lui le précurseur d'un nouvel ordre de choses. Arrivant au moment psychologique où la classe élégante et raffinée, se développant à part de l'humanité laborieuse d'en bas, avait déjà mauvaise conscience de ses privilèges, de ses vices, de sa prétendue

1. Gaston Paris, *Revue des Deux-Mondes*, 15 IX, 1901.

civilisation, il prêchait hardiment à tous ces gens, las et désabusés de la vie, le retour vers la nature et le travail rénovateur. Bien plus, il proclamait l'égalité entre les hommes : alors que Voltaire écrivait l'histoire d'un Louis XIV, d'un Charles XII, Rousseau évoquait une société dans laquelle le droit public naîtrait du contrat de tous les citoyens. Déjà les revendications desquelles devait jaillir le socialisme du siècle suivant se formulaient dans ses écrits : « citoyen de Genève », il ne lui suffisait pas de donner aux peuples la forme républicaine, il voulait aussi leur assurer le bien-être et l'instruction. Sans doute, il n'était point encore arrivé à la conception que ces transformations politiques et sociales dussent être réalisées par la libre volonté des individus se groupant en sociétés qui se formeraient et déformeraient pour se reconstituer à nouveau, suivant les initiatives personnelles et le jeu des intérêts communs créés par les conditions du milieu. Encore très simpliste dans ses conceptions, il ne comptait que sur la puissante organisation de l'État, auquel il concédait une force irrésistible. La raison d'État, appuyée sur la religion d'État, eût permis d'écraser toute opposition ; logiquement, Rousseau devait donner naissance à Robespierre. Toutefois, l'œuvre du siècle en général et celle de Rousseau en particulier étaient infiniment complexes, grosses de conséquences diverses, heureuses ou funestes, et c'était déjà un très grand progrès dans l'ensemble de l'évolution qu'un auteur en vînt à présenter ses idées sur le fonctionnement normal des sociétés non comme une utopie, mais comme un plan proposé aux peuples en vue de la réalisation. L'homme sortait du rêve pour entrer dans le monde de l'action.

Une autre révolution s'était accomplie, et surtout par l'intermédiaire de Rousseau : des femmes prenaient ardemment part à la propagande des idées nouvelles contre l'ancien monde de l'autorité cléricale et monarchique ; la citadelle par excellence de la foi traditionnelle et de l'obscurantisme était définitivement entamée. La littérature nouvelle les autorisait à sortir de l'ignorance où le dix-septième siècle — notamment par la comédie des *Femmes savantes* — avait voulu les maintenir. Elles s'étaient passionnées, elles avaient pleuré à la lecture de la *Nouvelle Héloïse* ; en comprenant que l'amour était chose grave et non pas un simple divertissement, elles apprenaient aussi le sérieux de la vie. Elles savaient, grâce à Rousseau, que la mère doit être « maternelle » et ne pas déléguer ses soins et son amour à une mercenaire. *Émile* leur enseignait dans les buissons & dans les haies, où il s'éleve à 5 ou 6 piés, & quelquefois jusqu'à 10 dans des lieux frais & à l'ombre; ses branches peu flexibles & qui se croisent irrégulierement, sont couvertes d'une écorce cendrée, qui fait sur-tout remarquer cet arbrisseau, dont les feuilles un peu ovales & sans dentelures, sont aussi d'un verd blanchâtre; ses fleurs d'un blanc sale sont peu apparentes, quoiqu'assez ressemblantes à celles du chevrefeuille; elles paroissent au commencement de Mai, viennent toûjours par paire à la naissance des feuilles, & durent environ quinze jours. Son fruit mauvais & nuisible, est une baie de la grosseur d'un pois, qui devient rouge & molle en mûrissant au mois de Juillet, & qui ne tombe qu'après les premieres gelées. Cet arbrisseau vient dans tous les terreins, résiste à toutes les intempéries, se multiplie plus qu'on ne veut, & de toutes les façons.

Le chamaecerasus à fruit rouge, marqué de deux points. Cet arbrisseau ne s'éleve qu'à quatre ou cinq piés; ses branches qui se soûtiennent droites, permettent de l'amener à une forme réguliere; sa fleur qui a une teinte legere d'une couleur pourpre obscure, est plus petite que dans l'espece précédente, & n'a pas meilleure apparence; elle paroît au commencement du mois de Mai, & dure environ quinze jours. Ses fruits qui mûrissent au mois de Juillet, sont des baies rouges de mauvais goût, qui sont remarquables par les deux points noirs qui se trouvent sur chacune. Cet arbrisseau qui est originaire des Alpes & d'Allemagne, est très-robuste, réussit par-tout, se multiplie aussi aisément que le précédent, & par autant de moyens; mais on ne lui connoît pas plus d'utilité.

Le chamaecerasus à fruit bleu: c'est un arbrisseau fort rameux qui s'éleve au plus à quatre piés; ses fleurs pâles & petites paroissent de très-bonne heure au printems, dont elles ne font pas l'ornement. Son fruit qui mûrit à la fin de l'été, est une baie de couleur bleue, dont le suc aigrelet n'est pas desagréable au goût. Cet arbrisseau n'est nullement délicat; on peut le multiplier de graine & de branches couchées, qu'il faut avoir la précaution de marcotter, si l'on veut qu'elles fassent suffisamment racine, pour être transplantées au bout d'un an; mais il ne réussit que difficilement de bouture.

Le chamaecerasus à fruit noir: c'est un fort petit arbrisseau qui ne s'éleve qu'à trois ou quatre piés; ses feuilles le font distinguer des autres especes par leurs dentelures. Ses fleurs qui sont petites & d'une couleur violette très-tendre, paroissent au mois de Mai, & sont suivies d'une baie noire de mauvais goût qui mûrit au mois de Juillet. Cet arbrisseau aime l'ombre & un terrein humide; il est extrèmement robuste, & on peut le multiplier de graine, de branches couchées, & de bouture; on ne lui connoît encore aucun usage. (c)

* FROMAGE, le lait est composé de trois substances différentes: la creme, la partie séreuse, & la partie caséeuse, ou le *fromage*.

On sépare ces trois substances de toutes sortes de lait. Ainsi on a tout autant de sortes de *fromages* au-moins qu'il y a d'animaux lactiferes.

Nos *fromages* ordinaires sont de lait de vache. Les bons *fromages* se font au commencement du printems ou au commencement de l'automne. On prend le lait le meilleur & le plus frais. On fait le *fromage* avec ce lait, ou écremé ou non écremé.

Pour faire du *fromage*, on a de la presure ou du lait caillé, qu'on trouve & qu'on conserve salé, dans l'estomac du veau, suspendu dans un lieu chaud, au coin de la cheminée. Prenez de ce lait: délayez-le dans une cuilliere avec celui que vous voulez tourner en *fromage*: répandez de cette presure délayée une demi-dragme, sur deux pintes de lait; & le lait se mettra en *fromage*.

Alors vous le séparerez avec une cuilliere à écremer: vous aurez des vaisseaux percés de trous par les côtés & par le fond: vous y mettrez votre *fromage* pour égoutter & se mouler.

Quand il est moulé & égoutté, alors on le mange, ou on le sale, ou on lui donne d'autres préparations. *Voyez l'article* LAIT, où l'on entrera dans un plus grand détail sur les différentes substances qu'on en tire.

FROMAGE, (*Diete.*) le *fromage* est, comme tout le monde sait, un des principes constitutifs du lait, dont on le retire par une véritable décomposition, pour l'usage de nos tables.

On prépare deux especes de *fromage*; un *fromage* pur, c'est-à-dire qui n'est formé que par la partie caséeuse proprement dite du lait; & un autre qui renferme ce dernier principe, & la partie butyreuse du lait, ou le beurre.

Le *fromage* de la premiere espece est grossier, peu lié, très-disposé à aigrir; il est abandonné aux gens de la campagne. Tous les *fromages* qui ont quelque réputation, & qui se débitent dans les villes, sont de la seconde espece; ils sont moelleux, gras, délicats, peu sujets à aigrir; ils ont une odeur & un goût fort agréables, au moins tant qu'ils sont récens: on les appelle communément *gras* ou *beurrés*. Plusieurs cantons du royaume en fournissent d'excellens. Le *fromage* de Rocquefort est sans contredit le premier *fromage* de l'Europe; celui de Brie, celui de Sassenage; celui de Marolles, ne le cedent en rien aux meilleurs *fromages* des pays étrangers: celui des montagnes de Lorraine, de Franche-Comté, & des contrées voisines, imitent parfaitement celui de Gruyere: le *fromage* d'Auvergne est aussi bon que le meilleur *fromage* d'Hollande, *&c.*

Tous les Medecins qui ont parlé du *fromage*, l'ont distingué avec raison en frais ou récent, & en vieux, ou fort & picquant; ils ont encore déduit d'autres différences, mais moins essentielles, de la diversité des animaux qui avoient fourni le lait dont on l'avoit retiré; de l'odeur, du goût, du degré de salure, *&c.*

Les anciens ont prétendu que le *fromage* frais étoit froid, humide, & venteux, mais qu'il excitoit moins la soif que le vieux; qu'il resserroit moins le ventre; qu'il ne fournissoit pas un suc si grossier; qu'il nourrissoit bien, & même qu'il engraissoit; que cependant il étoit de difficile digestion; qu'il engendroit le calcul; qu'il causoit des obstructions, *&c.*

Le vieux étoit chaud & sec, selon leur doctrine, & à cause de ces qualités, difficile à digérer, très-propre à engendrer le calcul, sur-tout s'il étoit fort salé. Galien, Dioscoride, & Avicenne en ont condamné l'usage, pour ces raisons; & encore, parce qu'ils ont prétendu qu'il fournissoit un mauvais suc; qu'il resserroit le ventre, & qu'il se tournoit en bile noire ou atrabile: ils ont avoüé cependant, que pris en petite quantité, il pouvoit faciliter la digestion, surtout des viandes, quoiqu'il fût difficile à digérer lui-même.

La plûpart de ces prétentions sont peu confirmées par les faits. Le *fromage*, à-moins qu'il ne soit absolument dégénéré par la putréfaction, est très-nourrissant: la partie caséeuse du lait est son principe vraiment alimenteux.

Le *fromage* frais assaisonné d'un peu de sel, est donc un aliment qui contient en abondance la matiere prochaine du suc nourricier, & dont la fadeur est utilement corrigée par l'activité du sel. Les gens de la campagne, & ceux qui sont occupés journellement à des travaux pénibles, se trouvent très-bien de l'usage de cet aliment, qui devient plus salutaire encore, comme tous les autres, par l'habitude.

Le *fromage* fait, c'est-à-dire qui a essuyé un com-

Bibliothèque Nationale. Réduction d'une page originale.

UNE PAGE DE L'ENCYCLOPÉDIE.

également l'importance majeure de tous leurs actes dans l'éducation des enfants qui, demain, deviendraient des hommes et devraient accomplir de grandes choses. Quoique tenue pour inférieure à l'homme par Rousseau et réduite à une part secondaire dans son instruction, la femme du dix huitième siècle s'associa de tout cœur à l'œuvre de libération intellectuelle, et que de fois elle intervint pour secourir les écrivains pauvres ou affligés, pour donner un asile aux persécutés, pour les sauver de la prison ou de la mort! Combien surtout son action fut-elle efficace pour désorganiser la répression, pour empêcher le fonctionnement de l'autorité rendue ridicule aux yeux mêmes de ceux qui l'exerçaient! Chaque salon se dressait contre l'autel et contre le trône.

Mais bien peu nombreux étaient ceux qui osaient aller jusqu'au bout de leurs principes d'égalité et de liberté! On s'arrêtait en route, chacun à l'endroit du chemin où il se trouvait personnellement à l'aise. La plupart s'accommodaient de l'existence d'un « Grand Architecte de l'Univers », pourvu qu'il n'eût pas son cortège de prêtres, et de la domination d'un roi, pourvu qu'il s'entourât de philosophes. On admettait volontiers la hiérarchie des classes, même on se laissait aller à vitupérer contre la « multitude », et l'on se déclarait satisfait si tous devaient avoir du pain.

Le plus logique et le plus hardi parmi les novateurs de l'époque fut Morelly, qui, dès 1755, en son *Code de la Nature*, exposait avec franchise la doctrine communiste. « Maintenir l'unité indivisible du fonds et de la demeure commune; établir l'usage commun des instruments de travail et des productions; rendre l'éducation également accessible à tous; distribuer les travaux selon les forces, les produits selon les besoins; n'accorder aucun privilège au talent que celui de diriger les travaux suivant l'intérêt commun, et ne pas tenir compte, dans la répartition, de la capacité, mais seulement des besoins, qui préexistent et survivent à toute capacité; ne pas admettre de rétribution en argent parce que toute rétribution est inutile ou nuisible : inutile dans le cas où le travail, librement choisi, rendrait la variété et l'abondance des produits plus étendus que nos besoins; nuisible dans le cas où la vocation et le goût ne feraient pas remplir toutes les fonctions utiles ». Ainsi le communisme avait ses représentants : il fit même des recrues parmi les hommes politiques, puisque Mably, l'un des plus fins diplomates de l'Europe, mais aussi le contempteur de l'Académie, accueillit le *Code de la Nature* et reconnut également que les hommes, inégaux en fait par leurs facultés et leurs besoins, n'en sont pas moins égaux en droits.

Certes, la Révolution attendue se fût accomplie d'une manière beaucoup plus prompte et plus sûre si les protogonistes de la grande transformation avaient été à la hauteur de leur enseignement, par la force et la noblesse du caractère. Evidemment, ils devaient être souvent désunis, puisque chacun, plus ou moins libéré des préjugés antiques, défendait ses convictions personnelles; mais aussi nombre d'entre eux compromettaient leur propre cause par des travers ou des vices. A part l'incomparable Vauvenargues, en sa douce austérité, et le généreux Diderot, étendant sur tous sa large bienveillance, quels furent les grands écrivains du siècle faisant vraiment honneur à l'humanité par l'accord de la vie et des principes? Combien grande fut la part des défaillants, à commencer par les deux personnages les plus illustres, Voltaire, qui fut un roi et en eut tous les caprices, toutes les faiblesses: Rousseau, qui fut un misanthrope et en connut tous les soupçons et toutes les rancunes? Néanmoins, ce monde incohérent, dans lequel se produisaient parfois des tourbillons de haines et de calomnies, n'en présente pas moins un ensemble prestigieux par la véhémence de la passion, l'éclat et la vérité de la pensée. De près, c'était le chaos, et dans la perspective de l'avenir, ce fut une harmonie supérieure aux mille voix concordantes en leur diversité.

Ces mêmes souverains, que leur profession de rois obligeait à persécuter les libres-penseurs et les révoltés, étaient subjugués par la philosophie, sinon personnellement, du moins en leur entourage intime. Ce que Louis XV n'eût pas fait, la Pompadour l'obligeait à le faire : tantôt il poursuivait les auteurs de l'*Encyclopédie*, tantôt on les protégeait, on les encourageait en son nom. L'aristocratie presque tout entière était devenue libérale et souriait à l'aurore d'une société meilleure; il semblait naturel que les maîtres eux-mêmes se prêtassent à un rôle qu'ils n'avaient guère essayé jusqu'alors, celui de « faire le bonheur de leurs sujets ». La puissance de la philosophie était devenue telle, dans ce milieu charmant et spirituel des salons, que les princes, eux aussi, affectaient d'être philosophes ou même croyaient l'être en toute naïveté. Du moins pouvaient-ils, par ambassadeurs, se laisser représenter comme tels : si des circonstances spéciales, des coutumes difficiles à changer brusquement, des méconvenues dues à l'inintelligence des fonctionnaires condamnaient leurs réformes à l'insuccès, ils n'en avaient pas moins fait preuve de bonne volonté apparente et, plus tard, n'auraient plus qu'à rejeter sur d'autres la non-réussite de leurs projets. S'ils ne devenaient pas les « pères du peuple », du moins en parlaient-ils savamment le langage.

D'ailleurs, les prétentions n'empêchaient point les souverains de se livrer au « noble jeu de guerre » avec toutes ses conséquences atroces, d'appliquer les anciennes lois répressives et d'en proclamer de nouvelles à leur caprice, de garder tout leur cortège d'exacteurs, de gendarmes, de

Cl. J. Kuhn, édit.

POTSDAM. PALAIS DE FRÉDÉRIC II

geôliers, de bourreaux, conformément aux usages antiques du droit divin. Le landgrave de Hesse-Cassel, qui s'était érigé en précepteur de justice et de mansuétude dans son écrit intitulé *Pensées diverses sur les Princes*, était ce même Frédéric de Hesse qui, en 1776, vendit 12000 hommes à l'Angleterre pour combattre les colons révoltés de l'Amérique, et qui, en 1781, vers la fin de la guerre, n'avait pas moins de 22000 hommes en location[1], beaucoup plus que n'en pouvait fournir sa princi-

1. Ernest Nys, *Notes sur la Neutralité*, pp. 91, 92.

pauté de trois cent mille habitants. Il avait dû se faire maquignon d'hommes pour se procurer en dehors de la Hesse la quantité voulue de chair humaine.

Et pourtant le peuple naïf, pourtant ces mêmes philosophes qui se donnaient pour mission d'étudier l'âme humaine et de pressentir les intentions secrètes se laissaient aller à l'illusion des « bons princes » ! Ils espéraient qu'un bras puissant détournerait cette révolution dont on entendait déjà le grondement rapproché. Evidemment, Voltaire obéissait à l'empire de cette illusion, d'ailleurs jointe à un sentiment de vanité enfantine et de courtisanerie lorsqu'il devenait l'intime de Frédéric II, son conseiller et le correcteur de ses effusions poétiques; Diderot croyait aussi à la transformation des peuples par une volonté souveraine, lorsqu'il pérorait devant l'impératrice Catherine et lui exposait naïvement tous ses plans de rénovation sociale. Les empereurs d'Allemagne furent aussi philosophes à leur manière, ainsi que scrupuleux observateurs de l'étiquette, défenseurs du droit divin et adversaires acharnés de la Révolution. Enfin les papes eux-mêmes, les représentants de Dieu sur la terre, c'est-à-dire par définition les oppresseurs de toute liberté intellectuelle, firent bonne mine aux philosophes et se réclamèrent de leur amitié : c'est à un pape que Vico dédia son œuvre sur la *Scienzia Nuora*, d'ailleurs très sincèrement, tandis que Voltaire mettait une pointe d'ironie à inscrire un autre nom de pape sur la feuille de dédicace de son *Mahomet*. Bien plus, on vit Clément XIV, entraîné par l'exemple des rois réformateurs, dissoudre officiellement la compagnie de Jésus (1773) qui, mieux adaptée à la lutte que la Papauté même, devait subsister, d'autant plus forte qu'elle agirait en secret, et réadapter l'Eglise aux exigences contemporaines. Les événements ultérieurs démontrèrent à chaque nouvel essai combien funeste était cette illusion de la confiance naïve dans les « bons tyrans », mais que de fois cette illusion devait elle se renouveler sous d'autres formes, lorsque la monarchie parlementaire, puis la bourgeoisie républicaine, enfin les socialistes d'Etat s'engagèrent, successivement portés par les encouragements populaires, à réaliser l'idéal de la liberté et de l'égalité des citoyens : ces trésors seront conquis, ils ne sont point donnés.

Dans leur simplicité d'enfants, les délégués des nations malheureuses ou des Etats en formation s'adressaient aux philosophes les plus fameux pour obtenir d'eux une constitution modèle. C'est ainsi que les Carolines, dont la charte féodale fut accordée, en 1663, à quelques seigneurs, Berkeley, Shaftesbury et autres, demandèrent à Locke de leur rédiger une constitution qui servirait de « grand modèle » aux peuples à venir. Ni Locke ni les seigneurs concessionnaires ne connaissaient le pays ni les hommes auxquels devait s'appliquer la constitution future, qui, naturellement, ne put jamais être expérimentée avec conviction et avec suite. De même les Corses et les Polonais consultèrent Rousseau ; il leur répondit par des « Lettres » et des « Considérations », qui ne pouvaient que rester inutiles.

Tandis que les philosophes parlaient du bonheur des peuples, les souverains, dont tant de courtisans célébraient le génie éclairé, montraient de quelle façon ils entendaient réaliser l'âge d'or attendu.

A cette époque, la Pologne se trouvait dans un état de véritable dissolution politique. Naguère ses principaux ennemis extérieurs étaient les Suédois du Nord, qui même, en 1656, avaient cru devenir les maîtres du pays, et les Turcs qui n'avaient cessé de guerroyer sur les frontières méridionales. A ces ennemis se joignirent d'autres adversaires encore plus formidables, à l'est les Russes, à l'ouest la Prusse, que la ténacité géniale de Frédéric II avait si puissamment constituée. Quant à l'Autriche, elle n'avait garde d'oublier la délivrance de Vienne par les Polonais de Sobiesky et ne demandait qu'à se venger de ce glorieux service.

Si la Pologne n'avait eu que les assaillants du dehors, peut-être aurait-elle pu échapper au danger, malgré le manque de frontières naturelles sur la plus grande partie de son pourtour géographique, mais à l'intérieur elle avait à se méfier de ses faux défenseurs et des traîtres : en premier lieu, elle pouvait craindre ses maîtres et confesseurs jésuites, qui avaient toutes les écoles en main et dirigeaient l'instruction dans l'intérêt de leur politique, non dans celui de la nation polonaise ; elle avait à redouter aussi ses propres rois, le plus souvent choisis à l'étranger et restés ignorants du peuple qu'ils juraient de « rendre heureux ». N'est-ce pas un de ces rois, Auguste II, qui, dès le premier tiers du dix-huitième siècle, proposa de dépecer son propre royaume pour satisfaire les appétits furieux des puissances d'alentour ? Aux Russes, il aurait donné la Lithuanie, aux Prussiens, tout le bas territoire arrosé par la Vistule, et l'Autriche eût reçu pour sa part le district de Szepas (Zips, Scépusie), c'est-à-dire la partie montagneuse

N° 419. Premier partage de la Pologne.

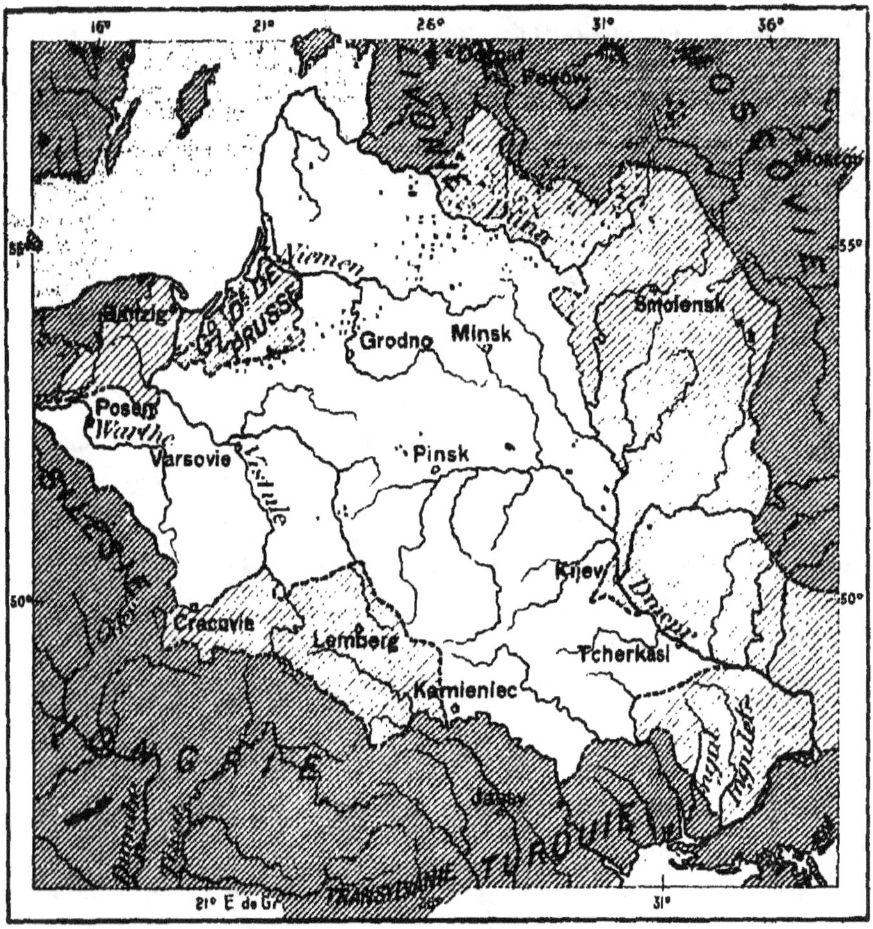

1 : 12 500 000

0 100 400 800 Kil.

Le grand duché de Prusse resta longtemps sous la suzeraineté de la Pologne; il ne devint réellement indépendant que durant le dix-septième siècle. En 1772, la Russie prend la rive gauche du Dniepr, l'Autriche, la Galicie, la Prusse, la basse Vistule.

du Tatra entre Tisza et Vistule. Aussi, depuis cette époque, le sort de la Pologne fut-il scellé : la politique des puissances voisines était orientée dans le sens du partage.

On a souvent attribué la dissolution de la Pologne à une pratique fondamentale des électeurs du royaume, le *liberum veto*, c'est-à-dire l'intervention libre de tout membre du Congrès pour mettre à néant les résolutions prises : en un mot toute décision devait être unanime.

N° 420. Deuxième et troisième partages de la Pologne.

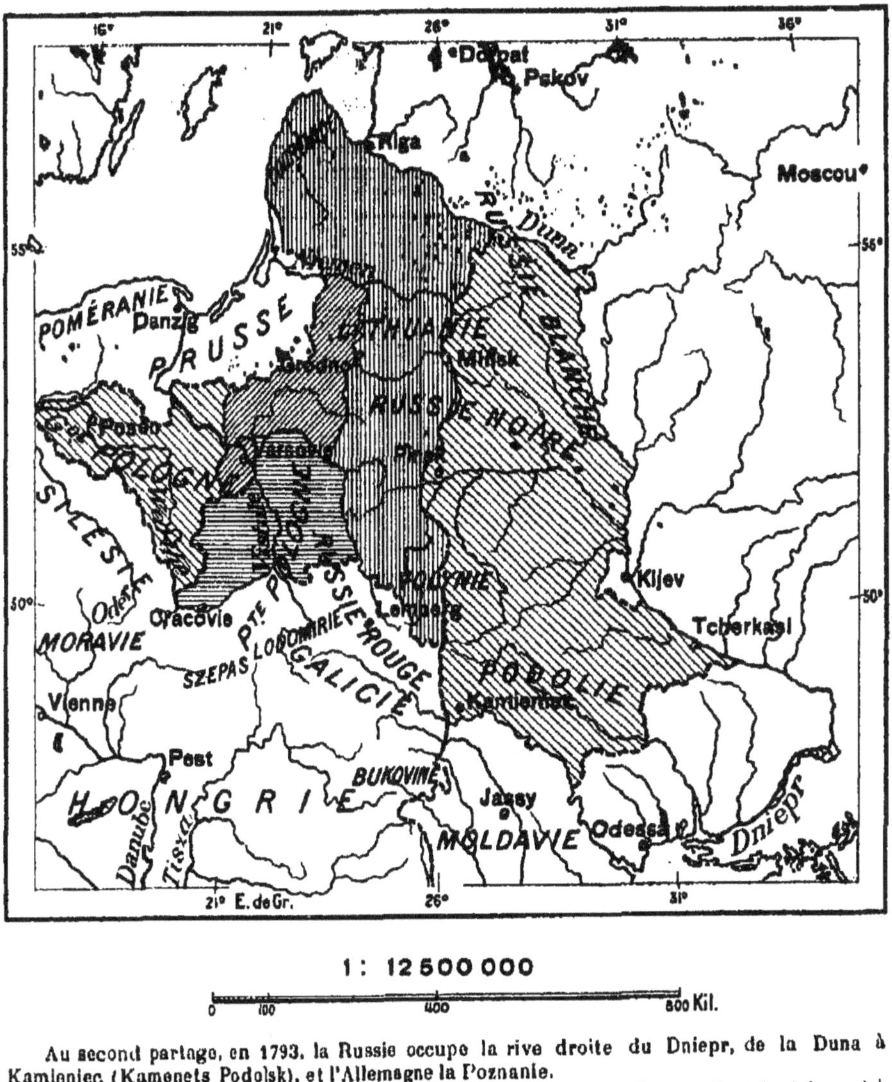

Au second partage, en 1793, la Russie occupe la rive droite du Dniepr, de la Duna à Kamieniec (Kamenets Podolsk), et l'Allemagne la Poznanie.

Après la révolte de Kosciusko, en 1795, la Courlande et la Pologne orientale échurent à la Russie, la petite Pologne à l'Autriche et le reste à la Prusse.

Les frontières des royaumes copartageants furent modifiées au profit de la Russie au congrès de Vienne (1815).

En soi, nul principe n'est plus équitable que ce respect absolu de la volonté d'un seul par la majorité, et l'on ne conçoit même pas qu'on puisse le violer en toute société d'égaux qui ne se laisse pas aller à la morale facile de la raison d'Etat. La règle du *liberum veto* était également reconnue dans les ordres de chevalerie germanique depuis l'époque de leur fondation, et nul groupe d'hommes dévoués individuellement et collectivement à une même cause ne peut se former sans qu'une règle identique soit implicitement admise. Or, dans le cas spécial de la Pologne, c'est précisément parce que cette loi du « veto libre » était incessamment violée que la nation, tirée, déchiquetée dans tous les sens par les ambitions des grandes familles, tomba dans une désorganisation complète. Outre les dynasties étrangères, telle que la maison de Saxe et la maison de Condé, les grands seigneurs et propriétaires terriens de la Pologne, les Czartoryisky, les Poniatowsky, les Leszczynsky, se plaçaient volontiers au dessus de tous les votes et de toutes les libertés, achetant les congrès ou leur substituant la force des armées prêtées par quelque puissant voisin. Ainsi, le roi de Pologne sous le règne duquel s'accomplit le premier partage, 1772, Stanislas II Auguste, l'un des anciens amants de l'impératrice dite la « grande Catherine », n'était autre qu'un complice de la Russie et, sous son gouvernement, le général Repnin, nommé par la tzarine, fut le véritable maître.

A la fin, il devint inutile de feindre, et les trois puissances limitrophes de la Pologne procédèrent tranquillement à l'œuvre de dépeçage du pays, que rien de caractéristique ne défendait, ni trait du sol, ni différenciation bien nette de ses habitants. L'Autriche eut le plus gros morceau : outre les montagnes de Szépas, prises en gage depuis deux ans déjà, elle s'adjugea les vastes plaines de la Galicie et de la Lodomirie, pays slaves découpés en dépit de l'homogénéité des races, dont on ne tenait pas compte à cette époque comme on prétendrait le faire aujourd'hui. La Prusse fit plus qu'arrondir ses possessions, elle mit en un seul tenant ses provinces orientales et celles du Brandebourg qui étaient le berceau de la monarchie : on put commencer à parler d'unité politique à propos d'un Etat composé de plusieurs fragments qui gravitaient autour de centres fort éloignés les uns des autres. La Russie, dont les dimensions étaient énormes déjà, s'accrut moins en proportion, quoique deux millions de sujets nouveaux, Lithuaniens pour la plupart, eussent été transférés au gouvernement de la tsarine. En tout, ce qui restait de la Pologne perdit plus de cinq millions d'habitants; cependant l'Etat, réduit sans bataille à près de la moitié de son étendue, ne voulut point toucher à la hiérarchie de classes hostiles, noblesse, bourgeoisie, peuple, qui avait amené la fatale désagrégation du royaume : on resta désuni sur toutes les questions d'ordre intérieur et l'on ne fut d'accord, en apparence, que pour approuver, par une décision formelle de la diète, la terrible amputation que les trois puissances avaient fait subir au pays. Tant de bassesse et de lâcheté put se formuler en langage élégant dans les assemblées délibérantes !

A cette époque, la Russie était assez puissante déjà pour agir à la fois sur ses frontières occidentales, du côté de la Pologne, et au midi, du côté de la Turquie. En 1771, les Russes avaient forcé les retranchements de Perekop, à la racine de la Crimée, et s'étaient emparés de la grande forteresse naturelle formée par la presqu'île. Même la flotte russe partant de la Baltique osa contourner l'Europe pour combattre les Turcs. Les navires de Catherine pénétrèrent dans l'Archipel, essayant de soulever les chrétiens de la Morée et des îles ; on alla jusqu'à tenter une diversion en Égypte. Ces efforts étaient prématurés et la Turquie ne perdit pendant cette guerre aucune partie de son domaine méditerranéen, mais sa flotte fut écrasée dans la baie de Tchesmé, entre l'île de Chios et le continent d'Asie.

En même temps la lutte se prolongeait dans les régions danubiennes avec des succès divers. Lorsque cet acte du grand drame, plusieurs fois séculaire, s'acheva en 1774 par le traité de Kutchuk Kaïnardji, près de Silistrie, la Russie avait certainement acquis une position beaucoup plus forte à ce jeu de la conquête : elle s'était assuré la possession de tout le littoral du nord de la mer Noire, en y comprenant la Crimée, où elle n'exerçait qu'indirectement le pouvoir; elle était aussi devenue puissance protectrice de la Moldavie et de la Valachie, au nord du Danube, et son droit de libre navigation sur la mer Noire, la mer de Marmara et les détroits était définitivement reconnu par la Sublime Porte. Mais évidemment ce traité n'était, dans l'esprit de ses auteurs, qu'une convention purement dilatoire, les Turcs mahométans ne pouvant abandonner l'idée de la guerre sainte contre les chrétiens, et Catherine II subissant toujours la hantise de la conquête. Certainement le mirage de Constantinople ou Tsargrad, bien nommée la « Ville des Tsars », flottait devant les yeux des souverains du Nord, perdus dans leur pays de glaces et de neige. C'est alors que l'on imagina l'existence d'un « testament de Pierre le Grand », enjoignant à ses successeurs la conquête du Bosphore, et c'est depuis lors que le nom de « Constantin » est entré dans le répertoire familial de la dynastie russe, comme pour rattacher les âges et faire de l'empire moderne des tsars la continuation légitime de l'ancienne Bysance.

La « question d'Orient », qui n'est point encore résolue plus d'un siècle après Catherine, aurait pu être hâtée de quelques décades si la guerre n'eût été conduite de la façon la plus désordonnée par des favoris beaucoup plus habiles à faire leur cour qu'à diriger des armées. Et d'ailleurs, même dans l'intérieur de la Russie, qui de loin paraissait être un ensemble homogène, le chaos n'existait pas moins entre les races juxtaposées.

Un exemple étonnant de ce désordre ethnique est celui que présente la fuite des Kalmouk Tourgot, campés depuis le commencement du siècle au nord de la Caspienne. Ces Kalmouk, qui avaient été chassés de leur territoire par un conquérant mongol et auxquels la Russie avait donné dans ses steppes orientaux une hospitalité bientôt transformée en une dure oppression, avaient eu souvent à regretter le pays des aïeux que leur décrivaient les récits des survivants, puis que vint encore embellir la légende. Les exacteurs d'impôts, les recruteurs de soldats leur prenaient les plus belles bêtes de leurs troupeaux, les plus forts jeunes hommes de leurs familles : l'existence devenait intolérable sur cette terre de l'étranger.

En un jour de l'année 1763 se fit le grand ébranlement de la nation, cent soixante mille individus, hommes, femmes et enfants, reprirent le chemin de l'Asie centrale, et, se perdant aussitôt dans des solitudes encore inconnues des Russes, échappèrent à toute poursuite. En huit mois, après une lente migration, de pâturage en pâturage, à travers les plaines d'entre Sibérie et Turkestan, ils vinrent se heurter contre des tribus kirghiz qui leur interdirent le passage dans le pays d'Ili, entre les rangées principales du Tian-chañ et les monts septentrionaux. Le conflit, puis le mouvement de retraite et le pénible contournement du territoire ennemi à travers les monts de l'Altaï, escarpés, neigeux, presque déserts, coûtèrent au peuple en marche, n'ayant pour les troupeaux que de mauvais pâtis, plus de la moitié de son effectif : soixante-dix mille Kalmouk seulement atteignirent la Terre des Herbes dépendant de l'empire chinois, où l'empereur ordonna de les accueillir.

En Russie, l'espace laissé vacant par les Kalmouk avait été envahi, comme ferait un remous d'eaux débordées, par des fugitifs de toutes races, au milieu desquels un hardi révolté, Pougatchev, recruta par milliers des mécontents raskolniki, fuyards du servage, Bachkir,

N° 421. Théâtre de l'Exode des Kalmouk.

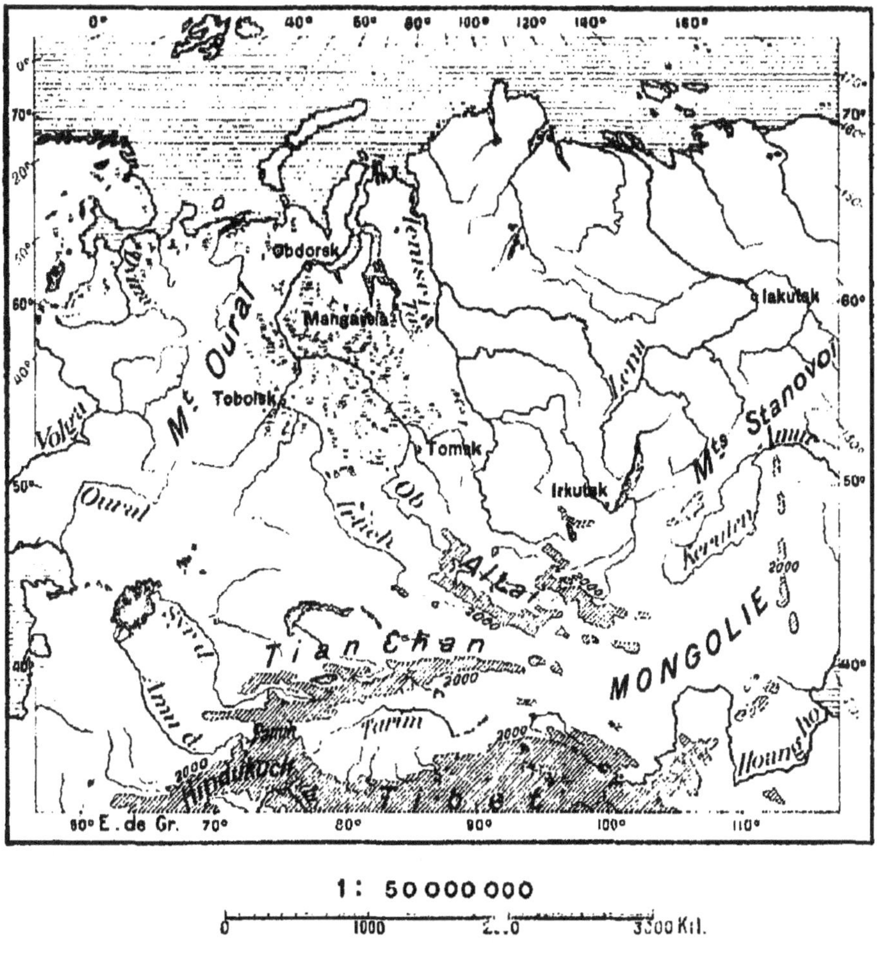

Turcs et Tartares, avec lesquels il tint en échec pendant deux années les forces de l'Empire.

Tandis que l'Europe, c'est-à-dire l'ensemble de civilisation issu du monde méditerranéen et repris par les envahisseurs barbares, empiétait peu à peu sur les Turcs, les Ouraliens et autres peuples de l'Asie, elle commençait également à s'annexer le Nouveau Monde, par delà l'Atlantique.

En l'espace de trois siècles, les communautés de blancs européens, établis dans les deux continents occidentaux, avaient assez gagné en force et en initiative nationale pour se sentir capables de conquérir leur propre vie autonome sans autre lien avec les métropoles respectives que celui de l'interchange des idées et des marchandises. La première grande scission de cette nature, analogue au phénomène de scissiparité que l'on peut observer dans le monde animal, est celle qui s'accomplit

NEW-YORK AU DIX-SEPTIÈME SIÈCLE
Les différentes lettres indiquent le fort, la maison communale, l'église, la potence, etc.

lors de la constitution des États-Unis de l'Amérique du Nord. Cette émancipation politique fut un événement capital dans l'histoire de l'humanité, surtout grâce à l'interprétation que surent en donner les philosophes contemporains. Mais considérée uniquement en soi, comme un phénomène isolé, la révolution de l'Indépendance américaine fut l'admirable naissance d'une Europe nouvelle fleurissant sur une terre étrangère, réalisation du symbole antique : Énée apportant la cendre du foyer troyen dans les sillons de Rome.

La rupture des colonies nord américaines eût été impossible pendant les deux premiers siècles de la colonisation, aussi longtemps que les groupes d'émigrants débarqués sur le littoral atlantique du Nouveau Monde, entre la Nouvelle Écosse et la péninsule de Floride, restaient dans leur isolement primitif : appartenant à des classes, à des religions, même à des nationalités différentes, les divers essaims de blancs qui se succédaient sur cette longue côte de 1 500 kilomètres, sans compter les indentations du rivage, ne pouvaient que très difficilement entrer en relations les uns avec les autres, effacer les préjugés et les préventions héréditaires qui les tenaient séparés, et comprendre la communauté d'intérêts que leur créait un nouveau milieu. Avant de penser à une révolte commune, il fallait que les puritains de la Nouvelle Angleterre se fussent reconnus solidaires des colons de New York, parmi lesquels l'élément néerlandais était encore fortement représenté; il leur fallait en outre s'être plus ou moins assimilé les Suédois du Delaware et les huguenots des deux Carolines : bien plus, ils avaient à oublier la haine religieuse qui leur faisait envisager avec une sorte d'horreur les catho

NEW-YORK AU DIX-SEPTIÈME SIÈCLE
C'est sur ce même coin de terre, la pointe de Manhattan, que s'élèvent aujourd'hui des maisons à vingt-cinq étages.

liques du Maryland, les quakers de la Pennsylvanie et les « cavaliers » aux prétentions aristocratiques de la Virginie.

Longtemps chacune des colonies distinctes, contrastant mutuellement par l'origine et par l'histoire, resta dans la dépendance directe de la Grande-Bretagne, d'où lui venait l'impulsion vitale, et dont, en mainte circonstance, elle attendait des secours en hommes et en argent. C'est que les immigrants britanniques n'étaient pas venus s'établir sur un territoire inoccupé et que, presque toujours, ils avaient traité en ennemis les indigènes. A l'exception de William Penn, qui sut agir en homme juste et vraiment noble à l'égard des Indiens, les autres fondateurs de colonies se conduisirent contre les peuplades avec la brutalité ordinaire des conquérants. Tout le long de la frontière, sur les montagnes, les forêts, les marécages, la guerre d'extermination sévissait constamment. Au nord, les fils des puritains travaillaient à détruire les Abenaki, Narraganvatt, Pequod, Mohicans et autres appartenant à la grande race des Algonquins; plus au sud, dans l'Etat actuel de New-York, les Anglais se trouvaient en contact avec les « Cinq nations » des Iroquois dont ils firent leur avant-garde contre la tribu congénère des Hurons; les colons de la Pennsylvanie, du Delaware, du Maryland avaient affaire à des Indiens moins belliqueux, les Lenni-Lenap, tandis que les Virginiens luttaient avec acharnement contre les Powhattan et autres clans de la même famille. Quant aux colonies méridionales des blancs, elles ne s'étendaient dans l'intérieur qu'en s'emparant des territoires qu'avaient habités les Tcheroki (Cherokee), les Cri (Creek, Muskoghi) et diverses tribus de moindre importance dans le groupe des Appalachiens. En presque toutes les rencontres, les armes à feu l'emportèrent sur les flèches, et, durant les trêves, l'eau-de-vie continua l'œuvre destructive des balles; cependant il arriva souvent que les envahisseurs risquèrent d'être rejetés vers l'Océan par un retour offensif des Indiens, et que, pour éviter de justes représailles, ils eurent recours aux soldats de la mère-patrie.

Mais, pendant la deuxième moitié du dix huitième siècle, les colons, au nombre d'environ deux millions d'individus, étaient devenus assez puissants pour n'avoir rien à craindre des guerres indiennes; d'autre part, ils s'étaient débarrassés, au nord et à l'ouest, d'un gênant voisinage par la soumission du Canada aux armes britanniques. Devenus conscients de leur force et unis en un commencement de nation qui prenait un caractère de plus en plus homogène, ils subissaient avec une croissante impatience l'intervention supérieure du gouvernement métropolitain représenté par ses gouverneurs, ses généraux, ses collecteurs d'impôts, tous gens d'outre-mer dans lesquels on voyait autant d'étrangers. Peu à peu les Anglais d'Amérique se laissaient aller à l'idée d'autonomie, et les actes d'indiscipline se changeaient en rébellion véritable. Fort hésitant dans sa politique, le ministère britannique passait de l'insolence à la faiblesse et de la peur à l'arrogance dans la répression de la contrebande et dans la fixation des droits de timbre et des impôts douaniers; or ces hésitations mêmes constituaient autant d'encouragements pour les revendications coloniales.

Le premier acte de révolte eut lieu dans le port de Boston, à la fin de l'année 1773, lorsqu'une cinquantaine de citoyens, grimés en Peaux-Rouges, s'emparèrent d'un navire anglais chargé de thé et noyèrent toute la cargaison. Cependant plus d'une année s'écoule sans que les haines grandissantes aboutissent à un conflit sanglant, et cela par suite du mépris dans lequel on tenait ces colonies lointaines, dont la principale était qualifiée dans les documents officiels d'Ile de la Nouvelle Angleterre[1]. L'attaque, par les Anglais, du petit arsenal de Lexington, dans le Massachusetts, fut le signal de la guerre. Un mois après, la défense de Bunkers'hill, faible élévation qui avoisine Boston, déterminait les troupes britanniques à évacuer cette ville, et, le jour même du combat, le congrès des représentants coloniaux siégeant à Philadelphie faisait choix d'un général en chef pour diriger la résistance armée contre les Anglais, considérés désormais comme ennemis.

Cl. J. Kuhn, édit.

BOSTON, FANEUIL-HALL

Centre de la résistance américaine.

George Washington, l'officier militaire qui, par sa nomination, devint, comme citoyen et chef d'Etat, le personnage représentatif de la nouvelle fédération politique, avait été nommé, non seulement en raison de son expérience de la guerre — il avait pris part aux campagnes contre les Indiens et contre les Français —, mais surtout à cause de sa position éminente parmi les grands propriétaires virginiens. Aristocrate par sa fortune, ses domaines, ses esclaves, il offrait aux Américains un exemple de prudence et de respect scrupuleux des lois établies. S'il fut un rebelle, c'est bien malgré lui et porté par la force irrésistible des événements.

Tout en se révoltant, la plupart des révolutionnaires américains ne cherchaient point à conquérir l'indépendance politique absolue. Ils

1. E. Boutmy, *Eléments d'une psychologie politique du peuple américain*, p. 130.

avaient commencé par se dire « sujets loyaux » tout en exprimant leur mécontentement, et ils s'imaginaient que si l'on avait fait en haut lieu droit à leurs demandes, le lien national d'allégeance eût encore été resserré chez eux par la gratitude. Les Anglais d'outre-mer se sentaient aussi fiers que ceux de la mère-patrie d'appartenir à la nation conquérante qui, dans ce siècle même, avait célébré tant de triomphes dans les deux moitiés du monde, aussi bien sur les bords du Gange que sur ceux du Saint-Laurent. En outre, ils partageaient l'admiration de Voltaire et de Montesquieu, celle de presque tous les hommes pensants d'alors pour cette « glorieuse » constitution parlementaire qui était censée former un admirable mécanisme de compensation entre tous les éléments de la nation, royauté, noblesse, bourgeoisie, éléments parmi lesquels on avait oublié de classer la masse du peuple qui travaille et sans laquelle rois, nobles et bourgeois mourraient d'inanition. Enfin, tous ceux qui étaient chrétiens, ou qui se croyaient tels — c'était l'immense majorité dans les colonies britanniques, et notamment parmi les Bostoniens, les plus âpres à la lutte —, se trouvaient bien embarrassés pour concilier leurs scrupules de conscience avec la revendication de leurs intérêts. Sans doute, ils pouvaient lire et relire le fameux épisode[1] racontant comment le prophète et juge d'Israël déconseille aux Juifs de prendre un roi, inutilement du reste; mais à ce curieux passage, qui témoigne de la rivalité constante des deux pouvoirs, théocratique et monarchique, combien d'autres citations de la Bible, surtout dans le Nouveau Testament, pouvaient-ils opposer pour se convaincre du devoir d'obéissance envers les souverains et tous ceux qui ont en main le glaive, symbole de la volonté divine?

L'idée, le désir, la volonté de se faire indépendants ne vinrent que tardivement et par degrés aux Américains révoltés. La guerre durait depuis un an que les corps constitués de la plupart des colonies parlaient encore de leur fidélité au roi et recommandaient au généralissime d'avoir en vue un arrangement avec la mère patrie comme le « vœu le plus cher de tout cœur américain ». En mai 1775, New York conservait encore l'espoir de maintenir l'union avec la métropole et fit même une tentative isolée pour arriver à l'accord. Un des délégués de la Géorgie au congrès de 1775 déclarait que, dans sa province, toute proposition for-

1. *Samuel*, chap. VIII.

melle de proclamer la séparation serait à l'instant punie de mort par la foule irritée [1]; de son côté, Washington s'écriait : « Si jamais vous me trouvez prêt à revendiquer la séparation d'avec la Grande Bretagne, vous me trouverez prêt à toutes les infamies » !

C'est du dehors, de l'Angleterre même, que vinrent les appels à l'indépendance. L'admirable Tom Paine, que l'on retrouve plus tard à l'œuvre dans la révolution française, comme membre de la Convention, prend part plus que personne à la révolution américaine et, par son livre *Common Sense*, détermine des milliers d'hésitants à devenir de francs rebelles, désormais débarrassés du lien moral qui les rattachait au pays des aïeux. L'acte d'indépendance, proclamé le 4 juillet 1776, fut certainement rédigé dans ses parties essentielles sous l'influence des idées philosophiques et morales professées à cette époque par les libres penseurs de l'Europe occidentale. D'ailleurs les vingt quatre articles de la constitution de Pennsylvanie qui servirent de fond primitif à la charte nationale étaient l'œuvre de Penn, quaker convaincu, et, comme tel, profondément pénétré des idées de tolérance et d'équité humaine. Jefferson, qui, parmi les fondateurs de la République, fut le plus activement responsable de la déclaration d'Indépendance, s'était beaucoup plus inspiré de l'*Encyclopédie* et

Cabinet des Estampes.

THOMAS PAINE, 1737-1809
D'après le tableau de Romney.

2. Boutmy, ouvrage cité, p. 131.

du *Contrat Social* que des traditions conservées par les puritains du Massachusetts : pas un mot biblique ne dépare cette proclamation solennelle de la naissance d'un peuple [1]. Certainement les Américains de nos jours, ayant à formuler leur raison d'être comme nation, ne donneraient point une pareille ampleur, un si large sentiment d'humanité à leurs paroles.

GEORGE WASHINGTON, 1732-1799
D'après le tableau de John Jenninbull.

La guerre fut très longue, pénible et, en mainte occasion, presque désespérée pour les révoltés. Le gouvernement britannique, disposant d'autant d'argent qu'en pouvaient fournir les emprunts, et d'une flotte puissante, avait également en nombre suffisant les hommes que lui fournissait la « presse » dans les cabarets et dans les rues, ainsi que la chair à canon vendue à beaux deniers par le prince philosophe, le landgrave de Hesse. De leur côté, les treize colonies du littoral américain, ayant des intérêts différents, des rancunes mutuelles, et ne s'étant pas à un égal degré détachées moralement de la mère-patrie, n'agissaient pas toujours en parfait accord.

Néanmoins elles finirent par l'emporter, grâce à la durée de la lutte, à la sympathie des hommes de liberté, même en Angle-

1. Michelet, *Histoire de France*, XVII, p. 233.

terre, et surtout à l'aide matérielle de la France, arrachée au mauvais vouloir de Versailles par la triomphante opinion publique. En 1781, l'armée anglaise se trouve enfermée au milieu des estuaires marécageux de la Virginie, dans la place forte de Yorktown, et, d'un côté une colonne d'assaut américaine menée par Lafayette, de l'autre une colonne de Français franchissent les redoutes. Les assiégés se rendent avant que la flotte anglaise puisse arriver à leur secours. La paix est

Cl. J. Kuhn, édit.

WASHINGTON, LE PALAIS DU CONGRÈS
Il s'élève au milieu des solitudes (Voir 590).

signée l'année suivante : la scission définitive entre la métropole et les colonies est accomplie. Une nation, destinée à devenir en un siècle la plus puissante de la terre entière, venait de naître en cet étroit littoral du Nouveau Monde.

Nulle révolution n'avait été d'une importance plus haute, et le retentissement dans la vie profonde de l'Europe en fut considérable ; cependant les conséquences logiques de ce triomphe des colons américains ne se manifestèrent point tout d'abord. Epuisée par l'immense effort, la petite nation eut grand'peine à trouver son équilibre normal : elle commença par se ramasser sur elle-même, cherchant à établir de son mieux les conditions de l'autonomie personnelle pour chacune des treize républiques coloniales et de leur alliance compacte en « Etats Unis » se présentant en belle unité politique en face de l'étranger. En réalité, l'œuvre qui s'accomplit pendant la reconstitution des colonies en puissance indépendante fut une œuvre de réaction. La grande majorité des colons, encore complètement monarchique par l'éducation première et les idées, ne s'était trouvée républicaine que d'occasion par la force des circonstances : dès que le retour du calme le lui permit, elle s'empressa de reconstituer la monarchie sous un autre forme, par l'organisation du pouvoir présidentiel auquel on attribuait des prérogatives plus que royales, ainsi l'irresponsabilité dans la nomination des ministres et des ambassadeurs, des généraux, des fonctionnaires.

Cabinet des Médailles.

DOLLAR ARGENT. 1799.

Les 13 étoiles représentent les 13 Etats de l'Union : Pennsylvanie, New-Jersey, Delaware, Massachusetts, New-Hampshire, Connecticut, New-York, Maryland, Virginie, Caroline du Sud, Géorgie, Caroline du Nord, Rhode-Island.

Chose bien plus grave encore! la nouvelle république, dont la naissance était certainement l'œuvre des idées de liberté qui lui avaient donné une âme, aurait dû tenir pour sa première obligation d'affranchir les esclaves que les traitants anglais avaient introduits sur son territoire avant la guerre, au nombre d'environ dix mille par an. Mais elle n'en fit rien. Quelques planteurs, en fort petit nombre, rendirent la liberté à leurs noirs, tandis que la nation elle même, représentée par ses délégués officiels et votant sa constitution solennelle, feignait d'ignorer l'existence de cette abomination, l'appropriation absolue de l'homme noir par l'homme blanc.

On évitait de prononcer le nom de l'institution maudite, mais on s'arrangeait de manière à donner la prépondérance aux Etats du sud, où l'influence des propriétaires d'esclaves l'emportait sur celle des travailleurs libres : le nombre égal de sénateurs par chaque Etat, quel que fût le chiffre des habitants, constituait un avantage très grand pour la région où les colons étaient le plus clairsemés, c'est-à-dire la partie méridionale de l'Union, et cet avantage, contraire à l'équité naturelle, devait s'accroître d'année en année, à mesure que le peuplement normal de la République s'accroissait dans le nord avec le commerce et l'indus-

N° 422. Capitales américaines.

1 : 6 000 000

0 100 200 300 Kil.

trie. La Virginie, qui à la fin de la Révolution était au premier rang des Etats par le nombre des résidants, perdit cette prépondérance matérielle dès 1810, et, depuis cette époque, a de plus en plus reculé vers l'arrière-plan ; en 1900, elle occupait le sixième rang parmi les treize Etats primitifs. Un autre privilège attribuait aux possesseurs d'esclaves trois voix supplémentaires pour chaque lot de cinq hommes dont se composait sa chiourme de travailleurs.

Enfin, il parut convenable de déplacer le centre politique de l'Union. Au lieu de rester à Philadelphie dans la « ville de l'Amour Fraternel », qui se trouvait en territoire de colonisation libre, le congrès, où les planteurs virginiens dictaient les résolutions à prendre, décida qu'il serait bon d'émigrer au sud, en pays d'esclavage, sur une enclave prise au bord du Potomac, dans l'Etat du Maryland, et, pour ainsi dire, à portée de la longue-vue du général Washington, résidant à Mount Vernon en sa maison de campagne de la Virginie. On a souvent prétendu que la fondation de Washington avait pour but de soustraire la majesté de la nation aux sollicitations impures du commerce et aux influences démoralisantes de la foule, mais dans ce cas, elle courait aussi le danger d'échapper au contrôle de l'opinion publique pour être livrée à la toute-puissance occulte des coteries. Quoi qu'il en soit, la cité-capitale fut construite sur un très vaste plan dans l'espoir qu'elle deviendrait rapidement une nouvelle Memphis ou Rome, mais l'emplacement marécageux, l'air impur de la contrée retardèrent beaucoup l'afflux des immigrants, et, pendant près d'un siècle, Washington mérita d'être connue sous le nom de « Cité aux distances magnifiques » : les grands édifices de l'Etat s'élevaient au milieu des solitudes.

C'est également pour une bonne part au mouvement de réaction des Etats-Unis dans le sens de ce qu'on appelle ordinairement l' « ordre », autrement dit la grande propriété terrienne, ou bien encore la prépondérance des éléments esclavagistes ramenant vers le sud le centre de la politique et de l'administration, qu'il faut attribuer ce fait que la révolution ne se propagea pas vers le nord au delà du Saint-Laurent. Tout d'abord, il paraissait naturel que l'indépendance des Etats-Unis entraînât aussi pour l'Angleterre la perte du Canada, dépendance géographique de l'immense territoire revendiqué par les colonies victorieuses du littoral. Les Américains avaient en effet jugé que cette conséquence était dans l'ordre naturel des choses et, dès 1775, les « Bostoniens » avaient tenté de surprendre Québec, mais ils avaient été repoussés, et d'ailleurs, eussent-ils été victorieux, la population canadienne, alors presque toute française par l'origine et la langue, les eût certainement mal accueillis, se souvenant des injures passées : ces prétendus libérateurs ne lui rappelaient que les barbaries d'autrefois. Le Canada, avec son large golfe

N° 423. Gabelles de France (Voir page 592).

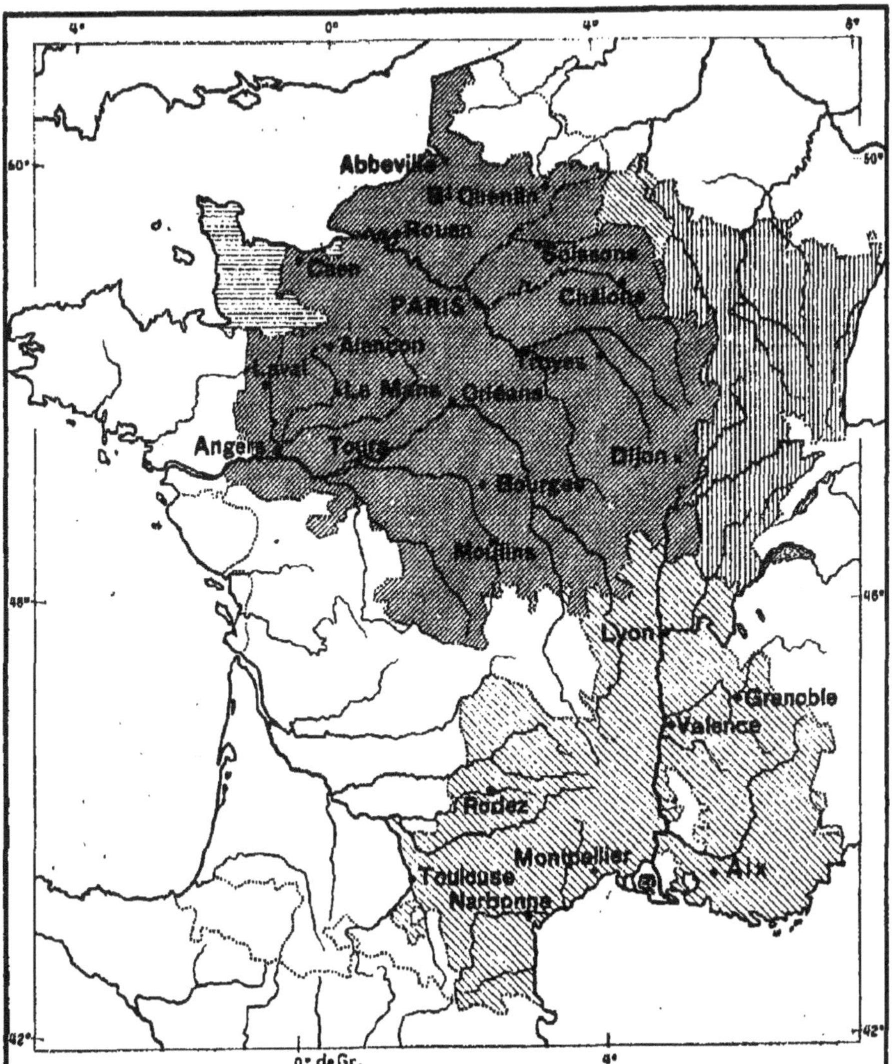

1 : 8 000 000

0 100 200 400 Kil

Le prix du sel était environ de 60 livres dans les pays de *grande Gabelle* (Principaux greniers à sel indiqués d'Abbeville à Angers et à Moulins), de 30 dans les pays de *petite Gabelle* (de Lyon à Aix et Toulouse), de 20 dans les *Pays de Salines* (Est de la France), de 15 dans le Rethelois, de 13 dans les pays de *quart bouillon* (Cotentin), de 7 dans les provinces *rédimées* (Poitou, Auvergne, Guyenne, Gascogne), de 3 ou 4 dans les provinces franches (Flandre, Artois, Bretagne, Bas-Poitou, Béarn). A. Debidour dans l'Atlas Schrader.

ouvert directement vers l'Europe et ses deux éléments ethniques en lutte, les Français et les Anglais, devint un centre d'évolution tout à fait distinct de celui des Etats-Unis.

Pour de longues années encore, c'est dans la vieille Europe que devait s'élaborer le grand travail préparatoire des transformations politiques et sociales, et c'est principalement la France, le pays de l'*Encyclopédie*, qui allait servir de champ d'expérience et d'étude. A la veille de la Révolution prévue par tous les penseurs et redoutée par tous les hommes de joie, ce que l'on appelle l' « Ancien régime », c'est-à-dire l'ensemble de toutes les survivances de l'antique despotisme seigneurial et royal, sévissait encore dans toute sa brutalité, son caprice et sa confusion chaotique. Une des maximes du droit public était que « le peuple reste taillable et corvéable à merci » et il n'était pas moins établi que si nobles et prêtres contribuaient financièrement à la chose publique, c'était à titre exceptionnel et en protestant de leur droit normal à l'exemption de tout impôt. La « gabelle », de toutes les taxes la plus haïe parce que nulle ne fut plus inique, donnait lieu à de véritables persécutions, car la consommation du sel était obligatoire, chaque individu au-dessus de sept ans devant en acheter annuellement au moins sept livres, le « sel du devoir ».

C'est par milliers que l'on comptait les arrestations de sauniers et contrebandiers, par centaines les condamnations aux galères : en cas de récidive, les malheureux convaincus d'avoir trafiqué de « faux sel » étaient condamnés à la pendaison. Les frontières des douanes intérieures, qui d'ailleurs subsistent encore sous forme d'octroi, à l'entrée des villes, découpaient le royaume en Etats distincts et ennemis dont tous les passages étaient gardés par l'armée, et le long de ces limites de provinces et de districts, le chaos de lois, de restrictions, d'exemptions locales ou personnelles, si grand que nul ne pouvait s'y reconnaître, laissait ainsi toute licence au caprice des exacteurs. Et de toutes les infamies commises, l'Etat pouvait se déclarer innocent, puisque la plupart des sources de revenus étaient affermées à de grands personnages, les « fermiers généraux », qui disposaient à leur gré de la force armée et pouvaient faire prononcer des condamnations à la prison, aux galères, à la potence. Puis ils partageaient avec les courtisans et courtisanes pour rester bien en cour et ne pas trop susciter de jalousie contre leur insolente fortune. Quant aux centaines de mille individus ruinés par un pareil régime pesant sur tout le travail de la nation, il leur restait les « renfermeries » et les galères, auxquelles on condamnait de droit tous les vagabonds, « *encore qu'ils ne fussent prévenus d'aucun* crime ou délit ».

Lors du changement de règne, 1774, quand le timide et doux Louis XVI eut succédé à son grand-père, tombé dans l'égoïsme répugnant de la basse crapule, les éternels naïfs qui regardent toujours vers le pouvoir, dans l'espérance que le bon tyran réalisera l'idéal de justice qu'ils sont incapables de réaliser eux-mêmes, ne manquèrent pas de reprendre confiance et clamèrent vers le jeune roi pour qu'il fît le bonheur du peuple. Les réformateurs se présentaient de toutes parts et chacun s'imaginait avoir la panacée. Du moins l'opinion exigeait-elle que la royauté se prêtât à une tentative loyale, et, en effet, après de longues hésitations et des tâtonnements malhabiles, Louis XVI désigna ou plutôt laissa désigner Turgot, que la renommée disait être à la fois le plus intelligent et le plus probe, et qui, dans son intendance du Limousin, avait témoigné d'une bonté réelle et d'une sollicitude active pour le peuple. Turgot essaya par un labeur de tous les instants la grande réforme nationale que l'on attendait de lui. Appartenant, quoique d'une manière indépendante, à l'école des « physiocrates », c'est-à-dire de ceux qui voulaient, avec le médecin Quesnay, « gouverner par la nature », Turgot comprenait que, de toutes les réformes, la plus urgente était de libérer la terre, mais il voulait aussi libérer l'industrie, le travail sous

Cabinet des Estampes.

TURGOT

né et mort à Paris, 1727-1781.

toutes ses formes, et surtout libérer le travailleur. Son premier acte fut d'assurer la libre circulation des grains (sept. 1774), et son dernier, pendant son court ministère de lutte qui dura dix huit mois, fut d'abolir les corvées.

C'en était trop, tous les bénéficiaires du régime d'oppression se sentirent atteints et se liguèrent contre lui : depuis la reine à laquelle on refusait des « acquis au comptant » jusqu'au dernier des moines, des hobereaux et des recors. Il tomba sous la coalition des personnes intéressées à maintenir les abus, car « il n'en est point dont quelqu'un ne vive » (Turgot), il tomba sous la malédiction universelle des parasites, mais avec la conscience, si rare chez un ministre, d'être resté jusqu'au bout fidèle à son programme. S'il exerça le pouvoir, et même avec sévérité puisque, lui aussi, fit dresser des potences, il n'avait été à maints égards qu'un homme d'opposition et de révolte contre les abus de la cour et de la noblesse ; il représentait en réalité une école dont la devise est absolument contraire aux principes mêmes de l'Etat : « Laissez faire ! Laissez passer ! »

Telle était la doctrine que formulèrent de tous temps les économistes, et qui au dix-neuvième siècle sembla la seule loi du travail. En réalité, jusqu'à maintenant, cette doctrine, dont on a ri bien à tort, n'a jamais été appliquée, surtout, il faut le dire, par la faute des économistes eux-mêmes : ils laissent faire et laissent passer volontiers quand cela convient aux intérêts de leur caste, mais ne laissent ni faire ni passer quand les revendications des travailleurs leur paraissent trop pressantes ; ils font alors appel à l'Etat pour qu'il intervienne par sa police, ses juges, ses troupes et ses lois. D'ailleurs, l'enseignement des économistes, purement objectif, se gardait bien de tout appel à la fraternité humaine.

C'est Turgot qui formula dans son mémoire *Formation et Distribution des Richesses* la conclusion sociale que l'on connaît depuis un demi-siècle sous le nom de « loi d'airain » : — « En tout genre de travail il doit arriver, et il arrive, que le salaire de l'ouvrier se borne à ce qui lui est nécessaire pour assurer son existence. »

En 1776, l'année même du renvoi de Turgot, parut en Angleterre la Bible de l'Economie politique, l'ouvrage capital d'Adam Smith sur la *Richesse des Nations*. Combien à cette belle époque furent publiés d'autres ouvrages précieux dont les gouvernants eussent pu faire leur profit, si les bonnes volontés les plus sincères n'avaient été réduites à néant par les appétits et les caprices des parasites de la cour et des privilégiés de toute

UN TÉLESCOPE AU DIX-HUITIÈME SIÈCLE

espèce qui pullulent autour des églises et des palais! En France notamment, le pillage de la fortune nationale continua de plus belle sous les divers ministres que la faveur et les intrigues amenaient au pouvoir : on ne fit rien de suivi pour conjurer cette Révolution que tous prévoyaient depuis longtemps et dont l'ombre grandissait formidable au delà des illuminations, des comédies et des fêtes ! C'est en dansant, comme dans les tableaux macabres de Holbein, que les groupes tourbillonnants des beaux seigneurs et des dames bien parées obéissaient à l'appel de la mort.

N° 424. Mesure de l'Arc Malvoisine-Amiens.

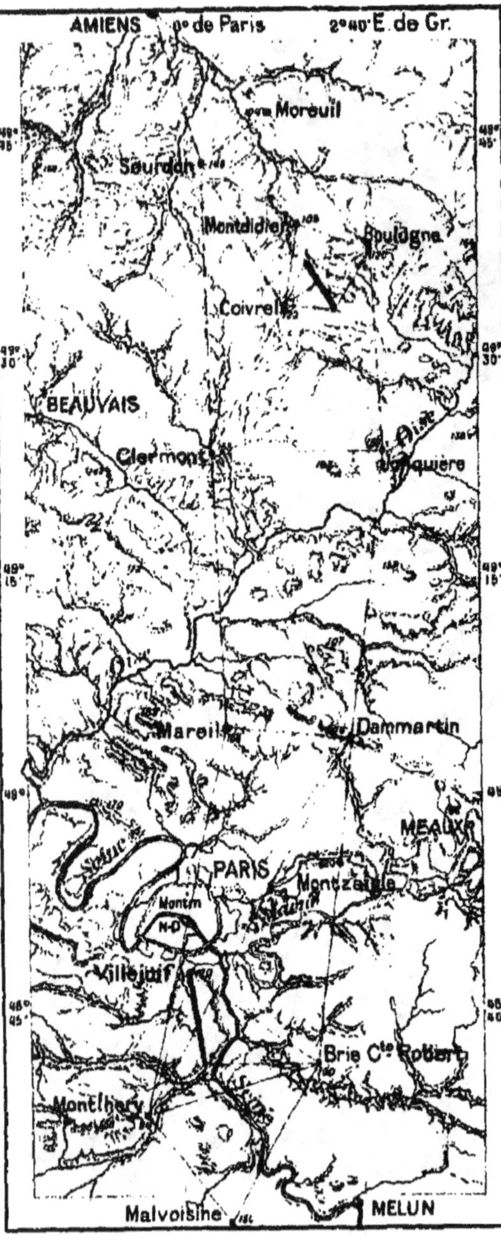

La carte est à l'échelle de 1 à 1 000 000. Ce levé fut effectué en 1666 par l'abbé Picard, et repris en 1739 par François Cassini.

Pendant cette belle époque, entraînée par un mouvement général de liberté, l'Espagne elle même participe à la transformation des idées. La puissance cléricale perd son caractère de domination franche et doit se subordonner au pouvoir civil. Un concordat, conclu avec le pape en 1753, affranchit déjà quelque peu le peuple du caprice absolu des prêtres : l'Inquisition, moins arrogante, n'ose plus sévir contre les propos libres des écrivains qui répètent, en les atténuant, les paroles révolutionnaires d'outre-Pyrénées.

Le dix-huitième siècle, si grand dans l'exploration du monde de la pensée, avait eu également sa très belle part dans l'extension des connaissances géographiques. La ferveur des voyages avait diminué après le puissant effort qui avait eu pour résultat la découverte de l'Amérique et la circumnavigation de la Terre. Après Colomb et Cabot, après Magellan et Albuquerque, l'Europe était blasée, elle ne continuait plus qu'avec lenteur, sans enthousiasme, l'œuvre d'exploration et d'aménagement de la planète : les sentiments de curiosité et d'émerveillement semblaient éteints. Mais, avec la conscience de ses progrès, le monde occidental sentit se réveiller toute son ardeur d'investigation, désormais appuyée sur des études scientifiques plus approfondies.

N° 425. Triangulation en Ecuador.

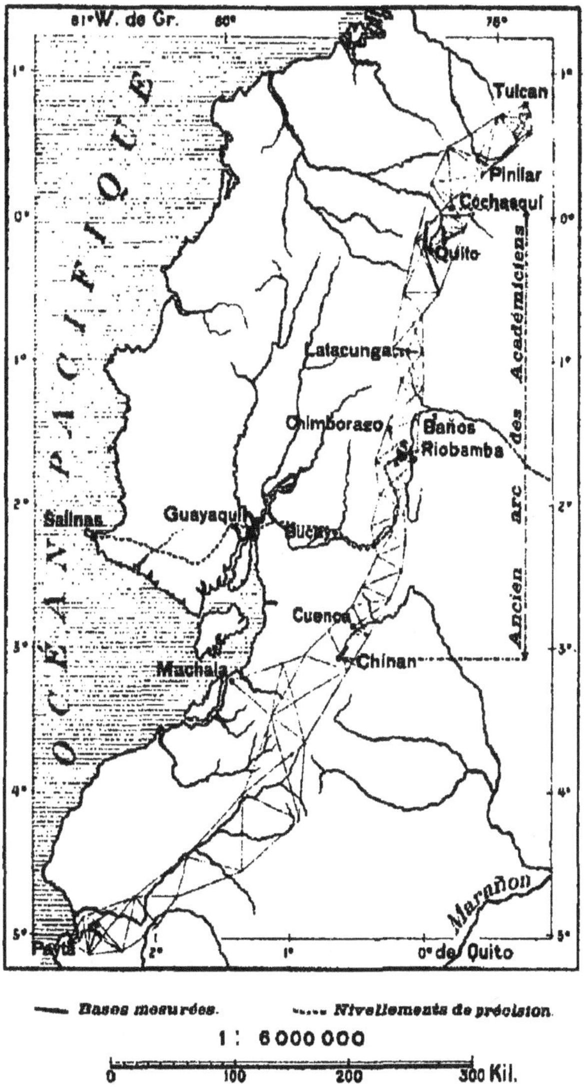

Cette triangulation est en réalité celle effectuée de 1902 à 1906; elle mesura les trois bases de Payta, Riobamba et Tulcan.
Les deux bases de Chinan et de Quito sont celles de l'arc des Académiciens entre Chinan et Cochasqui.

Une des gloires de l'époque fut de reprendre, et cette fois d'une manière décisive, la mensuration de la rondeur terrestre, déjà tentée aux temps antiques par Eratosthènes et Marinus de Tyr, puis, lors de la grande floraison des Arabes, sous le khalifat d'Al-Mamun. Déjà, dès le milieu du seizième siècle, on avait repris ces expériences avec succès : Fernel

(1497-1558) mesurait par des moyens très primitifs la distance de Paris à Amiens; au siècle suivant, Norwood faisait (1633-1636), avec beaucoup plus de soin, une opération analogue entre Londres et York, et le Hollandais Willebroed Snell, dit Snellius, se livrait (1617) à un procédé irréprochable de triangulation pour déterminer les latitudes exactes de Bergen-op-Zoom et d'Alkmaar.

Puis on voyageait en dehors de l'Europe pour obtenir des mesures de plus grandes dimensions. En 1672, Richer se rendait à Cayenne dont il fixait la position vraie relativement à Paris avec une précision surprenante, et, dans ce même voyage, il constatait, par les observations du pendule, que la Terre est renflée à l'équateur : c'est la première donnée qu'ait possédée la science sur les inégalités du sphéroïde planétaire. D'autres observations faites à Gorée confirmèrent la découverte de Richer. Bientôt après, on s'occupait non plus de mesurer simplement une distance sur la surface terrestre, mais de tracer tout un réseau de lignes entre des points fixés par des travaux astronomiques. C'est ainsi que, sous la direction de Picard, on fit (1666) un levé d'arc entre Malvoisine près Melun et Amiens, et que, par extension graduelle des triangles dans deux directions perpendiculaires, Jean Cassini, le premier de la dynastie scientifique, La Hire, Jacques Cassini, s'aidant des améliorations que Huyghens apportaient aux appareils de vision, surent reconnaître la distance de Dunkerque au Canigou et la position respective des grandes villes du royaume.

François Cassini put bientôt dessiner la carte de France, non d'après estime et impression personnelle, mais d'après les indications même que fournissaient le mouvement des astres et les calculs de triangulation. En 1747, Louis XV ordonna la publication de la carte à grande échelle, et la première feuille en parut une dizaine d'années plus tard, mais c'est à l'initiative privée que revient la gloire de ce beau travail : l'argent du gouvernement manquant à cause de la guerre de Sept ans, Cassini fonda une association qui subvint aux frais durant près de quarante années et avait à peu près terminé cette œuvre lorsque la Convention la reprit. La dernière feuille parut en 1815.

Après avoir jeté les bases de la carte initiale de France, on put travailler à la carte du monde, grâce aux voyages de Feuillée (1700 à 1724) aux échelles du Levant, aux Antilles, à Panama, dans l'Amérique du Sud, aux Canaries, voyages qui avaient également pour but la détermination de points d'appui astronomiques en vue du dessin des contours continentaux.

Ces tentatives permirent de se rendre un compte exact de la prodi-

N° 426. Triangulation en Laponie.

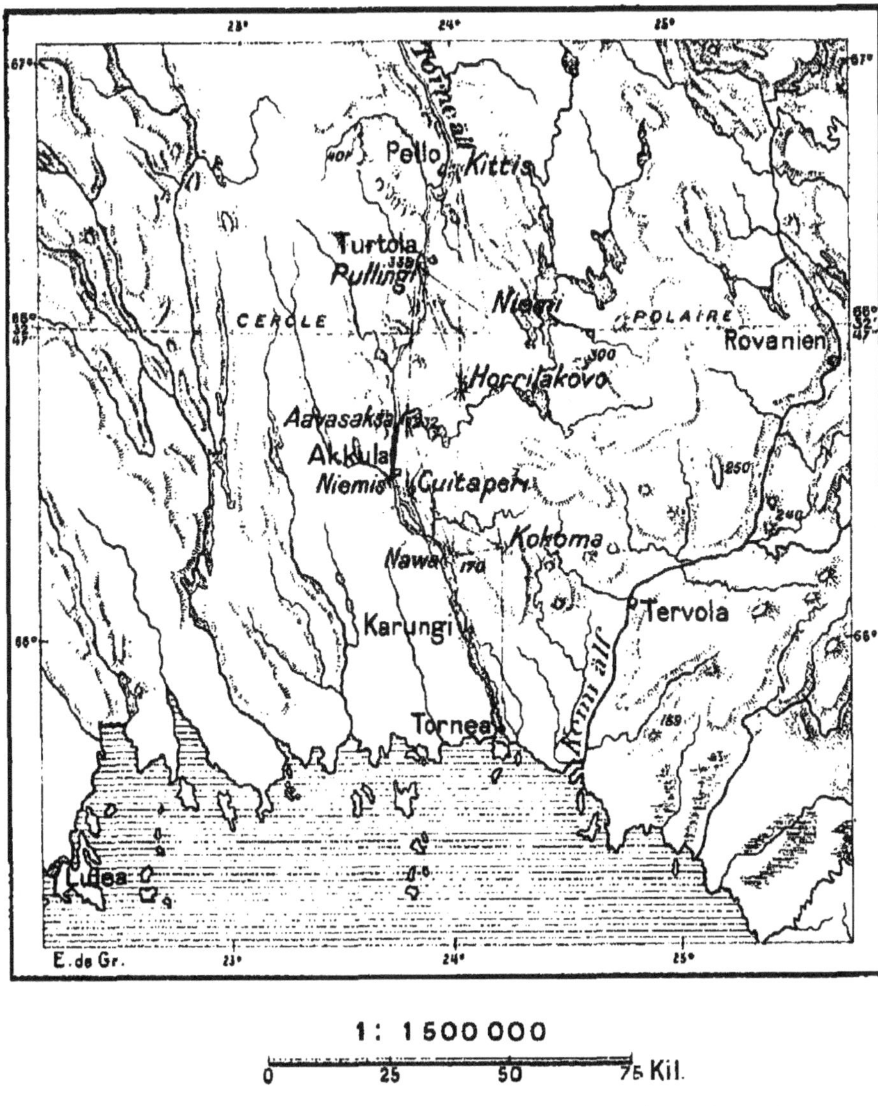

La base fut mesurée sur la glace de la rivière Tornea pendant l'hiver 1736.

gieuse étendue relative de l'Océan Pacifique et d'établir, assez inexactement d'ailleurs, les distances comparées des deux méridiens types, Paris et île de Fer. Cette dernière ligne méridienne était purement imaginaire, mais imposée par une longue tradition dont l'origine date de l'époque où les anciens voyaient dans les Iles Fortunées les bornes de l'univers. Même, depuis le siècle précédent, la volonté royale avait fait de cette tradition une loi de l'Etat à laquelle tous devaient obéissance absolue. Richelieu avait donné des ordres formels : « Nous faisons inhibitions et deffenses à tous pilotes, hydrographes, compositeurs et graveurs de cartes ou globes géographiques d'innover et changer l'ancien établissement du méridien, ny constituer le premier d'ileux ailleurs qu'en la partie la plus occidentale des îles Canaries... et partant, voulons que désormais ils ayent à recognoistre et placer dans leurs dits globes et cartes le dit premier méridien en l'isle de Fer »[1]. Ce méridien, censé conforme à celui qu'avait désigné vaguement Ptolémée, offrait deux avantages, celui de continuer la tradition classique et de tracer une ligne de séparation entre l'Ancien Monde et le Nouveau ; en outre, il présentait pour les marins et savants français l'extrême commodité d'être en fait le méridien de Paris, augmenté ou diminué de vingt degrés, suivant les positions, occidentale ou orientale des lieux. L'île de Fer ne possédant aucun observatoire, c'est à Paris que se faisaient tous les calculs[2]. On sait maintenant que le 20e degré de longitude occidentale ne traverse point l'île de Fer, mais passe en pleine mer, à une vingtaine de kilomètres à l'est, du côté de l'île Gomera.

La grosse question de l'aplatissement de la Terre dans la direction des pôles exigeait le départ de deux expéditions, l'une vers les régions polaires, l'autre vers les terres équatoriales. Les voyageurs de Laponie, Maupertuis, Clairaut, le Suédois Camus et Lemonnier, commencèrent leurs travaux en 1736 à Tornéa, à l'extrémité du golfe de Botnie, et mesurèrent la contrée d'environ un degré dans la direction du nord. Le résultat fut celui qu'on attendait : le degré était plus long qu'en France.

D'autre part les physiciens et astronomes de l'expédition équatoriale avaient à constater le phénomène contraire pour la longueur du degré sur le renflement de la ceinture terrestre. Les savants français et espagnols, Bouguer, Godin, La Condamine, Ulloa, Iorge Juan, débarquaient à Guayaquil, dans la partie de l'Amérique méridionale connue aujourd'hui sous le nom d'Ecuador, et, gravissant le plateau que dominent parallèlement les deux chaînes du Chimborazo et du

1. *Déclaration royale du 1er juillet* 1634. — 2. J. Gebelin, *Essai de Géographie appliquée*, Bull. de la Soc. de Géogr. Commerciale de Bordeaux, 3 févr. 1896.

Cotopaxi, réputées alors les plus hautes montagnes de la Terre, se mettaient à l'œuvre pour mesurer un arc de méridien terrestre de plus de trois degrés en longueur du nord au sud. Le travail, poursuivi avec le plus grand soin, dura six années et permit de dresser une carte de la contrée d'une exactitude admirable, supérieure même à celle que put obtenir Humboldt, cinquante ans plus tard, dans son mémorable *Voyage aux régions équinoxiales*[1]. Cette mesure d'arc de l'expédition équatoriale, menée à bonne fin malgré les difficultés et les dangers, malgré l'âpre climat, les tremblements de terre, le manque de subsides, la faim, même la discorde, fut un grand événement scientifique, mais elle compta aussi dans l'histoire de la fraternité des peuples, puisqu'au nom de la science, le territoire fermé de l'Amérique espagnole avait été ouvert à des savants de race étrangère. Il est vrai qu'après le départ de ces hôtes, on se vengea d'eux en rasant les pyramides qu'ils avaient dressées aux deux extrémités de leur ligne de base. Le patriotisme de l'époque le voulait ainsi : du moins lui suffit il de démolir ces quelques pierres, qu'une nouvelle expédition coûteuse s'occupe de rétablir aujourd'hui.

L'ère des grandes explorations scientifiques était définitivement ouverte. La connaissance du ciel, dont les mouvements étaient désormais mesurés par le chronomètre, aidait à connaître la Terre, que l'on étudiait plus à fond dans tous ses phénomènes physiques et dans ses produits de toute espèce, y compris l'Homme. Une ardente émulation de découvertes se produisait entre les diverses nations de l'Europe, et maint navire emporta, mainte terre abrita des savants de patries différentes, heureux de collaborer fraternellement à la même œuvre de science utile pour tous les peuples. Parmi tant de voyages mémorables qui contribuèrent à faire de la planète un ensemble harmonique soumis aux mêmes lois, on doit citer surtout les pérégrinations de Carsten Niebuhr en Arabie et dans l'Asie Antérieure, ainsi que les expéditions océaniques de Bougainville, de Cook et Forster. Niebuhr laissa un incomparable résumé de ses recherches de sept années, modèle difficile à égaler par les voyageurs qui viendront après lui. Bougainville découvrit de nombreux archipels du Pacifique, entre autres celui de Tahiti, la « Nouvelle Cythère », dont l'imagination des lecteurs, enivrés de l'idéal

1. Theodor Wolf, *Verhandlung der Gesell. für Erdkunde zu Berlin*, 1891.

d'une transformation prochaine, voulut faire à tout prix un lieu de délices, un paradis de liberté, d'abandon fraternel et d'amour; enfin James Cook, marin d'une audace et d'une sagacité sans égales, ne laissa plus guère de problèmes géographiques à dévoiler dans l'immense étendue du Pacifique; il franchit même (1773) le cercle polaire méridional, poussa jusque dans les glaces antarctiques à la recherche du grand continent boréal, et, le premier parmi les navigateurs, fit le tour du monde dans le sens de l'ouest à l'est, contrairement au mouvement des alizés.

C'est à James Cook qu'est également due la délimitation vers l'Orient du continent australien. Les Portugais établis aux Indes orientales au seizième siècle avaient certainement notion d'une grande terre, dont ils apercevaient quelques caps à moins de 500 kilomètres au sud-est de Timor. Leurs successeurs, les Hollandais, firent, dans leur période héroïque, de nombreuses expéditions pour étudier les abords de ce territoire; à la suite des deux voyages de Tasman (1642-1644), les côtes de la Nouvelle Hollande étaient vaguement relevées sur plus de la moitié de sa périphérie, du détroit de Torres à la terre alors appelée Van Diemen, du nom du gouverneur établi à Batavia. Mais le littoral reconnu était le moins hospitalier de cette terre qu'on pensait généralement s'étendre jusqu'au pôle sud, et cent vingt années s'écoulèrent avant qu'une nouvelle exploration fût faite. En 1770, Cook explora la côte orientale et aborda à Botany-bay. Les premiers immigrants, venant d'Angleterre, s'installèrent en 1788, mais c'est réellement au dix-neuvième siècle seulement que l'intérieur fut visité : alors commencèrent les difficultés particulières que devait y rencontrer l'Européen.

A cette conquête extensive du monde par les grands explorateurs correspondait en Europe l'étude intensive des lieux, des montagnes, de tous les phénomènes terrestres. Martel dressait en 1741 le « plan des glacières de Chamouny et des plus hautes montagnes »[1], puis Horace de Saussure parcourait les Alpes en savant et, après Balmat, s'attaquait au géant des « montagnes maudites », le mont Blanc, récemment découvert par les Anglais Pococke et Wyndham ; Franklin, Nollet jouaient avec la foudre, et Montgolfier lançait des ballons dans l'atmosphère. Certainement des essais du même genre avaient eu lieu aux époques

1. Joseph et Henri Vallot, *Annuaire du Club alpin français*, 1894.

antérieures, mais, cette fois, les expériences avaient assez puissamment intéressé l'opinion pour qu'on les continuât régulièrement et que des voyageurs aventureux, comme Pilâtre des Roziers, prissent le chemin des airs. On s'imagina que la force de pesanteur était désormais vaincue, sans comprendre encore combien d'obstacles on avait à surmonter, combien de difficultés à résoudre et de faits à connaître, à classer, à condenser en lois. C'est ainsi que le peuple allait se jeter dans la grande aventure de la Révolution française et que de cette révolution devaient en naître tant d'autres, sur ce chemin que suivent les hommes à la recherche du bonheur!

INDEX ALPHABÉTIQUE

TABLE DES GRAVURES

LISTE DES CARTES

TABLE DES MATIÈRES

INDEX ALPHABÉTIQUE

des Noms propres contenus dans le Tome IV

Les noms de peuples sont en grasse; les noms d'auteurs, personnages historiques, etc. en *italique*; les pays, montagnes, villes, etc., en romain.

Les chiffres droits se rapportent au texte, les chiffres inclinés indiquent que le nom correspondant est localisé sur une carte à la page indiquée.

A

Aavasaksa, mont., *599*.
Aar, riv., 11, 12, *352*.
Aarau, loc., *352*.
Abbaye de St-Michel, 305.
Abbeville, loc., *591*.
Abenaki, 581.
Abraham, 328.
Abyssins, 175.
Abyssinie, Abassia, 214, *223*, 558.
Acadie, *voir* Nouv^lle^ Ecosse.
Acadiens, 558.
Acapulco, loc., *407*.
Acklin, île, *241*.
Aconquija, mont, 424, 426, *449*.
Açores, îles, 226, *227*, 234, *236*, 238, 248, 251, 256, *461*.
Adda, riv., *352*.
Adige, riv., 24, 30, *31*, *352*.
Adirondack, monts, *561*.
Adolphe de Nassau, 86, 296.
Adour, riv., 245.
Adria, loc., *25*.
Adriatique, mer, 23, 24, 26 à 28, 106, 503.
Adrien IV, *pape*, 2, 35, 382.
Afghans, 206.
Afghanistan, ter., 218.
Afrique, 5, 31, 43, 158, 206, 213, 215, 224 à 226, 229, *231*, 232, 235, 236, 246, 252, 257, 258, 270, 294, 312, 316, 318, 390, 478.
Agassiz (*M^e^*), 395.
Agenois, ter., 336.
Agnadel, loc., *309*.
Agnani, loc., 114.
Agra, loc., 550, 551.
Ahriman, 204.
Aiguesmortes, loc., 123, 124.
Ailly (*Pierre d'*), 236, 238.
Ain, riv., *11*.
Aisne, riv., 50, *51*, *97*.
Aix-en-Provence, loc., *69*, 78, *591*.
Aix-la-Chapelle, loc., *327*, *357*, 553.
Aïtoff, 521.
Akbar, 534, 535.
Akkula, loc., *599*.
Aksu, loc., *167*.
Alabama, riv., *541*, *559*.
Alaguilak, langue, *419*.
Alains, 197.
Alaï, monts, 200.
Alais, loc., *491*.
Alaska, ter., 395, *397*.
Alava, ter., *15*.
Albacete, loc., *384*.
Albanie, ter., 16, *209*, *503*.
Albanais, 210.
Albany, loc., *561*.
Albe (*Duc d'*), 355, 356, 549.
Albert, *emp. all.*, 86.
Alberti (*Battista*), 268, 285.
Albi, loc., 2.
Albigeois, 2, 38, 40, 45, 46, 95, 150.
Albo, 264.
Alboran, île, *317*.
Albuquerque, 213, 214, 260, 264, 376.
Alcantara, loc., 158, *159*.
Alcira, loc., *384*.
Alcoy, loc., *384*.
Aldgate et Aldersgate, à Londres, *99*.
Aleman (*Diego*), 436.
Alençon, loc., *307*, *591*.
Alessandria, Italie, *33*, 35.
Alexandre le Grand, 211, 498.
Alexandre II, *III*, *Ecosse*, 85, 95.
Alexandre III, *IV*, *papes*, 2, 35, 90.
Alexandre VI (*Borgia*), 251, 282, 283, 321, 381, 439.
Alexandre VII, *pape*, 529.
Alexandrie, Egypte, *59*, 260
Alexandrins, 235.
Alexis, *emp. Russie*, 434, 507.
Alfinger, 438.
Algarve, ter., 159.
Algéciras, loc., 158, *159*.
Alger, loc., *317*, 318, 477, 478.
Algérie, ter., 386.
Algoa (baie d'), 232.
Algonquins, *559*, 581.
Alhambra de Grenade, 72.
Alhucemas, île et baie, *317*.
Alicante, loc., *384*, 385.
Aliénor d'Aquitaine, 85.
Alkazar-el-kébir, loc., 381.
Alkmaar, loc., 356, *357*, 598.
Allahabad, loc., *553*.
Alleghany, riv. et mont., *447*, 560, *589*.
Allemagne, 1, 2, 10, *21*, 24, 28, 30, 36, 43, 53, 56, 82, 85 à 92, 101 à 115, 150, 188, 192, 193, 222, *223*, 267, 269, 280, 288 à 294, 299, 306, 313 à 316, 323, 325, 328, 350, 354, 355, 370, 467 à 472, 485, 488, 492, 494, 502 à 504, 508, 544, 545, 549, 572, 575.
Allemands, 36, 104, 108, 148, 299, 310, 313, 332, 494, 544.
Aller, riv., *469*, *493*.
Allgau, ter., *345*.

Allier, riv., 99.
Allophyles, 198, 522.
Almaghmirin, 234.
Almagro, 377, 389, 439, 450.
Al-Mamun, 235, 597.
Almansa, loc., *384*, 385.
Almeida (d'), 213, 260.
Almeria, loc., 158, *317*.
Alnwick, loc., 153.
Alost, loc., *53*.
Alpes, 1, 3, 10 à 12, 24, 30, 31, 38, 50, 88, 90, 100 à 108, 112, 189, 285, 308, 310, 325, 334, 406, 456, 475, 502, 602.
Alphonse III, Portugal, 159, 267.
— *de Castille*, 108, 267.
— *de Toulouse*, 6.
Alsace, ter., *307*, 342, *469*, 471, 488.
Altaï, monts, 18, 182, 188, *189*, 578, *579*.
Altmannsdorf, loc., *104*.
Altmühl, loc., *291*, *345*.
Altona, loc., *493*.
Altorf, loc., *329*.
Altos de Aspaye, *537*.
Amalécites, 329, 449.
Amalfi, loc., 29.
Amara-Mayo, Madre de Dios, riv., 436, *437*.
Amazones, 213, 232, *247*, 248, *425*, 436, 437, 439, *449*, *461*.
Amazonie, 399.
Amboina, loc., 377.
Amboise, loc., *393*.
Ameraca, Amaracapana, 252.
Américains, 399, 583 à 592.
Amérindiens, 404.
Amérique, 213 à 266 *passim*, 312, 332, 382, 394 à 452 *passim* 462, 476, 535, 538, 563, 571.
Amérique Centrale, 242, 252, 255, 414, 417, 419, 421, 422, 426, 439, *597*.
Amérique du Nord, 218, 244, *255*, 395, *405*, 449, 450, 452.
Amérique du Sud, 226, *243*, 251, 376, 380, 395 à 397, 400, 422, 598, 600.
Amiens, loc., 49, 57, *69*, 72, 76, 78, *89*, *97*, *135*, *307*, *486*, *590*, 598.
Ammanati (Jacopo), 282.
Amorrhéens, 449, 474.
Amoy, loc., *523*, 524, 525.
Amru, 218.
Amsterdam, loc., *57*, *357*, 378, 392, 477.
Amu-daria, Oxus, riv., 165, *189*, 200, 218, *259*, *579*.
Amur, riv., *189*, *397*, *523*, 579.
Amurat I, II, voir *Murad*.
Anabaptistes, 323, 349.
Anchieta, 376.
Andalous, 385.
Andhra, loc., *167*.
Anahuac, ter., 405, 406, 410, 414, 416, 417, 424.
Anatolie, ter., *503*.
Ancien Monde, 185, 229, 238, 381, 395, 427, 433, 523, 600.
Ancône, loc., 1, 24, *309*.
Andalousie, ter., 384.
Andernach, loc., *57*.
Andes, 256, 400, 406, 423, 426, 428, 434 à 436, 439.
Andrea del Sarto, 278, 322.
Andrea del Verocchio, 273.
Andrinople, Edirneh, loc., *209*, 210, *503*.
Anduze, loc., *491*.
Angermünden, loc., *493*.
Angers, loc., *69*, 78, *89*, *91*, *591*.
Angkor, loc., 172.
Anglais, 54, 93, 96, 126 à 128, 136 à 139, 153, 154, 244, 257, 288, 362, 440, 445, 446, 451, 460, 465, 478, 543, 552 à 560, 562, 581, 583, 584, 587, 592, 602.
Angleterre, 9, 41, 56, 57, 60, 85 à 97, *91*, 100, 121, à 128, 133, 134, 138, 143, à 156, *223*, 235, 244, 280, 321, 323, 359 à 362, 379, 381, 383, 389, 444, 446, 448 à 466, 472 à 476, 484, 492, 498, 501, 507, 540, 542 à 544, 548 à 550, 556, 559 à 563, 571, 580, 585, 586, 590, 594, 602.
Anglo-Saxons, 446.
Angora, Ancyre, loc., *209*, 210.
Angoulême, loc., *91*.
Angoumois, ter., *66*.
Aniane, loc., *47*.
Anjou, ter., 37, 88, 90, 94, 128.
Anna de Russie, 534.
Annam, Ciamba, 172, *236*.
Annapolis, loc., 442, *443*, 556, *557*.
Anne d'Angleterre, 433, 499, 501, 533.
— *d'Autriche*, 480.
— *de Beaujeu*, 267.
— *de Bretagne*, 307.
Annecy, loc., *307*.
Ansbach, Anspach, loc., *291*, *547*.
Anta, 524.
Antakja, Antioche, loc., *209*.
Anticosti, île, *443*, *557*.
Antilles, 218, 242 à 246, 256, 394, 400, 402, 408, 439, 440, 446, *449*, 501, 598, Pl. VII.
Antioquenos, 423.
Anvers, loc., *53*, *307*, *357*, 378, *486*, 549.
Aoste, loc., *33*.
Apennins, monts, 30 à 32, 285.
Apollon, 282.
Appalachicola, riv., *559*.
Appalachiens, *559*, 582.
Appenzell, loc., *352*.
Apt, loc., *69*.
Apure, riv., *423*.
Apurimac, riv., *437*.
Aquitains, 124.
Aquitaine, ter., 88, 90, 119, 129.
Aquilée, loc., 28.
Arabes, 18, 26, 36, 39, 60, 68, 72, 156, 158 à 160, 163, 176, 177, 216, 217, 223, 225, 226, 238, 261, 284, 288, 301, 302, 399, 597.
Arabie, 4, 68, 206, *237*, *259*, 601.
Arabie heureuse, *223*.
Aragon, ter., 45, *47*, 158, 220, 240, *267*, 316, 319.
Aragonais, 46.

Aral, mer, 174, *509*.
Araucans, 408, 429, 435, 439.
Araxe, riv., *209*
Arbois de Jubainville (*d'*), 76.
Arcetri, loc., 496
Archipel égéen, 217 218, 577.
Archipel indonésien, 173.
Archipel des Perles, 256, *537*.
Archipel Polaire 403.
Ardèche, riv., 491.
Ardennes, monts 98, 486, 488.
Arequipa, loc., *137*.
Arezzo, loc., 86, 268, 322.
Argentine, 348, 396, 397, 424, 426, 428, 438, *449*.
Ariège, ter., 46.
Arizona, ter., 412.
Arkansas, riv. et loc., *541*, *559*.
Arkhangelsk, loc., 506, *509*.
Aria, ter., *223*.
Arica, loc., *425*.
Arles, loc., 10, *37*, *47*, *91*, 112, *307*, *491*.
Armagnac, ter., *91*, *137*.
Arménie, *195*, 207, 208, *209*, 216, *223*.
Arméniens, 494.
Armoricains, 127, 129.
Arno, riv., 29, *281*.
Arras, loc., 50, 52, *53*, 54, 85, *97*, *135*, *486*.
Artois, ter., 54, 591.
Ariosto (*Ludovico*), *L'Arioste*, 278, 322.
Aristophane, 299.
Aristote, 60, 235, 299, 364, 365, 369, 390.
Armingaud (*J.*), 27.
Arnaldo de Brescia, 1, 32, 40.
Arnolfo di Lapo, 76.
Arnould (*Victor*), 60.
Artemis, 212.
Artevelde (*van*), *J.* et *Ph.*, 86, 121, 134.
Ascelin, 193.
Ascension, île, *231*, Pl. VII.
Asiatiques, 396.
Asie, 26, 43, 68, 161, 162, 166, 170, 174 à 176, 192, 196, 206, 211, 212, 224.
Asie, suite, 235, 238, 252, 254, 256, 258, 288, 390, 392, 396, 462, 478, 520, 521, 556, 563, 577 à 579.
Asie Mineure, 82, 184, 190, 192, 206, 208, 216, *223*, 260, 512, 516, 601.
Asie Centrale, 161, 166, 188, 396.
Asie Orientale, 178, 241, 270, 461, 528.
Aspern, loc., *104*.
Assyrie, *223*.
Asti, loc., *33*.
Astier (*M*^e^), 219, 229.
Astrakhan, loc., *509*, 515, 516.
Atacama, 432.
Atahualpa, 377, 432, 433.
Atchuba, riv., 198.
Atlantique, 68, 216, 219, *231*, 234, 235, 238, 239, 242, *243*, *245*, 246, 247, 251, 264, *327*, 382, 408, 436, 437, *461*, 580.
Atlas, monts, *317*.
Atrato, riv., 248, *423*, *537*.
Attila, 188, 380.
Aube, riv., *97*.
Aubin, 412.
Auch, loc., *69*, 78.
Aude, riv., 15, 40, 44.
Audenarde, loc., 484, *486*, 501.
Audh, loc. et ter., *167*, *554*.
Augsbourgeois, 313.
Augsburg, loc., 103, *110*, 288, 314, 322, *331*, *353*, 438.
Augusta, loc., *561*.
Auguste II, *III*, *Pologne*, 533, 534, 573.
Aureng Zeb, 534, 550, 555.
Austin, 550.
Australie, 392, *397*, 602.
Austrasiens, 44.
Autriche, 12, *37*, 104, 105, *110*, 112, 113, 267, 392, 468, 470, 502, 533, 544, *547*, 548, 573 à 576.
Autrichiens, 502, 548.
Auvergne, ter., 66, 88, *91*, 129, 130, 133, *137*, 591.
Auxerre, loc., *69*, 99.
Autun, loc., 99
Avendt, 9
Avempace, *Ibn Badja*, 301, 302.
Avesnes, loc., *53*.
Avezac (*d'*), 218, 227, 235, 248.
Avicenne, *Ibn Sinna*, 301, 302.
Avignon, loc., 2, 86, 114, 115, *295*, 296, *307*, *327*.
Avon, riv., 463.
Aymara, 425, 429, 432
Aymonnier (*E.*), 172, 173.
Ayr, loc., *155*.
Azay-le-Rideau, loc., 303.
Azerbeidjan, ter., 192.
Azincourt, loc., 85, 126, 136, *137*, *486*.
Azov, loc. et mer, 188, *209*, 502, *509*, 516.
Aztèques, 410, 414 à 417, 439.
Azuero, loc., 580.

B

Baber, 550.
Babylone, loc., 68.
Babylonie, ter., 164, 260.
Babyloniens, 276.
Bachkir, 192, 579.
Bacon (*Francis*), 378.
— (*Roger*), 86, 238.
Bactriane, ter., 161, 166.
Badajoz, loc., *159*, *317*.
Bade, ter., 322.
Baffin, 462.
Baffinland, *245*.
Bagdad, 190, 192, *209*.
Baghirati Ganga, riv., 554.
Bagsar, loc., 554.
Bahama, îles, 220, 242, *243*, 253, *559*.
Bahia, loc., 151, *247*, *4 9*.
Bahia de Cruz (d'Algoa). *231*, 232.
Baie de Baffin, *461*.
Baie d'Hudson, *461*.
Baie de San Julian, 262, *449*.
Baie de Santa Elena, *231*, 232.
Baie del Choco, *423*.
Baie des Chaleurs, *443*, 557.
Baie des Coquillages, 262.
Baie Rillens, des Rochers, 262.

Baïkal, lac, 174, 521.
Baïkov (Alexis), 522.
Baireuth, loc., *291, 353, 547*.
Baissac (Jules), 325.
Bajazet I et *II*, 162.
Balboa (Vasco Nunez de), 214, 254, 255.
Balassore, loc., *553*.
Baldaya (Gonzalez), 230.
Bâle, loc., 86, 150, 322, 326, *331, 352, 487*.
Baléares, îles, 158, 229, *327*.
Balkh, loc., *167, 195*, 203.
Balkans, monts, 210.
Baliol, Ecosse, 85, 154.
Ballisteros (Sixto L.), 436.
Balmat, 602.
Baltimore (Lord), 451.
Baltimore, Irlande, 478.
Baltimore, Etats-Unis, *589*.
Baltique, mer, 24, 34, 56, *107*, 185, 198, 506, *509*, 516, 518, 521, 577.
Bamberg, loc., *291, 295*, 296, *331, 345, 353*.
Banavasi, loc., *167*.
Banda, mer, 260.
Bandelier (A. F.), 406, 412, 427, 434.
Bander Abbas, loc., 207, *259*.
Baner, 454.
Baños, loc., *597*.
Bannockburn, loc., 85, 154, *155*.
Bapaume, loc., *53, 486*.
Barbares, 23, 164, 210.
Barbaresques, 438, 477.
Barbarie, ter., 318.
Barberousse, voir *Frédéric*.
Barbarossa (Bab' Aroudj), 477.
Barcelone, loc., 23, *47, 91, 159*, 224, *227*.
Bardvan, loc., *167*.
Barents, 462.
Barine (Arvède), 285.
Barmanie, ter., 526.
Barnal Diaz del Cavilho, 410.
Barros, 232.
Bas Poitou, 591.
Basnage, 564.
Basques, 14 à 16, 246, 365.
Basse Allemagne, 342, 348.
Basse Lorraine, *37*.
Bassiano, loc., 268.
Bastidas (Rodrigo de), 213, 248, 438.
Bastille à Paris, 540, 542.
Bataves, *voir* **Hollandais**.
Batavia, loc., 377, 602.
Bâtissier, 74.
Bâton-Rouge, loc., *541*.
Batu-khan, 161, 188.
Baumgarten, loc., *104*.
Bavière, 1, 34, *37*, 80, 102, *110*, 112, 113, 368, 468, *469*, 533.
Baville (de), 491.
Bayeux, loc., *69*.
Bayle (Pierre), 454, 495.
Bayonne, loc., 9, *15. 69*, 80.
Bazas, loc., *69*, 126, *137*.
Beachy Head, *465*.
Bearn, ter., 591.
Béarnais, 16.
Beaucaire, loc., 133.
Beauce, ter., 99.
Beaumont, 378, 389, 465.
Beauvais, loc., 49, *69*, 76, 78, *89, 97*, 113, *596*.
Beauvoisis, ter., 182.
Beazley (Raymond), 192.
Becket (Thomas), 190.
Behaim (Martin), 233, 238, 294.
Belalcázar, 439.
Belfort, loc., *487*.
Belgique, 50, 52, 88, 99, 333, 356, 364, 467.
Belgrade, loc., 502, *503*.
Belize, loc., *418*.
Bellagio, loc., *33*.
Belle-Ile, île, 558, 563.
Belle-Ile, détroit de, 441, *443*.
Bellini (Giovanni), 265.
Bellinzona, loc., *309, 332*.
Bellune, loc., *25, 33*.
Belt (Thomas), 252.
Benares, loc., *553*.
Bénédictins, 275.
Benevent, loc., *309*.
Bengale, ter. et golfe., *223*, *259*, 550, 554.
Bengali, 260.
Beni, riv., *425*, 428, *437*.
Beni-Israël, 329.
Ben-Jonson, 454, 465.
Benoît XI, pape, 86.
Benoît de Sainte-Maure, 2.
Berbères, 36, 156, 228.
Bergame, loc., *33*.
Bergen, loc., 56, *59*.
Bergholz, loc., *493*.
Berg-op-Zoom, loc., *357*, 598.
Bering, mer de, 256.
Berkeley, 534, 573.
Berlin, loc., *110, 493*, 545, 546, *547*.
Bermudes, îles, *243, 559*, Pl. VII.
Berne, loc., *352*.
Bernier, 550.
Beroe-Boedhoer, loc., 173.
Berri, ter., 88, 129, *137*.
Berri (duc de), 133.
Berruguete, 41.
Bertacchi (Cosimo), 222.
Bertran, 6.
Bertrand de Goth, voir *Clément V*.
Besançon, loc., *69. 307, 327, 352*.
Bettencourt (Jean de), 228.
Beuthen, loc., *547*.
Beverley, loc., *79*.
Bèze (Théodore de), 322, 370.
Béziers, loc., 2, 43, *47*.
Biarmiens, *voir* **Permiens**.
Bibliothèque nationale, *voir* Musées divers.
Bicocca (La), loc., *309*.
Biddle, 244.
Bielefeld, loc., *547*.
Bielostock, loc., *547*.
Bilbao, loc., *15*.
Birkenhead, loc., *464*.
Birmans, 396.
Bisenzio, riv., *281*.
Bishopsgate, Londres, *99*.
Biskra, loc., 224, *227*.
Bitche, loc., *487*.
Biterrois, 40
Bjornis, 233.
Blackpool, loc., *464*.
Blainville, 7, 494.
Blanc (Edouard), 205.
Blaye, loc., 126, *137*.
Blenheim, loc., 484, 501.
Blessich (Aldo), 218.
Blies, riv., *101*.
Blois, loc., *91*, 311.
Blondel (Georges), 57.
Boavista, île, *227*.

Boccacio (*Giovanni*), *Boccace*, 268, 276, 283.
Boeblingen, loc., *345*.
Boëtie (*Etienne de la*), 322.
Bogota, loc., *423*, 438, Pl. VII.
Bohémiens, 468.
Bohême, *37*, 104, 109, 112, 148, 149, 150, 468, 543, *547*.
Böhmerwald, mont., 105.
Boileau, 454, 480.
Bois-brûlés, 444.
Bojador, cap, 230, *231*.
Bojardo, 268, 278.
Bokhara, loc., 204, 302.
Boleyn (*Anna*), 321, 457.
Bolivie, 424, 436, 449.
Bologne, loc., *33*, 50, *293*, *309*.
Bolonais, 322.
Bolton, loc., *464*, 549.
Bombay, loc., 552.
Boness, loc., *155*.
Boniface VIII, *pape*, 86, 114, 151, 313.
Bonn, loc., *101*, *353*.
Bordeaux, *47*, *69*, 80, *91*, 122 à 124, 126, *137*, 138, *307*, 446, 534, 542.
Bordelais, ter., 123, 127.
Bordelais, 550.
Borgofranco, loc. div., 19, *21*,
Borneo, île, *393*.
Bornholm, île, 56, *57*, *107*.
Bosphore, 27, *211*, 216, 512, 577.
Bossuet, 330, 454, 483.
Boston, *443*, 448, 534, *559*, 561, 582, 583, *589*.
Bostonie, 379.
Bostoniens, 560, 561, 583, 584, 590.
Botany Bay, 602.
Botnie, golfe de, 600.
Botticelli, 268.
Boudet (*Marcellin*), 133.
Bougainville, 534, 601.
Bougie, loc., 318.
Bouillon, loc., 479, *487*.
Boulogne, loc., *53*, *465*, *486*.
Boulogne, loc., Oise, *596*.
Bouquer, 600.
Bourbon (*Connétable de*), 309, 310.
Bourbon, île, Pl. VII.
Bourbonnais, 130, *137*.
Bourg, loc., *309*.
Bourg-l'Abbé, Paris, *98*.
Bourges, loc., *69*, 78, *89*, 119. *135*, *591*.
Bourgogne, 43, 87, *91*, 129, 133 à 135, *137*, 151, 267, 304, 306, 307.
Bourgogne (*Ducs de*), 134, 304, 306, 307.
Bourguignons, 133.
Bouriates, 522.
Boutmy (*E*), 583, 585.
Bouvet, 528.
Bouvines, 1, 90, *91*, *486*.
Brabant, ter., *53*.
Brador (Baie de), 442, *443*.
Brahmaputra, riv., *189*, *259*.
Bramante (*Lazzari*), 268.
Brand (*Louis*), 45, 364.
Brandan, île mythique, 234. 257.
Brandebourg, ter., *37*, 103, *107* 109, *110*, 112, *469*, 492, 502, 545, *547*, 576.
Brazi, *voir* Brasil.
Breda, loc., *357*.
Breitenfeld, loc., *469*.
Breisach, Brisach, *469*, 487.
Brême, loc., 7, 9, *37*, *57*, *110*, *331*.
Brenner, col., 30, *31*.
Brenta, riv., 24, *25*.
Brescia, loc., *33*, 272.
Brésil, 213, 226, 242, 247, 251, 324, 441, *449*.
Breslau, loc., *57*, 314, *547*.
Brest, loc., 442,
Bretagne, 74, 88, 90, *91*, 127, 128, *137*, *222*, *307*, 591.
Bretons, 127.
Brétigny, loc., 85, *137*.
Briansk, loc., *519*.
Brie-Comte-Robert, loc., *596*.
Brieg, loc., *547*.
Brissaud (*D.*), 123, 124, 125, 126.
Bristol, loc., 139, *227*, 244, 256, 313, *449*, 460, 463.
Britannia, *voir* Grande-Bretagne.
Brouage, ter., 222.
Brousse, loc., 208, *209*.
Bruce (*Robert*), 85, 154.
Bruchsal, loc., *345*.
Bruges, loc., 52 à 55, *53*, *59*, 63, 89, 120, 124, 127, 134, *135*, 227, 307, 327, 357, *486*.
Brühl, loc., 479.
Brunei, loc., *393*.
Brunelleschi, 279.
Brünn, loc., *469*.
Bruno (*Giordano*), 278, 364, 370, 378.
Bruxelles, loc., *57*, *357*, *486*.
Bruyères, loc., 51.
Bucay, loc., *597*.
Buchholz (Franzsôch), loc., *493*.
Buckingham, 453.
Budapest, 189, *209*, 502, *503*, *575*.
Buddha, 164, 166, 168, 170 à 173, 375.
Buenos-Aires, 428, 438.
Buffalo, loc., *589*.
Buffon, 534, 564.
Bug, riv., *503*.
Bukovine, ter., *575*.
Bulgarie, ter., *209*, 210.
Bunbury (*E. H.*), 235.
Bunkers, hill à Boston, 583.
Burgondes, 133.
Burgos, loc., 81, 82, *159*, 373.
Burrough, 462.
Bysance, *voir* Constantinople.
Bysantins, 68, 196, 212.

C

Cabriel, riv., *384*.
Cabires, 182.
Cabot (*J.* et *Seb.*), 213, 218, 242, 244, 256, 257, 437, 462, 597.
Cabral (*Pedr'Alvarez*), 437, 214, 242, 248, 251, 439.
Cadix, loc., 158, *159*, 313, 314, *317*, 382.
Caen, loc., *69*, *591*.
Caffa, loc., *59*.
Cahors, loc., *69*.
Caire (Le), loc., 209, 276.
Cajamarca, loc., 377, *429*.
Çâkya-Muni, voir *Buddha*,

Calabre, ter., 278, 378.
Calais, loc., 85, *135*, *137*, 138, 321, 462, *465*. *486*.
Calatrava, loc., 158, *159*.
Calchaqui, 397.
Calcutta, loc., 552, *553*, 554.
Caldero de la Barca (Pedro), 378, 386.
Calicut, loc., 213, 258, *259*, 260, *553*.
Californie, ter, *397*, *408*.
Callao, loc., *437*.
Calvin (Jean), 322, 336, 349, 350, 361, 362, 370.
Calvinistes, 370, 439.
Camargue, ter., 124.
Cambodge, ter, 172, 173.
Cambodgiens, 172.
Cambrai, loc., 49, *53*, *63*, *97*, *307*. *486*.
Camisards, 490, 491.
Camoëns (Louis de), 322, 386.
Campanella (Thomas), 278, 364, 378.
Campêche, loc., et golfe, *418*.
Camus, 600.
Canada, *245*, 348, 379, 404, 441, 442, *443*, 444, 445, *449*, 450. 535, 558, *559*, *561*. 562, 563, 582, 590, 591.
Canadiens, 122, 445.
Canal d'Irlande, 152.
Cananea (Baie de), 247, 251, *449*.
Canaries, 226, *227*, 228, 229, *231*, 235, *236*, 238, *461*. 598, 600, Pl. VII.
Canche, riv., *53*.
Candie, Crète, île, *59*, *503*.
Canigou, mont, 598.
Cano (Sebastien del), 214, 264, 393, *Pl. VII*.
Canossa, loc., *33*.
Canterbury, loc., 78, *79*, 90, 378, *465*.
Canton, loc., 181, *189*, *236*, *393*, *523*, 526, *527*, 530. Pl. VII.
Cão (Diogo), 213, 232.
Cap des Aromates, *voir* Guardafui.
Cap Blanc, *227*, 230, *231*.
Cap Breton, loc. et ter., *227*, *245*, *443*, *557*.
Cap de Bonne-Espérance, 196, 213 à 215, *231*, 263.
Cap des Trois Pointes, *231*, 544.
Cap Nord, *557*.
Cap-Rouge, loc., 442, *561*.
Cap des Tempêtes, *voir* Cap de Bonne-Espérance.
Cap Vert, 230, *231*.
Capétiens, 85, 267.
Capuchonnés, 129.
Capucins, 323.
Caraïbes, 400, *419*.
Carcassone, loc., 45, *47*.
Carinthie, ter., *37*, 104, *110*.
Carlisle, loc., *79*, *145*, *155*.
Carlowitz, loc., 502, *503*.
Carnate, ter., *553*.
Carnuntum, loc., 105, *111*.
Carolines, îles, *397*. Pl. VII.
Carolines du Nord, du Sud, 244, *245*, 404, 445, 446, *447*, *559*, 573, 581.
Carpaccio, 277.
Carpates, monts, 502.
Carthage, loc., 29, 217, 460.
Carthagène, loc., *384*, *423*.
Cartier (Jacques), 442.
Carvalho (Aug. de), 248.
Casimir de Brandebourg, 346.
Caspienne, mer, 161, 188, *189*, 195, 198, 203, *209*, 218, *509*, 520, 578.
Cassel, loc., *486*, *493*.
Cassimbazar, loc., *553*.
Cassini (Jean, Jac., François), 596, 598.
Castellon, loc., *384*.
Castelnaudary, loc., *47*.
Castillans, 16, 46.
Castilles, 115, 158, 159, 160, 220, 226, 240, 254, 267, 316, 319, 378, 389, 401, 410.
Castille d'or, ter., 254.
Castillon, loc., 85, 126, *137*, 138.
Castres, loc., *307*.
Catahdin, mont, *561*.
Catalans, 46.
Catalayud, loc., *159*.
Catalogne, ter., 45, *47*.
Cathaia, *voir* Chine.
Catherine d'Aragon, 321, 359, 457.
Catherine I et II de Russie, 533, 534, 572, 576, 577, 578.
Cat Island, île, 142, *241*.
Catoche (cap), *418*.
Cauca, riv., *423*.
Caucase, monts, *189*, 199, 216, 222, 509, 520.
Caucasie, ter., *509*.
Caudebec en Caux, *69*, 141.
Cavaliers, 473, 474.
Cay verde, île, *241*.
Cayenne, loc., 598.
Cebuneyes, 400, 401.
Célébès, île, *393*.
Célestin IV, pape, 2.
Celles, loc., *51*.
Celtes, 151, 196.
Centurione (Paolo), 218.
Cerdagne, ter., 45, *47*.
Cerines, loc., 81.
Cérisoles, loc., *309*.
Cervantes (Michel), 378, 386.
Cesar, 100, 134, 281, 319, 493.
Ceuta, loc., *159*, 160, 229, *231*, 234, *317*, 319.
Cévennes, monts, 40, 328, 335, 490, *491*.
Ceylan, île, 167, 177, 214, *223*, *259*, 390, *553*.
Chablais, ter., *11*.
Chaca, voir *Buddha*.
Chah Djihan, 534, 551.
Chaffarinas, île, *317*.
Chalcédoine, ter., 275.
Chalco, loc. et lac, *411*.
Chaldée, ter., 216, 416.
Chaldéens, 277.
Chalon-sur-Saône, *69*.
Châlons-sur-Marne, *69*, *89*, *331*, *591*.
Chambers (Ephraïm), 544.
Chambéry, loc., *11*, *309*.
Chamouny, loc., 602.
Champagne, ter., 86, *91*.
Champ-des-Merles, *voir* Kossovo.
Champlain (Lac), 560, *561*.
Champlain (Samuel), 443.
Chancellor, 462, 506.
Chanchan, loc., 427.
Chandernagor, loc., 552, *553*.
Changhaï, Chansav, loc., 182, *183*, *223*, *523*, 524.

Chanhaïkuan, loc., *523*, 525.
Chan-si, ter., *523*.
Chantung, ter., *179*, 180, *523*.
Charente, riv., 9, *67*, 78.
Charlemagne, 19, 17, 44, 102, 270, 319, 380, 498.
Charles I, II, Angleterre, 453, 473, 498, 501, 552.
— *IV, Allemagne*, 86.
— *Edouard*, voir *Stuart*.
— *d'Anjou*, 2, 38, 108.
— *VII, Autriche*, 533.
— *le Téméraire*, 86, 266, 267, 304, 306 à 309.
— *II, Espagne*, 321.
— *Quint*, 257, 262, 264, 267, 310, 318, 320, 325, 327, 333, 338 à 340, 380, 381, 410, 438, 477.
— *IV, V, VI, VII, VIII, IX, France*, 85, 132, 134, 138, 217, 267, 307, 310, 316, 321.
— *I, Naples*, 108.
— *IX, X, XII, Suède*, 454, 516, 566.
Charleston, loc., 445, *447*.
Charlevoix, 396, 531.
Charlottetown, loc., *557*.
Charing Cross à Londres, *99*, 100.
Charnay (Désiré), 72, 414.
Charolais, ter., 150, *335*.
Charolles, loc., *135*.
Chartres, loc., *69*, 78.
Chassezac, riv., *491*.
Château d'Edimbourg, 550.
Châteauroux, loc., *91*.
Château-Thierry, loc., 378.
Châtelet à Paris, *98*.
Chatham, loc., *463*.
Charronne, loc., *51*.
Chaucer (Geoffroy), 86.
Chavers (Alfred), 414.
Chelif, riv., *317*.
Chelumal, Baie de, *418*.
Chemnitz, loc., *469*.
Chen-si, ter., *523*.
Chepo, riv., *537*.
Cher, riv., *67*, *135*.
Cheret, loc., *51*.
Cherokee, *voir* **Tcheroki**.
Chesapeake, riv., *589*.
Chester, loc., *79*, *464*.
Chevalier, 528.
Chevaliers teutoniques, 108, 341.
Cheviott-hills, 152.
Chibcha, *voir* **Muysca**.
Chicachas, *559*.
Chili, ter., 377, *397*, 398, 428, *435*, *449*.
Chiliens, 435.
Chimborazo, mont, *423*, *597*, 600.
Chimu, 434.
Chinan, loc., *597*.
Chincha, îles, 431.
Chine, Cathaia, Kitaï, 119, 161 à 212 *passim*, 214, *223*, *236*, *237*, 238, 257, *259*, 270, 296, 376, 380, 392, 455, 488, 507, 522 à 531.
Chinois, 161 à 212, 260, 398, 403, 525 à 527, 530.
Chinon, loc., 85, *91*, 92, 119, 322.
Chioggia, loc., *25*.
Chios, île, 577.
Chiraz, loc., *67*.
Chiriqui, lagune, 254.
Chi-tsung, 523, 524.
Cholula, loc., 417.
Chontales, *419*, 426.
Christ, voir *Jésus*.
Christian IV, Danemark, 468.
Christine de Suède, 454.
Chucunaque, riv., *537*.
Chunchos, 432.
Chuquiabo, loc., *429*.
Church (George Earl), 428.
Ciamba, *voir* Annam.
Cibola, ter., *397*, 412.
Ciceron, 4.
Cincinatti, loc., 539.
Cinque Ports, 462, *465*.
Cipangu, *voir* Japon.
Circars, ter., *553*.
Cirenaica, ter., *223*.
Citeaux, loc., 41 à 43, 73, 275.
Clairac, loc., 127.
Clairaut, 600.
Clairvaux, loc., 76.
Clamecy, loc., 99.
Clarendon, loc., 78, 90.
Clément III, IV, V, papes, 2, 86, 114.
— *VIII, IX, XI, XIV, papes*, 321, 496, 529, 572.
Clermont (Oise), loc., *69*, 132, *387*, *596*.
Clermont-Ferrand, loc., 378.
Clèves, loc., *547*.
Clive, 554, 555.
Clovis, 44.
Clyde, riv., 152, 154.
Clwyd, riv., *464*.
Coalzocoalcos, loc., *407*.
Coblenz, loc., *101*, *345*, 493.
Cochasqui, loc., *597*.
Cochin, loc., 214, *259*, 260, 555.
Cod (Cap), *443*, *561*.
Cochinchine, ter., 172.
Coire, Chur, loc., *352*.
Coivrel, loc., *590*.
Colbert, 453, 536, 552.
Coligny, 445.
Colima, mont, *407*.
Colmar, loc., *353*, *487*.
Cologne, Köln, loc., 35, *37*, *89*, *101*, 102, 109, *110*, *135*, *137*, 145, *307*, *331*, *347*, *353*, *357*, 479.
Colomb (Christophe), 29, 196, 212, 213, 215, 218, 220, 233 à 262, 270, 395, 400, 401, 438, 451, 597. *Pl. VII*.
Colombie, ter., *243*, 248, 373, 408, *423*, 438, *449*.
Colombiens, 422.
Colon, loc., *537*.
Comines, 310.
Como, loc., *33*.
Comorin (Cap.), 556.
Compagnie de Jésus, voir *Jésuites*.
Compiègne, loc., 78, 132, *137*.
Comptoirs des Indes, 352.
Conan, 76.
Conception, île, *241*.
Concord, loc., *561*.
Condé, loc., *51*, *186*.
Condé (Louis de et maison de), 453, 480, 576.
Condom, loc., *69*.
Condottieri, 272.
Confucius, 164, 178, 196, 529.
Congo, riv., *231*, 232, *461*.

Connaught, ter., 474.
Connecticut, riv., *417*, *561*, *589*.
Conquistadores, 414.
Conrad de Hohenstaufen, 34.
— *III*, *IV*, 1, 2, 108.
Conradin, 1, 108, 109.
Consarbrück, loc., *487*.
Constance, loc. et lac, 10, *13*, 148 à 150, 326, *352*.
Constantin, 4.
— *Paléologue*, 211.
Constantine, loc., 385.
Constantinople, Byzance, 3, 26 à 29, 32, *59*, 66, 68, 106, 162, 163, 192, *195*, 208, *209*, 210, *211*, 212, 216, 268, 270, 278, 460, 476, *503*, *509*, 512, 518, 520, 577, 578.
Cook (James), 534, 601, 602.
Copan, loc., 398, *449*.
Copayapu, loc., *429*.
Copenhague, loc., 56.
Copernic (Nicolas), 322, 354, 369, 370, 495.
Corbie, loc., 57, *89*.
Cordeiro (Luciano), 246.
Cordoue, loc., 158.
Coréens, 175.
Corée, ter, 161.
Corne d'Or, à Constantinople, *211*.
Corneille (Thomas), 378, 389, 480.
Cornwall, ter., 152.
Coroados, 440.
Coromandel, ter., *259*.
Corrège (Le), Antonio Allegri, 278, 322.
Corres, loc., *493*.
Corrientes, Cap, 226, *231*, 258.
Corroyer (Ed.), 66.
Corse, île, *59*, *327*.
Corses, 573.
Cortereal, *voir* Amérique du Nord.
Cortereal (Gasp., João, Michele), 213, 246.
Cortez (Fernando), 214, 257, 376, 377, 389, 403, 409, 410, 414, 433, 439, 450, 477.
Cosa (Juan de la), 213, 248, 438.
Cosaques, 512, 513, 514, 520, 522.
Cosentini (Fr.), 28.
Cosmas Indicopleustes, 162, 176.
Costarica, ter., 420.
Côte Ferme, ter., 218, 242, *243*, 244, 438.
Côte d'Or, dép. de France, 99.
Côte de l'Or, ter. d'Afrique, 544.
Cotentin, ter., 591.
Cotopaxi, mont, *423*, 601.
Cottbus, loc., *547*.
Courlande, ter., 108, *575*.
Courtray, loc., *91*, 120, 121, 127, *357*.
Cousin (Jean), 242.
Coutances, loc., *69*.
Coutinho, 260.
Coventgarden à Londres, 99.
Covilhaõ (Pierre de), 213, 214, 257, 258.
Cracovie, loc., *574*, *575*.
Cranach (Lucas), 322.
Crécy, loc., 85, 126, 127 136, *137*, 140, *186*.
Creek, *voir* **Cri**.
Crémone, loc., *33*, 272.
Crète, 28, *59*, 217, 219, *503*.
Crétois, 217.
Creuse, riv., *19*.
Cri, Creet 582.
Crimée, ter., 198, 216, *503*, 504, 577.
Cripplegate, à Londres, *99*.
Croatie, ter., 502.
Cromwell (Olivier), 453, 474, 498.
— *(Richard)*, 453.
Cronstadt, île, *517*.
Crooked, île, *241*.
Cuba, île, 213, 214, 242, *243*, 254, 255, 332, 377, 400, 402, 408, 410, *418*.
Cuenca, loc., *429*, *597*.
Cuitaperi, mont, *599*.
Culloden, loc., 550.
Cumana, loc., 252.
Cumbalik, *voir* Pekin.
Cumbre (La), col., 428.
Cuna, 538.
Cundinamarca, loc., 438.
Cupica (baie de), *537*.
Cuzco, loc., 377, 397, 426, *429*, 433, *437*, Pl. IV.
Cyamba, Tchampa, *voir* Annam.
Cypre, île, *59*, 80, 81, 83, 219.
Czarnikov, loc., *547*.
Czartoryiski, 576.

D

Dacca, loc., *553*.
Dahn (F.), 17.
D'Alembert, 534.
Dalmatie, 26, 108, 189.
Daly (César), 304.
Damas, loc., 68, *209*.
Dammartin, loc., *596*.
Damme, loc., *53*, *57*.
Danaé, 365.
Dante Alighieri, 34, 86, 234.
Danemark, ter., 56, 468, *469*.
Danube, 10, 60, 102, 104 à 106, *110*, 112, 198, *209*, 210, *291*, *352*, *353*, 371, *469*, *487*, *493*, 502, *574*, *575*, 577.
Danzig, loc., *107*, *547*, *574*, *575*.
Dardanelles, dét., 408.
Darien, isthme et golfe, *423*, *537*.
Darmstadt, loc., *101*.
Darsur, Darfur ter., *223*.
Daru, 29.
Dauphinois, 334.
David, 329.
— *roi d'Ecosse*, 85.
Davis, 462.
Davisstrait, *245*, *461*.
Debardt (Raoul), 302.
Dee, riv., *464*.
Dekkan, ter., *259*, 550.
Delaware, riv., *561*, 581, 582, *589*.
Debidour, 591.
Del Cano (Sébastien), voir *Cano*.
Delft, loc., 329, *357*.
Delhi, loc., *167*, 550, 555, 556.
Delisle (Léopold), 77.
Deloche, voir *Kupka*.
Demolins (Edmond), 339.
Démosthènes, 299.
Denain, loc., *486*.
Denia, loc., *159*.

Deniker, 174, 396.
Denton (*W.*), 92, 96, 136, 140, 143, 146, 156, 212, 224, 458.
Descartes (*René*), 378, 495, 497, 541.
Deshairs, 78.
Desima, îlot, 531.
Dessau, loc., *469*.
Dessna, loc., *519*.
Détroit de Bering, 395, 396, *397*, *461*.
Détroit de Cabot, *443*, *557*.
Deux Ponts, Zweibrück, *487*.
Deux Siciles, 1, 36, 38, 267.
Deventer, loc., *357*.
Devon, ter., 253.
Diaz (*Dinis*), 230.
— (*Bartholomeu*), 29, 213, 214, 232, 257.
Diderot (*Denis*), 534, 544, 564, 565, 570, 572.
Dieppe, loc., *97*, *227*, 231.
Dieppois, 232.
Dieulafoy, 66, 68.
Digne, loc., *69*.
Dijon, loc., *69*, *89*, *91*, 134, *135*, *307*, 454, *591*.
Dimitri-Donskoï, 162.
Dinan, loc. de France, 86.
Dinant, loc. de Belgique, *57*.
Diniz, *Portugal*, 235.
Dirian, langue, *419*.
Dithmarschen, 7, 8, 9.
Ditte (*Ed.*), 386.
Djaggataï, ter., 162, 200.
Djemna, riv., 551.
Djenghis-khan, 161, 183, à 185, 188, 190, 193, 198, 203, 204, 380.
Djerba, île, 318.
Djihan-Guir, 534, 555.
Dniepr, riv., *209*, *503*, *509*, 511 à 513, 518, *519*, 520, *574*, *575*.
Dniestr, riv., *209*, *503*.
Dol, loc., *69*.
Dôle, loc., *135*.
Dolet (*Etienne*), 364.
Domazlice, Taus, 148.
Dominique, 42 à 44.
Dominicains, 528.
Domrémy, loc., 86.
Don, riv., 198, *209*, *509*, 515, 520.
Donauwörth, loc., *469*.
Donnatello, 268.
Dordogne, riv., *67*, 126.
Doria (*André*), 235, 438.
Dornbach, loc., *104*.
Dorpat, loc., *574*, *575*.
Dortmund, loc., *347*.
Douai, *53*, 63, *97*, 120, *486*.
Doubs, riv., *352*.
Douvres, loc., *53*, *465*.
Downs, the, rade, *465*.
Dozy (*Reinhart*), 157.
Drake, 394, 445.
Drave, riv., *503*.
Drenthe, ter., *357*.
Dresde, loc., *110*, 415, *469*.
Dreux, loc., 47, *97*, 378.
Drouin, 166.
Dryburgh, loc., *155*.
Dsungares, 192.
Dsungarie, 188.
Dublin, loc., 454.
Duc d'Albe, voir *Albe*.
Ducs d'Anjou, de Berry, etc., 533, 535, 536.
Duchesse de Bourgogne, 524.
Duchan (*Etienne*), 210.
Duguesclin, 86, 127, 137.
Du Halde, 527.
Dumbarton, loc., *155*.
Dumesnil (*Alfred*), 149.
Dumfries, loc., *155*.
Dumont (*Arsène*), 61.
Duna, riv., *509*, *574*, *575*.
Dunbar, loc., *155*.
Dundee, loc., *155*.
Dunes (bataille des), *486*.
Dunkerque, 9, *53*, *486*, 563, 598.
Dupleix, 554, 555.
Duponchel (*A.*), 124.
Durance, riv., *67*.
Dürer (*Albert*), 283, 322.
Durham, loc., 78, *79*.
Duro, riv., 251.
Duro (*Fernando*), 441.
Dürrmenz, loc., *493*.
Duruy (*Victor*), 383.
Düsseldorf, loc., *347*.
Dutreuil de Rhins, 166.
Dvina, riv., *579*.

E

Eannes (*Gil*), 230.
Eastbourne, loc., *465*.
Ebre, riv., 15, 45, 46, *47*, *67*, 159.
Echaïde (*Juan de*), 246.
Echelles du Levant, 31, 598.
Ecluse (L'), *voir* Sluis.
Ecossais, 151, 153 à 155, 322, 472, 538.
Ecosse, 85, *88*, 143, 146, 152 à 156, *155*, 192, 323, 349, 360, 361, 453, 466, 472, 550.
Ecuador, *397*, *423*, 428, 436, 600.
Edesse, loc., 68.
Edimbourg, loc., *155*, 361, 466, 472, 538.
Edirneh, *voir* Andrinople.
Edouard, *Portugal*, 267.
— *I*, *II*, *III*, *IV*, *Angleterre*, 85, 122, 126, 134, 139, 151, 154, 321, 450, 462.
Edrisi, 225, 226, 234.
Eeckeren, loc., *486*.
Eger, loc., *469*, *493*.
Egypte, 162, 164, 190, 216, 217, 228, *237*, 577.
Ehstonie, ter., 56, 108.
Eichstett, loc., *331*.
Eider, riv., 7.
Einsiedeln, loc., 322, *331*.
Eisack, riv., 30, *31*.
Eisenach, loc., *245*.
Eisleben, loc., 322.
Elbe, riv., 7, 9, *57*, 103, *110*, 112, 148, *209*, *345*, *469*, *493*.
Elberfeld, loc., *347*.
Elche, loc., *384*, 385.
El Dorado, 439.
Eleut, 192.
Electeurs de Brandebourg, *de Saxe*, 354.
Elisabeth d'Angleterre, 143, 321, 362, 382, 445, 446, 448, 455 à 459, 462, 466.
— *de Russie*, 534.
Elizondo, loc., *15*, 16.
Elmina, loc., 231.
Ely, loc., *79*.
Ema, riv., *281*.
Embrun, loc., *69*.
Emden, loc., *493*, *547*.
Emmanuel de Portugal, 207.
Empire britannique, 190.

Empire allemand, 335, 453, 484, 502.
— Mongol, 165, 190, 191, 200.
— d'Orient, 27, 173, 210.
— romain, 163, 371.
— russe, 518, 520.
Ems, riv., *110, 347.*
Enée, 580.
Enjoy (Paul d'), 178.
Enkhuysen, loc., *57.*
Enlart (Camille), 82.
Ensisheim, loc., *345.*
Enz, riv., *101.*
Ephèse, loc., 275.
Epinal, loc., *187.*
Eppingen, loc., *345.*
Equateur, *voir* Ecuador.
Erasme, 322, 323, 325.
Eratosthènes, 235, 597.
Erbach, loc., *345.*
Erfurt, loc., *57.*
Erié, lac, *447, 559, 589.*
Erikson (Leif), 233.
Erin, *voir* Irlande.
Erlangen, loc., *493.*
Ermenonville, loc., 128.
Errera (Carlo), 223, 249.
Ertogrul, 208.
Erzgebirge, monts, 103.
Escaut, riv., 50, 52, *53, 67, 89, 97, 137, 357.*
Eschenbach (Wolfram von), 2.
Esclavons, 288.
Escorial, 381, 389.
Escayrac de Lauture, 174.
Esdras, 236.
Eskimaux, 244, 395, 396.
Espagne, 14 à 16, 21, 60, 68, 80, 116, 122, 150, 156 à 160, 197, 216, 219 à 221, *223*, 233, 244, 248, 251, 255, 262, 267, 269, 282, 284, 311 à 321, 332 à 334, 362, 364, 366, 379 à 390, 392, 394, 402, 436, 445, 451, 456, 460, 466, 468, 470, 472, 475, 484, 501, 596.
Espagnols, 158, 197, 251, 252, 261, 262, 270, 316, 318, 319, 356, 377, 382, 386, 389, 393, 395, 410, 412, 414, 416, 420 à 424, 434, 435, 439, 441, 446, 451, 460, 480, 559.
Española, 242, 255, 332, 400.
Espinoza, 284.
Essex, ter., 140, 147.
Estienne (Henry), 395.
Estramadure, ter., 158, 166, 378.
Etampes, loc., 89, *97.*
Etats-Unis, 348, 445, 448, 580, 588 à 590, 592.
Ethiopie, 213, *223*, 224, *237*, 258, 260.
Etsch, *voir* Adige.
Eugène IV, pape, 282.
— *de Savoie*, 484.
Euphrate, 8, *189*, 206, *209*, 235.
Eurasie, 238.
Euripide, 299.
Europe, 4 à 160, *passim*, 163, 174, 184, 187, 188, 195, 196, 206 à 211, 215 à 217, 220, 223 à 226, 233 à 236, 242, 243, 246, 252, 258, 261, 267 à 378 *passim*, 380, 391, 394, 408, 409, 414, 417, 429, 430, 451, 453 à 603 *passim*.
Europe centrale, 31, 34, 56, 92, 106, 314, 360, 468, 470.
Europe occidentale, 4, 5, 30, 128, 147, 150, 184, 241, 242, 270, 288, 318, 330, 360, 366, 466, 476, 503, 506, 516, 518, 520, 528.
Europe orientale, 56, 108, 188, 512, 518.
Européens, 172, 207, 216, 230, 317, 394, 396, 440, 446, 477, 602.
Euscaldunac, Euscariens, *voir* **Basques**.
Evreux, loc., *69*, 78, *97.*
Exeter, loc., *79.*
Extrême Occident, 195, 398.
— Orient, 163, 177, 181, 184, 195, 206, 260, 270, 398, 526.

F

Faenza, loc., *33.*
Fa-hian, 166.
Famagouste, loc., 81, 83.
Far West américain, 406.
Fatimites, 276.
Faucigny, ter., *11.*
Fear (cap), *447.*
Feltre, loc., *25, 33.*
Fénelon, 454, 536.
Féodor I, III, 454.
Ferdinand I, II, III, Espagne, 267, 339, 453, 468.
— *de Bohême*, 321.
— *le Catholique*, 220, 240, 318, 333.
Fernel, 598.
Ferrante, roi de Naples, 316.
Ferrare, loc., *33*, 268, 282.
Ferrarais, 334.
Feuillée, 598.
Fez, loc., 302, *317*, 385, 386.
Ficino (Marsillio), 233.
Fidji, île, *397.*
Fierens-Gevaert (H.), 135.
Fiesole, loc., 279, *281.*
Filain, loc., *51.*
Filelfo, 282.
Filipepi, voir *Botticelli*.
Fils du Ciel, *voir* **Chinois**.
Finisterra (cap), 460.
Finlande, ter. et golfe, 56, *223*, 506, 508, 509, *517*, 518.
Finnois, 192.
Firths (Forth, Tay, etc.), 155.
Flamands, 9, 120, 124, 127, 267, 312, 356, 448.
Flandre, 3, 5, 8, 9, 23, 28, 29, 49 à 54, *53*, 68, 80, *91*, 120 à 124, 126, 133 à 135, 151, 154, *222*, 235, 267, 349, 355 à 358, 463, 480, 486, *547*, 549, 591.
Flavio (Biondo), 268, 276.
Fleetwood, loc., *464.*
Flessingue, loc., *465.*
Fletcher, 378, 389, 465.
Fleurus, loc., *486.*
Fleury, cardinal, 533, 543, 548.
Fleuve Jaune, *voir* Hoang-ho.
Florac, loc., *491.*
Florence, loc., 33, *37*, 76, 114, 233, 252, 255, 265, 268, 272, 273, 278, 279, *281*, 282, 283, 288, *295*, 296, 301, *309*, 322, *327*, 333.

Florentins, 233, 268, 279, 280, 313, 322, 334, 456.
Flores, île, *227*, 256.
Floride, ter., 214, *243*, 244, 253, 255, 408, 446, *447*, 450, *559*, 580.
Florisdorf, loc., *104*.
Foe (Daniel de), 549.
Foix, loc., *47*, 454.
Fokien, ter., 580, *523*, 524.
Folkestone, loc., *465*.
Fonseca, baie de, *418*.
Fontaine des Innocents à Paris, 337.
Fontarabie, loc., 14.
Fontenoy, loc., *486*.
Forêt Noire, 10, *345*.
Formby Point, *464*.
Formigny, loc., 55.
Formose, île, *523*, 525, 526.
Fornoue, loc., *309*.
Forster, 601.
Fort Duquesne, *559*, 560.
Fort William, *voir* Calcutta.
Forth, riv. et estuaire, 152, 154, *155*.
Forli, loc., 268.
Foulques, 43.
Fountain Abbey, *79*.
Fouquard de Merle, 120.
Foutchéou, loc., Pl. VII.
Fox Channel, *245*, 256,
Fra Angelico, 268, 287.
— *Filippo Lippi*, 268.
— *Mauro*, 223, 234.
Français, 44 à 46, 54, 95, 102, 120, 126, 137, 194, 269, 288, 309, 310, 316, 330, 440 à 442, 445, 446, 478, 479, 484, 489, 490, 492, 494, 536, 545, 553, 557, 559, 560, 562, 583, 587, 592,
France, 2, 9, 14 à 16, *21*, 39 à 41, 44, 46, 50, 52, 56, 60, 66, 74, 77 à 81, 85 à 97, 102, 108, 109, 113 à 116, 119 à 138, *137*, 150, 151, 164, 156, 172, 217, 228, 306 à 311, 314, 321, 326 à 328, 331 à 337, 362, 364, 379, 383, 389, 442, 443, 445, 450 à 452, 453 à 603 *passim*.
France (Anatole), 365.
Francepett, loc., *553*.
Francfort-sur-le-Main, *37*, 100, *101*, 102, 103, 290, *345*, *353*.
Francfort-sur-l'Oder, *327*, *493*.
Franche-Comté, 119, 484, 485.
Franches Montagnes, *21*.
Franciscains, 444, 528.
Franco-Canadiens, 562.
François Ier, II, (Autriche), 533.
— *Ier (France)*, 267, 309 à 311, 321, 330, 338, 339.
— *II (France)*, 321.
Franconie, ter., *21*, *37*, 102, 323, *469*.
Francs, 16, 44.
Francs-Comtois, 484.
Frankenhain, loc., *493*.
Frankenhausen, loc., *345*.
Franklin (Benjamin), 534, 602.
Franz von Sickingen, 342.
Französisches Buchholz, loc., *493*.
Fredemann, 438, 439.
Frédéric Barberousse, 1, 3.
— *II (Allem.)*, 1, 2, 3, 35, 37, 38, 102, 106, 108.
— *III (Allem.)*, 267.
I, II, III de Brandebourg, 533, 546.
— *II de Prusse*, 533, 544, 546 à 548, 571 à 573.
Frédéric Guillaume Ier (Prusse), 532, 544, 546, 547.
— — *II (Prusse)*, 532.
Frédéric le Sage, 338, 340.
Frédéric de Hesse, 571.
Freiberg, loc., *487*.
Freiburg en Brisgau et divers, *21*, *352*, *353*, *469*.
Freistadt et Freiestadt divers, 19, *21*.
Frères Moraves, 348.
Frères Récollets, 444.
Fribourg (Suisse et divers), 19, *21*, *352*.
Friedlingen, loc., *487*.
Frinztal, loc., *493*.
Frischer (J.), 252.
Frise, ter., 23, *110*, *357*.
Frisons, 9, 342.
Fritsche, 528.
Frobisher, 462.
Froissart, 86, 131, 132.
Froriep (A.), 294.
Fruart ou Froward, cap, 262.
Fugger, 438.
Fulda, loc. et riv., *101*, *331*, *345*.
Fulin (Rinaldo), 218.
Funchal, île, 219.
Fundy (Baie de), *443*, 556, 557.
Furetière, 564.
Furnes, loc., *33*, *486*.
Fu-sang, ter., 398.
Fust (Johann), 296.

G

Gabotto, voir *Cabot*.
Gaederts (A.), 180.
Gaete, loc., 218, *309*.
Gaïuk, voir *Kujuk-khan*.
Galapagos, îles, 424, Pl. VII.
Galata à Constantinople *211*.
Galice, ter., 160.
Galicie, ter., *575*, 576.
Galilée, 378, 495, 496.
Galles, ter., 9, 88, 146.
Gallia, *voir* Gaule.
Gallipoli, loc, 208, *209*.
Gallois, 151.
Gampon, *voir* Kampu.
Gand, loc., 52, *53*, 54, 63, *135*, *357*, *486*.
Ganga, riv., 168, *189*, *259*, *553*, 584.
Ganges, loc., *491*.
Garcie (Pierre), 121, 122, 223.
Garcilaso de la Vega, 432.
Gardon, riv., *491*.
Gargantua, 299.
Garonne, riv., 15, 40, 45, *47*, 66, *67*, 126.
Gascogne, golfe de et ter., 246, 591.
Gascons, 122.
Gaspé, Baie de, 442, *443*, *557*.
Gaspésie, ter., *557*.
Gattchina, loc., *517*.
Gaules, 17, 38, 40, 68, 88, 133, *223*, 270, 482.

Gaya, ter., 167.
Gebelin (I), 600.
Gdov, loc., 517.
Geddes (Jenny), 472.
Gédéon, 474.
Geis, île, *voir* Kaïs,
Gémiste, dit Pléthon, 268, 282.
Gênes, 3, 23, 26 à 32, 33, 37, 59, 137, 196, 218, 227, 229, 268, 288, 309, 314, 327, 438, 460.
Genève, 11, 12, 135, 307, 309, 322, 327, 335, 349, 352, 360, 492, 534, 566.
Genevois, 370.
Génois, 28, 216, 221, 226, 228, 235, 242, 244, 256, 257, 262.
Georges Ier, II, III, IV (Angleterre), 433, 435, 501, 533.
Géorgie, ter., 243, 447, 584.
Germains, 12, 105, 148, 184, 194.
Germanie, 10, 17, 30, 54, 100, 102, 104, 106, 107, 112, 182, et *voir* Allemagne.
Gerson, 86, 117.
Gévaudan, ter., 91.
Ghio (Paul), 279.
Ghirlandajo, 265, 268.
Gibelins, 1, 3, 34.
Gibraltar, loc. et dét., 216, 218, 222, 234, 244, 317, 478, 501.
Gioccondo, 268.
Giorgione, Barberelli, 287, 322.
Giotto, Bondone, 268.
Gir, riv., 317.
Giraudon, 60, 61, 170, 180, 181.
Gironde, riv. et ter., 9, 44, 123.
Glamorgan, ter., 460.
Glandevès, 482.
Glasgow, loc., 155.
Glaris, Glarus, loc., 13.
Glockau, loc., 469.
Goa, loc., 259, 260, 375, 391, 392, Pl. VII.
Godaveri, riv., 553.
Godin, 600.
Godunov, 454, 508.
Goetz von Berlichingen, 364.
Golconde, loc., 553.
Goldoni, 278.
Golfe arabique, 259.
Golfe du Lion, 88, 490.
Golfe du Mexique, 407, 419.
Golfe Persique, 195, 207, 216.
Göllheim, loc., 487.
Gomera, île, 600.
Gondivana, pays des Gond, 397.
Gorée, loc., 598.
Gorgona, île, 423.
Gosse (Edm.), 432.
Gotha, loc., 353.
Goths, 5, 182, 310.
Gotland, île, 56.
Goudzerati, 260.
Goujon (Jean), 337, 338.
Gourgues (Dominique de), 446.
Gourmont (Remy de), 296, 362.
Grampians, monts, 152.
Gramzov, loc., 493.
Gran Canaria, île, 229.
Gran Chimu, loc., 427, 429, 434.
Grand canal de Chine, 179, 183.
Grands Mongols, 534, 550, 553, 554.
Grande Bretagne, 50, 94, 145, 151 à 153, 156, 328, 359 à 362, 445, 457 à 467, 476, 478, 501, 533, 538, 549, 551, 563, 581, 585.
Grande Grèce, 278.
Grande Muraille, 174, 182, 197, 488, 525.
Grands-russiens, 512.
Grange-Batelière à Paris, 98.
Granson, loc., 86, 308.
Gravelines, loc., 486.
Gravesend, loc., 465.
Gravier (Gabriel), 237, 242.
Grays Inn à Londres, 99.
Great Fish River, 232.
Great Ormes Head, 461.
Grèce, 164, 209, 210, 219, 277, 414.
Grecs, 26, 36, 60, 226, 277, 299, 300.
Greef (Guil. de), 28, 29, 117, 549.
Green (Rich.), 18.
Greenwich à Londres, 465,
Grégoire VII, IX, papes, 2.
— *XI*, 86.
— *le Grand, pape*, 275.
Grenade, loc., 158, 159, 220, 299, 312, 317.
Grenoble, loc., 69, 137, 307, 534, 91.
Greuze, 565.
Grove, riv., 281.
Grey (Jane), 457.
Grijalva, riv., 418.
Grimm, 292.
Grisnez (cap), 465.
Grodekov, 203.
Grodno, loc., 574, 575.
Groenland, 239, 245, 395, 396, 403, 461.
Grœningen, loc. et ter., 357.
Gross (Karl), 396.
Guadalquivir, riv., 262, 264, 317, 384.
Guadiana, riv., 159, 317.
Guam, Guayam, île, Pl. VII.
Guanahani, île, 213, 242.
Guanaja, île, 243.
Guanches, 228, 229.
Guarani, 527, 561.
Guatemala, ter., 418, 421.
Guatimozin, 377.
Guaviare, riv., 423.
Guayaquil, loc., 423, 425, 449, 597, 600.
Gucirat, ter., 223.
Gueldre, ter., 357.
Guelfes, 1, 3, 34.
Guercheville (Mlle de), 442.
Guerra (Cristobal), 213, 248, 438.
Guibert de Nogent, abbé, 49.
Guillaume le Conquérant, 48, 85, 92, 94, 96, 122, 140.
— *de Hollande*, 108.
— *jardinier*, 194.
— *d'Ecosse*, 85.
le Taciturne, 355 à 357.
Guillaume III d'Orange, roi d'Angleterre, 453, 498, 501.
Guinée, ter., 235, 390, 448, 449.
Guinegatte, loc., 486.

Guines, loc., *55*, 138.
Guipuzcoa, ter., *15*, 17.
Guise, 321, 336, 436, 456.
Gulfstream, 256.
Günther (*S.*), 286, 370, 496.
Gustave Adolphe, 454, 470.
Gutemberg, 270, 265 à 267.
Guy (*Bernard*), 44.
Guyane, 213, *247*, 248.
Guyenne, ter., 40, 122, 124, à 127, 591.

H

Haarlem, loc., *295*, 296, *357*.
Habsburg, 86, 112, 167.
Habsburg, loc., 12, *13*.
Haddington, loc., 322.
Hadramaut, ter., 176.
Hadrianopolis, *voir* Andrinople.
Haguenau, loc., *487*.
Hahn, loc., *493*.
Haïnan, îles, *523*.
Hainaut, ter., *53*, *91*.
Haïti, île, *voir* Española et 213, 214.
Haïtiens, 401.
Halbain, loc., *486*.
Halberstadt, loc., *331*, *345*
Halep, loc., 68.
Halicarnasse, loc., 259.
Halifax, loc., *443*.
Halle, loc., *547*.
Hamburg, *7*, *37*, 56, 103, *110*, *327*, *469*, *493*.
Hameln, loc., *493*.
Hami, loc., *167*.
Hamilton, riv., *443*.
Hamm, loc., *347*.
Han(dyn.), 161, 165, 175, 181.
Hanau, loc., *493*.
Hang-tcheu, 179, 181, 182, *183*.
Hannover, loc., *493*.
Han Kiang, *523*.
Hankou, loc., *523*.
Hanotaux (*Gabriel*), 76.
Hanse, 54 à 58.
Haoi-ngan, loc., 183.
Harfleur, loc., 50.
Harira, loc., 207.
Hartford, loc., *561*.
Hartmann, 344.
Harz, ter., 107.
Haslital, *13*.
Hastings, loc., 462, *465*.
Hatteras (cap), *447*.
Hauret, 529.
Haute Lorraine, *37*.
Hauteville (*Alphonse de*), 124, 135.
Haut Palatinat, *469*.
Havaï, îles, *397*.
Hawick, loc., *155*.
Hawkins, 364, 445, 448.
Heath (*Edwin*), 428.
— (*Richard*), 294, 329, 340, 360, 459.
Hébert, 443.
Hébreux, 328.
Hébrides, îles, 382.
Hécate, 212.
Hedinger (*A.*), 30.
Hegau, ter., *345*.
Heide, loc., *7*.
Heidelberg, loc., *101*.
Heikel, 174, 191.
Heiligenstadt, loc., *104*.
Helgoland, île, 7.
Héllènes, 82, 286.
Henri Beauclerc (*Anglet.*), 76, 92.
— *II*, *III*, *IV*, *V*, *VI* (*Anglet.*), 85, 87, 90, 95, 140.
— *VII* (*Anglet.*), 244, 453.
— *VIII* (*Anglet.*), 257, 321, 359, 360, 457, 504.
— *VI*, *VII* (*Allem.*), 1, 86.
— *le Superbe*, *le Lion* (*Bavière*), 1, 2, 34.
— *II* (*France*), 321, 382.
— *IV* (*France*), 337, 453, 455 à 458, 468, 478.
— *de Portugal*, 31.
— (*Infant*), 229, 230, 232, 251, 267.
— (*Cardinal*), 321.
Hérault, riv., *47*, 124, *491*.
Herberstein, 506, 507.
Hercule, 234.
Hereford, loc., 79.
Héricourt, loc., *487*.
Hérodote, 299.
Herrera (*Antonio de*), 386.
— (*Fernando de*), 377.
Hers, riv., 40.
Hersfeld, loc., *345*.
Herstal, loc., *547*.
Hérules, 182.
Hésiode, 299.
Hesse, ter., 113, 344, *469*, 571, 572, 586.
Heulhard (*Arthur*), 304.
Heyd (*W.*), 26.
Highlands d'Écosse, 333.
Hildebrand, voir *Boniface VIII*.
Hildeburghausen, loc., *345*.
Hildesheim, loc., *331*.
Himalaya, monts, 168, *189*, 406, 550, 555.
Hindukuch, monts, 188, *579*.
Hindustan, ter., 162, *259*, 550.
Hindous, 259, 390, 396, 554.
Hiuen-Thsang, 166, 167.
Hoang-ho, 161, *179*, *189*, 197, *259*, *523*, *579*.
Höchst, loc., *469*.
Hodge (*F. W.*), 412, 427, 434.
Hohenstaufen, 1, 2, 38, 108, 109.
Hohenzollern, 533.
Hoï-hoï, *voir* **Ouïgour**.
Hojeda (*Alonso de*), 213, 214, 248, 438.
Holbein (*Hans*), 257, 322, 325, 596.
Holin, loc., 191.
Hollandais, 288, 358, 377, 390, 393, 394, 440, 460, 462, 476, 478, 525, 598, 602.
Hollande, ter., 24, *53*, 348, 358, 377, 392, 393, 444, 448, 450, 453, 467, 476, 484, 492, 495, 540, 544, *547*.
Holmes (*W.-H.*), 414, 415, 416, 420, 421.
Holstein, ter., 9, 107, *110*, *469*, *547*.
Home (*Bruce*), 78.
Honan, ter., *523*.
Hondschoote, loc., *486*.
Honduras, ter. et golfe, 242, *243*, *418*, *419*.
Honein, port, *317*, 318.
Honfleur, loc., 56, 222, *227*.
Hongrie ter., 188, *209*, 210, 502, *503*, 504, *574*, *575*.

Hongrois, 210, 288.
Honorius III, 2.
Horn (cap), *263*.
Horrilakovo, mont, *599*.
Hôtel-Dieu à Paris, *98*.
Ho-ti, 161.
Hougli, riv., 552.
Hsi kiang, *523*.
Hsi-ngan, loc., 174.
Huanaco, loc., *437*.
Huaraz, loc., *429*.
Hudson, baie et dét., *245*, *461*, 556, 559, *589*.
Hudson, riv., *447*, 448, *561*.
Hudson, 452.
Huitzilopotzli, 413.
Hulagu-khan, 161, 190, 192, 199, 204.
Humboldt (*A. de*), 601.
Hu-nan, Hu-pe, ter., *523*.
Huns, 18.
Huntingdon, loc., 453.
Huron, lac, *559*.
Hurons, 396, 560, 582.
Kusinetz, loc., 86.
Huss (*Jean*), 86, 87, 148 à 150, 325, 339.
Hussites, 150.
Hutteldorf, loc., *104*.
Hütten (*Ulrich von*), 300, 322, 324, 342.
Huyghens, 598.
Hythe, loc., 462, *465*.

I

Iakutsk, loc., *579*.
Ibères, 197.
Ibérie, 385.
Ibn Badja, *Ibn Sinna*, voir *Avempace*, *Avicenne*.
Ibn Khaldun, 234, 276, 277.
Ienisseï, riv., *189*, *461*, 521, *579*.
Il Colleone, 273.
Ile de Fer, 599, 600.
Iles de los Tiburones, de San Pablo, Pl. VII.
Iles des Larrons, du Tigre, des Viados, *527*.
Iles Britanniques, 328, 460, 476, 549.
Iles du Cap Vert, *227*, 234, *236*, *461*, Pl. VII.
Ile de France, Maurice, 43, 46, 50, 79, 80, Pl. VII.
Iles Fortunées, *voir* Canaries
Iles des Morues, *voir* Terre-Neuve.
Iles des Pingouins, 262.
Ili, riv., 578.
Illimani, mont, *437*.
Illinois, *559*.
Illinois, riv. *559*.
Ilmen, lac, *517*.
Ilot de la Marine à Alger, 477.
Imola (*Benvenuto de*), 276.
Inca, 377, 424 à 435.
Inde, 30, 119, 161, 164, 166, 168, 172, 173, 200, 206, 207, 213, 214, 217, 218, *223* 229, 230, 235, *237*, 238, 248, 251, 254, 257 à 261, 264, 270, 288, 294, 314, 375, 381, 383, 392, 397, 398, 531, 534, 535, 550 à 556.
Indes Occidentales, 233, 240, 252, 258.
Indes Orientales, 232, 377, 394, 445, 550.
Indiens, 254, 403, 409 à 414, 421, 422, 434 à 436, 439, 440, 444, 446, 449, 538, 560, 561, 582, 583.
Indo-Chine, 172, 178, *259*, *393*.
Indonésie, 379.
Indre, riv., 125.
Indus, riv., *189*, 190, *259*, 550, *579*.
Ingolstadt, loc., *291*, *345*, 368, 371.
Ingrie, ter., *517*, 520.
Ingul, Ingulets, rivs, *503*, 513, *574*.
Inn, riv., *31*, 105, *110*, *352*, *469*.
Innocent III, *IV*, *papes*, 2, 40, 42, 94.
— *VIII*, *IX*, *papes*, 321, 529.
Innsbrück, loc., 30, *31*.
Insulinde, 172, 177, 261, 392.
Iowa, riv., *559*.
Iran, Iranie, 68, 88, 164, 190, 196, 200, 204, 207, 216, 254, 260, 520.
Irkutsk, loc., *579*.
Irlandais, 362.
Irlande, 88, 115, 151, 154, *236*, 333, 361, 362, 382, 478, 550.
Iroquois, *559*, 560, 561, 581.
Irravadi, riv., *259*.
Irtich, riv., *189*, 200, *579*.
Isabelle d'Espagne, 220, 240, 267, 339.
Isar, riv., *469*.
Isenberg, loc., 498.
Isère, riv., *11*, *67*.
Islandais, 239.
Islande, 235, *236*, 239, 244, *461*, 478.
Ispahan, loc., 67.
Israélites, *voir* **Juifs**.
Issel, riv., *357*.
Isthme de Suez, de Panama, *voir* Suez, etc.
Italie, 1, 2, 12, 21, 23, 24, 28 à 36, 38, 40, 60, 80, 100, 106, 108, 112, 193, 196, 217 à 219, 269, 271, 276, 278, 282, 299, 308, *309*, 310, 313, 316, 318, *327*, 334, 335, 338, 423, 466, 495, 549.
Italiens, 34, 80, 102, 194, 223, 277, 279, 312, 479, 526.
Itchou, loc., *179*.
Ivan III de Russie, 16 199, 504.
— *le Terrible*, 454, 504 à 511, 516.
— *Feodorowitch*, 454.
Ivrée, loc., *33*.
Iya-Yassa, 532.

J

Jackman, 462, 507.
Jacob, 116.
— *Maître*, *cartographe*, 229.
Jacques, *Jacqueries*, 130, 131, 132, 139, 146, 147.
Jacques Ier d'Angleterre, 446, 453, 466, 472, 533.
— *II d'Angleterre*, 453, 498.
— *III*, voir *Stuart*.
Jaen, loc., *317*.
Jageman (*G.*), 341.
Jagot, riv., *101*.
Jamblique, 299.

Jamaïque, île, 242, *243*, *476*.
James, riv., *589*.
Jamestown, loc., 446, *559*.
Janssens (*Jean*), 22, 62, 281, 288, 290, 292, 314, 341, 370.
Japon, 164, 165, 171, 190, 196, 238, 375, 380, 398, 392, *397*, 398, 529, 531, 532.
Japonais, 171, 396, 408, 543.
Jaroslav, loc., *519*.
Jassy, loc., *574*, *575*.
Jaufen, col., 30, *31*.
Java, 173, 190, *236*, 261, 398, 395, Pl. VII.
Javanais, 173, 260.
Jean de Carignan, 221, 222.
— *de Leyde*, 348.
— *sans Terre* (*Angl.*), 85, 90, 92 à 95, 123.
— *sans Peur* (*Bourg.*), 88.
— (*Prêtre*), 258.
— *V de Byzance*, 29.
— *le Bon* (*France*), 85, 86, 128.
— *II* (*Pologne*), 452.
— *I*, *II*, *III*, *Portugal*, 267, 232, 312.
Jeanne Darc, 85, 89, 138, 189.
Jeanne la Folle, 267.
Jemmapes, loc., *486*.
Jenninbull (*John*), 586.
Jefferson, 534, 585.
Jeffreys, 458.
Jérusalem, loc., 1, 43, 68, 115, 175, 242.
Jésus, 42, 43, 44, 137, 164, 166, 229, 261, 282, 318, 328, 329, 342, 366, 370, 375.
Jésuites, 321 à 376, 380, 440, 441, 444, 455, 509, 526 à 531, 543, 548, 572.
Joachim de Flore, 285.
João, voir *Jean de Portugal*.
Jogerndorf, loc., *547*.
Jonquières, loc., *596*.
Jonte, riv., *489*, *491*.
Jougdia, loc., *553*.
Jordaens, 135.
Jordan (*n'anfoss*), voir *Alphonse de Toulouse*.
Joseph, *I*, *II*, *Autriche*, 453, 533.
Josué, 329, 474.
Jourdain (*Ch.*), 117.
Jourdain, riv., 392.
Joyeuse, loc., *491*.
Juan de Echaïde, voir *Echaïde*
Juan Jorge, 600.
Juby, cap, *227*.
Jucar, riv., *384*, 385.
Judée, ter., 164.
Juifs, 36, 114 à 119, 163, 175, 200, 220, 269, 270, 312 à 314, 316, 332, 391, 474, 584.
Jules II de la Rovère, *pape*, 321.
Julianillo, 364.
Julien (*Stanislas*), 167, 178.
Jura, monts, 10, 11, 12, 88, 456.
Jurés, *voir* Capuchonnés.
Jurua, riv., *426*.
Justinien, 66, 371.
Juterborg, loc., *469*.

K

Kabul, loc., *167*.
Kachgar, loc., *167*, *195*.
Kachgarie, 166, 168, *259*.
Kachmir, ter, 166, 201.
Kadikeui, loc., *211*.
Kaese-Broeder, 342.
Kaffa, Théodosia, loc., 32, 216.
Kahira, *voir* Caire (Le).
Kaï Fong, *523*.
Kaïs, Geis, île, 206, 207.
Kaiser Ebersdorf, loc., *104*.
Kalita (*Jean*), 162.
Kalmuk, 509, 535, 578.
Kaluga, riv., *519*.
Kâmi âlf, riv., *599*.
Kamienec, Kamenetz Podolok, *574*, *575*.
Kampu, Gampon, 177, *183*.
Kamtchatka, *397*.
Kanghi, 526, 528, 530.
Kan Kiang, *523*.
Kannon, *déesse*, 171.
Kanstatt, loc., *493*.
Kansu, ter, 176, *523*.
Kant (*Emmanuel*), 534.
Karakach, riv., 166.
Kara-Khitan, 174, 175.
Karakorum, monts, 166.
Karakorum, loc., 162, *189*, 191, *195*, 196.
Kara Mustapha, 502.
Karikal, loc., *553*.
Karlsruhe, loc., *101*, *333*.
Karungi, riv., *599*.
Kathaï, Khitaï, *voir* Chine.
Kau-ju-hu, *183*.
Kazan, loc., *198*.
Kazar el Kebir, loc., *31*?
Kempten, loc., *331*, *352*
Kent, ter., 139, 140.
Kentucky, riv., *447*, *559*.
Kerulen, riv., *579*.
Kepler (*Jean*), 364, 378.
Khalka, 192.
Khambalik, *voir* Pékin.
Khan, 181, 189, 193, 194, 198, 254.
Khatmandu, loc., *167*.
Kheir-el-Din Barbarossa, 477.
Khirgiz, 192.
Khitaï, Kathaï, *voir* Chine
Khitan, 161, 173, 174.
Khmer, 172.
Kholmogorî, loc., 506, *509*.
Khorassan, 208.
Khorin, *voir* Karakorum, loc.
Khotan, loc, 166.
Kiangsi, Kiangsu, ter., *179* *523*.
Kiaotchu, loc, *179*, 180.
Kiating, loc., 170.
Kijev, loc., *209*, *509*, 518, 519, 520, *574*, *575*.
Kinsay, loc., *195*.
Kintoch (*A.*), 507
Kiptchak, 198, 199.
Kirkaldy, loc., 534.
Kistna, riv., *553*, 554.
Kitaïgorod à Moscou, 520.
Kittais, mont, *599*.
Kliasma, riv., *519*.
Klementz, 174.
Knox (*John*), 322, 361.
Koeïtcheu, *523*.
Köln, *voir* Cologne.
Koblentz, *voir* Coblence.
Kokoma, riv., *599*.
Kola, ter., 506.

Kolomna, loc., *519*.
Kondjeveram, loc., *167*.
Konia, loc., 208, *209*.
Konigsberg, loc., *107*, 534, *547*.
Konkan, ter., *553*.
Koributh (Michel), 453.
Kosciusko, 575.
Kossovo, plaine, *209*, 210, 211.
Kostroma, riv., *519*.
Koumanes, 192.
Kovalevsky (Max.), 543.
Krafft (Adam), 268, 288.
Krasnoïarsk, loc., 534.
Krasnojo Selo, loc., *517*.
Kremlin à Moscou, 198, 508, 509, 513.
Kretschmer, 255.
Kreuznach, loc., *101*.
Kropotkine (Pierre), 17, 64, 198.
Kronstadt, île, 518.
Kuang-si, Kuang-tung, *523*.
Kublaïkhan, 161, 162, 184, 190, 195, 197.
Kuhn (J.), 5, 14, 17, 27, 55, 65, 71, 73, 75, 77, 81, 113, 115, 121, 123, 125, 129, 139, 141, 145, 149, 151, 153, 157, 271, 273, 277, 279, 283, 285, 287, 289, 301, 303, 311, 313, 315, 325, 337, 339, 350, 351, 355, 359, 361, 367, 371, 373, 381, 385, 387, 459, 463, 467, 471, 477, 483, 489, 513, 529, 545, 571, 587.
Kulguyev, île, *461*, 462.
Kupka et Deloche, 84, 87, 160, 163, 212, 215, 223, 266, 269, 320, 323, 376, 379, 452, 455, 532, 535, 603.
Kunstmann (F.), 314.
Kurth (Godefroid), 4.
Kutchuk Kaïnardji, 577.
Kuyuk-khan, 161, 189, 190, 193.
Kwitse, langue, *419*.

L

Labe, *voir* Elbe.
a oëtie, 395.
Labourd, ter., *15*.
La Bourdonnais, 554.
Labrador, 213, *245*, 256, 450, *557*.
La Bruyère, 480, 481.
La Caze blanche, loc., *527*.
La Chaise-Dieu, loc., *69*.
Lac Majeur, *33*.
La Condamine, 534, 600.
Lac Saint-Pierre, *561*.
Lac Supérieur, *559*.
Ladenburg, loc., *487*.
Ladislas, Pologne, 453.
La Fayette, 587.
La Ferté-Milon, loc., 454.
La Fontaine (Jean), 378, 480.
La Haye, loc., 357.
La Hire, 596.
Lahn, riv., *101*, *345*.
Lahore, loc., *167*.
Laiaz, loc., *104*.
Lainez, 366.
La Mas-Latrie, 318.
Lambeth à Londres, *99*.
Lamy, riv., *527*.
Lancelot de Maloisel, 228.
Landau, loc., *487*
Landes, ter., 9.
Landgrave de Hesse-Cassel, 354.
Landrecies, loc., *486*.
Landriano, loc., *309*.
Landskrona, loc., 518.
Landstuhl, loc., *345*.
Lang (Andrew), 360.
Langensalza, loc., *345*.
Langres, loc., *69*, *89*, *91*, *331*, *487*.
Languedoc, 7, 26, 31, 40, 41, 44, 45, 364, 478, *491*.
Languedociens, 197.
Lantcheu, loc., *167*, *195*.
Lanzarote, île, *227*, 228.
Laon, loc., 49, *57*, *69*, 76, *89*, *97*, *331*.
Laonnais, 18, 50.
Laotse, 164.
La Paz, loc., *425*, 436, *437*.
La Plata, est. et ter., 14, 203, 214, 256, 437, 438, 439, *449*.
Laponie, 462, 600.
La Reveillère, 222.
La Rochelle, loc., 56, 128, *227*, 228.
La Roncière (Ch. de), 38.
Lascaris (Constantin), 268, 299.
Las Casas (Bart. de), 402.
Las Palmas, loc., 229.
Latacunga, loc., *597*.
Latins, 196.
Laud, archevêque, 453.
Lauigen, loc., *469*.
Laureacum, *voir Lorch*.
Laurence, 557.
Lausanne, loc., *11*, 351, *352*.
Lausitz, *voir* Lusace.
Laval, loc., *591*.
Lavaur, loc., *69*.
Lavenvari, île, *517*.
Laveleye (Emile de), 143.
Lavisse (Ernest), 88.
Law, 535, 538, 539, 540.
Lazare, Serbie, 210.
Lazzari, voir *Bramante*.
Leadenhall à Londres, 99.
Le Cid, 156, 157.
L'Ecluse, *voir* Sluys.
Lecloux, loc., *69*.
Leczinski, 553, 576.
Lefèvre (André), 119.
Legname, *voir* Madère.
Legnano, loc., 1, 35.
Lehugeur, 119.
Leibnitz (Gottfried), 454.
Leicester (comte de), 69, 95.
Leiden, loc., *voir* Leyde.
Leipheim, loc., *345*.
Leipzig, loc., *110*, 314, 454, *469*, *493*.
Lelewel (Joachim), 222.
Leliaerts, 120.
Leman, lac, *11*, 12.
Le Mans, loc., 48, *69*, *89*, *97*, *591*.
Lemberg, loc., *574*, *575*.
Lemonnier, 600.
Lena, riv., *189*, *461*, *579*
Lenka, langue, *419*.
Lenni-lenap, 582.
Lenormant (Fr.), 184, 278.
Lens, loc., *486*.
Leon, ter., 410.
Léon X, pape, 218, 318, 339.
— *l'Isaurien (Byzance)*, 68.
Léonard de Vinci, 268, 338.
Léopold d'Autriche, 112.
— *Ier, emp.*, 453, 533.
— *II, emp.*, 532.

Lépante, loc., 502, *503*.
Lepe (Diego de), 213, 248.
Lérida, loc., 45, *47*, *159*.
Lesghiens, 200.
Lessing (Ephraïm), 534.
Letourneau (Ch.), 74.
Leucate, loc., 124.
Levantins, 270.
Le Vigan, loc., *491*.
La Villemarqué, 74.
Lewes, loc., 78, 95, *465*.
Leyde, Leiden, loc., 356, *357*, 454.
Lexington, loc., 583.
Lhassa, loc., 168, 169, 185.
Libreria à Venise, 271.
Liberia, ter., 543.
Libourne, loc., *137*.
Lichfield, loc., *79*.
Lichtenau, loc., *291*.
Lichtenberger (André), 430.
Lido à Venise, 29, 318.
Liège, loc., *89*, *135*, *307*, *331*, *357*, *486*.
Liegnitz, loc., 108, *110*, 188, 193, *209*, *517*.
Lierre, loc., *397*.
Ligny, loc., *486*.
Ligurie, ter., 31, 34, 226.
Lille, loc., 52, *53*, *135*, *307*, *357*, *486*.
Lima, loc., 377, 378, 398, 427, 434, *437*, *449*.
Limmat, riv., *13*.
Limoges, loc., *69*, *91*, *307*.
Limousin, ter., 593.
Lincoln, loc., *79*, 95, 454.
Lincolns Innà Londres, 99.
Lingen, loc., *517*.
Lionardo, voir *Léonard*.
Lippe, loc., *345*.
Lippincott, 413, 417.
Lippstadt, loc., *547*.
Lisbonne, loc., *59*, *159*, 213, *221*, *227*, 235, *236*, 251, 252, *260*, 314, *317*, 322, *327*, 392, *449*.
Lisieux, loc., *69*.
Lison, riv., 485.
Lithuanie, ter., *223*, *547*, 573.
Lithuaniens, 513, 576.
Livenza, loc., 24, *25*.
Liverpool, loc et baie, 462, *464*, 465.
Livonie, ter., 56, 108, *574*.
Livorno, loc., 29.
Llandudno, loc., *464*.
Llaneros, 186.
Locke (John), 454, 543, 573.
Lodève, loc., *491*.
Lodomirie, ter., *575*, 576.
Loire, riv., 46, 47, 51, 52, 66, *67*, *89*, 99, 102, 132, *135*, 136, 351, 492.
Loja, loc., *429*.
Lombardie, ter., *21*, 32, 35, *37*, *57*.
Lombards, 196, 313.
Lombez, loc., *69*.
Lombroso (César), 23.
Londres, loc., 18, 55, 57, *59*, 86, 87, *89*, 98, 99, 100, *137*, 140, 146, 147, 155, *227*, 256, 322, *327*, 378, 454, 463, *465*, 466, 473, 477, 534, 598.
Longfellow, 558.
Long Island, *241*, *561*, 589.
Longjumel (André de), 193.
Longwy, loc., *487*.
Lookout, cap, *447*.
Lope de Vega (Félix), 378, 386.
Lorca, loc., *384*.
Lorch, loc., 105, *111*.
Lorrain (Claude Gelli), 378.
Lorraine, ter., *91*, *307*.
Lorris (G. de), 2.
Lorris (Robert de), 128.
Lothaire, 34, 133.
Lot, riv., *47*, *67*, *491*.
Louis, emp. d'Allem., 86.
— *VI*, *VII*, *France*, 19, 52, 85, 87, 89, 90.
— *VIII*, 95.
— *IX*, 83, 109, 114, 123, 163, 175.
— *X*, 85.
— *XI*, 139, 267, 269, 306, 307, 308.
— *XII*, 297, 307, 310.
XIII, 453, 470, 478, 583.
— *XIV*, 194, 316, 453 à 536, 566.
— *XV*, 501, 533, 536, 562, 564, 570, 598.
— *XVI*, 533, 535, 593.
— *le Germanique*, 100.
Lousianne, ter., *559*.
Louisville, 539.
Louvain, loc., 268.
Louvois, 452.
Louvre (Le), à Paris, 98.
Lowlands d'Ecosse, 154.
Loyola (Ignace de), 365 à 367, 375, 528.
Loyson (Hyacinthe), 354.
Lübeck, loc., *37*, 55, *57*, *59*, 104, *110*, *327*, *331*, *469*.
Luce III, pape, 2.
Luce (Siméon), 77, 127, 128, 131.
Lucera, loc., *37*, 38, 102.
Lucerne, loc., *13*, *37*, *352*.
Luchaire (A.), 20, 48, 49, 50, 88, 130.
Luçon, loc., *69*.
Lucques, loc., 272, *309*.
Lucquois, ter., 285.
Luga, riv., *517*.
Lugra, riv., *517*.
Lulan, loc., *167*.
Lulea, loc., *599*.
Lunéville, loc., *487*.
Lusace, ter., *107*, *469*.
Lustgarten à Berlin, 545.
Lutter, riv., *469*.
Luther (Martin), 322, 32., 326, 329, 336, 339 à 341, 344, 345, 349, 359, 362, 369 à 371, 524.
Luthériens, 370.
Lützen, loc., 454, *469*, 470.
Luxembourg, loc., *135*, *487*, *547*.
Lyon, loc., *69*, *91*, 100, *307* *309*, *591*.
Lyonnais, ter., 19.
Lys, riv., 50.

M

Mably, 534, 569.
Macao, loc., *523*, *527*.
Macaraïbo, golfe, *323*.
Macgowan (I), 524, 528.
Machala, loc., *597*.
Machiavel (Nicolas), 322.
Mackenzie, riv., *397*.
Mackinder (H.-J.), 460, 466
Mâcon, loc., *135*.
Mactan, loc., 264, *393*.
Madagascar, *231*, *237*, 258. Pl. VII.
Madeira, riv., 226, *231*, *425*, 428.

Madère, île, 215, 219, *220*, *236*, *461*, Pl. VII.
Madidi, riv., *425*, 428.
Madjapahit, ter., 261.
Madras, loc., 552, *553*, 554.
Madre de Dios, riv., *437*.
Madrid, loc., *327*, 378, 382, 387.
Maestricht, loc., 53, *357*.
Magdelen, île, *557*.
Magdalena, riv., *243*, *423*, 439.
Magdeburg, loc., *331*, *469*, *493*.
Magelang, île, 173, *493*.
Magellan, détroit de, 262, *263*, 382.
Magellan (*Fern.*), 214, 261 à 265, 393, 597, Pl. VII.
Mahanadi, riv., *553*.
Mahé, loc., *553*.
Mahendri, loc., *167*.
Mahomet, 211, 261, 282, 318.
Mahomet I, II, 192, 216, 220.
Mahométans, 261, 276.
Maidstone, loc., *465*.
Main, riv., *31*, *101*, *110*, 113, *291*, *345*, *353*, *469*, *493*.
Maine, ter., 451.
Maintenon (*Mme de*), 489, 533.
Mainz, *voir* Mayence.
Maio (*Giuniano*), 316.
Maiollo, 255.
Majorque, île, 229.
Malabar, ter., *223*, 226, 258.
Malacca, loc., 214, *259*, 261, 264, 391, *393*.
Malaga, loc., *159*, *317*.
Malais, 172, 173, 223, 390.
Malaisie, 258, *393*.
Malcolm IV, *Ecosse*, 85, 88.
Malebranche (*Nicolas de*), 454.
Malplaquet, loc., 484, *486*, 501.
Malvoisine, loc., *596*, 598.
Mals, loc., *31*.
Malsch, loc., *345*.
Malte, île, 502.
Mame, langue, *419*.
Mamelucos, 440.
Man, île, *461*.
Manche, mer, 46, 88, *89*, *135*, 151, 212, *327*, 382.
Manchester, loc., *464*, 549.
Mandchourie, *523*.
Mandchoux, 100, 174, 182, 524 à 527.
Mandeville, 224.
Mangaseia, 507, *579*.
Mangu-khan, 161, 194.
Manhadoes, Manhattan, à New-York, 448, 581.
Mannheim, loc., *101*, 102, *487*.
Mansfeld, loc., *517*.
Mantegna (*Andrea*), 268.
Mantes, loc., *97*.
Mantoue, loc., 280, *309*.
Manuce (*Alde*), 268, 277, 299.
Manzanillo, loc., *407*.
Maragha, loc., 192.
Maranhas, île, 440.
Marañon, riv., *425*, *597*.
Marathon, loc., 216.
Marburg, loc., *353*.
Marcel (*Etienne*), 128.
March, *voir* Morava.
Marche, ter. de France, *91*, 336.
Marcou (*Jules*), 252.
Mareil, loc., *596*.
Marez (*O. des*), 120.
Margate, loc., *465*.
Marguerite de Flandre, 86.
Margry (*Pierre*), 311.
Marie d'Angleterre, 321, 361, 381, 457, 458.
— *Stuart*, 361, 466, 467.
Marie Thérèse de France, 533.
— — *d'Autriche*, 533, 548.
Marienbourg, loc., *465*.
Marienthal, loc., *469*.
Marignan, loc., *309*.
Marina, riv., *281*.
Marinus de Tyr, 238.
Marlborough, 453, 484.
Marlowe (*Christophe*), 378, 389, 465.
Marmara, mer de, *211*, 577.
Marne, riv., *67*, *97*, 99, *135*, *487*, *596*.
Maroc, *223*, 228, 229, 261, 319, 321, 386.
Marquises, îles, *397*.
Marseille, loc., 23, 38, 100, *307*, *309*, 482.
Martel, 602.
Martin (*A.-S.*), 284.
— (*Ch.*), 203.
— (*T. H*), 496.
Martini, 529.
Maryland, ter., 451, 581, 582, 590.
Mascareignes, îles, *231*.
Mascate, loc., Pl VII.
Massachusetts, ter., *447*, 451, 583, 586.
Massaoua, loc., Pl. VII.
Massieu (*Mr*), 199, 205, 207, 555.
Massudi, 162, 206, 225.
Matagalpa, loc., *418*.
Mathias, emp. d'Allem, 453.
Maubeuge, loc., *486*.
Maupertuis, loc., 127.
Maupertuis, 533, 534, 600.
Maurer, 262.
Maures, Mauresques, 80, 159, 220, 270, 299, 301, 312, 316, 318, 334, 383, 385, 386, 391, 478.
Maurétanie, 197, *223*, 224, 228, 276, *317*, 318, 385, *469*, 475, 477, 478, 490.
Mauriac, loc., 133.
Maurice, *voir* Ile de France.
Maximilien, emp. d'Allem, 267, 290.
— *II*, 321.
Maya, 402, 415 à 418, *419*, 421, 426, 428, 439.
Mayaguana, île, 242.
Mayapan, loc., 416.
Mayence, Mainz, loc., *37*, *101*, 102, 109, *110*, *295*, 296, 297, *331*, *345*, *353*, *469*, *487*, 493.
Mazarin, 453, 475, 478 à 480, 482.
Mazulipatam, loc., 552, *553*.
Meaux, loc., *69*, *335*, *596*
Mecklemburg, 107, *110*, *469*.
Médici (*Cosme*, *Lorenzo*, etc.), 252, 297, 276, 301, 334, 438.
Médicis (*Marie et Catherine de*), 456, 524.
Méditerranée, 16, 26, 34, 46, 54, 66, 80, 162, *209*, 212, 215, à 219, *221*, 22, 224,

Méditerranée (suite), 238, 259, 316 à 318, *327*, 438, 460, *461*, *469*, 476, 477, 492, 502.
Medway, riv., *465*.
Meiningen, loc., *345*, *353*.
Mekong, riv., *189*, *259*, *523*.
Melanchton (*Philippe*), 322, 370.
Melck, loc., 371.
Melilla, loc., *317*, 319.
Melinde, loc., 225, *231*, 258, 394, Pl. VII.
Melrose, loc., *155*.
Melun, loc., *526*, 598.
Memling, 268.
Memphis, loc., 434, 590.
Ménapiens, 50.
Mende, loc., *69*, *491*.
Mennonites, 348.
Mer Arabique, *voir* golfe Persique.
Mer Blanche, *461*, 462, 506 *509*.
— des Antilles, 408, 438.
— des Caraïbes, 242, *243*, 247, 254, 255.
— de Chine, *183*.
— des Cortereals, 246.
— Douce, 248.
— Egée, 217, *503*.
— des Indes, *voir* Océan Indien.
— de Hollande, 24.
— Ionienne, 26, *503*.
— d'Irlande, 382.
— de Kara, 462, 507.
— Noire, 24, 32, *189*, 198, *209*, 216, 217, *503*, *509*, 516, 518, 520, 577.
— du Nord, *53*, 54, *57*, *89*, 102, *135*, 185, *327*, *357*, *465*, *469*.
— Rouge, 214, 216, 218.
— du Sud, 214, *243*, 255, 264.
Meran, loc., *31*.
Merida, loc., 158, *418*, *423*.
Merimée (*Prosper*), 516.
Merrakech, loc., *317*.
Merseburg, loc., *331*.
Merv, loc., *189*, *195*, 203.
Mersey, riv., *464*.
Mesopotamie, 161, 206, 207.
Messine, loc., 38.
Meta, riv., *423*.
Metelin, loc., 217.
Metz, loc., *89*, *91*, *135*, *307*, 321, *331*, 471, *487*.
Metzys (*Quentin*), 298.
Meudon, loc., 322.
Meuse, riv., 52, *67*, *87*, *135*, *357*, *487*.
Mexicains, 396, 405, 408, 413 à 416, 418.
Mexico, loc., 214, 277, 406, *407*, 410, *411*, 415, 416, Pl. VII.
Mexique, 256, 377, 383, 389, *397*, 398, 406 à 408, 415 à 441, 426, 433, 439.
Meyrueis, loc., 489, *491*.
Mezières, loc., *486*.
Michel-AngeBuonarotti, 301, 322.
Michelet (*Jules*), 8, 79, 119, 128, 284, 389, 540, 586.
Michigan, lac, 404, *447*, *559*.
Mijares, riv., *384*.
Milan, loc., 1, 32, *33*, 35, *37*, *137*, 272, 299, *309*, *327*.
Milanais, *309*, 310.
Milet, loc., 32.
Milton (*John*), 454.
Ming (*dyn.*), 161, 198, 523, 524 à 526.
Ming-ti, 161.
Minkiang, 170, 181.
Ming-Quen, loc., 525.
Minden, loc., *331*, *547*.
Minneapolis, 539.
Minnesota, riv., *559*.
Minsk, loc., *574*, *575*.
Miquelon, île, *443*.
Miramichi (Baie de), *557*.
Mirecourt, loc., 378.
Mise, langue, *419*.
Mississippi, riv., 206, 214, 396, *397*, 406, 408, *449*, *461*, 538, *541*, 558, *559*, 560.
Missouri, riv., 539, *559*.
Mitla, loc., *407*, 414.
Mobile, loc., *541*.
Moçambique, ter., *231*, 258.
Modène, *33*, 268, *293*, *309*.
Moen, île, 56, *57*.
Mogador, loc., 385.
Mogudchar, monts, 188.
Mohacs, loc., 502, *503*.
Mohicans, 581.
Moïse, 328, 329.
Moïse de Narbonne, 301.
Mokcha, riv., *519*.
Moldau, riv., *110*, 148, 151, *469*, *493*.
Moldavie, ter., *503*, *575*, 577.
Molière (*Jean Poquelin*), 378, 480.
Moluques, archipel, 214, 260, 261, 263, 377, 383, 390, 392, *393*, Pl. VII.
Mombasa, loc., 226, 258, 394.
Mongolie, 162, 170, 174, 189, 190, 198, 205, 206, *223*, 284, *523*, *579*.
Mongols, 161 à 212, 254, 284, 399, 503, 519, 550.
Monk, *général*, 453.
Monnier (*Marcel*), 171, 181.
Monnier (*Philippe*), 269, 271, 280, 329.
Monongahela, riv., 560, *589*.
Mons (Hainaut), *53*, *486*.
Mons-en-Pévèle, loc., *486*.
Mont Athos, 162.
— Blanc, 602.
— Cassin, 275, 276.
— Omei, *167*, 170.
— Tabor, 340.
— Washington, 589.
Montagne Blanche, 468.
Montagnes Vertes, *561*.
Montaigne (*Michel*), 322, 365.
Montargis, loc., *97*, 99.
Montauban, loc., *69*.
Montbard, loc, 534.
Montbéliard, loc., *352*.
Montcorvino, 526.
Montdidier, loc., *596*.
Monte Alban, 420, 421.
Montenegro, 16.
Montereau, loc., 86, *97*, 99.
Montespan (*Mme de*), 533.
Montesquieu, 533, 540 *à* 543, 564, 584.
Montezuma, 377, 409, 410.
Montevideo, loc., 438.
Montfort, loc. de Belg., *547*.
Montfort l'Amaury, 2, 88, *89*, 534.
Montgolfier, 602.
Montlhéry, loc., *596*.

Montmartre à Paris, *596*.
Montmédy, loc., *487*.
Montpelier, loc., Vernon, *561*.
Montpellier, loc., France, *69* *293*, *491*, *591*.
Montreal, loc., *559*, *561*.
Montzaiglo, loc., *596*.
Moralès, 529.
Morat, loc., 86, *307*, 308.
Morava, March riv., 105, 106, *110*.
Moravie, *547*, *575*.
Morecambe Bay, *464*.
Morchansk, loc., *519*.
Morée, Peloponèse, ter, 502, *503*, 577.
Morelly, 429, 534, 569.
Moreno (*F.-P.*), 398, 426.
Moreuil, loc., *596*.
Morgarten, loc., *13*, 112, 120.
Morins, 50.
Mortillet (*Gabriel de*), 398.
Morton, *régent*, 361.
Morus (*Thomas*), 144, 303, 322.
Morvan, ter., 98.
Moscou, loc., 162, 218, 314, 404, 454, 508, *509*, *519*, 520, *574*, *575*.
Moscovites, 504.
Moselle, riv., *67*, 80, *87*, *110*, *135*, *153*, 215, *487*.
Mosko, langue, *419*.
Moskva, riv., 198, *519*, 520, 521.
Motte (*Emile*), 70.
Mougeolle (*P.*), 419.
Moujiks, 510.
Moulins, loc., *591*.
Mount Vernon, loc., *589*, 590.
Moyobamba, loc., *429*.
Moyos, 436.
Mugnone, riv., *281*.
Mülhausen, loc., Thuringe, *345*.
Mülheim, loc., *347*.
Mulda, riv., *469*.
Mulhouse, Mülhausen, loc., Alsace, *345*, *352*, *487*.
Muluya, riv., *317*.
Münich, München, loc., *31*, 103, 283, *353*, *469*.
Münck (*S.*), 302.
Münster, loc., *347*, 348, *469*, 470.
Münster (*Seb*), 506.
Münzer (*Thomas*), 346.
Muraille de Chine, 182, *523*.
Murad Ier, *11*, 162, 209, 210.
Murcie, loc., *159*, *317*, *384*, 385.
Muret, loc., 2, 46, *47*, 95.
Murillo (*Bartol-Esteban*), 378, 386.
Musées divers, 35, 39, 41, 45, 48, 49, 93, 95, 170, 171, 180, 181, 197, 239, 277, 283, 287, 297, 325, 403, 479, 481, 495, 497, 542, 545, 551, 565, 567, 585, 588.
Muskoghi, 582.
Musulmans, *voir* **Mahométans**.
Muysca, 422, 423.

N

Naarden, loc., *357*.
Nadir-chah, 520.
Naefels, loc., 112.
Nagasaki, loc.
Nahe, riv., *101*, *345*, *487*.
Nahua, 414, 415, *419*, 426.
Namur, loc., *357*, *486*.
Nancy, loc., 86, *135*, 308, *309*, *487*.
Nangrandan, langue, *419*.
Nanking, 182, *183*, *189*, *223*, *523*.
Nantes, loc., 47, *69*, 88, *309*, 321, 444, 455, 456, 489, 493, 536, 544.
Nantucket, île, *443*, *561*.
Nantwich, loc., *464*.
Naples, loc., 1, 108, 109, 267, *309*, 316, *327*, 534.
Napolitain, 315.
Napo, riv., 436.
Narbada, riv., *553*.
Narbonne, loc., *69*, *591*.
Narova, riv., *517*.
Narrangavatt, 581.
Narva, loc., *509*, *517*.
Narvaez (*Pamphilo de*), 253.
Nasca, loc., *429*.
Nasr Edin, 192.
Natchez, loc., *541*.
Navarette, 254.
Navarre, ter., *15*.
Navas de Tolosa, loc., 158.
Nawa, mont, *599*.
Neckar, riv., *101*, *110*, 113, *345*, *353*.
Neckarsulm, loc., *345*.
Neerwinden, loc., *486*.
Nègres, 543.
Négrepont, île, *59*.
Nemours, loc., *97*, 99.
Nepal, ter., 168.
Nertchinsk, loc., 523.
Nesle, loc., 57, *89*.
Nestoriens, 163, 174, 175, 192.
Netze, riv., *110*.
Neuchâtel, loc., *547*.
Neufchâteau, loc., *487*.
Neuhengstett, loc., *493*.
Neuvy Saint-Sépulchre, loc., 125.
Neuwied, loc., *101*.
Neva, riv., *517*, 518.
Nevada de Toluca, mont, *407*.
Nevers, loc., *69*, *135*, *307*.
Newbury (*William de*), 118.
Newgate à Londres, *99*.
New-Plymouth, loc., 448.
Newton (*Isaac*), 454, 543.
New-York, *447*, 448, *559*, *561*, 580, 581, 584.
Nganhoei, ter., *183*, *523*.
Niagara, *447*, *589*.
Nibia, ter., *voir* Nubie.
Nicaragua, lac et ter., 252, *418*, 420.
Nice, loc., *33*, *307*, *309*.
Nicée, loc., 208.
Niclashausen, loc., 342.
Nicolas V, *pape*, 89, 282.
Nicosie, loc., 81.
Nicoya, pén. de, *419*, 420
Niebuhr, 8.
Niebuhr (*Carstens*), 601.
Niemen, riv., *107*, *574*, *575*.
Niemi, Niemis, monts, *599*.
Nietzsche, 325.
Niger, riv., *231*.
Nijniy Novgorod, *509*, *519*.
Nijwegen, Nimègue, *357*.
Nikopoli, loc., *209*, 210.
Niko, *pharaon*, 218.
Niko, *métropolite*, 516.
Nil, riv., 8, *231*.

Nîmes, loc., *491*.
Nîmois, ter., 40.
Ning-po, loc., 181, *183*, *523*, 524, pl. VII.
Nino (*Peralonzo*), 213, 248, 438.
Niquiran, langue, *419*.
Nith, riv., *155*.
Niza (*Marcos de*), 412.
Noël (*Eugène*), 304.
Nogaret, 114.
Nola, loc., 378.
Nollet, 602.
Nordenskjöld, 507.
Nordlingen, loc., *291*, *353*, *409*.
Norfolk, loc., Virginie, *589*.
Normandie, 76, 78, 88, 90, *91*, 94, 128, *137*, 463.
Normands, 86, 102, 218, 228, 242, 395.
North Foreland, cap, *465*.
Northumberland, 153.
Norvège, ter., 29, 56, *223*.
Norwich, loc., 78, *79*, 140, 458.
Norwood, 598.
Notre-Dame de Guadalupe, 412.
Notre-Dame de Paris, 65, *98*, 276, *596*.
Nouveau Brunswick, ter., 403, *443*, *557*.
— Mexique, ter., 412.
Nouveau Monde, 5, 192, 213 à 266 passim., 267, 270, 294, 314, 316, 318, 332, 377 à 452 passim, 460 463, 495, 531, 538, 556, 561, 580, 587, 601.
Nouvelle Amsterdam, île pl. VII.
— Angleterre, *243*, 348, 448, 451, *559*, 560, 580, 580, 532.
— Ecosse, Acadie, *245*, 442, *443*, 450, 501, 556, *557*.
— France, 442, 558, *559*.
— Géorgie, 251.
— Grenade, 422.
Nouvelles Hébrides, 392, *397*.
Nouvelle Hollande, *voir* Australie.
Nouvelle Jérusalem, Nouvelle Sion, 348, 392.
— Kholmogori, 506.
— Orléans, loc., 539, *541*, *559*.
— Zélande, *397*.
Nova Scotia, *voir* Nouvelle Ecosse.
Novare, loc., *33*, *309*.
Novaya Zemlia, île, *461*, 462.
Novgorodiens, 315, 506.
Novgorod, loc., 56, 198, 216, *309*, 314, 504, 506, 507, *509*, 512, 516, *517*.
Novicow (*S.*), 94.
Noyon, loc., 49, *69*, 76, *89*, *97*, 322.
Nubie, 223, *237*.
Numidie, *223*.
Nun, cap., *227*, 229, *231*.
Nurchatchu, 524, 525.
Nuremberg, Nürnberg, 103, *227*, *237*, 268, 288 à 290, *291*, 314, 322, *345*, *353*, 355, 469.
Nys (*Ernest*), 18, 57, 118, 147, 251, 258, 278, 302, 471, 571.
Nyskans, loc., 518.

O

Oaxaca, loc., 421.
Ob', riv., 161, *189*, 315, *461*, 462, 507, *509*, *579*.
Obdorsk, loc., 507, *579*.
Occidentaux, 68, 193, 196, 216, 302, 530, 532.
Océan, 8, 29, 31, 88, 164, 216, 217, 218, 228, 234, 238, 264, 409, 445, 460, 476, 521, 582.
Océan Indien, 216, 218, 225, 226, 258, *259*, 260, 264, 382, 393, 394, 552.
Odenwald, mont, *345*.
Oder, riv., 9, *110*, 112, *209*, *469*, *474*, *475*.
Oderberg, loc., *547*.
Odessa, loc., *575*.
Ofen, *voir* Budapest.
Ogotaï-khan, 161, 188, 189, 191.
Ohio, riv., *447*, 539, *559*, 560.
Ohsson (*D'*), 190.
Oise, riv., 50, 51, *67*, 99, *137*, *596*.
Oka, riv., *519*, 520.
Okhotsk, golfe d', 190, 521.
Olafson et Palsson, 478.
Oleron, île, 54, *57*.
Oldham, 251.
Olmütz, loc., *110*, 188.
Olympes divers, 208, 216.
Oman, golfe, 207.
Ombrie, ter., 285.
Oneida, loc., *561*.
Ontario, lac., *447*, *559*, *561*, *589*.
Oppert (*Gustave*), 175.
Oran, loc., 318, 319.
Orb, riv., 124.
Ordos, 192.
Oredech, riv., *517*.
Orel, loc., *519*.
Orellana, 377, 436, 437.
Orénoque, riv., *243*, 247, *323*.
Orientaux, 36, 391.
Orihuela, loc., *384*.
Orizaba, mont, *407*.
Orkham, 162, 208.
Orlamunde, loc., *345*.
Orléans (*duc d'*), 267.
Orléans, loc., 51, *69*, *89*, *97*, *137*, *307*, *591*.
Ormuz, loc, *195*, 207, 214, *259*, 260, 552, pl. VII.
Ornain, riv, 487.
Orotinas, langue, *419*.
Orphée, 280.
Osma, loc., 42.
Osman, 162.
Osmanli, 208, 209.
Osmanli, 163.
Osnabrück, loc., *331*, *347*, *469*, 470.
Ostende, loc., *357*, *465*, *469*, *486*, 540.
Ostfriesland, *7*, *469*.
Ostrogoths, 196.
Othon IV, 1, 90.
Otrante, terre d', 278.
Ottawa, loc. et riv., *561*.
Oudenarde, *voir* Audenarde.
Ouïgour, 173, 174, 176, 192.
Oukranie, ter., 502.
Oural, monts, et riv., 188, 515, *579*.
Ouraliens, 579

Outchu, île, *527*.
Overyssel, ter., *357*.
Oxenstiern (*Axel*), 454.
Oxford, loc., 147, 225, *293*, 370, 498.
Oxus, *voir* Amudaria.

P

Pachacamac, loc., 427, *429*.
Pacifique, 185, 216, 254, 256, 264, 396, *397*, 406, 408, *419*, 426, 436, *431*, 521, 538, *597*, 599, 601, 602.
Pacifiques, 129.
Paderborn, loc., *331*.
Paderin, 191.
Padoue, loc., *25*, *33*, 268.
Paine (*Thomas*), 585.
Palata (*duc de*), 434.
Palatinat, ter., 468, 488.
Paléologue (*Const. et Jean*), 211, 282.
Palerme, loc., *327*.
Palestine, ter., 366.
Palma, loc., *227*.
Palmberg, loc., *493*.
Pales (cap de), *384*.
Palos, loc., 196, *227*, *317*.
Pamir, monts, 200, 203, *579*.
Palmas, cap., *231*.
Pampelune, loc., *15*, 366.
Pamiers, loc., *69*, *195*.
Panama, loc., golfe, baie, cordillière, *243*, 254, 255, 377, *423*, *537*, 598.
Panartz, 299.
Pantagruel, 299.
Panuco, riv., *407*.
Papua, 397.
Papuasie, ter., *397*.
Para, loc., 439.
Paraguay, riv. et ter., *247*, 256, 422, 441, *449*, 527, 561.
Paramanca, loc., *429*.
Parana, riv., *247*, 256, 422, 441, *449*.
Pargny, loc., *51*.
Paria, (golfe de, *243*, 248.
Paris, *37*, *69*, 85, 86, 88, *89*, 90, *91*, 97, 98, 99, 102, 106, 128, 129, 132, *135*, 136, *137*, 138, *227*, 268, 290, *293*, *307*, 311, *327*, *335*, 337, 366, 378, 444,
Paris, suite, 454, 456, 477, 480, 482, 534, 542, 562, 863, *591*, 593, *596*, 598, 599, 600.
Paris (*Gaston*), 565.
Parisiens, 6, 443.
Parita, loc., *580*.
Parmesan (*Le*), 278.
Parmesans, 322.
Partsch (*J.*), 314.
Pascal (*Blaise*), 378.
Pas de Calais, dét., *465*, 549.
Passage du Nord-Ouest, 256, 257.
Passarowitz, loc., 502, *503*.
Passau, loc., 103, *110*.
Pasto, loc., *423*, 424, *449*.
Patagonie, ter., 399, *449*.
Patna, loc., *167*, *553*.
Pattesson (*Emile*), 7, 11, 13, 15, 21, 25, 31, 33, 37, 47, 51, 53, 57, 59, etc. Pl. VI et VII.
Patterson, 538.
Paul II et III, *papes*, 321.
Paulistas, 440.
Pavie, loc., *33*, 272, *309*.
Pawlovski (*A.*), 222.
Pays Bas, ter., 53, 56, 328, 356, 357, 377, 383, 392, *397*, 467, 492.
Pays Basque, 15, 367.
Payta, loc., *597*.
Peaux-rouges, 404, 444, 449, 558, 560, 582.
Peebler, loc., *155*.
Pegnitz, loc., 355.
Peipus, lac., *517*.
Peking, loc., 197, 507, 522, 525, 531.
Pélasges, 278.
Pèlerins, 448.
Pello, mont, *599*.
Peloponèse, *voir* Morée.
Péninsule hindoue, *voir* Inde.
Péninsule, *voir* Espagne, Italie, etc.
Penn (*William*), 451, 581, 585.
Pennsylvanie, *447*, 451, *559*, 581, 582, 585.
Penon de Velez de la Gomera, île, *317*.
Pequod, 581.
Pensacola, loc., *541*.
Perche, ter., 98.
Perekop, loc., *503*, 577.
Périgueux, loc., 5, 66, *307*.
Périgord, ter., 66, *91*, 322, 454.
Perm, loc., *509*.
Permiens, 506.
Pernambuco, loc., 394, 440, *449*.
Péronne, loc., 85, *91*.
Pérou, ter., 256, 377, 383, 389, 397, 398, 424, 425, 433, 434, 436, 438, *449*.
Perrault (*Charles*), 454, 480.
Perrot (*George*), 278.
Persans, 68, 277.
Perse, 4, 162, 203, 206, *223*, *259*, 300, 520.
Perth, loc., *155*.
Perugin (*de*), *Pietro Vannucci*, 268, 278.
Péruviens, 377, 427, 429, 430, 432, 434.
Pescadores, îles, *523*, 525, 526.
Peschel (*Oscar*), 23, 226, 238, 251, 254.
Peïho, riv., 178, 197.
Pest, *voir* Budapest.
Pet, 462, 507.
Petchénègues, 192.
Petchili, ter. et Golfe de, *179*, 180, *525*.
Peterborough, loc., *79*.
Peterhof, loc., *517*.
Petit Dieppe, 231.
Petits-russiens, 512.
Pétrarque (*Franç.*), 86, 268, 270, 274, 286.
Petty (*Henry*), 549.
Peyre (*Roger*), 550.
Peyrat (*Nap.*), 72.
Pezagno, 235.
Pfeifers-Hänslein, 342.
Phalsbourg, loc., *487*.
Philadelphie, loc., *447*, *559*, *561*, 583, *589*, 590.
Philippe d'Alsace, 9.
— *de Souabe*, *emp.*, 9.
— *de Bourgogne*, 86, 133.
— *le Bon*, *l'Asseuré*, 86, 136.
— *I*er *Espagne*, 267.
— *II Espagne*, 321, 356, 377, 380 à 395, 457, 467.

Philippe III, IV, Espagne, 321, 484.
Philippe-Auguste, France, 54, 60, 65, 68, 113, 136.
Philippe III le Hardi, France, 85, 109.
— *IV le Bel*, 85, 86, 114 à 116, 120, 330.
— *V, VI, (France)*, 85, 127.
— *d'Orléans, Régent*, 501, 533, 536, 537.
Philippeville, loc., *209*, *486*.
Philippines, îles, 214, 264, 282, *393*, Pl. VII.
Philippsburg, loc., *487*.
Philippson (Martin), 363.
Philistins, 329, 560.
Phrygie, ter., 208, *209*.
Piacenza, loc., *33*.
Piave, riv., 24, *25*.
Piazetta à Venise, 271.
Picardie, ter., 49.
Pic de la Mirandole, 268.
Picard, abbé, 596, 598.
Picavet, 496.
Pictes, 154.
Pie II, V, papes, 322.
Piémont, ter., 35, *309*, 547.
Pierre de Castelnau, 41.
— *le Grand*, 454, 509, 516 à 520, 533, 534, 578.
— *II, III (Russie)*, 533.
Pigafetta (Antonio), 264.
Pilastre des Rosiers, 603.
Pilica, loc., *547*.
Pinache, loc., *493*.
Pinard (Alphonse), 252.
Pindare, 299.
Pinde, mont, 210.
Pineda (Alonso de), 214.
Pinllar, loc., *597*.
Pinsk, loc., *574*, *575*.
Pinson (Vicente Yañez), 213, 242, 248, 256.
Pipil, 417, *419*.
Pirenne (H.), 9, 20, 50, 52, 53, 56, 63.
Pise, loc., 3, 29, *37*, 150, 272, *309*, 378.
Pistoya, loc., *33*.
Pittier, 420.
ittsburgh, loc., 560, *589*.
Pizarro (Francesco), 257, 376, 377, 389, 432 à 434, 436, 450.
— *(Gonzalo, Hern. Juan)*, 377, 378, 433, 436.
Plan Carpin, 193.
Plana Cays, île, *241*.
Plassey, loc., 554.
Platon, 298, 301.
Plateau Andin, 430.
Pléthon, voir *Gémiste*.
Plutarque, 299.
Plymouth, loc., 139, *443*, *461*, 463.
Pluysa, riv., *517*.
Pô, riv., 24, *25*.
Pococke, 602.
Podolie, ter., 502, *575*.
Pocy (Felipo), 403.
Pokontsi, langue, *419*.
Poitiers, loc., *69*, 85, *89*, 114, 126, 127, 131, *137*.
Poitou, ter., 52, 78, 133, 136, *137*, 336, 591.
Pôle Nord, 255, *461*.
Poli (Marco, Maffeo, Nicolas), 162, 163, 172, 182, 195 à 197, 238, 254, 296.
Pologne, ter., *107*, *223*, 333, 350 à 355, 502, 504, 508, 516, 518, 502, 520, 533, 544, 573 à 577.
Pologne, Pet. et Gr., *575*.
Polonais, 322, 354, 454, 502, 506, 510, 513, 514, 519, 522, 573.
Poltava, loc., 454, 517.
Polynésiens, 396, 408
Poméranie, ter., *107*, 108, *110*, 340, *547*, *575*.
Pompadour (Me de), 570.
Ponce de Léon, 214, 253.
Pondicherry, loc., *553*, 554.
Poniatowski, 534, 576.
Pont Saint Esprit, loc., *491*.
Ponthieu, ter., *53*, *137*.
Pontchartrain (lac de), *541*.
Pontigny, loc., *69*, 73.
Popayan, loc., *429*.
Pope (Alexander), 534.
Popocatepetl, mont, *417*.
Pordenone, 224.
Port Royal d'Acadie, *voir* Annapolis.
Port de Théodose à Constantinople, *211*.
Porte de la Grosse Cloche, à Bordeaux, 123.
Portugais, 160, 214, 226, 229, 231, 232, 246, 251, 257, 259 à 261, 270, 375, 390 à 394, 437, 439 à 441, 526, 552, 602.
Portugal, 86, 115, 122, 159, 219, 230, 232, 234, 235, 240, 248, 251, 260, 261, 267, 282, 312, 314, 321, 375, 379, 381, 383, 390, 391, 392, 445, 475, 484, 550.
Posen, loc., *107*, *547*, *574*, *575*.
Potamie du Turkestan, 201.
Potomac, riv., *589*, 590.
Potosi, loc., *429*.
Potsdam, loc., 492, *493*, 545, 571.
Potzlamdorf, loc., *104*.
Pougatchev, 579.
Pourtraincourt (de), 442.
Poussin (Nicolas), 550.
Pouvourville (de), 527, 530.
Powhattan, 582.
Poznanie, ter., 575.
Prague, Praha, 148, 149, 151, *327*, 368, *369*, 468.
Prat (Célestin), 430.
Prazil, *voir* Brésil.
Pregel, riv., *107*.
Prenzlau, loc., *493*.
Preston, loc., *464*.
Primatice (Le), Francesco Primaticcio, 338.
Prince Edouard, île, 56, *557*.
Prince de Galles, 131.
Prince Noir, 85, 124, 127.
Promontoire de Sagres, *voir* Sagres.
Provençaux, 197.
Provence, 26, 31, 40, 41, 129, *137*, 318, 478.
Providence, loc., *561*.
Provinces Baltiques, 108.
— Unies, *voir* Pays-Bas.
Prusse, *107*, *110*, 112, 492, 533, 544 à 546, *547*, 573, *575*, 576.
— Grand duché, *503*, *547*, *574*.
Prussiens, 546, 573.
Prut, riv., *503*.

Pskov, loc., 56, 198, 315, 574, 575.
Ptolémée, 222, 224, 226, 233, 249, 600.
Pucara, loc., 426.
Puerto Escoces, loc., 535.
Puerto Rico, île, 242, 243.
Puissance du Canada, 442.
Pulci, 268, 278.
Pullingi, mont, 599.
Punta arenas, 263.
Pupulaka, langue, 419.
Purus, riv., 425.
Pyrénées, 14, 16, 45, 46, 80, 88, 306, 308, 333, 364, 389, 596.
Puritains d'Amérique, 448.
Pythagore, 235, 278, 355.
Pythéas, 234.

Q

Quang-haï, loc., 527.
Quang-tcheou-fou, *voir* Canton.
Quarnero, loc., 26.
Quatre Métiers, ter., 53.
Quatremère, 276.
Québec, loc., 442, 443, 559, 561, 562, 590.
Queensborough, loc., 465.
Quesada, 439.
Quesnay, 534, 593.
Quevedo (Lafone), 438.
Quichua, 425, 428, 429, 432, 435.
Quichué, 417, 419.
Quimper, loc., 69.
Quinet (Edgar), 278.
Quinsay, loc., 152, 223.
Quiroga (Adam), 398, 399, 431.
Quiros (Petro Fern. de), 391.
Quito, loc., 377, 423, 425, 429, 438, 597, Pl. VII.
Quitu, 432, 436.

R

Rabaldoni (Vittorino), 280.
Rabelais (François), 304, 322, 327, 338.
Racine (Jean), 454, 480.
Radlow, 191.
Rain, loc., 469.
Raleigh (Walter), 394, 446, 460.
Rameau de Saint-Pierre, 556.
Ramihrdus, 49.
Ramillies, loc., 484, 486, 501.
Ramsgate, loc., 465.
Ramus, Pierre la Ramée, 322, 370.
Raphael Sanzio, 278, 322.
Rashdall (Hast.), 293.
Rastatt, loc., 487.
Ratisbonne, Regensburg, loc., 110, 327, 331, 469.
Ratzeburg, loc., 331.
Ratzel (Friedrich), 26, 239.
Ravaillac, 456.
Ravenne, loc., 26, 33, 293, 309.
Ray, Cap, 443, 557.
Raymond VI, VII, Ramon de Toulouse, 41, 42, 44.
Raynal (Abbé), 565.
Razin (Stenko), 515, 516.
Read (Howard), 9.
Read (Winwood), 230.
Recalde (Migo Lopes de), voir *Loyola*.
Reclus (Elie), 372.
Rednitz, riv., 291.
Régent, voir *Philippe d'Orléans*.
Reggio, loc., 33, 293, 322.
Reinaud, 234.
Reims, loc., 69, 70, 76, 78, 89, 97, 131, 137, 307, 331.
Rembrandt, van Ryn, 454.
Remesal, 412.
Remiremont, loc., 487.
Rems, loc., 345.
Rennes, loc., 307.
Renteria, loc., 17.
Renty, loc., 486.
Repnin, 576.
République Argentine, 348, 397, 424, 426.
Reschen, mont., 31.
Restigouche, riv., 557.
Rethel, loc., 135, 307.
Rethelois, ter., 591.
Reuss, riv., 13.
Revilla Gigedo, îles, 408, Pl. VII.
Rhin, riv., 10, 12, 13, 52, 57, 60, 80, 89, 101, 102,
Rhin, suite, 103, 109, 110, 112, 113, 135, 145, 345, 347, 351, 352, 353, 357, 468, 469, 484, 487, 488.
Rheinfelden, 469, 487.
Rhône, riv., 11, 12, 40, 47, 67, 135, 351, 352, 491.
Rhorbach, loc., 493.
Riazan, loc., 519.
Ribaud, 445.
Ribble, riv., 464.
Ribera (Jose), 378, 386.
Ribera (Julian), 158.
Ribero (Dugo), 249.
Ricci, 526.
Richard (Gaston), 116.
— *Cœur de Lion*, 1, 85.
— *de Cornwales, emp.*, 108.
— *II et III (Angl.)*, 85, 147.
Richelieu, 453, 455, 457, 470, 478 à 480, 495, 532, 600.
Richer, 598.
Richmond, loc., 447, 589.
Richthofen (Ferdinand de) 167, 528.
Rienzo, 86.
Riga, loc. et golfe, 509, 518, 575.
Rimini, loc., 33.
Rio-Bamba, loc., 597.
Rio Grande del Norte, 406, 407, 412.
— de Infante, *voir* Great-Fish River.
— de-Janeiro, 247, 440 449.
— Negro de Patagonie, 397, 425, 449.
— de Oro, baie, 230, 231.
— de Padrão, *voir* Congo.
— de la Plata, 214, 256, 449.
Riom, loc., 69.
Ripon, loc., 79.
Rivière Rouge, loc., 541.
Rizi (Francesco), 387.
Robert, emp. (Allem.), 86.
Robespierre, 566.
Rochellois, 54.
Rocheuses, mont., 404, 406.
Rockhill (W. W.), 284.
Rocroi, loc., 486.
Rodez, loc., 69, 307, 591.

Rodolphe, emp. d'Allem., 86, 321, 452.
— de Habsbourg, 112.
Rodrigo, voir *Le Cid*.
Rodriguez, île pl. VII.
Roger II, 225.
Rogers (Thomas), 78.
Romains, 12, 17, 30, 74, 105, 164, 180, 428.
Romagnes, ter., 310.
Romanov (Michel), 454, 509.
Rome, 1, 3, 5, 12, 32, 34, *37*, 38, 39, 86, 90, 102, 108, 112, 175, 184, 270, 272, 276 à 278, 282, *309*, 310, *237*, 311, *327*, *335*, 340, 352 à 355, 366, 414, 454, 467, 477, 496, 526, 528, 530, 580, 590.
Rome d'Orient, *voir* Constantinople.
Rome protestante, *voir* Genèvre.
Romer à Francfort, 102, 103.
Romney, 585.
Romney, loc., 462.
Roncal, loc., *15*, 16.
Roncevaux, col., *15*.
Ronsard (Pierre de), 322.
Roosebeck, loc., 134, *486*.
Rosenplut, 288.
Rosière (Raoul), 76, 136.
Rothenburg, loc., *345*.
Rotrou (Jean), 378, 389.
Rotterdam, loc., 322, *357*, 495.
Rouen, loc., *69*, 76, 78, *89*, *91*, 96, 99, *137*, 138, 139, *307*, 378, 492, *591*.
Roumi, 386.
Rousseau (J.-J.), 534, 565, 566, 569, 570, 573.
Russes, 198, 199, 502, 505, 506, 514, 522, 548, 577, 578.
Roussillon, ter., *91*, 109.
Route du Jade, de la Soie, 166.
Rovanien, *599*.
Royaume d'Arles, *37*.
Royaume Uni, 453.
Rubens (Pierre Paul), 378, 550.
Rubruk (Guill. de), *Ruysbroek*, 162, 163, 191, 192, 194, 195, 284, 296.
Rue des Prêtres, *voir* Rhin.
Ruge (Sophus), 31.
Ruggiero, 526.
Ruhr, riv., *345*, *347*.
Rum Cay, île, *241*.
Runcorn, loc., *464*.
Runnymede, loc., 78, 94.
Ruskin (John), 278.
Russie, 18, 32, 118, 162, 163, 174, 188, 190, 198, 199, *209*, *223*, 314, 348, 351, 454, 455, 502 à 520, 533, 548, 573 à 568.
Russie blanche, Russie rouge, Russie noire, *575*.
Rybinsk, loc., *519*.
Rye, loc., 462, *465*, 467.
Rysselberghe (Theo van), 365.

S

Saale, riv., *110*, *345*, *469*.
Saar, riv., *101*, *487*.
Saarbrück, Saarlouis, *487*.
Sable, île, cap, *443*, *557*.
Sacsahuaman, 426.
Safi, loc., 234.
Sagres, loc. et prom., *227*, 229, *317*.
Saguenay, riv., *442*.
Sahara, 229, 230.
Saint-Albans, loc., *79*.
Saint Augustin, 60, 275.
Saint-Asaph, loc., *79*.
Saint Barthélemy, 365.
— *Bernard*, 72, 73, 336.
Saint-Brandan, île, *236*.
Saint Brandon, 234.
Saint-Brieux, loc., *69*.
Sainte-Chapelle à Paris, 129.
Saint-Charles, riv., 442.
— -Claude, loc., *11*, *69*.
— -Davids, loc., *79*.
— -Denis, près Paris, 50, 191.
— -Denis, près Mons, *486*.
— -Dié, loc., *69*, 252.
Saint Dominique de Guzman, 41.
Saint-Dunstan à Londres, 93.
Saint Efflam, 74.
Saint Empire Romain Germanique, 27, *137*.
— -Eustache à Paris, *98*.
Saint-Flour, loc., *69*, 133.
Saint François Xavier, 375, 412, 531.
Saint-Front à Périgueux, 5, 66.
— -Gall, loc., *331*, *352*.
Sainte-Geneviève, à Paris, *98*.
Saint-Georges, fort. 552, 553.
— -Germain en Laye, 453.
— -Germain l'Auxerrois, à Paris, *98*.
— -Gilles, loc., du Gard, *47*.
— -Giles d'Edimbourg, 361, 472.
— -Gilles-sur-Vie, loc., 222, *227*.
— -Goar, loc., *101*, 109.
— -Gothard, col., *503*.
Sainte-Hélène, île, *231*, 232. Pl. VII.
Saint Jacques de Compostelle, 319, 410.
Saint-John, loc., et riv., *442*, 446, *447*, *557*, *561*.
— -Laurent, riv. et golfe, *245*, 441, 442, *443*, 445, *557*, 558, *559*, 560, *561*, 562, 584, 580.
— -Laurent à Londres, 93.
— -Lazare à Paris, *98*.
— -Louis du Mississippi, 539.
— -Macaire, loc., 126.
— -Malo, loc., *69*, 442, 834.
— -Marc à Venise, 27, 35, 66.
Sainte-Marie-Nouvelle à Florence, 282.
— -Marie-Overs à Londres, 93.
Saint-Martin de Boscherville, loc., 75.
— -Martin-le-Grand à Londres, *99*.
— -Merry à Paris, *98*.
— -Mihiel, loc., *487*.
Saint Nicolas, 56.
Saint-Olawes, à Londres, 93.
— -Omer, loc., *53*.
— -Ottilien, loc., *493*.
— -Papoue, loc., *69*.
Saint Paul, 275, 283, 329, 362.

Saint-Paul du Missisipi, 539.
— -Paul à Londres, 93, *99*.
— -Pétersbourg, loc., *509*, *517*, 518.
Saint Pierre, 42, 86, 359.
Saint-Philibert à Tournus, 39, 66.
— -Pol, loc., *53*.
— -Quentin, loc., 321, 457, *486*, *591*.
Saint Sebald, 289.
Saint-Sébastien, loc., *15*.
— -Sépulcre, *voir* Jérusalem.
Saint-Simoniens, 284.
Sainte-Sophie à Constantinople, *211*.
Saint-Sulpice à Paris, *98*.
Sainte Ursule, 277.
Saint-Veth, loc., *104*.
Sainte Vierge, 319, 342, 366, 391, 410, 412.
Saint-Vincent, Cap., *227*.
Saintes, loc., *69*, 85.
Saintonge, ter., 66, 336, 444.
Salamanque, loc., *159*.
Salat, ter., 46.
Salamine, île, 216.
Salinas, loc., *597*.
Salenga, riv., 191.
Salerne, loc., *293*.
Salisbury, loc., 78, *79*, 139.
Salmon (Philippe), 398.
Salonique, loc., 29, *209*, *513*.
Saluces, loc., *307*, *309*.
Saluen, riv., *259*, *523*.
Salza (Hermann von), 108.
Salzbach, loc., *487*.
Salzburg, loc., 113.
Samana, île, *241*, 242.
Samara, loc., *509*, 515.
Samarkand, loc., *119*, *167*, 203, 204, 207, *223*.
Sambre, riv., *53*.
Samuel, 328, 584.
San-Augustin, loc., 446, *447*.
— -Cristobal, loc., *418*.
— -Francisco, loc., *297*.
— -Francisco, riv., *247*.
— -Iorge, île, 226, *227*.
— -Lorenzo, *voir* Madagascar.
— -Marin, loc., *33*.
— Miguel, baie de, *537*, 530.
San-Salvador, ter., *241*, *418*.
— -Zorzo, *voir* San Iorge.
Sana, loc., *429*.
Sandocourt (Basin de), 252.
Sandwich, îles, 138.
Sangonera, loc., *384*.
Sankt-Jacob, loc., *487*.
Sanlucar de Barrameda, loc. 214, *227*, 264, *317*.
Santa Cruz, 213, *247*, 248, 440.
— -Fe-de-Bogota, loc., 438.
Santa-Marta, *423*, 439.
Santiago, loc., Espagne, 158
— del Estero, loc., 397, *449*.
São-Miquel, île, *227*, 234.
Saône, riv., 66, *67*, 68, *89*, 133, 134, *135*, *227*, *487*.
São-Paulo, loc., 440.
— -Thome, île, *231*, 299.
— -Tiago, île, *227*.
Sapper 420.
Saragosse, loc., *159*, 302, 368.
Saraï, loc., 162, *189*, *195*, 198, 199, *209*.
Saratov., loc., *509*, 515.
Sardaigne, ter., 158, *327*.
Sarlat, loc., *69*, 322.
Sarrasins, 16, 102.
Sartoux, 528.
Saubinet, 70.
Sauer, riv., *487*.
Saül, 474.
Saumur, loc., 492.
Sauve, Sauvete, Sauveterre, divers, 19, *21*.
Saussure (Horace de), 602.
Savannah, riv., *744*.
Save, riv., *503*.
Saverne, Zabern, loc., *487*.
Savoie, ter., *11*.
Savonarole (Jérôme), 268, 283.
Savone, loc., *33*, *345*.
Saxe, ter., *37*, 102, 103, 109, *110*, 339, 344, 534, 548.
Saxe (Maison de), 576.
Scandinaves, 244.
Scandinavie, ter., 50, 56, 328, 348, 355, 383, 470, 506.
Scanie, 56, *57*, 378, *547*.
Schaal (Adam), 528.
Schaffouse, loc., *352*.
Scépusie, Szepas, ter., 574, *575*, 576.
Scherwiller, loc., *345*.
Schilbergen, 224.
Schlettstadt, loc., *487*.
Schlusselburg, loc., *517*.
Schmoller, 290.
Schonenberg, loc., *493*.
Schrader (Franz), 591.
Schwalbendorf, loc., *493*.
Schweidwitz, loc., *469*.
Schweinheim, 299.
Schverin, loc., *331*.
Schwytz, loc., *13*, *352*.
Scutari, loc., *211*.
Sébastien de Portugal, 317, 321, 381, 391, 392.
Sedan, loc., *486*.
Seeburg, loc., *547*.
Segovia, riv., *418*.
Segre, riv., *15*.
Seine, riv., 9, 46, 47, *67*, 80, *89*, *97*, 102, 133, *596*.
Seine-Inférieure, ter., 75.
Selby, loc., *79*.
Seldjoucides, 190, 208.
Seler, 420.
Sellier (P.), 305, 401, 409, 412, 426, 433, 435, 445, 475, 499, 505, 507, 511, 515, 539, 552, 563.
Selma (Ferdin.), 261.
Semlin, loc., *503*.
Seneffe, loc., *486*.
Sempach, loc., *13*, 112.
Sénèque, 238.
Senlis, loc., *69*, *97*.
Sens, loc., 69, 76, *89*, 90, *97*.
Sérail à Constantinople, *211*.
Serbes, 210.
Serbie, ter., *209*, 210.
Serchio, riv., 29.
Serres, loc., *493*.
Servet (Michel), 349.
Séville, loc., 158, *159*, *227*, 314, *317*, 377, 378, 382.
Sèvre, riv, 9.
Seychelles, îles, 213, *231*.
Seymour (Jeanne), 321.
Shaftesbury, 573.
Shakespeare (Will.), 29, 378, 389, 465, 466, 479, 543,
Shoreditch à Londres, *99*.
Sibérie, 174, 200, 205 *223*,

Sibérie, suite, 315, 395, *397*, 455, 506, 507, 521, 522, 578.
Sicile, 31, 36, 68, 80, 108, 158, 225, 267, *327*.
Siciliens, 36.
Sidney, loc. de Cap Breton, *557*.
Sieci, riv., *281*.
Sieg, riv., *101*.
Siemiradski (*Jos. von*), 398.
Sienne, loc., 18, 272, *309*, *327*.
Sierra Amerrique, 252.
Sierra de las Cabras, S. Enquerra, S. de España, S. Martes, S. de las Salinas, *384*.
Sierra-Leone, ter., 236.
Sierra Nevada, *317*.
Sievering, loc., *104*.
Sigismond (*Allem.*), 86, 149.
— (*Hongrie*), 210.
— *de Pologne*, 508.
Sigmaringen, loc., *352*, *353*.
Sihlina, 524.
Silésie, ter., 108, 188, 547, 548, *574*, *575*.
Silistrie, loc., 577.
Simon l'Orgueilleux, 162.
Simon de Montfort, 2, 43, 46, 94, 95.
Sinaï, mont, 340.
Singapur, loc., *393*.
Singora, loc., 173.
Sinka, langue, *419*.
Sinope, loc., *509*, 512.
Sinsheim, loc., *487*.
Sioux, 399, *559*.
Sion, loc., *33*, *331*, 351.
Sir daria, Iaxartes, riv., *189*.
Siraf, loc., 206.
Siriagird, loc., 203.
Siva, 170, 173.
Sixte IV, *pape*, 276, 321.
— *Quint*, *pape*, 321, 382.
Skardo, loc., *167*.
Skeat, 173.
Slaves, 102, 104, 108, 148, 192, 194, 198, 199, 222, 544.
Slavie, ter., 103, 190, 518, 520, 522.
Slavo-Germains, 233.
Slavonie, ter., 502.
Sluis, L'Ecluse, 85, *127*, *486*.
Smith (*Adam*), 534, 594.
Smolensk, loc., *574*.
Snell (*W.*), 598.
Sobieski (*Jean*), 453, 502, 573.
Socotra, île, Pl. VII.
Soest, loc., *57*, *347*.
Soderini, 252.
Sofala, loc., *223*, 226, *231*, 258, 394, Pl. VII.
Soissons, loc., 49, *69*, 70, *97*, *309*, *591*.
Soissonais, ter., 50.
Soleure, loc., *352*.
Soliman, 162, 502.
Solis (*Juan Diaz de*), 214, 256.
Sologne, ter., 497.
Solomoka, langue, *419*.
Solway, riv. et estuaire, 152, 154, *155*.
Somerset, ter., 454, 460.
Somme, riv., 9, 50, *53*, 88, *97*.
Sonde, détroit de la, 377.
Songkoï, riv. *523*.
Sophie, *imp. de Russie*, 454.
Sophocle, 266.
Sorbonne à Paris, 311.
Sorato, mont, *437*.
Sorrente, loc., 377.
Souabe, ter., 1, 34, *57*, 105, *110*, 113, 268, 342, 344, *345*.
Souabes, 312.
Soudan, ter., 224.
Sourdon, loc., *596*.
South Cay, îles, *241*.
Southend, loc., *465*.
Southport, loc., *464*.
Southwark à Londres, *99*.
Southwell, loc., *79*.
Souzdal, loc., 198.
Spartiates, 301.
Speier, 438.
Spinola, 498.
Spinoza (*Baruch*), 378.
Spire, Speyer, loc., *101*, 102, *331*, 346, *353*, *481*.
Spitzberg, archipel, 462.
Srinagar, loc., *167*.
Stamboul, *voir* Constantine.
Stanislas II, 576.
Stade, loc., *469*.
Stadlau, loc., *104*.
Stadlohn, loc., *469*.
Stanovoï, monts, 523, *519*.
Staufen, loc., *37*.
Stavoren, loc., *57*.
Steenwerk, loc., *486*.
Steinacher, 496.
Sterzing, loc., 30, *31*.
Stettin, loc., *107*, *469*, *493*, *547*.
Stiffe (*Arthur W.*), 207, 552.
Stirling, loc., 154, *155*.
Stobnicza (*Joannes von*), 255.
Stoke upon Trent, loc., *464*.
Stollhausen, Stollhoffen, loc. *487*.
Strabon, 241.
Strafford, 453.
Stralsund, loc., 468, *469*.
Strand à Londres, *99*.
Strattford on Avon, 378.
Strasbourg, Strassburg, 102, *110*, *295*, 296, *307*, *331*, *345*, *355*, *493*.
Stuart, 85, 475, 496, 533, 550.
Stuttgart, loc., *101*, *343*, *333*, *493*.
Styrie, ter., *37*, 104, *110*.
Subiaco, loc., 299.
Sudètes, 547.
Suède, 321, 454, 471, 495, 502, 508, 516, 518, 544, 548.
Suédois, 453, 470, 506, 510, 518, 573, 581, 600.
Suèves, 156, 197.
Suez, isthme de, 48.
Suisses, 86, 308, 310, 342.
Sugana, val., 30.
Suisse, 10 à 13, 16, *21*, 104, *110*, 112, 306, 308, 323, 334, 349, 350, 471, 485, 492.
Suleïman, 177, 208.
Sully, 453.
Sulte (*Benjamin*), 441, 442, 445.
Sulzberg, loc., *345*.
Suma Paz, mont., *423*, 438.
Sumatra, île, 177, 214, *223*, *259*, *323*, *547*, Pl. VII.
Sung (*dyn.*), 191.
Surate, loc., *553*.
Suse, loc., Piémont, *33*, 35.

Susquehanna, riv., *589*.
Süssmarsch, loc., *469*.
Su-tchou, loc., *523*.
Sven Hedin, 201.
Swift (*Jonathan*), 454.
Syracuse, loc., 217, 318, 460.
Syrie, 4, 68, 82, 207, 216, 217, *237*.
Syriens, 277, 301.
Szepas, *voir* Scépusie.
Szetchuen, ter., 170, *523*.

T

Tabriz, loc., 192.
Tadjmahal, 550, 551.
Taganrog, loc., *509*, 516.
Tage, riv., *159*, *317*.
Tagliamento, riv., 24, *25*.
Tahiti, île, *397*, 601.
Taïkosama, 531, 532.
Taï-hu, lac., *183*.
Taine, 467.
Taï-tsang, 191.
Ta-kiang, *voir* Yang tse.
Talamenka, langue, *419*.
Talbot, 138.
Tambo, loc., *437*.
Tambov, loc., *519*.
Tamerlan, 161, 184, 199, 203 *à* 205, 207, 210.
Tamise, riv., *87*, 94, 140.
Tamluk, loc., *167*.
Tampico, loc., *407*.
Tang (*dyn.*), 161, 178, 181.
Tanger, loc., *317*.
Tanka, langue, *419*.
Tanski, loc., 201.
Tapajoz, riv., *247*.
Tarbes, loc., *69*, *91*, *307*.
Tarim, riv., *259*, *579*.
Tarn, riv., *67*.
Tartares, 161 à 212, 503, 504, 519, 550, 579.
Tarragone, loc., *159*.
Tartarie, ter., 193, *223*, 396.
Tar-tugaï, loc., *167*.
Tasman, 602.
Tarapaca, loc., *429*.
Tasso (*Torquato*), 303, 365, 378.
Tatra, monts, 574.
Tauber, riv., *345*.
Taus, loc. et col, *111*.
Tay, riv. et estuaire, *155*.
Taz, riv., *507*, *579*.
Tchames, 172.
Tcharak, loc., 206.
Tche-kiang, ter., 177, *183*, *523*.
Tcheng-tu, loc., 181, *195*, *523*.
Tchèques, 149 468.
Tcherkasi, loc., *509*, 513, *574*, *575*.
Tcherkesses, 200.
Tcheroki, 582.
Tchesme, île, 577.
Tchili, golfe de, *179*, 180.
Tchin-kriang, loc., *183*.
Tchondales, *voir* **Chontales**.
Tchoudes, 173.
Tchuktchi, 396.
Tchusan, îles, *523*, 524.
Teglecigunta, 412.
Tegucigulpa, loc., *418*.
Tehuantepec, loc., *407*.
Tell (*Guil.*), 14.
Tempêtes, cap des, *voir* Cap de Bonne Espérance.
Temple à Paris, *98*.
Templiers, 114 à 116, 119, 120, 332.
Temud-chin, 116.
Teneriffe, île, *227*.
Teniers (*Daniel*), 135, 378.
Tenkate, 369.
Tennent (*Em.*), 390.
Tennessee, riv., *447*.
Tenochtitlan, *voir* Mexico.
Têtes Rondes, 473, 474.
Terceira, île, 226, *227*, 246.
Ternate, loc., *393*.
Terouanne, loc., *69*.
Terre de Feu, Terre des Fumées, 262, *263*, 264.
— des Herbes, 161, 190, 204, 578.
— Neuve, 213, 244, *245*, 246, 441, *443*, 446, 450, 501.
— sainte, 1.
— Zeng, 372, 394, 395.
Tervola, loc., *599*.
Tessin, riv., *352*.
Texas, ter., 408.
Texeira, 437.
Tezcuco, lac et loc., *411*.
Thanet, ter., 139.
Théodose II, 60.
Théodosie, *voir* Kaffa.
Thermes de Julien à Paris, *98*.
Thomas (*Cyrus*), 414.
Thomas d'Aquin, 86, 118.
Thomsen, 191.
Thorn, loc., 322, *547*.
Thrace, ter., *209*, 210, 219.
Thucydide, 299.
Thuringe, *37*, 102 à 105, *110*, 113, 340, 344, *345*, *469*.
Tiaguanaco, loc., 426, 427.
Tian-chan, monts, 578, *579*.
Tian-chan-pe-lu, etc., 166, 188, 200.
Tibet, 166, 168, 169, 170, 185, *189*, 201, *579*.
Tiefenkasten, loc., *352*.
Tientsin, loc., *179*.
Tiflis, loc., 199, *209*.
Tigre, riv., 8, *189*, *209*.
Tilbury, loc., *465*.
Tilly, 468.
Timor, île, 392, *393*, 602, Pl. VII.
Timurlenk, voir *Tamerlan*.
Tintern Abbey, *79*.
Tintoret (*Le*), *Jacopo Robusti*, 322.
Tirol, ter., *37*, 104, *110*, 113, 332.
Tisza, riv., *574*, *575*.
Titicaca, lac, 427, 431, *457*.
Titien (*Le*), *Tiziano Verellio*, 322.
Tlahuanti Suyu, *voir* Perou.
Tlemcen, loc, *227*, *317*, 318, 385.
Tlacopan, loc., *411*.
Tobolsk, loc., 579.
Tocantins, riv., *247*.
Tokio, loc., 529.
Tolède, loc., *159*, *317*, 358.
Tolima, mont, *423*.
Toltèques, 415.
Tombeau de St Fr. Xavier, *527*.
Tombigbee, riv., 541.
Tombuctu, loc., 100, 224, *227*.
Tomsk, loc., 579.
Tong-ho, riv., 170.
Tonkin, ter., 161, 172 *523*.
Tordesillas, loc., 251, 439.

Tornea, loc., et riv., *599*, 600.
Toronto, loc., *589*.
Torres, dét. de, 602.
Torstenson, 454.
Tortona, loc., *33*.
Toscane, ter., 32, *37*, 268, 284.
Toscanelli (*Paolo del Pozzo*), 233, 238, 294.
Tosna, riv., *517*.
Touat, ter., 224, *227*.
Toscans, 268, 344.
Touareg, 100, 224.
Tou-Kioue, 173.
Toul, loc., *69*, *89*, *91*, 321, *331*, 471.
Toulousains, 40, 46.
Toulouse, loc., 2, 6, 38, 41, 42, 44, 45, *47*. 88, *91*, 95, *307*, *591*.
Toungouses, 522.
Tour de Londres, 93, *99*.
Tour du Lion, près Canton, *527*.
Touraine, ter., 90, 378.
Touran, ter., 204.
Tourgot, *voir* **Kalmouk**.
Tournai, loc., *53*.
Tournus, loc., 39, 66, 68.
Tours, loc., *69*, *89*, *307*, 492, *591*.
Transcaucasie, 516.
Transylvanie, 502, *503*, *574*.
Tratcheeski, 510.
Travancore, loc., *553*.
Trébizonde, loc., 192, *209*, 212.
Tréguier, loc., *69*.
Trent, riv., *464*.
Trente, Trient, loc., 30, *31*, *331*.
Trenton, loc., *561*.
Trèves, Triev, *37*, *89*, 109, *118*, *135*, *331*, *353*, *487*.
Trévise, loc., *25*, *33*.
Trévoux, loc., 564.
Trieste, loc., 29.
Trincomali, loc., *553*.
Tripoli de Syrie, 6.
— d'Afrique, *237*, 318, 385.
Tristao d'Acunha, île, *231*, Pl. VII.
Tristão (*Nuno*), 230.
Tropiques, 226, 255.
Troweloae, 140.
Troyes, loc., 69, 85, 99, *591*.
Truxillo, 398, *418*, 427.
Tsaïdam, ter., 174.
Tsan -bo, riv., *259*.
Tsaritsin, loc., *509*, 515.
Tsarkoje Selo, loc., *517*.
Tsiganes, 200.
Tsi-haï, loc., 181.
Tsi-nan, loc., *179*.
Tsieng-tang, riv., *183*.
Tsing (*dyn.*), 526.
Tsolu, **Tsoluteka**, **Tsorti**, **Tsorotegas**, langues, *419*.
Tübingen, loc., 293, *353*.
Tuchim, 133.
Tudela, loc., *159*.
Tula, loc., *519*.
Tulcan, loc., *597*.
Tuli, 161.
Tumbez, loc., 377, *425*, 427, *429*.
Tunica, loc., *541*.
Tunis, loc., 109, 318, *327*.
Tupi, 440.
Turakina, 191.
Turcs, 3, 161 à 212, 215, 217, 288, 312, 318, 476, 502, 503, 510, 512, 513, 524, 573, 577, 579.
Turenne, 453.
Turgot, 533, 593, 594.
Turkestan, ter., 190, 196, 200, 203 à 206, *259*, 578.
Türkheim, loc., *487*.
Turkmènes, 205, 522.
Turin, loc., *33*, *309*.
Turnhout, loc., *547*.
Turquie, 162, 220, 383, 455, 502, *503*, *574*, *575*.
Turtola, loc., *599*.
Tuttlingen, loc., *469*.
Tver, loc., *519*.
Tweed, riv., 154.
Tyler (*Wat*), 147.
Tylor (*E. B.*), 396.
Tyne, riv., 473.
Tyr, loc., *59*, 68, 217, 460.
Tzargrad, *voir* Constantinople.
Tzendal, langue, *419*.

U

Ucayali, riv., *425*.
Udjein, loc., *167*.
Uigur, *voir* **Ouïgour**.
Ular (*Alexandre*), 169, 185, 191.
Ulloa, 600.
Ulm, loc., *353*.
Ulugbeg, 204.
Unna, loc., *547*.
Untermuschelbach, loc., *493*.
Unterwalden, ter., *13*.
Upsala, loc., 157.
Uraba, golfe, 242, *243*, 248, 254, *537*, 538.
Urbain III et IV, *papes*, 2.
Urbino, loc., *33*, 268, 322.
Uri, ter., *13*.
Urmiah, lac., 192.
Ust urt, ter., 189, 198.
Usumacinta, riv., *418*.
Utrecht, loc., *135*, *331*, *357*, 556.
Uxmal, loc., 415.
Uzès, loc., *491*.

V

Vabre, loc., loc., *69*.
Vaïgatch, île, *461*, 462.
Val de Pellice, 334, *335*.
Valachie, ter., *503*, 577.
Valais, ter., 350.
Valdaï, monts, *519*.
Valdepenas, loc., *317*.
Valeggio, loc., *309*.
Valence, loc. de France, *91*, 378, 384, *591*.
Valencia, loc., d'Espagne, *159*, *317*, *384*.
Valenciennes, loc., *53*, 86, 194, *357*.
Valentine, 473.
Valentinois, ter., *91*.
Valla (*Laurent*), 329.
Valladolid, loc., *159*, 251, *418*.
Vallière (*Mme de la*), 533.
Vallot (*J. et H.*), 602.
Vallouise, 334, *335*.
Valois, 321, 336.
Valparaiso, loc., 428, *449*.
Vámbéry (*Arm.*), 208.
Vandales, 5, 182, 197, 310.
Van Dyck (*Antoine*), 378.
Van Diemen, 602.
Van Eyck (*Hubert et Jean*), 268.
Vannes, loc., *69*.

Varangerfjord, 506.
Varigny, 496.
Varman, 173.
Varsovie, loc., *107*, *574*, *575*.
Vasa (Gustave), 321, 355, 454.
Vasa (Sigismond), 453, 454.
Vasari (G.), 233.
Vasco de Gama, 168, 213, 214, 226, 231, 258, 259, 376, 394, 551, Pl. VII.
Vassy, loc., 321.
Vatican à Rome, 276.
Vauban, 453.
Vaucouleurs, loc., *137*, 139.
Vaud, ter., 350.
Vaudois, secte, 10, 475.
Vauvenargues, 583, 570.
Vela, cap de la, *243*, 248.
Velasquez (Diego), 365, 378, 386, 410, 550.
Velay, ter., 128, 129, 139.
Vendée, ter., 128, 129, 139, 222.
Vendôme, loc., 322.
Venezuela, ter., 213, 248, *423*.
Venise, 3, 18, 23 à 32, *25*, *31*, 35, 54, *59*, 143, 162, 218, 224, *227*, 229, 259, 268, 271, 273, 277, 288, 299, *309*, 313, 314, 322, *327*, 460.
Vénitiens, 27 à 29, 66, 216, 235, 244, 257, 270, 287, 309, 313, 322, 502.
Venlo, loc., *357*.
Ventoux, mont, 286.
Vera Cruz du Brésil, 214, 248.
Vera Cruz du Mexique, *407*, 410.
Vera Paz, ter., *418*, 421.
Veragua, ter., 152, 254, *537*.
Verbiest, 376, 528.
Verceil, loc., *33*.
Verdun, loc., *69*, *89*, *91*, *307*, 321, *5331*, 471, *487*
Vermandois, ter., *53*, *91*, 322.
Verneilh (F. de), 66.
Vérone, loc., 30, *31*, *33*, 268, 322.
Véronèse (Paul), *Paolo Caliari*, 322.
Versailles, loc., 481 à 483, 497, 554, 562, 587.
Vesnitch (Milenko R.), 29.
Vespucci (Amerigo), 5, 213, 215, 242, 248, 251 à 254, 265, 438.
Vézelay, loc., 322.
Viados, *voir* Iles.
Viborg, loc., *517*.
Vicentins, 264.
Vicenza, loc., *25*, *33*.
Vicitra Sagara, 173.
Vicksburg, loc., *541*.
Vico, 4, 278, 534, 572.
Vidourle, riv., *491*.
Vienne, loc., *67*, *69*, *71*, 87, 102, *104*, 105, 106, *110*, 189, *209*, *327*, *467*, 502, *503*, 573, *575*.
Vierraden, loc., *493*.
Viking, 239.
Villafranca, Villefranche divers, 19, *21*.
Villars, loc., *493*.
Villefort, loc., *491*.
Villehardouin, 2.
Villejuif, loc., *596*.
Ville l'Evêque à Paris, *98*.
Vingone, riv., *281*.
Vinland, ter., 239, 244.
Vintimille, loc., *33*.
Viollet le Duc, 414.
Viollet, 116.
Vipitenum, *voir* Sterzing.
Virgile, 270, 280, 299.
Virginie, ter., 446, *447*, 448, *449*, 534, *559*, 581, 587, 590.
Viru, loc., *429*.
Viscaya, ter., *15*.
Vischer (Pierre), 268, 288.
Visigoths, 156, 197.
Vistule, riv., *57*, 102, *107*, *110*, *209*, 518, *547*, 548, *574*, *575*.
Vittoria, loc., *15*.
Vivaldi (frères), 235.
Vivarais, ter., *91*.
Vivien de Saint-Martin, 21, 167.
Viviers, loc., *69*, *91*.
Vltava, *voir* Moldau.
Volga, riv., 188, *189*, *209*, *509*, 515, *519*, 520, *579*.
Volkhov, riv., 506, *517*.
Voltaire, 350, 534, 540, 543, 564, 565, 566, 570, 572, 584.
Volynie, ter., 575.
Vorges, loc., *51*.
Vosges, monts, 10, 484.

W

Waibling, loc., 34, *37*.
Waldshut, *345*, 346.
Wales, *voir* Galles.
Walldorf, loc., *493*.
Wallons, 357.
Wartburg, loc., 340, 341, 349.
Wace, 2.
Waiblinger, 34.
Waldseemüller, *Hylacomilus*, 252.
Waldvogel, 295.
Wallace (Ecosse), 85, 154.
Wallenstein, 468, 470.
Walpole (Horace), 549.
Walter v. der Vogelweide, 2.
Warmkœnig-Gheldolf, 54.
Warthe, riv., *107*, *110*, *574*, *575*.
Washington, loc., *447*, *561*, 590.
Washington, mont., *voir* Mont Washington.
Washington, 583, 585, 586, 590.
Webersvouletri, 522.
Wei-ho, riv., 181, *522*.
Weimas, loc., *353*.
Weinsberg, loc., *345*.
Weinbach, loc., *493*.
Weisserberg, loc., *469*.
Weissenhorn, loc., *345*.
Welf, voir *Guelfes*.
Wells, loc., *79*.
Welser, 438.
Wenceslas, emp., 86.
Wenti, 178.
Wentworth Webster, 93.
Werra, riv., *345*.
Wesel riv., *57*, *345*, *357*.
Weser, riv., 7, 103, *345*, *469*.
Westkapelle, loc., *57*.
Westmann, îles, 478.
Westminster à Londres, 78, *79*, *99*, 100, 122.
Westphalie, 113, 348, 378, *469*, 470, 471, 544.
White, 496.
Whitehall à Londres, *99*, 473.

Wiblingen, *voir* Waïbling.
Wiclef, 86, 87, 147, 148, 150, 325.
Wiener (Charles), 432.
Wight, île, 139.
Willoughby, 462.
Wimpffen, loc., *469*.
Winchelsea, loc., 462.
Winchester, loc., 78, *79*, 93.
Windisch, Vindonissa, 12, *13*.
Wisby, loc., 56, *57*, *59*.
Wisconsin, ter., 404.
Wittemberg, loc., 325.
Wittstock, loc., *469*.
Wladimir, loc., 198.
Wolf (Theo.), 601.
Wolfenbüttel, loc., *469*.
Wohlau, loc., *547*.
Worcester, loc., *79*.
Worms, loc., *101*, 102, *331*, 339, *345*, *353*, *487*.
Wrangel, 454.
Wurtemberg, ter., 342, 378.
Würzburg, *331*, *345*, *353*, 496.
Wyndham, 602.

XYZ

Xaltocan, loc., et lac. *411*.
Xauxa, riv., *437*.
Xénophon, 299.
Yadrintsev, 174, 191, 522.
Yalung kiang, *523*.
Yanaon, loc., *553*.
Yangtse, riv., 161, 166, 178, 181, *183*, *259*, *523*, 530.
Yapura, riv., *423*, *425*.
Yarkand, loc., *167*.
Yakoutes, 522.
Yavisa, loc., *537*.
Yayavarman le Grand, 173.
Yelimache, 174.
Yemen, ter., 176.
Yermak, 315, 506, 507.
Yonne, riv., *67*, 73, *97*.
York, loc., *77*, *79*, 86, 598.
Yorkshire, ter., 534.
Yorktown, loc., 587, *589*.
Yougo-Slaves, 210.
Ypres, loc., *53*, 63, 121.
Ysiama, loc., 428.
Yucatan, ter., 213, 235, 266, 402, 408, 416, *418*.
Yuen, (dyn.) 197.
Yuen-liang-ho, *179*, 180.
Yukon, riv., *397*.
Yun-ho, riv., 180.
Yunnan, ter., 176, *523*.
Zaïre, *voir* Congo.
Zambèze, riv., *23*, 258, 394.
Zamorin, 260.
Zanzibar, *231*, 236, *237*, 394.
Zapotèques, 414.
Zaporogues, 512, 513.
Zaragosse, loc., 45, 301.
Zeeland, Zélande, *53*, *337*.
Zeinzenim, 430.
Zengul, ter., *223*.
Zenta, loc., *503*.
Ziethen, Gross et Klein, *493*.
Zingu, riv., *247*.
Zokwe, langue, *419*.
Zipango, *voir* Japon.
Zurbaran (Francesco), 378, 386.
Zürich, loc., 13, *110*, 322, *327*, *352*.
Zwin, 9, *53*, 54.
Zwingli (Ulrich), 322, 349, 350.

ERRATUM

Tous les chapitres du tome IV portent un numéro trop faible d'une unité. Leur ordre est rétabli dans la Table des Matières.

TABLE DES GRAVURES

du Tome IV

CHAPITRE VII

Pages

Communes 3
Périgueux. — La Cathédrale de Saint-Front 5
Porte principale de Fontarabie 14
Village de Renteria 17
Eglise Saint-Marc à Venise 27
Barberousse 35
Tournus, façade de l'église Saint-Philibert 39
Auto-da-fé présidé par Saint Dominique de Guzman 43
Vue ancienne de Toulouse 45
Intérieur d'une halle au quinzième siècle 48
Sceaux des communes 41
Halle et beffroi de Bruges 55
Scènes de la vie des écoliers parisiens 60
Autres scènes de la vie des écoliers parisiens 61
Notre-Dame de Paris, chimères et gargouilles 65
Amiens, sculptures en bois des stalles du chœur 71
Pontigny (Yonne), « quatrième fille de Citeaux » 73
Saint-Martin de Boscherville 75
Cathédrale de York 77
Cathédrale de Burgos 81
Cathédrale de Famagouste 83
Cul de lampe 84

CHAPITRE VIII

Monarchies 87
Vue ancienne de Londres 93
Simon de Montfort 95
Francfort-sur-le-Mein, salle du Römer 103
Vallée du Rhin à Saint-Goar 109
Cathédrale de Beauvais. — La nef 113
Avignon. — Le château des papes 115
Lépreux tenant la cliquette 119
Les halles à Ypres 121
Bordeaux. — Porte de la grosse cloche 123

Pages

Eglise de Neuvy-Saint-Sépulcre 125
Rosace, Sainte-Chapelle à Paris 129
Cathédrale de Reims. — Les morts sortant de leur tombeau 131
Statue de Jeanne d'Arc à Vaucouleurs 139
Eglise de Caudebec-en-Caux 144
Le Rhin et la Cathédrale de Cologne 119
Prague. — Hôtel de Ville 151
Prague. — Le vieux pont sur la Vltava 151
Château de Alnwick, Northumberland 153
Rocher de Dumbarton sur la Clyde 157
Cul de lampe 160

CHAPITRE IX

Mongols, Turcs, Tartares et Chinois 163
Chapelle bouddhique au Japon 165
Prêtre de Lhassa 169
Divinité bouddhique sur la fleur de lotus 170
Déesse de la Charité, aux vingt-quatre bras 171
Inscription ouïgoure découverte par Klémentz en Sibérie 174
Pierre runique des environs d'Upsala 175
Travail de la soie, décoconnage 176
Travail de la soie, teinture 177
Bâton de commandement en jade 180
Autre bâton de commandement en jade 181
Pyramides en l'honneur des divinités Mongoles 185
Ecriture araméenne 190
Ruines de Karakorum 191
Cavalerie russe au douzième siècle 197
Ancien fort à Tiflis 199
Couvent Tchova à Tanski 201
Mosquée élevée sur la tombe de Tamerlan 205
Intérieur de la tombe de Tamerlan 207
Cul de lampe 212

CHAPITRE X

Découverte de la Terre 215
Madère. — Vue de Funchal 219
Le Monde suivant Claude Ptolémée, deuxième siècle 224
Le Monde suivant Edrisi (1099-1164) 225
Grotte anciennement habitée par les Guanches 229
Paolo del Pozzo Toscanelli et Marsilio Ficino 233
Christoforo Colombo 239
Premier débarquement de Colomb aux Indes occidentales 240
Mappemonde de Diego Ribero (1529) 249
Caravelle du seizième siècle 253
Amérique centrale, d'après Maiollo (1527) 255

Pages

Sébastien Cabot 257
Fernão Magalhaes. 261
Détroit de Magellan. 262
Amerigo Vespucci. 265
Cul-de-lampe 266

CHAPITRE XI

Renaissance 269
Venise. — Piazzetta. 271
Venise, statue du condottiere « Il Colleone » 273
Episode de la Vie de Sainte Ursule, par Carpaccio 277
Cathédrale de Florence. 279
Dürer peint par lui-même 283
Murice. — Ruines de bains arabes. 285
Le concert champêtre, par Giorgione. 287
Une maison à Nuremberg. 289
Une page de la première bible de Gutemberg. 297
Florence. — Tombeau de Lorenzo de Medici, par Michel-Ange. 301
Façade principale du château d'Azay-le-Rideau. 303
Abbaye du Mont-Saint-Michel. — Cuisine et réfectoire 305
Château de Blois. — Aile de François Ier, le grand escalier. 311
Anvers. — Cour du musée Plantin. 313
Moscou. — Église de Basile le Bienheureux 315
Cul-de-lampe 320

CHAPITRE XII

Réforme et Compagnie de Jésus 323
Erasme, par Hans Holbein 325
Fontaine des Innocents, sculptée par Jean Goujon 337
Luther 339
Chambre de travail de Luther à la Wartburg. 341
Calvin. 350
Le Rhône et la Rome protestante 351
Nuremberg. — Vieille maison sur la Pegnitz. 355
Vierge de Tolède. 358
Hôtel de ville d'Alkmaar. 359
Edimbourg. — Eglise Saint-Giles. 361
Scène de la Saint-Barthélemy 365
Eglise de Loyola dans le pays Basque. 367
Collège des Jésuites à Melk, sur le Danube 371
Burgos. — Chœur de l'église. 373
Cul-de-lampe 376

CHAPITRE XIII

Colonies 379
L'Escurial de Philippe II 381
Noria servant à l'irrigation aux environs de Murcie 385

Pages

Francesco Rizi, un autodafé. — Musée de Madrid 387
Ruines du palais de l'Inquisition à Goa 391
Tombeau des anciens sultans à Java 395
Urne funéraire trouvée à Tafi 398
Vase cérémonial des Sioux pour implorer la pluie. 399
Village indien. 401
Cortez donnant des esclaves à manger à ses chiens. 403
Différents moyens qu'emploient les Indiens pour traverser les rivières. 409
Pierre du calendrier mexicain. 412
Pierre de sacrifice chez les Mexicains 413
Sculptures d'un palais à Uxmal 415
Pyramide sur la côte nord-orientale du Yucatan. 416
Cholula, pyramide recouverte de végétation et surmontée d'une église. 417
Plan du Monte Alban 420
Vue perspective des travaux du Monte Alban 421
Détail de la porte monolithe de Tiaguanaco 426
Porte monolithe de Tiaguanaco. 427
Bijou d'argent des bords du lac de Titicaca 431
Vue de Cuzco. 433
Indiens travaillant dans les mines 435
Poterie péruvienne. 440
Autre poterie péruvienne 441
Québec à la fin du XVIIe siècle. 445
Cul-de-lampe 452

CHAPITRE XIV

Le Roi Soleil 455
Prison de la princesse Elisabeth à la tour de Londres 459
Estuaire de l'Avon, en aval de Bristol 463
Port actuel de Rye. 467
Cathédrale de Metz 471
Une rue de Londres, Whitehall 473
Une banque en l'an 1680 475
Alger. — Vue du nord-est 477
William Shakespeare. 479
Labruyère (1645-1696) 481
Versailles. — Le bassin de Latone et le palais 483
Franche-Comté. — La source du Lison 485
Vallée de la Jonte, près de Meyrueis. 489
Galilée. 495
René Descartes 497
Le Parlement sous la reine Anne 499
Patriarche russe et son clergé, dix-septième siècle 505
Fusil d'Alexis Mikaïlovitch 507
Village russe au dix-septième siècle 511
Le Kremlin, Moscou. 513
Casque russe, dix-septième siècle. 515
Le Ienisseï à proximité de Krasnoïarsk. 521

Potiche chinoise représentant la duchesse de Bourgogne 524
Potiche chinoise représentant le roi Louis XIV 525
Japon, une porte de Tokio 529
Cul-de-lampe 532

CHAPITRE XV

Le dix-huitième siècle 535
Les spéculateurs de la rue Quincampoix 539
Montesquieu 543
Berlin. — Musée d'antiquités et Lustgarten 545
Le Tadj-Mahal, près d'Agra, au bord de la Djemna 551
Le comptoir des Français à Chandernagor 552
Tombeau du chah Djiham 555
Monnaie de billon frappée à Pondicherry 562
Monnaie de carte émise au Canada en 1749 563
Denis Diderot 565
Une page de l'Encyclopédie 567
Potsdam. — Palais de Frédéric II 571
New-York au dix-septième siècle 580
— — — 581
Boston, Faneuil-Hall 583
Thomas Paine 585
George Washington 586
Washington. — Le palais du Congrès 587
Dollar argent 1799 588
Turgot 593
Un télescope au dix-huitième siècle 595
Cul-de-lampe 603

LISTE DES CARTES

Nos		Pages
317.	Pays des Frisons et des Dithmarschen	7
318.	Genève et la percée du Rhône	11
319.	Premier noyau suisse	13
320.	Pays basque	15
321.	Sauveterre, Freiburg et autres villes franches	21
322.	Venise et le littoral	25
323.	Route du Brenner	31
324.	Villes lombardes	33
325.	Empire de Frédéric II	37
326.	Guerre des Albigeois	47
327.	Villages fédérés du Laonnais	51
328.	Comté de Flandre au douzième siècle	53
329.	Villes de la Hanse germanique	57
330.	La Hanse et Venise	59
331.	Quelques églises bysantines	67
332.	Quelques cathédrales gothiques	69
333.	Cathédrales anglaises	79
334.	Domaine royal en 1154	89
335.	France et Angleterre vers 1180	91
336.	Plaine du nord de la France	97
337.	Paris sous Philippe-Auguste	98
338.	Londres au treizième siècle	99
339.	Le Rhin, de Strasbourg à Cologne	101
340.	Vienne et le Danube au moyen âge	104
341.	Vienne et le Danube au vingtième siècle	105
342.	Terre des chevaliers teutoniques	107
343.	Villes et provinces d'Allemagne	110
344.	Relief de l'Allemagne	111
345.	Duché de Bourgogne	135
346.	France de la Guerre de Cent ans	137
347.	Basse Ecosse	155
348.	Avance graduelle des Chrétiens en Espagne	159
349.	Voyages de Hiuen-Thsang	167
350.	Grand Canal de Chine	179
351.	Digue-Viaduc de Ning-po	183
352.	Empire des fils de Djenghis-khan	189
353.	Voyages de Marco Polo	195

Nos		Pages
354.	Territoire attaqué par les Osmanli	209
355.	Constantinople	211
356.	Europe et Méditerranée, d'après Jean de Carignan	221
357.	Carte du Monde, d'après Fra Mauro	223
358.	Premiers rivages découverts	227
359.	Etapes du périple africain	231
360.	Hémisphère occidental de Martin Behaim	236
361.	Hémisphère oriental de Martin Behaim	237
362.	Bahama, premier groupe d'îles rencontrées par Colomb	241
363.	Voyages de Christophe Colomb	243
364.	Rivages des deux Cabot	245
365.	Rivages des Vespucci et des Cabral	247
366.	Théâtre des conquêtes portugaises	259
367.	Détroit de Magellan	263
368.	Florence et ses environs	281
369.	Nuremberg et son territoire	291
370.	Universités au début du seizième siècle	293
371.	Imprimeries en 1500	295
372.	La France à la fin du quinzième siècle	307
373.	Campagnes françaises en Italie	309
374.	Espagne et Maurétanie	317
375.	Charles-Quint et François Ier	327
376.	Quelques domaines ecclésiastiques	331
377.	Quelques églises calvinistes en France	335
378.	Théâtre de la Guerre des paysans	345
379.	Münster et ses environs	347
380.	Protestants et catholiques en Suisse	352
381.	Protestants et catholiques dans l'Allemagne du Sud	353
382.	Les sept Provinces-Unies	357
383.	Campagnes de Murcie et de Valence	384
384.	Iles d'Indonésie	393
385.	Courants du Pacifique	397
386.	L'inhabitable grand Nord	405
387.	Le Plateau d'Anahuac	407
388.	Tenochtitlan et sa lagune	411
389.	Péninsules du Yucatan et de Honduras	418
390.	Langues de l'Amérique centrale	419
391.	Nouvelle Grenade et Equateur	423
392.	Plateau des Inca	425
393.	Routes des Inca	429
394.	Pérou méridional	437
395.	Embouchure du Saint-Laurent	443
396.	Littoral nord-américain	447
397.	Océan Atlantique	449
398.	Plymouth et l'Atlantique	461
399.	Chester et Liverpool	464

Nos		Pages
400.	Les Cinq-Ports	465
401.	Théâtre de la guerre de Trente ans	469
402.	Batailles de la marche Belge	486
403.	Batailles de la marche Alsacienne	487
404.	Théâtre de la guerre des Camisards	491
405.	Colonies de huguenots en Allemagne	493
406.	Plus grande Turquie	503
407.	Russie, d'Ivan à Pierre le Grand	509
408.	Saint-Pétersbourg et ses environs	517
409.	Moscou et ses environs	519
410.	La Chine à l'Epoque mandchoue	523
411.	La rivière de Canton et Macao	527
412.	Puerto Escoces et l'isthme de Panama	537
413.	Embouchure du Mississippi	541
414.	La Prusse au dix-huitième siècle	547
415.	L'Inde de Dupleix	553
416.	Embouchure du Saint-Laurent	557
417.	Le Nouveau monde en 1740	559
418.	Bostonie et Canada	561
419.	Premier partage de la Pologne	574
420.	Deuxième et troisième partages de la Pologne	575
421.	Théâtre de l'Exode des Kalmouk	579
422.	Capitales américaines	589
423.	Gabelles de France	591
424.	Mesure de l'arc Malvoisine-Amiens	596
425.	Triangulation en Ecuador	597
426.	Triangulation en Laponie	599

PLANCHES HORS TEXTE

Pl. VI. Principales religions de l'Ancien Monde. — Se place entre les pages 180 et 181.

Pl. VII. Découverte de la terre de 1400 à 1542. — Se place entre les pages 260 et 261.

TABLE DES MATIÈRES

du Tome IV

LIVRE TROISIÈME : Histoire Moderne.

CHAPITRE VII

COMMUNES

Notice historique 1

Moyen âge. — Marais et monts, protecteurs de l'indépendance. — Formation des communes libres. — Venise, Pise, Gênes. — Guelfes et Gibelins. — Les deux Frédéric. — Guerre des Albigeois. — Villes du Nord de la France et des Flandres. — Hanse germanique. — Fondation des Universités. — Conflits et déchéance des communes. — Architecture ogivale 3

CHAPITRE VIII

MONARCHIES

Notice historique 85

France féodale. — Magna Charta. — Paris et Londres. — Allemagne sans capitale. — Vienne. — Princes électeurs. — Extension du pouvoir royal en France. — Juifs et usure. — Guerre de Cent ans. — Jacqueries. — Bourgogne et Flandre. — Peste, brigandage, esclavage, tenure du sol. — Wiclef et Huss. — Ecosse et Angleterre. — Chrétiens et Maures 87

CHAPITRE IX

MONGOLS, TURCS, TARTARES ET CHINOIS

Notice historique 161

Nouvelles religions en Extrême Orient. — Missions bouddhiques. — Nestoriens, Juifs et Arabes. — Ere des grands travaux en Chine. — Invasions mongoles. — Chevauchées guerrières. — Karakorum. — Rubruk et Marco Polo. — Désagrégation de l'Empire mongol. — Russie et Orient méditerranéen. — Tamerlan et ses mosquées. — Fauconnerie. — Commerce. — Osmanli. — Prise de Constantinople 163

Chapitre X

DÉCOUVERTE DE LA TERRE

Notice historique.. 213
Changement d'équilibre en Méditerranée. — Sainte Hermandad. — Etat des connaissances géographiques. — Cartes, routiers, portulans — Afrique, de Madère au Cap des Tempêtes. — Hantise du Nouveau Monde. — Colomb aux Indes occidentales. — Rivages des deux Amériques. — Partage du monde. — Amerigo Vespucci. — Question du détroit. — Routes des Indes orientales. — Première circumnavigation de la terre.. 215

Chapitre XI

RENAISSANCE

Notice historique.. 267
Renaissances. — Quattrocento. — Humanistes. — Bibliothèques. — Education. — Réhabilitation de la chair. — Amour de la nature. — Renaissance en Allemagne. — Imprimeries. — Utopies. — Louis XI et Charles le Téméraire. — Français en Italie — Juifs et banquiers allemands. — Déplacement du commerce. — Conquêtes espagnoles. — Prestige et décadence de l'Espagne... 269

Chapitre XII

RÉFORME ET COMPAGNIE DE JÉSUS

Notice historique.. 321
Stérilité de l'humanisme. — Avortement de la Renaissance. — Retour à l'ancien testament. — La réforme, la bourgeoisie et le peuple. — Division géographique des cultes. — Guerre des paysans. — Anabaptistes. — Suisse, Allemagne, Flandre, Angleterre, Écosse. — Identité des religions ennemies. — Capucins. — Compagnie de Jésus. — Éducation. — Liberté d'examen. — Les sectes et l'art. — Missions lointaines... 323

Chapitre XIII

COLONIES

Notice historique.. 377
Monarchie absolue. — Armada. — Grandeur artistique de l'Espagne. — Portugal, Indonésie, Empire Zeng. — Espagne et possessions américaines. — Immigrations et civilisations précolombiennes. — Conditions naturelles. — Aztèques, Maya, Pipil et Quichvé, Muysca, Antoquenos, Aymora et Inca. — Communisme péruvien. — Araucans. — Voyages de découvertes continentales. — France et Canada. — Angleterre et Bostonie. — Évolutions diverses des Colonies....... 379

Chapitre XIV

LE ROI SOLEIL

Notice historique.. 453
Henri IV et Elisabeth. — L'Angleterre, maîtresse des flots. — Equilibre religieux.

— Guerre de Trente ans. — Le Commonwealth. — Richelieu, la Fronde, le roi Soleil. — Guerres et frontières de Louis XIV. — Révocation de l'édit de Nantes. — Épuisement de la France. — Révolution et hégémonie de l'Angleterre. — Turquie, Pologne, Russie, Sibérie. — Colons, serfs et Raskolniki. — Capitales russes. — La Chine et les Jésuites........................ 455

CHAPITRE XV

LE XVIIIe SIÈCLE

Notice historique.. 532

Héritage de Louis XIV. — Law et la bourgeoisie financière. — Luttes de la pensée et du droit divin. — Constitution anglaise. — Règne de Frédéric II. — La Compagnie des Indes. — Le grand dérangement. — Le Canada change de maître. — Encyclopédie; princes et philosophes. — Partages de la Pologne. — Fuite des Kalmouk. — Révolution d'Amérique. — Louis XVI et les économistes. — Mesure des arcs de Méridien........................ 535

PARIS
IMPRIMERIE DE VAUGIRARD
H.-L. MOTTI, D.
152, RUE DE VAUGIRARD

L'HOMME EST LA NATURE
PRENANT CONSCIENCE D'ELLE-MÊME

www.ingramcontent.com/pod-product-compliance
Lightning Source LLC
Chambersburg PA
CBHW070837250426
43673CB00060B/1513
9782013520515